高等院校公共基础课规划教材

创新创业教程
（第2版）

李 伟 主 编
王 雪 范思振 田 帅 副主编

清华大学出版社
北京

内 容 简 介

本书是一本全面而专业的创新创业教育用书。在编写过程中,以转变教育思想、更新教育观念为基础,以提升学生的创新精神、创业意识和创业能力为核心,以通俗的语言、丰富的实例、有效的训练,系统地介绍创新创业的基本思维方式、相关技能方法等。内容全面,具有较强的知识性、技能性和实用性,符合国家教育部和高等院校转型发展的人才培养需要。

本书共分为9章,主要包括创新与创新能力,创新思维,创新方法与技巧,创新思维训练与创新能力培养,创业、创业精神与创业者,创业机会与商业模式,创业资源与创业风险,创业项目与创业计划,新企业的开办与管理等内容。每章都安排了相应的训练、思考和测试内容,可以帮助读者通过实际训练及时、全面地掌握各章的内容。

本书可作为高等院校本、专科创新创业教育的通用教材,也可作为企业继续教育的培训教材或是个人进行创新创业的自学教材,还可以作为拓宽视野、增长知识的普及用书。

本书的电子课件、习题答案和教案可以到http://www.tupwk.com.cn/downpage网站下载,也可以通过扫描前言中的二维码下载。

本书封面贴有清华大学出版社防伪标签,无标签者不得销售。
版权所有,侵权必究。举报:010-62782989,beiqinquan@tup.tsinghua.edu.cn。

图书在版编目(CIP)数据

创新创业教程 / 李伟 主 编. —2 版. —北京:清华大学出版社,2019(2025.7重印)
(高等院校公共基础课规划教材)
ISBN 978-7-302-53595-9

Ⅰ. ①创… Ⅱ. ①李… Ⅲ. ①大学生—创业—高等学校-教材 Ⅳ. ①G647-38

中国版本图书馆 CIP 数据核字(2019)第 181894 号

责任编辑:胡辰浩
封面设计:周晓亮
版式设计:孔祥峰
责任校对:牛艳敏
责任印制:杨 艳

出版发行:清华大学出版社
网　　址:https://www.tup.com.cn,https://www.wqxuetang.com
地　　址:北京清华大学学研大厦A座　　邮　编:100084
社 总 机:010-83470000　　邮　购:010-62786544
投稿与读者服务:010-62776969,c-service@tup.tsinghua.edu.cn
质 量 反 馈:010-62772015,zhiliang@tup.tsinghua.edu.cn

印 装 者:天津鑫丰华印务有限公司
经　　销:全国新华书店
开　　本:185mm×260mm　　印　张:23.75　　字　数:654千字
版　　次:2015年8月第1版　　2019年10月第2版　　印　次:2025年7月第13次印刷
定　　价:69.00元

产品编号:082627-02

前 言

习近平总书记指出"抓创新就是抓发展，谋创新就是谋未来"。创新驱动战略上升为国家战略；李克强总理提出"大众创业、万众创新"号召，党的十九大报告指出要强化就业创业服务体系建设；"创新创业"已然成为社会公众的共识。

广大青年学生是大众创业、万众创新的重要参与力量。依据国家教育部《普通本科学校创业教育教学基本要求》文件精神，推进高等院校创新创业教育和大学生自主创业工作，贯彻落实国家"提高自主创新能力，建设创新型国家"和"以创业带动就业"发展战略的重大举措，各高等院校加大了创新创业教育力度，开设了创新创业课程，增加了创新学分，将创新创业教育融入人才培养全过程。

本书结合大学生群体的实际特点，帮助大学生了解和掌握创新与创业的相关知识和规律，提高大学生的创新意识和创业能力。本书具有知识新颖、内容丰富、案例鲜活、贴近实际、注重素质培养和能力提升等特点。在编写过程中，内容取舍以实用、实际、实效为原则，精讲细练，对各知识点和技能进行着重叙述。案例贯穿全书，使本书颇具可读性，更以训练、思考、测试等多种形式充分调动读者的思维活跃性，从而使其达到触类旁通、快乐学习的目的。

本书可作为高等院校本、专科创新创业教育的通用教材，也可作为企业继续教育的培训教材或是个人进行创新创业的自学教材，还可以作为拓宽视野、增长知识的普及用书。教师可根据教学对象和授课学时不同，灵活选择相关内容进行重点讲授。

本书由沈阳大学李伟任主编，吉林农业科技学院王雪、沈阳大学范思振、辽宁科技大学田帅任副主编，陕西铁路工程职业技术学院聂红宾，河南师范大学新联学院赵延明，沈阳职业技术学院王培竹，沈阳大学冉毅、王志远、黎芸含等参与了本书的编写工作。全书共计9章，由李伟教授总体策划。各章编写人员及分工如下：李伟、聂红宾编写第1章；王雪、王培竹编写第2章；王雪编写第3、4章；李伟、赵延明编写第5章；田帅、范思振、冉毅编写第6、7章；范思振编写第8、9章；李伟、王雪、范思振、田帅等编写各章案例；聂红宾、赵延明、王培竹、冉毅、王志远、黎芸含等在资料收集等方面做了大量的基础性工作。全书最后由李伟教授总纂。

沈阳大学副校长王晓初教授对第2版的编写工作给出了许多建议，在此深表感谢。

沈阳大学副校长王淑梅教授审阅了第2版的书稿，提出了宝贵的意见，在此深表感谢。

由于受时间、资料、编者水平及其他条件限制，书中难免存在一些不足之处，恳请同行专家及读者批评指正。我们的电话是010-62796045，信箱是huchenhao@263.net。

本书在编写过程中，参考了有关的教材、论著和期刊等，限于篇幅，恕不一一列出，特作说明并致谢。因各种条件所限，未能与有关编著者取得联系，引用与理解不当之处，敬请谅解！

本书的电子课件、习题答案和教案可以到 http://www.tupwk.com.cn/downpage 网站下载，也可以通过扫描下方的二维码下载。

编 者

2019 年 8 月

目　录

第1章　创新与创新能力 ············· 1
　1.1　创新 ······························· 1
　　1.1.1　【案例导读】亚马逊与当当网 ······ 2
　　1.1.2　相关概念 ····················· 2
　　1.1.3　创新的分类与层次 ············ 5
　　1.1.4　创新的特点与性质 ············ 9
　　1.1.5　创新的原则与过程 ··········· 12
　　1.1.6　创新与创业的关系 ··········· 14
　1.2　创新能力 ························ 15
　　1.2.1　【案例导读】中国最富有的人 ···· 15
　　1.2.2　相关概念 ···················· 16
　　1.2.3　创新能力的来源 ············· 17
　　1.2.4　创新能力的公式及特点 ······· 20
　1.3　创新精神 ························ 23
　　1.3.1　【案例导读】电话发明者 ········ 23
　　1.3.2　相关概念 ···················· 24
　　1.3.3　创新意识 ···················· 25
　　1.3.4　创新性格 ···················· 25
　1.4　【创新人物】杰夫·贝佐斯 ······· 25
　1.5　思考与测试 ······················ 28
　　1.5.1　思考题 ······················ 28
　　1.5.2　测试题 ······················ 28

第2章　创新思维 ······················ 30
　2.1　思维 ····························· 30
　　2.1.1　【案例导读】一磅铜的价格 ······ 30
　　2.1.2　相关概念 ···················· 31
　　2.1.3　知识与思维能力 ············· 32
　　2.1.4　思维研究意义 ··············· 33
　2.2　创新思维概述 ···················· 34
　　2.2.1　【案例导读】阿里巴巴 ·········· 34
　　2.2.2　相关概念 ···················· 34
　　2.2.3　创新思维的本质特征 ········· 36
　　2.2.4　常用的创新思维方式 ········· 39
　　2.2.5　创新思维环境条件 ··········· 55
　　2.2.6　创新思维的应用 ············· 57
　2.3　【创新人物】比尔·盖茨 ········· 58
　2.4　思考与测试 ······················ 60
　　2.4.1　思考题 ······················ 60
　　2.4.2　测试题 ······················ 60

第3章　创新方法与技巧 ············· 61
　3.1　创新方法 ························ 62
　　3.1.1　【案例导读】自主品牌——
　　　　　　吉利汽车 ·················· 62
　　3.1.2　相关概念 ···················· 64
　　3.1.3　常用的创新方法 ············· 65
　3.2　创新技巧 ························ 94
　　3.2.1　【案例导读】图书馆搬家 ········ 94
　　3.2.2　常用的创新技巧 ············· 94
　3.3　【创新人物】亚历克斯·奥斯本
　　　（创造学和创造工程之父） ······· 102
　3.4　思考与测试 ····················· 103
　　3.4.1　思考题 ····················· 103
　　3.4.2　测试题 ····················· 103

第4章　创新思维训练与创新能力培养 ···· 106
　4.1　创新思维的训练 ················ 106
　　4.1.1　【案例导读】一滴焊接剂与
　　　　　　石油大王 ················· 106
　　4.1.2　突破创新思维障碍 ·········· 107
　　4.1.3　掌握柯尔特思维工具 ········ 116
　　4.1.4　创新思维自我训练 ·········· 121

4.2 创新能力的培养 133
  4.2.1 【案例导读】20世纪最伟大的食品——方便面 133
  4.2.2 培养创新能力的途径 134
  4.2.3 掌握九种必备创新的能力 137
4.3 【创新人物】爱德华·德·波诺(创新思维之父) 143
4.4 思考与测试 147
  4.4.1 思考题 147
  4.4.2 测试题 147

第5章 创业、创业精神与创业者 150
5.1 创业内涵 150
  5.1.1 【案例导读】APUS——做中国移动互联网出海的领导者 151
  5.1.2 相关概念 153
  5.1.3 创业的要素与类型 154
  5.1.4 创业与大学生人生发展 157
  5.1.5 大学生常用的创业模式 159
5.2 创业精神 166
  5.2.1 【案例导读】史玉柱的创业精神 166
  5.2.2 相关概念 167
  5.2.3 创业精神的培育方法 170
5.3 创业者 171
  5.3.1 【案例导读】马化腾五兄弟——难得的创业团队 171
  5.3.2 创业者 173
  5.3.3 创业团队 181
5.4 【创业人物】马云(阿里巴巴) 188
5.5 思考与测试 189
  5.5.1 思考题 189
  5.5.2 测试题 190

第6章 创业机会与商业模式 194
6.1 创业机会的识别与评价 194
  6.1.1 【案例导读】喜马拉雅音频——孤注一掷，创建"声音王国" 194
  6.1.2 创业机会的识别 196
  6.1.3 创业机会的评价 202
6.2 商业模式的开发 207
  6.2.1 【案例导读】四个典型商业模式 208
  6.2.2 商业模式的定义和本质 213
  6.2.3 商业模式的要素 214
  6.2.4 构建商业模式的方法 217
  6.2.5 常见的10种商业模式 218
6.3 【创业人物】黄峥(拼多多) 224
6.4 思考与测试 227
  6.4.1 思考题 227
  6.4.2 测试题 227

第7章 创业资源与创业风险 229
7.1 创业资源概述 229
  7.1.1 【案例导读】蒙牛借力 230
  7.1.2 创业资源的内涵与种类 232
  7.1.3 大学生创业者资源盘点 234
  7.1.4 影响创业资源获取的因素 236
  7.1.5 创业资源获取 237
7.2 创业资源管理 240
  7.2.1 创业资源的开发与整合 240
  7.2.2 创业资源整合过程 242
7.3 创业风险 245
  7.3.1 【案例导读】直播行业——来也匆匆，去也匆匆 245
  7.3.2 相关概念 246
  7.3.3 创业风险的形式 248
  7.3.4 创业风险的防范策略 248
7.4 【创业人物】王卫(顺丰) 251
7.5 思考与测试 254
  7.5.1 思考题 254
  7.5.2 测试题 254

第8章 创业项目与创业计划 257
8.1 创业项目的选择 257
  8.1.1 【案例导读】土巴兔——活下去，建壁垒 257
  8.1.2 创业项目的选择过程 259
  8.1.3 适合大学生的创业项目 262
  8.1.4 创业项目与个人匹配 264
8.2 创业计划 265
  8.2.1 【案例导读】小企业也需要有计划 265
  8.2.2 创业计划的作用 267

		8.2.3 创业计划的内容 ············ 268
		8.2.4 创业计划中的信息收集 ······ 270
		8.2.5 市场调查的内容和方法 ······ 272
	8.3	创业计划书 ························ 276
		8.3.1 【案例导读】一页纸创业计划书 ···· 276
		8.3.2 创业计划书的对象 ·········· 278
		8.3.3 创业计划的执行摘要 ········ 278
		8.3.4 创业计划书的撰写和展示技巧 ···· 280
		8.3.5 创业计划书的模板 ·········· 284
	8.4	【创业人物】张一鸣(字节跳动) ···· 305
	8.5	思考与测试 ························ 308
		8.5.1 思考题 ····················· 308
		8.5.2 测试题 ····················· 309
第9章	新企业的开办与管理 ············ 312
	9.1	创办新企业 ························ 312
		9.1.1 【案例导读】罗永浩—— 一个理想主义者的创业故事 ···· 313
		9.1.2 企业组织形式的选择 ·········· 314
		9.1.3 企业注册流程 ··············· 325

		9.1.4 注册企业面临的法律问题 ······ 331
		9.1.5 新企业选址策略和技巧 ········ 335
		9.1.6 【案例分析】麦当劳和肯德基的选址标准 ··················· 337
	9.2	新企业生存管理 ···················· 342
		9.2.1 【案例导读】阿里巴巴的创业管理 ······················· 342
		9.2.2 新企业的产品管理 ············ 344
		9.2.3 新企业的营销管理 ············ 349
		9.2.4 新企业的财务管理 ············ 353
		9.2.5 新企业的人力资源管理 ········ 357
		9.2.6 新企业的战略管理 ············ 361
		9.2.7 新企业的文化管理 ············ 363
	9.3	【创业人物】张邦鑫(好未来) ······ 365
	9.4	思考与测试 ························ 368
		9.4.1 思考题 ····················· 368
		9.4.2 测试题 ····················· 368

参考文献 ································· 370

第 1 章

创新与创新能力

想别人不敢想的,你已经成功了一半;做别人不敢做的,你就会成功另一半。
——现代物理学的开创者、集大成者和奠基人　阿尔伯特·爱因斯坦

人脑不是一个要被填满的容器,而是一支需要被点燃的火把。
——古希腊哲学家　普罗塔戈

处处是创造之地,天天是创造之时,人人是创造之人。
——著名教育家　陶行知

抓创新就是抓发展,谋创新就是谋未来。
——国家主席　习近平

科学的存在全靠它的新发现,如果没有新发现,科学便死了。
——地质学家、中国科学院院士　李四光

【本章知识点】
- 何为创新?如何创新?创新与创业的关系?
- 何为创新能力?何为创新来源?创新能力的公式是什么?
- 何为创新精神?如何培养创新意识和创新性格?

1.1　创新

习近平总书记强调,坚持创新发展,就是要把创新摆在国家发展全局的核心位置,让创新贯穿国家一切工作,让创新在全社会蔚然成风。

创新,是新时代的一张通行证,是一个民族甚至国家赖以生存的灵魂,是成为高新人才所应具备的基本素质。没有创新就缺乏竞争力,没有创新也就没有价值的提升。世界要进步需要创新,创

新就如同进步的翅膀。创新的重要性绝不容我们忽视。

1.1.1 【案例导读】亚马逊与当当网

1994年，30岁的杰夫·贝佐斯有了一个令他惊讶的发现，那就是尚未成熟的互联网的使用情况正以每年高达2300%的速度暴增。正如你现在看到的，一般人是使用网络，而杰夫·贝佐斯却注意了网络的使用。

那时候的他正坐在曼哈顿一栋办公大楼的39层的一张计算机桌前，对网络进行探索。这个发现让他很兴奋，他预感到了什么！他开始思考：既然有这样的一种趋势，流连于网络的人越来越多，那么能否在网络空间中创造一些商机呢？

他毅然辞职了——为了这个不成形的预感！

但到底要在网络中做什么，卖什么东西，办一家什么样的公司，他对此还没有清晰的思路。于是，他就跑到大街上寻找灵感。

终于，在某天他看到一个书店时，一个主意浮现在他的脑海：为什么不在网上开办一家书店呢？

"亚马逊"网上书店就这样诞生了！他借用世界上最长的一条河流的名字来给它取了名字。

杰夫·贝佐斯毫无争议地率先开启了电子商务的大门，并且亚马逊用自身的超速成长，引领了世界商业模式的革命，也诠释了到底什么叫电子商务。

现在的亚马逊是个什么样子呢？

设想一下：有这样一家书店，有十几平方公里的面积，有310万种以上的图书，可以接待500多万人次的顾客，这该是多大的书店啊！你要想浏览完它所有的书目，恐怕必须要开上汽车才行。

这样的设想可能让你感到吃惊，因为如此大的书店根本无法在现实中实现。然而，互联网能做到这一切，这就是亚马逊网络书店。当然，亚马逊现在不仅仅是卖书，它已经名副其实地成为一家"百货公司"。

杰夫·贝佐斯在1994年之前做了什么？他开办网上书店的启动资金从哪里来？他又是怎样做起来的呢？有关杰夫·贝佐斯的故事请看本章【创新人物】。

1999年11月，当当网开通了。这也是一家从网络书店开始的电子商务公司，而现在则号称是全球最大的中文网上商城。换句话说，它现在的商品不仅仅是图书，其商品种类繁多。

现在很多人都愿意从当当网上购物，打折、货到付款、足不出户，而且等待时间并不算长。当当网也很成功。

> **思考：**
> 亚马逊和当当网都很成功。不过，看到这里你有没有想到一个问题：亚马逊网站作为第一个真正意义上开启电子商务大门的商业模式，无疑可以称为创新，那么当当网则带有一定的借鉴性质，也可以称为创新吗？如果也算的话，那么这两种创新又怎么区分呢？

1.1.2 相关概念

创新是指人类提供前所未有的事物的一种活动，英文是"innovation"，起源于拉丁语，原意有三层含义：①更新；②创造新的东西；③改变。

这里的"事物"所指很广泛，既包括自然科学，也包括社会科学；上至国家政权，下至百姓生活。从天文到地理，无所不有。这里的"前所未有"却只有一种含义，那就是"首创"。任何的创新都必须是一种首创活动。通俗来讲，首创就是第一个的意思。不过这个首创因为参照对象的不同而有两种不同的含义，衍生出狭义创新和广义创新两种类型。

(1) 狭义创新是相对于其他人或全人类来说的，你是第一，是首创。狭义创新是真正具有推动社会进步意义的。比如爱因斯坦发现相对论、爱迪生发明电灯等。

(2) 广义创新是虽然相对于其他人我们不是第一个，但相对于我们自己来说，是第一，是首创。其比较简单，容易学习和掌握。比如单位搞了一场与往年不同的新年联欢会，推行了新的工作方法，进行了某些方面的改进等。

提示：
按照上述定义，你是否已经可以判断出亚马逊和当当网分别是哪种创新类型了呢？不过，需要指出的是，当当网并不是简单地模仿，他们在创建和运营中又形成了自己独特的东西，所以，已经从广义创新向狭义创新转化了。

凡事先易后难，现在的创新学习更提倡从广义创新开始！ 也就是说，一个人对某一问题的解决是否属于创造性的，不在于这一问题及其解决办法是否曾有别人提出过，而在于对他本人来说是不是新颖的、前所未有的。只要我们相对于自己有新的想法或做法、新的观念或设计、新的方法或途径，这就是创新。

📖 小故事

中小学生推理

"老师，我发现了一个新的定律……"一个孩子欢呼雀跃地告诉他的老师。

可是，孩子发现的这个"新定律"早在几百年前就已经被科学家证明了。我们不禁要问，他的"发现"算创新吗？

当然算！

现代创新教育的方法之一就是引导学生重复前人的创新和探索过程，这种"经历"一遍的做法可以有效地促进学生创新能力的提升。

如果中小学生根据以前学过的知识自己推导出或通过实验得出了新的定理、定律，哪怕这个定理、定律早在几百年前就已被科学家证明了，我们说这仍然是了不起的创新！

请记住：只要是相对于我们自己是新的东西，就可以看作创新，否则就是重复。

我们之所以提倡广义创新，是为了消除创新的神秘感，消除大家对创新的畏惧心理，但这并不是最终的目的。因为更有价值的创新不是相对于自己，而是相对于他人，要进行狭义创新。

📖 小故事

毛泽东和邓小平

伟人之所以伟大就在于他们敢于做前人不敢做的事！毛泽东根据中国国情，勇于把马克思主义的基本原理同中国实际相结合，创造性地提出"农村包围城市，武装夺取政权"的战略，从而取得了革命的胜利。

中国近代史的另一位伟人是邓小平。他不仅打开国门，改革开放，让世界的风吹进中国，而且他提出的"社会主义也可以搞市场经济"也带来了思想大解放、经济大发展，特别是其南巡讲话，更是极大地促进了生产力的释放，充分地调动了全国人民的积极性和心中的热情。当然还有大家熟悉的"一国两制"的构想，更是开创了历史先河，不仅保证了香港地区和澳门地区的稳定发展，而且成为各国解决同类问题的典范。

📖 小故事

王永庆卖米

2008年5月12日，汶川发生特大地震。灾情牵动了全国人民和全世界华人的心。你还能想起来我国台湾地区是谁，或者哪家企业第一个向灾区捐款吗？这就是著名的台塑集团，捐款数额达到1亿元人民币。大家知道，台塑集团的创始人王永庆先生备受各界推崇，是令人尊敬的华人企业家，被誉为"经营之神"。

虽然现在台塑集团都是大手笔，但早年王永庆可是从卖米起步的。下面我们看看王永庆早年卖米的故事，看看他卖米和别人卖米有什么不同。王永庆早年因家贫读不起书，只好去做买卖。16岁的王永庆从老家来到嘉义开了一家米店。那时，小小的嘉义已有米店近30家，竞争非常激烈。而他的米店开办最晚，规模最小，没有任何优势。怎么办呢？怎样才能打开销路呢？

那时，所有的米店都是坐等顾客上门的，只有王永庆开始沿街去推销。那时候的台湾地区，农业还处在手工作业状态，由于稻谷收割与加工的技术落后，很多小石子之类的杂物很容易掺杂在米里。人们在做饭之前，都要淘好几次米，还得挑出石子，很不方便。但大家都已见怪不怪，习以为常。

功夫不负有心人，王永庆就从这司空见惯中找到了突破口。他和两个弟弟一齐动手，一点一点地将夹杂在米里的秕糠、砂石之类的杂物挑出来，然后再卖。一时间，小镇上的主妇们都说，王永庆卖的米质量好，省去了很多麻烦。这样，一传十、十传百，王永庆米店的生意日渐红火起来。

王永庆还增加了"送货上门"的服务方式，这在当时也是一项创举。更重要的是，在送货上门时，他还做了以下工作。

第一，在送米上门的同时，他还总是见缝插针地做一些精心的统计，比如这户人家有几口人，每天用米量是多少，需要多长时间送一次，每次送多少，他将这些都一一记在本子上。据此估计该户人家下次买米的时间。到时候，不等顾客上门，他就主动将相应数量的米送到他的家里。

第二，在送米的时候，王永庆还细心地为顾客擦洗米缸，记下米缸的容量，如果米缸里还有陈米，他就将旧米倒出来，把米缸擦干净，再把新米倒进去，然后将旧米放回上层，这样，陈米就不至于因存放过久而变质。王永庆这一精细的服务令顾客深受感动，赢得了很多顾客的心。

第三，王永庆还会了解顾客家发工资的日子，并记录下来，然后在他们发了工资一两天内去讨米钱。

王永庆这些精细、务实、跟别人不一样的服务，使嘉义人都知道在米市马路尽头的巷子里，有一个卖好米并送货上门的王永庆。王永庆就是这样从小小的米店生意开始了他后来问鼎台湾地区首富的事业。

从王永庆卖米成功这个案例我们可以得到这样的结论：不要以为创新就非得轰轰烈烈、惊天动地，把卖米这样细小的工作做好同样也是一种了不起的创新！这也就是说，如果我们不能做出相对于全人类是首创的事情，可以把范围缩小。只要相对于你的宿舍、你的学校、你的班级、你的单位等，你做了别人没做的事，那就是创新。

> **📖 小资料**
>
> **习近平在两院院士大会上的讲话(节选)**
>
> "盖有非常之功，必待非常之人。"人是科技创新最关键的因素。创新的事业呼唤创新的人才。尊重人才，是中华民族的悠久传统。"思皇多士，生此王国。王国克生，维周之桢；济济多士，文王以宁。"这是《诗经·大雅·文王》中的话，说的是周文王尊贤礼士，贤才济济，所以国势强盛。千秋基业，人才为先。实现中华民族伟大复兴，人才越多越好，本事越大越好。我国是一个人力资源大国，也是一个智力资源大国，我国13亿多人大脑中蕴藏的智慧资源是最可宝贵的。知识就是力量，人才就是未来。我国要在科技创新方面走在世界前列，必须在创新实践中发现人才、在创新活动中培育人才、在创新事业中凝聚人才，必须大力培养造就规模宏大、结构合理、素质优良的创新型科技人才。
>
> 我国科技队伍规模是世界上最大的，这是我们必须引以为豪的。但是，我们在科技队伍上也面对着严峻挑战，就是创新型科技人才结构性不足矛盾突出，世界级科技大师缺乏，领军人才、尖子人才不足，工程技术人才培养同生产和创新实践脱节。"一年之计，莫如树谷；十年之计，莫如树木；终身之计，莫如树人。"我们要把人才资源开发放在科技创新最优先的位置，改革人才培养、引进、使用等机制，努力造就一批世界水平的科学家、科技领军人才、工程师和高水平创新团队，注重培养一线创新人才和青年科技人才。
>
> 要按照人才成长规律改进人才培养机制，"顺木之天，以致其性"，避免急功近利、拔苗助长。要坚持竞争激励和崇尚合作相结合，促进人才资源合理有序流动。要广泛吸引海外优秀专家学者为我国科技创新事业服务。要在全社会积极营造鼓励大胆创新、勇于创新、包容创新的良好氛围，既要重视成功，更要宽容失败，完善好人才评价指挥棒作用，为人才发挥作用、施展才华提供更加广阔的天地。
>
> 未来总是属于年轻人的。拥有一大批创新型青年人才，是国家创新活力之所在，也是科技发展希望之所在。"我劝天公重抖擞，不拘一格降人才。"广大院士不仅要做科技创新的开拓者，更要做提携后学的领路人。希望广大院士肩负起培养青年科技人才的责任，甘为人梯，言传身教，慧眼识才，不断发现、培养、举荐人才，为拔尖创新人才脱颖而出铺路搭桥。广大青年科技人才要树立科学精神、培养创新思维、挖掘创新潜能、提高创新能力，在继承前人的基础上不断超越。
>
> 实施创新驱动发展战略，建设创新型国家，为实现"两个一百年"奋斗目标提供强大科技支撑，是时代赋予我国广大科技工作者的历史使命。希望同志们锐意进取、锐意创新，努力创造出无愧于时代的业绩，为实现中华民族伟大复兴做出新的更大的贡献！

1.1.3 创新的分类与层次

1. 创新的分类

现代创新理论的提出者约瑟夫·熊彼特在1912年《经济发展理论》一书中指出，所谓创新就是要建立一种新的生产函数，即生产要素的重新组合，就是要把一种从来没有的关于生产要素和生产条件的"新组合"引入生产体系。

(1) 根据创新的表现形式不同，可分为：知识创新、技术创新、服务创新、制度创新、组织创新、管理创新。

(2) 根据创新的领域不同，可分为：教育创新、金融创新、工业创新、农业创新、国防创新、社会创新、文化创新等。

(3) 根据创新的行为主体不同，可分为：政府创新、企业创新、团体创新、大学创新、科研机构创新、个人创新等。

(4) 根据创新的方式不同，可分为：独立创新、合作创新。

(5) 根据创新的程度不同，可分为：渐进性创新、突破性创新。

(6) 根据创新的对象不同，可分为：产品创新、工艺创新。

(7) 根据创新的层次不同，可分为：首创型创新、改进型创新、应用型创新。

(8) 根据创新的效果不同，可分为：有价值的创新、无价值的创新、负效应创新。

小资料

2018年中国50家最具创新力企业全榜单

《福布斯中国》发布"2018年中国50家最具创新力企业全榜单"，该榜单以"零售、物流、大文娱、在线教育、云计算、消费机器人、智能家居、AI服务商、金融科技、区块链、医疗健康、汽车"12个大分类展示。福布斯中国表示，只有真正具备创新与变革意识，懂得根据自身特点不断开拓创新的企业家才能在危局中突出重围。

以下为榜单详情，排名不分先后：

1) 零售
盒马鲜生：新零售试验场
多点Dmall：传统零售升级标本
永辉超市：深耕生鲜逆势飞扬
小红书：从分享到风向
网易严选：后来者居上

2) 物流
满帮集团：行业标准推动者
菜鸟网络：天地人三网合一
云鸟科技：攻坚城配供应链
达达-京东到家：四通八达

3) 大文娱
爱奇艺：让娱乐立体化
猫眼微影：强强联手
网易云音乐：运营思路显奇迹
腾讯动漫：中国动漫强力推手

4) 在线教育
英语流利说：一次语言学习的革命

洋葱数学：数学也可以很游戏
VIPKID：打破局限有破有立
5) 云计算
阿里云：市场领先者
腾讯云：全场景技术服务平台
华为云：软硬件一体化范本
青云：云端综合企业服务交付平台
Ucloud：领先的中立云计算服务商
6) 消费机器人
大疆创新：重新定义"中国制造"
科沃斯：清洁机器人领域龙头
优必选：服务机器人领域独角兽
7) 智能家居
小米科技：生态圈赋能生活方式
海尔：智能家居精细化运营
8) AI服务商
深鉴科技：人工智能创新者
地平线：人工智能视觉中国芯
寒武纪科技：生根核心处理器芯片
商汤科技：商业营收领先者
百度(度秘事业部)：百度灵魂
9) 金融科技
蚂蚁金服：小蚂蚁大能量
智齿科技：智能客服领域创新者
京东金融：从自营金融迭代到金融服务商
众安保险：中国互联网保险领先者
10) 区块链
比特易：数字货币投资者的好伙伴
众享比特：区块链应用典范
嘉楠耘智：领行业走进ASIC芯片时代
11) 医疗健康
微医：团队医疗模式开创者
汇医慧影：医学影像数据化样本
平安好医生：AI医疗领域重要极
丁香园：医疗连接者
23魔方：基因检测变革者
12) 汽车
百度Apollo：自动驾驶全平台
斑马智行：车联网商业化新案例
驭势科技：无人驾驶新生态赋能者

图森未来：专注货运卡车自动驾驶
蔚来汽车：未来已来
小鹏汽车：践行互联网+传统汽车
宁德时代：汽车电动化的中坚力量

2. 创新的三个层次

在上述创新分类的基础上，创新又可分为基础性创新、支撑性创新、应用性创新三个层次。
(1) 基础性创新：指文化创新、社会制度创新和重大科学理论创新。
(2) 支撑性创新：指技术创新、产业创新和组织创新。
(3) 应用性创新：指产品创新、市场创新、商业模式创新和管理创新等。

文化创新和制度创新是最根本的，就中国改革开放而言，没有思想观念的转变和社会制度的转变，其他的创新都不可能产生。

📖 小资料

从华为、小米看"中国式创新"

在"大众创业、万众创新"的浪潮下，创新成为推动我国经济转型升级的重要支撑。然而，由于受社会环境等各种因素的影响，中国很难复制西方国家的创新模式。在自主创新的过程中，企业如果获得成功，将带来巨大的经济和社会效益，但创新失败的风险也令很多企业对创新望而生畏。

1) 创新模式各有不同

相关数据显示，在2014年全球手机品牌排名前十位企业中，中国手机厂商占据了半壁江山，除了中兴通讯、华为、酷派、联想外，还有小米。以华为为代表的传统创新模式和以小米为代表的新兴创新模式孰优孰劣？

华为的核心竞争力是对技术孜孜不倦的追求，技术创新是华为不断增强自身竞争力的关键。过去10年，华为的研发投入累计超过1900亿元人民币。咨询机构Strategy发布的一项全球研发费用报告显示，华为2015年的研发投入与大众、三星、英特尔等行业巨头相差无几。

在坚持自主创新的同时，华为还善于借助外部资源不断完善自己的产品。华为由内向外的转变实际上是由封闭式创新向开放式创新演进。因此，华为不仅自主量化生产手机芯片，而且还积极在竞争对手研发的前沿技术的基础上进行再创新。经过十几年的积累，华为形成了以核心技术和标准专利为核心的竞争资源。

小米起步较晚，但其以"互联网+手机"的模式一举打破了中兴通讯、华为、酷派、联想相对稳定的市场结构。2014年前，小米的专利授权量较少，因此，小米采取了与华为完全不同的创新模式。从"粉丝经济"到"饥饿营销"，小米的创新更多集中在品牌和营销方面，而互联网的宽容和开放又为小米的商业模式创新插上了翅膀。这种全新的商业模式为小米带来了巨大的商业价值，事实证明，相比技术创新的贡献度，小米的商业模式创新对自身发展同样具有巨大贡献。

2) 依然面临创新困境

在互联网的冲击下，包括华为在内的手机生产商发现商业模式创新可以独立于技术创新之外，过去靠知识产权制度构建的市场准入壁垒正在被逐渐打破，完全依靠知识产权的垄断性获取竞争优势已难以抑制业界新贵的崛起。微信、淘宝、滴滴打车以及小米都是借助互联网平台发展壮大的企业。

国内外都不乏在硬件上投入大量资金却遭遇发展瓶颈的企业，例如诺基亚，大多数消费者称赞诺基亚过硬的技术和质量，但却不再购买诺基亚手机。与华为并驾齐驱的中兴通讯，虽然手里掌握着大量的核心技术和专利储备，但中兴通讯智能终端的市场占比却不断下降。目前，华为与酷派痛定思痛后，开始向"互联网+"前进，通过互联网对传统产业进行改造，谋求转型升级。

小米创造的"硬件+软件+服务"的商业模式让小米赚足了风头。以现在小米的发展势头，2015年小米还将继续领跑国内手机市场。小米模式并非那么容易复制，例如凡客在模仿小米的过程中越走越远，小米互联网电视也没能重复小米手机的成功。在开拓海外市场的过程中，2014年小米刚踏进印度就被爱立信盯上，并被申请禁令。可以说，小米在专利储备方面的薄弱，导致小米开拓海外市场时遭遇困局。

小米在智能手机上的技术创新远不及传统的手机厂商，却分得了国内市场最大的蛋糕，长此以往，小米有可能遭遇知识产权诉讼。目前，小米已经意识到自身发展的困境，为了改变这种尴尬的局面，正积极开展专利布局，其提交专利申请的技术领域涵盖了手机操作、数字传输、图像处理及无线通信网络等方面。

由此可见，小米的知识产权战略是通过市场领先反哺技术创新，在商业模式取得阶段性成功以后，将商业上取得的优势资源用于弥补技术创新的不足，逐渐缩小甚至消除专利壁垒。

3) "中国式创新"的思考

华为和小米代表着两种不同的创新模式，华为是技术创新的模范，而小米则是商业模式创新的榜样。两种模式本身没有优劣之分。技术创新与商业模式创新两者相互独立，商业模式成功并不一定需要以技术创新成功为基础，但是两者却可以同时采用。技术创新较强的企业可以尝试新的商业模式，而商业模式创新较成功的企业可以以市场领先反哺技术创新。

华为的技术创新与小米的商业模式创新各有所长，从市场的占有情况看，两者都取得了成功。技术创新固然重要，但是技术创新需要持续的资金投入，并且技术创新的回报受限于较长的研发周期。初创公司在创业初期，可能难以将太多的资源投入到技术研发。从这个层面看，小米的商业模式值得国内企业借鉴。

中国有大量像小米一样白手起家的企业，它们需要通过商业模式和产品的迭代式创新获取市场领先地位，赚到钱后再加强技术创新。例如，一个高端手机的成功主要体现在品牌影响力、供应链优势、工艺设计和生态系统的构建。当下的手机市场，除了供应链优势属于三星之外，其他3项都被苹果包揽。对于华为来讲，其专利储备可以与全球手机巨头抗衡，而对于小米来讲，这却成为其难以逾越的鸿沟，移动互联网则给了小米另一个成功的路径。

那么，专利对于企业创新又起着怎样的作用？对于企业来说，要正确认识知识产权在商业中的价值，不能高估，也不能低估。在一个成功的商业生态系统中，技术、产品、营销、市场和客户等，每个因素都是非常重要的构成要素，只有认识到这个层面，知识产权在技术创新和商业模式的构建中才能更好地发挥其作用。

1.1.4 创新的特点与性质

1. 创新的特点

(1) 普遍性。创新存在于一切领域，没有哪个学科、哪个行业、哪个领域永远会是一成不变的。

(2) 永恒性。创新是人的本能，只要有人类，就有创新，这种活动受人类自我实现本能的支配。另外，人类的其他活动有可能终止，但创新永远不会终止。

(3) 超前性。由于创新就是相对于他人的首创行为，因此社会认识必然滞后于创新，创新总是超前的。

(4) 艰巨性。有两个因素导致了创新的艰巨性：其一是由于创新的超前性而致，因为超前，所以可能得不到他人的理解和支持，甚至受到反对，给创新者造成很大的压力，并制造了艰难的创新环境；其二是由于创新本身，创新是做前人或他人没有做过的事情，实现创新的过程和方法都需要探索，因此带有不确定性和技术上的难度。

(5) 社会性。前面说过，完成一个创新，不但要想、还要做、要实施。实施过程中就要与社会发生联系，产生社会性。现代社会随着分工的细化，单打独斗的时代已经一去不复返。

(6) 无止境、无边界、无权威、无条框。最好的创新永远是下一个！任何学科、领域、部门都是人为划分的结果，既然是人为划分，就可以人为打破；有人会说隔行如隔山怎么解释，我要说的是，在专业知识面前，不同的行业、专业是有着很大差别的，但在创新面前，规律是一样的，而且越是跨行业、跨领域的创新，越是能诞生超乎寻常的结果。

规律表明，那些真正的创新大师们往往都是知识渊博的人，他们在多个领域都有建树，只是在某个领域更加突出而已。就像某位哲人所说，科学的殿堂就像一所大房子，不同的学科只不过是这所大房子开的一扇扇窗户而已。换句话说，不同学科之间的原理可能是相通的。

因此，不要怕转行，必要的时候转行可能会带来意想不到的结果。另外，要博览群书，这样非常有利于创新活动。这就是为什么现代社会复合型人才受到广泛欢迎的原因。

另外，在创新面前人人平等，谁都可以成为创新的强者，没有任何人是权威。很多时候，我们对权威的过分迷信会形成对创新活动的巨大阻碍。

📖 小故事

权威心理

人们普遍都有相信权威的心理。心理学家穆勒曾做过一个实验，他提出了一些问题，请100名学生做书面回答。答卷交上后，他做了简单讲评，并谈到了某位学术权威对这些问题的见解。后来他又发下答卷，要学生进行修改，结果学生们都不假思索地采用了专家权威的意见。

这便是心理学上著名的"权威实验"，证明了人们普遍存在的"相信权威胜于相信自己"的心理。

📖 小故事

迷信权威，错失重大发现

人类到底有多少条染色体？20世纪20年代初，美国遗传学家潘特就在其著作中指出：大猩猩、黑猩猩的染色体都是48条，由此可以推断人类的染色体也是48条。后来几十年，大家都认为人类的染色体是48条。20世纪50年代，美籍华裔生物学家徐道觉的一位助手，在配制冲洗组织平衡盐溶液时，由于不小心，配错了低渗溶液，低渗溶液最容易使细胞胀破。他将低渗溶液倒进胚胎组织，在显微镜下无意中发现，染色体溢出后，铺展情况良好，染色体的数目清晰可见。这本来已使徐道觉找到了观察人类染色体数目的正确途径，他已意外地获得了发现人类染色体确切数目的大好良机，可是他盲目地相信潘特的结论，因此放弃了自己的独立研究，错失了一次原本该属于他的殊荣。后来又过了几年，另一位美籍华裔生物学家蒋有兴，由于也采用了低渗处理技术，才终于发现了人类染色体不是48条，而是46条。

徐道觉由于迷信权威，把本来能够实证的机会放弃了，真是无比遗憾。

2. 创新的性质

创新的性质有两个：无中生有和有中生无。无中生有是指科学发现和技术发明，有中生无则指对现有事物的改进。

无中生有的事例太多了，可以说整个世界发展史就是一部创新的历史。从钻木取火、电的发现到世界上第一台蒸汽机、电灯、电话、电脑、电视、激光和原子能等，都是无中生有的结果，都是伟大的创新，都改变了整个人类的生活。

现在网络已成为人们生活、工作、学习中不可缺少的东西，移动APP正在颠覆我们的生活方式。未来的世界将是怎样？真是很难预测，要知道预测未来比创造未来还难！

相对于无中生有来说，有中生无的事例就更多了。

小故事

苹果超薄笔记本

苹果公司研制的新款超薄笔记本电脑非常薄，它可以被放进一个普通的文件袋中。

苹果公司因其卓有成效的创新而使它的产品重新成为畅销品，尤其成为年轻人的新宠，有太多的年轻人都在盼望着拥有一台崭新的iPad和小巧的苹果笔记本。

但是，不管现在的电脑怎样改变，与诞生于1945年的那个庞大的第一台电脑相比，都是有中生无的改进型。

小故事

味　精

有一天，某味精公司的老板向全体职工宣布："为了使本公司的味精销售额上升，每个人都必须在近期内提出一个以上的设想。"当然，与其说是征求设想，还不如说是强迫性的工作较适当。因此，营业部、宣传部及制造部等各部门，纷纷开始想各种办法，包括什么"附奖""赠送"等吸引人的广告，甚至改装味精的容器形状，等等。有个17岁的年轻女职员非常烦恼，因为规定的期限已经到了，她仍然没有一个好主意。这天她正在家里吃晚饭，和往常一样，她拿起装海苔香料的罐子，但因为受了潮，香料把洞口塞住了，倒不出来，于是，她就用牙签把洞口弄大些，问题立刻就解决了。就在这一刻，她的灵感来了，她想到可以把味精的内盖洞口加大，如果人们不加注意，就觉得使用起来还像平常一样，这样无意之中就增加了味精的使用量，这是一个把握了人们对于逐渐变化的事物较迟钝的很巧妙的设想。

结果，这个女职员的设想被审查人员肯定，并且得到奖励；投放市场后，销售额果真上升，因而老板又给了她一个特别奖。

可见，改进型的创新就是这么简单。

1.1.5 创新的原则与过程

1. 创新的原则

创新的原则就是开展创新活动所依据的法则和判断创新构思所凭借的标准。

1) 科学原理原则

创新不得违反科学规律。在进行创新构思时，要注意以下几点：①应进行科学原理相容性检查，与科学原理是否相容，是检查创新设想有无生命力的根本标准；②还必须进行技术方法可行性检查，如果设想所需要的条件超过现有技术方法可行性范围，则该设想还只能是一种空想；③新设想的功能体系是否合理，关系到该设想是否具有推广应用的价值，因此，必须对其合理性进行检查。

2) 相对较优原则

创新不可盲目追求最优、最佳、最美、最先进。许多创新设想都各有千秋，这时，就需要按相对较优的原则，对设想进行判断选择。要注意以下几点：①可从创新技术先进性上比较，看谁领先和超前；②从创新经济合理性上比较，看谁合理和节省；③从创新整体效果性上比较，看谁全面和优秀。

3) 机理简单原则

在现有科学水平和技术条件下，如不限制实现创新方式和手段的复杂性，所付出的代价可能远远超出合理程度，使得创新的设想或结果毫无使用价值。因此，在创新的过程中，要注意以下几点：①新事物所依据的原理是否重叠，超出应有范围；②所拥有的结构是否复杂，超出应有程度；③所具备的功能是否冗余，超出应有数量。

4) 构思独特原则

兵法中一直强调"出奇制胜"，所谓"出奇"，就是"思维超常"和"构思独特"。创新贵在独特，创新也需要独特。在创新活动中，往往要从创新构思的新颖性、开创性和特色性几个角度进行系统的检查和思考。

5) 不轻易否定，不简单比较原则

在分析评判各种创新方案时应注意避免轻易否定的倾向。创新的广泛性和普遍性都源于创新具有的相融性。我们应在尽量避免盲目地、过高地估计自己的设想的同时，也注意珍惜别人的创意和构想。简单的否定与批评是容易的，难得的却是闪烁着希望的创新构想。

📖 **小故事**

思维定式

有这样一道题：某局的一位局长在路边同一位老人谈话，这时跑过来一位小孩，急促地对局长说："你爸爸和我爸爸在家吵起来了！"老人问局长："这孩子是你什么人？"局长回答说："是我儿子。"现在的问题是：这两个吵架的人和局长是什么关系？

很多人绞尽脑汁，百思不得其解，于是一口咬定这道题肯定有问题。其实，你只要想到局长是位女局长，就能得出正确答案。

> 📖 **小故事**
>
> **毛毛虫现象**
>
> 有一种奇怪的虫子,叫列队毛毛虫。顾名思义,这种毛毛虫喜欢列成一个队伍行走。最前面的一只毛毛虫负责方向,后面的只管跟从。生物学家法布尔曾利用列队毛毛虫做过一个有趣的实验:把许多毛毛虫放在一个花盆的边缘上,首尾相连,围成一圈,并在花盆周围不远处撒了一些毛毛虫比较爱吃的食物。毛毛虫开始一个跟着一个,绕着花盆的边缘一圈一圈地走,一小时过去了,一天过去了,又一天过去了,这些毛毛虫还是夜以继日地绕着花盆的边缘在转圈,一连走了七天七夜,它们最终因为饥饿和精疲力竭而相继死去。
>
> 法布尔曾设想:毛毛虫会很快厌倦这种毫无意义的绕圈而转向它们比较爱吃的食物,遗憾的是毛毛虫并没有这样做。
>
> 导致这种悲剧的原因就在于毛毛虫的盲从,在于毛毛虫总习惯于固守原有的本能、习惯、先例和经验。毛毛虫付出了生命,但没有任何成果。如果有一只毛毛虫能够破除尾随的习惯而转向去觅食,就完全可以避免悲剧的发生。人的思维也一样,人一旦形成了习惯的思维定式,就会习惯地顺着定式的思维思考问题。
>
> 所以没有创新,就等于死亡!我们一定要努力培养我们的创新意识。

2. 创新的过程

创新的过程一般分为两大步四个阶段:①两大步,即想和做;②四个阶段,即准备阶段、思考阶段、顿悟阶段、验证阶段,如表1-1所示。

表1-1 创新过程

1	准备阶段	找准问题,搜集资料,分析问题,找到创新的关键点
2	思考阶段	找到问题关键点后,开始寻找解决问题的突破口
3	顿悟阶段	在顺着问题的突破口思考的过程中,会有所顿悟
4	验证阶段	只有通过验证,才是可信的

创新就是要敢于想前人所未想,做前人所未做。想都不敢想,更别说做了。想是前提,首先要敢想,也就是要善于进行创造性思考。"我一直以为那样做是不行的""我以前从来没有想到过,让别人一说还真是那么回事",我们经常听到这样的话不是吗?所以要经常做一些"敢想"的练习。

成功者大都是思维活跃、善于思考的人。随着知识经济时代的到来,思想、创意、新的知识点的价值越来越大,一个好的创意可能拯救一个企业,开拓出一片新的天地。

那么,到底该怎样去想,或者说怎样正确地进行创新性思考呢?

当然,仅仅有好的想法是远远不够的,你还要敢于去实施。事实上,并不是每一个创意都能转换成很好的结果,都能被市场接受,不去试验一下,不会知道新想法到底怎么样。"要是失败了多丢人啊""大家都会笑我的"等,拥有这些想法的人绝不可能成为很好的创新者。千里之行,始于足下。一定要敢于尝试!

> **小提示：**
> 创新并不神秘。创新领域没有绝对的权威和永恒的领先，只要怀有强烈的创新意愿和自信，并采取正确的方法去努力，任何人都可以成为创新天才。

1.1.6 创新与创业的关系

1. 创新是创业的动力和源泉

创业通过创新拓宽商业视野、获取市场机遇、整合独特资源、推进企业成长。创新能力是最重要的创业资本，创业者在创业过程中需要具有持续旺盛的创新精神、创新意识，需要独特、活跃、科学的思维方式，这样才可能产生富有创意的想法或方案，才可能不断寻求新的思路、新的方法、新的模式、新的出路，最终获得创业成功。

2. 创新的价值常常体现于创业

创新的价值就在于将潜在的知识、技术和市场机会转化为现实生产力，实现社会财富增长，造福人类社会。通过创业可实现创新成果的商品化和产业化，将创新的价值转化为具体、现实的社会财富。创业者必须具有能发现潜在商业机会并敢于冒险的特质，科技创新成果也必须经由创业者推向市场，使其潜在价值市场化，使创新成果转化为现实生产力。

> **小知识：**
> 爱迪生集发明、创新、创业于一身。在他的一生中拥有超过1000项专利，包括大家所熟知的电灯、胶卷、执行死刑的电椅等。爱迪生最大的成就就是能够使一项发明在技术上与商业上可行，并且引发市场需求，为投资者创造丰厚的利润，也就是说，他能够结合技术推力与市场拉力，研制具有竞争力的经营策略，将一项发明构想推动成为一个巨大的产业市场。

3. 创业的本质是创新

创业应该是具有创业精神的个体与有价值的商业机会的结合，即开创新的事业，其本质在于把握机会、创造性地整合资源、创新和超前行动。创新包括技术创新、制度创新和管理创新。对于创业者及其所创建的企业来说，创新就是将新的理念和设想通过新产品、新流程、新市场需求以及新的服务方式有效地融入市场，进而创造新的价值或财富的过程。

📖 小故事

小小创新带来的大大收益

1987年，美国弗吉尼亚州的两个邮递员汤姆·科尔曼和比尔·施洛特无意中看到一个小孩手里拿着一种能发出绿色亮光的荧光棒。他俩没有像别的成年人一样一笑而过，而是马上开始琢磨了——这玩意看起来很有意思，但能派上什么用场呢？这两个人开始天马行空地胡思乱想。最后他们抓住了其中的一个好点子——把棒棒糖放在荧光棒的顶端。这样，光线就会穿过半透明的糖果，显现出一种奇幻的效果，而在夜间这种效果则更加明显。

这两个人随后申请了专利，并把他们的"发光棒棒糖"专利卖给了美国开普糖果公司。

这只是传奇的小序曲。两名邮递员继续往下想：棒棒糖舔起来很费劲，时间久了，糖还没吃完，小孩子的腮帮就酸了。如果棒棒糖自己会转，不是又省力又好玩吗？于是他们给棒棒糖安上了能自动旋转的插架，由电池驱动小马达，通过小齿轮转动糖果。

结果旋转棒棒糖获得了巨大的成功。通过超市以及自动售货机，在1993—1999年的7年时间里，这种售价2.99美元的小东西一共卖出了6000万个。

开普糖果公司的领导人约翰·奥舍接过了这个神奇的"旋转接力棒"，创造了更大的奇迹。他在开普糖果被收购后离开了公司，并开始寻找利用旋转马达能解决的新问题。

他和朋友们去当地的沃尔玛超市寻找灵感。当他们经过商品货架时，看到了品牌众多的电动牙刷，每支价格都高达50多美元。他们还了解到，因为价格太高，电动牙刷的销售量很小。但是如果用他们的旋转棒棒糖技术，制造一支电动牙刷只需花费5美元。

美国市场上最畅销的旋转牙刷诞生了，它甚至要比传统牙刷好卖。在2000年一年中，奥舍团队就卖出了1000万支这样的牙刷。这下，宝洁公司的老板坐不住了——他们的电动牙刷卖得太贵了，和奥舍的5美元牙刷相比，几乎没有竞争力。于是，宝洁派出了一名高级经理来同奥舍谈判，经过讨价还价，2001年1月，宝洁决定收购这家小公司，具体的价码如下：由宝洁先支付1.65亿美元的预付款，以奥舍为首的3个创始人在未来的3年内继续留在宝洁公司。

但宝洁公司提前21个月结束了与奥舍3人的合同，因为这家跨国公司发现旋转电动牙刷太好卖了，远远超出了他们的预期。这种产品通过沃尔玛，在全球35个国家销售，成为席卷全球市场销售最快的一款产品，这就意味着宝洁在合同期满后付给奥舍3人的钱也要远远超出预期。

最后，奥舍和他的两位拍档一次性拿到了3.1亿美元，加上原来1.65亿美元的预付款，共4.75亿美元。这是一个令发明者头晕目眩的天文数字。但是这一切都是从路边一根小小的绿色荧光棒的创新灵感开始的。

4. 创业推动并深化创新

创业可以推动新发明、新产品或新服务的不断涌现，创造出新的市场需求，从而进一步推动和深化科技创新，因而提高了企业或者整个国家的创新能力，推动了经济增长。创业的关键在于创新，创新是创业的源泉，持续创新必然推动和成就创业。创新和创业相辅相成，二者的动态融合以及相互影响对于创业成功和企业成长至关重要。创业和创新的融合是一个动态整合、集成与优化的过程，在这一过程中，创新精神、创业能力和市场意识始终是创业成功和企业持续成长的内在动力。

1.2 创新能力

1.2.1 【案例导读】中国最富有的人

一点都不夸张地说，如果袁隆平去申请专利的话，他一定可以成为中国最富有的人，但他却把专利无私地贡献给了国家。还是看一看数据吧，没有杂交水稻之前，全国最好的稻田亩产量为400公斤。而现在，大部分稻田亩产在900公斤左右。2014年首次实现了超级稻百亩产量过千公斤的目标。你看，人工杂交水稻这项新技术已经使稻米产量提高了一倍多！袁隆平的杂交水稻技术每年增产的粮食就为世界解决了7000万人的吃饭问题！他也被誉为"杂交水稻之父"，先后荣获联合国教科文组织"科学奖"和联合国粮农组织"粮食安全保障荣誉奖"等8项国际奖励；2010年4月，荣登"2010中国心灵富豪榜首富榜"；2014年3月，袁隆平因对粮食安全的贡献，被提名诺贝尔和平奖。

袁隆平为此付出的艰辛是非常人所能想象的。

1948年，袁隆平考大学，选什么专业呢？生在民主气氛很浓的家庭的他最终如愿以偿地跳进了"农门"。之后，他教了19年的书，一边教书一边搞科研。

经历了1960年的大饥荒之后，袁隆平决心研究出高产的水稻品种，让更多的人能吃饱饭。当时，雄性不育株的培育是一个世界性难题。但袁隆平坚信，外国人解决不了的难题，中国人一样能解决，而且他根据学到的原理大胆推论：大自然中就应该存在这样的植株。

农业科研和工业的不一样，时效性非常强，农时不等人。1964年，为了找到水稻雄性不育株，袁隆平每天头顶烈日，脚踩烂泥，低头弯腰，一株一株地在稻田中查看，终于在第14天他发现了一株雄性不育的植株。他欣喜若狂。这样的植株是他以后进行科研的关键啊！1964—1965的两年中，他又在14000多个稻穗中逐穗检查到6株雄性不育株，并在此后两年播种中，共有4株成功繁殖了1~2代。其研究彻底推翻米丘林、李森科的"无性杂交"学说，并推论水稻亦有杂交优势。通过培育雄性不育系、雄性不育保持系和雄性不育恢复系的三系法途径来培育杂交水稻，可以大幅度提高水稻产量。

从1964年发现"天然雄性不育株"算起，34岁的袁隆平和各地的科研小组整整花了6年时间，每年两季先后用1000多个品种，做了3000多个杂交组合育种实验，仍然没有培育出不育株率和不育度都达到100%的不育系来。后来，他们转变思路，跳出栽培水稻的圈子，利用在海南岛发现的一个新植株进行试验后，这才为杂交水稻技术找到突破口和转机。又经过随后"过五关"的磨难，1974年，袁隆平研制的杂交水稻才具备了大面积推广的条件。

40多年过去了，现在已有20多个国家引种杂交稻，联合国粮农组织把在全球范围内推广杂交稻技术作为一项战略计划，袁隆平受聘为联合国粮农组织的首席顾问，要到各国进行指导。这真是："喜看稻菽千重浪，遍地英雄下夕烟。"

袁隆平获得了"首届国家最高科学技术奖"，不仅赢得了中国人民的尊敬和喜爱，而且正像世界杰出的农业经济学家唐·帕尔伯格写的名著《走向丰衣足食的世界》中对袁隆平评价的那样："他在农业科学的成就击败了饥饿的威胁，他正引导我们走向一个丰衣足食的世界。"

读到这里，你对创新能力——改造世界的能力应该有了一个初步概念了吧！

1.2.2 相关概念

创新能力简称为创造力，特指创造者进行创新活动的能力，也就是产生新的想法和新的事物或新理论的能力。

创造者可以是个人，也可以是群体或国家，由此，可区别称为个人创造力、群体创造力或国家创造力。但群体及国家的创造力都是以个人创造力为基础的，故本书着重谈的是个人创造力的提升。

尽管我们已经给出了创造力的含义，但大家可能还是不能准确地把握它。那创造力到底是一种什么能力呢？

下面我们要对创造力和智力做一个比较。

- 智力是一种建立在一定知识、经验基础上的认知能力,也就是人们认识世界的能力。如果你今天教给一个小孩子这个东西叫"杯子",明天再问他"这叫什么",他立刻能说出"杯子",我们就说这个孩子智力好。智力的核心能力是记忆力,还包括注意力和观察力。
- 创造力是一种改造世界的能力。要改造这个世界,首先要认识这个世界,因此,创造力包括智力,智力是创造力的必要条件。

现代观点认为,智力是一种中间能力,而创造力才是人的最终能力。正因为如此,创造力成为人类最主要、最宝贵的能力。一般来说,优秀的人、成功的人都是创造力出众的人。

换个角度说,我们不仅要知道世界是什么,它是怎么来的,还要知道怎样改造世界。学生在学校里不仅要学习认识社会、适应社会,更要学习如何改造社会。

📖 小故事

三个抄写员

黎锦熙是我国著名的国学大师,民国头十年他在湖南办报,当时帮他誊写文稿的有三个人。

第一个抄写员沉默寡言,只是老老实实地抄写文稿,错字别字也照抄不误,后来这个人一直默默无闻。

第二个抄写员则非常认真,对每份文稿都先进行仔细的检查然后才抄写,遇到错别字病句都要改正过来。后来这个抄写员写了一首歌词,经聂耳谱曲后命名为《义勇军进行曲》,他就是田汉。

第三个抄写员则与众不同,他也仔细地看每份文稿,但他只抄与自己意见相符的文稿,对那些意见不符的文稿随手扔掉,一句也不抄。后来这个人领导人民建立了以《义勇军进行曲》为国歌的中华人民共和国,他就是毛泽东。

做同样的工作,如果只知道按部就班完成任务,尽管他做得很熟练,也会默默无闻,如果在工作的基础上加以创造,就会与众不同,创造力才是人类进步的源泉。

1.2.3 创新能力的来源

创新思维之父、世界创新大师爱德华·德·波诺认为:创新能力意味着产生某种过去并不存在的东西,创新能力的结果有其独特、稀有的一面,这种特殊能力有着较为广泛的来源,具体讲包括无知、经验、动机、完善性、错误、机会、偶然、风格和被迫创新等。

1."无知"有助于创新

📖 小故事

周末加班

在瑞典,一群中学生去参观泊斯托特殊化学品公司,当被问到如何促使人们周末在一个需要持续运转的车间轮班时,并不清楚细则的孩子们建议增添一批专门在周六周日工作的劳动力,而不是发动现有工人,后来这个想法被付诸实践,申请周末职位的人数远远超过了需要的数量。正是由于无知,孩子们的建议突破了大人们认为工会不会许可、没有人愿意在周末干活的定式思维。

我们都希望自己广识博闻,并且在长大之后也不可能对自己的领域一无所知,那么如何运用无知来产生创造力呢？爱德华·德·波诺提出了一个解决办法，即只读完刚好足够让人对新事物产生感觉的资料，然后停下来自己思考，当产生了一些想法时，再深入阅读，并随时停下来回顾自己的想法，进而产生新的想法，这样，个人就有提高创造力的机会。

2. 经验基础上的创新

与无知的创造相反，源自经验的创造力风险更低、更加可靠，因为它建立在过去成功的基础之上，重复着昔日的胜利，但并没有真正新颖的东西，只是能够根据经验，对可能的效果进行预料。

3. 动机所产生的创新

愿意花费时间和精力来思考更好的做事方法的人更可能产生创新性的成果，在其他人都满足于既有的解决方案时，有的人会去寻找更多的替换方案。这类人有着强烈的好奇心和探索欲望，乐于尝试新事物并不断寻求新的方法。随着投入的增多，他们很可能会有新鲜的、创造性的想法作为回报。简单来说，许多被视为创新天赋的东西本质上就是创新的动机，大多数被视为具有创造性的人的创造力就来源于此。

> **小故事**
>
> 三个选择
>
> 一家公司招聘职员，有一道试题是这样的：一个狂风暴雨的晚上，你开车经过一个车站，发现有三人正苦苦地等待公交车的到来：第一个是一个看上去濒临死亡的老妇；第二个是曾经挽救过你生命的医生；第三个是你的梦中情人。但你的汽车只能再容得下一位乘客，你会选择谁呢？
>
> 这是一道人格测试题。每个人的答案都有他的理由：也许你会选择老妇，因为她就快死去，我们应该挽救她的生命；也许你会选择医生，因为他曾经救过你的命，现在是你报答他的最好机会(但也许你也可以在将来不断地回报他)；也许你会选择你的梦中情人，错过这个机会，也许你就永远找不回她(他)了。
>
> 在200个候选人中最后获聘的一位的答案是什么呢？
>
> "我把车钥匙交给了医生，让他赶紧把老妇送往医院；而我则留下来，陪我心爱的人，一起等候公交车的到来。"
>
> 有时，抛开思维的固有模式，思考更好的做事方法，我们可以获得更多。

4. 完善性的创新

完善所产生的创新类似于摄影师的创造，摄影师拿着相机到处取景，直到某个特殊的景色或物体引起了他的注意，通过选择角度、布局、照明等，摄影师将拍摄对象转换为照片，这里被拍摄的物体并不是摄影师创造的，但经过艺术修饰的照片是摄影师创造力的产物。与此类似，运用完善性手法进行创新的人并不自己产生新的想法，他早就认识到了某个想法的潜力，经过完善、发展并付诸实施，使这个想法得以实现。事实上，许多依靠新想法取得创新的人，实际上是从别人那里借用了想法的原始模型，通过创新改造的努力，实现了这个想法。

5. 错误、机会和偶然诱发的创新

错误、机会和偶然常常会激发新的想法。

哥伦布开始只准备向西航行到印度群岛，因为他使用了源于托勒密对地球圆周错误的测量方法。如果他使用了正确的测量方法，那么他永远也不会起航，因为通过正确测量，他会知道船队不可能携带足够的给养到达目的地。

另外，医学上的许多进步都是错误产生的结果，第一种抗生素的发现是因为亚历山大·弗莱明注意到，皮氏培养皿中的污物消灭了细菌，这样才产生了青霉素。免疫过程是由巴斯德发现的，他的助手犯了个错误，给小鸡注射了剂量过于微小的霍乱细菌，如此微小的剂量似乎使它们足以抵抗其后注射的更大剂量霍乱细菌的侵害。这些事件似乎都是错误的，它们之所以导致创新的产生，是因为这类事件使人们突破大众认为合理的界限，在这个既定的界限中，人们总在公认的经验总结和理论推导中转圈，以至于难以产生开创性的思维。另外，一些疯狂、偶然的事件也是创新的来源之一，其原因与错误所产生的创新类似，在此不再赘述。

6. 风格

风格也是创新的一个明显来源，坚持某种风格可以产生一系列的新事物，它们带有相同的新式风格，但严格说来，这种有共同风格的产品，除去风格带来的创新意义以外，并没有更多的创新。

以上所述是一些从传统的束缚中所产生的创新，但并非全部，虽然产生了有益的结果，但它们只是创新最初的阶段，还远远不够。例如在企业文化创新中，当管理层了解、支持并亲自参与时，新的企业文化才容易被员工所接受，这所体现的仅是一定意义的从约束中释放，更多的则是对新价值快速地了解与重视。

7. 被迫创新

压力、梦想常常促使人不断创新，在现实生活和工作中被迫创新是非常常见的。

"人都是逼出来的。""一个人，如果不逼自己一把，永远不知道自己有多优秀。""每一个人都有潜能，一个人的成长，必须通过磨炼。""有时候，必须对自己狠一次，否则永远也活不出自己。"上面所说的指的就是被迫完成某些事情，完成的结果远远超出自己原有的水平，这里体现的就是被迫创新。

📖 小故事

超级工程——港珠澳大桥

2018年10月24日，中国建设史上里程最长、投资最多、施工难度最大的跨海桥梁项目正式通车。港珠澳大桥全长55公里，总投资1000亿元，使用寿命120年，是中国第一例集桥、双人工岛、隧道为一体的桥岛隧集群工程。港珠澳大桥被外媒誉为"新世界七大奇迹"。

港珠澳大桥的路线经过了伶仃洋海域中最繁忙的主航道，同时该处临近香港国际机场，航空领域的建筑物高度限定使得该区域无法实现大跨径、高塔结构物。所以，隧道成为唯一可行的方案，这就构成了港珠澳大桥的桥岛隧相结合的建设方式。但中国工程师并不懂得这种工程的核心技术，遇到这方面的难题时，首先想到的是邀请已经轻车就熟的荷兰专业公司来指导海底隧道的修建，但谁知道，他们竟然狮子大开口说是要1.5亿欧元的咨询费，转换成人民币可是高达15亿元。面对这种天价，我们根本就没有足够的经费预算支付给他们，于是，我们只好拿出最大的诚意去和荷兰方面交涉，说按照实际情况我们只能给出3亿人民币，但是荷兰公司听到这个数目之后，语带轻蔑地说要给我们唱一首祈祷歌。就这样，在我国没有经验、外国也不能给出任何帮助且方案唯一的情况下,海底隧道怎么建,成了阻碍大桥建设的最大难题,最后我们无路可走,复杂的工程和巨大的压力考验着中国工程师的智慧。最终港珠澳大桥岛隧工程总工程师林鸣迎难而上,自主攻关,反复研究实验,带领三千多名建设者挑战交通工程界的"珠穆朗玛峰",海底隧道技术终于被我们突破了,时至今日珠港澳大桥全面完成,珠港澳大桥可以说是完全靠着自己的力量建设的跨海大桥,是国人的骄傲,我们的国家已经不再是"落后就要挨打"的那个弱国了,我们现在掌握的核心技术就是我们的底气。

"超级工程"背后有"超级创新"。港珠澳大桥建设难度极大,新材料、新工艺、新设备、新技术层出不穷,仅专利就达400项之多,在多个领域填补了空白,造出了世界上最难、最长、最深的海底公路沉管隧道,世界最大规模钢桥段建造、世界最长海底隧道的生产浮运安装、两大人工岛的快速成岛等技术,创下多项世界纪录。

可以毫不夸张地说,为世界桥梁和海底隧道工程技术提供了新知识与新样本,港珠澳大桥开启了中国超级桥梁建设时代,港珠澳大桥见证了中国已迈向了"桥梁强国"。实践告诉我们,自力更生是中华民族伫立于世界民族之林的奋斗基点,自主创新是我们攀登世界科技高峰的必由之路。

思考:
你知道生活和学习中被迫创新的事情吗?列举自己和他人被迫创新的实例。

1.2.4 创新能力的公式及特点

1. 创新能力的公式

- 公式1:创造力=智力+创造性

智力是创造力的必要条件,是基础。我们要想改造这个世界,首先要认识这个世界。因此,一个成功的创新者必然掌握大量的相关知识和技能。当然,这里的知识不仅包括书本上的专业知识,还包括实践中的经验积累。

- 公式2:创造性=创新精神+创新思维+创新方法

创造性是创造力的充分条件。有没有创造性是一个人有没有创造力的核心。有的人智商很高,书读了很多,知识很丰富,学历也很高,但就是缺乏创造性,因此一生中没有多少真正的创造性成果;而有些人学历虽然不高,在开始进行创新的时候也没有积累大量的知识,但他们的创造性很好,尤其在创新精神和创新思维方面超常,最终他们取得了令人羡慕的成绩,也为人类的发展做出了巨大的贡献。

【典型代表】

瓦特:工人,发明了蒸汽机;　　斯蒂芬森:放牛娃,发明了火车;
李春:石匠,设计了赵州桥;　　李时珍:落第书生,药物学家;
华罗庚:店员,著名数学家;　　齐白石:木工,国画艺术大师;
高尔基:杂工,伟大文学家;　　吴运铎:工人,兵工专家。

大家熟悉的爱迪生,他只念了3个月的小学,一生中却有2000多项发明,1000多项专利,平均每15天就有一项发明。他的许多发明都彻底地改变了这个世界,改变了人类的生活和发展!

公式2中的这三项都很重要。其中,创新精神是创造力的前提,创新思维是创造力的核心,而灵活运用创新方法能让创造力快速得到提升。

> **思考：**
> 在理解了创造力含义的基础上，你应该得出这样的结论：现实中每个人的创造力是不一样的。你认为这种差别是天生的吗？你敢说自己是创造力高的人吗？你觉得自己的创造力还有多少潜力可以挖掘？

2. 创新能力的特点

人的创新潜力是巨大的，美国芝加哥大学的罗杰·斯佩里博士及他的研究团队证实了这一点。

(1) 创造力人人都有。决定创造力的是人的大脑，只要脑细胞发育正常，每个人都有创造力，并且每个正常人的创造力天赋都相同。也就是说，我们一生下来是站在同一起跑线上的——我们大家在婴幼儿期和爱因斯坦、爱迪生有着同样的创造力。

这一结论打破了"天才论"，纠正了人们过去一直认为的创造只是少数人的所为、普通人可望而不可即的错误思想，揭开了创造的神秘面纱。

也许你要问，既然我们荣幸地和爱因斯坦、爱迪生有同样的创造力，那为什么我们没有成为爱因斯坦或爱迪生呢？对这一问题的回答请见创造力的第二个特点。

(2) 创造力是潜力，需经过开发才能释放。创造力必须经过开发才能表现出来，如果不开发，永远是潜力，一直到老都是如此。每个人的创造力大致是相同的，即便是有区别也没有数量级的区别。之所以后天表现的差别极大，是因为开发的程度不同，只要我们去开发，创造力就会释放；不断开发，就会不断释放，我们的创造力水平就会不断提高，人人都可以成为创造的强者。

那么，人的创新潜力到底有多大，创造力什么时候可以开发到头呢？不断地开发会不会把脑子累坏呢？请看创造力的第三个特点。

(3) 创造力无穷无尽。要说明这个问题，先要从脑细胞的数量谈起。

每个人长到12岁后，脑细胞基本发育成熟，其总数达到了140亿个。你可能要问这140亿个脑细胞意味着什么？它相当于100万亿个开关的计算机，假如它全部用来记忆的话，能记住多少本书呢？50本，100本，还是1000本呢？

都不对！正确的答案是5亿本！

这个数字与我们的想象值有巨大的差距，它就是我们潜在的脑资源，就是我们的创新潜力！

> **小提示：**
> 一个人能做的事比他所做的事要多得多！
> 人脑24小时的显意识与潜意识活动量极大，如用文字记录下来约可写成20万字，但其中有创造价值的部分仅为数百至数千字。

斯佩里博士通过著名的割裂脑实验，得出了大脑不对称性的"左右脑分工理论"，并荣获诺贝尔奖。斯佩里博士被誉为"右脑先生""世界右脑开发第一人"。研究表明，终其一生，大多数人只运用了大脑的3%～4%，其余的97%都蕴藏在右脑的潜意识之中，这是一个多么令人吃惊和遗憾的事实！所谓的人才也只用了10%。那么伟人用了多少呢？伟大的科学家爱因斯坦逝世后，捐献了自己的头颅，经二十余年的研究发现，爱因斯坦的脑细胞数量及重量与常人一样，只是细胞之间的突触较多，说明用脑较多，但也只是用了全部脑细胞的30%。这位划时代的、以头脑当实验室的物理学家，也依然有70%的脑资源未被开发利用。

因此，我们可以得出结论，相对于有限的生命来说，我们有无限的脑资源。而创造力存在于人脑之中，那么，无限的脑资源中自然也潜藏着无限的创造力，这就是为什么说创造力潜力无穷的原因。只要我们去开发，每个人都有可能成为人才，成为伟人。

综上所述，创造力有三个特点：①创造力人人都有；②创造力是潜力，需要开发才能释放；③创造力无穷无尽。这三句话看起来很简单，但却是真理。真理都很简单，可一旦被群众掌握，就会爆发革命！爆发脑内革命！

苏联的创新教育工作者曾指出，如果人人都能正确地认识自己巨大的创新潜力，那么世界上的发明家、创造者的数量可以增加千万倍。这将给人类文明带来巨大的社会效益。

下面我们来看看，创造力到底存在于大脑的什么地方？是"左脑"还是"右脑"？

进一步的研究证明，创造力存在于我们的右脑之中。右脑被称为创造脑，而左脑被称为知识脑。左脑主管语言、计算、逻辑思维和时间管理，通常左脑发达的人，智商较高。右脑主管音乐、艺术、非逻辑思维、情绪感知和空间管理，右脑是用形象来思考和记忆的。

过去，左脑被认为是优势的，因为它主管着语音中枢，并管理着人的右侧身体活动；而右脑被认为是劣势的，并认为它只管左侧身体活动。因此，过去的传统教育偏重于左脑的开发，而忽略右脑的开发，但斯佩里博士研究发现，右脑就像万能博士，主要从事形象思维，是创造力的源泉，是艺术和经验学习的中枢，右脑的存储量是左脑的100万倍。现实生活中95%的人，仅仅使用了自己的左脑，只有把右脑潜力充分挖掘出来，才能表现出人类无穷的创造才能。当今如何更好地开发右脑已成为教育工作者研究的重要问题。

需要指出的是，虽然右脑是"创造脑"，但要真正完成一个创造，却需要左右脑的密切配合，二者缺一不可。也就是说，首先由右脑提出一个看起来是非逻辑的创造性设想，然后再由左脑将其转化成语言和逻辑表达出来，这样才可能实现创新。爱因斯坦曾说过："我不是以语言来思考的，而是以跳跃的形状和形象来思考的，然后努力将其置换成语言。"这说明爱因斯坦是右脑和左脑同时工作的。

小训练

创新能力的培养

有创造力的人不管从事任何职业都会有创造力。有一家公司有下面的规章："本公司的规章是没有规章。"本训练也没有规章，你可以随意走动，可以随时观察和参与其他的活动；需要时可以休息，你愿意的话，也可以坐在地板上。

1. 采用创造性的方式，利用5种感官来向大家介绍自己，以提升右脑思维能力

形式：集体参与

时间：20分钟

材料：问卷"相识有创造力的我"

场地：不限

问卷："相识有创造力的我"

我的姓名是_____

我是一名_____

我利用五种感官来介绍我自己＿＿＿＿＿＿＿＿＿＿
我看起来像＿＿＿＿＿
我闻起来像＿＿＿＿＿
我摸起来像＿＿＿＿＿
我听起来像＿＿＿＿＿
我品尝起来像＿＿＿＿＿
我最近的冒险经历是＿＿＿＿＿

2. 讨论

(1) 如何评价这种用右脑思维介绍自己的方式？有在众人面前裸露自己、不自在的感觉吗？

(2) 你认为这次训练中可能会遇到的最糟糕的事情是什么？

(3) 美国心理学之父威廉·詹姆士曾经说过"人类能通过改变他们思维的态度来改变他们的生活"。你对这句名言有何见解？

1.3 创新精神

1.3.1 【案例导读】电话发明者

现在，电话几乎普及世界的每个角落，成为我们离不开的"必备品"。不仅是各式各样的电话机让人眼花缭乱，不同的通信方式也在不断更新，有固定电话、移动电话、网络电话等。但不管怎样变化，你能记住的只有亚历山大·格拉汉姆·贝尔，不是吗？

你一定知道电话是贝尔发明的，可你是否知道贝尔发明电话之前完全不懂电，那他是怎样发明电话的呢？他经历了怎样的艰难过程？

1847年3月3日，亚历山大·格拉汉姆·贝尔(Alexander Graham Bell)出生在苏格兰的爱丁堡。他17岁进入爱丁堡大学专修语音学，后来，他随家人先后迁居加拿大和美国。1869年，年仅22岁的贝尔应聘担任美国波士顿大学语音学教授。在一次试验中，他意外发现一个现象：当电流接通和截止时，螺旋线圈会发出噪声。这让贝尔的脑海中出现一个大胆的设想：如果能把说话时的空气振动变成电流的流动，用电流强度的变化来模拟声波的变化，用导线把电波传送出去，再把电波还原为声波，那么用电传送语音不就可以实现了吗？

可是当贝尔兴致勃勃地把自己的想法告诉电学界的几位人士的时候，却遭到了冷嘲热讽，认为他这是不切实际的妄想。但贝尔并不泄气，也不自卑，他专程赶到华盛顿，求教于当时的大物理学家——约瑟夫·亨利。他得到了老科学家的支持。当贝尔表示自己不懂电学，会有很多困难时，亨利先生很坚决地回答说："掌握它！"

老科学家的支持使贝尔受到很大鼓舞。回到波士顿以后，他把全部业余时间都用来研究电学，经过刻苦努力，只用了几个月的时间，他就基本掌握了电学知识。1873年初夏，贝尔辞去波士顿大学教授的职务，正式开始了电话的设计和实验工作。他找到了一位电工技师沃特森做助手——每当贝尔有一种新的构思，沃特森就马上进行制作。

那时候，贝尔走路、吃饭、乘车甚至连睡觉的时候都在想着电话机。有时候从睡梦中醒来，有了新的想法，他就立即起床画图，沃特森也马上照图施工，并接着进行试验。可是，这些设想都一个接一个地失败了。在他们面前没有现成的路……在随后的两年中，他们究竟试过多少方案，有过多少次失败，已经无法统计。两年后，他们终于制成了两台粗糙的电话机。贝尔和沃特森把这两台电话机分别放置在相距二十几米远的两个房间，用电线将它们连接起来。试验开始，他们对着自己的电话机大声吼叫，可是机器就像聋哑人一样毫无反应，他们都快把嗓子喊哑了，依然不能通话。他们沮丧极了，两年来牺牲了所有的休息和娱乐，耗尽了心血，造出来的电话却是个不争气的"哑巴"。

面对一次又一次的失败，贝尔没有退却，他苦苦地思索着：为什么会失败呢？是设计的毛病、制作的差错，还是用电传递声音的原理不能成立？

那天，夜幕降临了，窗外传来阵阵"吉他"的曲调声。这叮叮咚咚的音响，使沉思中的贝尔豁然醒悟。"吉他"的共鸣启发了年轻人，他联想到可能是送话器和受话器的灵敏度太低，所以声音微弱难以辨别。是否可以通过共鸣使声音放大？

贝尔马上设计了一个助音箱的草图，一时找不到材料，他们就把床板拆下来，两人一起动手，连夜制作，做好时天已经亮了，他们草草地吃了几口面包，又接着调整机器。一连两天两夜他们都没有合眼，到第三天傍晚终于完成了。他们不顾天气炎热，浑身汗水，接着进行试验。一端，沃特森把受话器贴在耳边，另一端贝尔对着送话器大声呼喊："听见了吗？沃特森。"沃特森屏气静息地听着，受话器里的声音开始非常微弱，后来变得清晰响亮起来，沃特森惊喜万分："贝尔，我听见了！我听见了！"两人欣喜若狂。

电话终于试验成功了！历史记录下了这难忘的时刻——1875年6月2日傍晚。

又经过半年多的努力，贝尔将其改制成实用的电话机。1876年2月14日，贝尔获得了电话机的发明专利，专利证号码为No：174655。

贝尔当年的电话机现在还保存在美国华盛顿历史与技术博物馆里。人们将永远不会忘记贝尔发明电话的功绩。

各位，当你再次拿起手中的电话时，是否也为贝尔不怕失败、敢于创新的精神所感动？如果换作我们，那么会怎么样呢？

1.3.2 相关概念

所谓精神，是指人的意识、思维活动和自觉的心理状态、意志、性格等。创新精神特指人的创新意识和创新性格，其中，又包括创新愿望和创新动机。

在构成创造力的因素中，创造性是一个充分条件，而排在这个充分条件第一位的则是创新精神。创新精神是创造发明的内动力，是主导，是前提。它是指挥一个人行动的能源。所以，想要创新的人，首先要培养自己的创新精神。

有人对800名男性进行了几十年的追踪调查发现，成就最大的人并不是智力最好的人，而是创新精神最强的人。由此也可以看出，创新精神是创造者与普通人的最大区别。

一个真正的创新者一定具备以下特征：

(1) 虚心好学，坚持不懈；

(2) 善于发现问题、分析问题和解决问题；

(3) 敢想、敢干、敢于实践；

(4) 百折不挠；

(5) 以造福人类为终极目标，而不是为了追求财富。

1.3.3 创新意识

创新意识中最重要的是要有创新的愿望，其次是要有正确的创新动机。一个人的愿望形成是需要外部环境的，比如，小孩子从小就受到家长的鼓励和引导，从而热爱创新，一名工作人员受到单位的倡导和激励制度的影响，从而热爱创新，等等。

在创造力的概念中，还有一点很重要，那就是创造力带有方向性。换句话说，它是矢量。这就意味着在一个群体中，很有可能出现这样的情况。每一个个体的创造力都很高，但由于方向的混乱，因此最终表现的群体创造力可能为零。

造成这种现象的原因在于——环境！一个人的创造力能否源源不断地释放出来，与环境有很大关系。环境是否鼓励创新，有没有相应的激励制度等，都影响创造力的发挥——通过影响创新精神、创新动机等而影响创新能力。所以，这就是为什么很多企业都通过制定好的创新激励制度来持久地鼓励员工的创新行为的原因。国家也是一样，国家通过各种科技进步奖项、鼓励科技创新企业、提倡自主创新、实施863计划等一系列措施来鼓励民众的创新活动，从而提升国家的整体创新能力。

1.3.4 创新性格

创新性格中最重要的是两大性格特征：一个是自信；一个是不怕失败，百折不挠。

心理学调查研究发现：世界上95%的人都有自卑感，由于自卑感造成的人才埋没远远高于因社会环境造成的埋没。这种自我埋没极大地遏制了人们创造才能的发挥。想想看，你曾经埋没过自己吗？要不然会……

自卑的表现：我天生就不是那块料；我从小就笨，不如别人聪明；我肚子里的"墨水"太少，搞不了创新；我是女生，怎么也干不过男生；我的情况特殊，没有别人的条件好，等等。

自卑成了我们最大的敌人！因此，一个创新者首要是自信，要相信自己能行！在这里，和各位朋友分享一个提高自信心的体会："觉得别人伟大，是因为自己跪着，站起来吧！"

创新面前没有权威，没有强者，只要我们敢于去创新，我们自己就是创新的强者，而且，科学告诉我们，每个人的创新潜力是一样的，只是释放的程度不同而已。

另外，创新本身就是做前人没有做过的事情，因此，极有可能遇到失败。而成功的人和失败者的区别在于：他们遇到的失败是相同的，但他们对待失败的态度截然不同。

失败者让失败变成了真正意义的坏事，而成功者让失败变成了前进的新动力。其实，只要我们不放弃，是没有什么真正的失败的，除非我们自己放弃。

1.4 【创新人物】杰夫·贝佐斯

杰夫·贝佐斯，创办了全球最大的网上书店Amazon(亚马逊)，1999年当选《时代周刊》年度人物。2013年8月，贝佐斯以个人名义花费2.5亿美元收购《华盛顿邮报》。

杰夫·贝佐斯1964年生于美国新墨西哥州，1986年在普林斯顿大学取得了电子工程学和计算机系双重学士学位，先后进入过高科技公司、银行家信托公司、证券公司工作。1994年，他借助父母的30万美元启动资金成立了亚马逊公司，在强调用户体验和数据的基础上，逐渐把亚马逊从网上书店拓展成了涵盖全品类的全球最大的B2C网络购物中心。他还进一步驱动了亚马逊向云服务云计算的转型。

贝佐斯突出的风格是：为了长远价值选择承受当期损失，极端重视用户体验。

贝佐斯认为，移动互联网时代竞争的绝不只是终端设备，而是资源和业务的整合，是平台层面的竞争和入口之争。他在2007年推出电子阅读器Kindle，2011年又推出平板Kindle Fire，以便把亚马逊平台上的多媒体内容更便捷地销售给用户。

下面我们来一起看看杰夫·贝佐斯的故事。

试想一下，如果你在27岁时就成为一家不错的公司的副总裁，而且你的圣诞红利就高达6位数的话，你会冒险辞职转而去做一件跟当前的工作没有太多关联，而且也看不出前景到底如何的事情吗？客观来说，大部分人可能都没有这样的勇气。

让我们把目光先投向1986年。毕业于普林斯顿大学的杰夫·贝佐斯，本有机会进入英特尔或者贝尔实验室这样的大机构，但是他选择去了菲特尔创业型技术公司，成为公司的第11名雇员。这家公司是几位哥伦比亚大学教授创办的，具体业务是处理跨境证券交易。

两年之后，贝佐斯来到了华尔街，进入了美国信孚银行(Bankers Trust New York Corporation)，也称纽约银行家信托公司，这是一家控股银行。1990年，杰夫·贝佐斯看准了对冲基金的前途，便投身到华尔街的热潮之中，进入避险基金公司(D.E.Shaw&Co)，并成功地替公司建立起为数庞大、运作巧妙的对冲基金。他因此也在1992年成为该公司最年轻的资深副总裁。

进入1994年，正当家人们都为他英明正确的决定和不菲的收入而高兴的时候，贝佐斯却出乎所有人的意料，辞职了。当然，你现在知道，是因为互联网的用户激增给他带来了诱惑。那么贝佐斯怎么评价自己当时这样的行为呢？

他这样说："将来当我年届八旬回首往事时，我不会因为今天离开华尔街而后悔，但我会因为没有抓住互联网迅猛发展的大好机遇而后悔。"

是啊，其实回首往事，我们也往往能看到一些机会点，但又有多少人具有他那样的勇气和精神呢？敢于创新的精神正是成功者与普通人的首要区别。

可是，贝佐斯想办一个网上书店，遇到的第一个问题就是资金从哪里来？虽然自己这些年也有些积蓄，但离创业资金还差得很远，他想到了自己的父母。当时他的父母有30万美元的养老金。当贝佐斯向父母说明了他的用意后，父母只商量了一会儿，就把钱交给了儿子，并说道："我们对互联网不了解，更不知道什么是电子商务，但我们了解、相信你——我们的儿子！"

1994年，贝佐斯用30万美元的启动资金，在西雅图郊区他租来的房子的车库中，创建了全美第一家网络零售公司——亚马逊网站。当时，仅有三个"太阳"公司生产的工作站和300名免费试用的顾客。为了让亚马逊在传统书店如林的竞争压力中站住脚，贝佐斯充分利用他对网络的理解和网上技术优势，花了1年的时间来建设网站和设立数据库。他很小心谨慎，仅软件测试就花了3个月的时间。事实证明了贝佐斯的做法极其正确。我们后来看到，"人性化"的界面，舒适的视觉效果，方便的选取服务，都是贝佐斯在软件方面的创新之举。

1995年7月，亚马逊正式打开了它的"虚拟商务大门"。虽然亚马逊面临着许许多多来自传统书店的竞争，但是它却有着非凡的优势。

首先，亚马逊是最便宜的书店之一，它天天都在打折，几乎是全球最大的折扣商，有高达30万种以上的书目可以给予折扣优惠。

其次，它还有比传统书店更方便快捷的服务和更全的书目。在亚马逊网站购书，一般3秒钟之内就可得到回应，大大节省了顾客的时间。传统书店最多只能有25万种不同的书目，而亚马逊在网络上却可以拿出250万册的书。贝佐斯说：如果有机会把亚马逊所提供的目录以书面的方式印制出来的话，大概相当于7本纽约市电话簿的分量。速度也同样表现在库存货物的更新上。亚马逊除了200册的畅销书品种外，几乎不存在库存。但即使是这个库存，亚马逊更新的频率还是让人吃惊。有数据显示，亚马逊每年更换库存达150次之多，而传统书店则不过3～4次。这个数据不仅表现了亚马逊的速度，也表现了它的销量。

你可能要问了，亚马逊是怎样达到这样大销量的呢？

贝佐斯是互联网上货真价实的创新者！

亚马逊目前拥有3万个"委托机构"，这些"委托机构"在各自的网站上，为亚马逊推出的书籍做推荐工作。当上网的访客在它们的网站上以点选的方式购买推荐的书籍时，这些机构可以向亚马逊抽取15%的佣金。这个创意现在已被广泛地仿用。同时，贝佐斯还协助定义了一个以购物网站为中心的互联网社区。这个社区的编辑内容每天都会更新，同时还提供了"读者书评"和"续写小说"的服务。他是第一个在网络上采用这种方式的人，仅这两项小创新，至少为亚马逊增加了近40万名顾客。

亚马逊奇迹般地快速扩张，到了2000年1月，亚马逊的市价总值已经达到了210亿美元！在5年的时间里，亚马逊创造了一个网络神话。这就是"亚马逊方式"。

让我们记住贝佐斯的话："人们满怀激情地相信互联网和电子商务的未来，因此，他们也多多少少是带着这种信仰来投资的。我们确信，一味专注于短期的利润，肯定是一个大错误，我们当然必须关注长期的利润。"

经典语录：

(1) 失败是发明与创造的必备成分。如果在做实验时，你已经知道这个成分会起作用，那这就不是一个真正意义的实验了。所以如果想要发明、想到创造，失败是不可或缺的、不可避免的。

(2) 成功没有神奇妙方，关键是要抢在别人前面。

(3) 在农村你要学会的一件事就是如何自力更生。一切事情都要自己动手做。这种自立是你可以学习的东西，外祖父是我的榜样：如果有东西坏了，就要自己动手修好。要做成一些你以前从未接触过的事情，那么就必须顽强和专注，顽强和专注到别人或许认为不合情理的地步。

(4) 只要你愿意投入时间和精力来培养新技能，那么你就能做你应该做的事。如果你只涉猎你能力所及的领域，那么你的技能就会过时。

(5) 最开始我们就是以客户为出发点，现今只是回到起点，为了服务好客户，我们学习所有需要的技巧、开发和建造所有需要的技术。

2018年3月，福布斯2018富豪榜发布，杰夫·贝佐斯以1120亿美元的身价首登首富之位；同年4月，获《时代周刊》2018年全球最具影响力人物荣誉。

1.5 思考与测试

1.5.1 思考题

(1) 按照创新的含义,你是否可以自己列举几个例子?请随手记录下来。
(2) 左撇子好不好?你能列举出知名人士中谁是左撇子吗?
(3) 创新除了可以说成"做别人不做的事"外,还能换成什么说法?越多越好。
(4) 你对失败是怎样理解的?反思自己是否能正确对待一次次的失败?

1.5.2 测试题

【创新意识测试】

想知道你是一个勇于尝试新事物、积极进取的人吗?完成以下测验,即可知道自己是不是有创新意识的人。

(1) 在周末的晚上,不用做家务,你会(　　)。
　　A. 招来几个朋友,租用几盒录影带
　　B. 独自在家看电视
　　C. 独自到林荫路散步,或到商店购买些物品
(2) 上次你改变发型是在什么时候?(　　)
　　A. 五年前
　　B. 你从未连续两天梳同样的发型
　　C. 六个月前
(3) 在餐馆进食时,你会(　　)。
　　A. 常要同样的喜欢的菜,也尝试其他的菜
　　B. 如果有一人说好吃的话,会尝新的菜
　　C. 常要不同的菜
(4) 你和家人刚旅行回来,旅途中经常下雨,朋友问你旅行的情况,你会(　　)。
　　A. 说:那虽不是理想的旅行,但还是过得去
　　B. 抱怨天气,抱怨和家人旅行的不快
　　C. 描述可怕的旅途时你也提到景色的美妙
(5) 你的学校为学生提供义务工作的机会,你会(　　)。
　　A. 立即登记,因为这可获得社会经验和认识新人
　　B. 知道其中的意义,但是因为个人活动多,去不了
　　C. 根本不考虑登记,因为你听说这样的工作太多
(6) 你和约会者吃完午餐,对方问你做什么,你会(　　)。
　　A. 说"随便"
　　B. 说"如果你喜欢,我们看电影吧"
　　C. 提议到新开的俱乐部去,你听说那里很好
(7) 在舞会上,给你介绍一位聪明的小伙子或姑娘,你会(　　)。
　　A. 谨慎地和他或她交谈,话题一直限于天气、电影

B. 将你的生平故事告诉他或她
　　C. 将你上周听到的笑话讲给他或她听，然后问他或她是否想跳舞
(8) 给你提供一个机会，作为交换学生到国外学习一个学期，由于时间紧迫，你会(　　)。
　　A. 要求一周的时间考虑
　　B. 立即准备行装
　　C. 根本不考虑，因为你已制订了学习计划
(9) 你的朋友将他写的关于自由的文章给你看，你不同意他的观点，你会(　　)。
　　A. 假装同意，因为担心说真话会伤害他的感情
　　B. 将你的感觉告诉他
　　C. 改变话题闲谈，避开问题
(10) 你到鞋店打算买一双简朴实用的鞋，结果你会(　　)。
　　A. 买一双鞋，正好是你想买的
　　B. 买一双红色的牛仔靴，既不简朴，也不实用
　　C. 买一双很流行的鞋，你只能明年穿

【创新人格测试】

测试题：以下20个陈述，没有什么对或错，只是在查看你的态度，请根据自己的情况用下列符号回答：

A——很同意；B——同意；C——不确定；D——不同意；E——很不同意。
(1) 我很注意学习新知识、新思想和新观点。(　　)
(2) 我愿意尝试用新的观点和新的方法去解决问题。(　　)
(3) 我已经能熟练运用计算机进行学习、办公、开展业务活动或进行课堂教学了。(　　)
(4) 我对将发生的事情总有预见性。(　　)
(5) 我的同事总是可以依靠我掌握现有设备的新用法。(　　)
(6) 我有幽默感。(　　)
(7) 我愿意经常和其他不同公司或部门的专家接触。(　　)
(8) 我喜欢在工作中学习。(　　)
(9) 在会议上我会就工作的新方式提出建议。(　　)
(10) 我常在工作上自加压力，自找动力，自我激励。(　　)
(11) 我喜欢思考较高的工作目标并将其结果具体化、社会化。(　　)
(12) 思考问题时我注意放开，不受一些原则或条约的束缚。(　　)
(13) 我乐意听取朋友、同事们的意见。(　　)
(14) 我常把自己的工作放到市场上、社会上的层面来审视，以期提出更加完善的举措。(　　)
(15) 不愿例行公事的人不应该被惩罚。(　　)
(16) 我对正式的会议讨论感到很沮丧。(　　)
(17) 当一个新项目开始时，我希望更多地了解工作的数量而非工作的质量。(　　)
(18) 在工作中我有能力使工作多样化。(　　)
(19) 我打算离开一个对我来说没有挑战性的工作。(　　)
(20) 我不在乎别人对我的想法说三道四。(　　)

第 2 章

创 新 思 维

想象力比知识更重要，因为知识是有限的，而想象力概括着世界的一切，推动着进步，并且是知识进化的源泉。

——现代物理学的开创者、集大成者和奠基人　阿尔伯特·爱因斯坦

当你只有一个点子时，这个点子再危险不过了。

——法国哲学家　查提尔

有些人只看见事物的表面，他们问为什么；而我却想象事物从未呈现的一面，我问为什么不？

——美国剧作家、评论家　乔治·萧伯纳

为了变熟悉为陌生，必须改变、逆转或转换那种通常给人们可靠的、熟悉的感觉和思考问题的方式。

——美国麻省理工学院教授　威廉·戈登

【本章知识点】
- 何为创新思维？本质特征是什么？
- 几种常用的创新思维方式是什么？
- 创新思维环境条件是怎样的？
- 如何应用创新思维？

2.1　思维

2.1.1　【案例导读】一磅铜的价格

多年以前，在奥斯维辛集中营里，一个犹太人对他的儿子说：现在我们唯一的财富就是智慧，当别人说1+1=2的时候，你应该想到>2。纳粹在奥斯维辛毒死了几十万人，父子俩却活了下来。

1946年,他们来到美国,在休斯敦做铜器生意。一天,父亲问儿子一磅铜价格是多少?儿子答35美分。父亲说:"对,整个得克萨斯州都知道每磅铜的价格是35美分,但作为犹太人的儿子,应该说3.5美元。你试着把一磅铜做成门把手看看。"

20年后,父亲死了,儿子独自经营铜器店。他特别渴望赚钱,脑海里充满的是赚钱的想法。虽然有的不成熟,有的不现实,但却培养了他这种时常考虑有无赚钱门路的习惯。

他做过铜鼓,做过瑞士钟表上的簧片,做过奥运会的奖牌。他曾把一磅铜卖到3500美元,这时他已是麦考尔公司的董事长。然而,真正使他扬名的,是纽约州的一堆垃圾。

1974年,美国政府为清理给自由女神像翻新扔下的废料,向社会广泛招标。但好几个月过去了,没人应标。正在法国旅行的他听说后,立即飞往纽约,看过自由女神下堆积如山的铜块、螺丝和木料后,未提任何条件,当即就签了字。

纽约许多运输公司对他的这一"愚蠢举动"暗自发笑。因为在纽约州,垃圾处理有严格规定,弄不好会受到环保组织的起诉。

就在一些人要看这个犹太人的笑话时,他开始组织工人将大块废料破成小块,然后进行分类:把废铜皮改铸成纪念币;把废铁、废铝做成纪念品;把水泥做成小石碑;把女神桂冠弄成很好看的小块,标明这是神像的著名桂冠的某部分;把女神像嘴唇的小块标明是她那可爱的小嘴唇……装在一个个十分精美而又便宜的小盒子里,甚至朽木、泥土也用红绸垫上,装在玲珑透明的盒子里。

他将这些纪念品出售,小的1美元一个,中等的2.5美元一个,大的10美元左右一个。卖得最贵的是女神的嘴唇、桂冠、眼睛、戒指等,150美元左右一个,都很快被抢购一空。不到3个月的时间,他让这堆废料变成了350万美元现金,每磅铜的价格整整翻了1万倍。

犹太人并不是天生就比任何种族的人聪明,但他们更懂得怎样去铸造智慧这枚无价的金币。在他们的孩子刚懂事的时候,母亲们就会将蜂蜜滴在书本上,让孩子去舔书上的蜂蜜,其用意是想告诉孩子:书本是甜的。

诺贝尔奖获得者华人物理学家李政道说过:"一个人想做点事业,非得走自己的路。要开创新路子,最关键的是你会不会自己提出问题,能正确地提出问题就是迈开创新的第一步。"

2.1.2 相关概念

400年前,法国著名思想家、哲学家帕斯卡尔曾经说过:"人只不过是一棵芦苇,是自然界最脆弱的东西,但他是一棵能思考的芦苇。"他又说:"人的全部尊严就在于思想。"除了思想,我们实在找不到可以笑傲万物的地方:论奔跑不及猎豹,比魁梧难敌熊类,飞翔比不上鸟类,潜水远不及海龟……而使人类成为"宇宙之精华,万物之灵长"的唯一有我们在生物界中独领风骚的思想。正如恩格斯所说:"思维者的精神是地球上最美的花朵!"

思维是为了完成某项任务大脑进行的活动。通俗点说,就是思考、思索。如果再分解一下,思就是想的意思,维就是维度和秩序,因此,思维就是大脑为了解决某个问题而进行的不同维度的、有秩序的思考。这里的不同维度和秩序就是我们常说的思维方式。

人们的思维方式不同,对同一个问题的思考可能得到的结论也不同。年纪大点的人可能都有体会,小时候我们看一部电影,判断或评价一个人,常常从"好人还是坏人"的角度去评价。我们把这称为"不是黑就是白"的"二元论"的思维方式,此时思维的维度只有一个,评判的标准也只有一个,因此,这种思维方式被称为"二分法"或者叫作一分为二。不用说,只从一个维度去看待人,去思考事情,其结果或可能性的答案就会很少。

后来我们长大了，发现也会出现"有时好有时坏的人""好的时候多、坏的时候少的人"或者"不好判断他是好还是坏的人"，这就不再是"一分为二"了，而是一分为多。这时候就要求我们要用复杂的思维方式来看待事物，也就是要用系统论的观点来认识事物。

系统论的观点要求我们要进行多维度、全方位的思考。还以对人的评价为例，随着我们知识及人生阅历的增多，我们会发现，评价人的维度除了从"善恶"的角度去思考以外，还有别的角度，比如从财富的角度，可以分为"穷人、富人"；从心态的角度，可以分为"积极的人、消极的人""乐观的人、悲观的人"；从性格的角度，可以分为"内向的人、外向的人""温和的人、暴躁的人"，等等。从不同的维度去思考问题得到的答案会更加丰富，而且维度本身的增加有助于我们更好地认识事物的本质。

可以说，对复杂事物的认知，运用什么样的思维方式至关重要。正确的思维方式可以帮助我们迅捷地接近事实真相。

一个人外在表现的能力高低，是其思维能力在起主要作用。为什么这么说呢？因为一个人表现出来的聪明才智，除了知识和技能等因素外，还有赖于思维方法的正确性。在生活或者工作中我们常常可以看到，当遇到一个棘手的问题，尤其是遇到突发事件时，有些人能够做到有条不紊，能从纷乱的现象中很快理出头绪来，从而迅速地把问题解决；但也有些人正好相反，他们在碰到问题时很慌乱，心里乱糟糟地理不出头绪，甚至越理越乱，最后问题不但没有解决，反而把事情搞得更糟。这其中的差别就是思维能力的不同。

思维由以下三个基本要素构成。

(1) 智力。智力取决于基因和幼年期后天环境的影响与教育，即天赋与后天教育的统一。但相对来说，后天教育对智力的高低起着更加关键的作用。比如大家熟悉的狼孩的例子，就充分证明了这一点。智力主要表现为观察力、注意力和记忆力。

(2) 知识。知识是通过学习和社会实践而得到的对事物的认识，主要指科学文化和社会经验等。比如，通过学习，我们都知道了太阳系、银河系等天文知识；通过实践掌握了基本的为人处世的经验，从而能正确地对人做出判断。

(3) 才能。才能是人们能有效地达到某种目的的心理能量。才能分为两部分：一部分是特殊才能，比如音乐、舞蹈、体育、绘画等，与人的天赋有关；另一部分属于一般才能，与后天的教育实践有关。

思维是一种能力，是先天与后天结合、学习与实践结合的综合能力。在思维三要素中，智力是基础，有了智力，通过学习可以拥有一定量的知识与经验，将这些知识和经验运用于实践，就能培养才能。这三要素对构成我们的思维能力必不可少。

2.1.3 知识与思维能力

思维活动依赖于知识与思维能力这两个内在要素的相互作用。知识在思维活动中相对稳定，是思维活动的基础、材料和结果。思维能力在思维活动中相对活跃，它在思维活动中把各种不同的知识联系起来。知识和思维能力既相互区别，又相互联系，共同构成了人类思维的相对独立的运动。

作为思维活动必不可少的要素，知识和思维能力在存在方式、作用和生理基础等方面都有着巨大差异。

(1) 存在方式不同。知识是相对稳定的、可以用语言符号表示出来的东西,而思维能力是一种看不见、摸不着,很难用固定形式把握的活的东西。

(2) 所起作用不同。知识为思维活动提供了信息,没有这些基础,思维活动就难以进行。思维能力则为思维活动提供加工处理信息材料的能量,没有了思维能力,思维活动一样不能达成。仅仅依靠知识的积累,思想是不可能向更高层次发展的。如果把知识比作盖房子的砖,那么思维能力就是盖房子的人。只有有能力的建筑人员把一块块砖搭建起来,才能完成整个房屋的建造。思维能力通过作用于知识这种相对稳定的材料,赋予它灵魂,创造出各种思维活动。

(3) 生理基础不同。知识作为一种记忆内容,以记忆的形式存储于大脑之中,与大脑中的海马回颞叶和乳头体有关。例如,如果将大脑两侧的海马回颞叶切除,病人就不能辨认自己90分钟前所画的图画,不过,推理等认识能力并不受影响。与知识不同,思维能力同大脑额叶有关,当人的大脑额叶受损时,其思维能力就会发生障碍,比如不能抽象思维、不能预料事情结果甚至会做出对自己和他人有害的事情。因此,对思维活动来说,知识和思维能力是两种截然不同的要素,不能混为一谈,否则就会引起难以预料的后果。人才是生产力诸要素中的核心,是知识、技能、能力的综合载体,然而,很多企业在招聘甄选中,往往偏重应聘者的学历而非综合素质,将应聘者的高学历等同于其实际能力。这常常会导致选才、用人的错误决定,影响工作的实际开展,浪费企业的时间与成本。

知识和思维能力虽然有着本质区别,但这两者之间也存在着密不可分的内在联系。当今社会,信息每时每刻都在飞速增长,并且这种增长呈现出一种加速度的趋势。因此,人们不可能接收并记住所有的知识,要从容面对这个信息过量的社会,必须有加工处理知识、信息的思维能力,否则就有可能被汹涌的知识流所淹没。

知识依赖于一定的思维能力,思维能力也离不开知识。一方面,思维能力的提高必须通过学习知识来达到,人们在学习知识和从生活中提炼知识的时候,都要运用思维,养成勤于思考的习惯,训练并培养思维能力。另一方面,思维活动依赖于知识与思维能力两个要素,思考能力要发挥作用需要以知识为基础。较多的知识和信息可以帮助人们有效地进行思考,得出合理、客观的结论。

2.1.4 思维研究意义

法国思想家帕斯卡曾说过:"想要压倒人,世界万物并不需要武装起来,一缕气、一滴水,都能置人于死地。但是,即使世界万物将人压倒了,人还是比世界万物要高出一筹,因为人知道自己会死,也知道世界万物在哪些方面胜过自己,而世界万物则一无所知。"这是因为人类具有其他万物都不具有的灵性——思维,所以人类即使在感觉和体能上相对其他动物没有什么优势,但仍能在万物中占据统治地位。因此,思维和思维研究对于人类的生存和发展有着重要意义。

思维,特别是高水平的思维是把人类和其他动物区分开来的本质属性,思维赋予了人类认识世界和改造世界的主要力量,帮助人类创造了高度发达的物质文明和精神文明,如果没有人类的思维,就不可能有人类的认识及其发展,也就不可能创造出如此辉煌的现代文明。更进一步来讲,人类的力量在于思维,人与人之间的竞争说到底是思维的竞争,研究思维、优化思维能够有效提高人类的主体性力量,提高个人和群体的核心竞争力。

2.2 创新思维概述

2.2.1 【案例导读】阿里巴巴

阿里巴巴,中国最大的网络公司和世界第二大网络公司,是由马云在1999年一手创立的企业对企业的网上贸易市场平台。

阿里巴巴作为中国电子商务界的一个神话,从1998年创业之初就开始了它的传奇发展。它在短短几年时间里积累了1000余万的企业会员。现今,经过平台延展,从"中国制造—中国销售"变身为"全球制造—全球销售",阿里巴巴已经成为与亚马逊、雅虎、谷歌、易趣比肩的全球五大互联网模式之一。这一切都归因于阿里巴巴对中国国情和市场状况的把握与透析,对全球互联网及电子商务的深刻理解,以及其自身不断强化的创新能力。1995年2月,教了6年书的马云离开学校开始创建第一家互联网公司——杭州海博电脑网络技术公司。当时的他其实并不懂电脑,但却注册了一家电脑公司,马云说做不到的事情,要想办法绕过去也要做到它,这样才能创新。

阿里巴巴的第一个创新业务是做"电子公告板"。创业之初,正是互联网电子商务热潮期,阿里巴巴没有像其他互联网企业一样"砸钱"建立完善的电子交易平台,而是从中小企业最需要的订单信息入手,做电子公告板(相当于现在最普通的BBS)。这个不起眼的创新,却使阿里巴巴从此专心贴近中小企业最需要的服务。

阿里巴巴的第二个创新业务是推出"诚信通计划"。让网上交易参与者公开自己的诚信档案以及对他人的交易评价。原来担心可能会把大部分客户挡在门外,没想到却在一部分诚信客户的带动下,吸引了更多希望诚信交易的中小企业。

在这之后,阿里巴巴继续不断地创新。发展淘宝网C2C业务,创新网上支付模式,以担保机制建立"支付宝"付款业务,突破传统模式,将买软件转变为买服务,使价格更优,服务效率更高。

随后,阿里巴巴陆续推出了一系列为中小企业量身打造的新产品及服务,如"旺铺""诚信通个人会员""Export-to-China""出口通""钉钉"等,在众多创新产品的推动下,注册用户数和收费用户数的增长率都有极大上升。

阿里巴巴的梦想:"通过发展新的生意方式创造一个截然不同的世界。"

阿里巴巴拥抱变化,迎接变化,勇于创新。要求员工适应公司的日常变化,不抱怨;面对变化,理性对待,充分沟通,诚意配合;对变化产生的困难和挫折,能自我调整,并正面影响和带动同事;在工作中有前瞻意识,建立新方法、新思路;创造变化,并带来绩效突破性提高。

目前阿里巴巴旗下公司主要有:阿里巴巴、淘宝网、天猫、支付宝、一淘网、聚划算、阿里妈妈、阿里软件、淘花网、中国雅虎、口碑网、阿里云、阿里巴巴国际交易市场、全球速卖通、菜鸟网络、蚂蚁金服等。

2.2.2 相关概念

创新思维,又称为创造性思维,是人类思维的高级形式,是人们可以在现有的科学认知基础上,创造出新成果,形成新的认知结构,并使认识达到一个新的水平,从而实现探索未知、创造新知。通俗来讲,创新思维是指发明或发现一种新方式用以处理某件事情或表达某种事物的思维过程。它是一个相对概念,是相对于常规思维而言的。它意味着开动脑筋、打破常规、用智慧解决问题。

以前人们一提起创新，总认为它指创造发明之类的较大的新思想与结果的产生。在20世纪前半叶，创新思维还被认为是天才专有的神秘天赋，到20世纪60年代后，人们才逐渐形成一种较实际的观点，认识到创新思维是每个正常人都拥有的思维形式。一个人只要他会选择不同的行走路线，他就已经会创新了。

美国著名哲学家和教育学家杜威说："一个3岁的儿童发现他能用积木做什么事情，或者一个6岁的儿童发现他能够把5分钱和5分钱加起来成为什么结果，即使世界上人人都知道这种事情，他也是一个发明家。"所以说，不仅文学家、社会学家、科学家能够产生创新思维，平常人也一样有这方面的能力。

经验表明，善于运用创新思维，往往意味着实践上的成功，因而长期以来，一直有人试图总结创新思维的规律，探索其中的奥秘，发现科学的训练方法。

尽管到目前为止，创新思维还并未完全形成一门概念明晰、体系完整的新学科，但与此相关的理论研究和社会实践一直在不停地进行，有些方面的研究已经取得了十分丰硕的成果。例如，创造学是与创新思维联系最为紧密的一门新学科，它于20世纪上半期发源于美国，在理论研究方面，美国首屈一指；若论民间普及程度，则日本当属第一，日本曾多次举办"每日一创"活动，收效甚广。2008年，国务院发布《关于促进自主创新成果产业化的若干政策》，鼓励在市场经济条件下，营造良好的体制政策和法制环境，提高企业自主知识产权成果产业化能力，推动创新产业的发展。在此背景下，我国的各行各业都在推动创新能力提升，尤其是企业，在技术、销售、管理等方面取得了一定的创新成果，阿里巴巴公司就是这方面的典范。

其实，一个人的能力高低主要是思维能力在起作用，同样，构成创新能力的核心也是创新性思维能力。大家是否还能回忆起创新的过程分为哪两步？是的，分为想和做。这里的想实际上就是特指创新思维过程，而做则是指怎样把思维转化为行动和结果。大家都知道，要有好的结果，首先是想法要正确，正确的思想才能产生正确的结果，因此，创新能力的核心也是创新思维能力。

📖 小故事

18元8角8分

一次记者招待会，周恩来介绍我国建设成就。一名西方国家记者问周恩来："中国人民银行有多少钱？"这位记者的意思是让周恩来说中国人民银行里没多少钱。面对这一涉及国家机密而且不友好的提问，周恩来笑了笑，很快答道："中国人民银行有18元8角8分钱。"在场的人全都愣住了。他解释说："中国人民银行的货币面额为10元、5元、2元、1元，5角、2角、1角，5分、2分、1分，共10种，合计为18元8角8分。中国人民银行有全国人民做后盾，信用卓著，实力雄厚，人民币是世界上最有信誉的一种货币。"

话音刚落，全场立即响起热烈的掌声。

周恩来对于"中国人民银行有多少钱"这个问题的回答就运用了创新思维。常规思维的答案是"没有多少钱"或者"无可奉告"，但这两种回答都不能达到好的效果。而周恩来的创新回答，以"总面额"替代"总金额"，有意回避问题的实质，既堵了外国记者的口，又不损害招待会和谐的气氛，而且其语言风趣，充分表现出他过人的应变能力和高超的语言艺术。此事堪称外交佳话，实在令人佩服！难怪肯尼迪夫人杰奎琳说："全世界我只崇拜一个人，那就是周恩来。"

可见，创新思维是在常规思维的基础上发展起来的，但它是思维活动中最积极、最有价值的形式，是思维的高级形式，是人类探索事物本质，获得新知识、新能力的有效手段。德国物理学家普朗克说："思考可以构成一座桥，让我们通向新知识。"这里的"思考"，特指的就是创新思维。

2.2.3 创新思维的本质特征

创新思维与一般思维相比，就是以新颖独创的方式方法来解决问题。创新思维以不断发展变化的动态社会为基础，不局限于某一种思维模式，是一种灵活多变的、富于探索性的、以不断变化的现实为标准的思维形式，和充满活力的年轻人一样，创新思维也追求个性。

1. 创新思维的求异性

创新思维的本质是求异、求新，具有前所未有的特征。创新思维本身就是一个求异性的思维方式。求异性又称为新颖性、原创性和突破性。而所谓求异性，是指在认识过程中着力于发掘客观事物之间的差异性、现象与本质的不一致性、已有知识与客观实际相比而具有的局限性，等等，是对常见现象和人们已有的习以为常的认识持怀疑、分析、批判的态度，在怀疑、分析和批判中去探索符合实际的客观规律。换句话说，就是学会用"新眼光"去看待问题，突破思维的惯性。比如可以在原料、结构、性能、材料、外形、色彩、包装乃至加工方法上找到新的方法。

一个好的创意会让人产生一种眼前一亮的感觉。这就源于创新思维的新奇，也就是求异性。如果老调重弹、平平淡淡，必然乏味。

> 📖 **小故事**
>
> **世界上最小的机器**
>
> 瑞典皇家科学院10月5日宣布，将2016年诺贝尔化学奖授予让-皮埃尔·索瓦日、弗雷泽·斯托达特、伯纳德·费林加这三位科学家，以表彰他们在分子机器设计与合成领域的贡献。
>
> 分子机器是指在分子层面的微观尺度上设计开发出来的机器，在向其提供能量时可移动执行特定任务。诺贝尔奖评选委员会在声明中说，这三位获奖者发明了"世界上最小的机器"，将化学发展推向了一个新的维度。
>
> 据介绍，三位获奖者完成了分子机器设计与合成的"三步走"：第一步，索瓦日成功合成了一种名为"索烃"的两个互扣的环状分子，而且这两个分子能够相对移动；第二步，斯托达特合成了"轮烷"，即将一个环状分子套在一个哑铃状的线形分子轴上，且环状分子能围绕这个轴上下移动，并成功实现了可以上升高度达0.7纳米的"分子电梯"和可以弯折黄金薄片的"分子肌肉"；第三步，费林加设计出了在构造上能向一个特定方向旋转的分子马达，这个马达可以让一个28微米长、比马达本身大1万倍的玻璃缸旋转起来。有了这三步，分子机器就可以动起来了。

2. 创新思维的突发性

突发性，又称为偶然性、意外性、非逻辑性。创新思维总是表现为在时间上以一种突然降临的情景标志着某一种突破的获得，表现了一种非逻辑的特征，这是在长期量变基础上爆发性的质的突破。一般思维往往是逻辑思维，是在长期研究基础上顺理成章的结果，在时间上往往是顺延的。弗朗西斯·培根曾在1605年说："人类主要凭借机遇或其他，而不是逻辑创造了艺术和科学。"

📖 小故事

王致和与臭豆腐

清朝康熙年间，安徽举人王致和进京赶考，屡试不中，为谋生路，在北京前门外延寿街开了一家豆腐坊。一年夏天，王致和急等着用钱，就让全家人拼命地多做豆腐。说也不巧，做得最多的那天，来买的人却最少。大热的天，眼看着豆腐就要变馊。

王致和非常心疼，急得如同热锅上的蚂蚁一般，忽然他想到了盐，放点盐是不是能让豆腐保存久一些呢？他怀着侥幸心理，端出盐罐，往所有的豆腐上都撒了一些盐，为了去除馊味，还撒上一些花椒粉之类，然后把它们放入后堂。过了几天，店堂里飘逸着一股异样的气味，全家人都很奇怪。还是王致和机灵，他一下子想到发霉的豆腐，赶快到后堂一看：呀，白白的豆腐全变成一块块青方！他信手拿起一块，放到嘴里一尝：哎呀，我做了一辈子豆腐，还从来没有尝过这样美的味道！王致和喜出望外，立刻发动全家人，把全部青方搬出店外摆摊叫卖。摊头还挂起了幌子，上书"臭中有奇香的青方"。当时的老百姓从未见过这种豆腐，有的出于好奇之心，买几块回去；有的尝过之后，虽感臭气不雅，但觉味道尚佳。结果一传十，十传百，不到一上午，几屉臭豆腐售卖一空。

如今的"王致和"品牌被不断发扬光大，已成为老百姓爱吃的日常食品。

当然，创造性成果的产生，是研究者长期观察、研究、思考的结果，是创新思维活动过程的产物。在这一过程中，往往存在着对于形成创造性成果有关键、决定作用的突发性思维的转折点。"山穷水尽"时突然看到"柳暗花明"。这种突发性和偶然性表现在：思想火花的爆发没有固定的时机，它的出现带有极大的随机性。

不管是突然悟到还是灵光一现，均表现了创新思维的这种突然降临的特征，都是在长时间思考基础上的一个突破。一种新思想，可以是在读书时由于某段精辟的论述而突然萌发；也可以是在乘车、漫步、看戏、参加体育比赛时由一句台词或一个偶然的动作得到启发而爆发出来的；还可以是在与人讨论问题时突然受到启发而产生的某种新鲜见解，等等。创意的迸发不分场合、地点和时间，任何事物和事件都会给你带来灵感，让你在思维领域产生突破。

3. 创新思维的敏捷性

创新思维的敏捷性是指在短时间内迅速调动思维能力，具备积极思维、周密考虑、准确判断的能力，还必须依赖于观察力，以及良好的注意力等优秀品质。没有对事物敏锐的洞察力和反应能力，很难从众多事物中发掘到"潜力股"、找到创新的起点。创新思维的敏捷性这一特质有利于寻找创新的突破口和突变点，提升创新人格化能力和创新智力化能力在单位时间内对创新对象的感知程度。

📖 小故事

地产领袖的崛起

潘石屹，活跃于媒体与网络的房地产领袖，他与妻子张欣在1995年共同创立SOHO中国有限公司，现如今他已经成为北京最大的房地产开发商之一。在北京的CBD(中央商务区)，他留下了永久的印记。公司与国际知名建筑大师合作，结合本土客户的需求，他们把创新的设计理念转化成引领潮流的物业。在这个区域，无论在建筑的规模上还是在项目的销售额上，SOHO中国都是最大的开发商，并为中国首都大胆引入了标志性的当代建筑。

1987年底，潘石屹决定南下广州、深圳，春节一过，潘石屹便变卖家当、辞职，到达南头关时，身上剩下80多块钱，这便是多年后外界描述的潘石屹的"创业资本"。在深圳打拼一段时间以后，认为"不能错过历史机遇"的他主动请缨南下海南，迎来了他自认为最多姿多彩的人生阶段。经历海南"房地产泡沫"的吹起和爆炸以后，锻炼了足够胆量的潘石屹决定去北京创业。

一个偶然的机会，在怀柔区政府食堂吃饭的潘石屹，无意中听旁桌的人讲，北京市给了怀柔几个定向募集资金的股份制公司指标，但没人愿意做。潘石屹抓住了这个机会，很快，北京万通实业股份有限公司就建起来了，并募集了资金。北京万通挖到了数亿元的利润，潘石屹开始崭露头角。后来，潘石屹的企业越做越大，他不断地抓住机会，成了如今的地产大鳄。

4. 创新思维的专一性

所谓专一性，是指导引思维目标的确定性，是导引思维过程中已有概念、事物在显意识与潜意识两个层次的集中与凝聚的特征。而创新思维最重要的条件是所研究的问题已经成为研究者的优势目标，即心理学上所说的"优势灶"。量变是质变的必要准备，质变是量变的必然结果，好创意的产生不是"三天打鱼，两天晒网"的结果，它需要专一的目标、持之以恒的思考、坚持不懈的努力。人们要进行创新思维，就要有专一性和确定性，创新思维心理学实验证明：当人的活动具有专一目标时，效率高；而当"一心二用"时，效率会大大降低。专一的目标越鲜明、越强烈，思维活动就越易集中，聚集于一个突破点上，产生聚焦突破效果就越明显。

小知识：

托马斯·爱迪生一生拥有1039项专利，这个纪录至今仍无人打破。他给自己和助手确立了创新的定额：每10天有一项小发明，每半年有一项大发明。有一次他无意中将一根绳子在手上绕来绕去，便由此想起可否用这种方法缠绕碳丝。如果没有思维的连贯性和专一性，是不会有如此灵敏的反应力的。

专一性的案例有还很多，浮力原理的发现源于阿基米德不断地冥思苦想；索尼的产生源于井深大与盛田昭夫在行业领域不断地思考和探索，等等。

有了专一性，才有了相对于他人的"优势灶"。每一次的创新看似偶然而绝非偶然，偶然是必然的结果。

纵观世界500强企业，可以发现它们的基本特征是"在竞争中成长壮大"，并且都有一套立足长远、稳健的经营战略。除此之外，最为重要的是这些企业十分注重从技术、业务、服务、管理等方面进行全面创新。

随着经济全球化发展，市场竞争更加激烈，以"世界500强"企业为代表的世界顶尖企业，不论在企业管理、技术创新还是服务创新方面，都有可借鉴之处。

思考：

索尼公司成立至今只有半个多世纪的历史，却排名在世界500强前列。索尼的成功之路，就在于它与众不同的创新意识与创新能力。20世纪50年代的录音机非常笨重，为了满足人们一边走路、一边听录音机的要求，索尼研发出了随身听，它一上市立刻得到了全世界的认可，引导了一种新的生活方式。随着宽带网时代的来临，面对很多新兴企业的挑战，索尼公司设计出了"索尼梦想世界"：通过将现实世界与网络世界相结合，为消费者提供包括电子产品、游戏产品、音乐产品、影视产品及网络服务等全方位的服务，让人们拥有娱乐与便捷的全新生活方式。

世界500强之一的法国航空公司，则是服务创新的实践者。如在中国航线上，法航对其服务进行了革新，飞机上有中国翻译、中国电影、报纸及风味食品。中国籍员工在机上提供热情服务，在飞机到港及离港时给旅客以帮助。所有这些努力，使旅客更加喜欢搭乘法航的飞机。一个成功的企业一定要有创新精神和创新能力。世界500强企业之所以出类拔萃，正是创新实践的结果。

今天知识创新在经济增长中的贡献率已由20世纪初的5%～20%，上升到80%～90%。如果说近代创新思维在过去200年间使人类生产的社会财富总和翻了一番，那么我们可以断定，以现代创新思维为基石的生产力所生产的社会财富的总和，在今后200年中绝对不止是翻一番，可能是几十番或上百番。可以说，创新思维已成为一个国家富强的源泉，成为社会经济发展的最主要推动力。

2.2.4 常用的创新思维方式

思维是人脑对客观事物本质属性和内在联系的概括和间接反映，而创新思维则是以新颖独特的思维活动去揭示客观事物本质及内在联系，并指引人们去获得对问题的新的解释，最终产生前所未有的思维成果，也称为创造性思维。创新思维给人类带来新的具有社会意义的成果，是一个人智力水平高度发展的产物。创新思维与创造性活动相关联，是多种思维活动的统一，发散思维和灵感思维在其中起决定性的作用。

1. 发散思维

发散思维是指大脑在思维时呈现的一种扩散状态的思维模式，它表现为思维视野广阔，思维呈现出多维发散状，又称为"辐射思维、放射思维、扩散思维或求异思维"。美国心理学家吉尔福特在"智力结构的三维模式"中，便明确地提出了发散思维。他认为，发散思维是从给定的信息中产生信息，其着重点是从同一种来源中产生各种各样的为数众多的输出，如"一题多解""一事多写""一物多用"等方式。不少心理学家认为，发散思维是创新思维的最主要特征，是测定创造力的主要标志之一。

1) 发散思维的特点

(1) 流畅性。其反映的是发散思维的速度和数量特征。流畅性就是观念的自由发挥，指在尽可能短的时间内生成并表达出尽可能多的思维观念以及较快地适应、消化新的思想概念。机智与流畅性密切相关。

(2) 变通性。其需要借助横向类比、跨域转化、触类旁通，使发散思维沿着不同的方面和方向扩散，表现出极其丰富的多样性和多面性。变通性就是克服人们头脑中某种自己设置的僵化的思维框架，按照某一新的方向来思索问题的过程。

(3) 独特性。其是发散思维的最高目标，指人们在发散思维中做出不同寻常的异于他人的新奇反应的能力。

(4) 多感官性。发散思维与情感有密切关系。其不仅需要运用视觉思维和听觉思维，还要充分利用其他感官接收信息并进行加工。如果思维者能够想办法激发兴趣，产生激情，把信息感性化，赋予信息以感情色彩，则会提高发散思维的速度与效果。

> 📖 **小故事**
>
> **哥伦布竖立鸡蛋**
>
> 一次,在西班牙的一个宴会上,一些达官贵人攻击哥伦布,他们以挑衅的口气说:"哥伦布先生,你发现新大陆似乎觉得很了不起,不过在我们看来,这是很平常的事,任何一个人绕着地球转,都会发现这个事实的,即使是傻子也不会视而不见这么一大块土地的。"说罢,这些人不怀好意地哄笑起来。
>
> 哥伦布反问一句:"诸位以为那是件平常的事吗?"
>
> "不错,是一件最简单不过的事了。"
>
> "那好吧,"哥伦布接过话头,他指着餐桌上盘子里的一只熟鸡蛋说,"现在我们不妨做一个试验,先生们,你们当中谁能把这个鸡蛋竖立起来?"
>
> 达官贵人们都去试了试,但谁也没能把鸡蛋竖立起来,都说这是不可能的事。
>
> 哥伦布当即拿起鸡蛋,轻轻地在桌上一磕,磕破了一点鸡蛋的尖头,鸡蛋便牢牢地竖立在桌上了。"诸位办不到的事,我不是办到了吗?"
>
> "是的,这是最简单不过的事,可是刚才你们却谁也没想到。"哥伦布离席而去时还留下了一句令人回味的话:"即使是简单的事也需要有人去发现、去证实,站在后面指手画脚是无用的,关键在于创新。"
>
> 竖鸡蛋和发现新大陆都是简单的事,不是人们不会做,而是有没有想到这样去做,关键在于一个人是否具有创新精神。

2) 发散思维的作用

(1) 核心性。想象是人脑创新活动的源泉,联想使源泉汇合,而发散思维就为这个源泉的流淌提供了广阔的通道。

(2) 基础性。创新思维的技巧性方法中,有许多都是与发散思维有密切关系的。

(3) 保障性。发散思维的主要功能就是为随后的收敛思维提供尽可能多的解题方案。这些方案不可能每一个都十分正确、有价值,但是一定要在数量上有足够的保证。

3) 发散思维的表现形式

顾名思义,发散思维就是向各个方面发展的思维方法,包括多种表现形式。

(1) 平面思维。平面思维是指人的各种思维线条在平面上聚散交错。假设完成一个项目需要9个元素,10代表结果。那么,平面思维就是把9个元素全部找齐整合起来,然后把握各个元素之间的关系,使之互相帮助、互相促进,如图2-1所示。

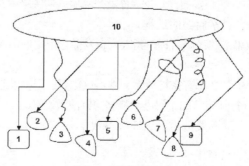

图2-1 平面思维方式

平面思维的特点：
- 平面一般包含点、线、面三个基本构成要素；
- 它是线性思维向着纵横两个方向扩张的结果；
- 平面思维的核心是联系和想象；
- 平面思维更具有跳跃性和广阔性；
- 相对于立体思维来说，平面思维仍然是不全面的。

(2) 立体思维。立体思维是指跳出点、线、面的限制，有意识地从上下左右、四面八方各个方面去考虑问题，也就是要"立起来思考"。

立体思维的特点：
- 占领整个立体思维空间；
- 具有纵向垂直、横向水平、交叉重叠的组合优势；
- 扩大思维活动的范围，拓宽可能性。

创新需要立体思维，立体思维能够帮助人们从整个空间的角度来考虑问题，提高创新的可能性，如表2-1所示。

表2-1 立体思维考虑问题的角度

序号	角度	具体解释
1	空间网络	① 世界上的万物都在一定的空间内存在 ② 立体思维跳出了事物本身，从更高的角度去观察、思考问题 ③ 立体思维使创新的角度有所提高，不仅仅是围绕着事物本身
2	时间网络	① 世界上的事物都是在一定的时间中存在的 ② 立体思维就是要求人们从时间的角度思考问题 ③ 立体思维使创新更具有前瞻性，更具有超前意识
3	事物联系的网络	① 所有事物都不是孤立存在的，彼此之间都是具有联系的 ② 立体思维要求人们从事物千丝万缕的联系中去思考问题 ③ 立体思维让人们更容易找出事物的本质，拓宽创新之路

(3) 逆向思维。逆向思维是指改变一般的思维程序，从相反方向展开思路来分析与解决问题的思维方法，又称为反向思维。

逆向思维的特点：
- 它是发现问题、分析问题和解决问题的重要手段；
- 有助于克服思维定式的局限性；
- 思维取向总是与一般的思维取向相反。

逆向思维的方法如表2-2所示。

表2-2 逆向思维的方法

序号	方法	具体解释
1	怀疑法	① 习惯性的事物不一定是对的，要用怀疑的眼光看待事物 ② 要勇于怀疑、善于怀疑，勇于打破常规，能够从反方向考虑问题
2	对立互补法	① 把握思维对象的对立统一 ② 处理问题时，既要看到事物之间的差异，也要了解事物之间的互补性
3	悖论法	对于某种概念、假设或学说，要积极主动地从正反两方面思考，以找出存在悖论的地方

(续表)

序号	方法	具体解释
4	批判法	① 分辨、评断、剖析言论、行为，以发现客观事实 ② 以比较、分类、分析、综合、抽象和概括等思维技能为基础
5	反事实法	人的思维活动所指向的对象或内容并不都是正在发生或将要发生的事情，可能在心理上对已经发生的事情进行了否定

（4）侧向思维。侧向思维是沿着正向思维旁开拓出新思路的一种创造性思维。通俗来讲，侧向思维就是利用其他领域里的知识和资讯，从侧向迂回地解决问题的一种思维形式，又称为"旁通思维"。

世界万物是彼此联系的，从别的领域寻求启发、方法，可以突破本领域常有的"思维定式"，打破"专业障碍"，从而解决问题，或者对问题做出新颖的解释。

📖 小故事

一百多年前，奥地利的医生奥恩布鲁格想解决怎样检查出人的胸腔积水这个问题，他想来想去，突然想到了自己父亲，他的父亲是酒商，在经营酒业时，只要用手敲一敲酒桶，凭叩击声就能知道桶内有多少酒。奥恩布鲁格想：人的胸腔和酒桶相似，如果用手敲一敲胸腔，凭声音，不也能诊断出胸腔中积水的病情吗？"叩诊"的方法就这样被发明出来了。

历史上甚至有这样的现象，一些人在自己的领域内未见有什么大的进展，而在别的行业却成绩斐然。

例如：美国画家莫尔斯发明了电报；美国自行车修理工莱特兄弟发明了飞机；学医的鲁迅、郭沫若却成为文学、史学领域的"大家"。

侧向思维的特点是：
- 思路多变，善于联想推导，随机应变；
- 富有浪漫色彩，看似问题在此，其实"钥匙"在彼。

侧向思维的要义在于"他山之石，可以攻玉"，借助系统之外的信息、知识、经验来解决面临的难题。侧向思维是利用事物间的相互关联性，经由常人始料不及的思路达到预定的目标，这就要求思维的主体头脑灵活，善于另辟蹊径，如表2-3所示。

表2-3 侧向思维的应用方法

序号	方法	具体解释
1	侧向移入	① 跳出本专业、本行业的范围，摆脱习惯性思维，侧视其他方向，将注意力引向更广阔的领域 ② 将其他领域已成熟的、较好的技术方法、原理等直接移植过来加以利用 ③ 从其他领域事物的特征、属性、机理中得到启发，导致对原来思考问题的创新设想
2	侧向移出	将现有的设想、已取得的发明、已有的感兴趣的技术和产品，从现有的使用领域、使用对象中摆脱出来，将其外推到其他意想不到的领域或对象上
3	侧向转换	① 不按最初设想或常规直接解决问题，将问题转换成为它的侧面的其他问题 ② 将解决问题的手段转为侧面的其他手段等

在日常生活中常见人们在思考问题时"左思右想"，说话时"旁敲侧击"，这就是侧向思维的形式之一。

> **📖 小故事**
>
> 在视觉艺术思维中,如果只是顺着某一思路思考,往往找不到最佳的感觉而始终不能进入最好的创作状态。这时可以让思维向左右发散,或做逆向推理,有时能得到意外的收获,从而促成视觉艺术思维的完善和创作的成功。这种情况在艺术创作中非常普遍。
>
> 达·芬奇创作《最后的晚餐》时,对出卖基督的叛徒犹大的形象一直没有合适的构思。他循着正常的思路苦思冥想,始终没有找到理想的犹大原型。直到有一天修道院院长前来警告画家,再不动笔画画就要扣他的酬金。达·芬奇本来就对这个院长的贪婪和丑恶感到憎恶,此刻看到他,达·芬奇转念一想,何不以他作为犹大的原型呢?于是,他立即动笔把修道院院长画了下来。在一定的情况下,侧向思维能够起到拓宽和启发创作思路的重要作用。

总之,不论是利用侧向移入、侧向移出还是侧向转换,关键的窍门是要善于观察,特别是留心那些表面上似乎与思考问题无关的事物与现象。这就需要在注意研究对象的同时,间接注意其他一些偶然看到的或事先预料不到的现象。也许这种偶然并非是偶然,可能是侧向移入、移出或转换的重要对象或线索。

(5) 横向思维。横向思维是相对纵向思维而言的,是一种受到其他事物的功能、特征和性质的启发而产生新思维的思维方式,它不一定是有顺序的,同时也不能预测。

纵向思维是按逻辑推理的方法直上直下地进行收敛性思维。而横向思维是当纵向思维受挫时,从横向寻找问题答案。正像时间是一维的、空间是多维的一样,横向思维与纵向思维则代表了一维与多维的互补。最早提出横向思维概念的是英国学者、创新思维之父爱德华·德·波诺。他创立横向思维概念的目的是针对纵向思维的缺陷提出与之互补的对立的思维方法,如表2-4所示。

表2-4 纵向思维与横向思维的区别

纵向思维	横向思维
深挖一个洞	尝试在别处挖洞
一种选择	多种选择
寻找什么是对的	寻找什么是不同的
具有分析性	具有启发性
按部就班,一件事必须紧跟着另一件事	可以进行慎重的跳跃
注重关联,排除不相干的因素	欢迎偶然性的介入
朝最可能的方向前进	探讨最细微的可能性
每个步骤都必须正确无误	步骤中允许出现错误

横向思维通过明显的、不合逻辑的方式寻求解决问题的方法,主要作为传统的批判和分析性思维方式的补充。

横向思维的特点:
- 横向思维可用于帮助个人和团队解决疑难问题;
- 横向思维可用于创造新想法、新产品、新程序及新服务等;
- 横向思维的最大特点是打乱原来固有的思维顺序。

横向思维的作用如表2-5所示。

表2-5 横向思维的作用

序号	作用	具体解释
1	激发新观念	① 有目的地激发新观念的产生 ② 这些新观念有可能产生创造性的成果
2	进行改造	① 解决问题，增长见识 ② 对已有的方法和成果进行改造
3	完善构思	① 发展想法与构思 ② 使想法与构思不断地进行完善
4	保持思维开放状态	① 让人们主动意识到所存在的问题 ② 偶尔会对问题提出质疑与否定

(6) 多路思维。多路思维是指对一个有多种答案的问题，朝着各种有可能解决的方向，去扩散性地思考该问题各种正确答案的思维。解决问题时不应一条路走到黑，而应从不同角度、不同逻辑起点、不同思维程序考察客观事物，形成多方面、多层次、多因素、多变量的整体认识。

思考：

以"电线"为材料，设想它的各种用途

一般人自然地把"电线"和"电、信号"等联系起来，作为导体；也可以把它当作绳用来捆东西、扎口袋等。

但如果你把电线分成铜质、重量、体积、长度、韧性、直线、轻度等要素再去思考，你会发现电线的用途无穷无尽，如可加工成织针，弯曲做鱼钩，可以做成弹簧，缠绕加工制成电磁铁，铜丝熔化可以铸铜字、铜像，变形加工可以做外文字拼图，做运算符号进行运算，等等。

多路思维需要涉及各方面的知识，同时还要综合社会生活经验，这就需要人们在日常生活中细心观察，认真学习，拓宽知识面，我们要敢于冲破陈规陋习的束缚，进行创新思维。

(7) 组合思维。组合思维是指把多项貌似不相关的事物通过想象加以连接，从而使之变成彼此不可分割的新的整体的一种思考形式，又称为"连接思维"或"合向思维"。

组合思维具有创新性、广泛性、时代性和继承性等特点。组合思维的应用形式，如表2-6所示。

📖 小资料

三次组合创造三次革命

许多科学家认为知识体系的不断重新组合是人类知识不断丰富发展的主要途径之一，从这一角度看，近现代的科学的三次大创造是由三次大组合所带来的。

第一次大组合：牛顿，组合了开普勒天体运行三大定律和伽利略的物体垂直运动与水平运动规律，创造了经典力学，引发了以蒸汽机为标志的技术革命。

第二次大组合：麦克斯韦，组合了法拉第的电磁感应理论和拉格朗日、哈密顿的数学方法，创造了更加完备的电磁理论，引发了以发电机、电动机为标志的技术革命。

第三次大组合：狄拉克，组合了爱因斯坦的相对论和薛定鄂方程，创造了相对量子力学，引发了以原子能技术和电子计算机技术为标志的新技术革命。

正像爱因斯坦说的那样："组合作用似乎是创新思维的本质特征。"

组合不是随心所欲的拼凑，不是偶然的巧合，而是思维的积极发散。它将对象在空间上进行拓广思考，多方位、多角度地探索组合的可能性。

如电视+电话=可视电话，数据+文字+图像+声音=多媒体，电子管+电阻+电容=集成电路，台秤+电子计算机=电子秤，飞机+飞机库+军舰=航空母舰，手枪+消音器=无声手枪，自行车+电机+蓄电池=电动自行车，等等。

表2-6 组合思维的应用形式

序号	形式	具体解释	举例说明
1	同类组合	① 若干相同事物的组合 ② 组合对象在组合前后基本原理和结构一般没有根本性变化 ③ 具有组合的对称性或一致性的趋向	双向拉锁、鸡尾酒、双排订书机、多缸发动机、双头液化气灶、双层文具盒、三面电风扇、双头绣花针、1000只空玻璃瓶组合在一起的埃菲尔铁塔等
2	异类组合	① 两种或两种以上不同领域的技术思想的组合、两种或两种以上不同功能物质产品的组合；组合对象(技术思想或产品)来自不同的方面，一般无主次关系 ② 组合对象从意义、原子、构造、成分、功能等任一方面和多方面互相渗透，整体变化显著 ③ 具有异类求同的创新，创新性很强	① 世界上最早的手榴弹——"葫芦飞雷" ② 组合对象：火药、铅块、铁矿石渣、铁锅碎片等物 ③ 组合过程：将组合对象放入一个掏尽籽的干葫芦里，在葫芦颈部塞入火草作为引火物，把葫芦装进网兜 ④ 组合结果："葫芦飞雷"，世界上最早的手榴弹
3	重组组合	① 在事物的不同层次分解原来的组合，然后再按照新的目标重新安排的思维方式 ② 重组作为手段，可以更有效地挖掘和发挥现有技术的潜力	飞机的螺旋桨装在尾部就是喷气式飞机，装在顶部为直升机；企业的"资产重组"；积木、变形金刚、七巧板等玩具
4	共享与补代组合	① 共享组合：把某一事物中具有相同功能的要素组合到一起，达到共享目的 ② 补代组合：通过对某一事物的要素进行摒弃、补充和替代，形成一种在性能上更为先进、新颖、实用的新事物	① 共享组合：吹风机、卷发器、梳子共享同一带插销的手柄 ② 补代组合：拨号式电话改为键盘式；银行卡代替存折
5	概念组合	以词类或命题进行的组合	绿色食品、阳光拆迁、阳光录取、音乐餐厅等
6	综合	为了完成重大课题，在已有的学科、原理、知识、方法、技术不能解决时，创造出新的学科、新的原理、新的方法和新的技术，并对其进行重新组织和安排的思维过程	著名的"阿波罗"登月计划：在美国宇航局组织下，动员了2万多家厂商，120多个高等院校和科研所，400多万人参加，开发项目1300多个，共耗资250亿美元，历时9年，整个系统共使用300多万个零部件

2. 聚合思维

聚合思维，是从已知条件和既定目标中寻求唯一答案的一种思维方式，又称为"求同思维、收敛思维、集中思维"。具体来说，其是对发散思维提出的多种设想进行整理、分析、选择，再从中选出最有可能、最经济、最有价值的设想，加以深化和完善，使之具体化、现实化，并将其余设想中的可行部分也补充进去，最终获得一个最佳方案。

聚合思维具有闭合性、方向统一、结果确定等特点，这种思维使人的思维条理化、逻辑化、严密化。数学中常用的综合法、归纳法、反证法等证明方法均属于聚合思维的范畴。

📖 小故事

猫与司令部

第一次世界大战期间,法国曾和德国交战。法军一个司令部在前线构筑了一座极其隐蔽的地下指挥部,不幸的是,他们只注意了人员的隐蔽,而忽略了某位长官养的一只猫。

当时,德军的一个参谋人员在观察战场时发现:每天早上八九点钟,都有一只小猫在法军阵地后方的一座坟包上晒太阳。于是,他做出了如下判断:一是这只猫不是野猫,野猫白天不出来,更不会在炮火隆隆的阵地上出没;二是猫的栖身处就在坟包附近,很可能是一个地下掩蔽部,因为周围没有人家;三是这只猫是相当名贵的波斯品种,在打仗时还有条件玩这种猫的绝不会是普通的下级军官。据此,他断定那个掩蔽部一定是法军的高级指挥所。随后,德军集中6个炮兵营的火力,对那里实施突袭。

事后查明,德军的判断完全正确,这个法军地下指挥所内的人员全部阵亡。

思考:
中国有句古话叫"多谋善断",其中"多谋"指的是哪种思维?"善断"又是指什么呢?

发散思维和聚合思维都是创新思维的重要组成形式,两者互相联系,密不可分。任何一个创新过程,都必然经过由发散到聚合,再由聚合到发散,多次循环往复的思维过程,直到问题的解决。发散思维与聚合思维的区别如表2-7所示。

表2-7 发散思维与聚合思维的区别

序号	发散思维	聚合思维
1	由问题的中心指向四面八方	从四面八方指向问题的中心
2	一种跳跃式的思维方式	一种连续性的思维方式
3	具有发散性,便于选择、求新	具有闭合性,便于开掘、求深
4	重在疏导、变通和搞活	重在疏理、调节和控制
5	把各种可能性都设想到	对这些可能性进行比较和选择,从中找到最佳方案

发散思维体现了"由此及彼"和"由表及里"的思维过程,而聚合思维体现了"去粗取精"和"去伪存真"的思维过程。也就是,先要"多谋",再来"善断"。

在创新活动中,只有通过发散思维,提出种种新设想,然后才谈得上如何通过聚合思维从中挑选出好的设想,可见,创造性首先表现在发散上。当然发散和聚合是辩证统一的,都是为了达到创新和创造的目的。

概括来讲,发散思维就是海阔天空,聚合思维就是九九归一。

3. 灵感思维

爱迪生曾经说过:"天才,就是一分灵感,再加上九十九分汗水。"灵感是一种在自己无法控制、创造力高度发挥的突发性心理状态下,思维迸发出的火花。当灵感产生时,人们可以突然找到过去长期思考而没有得到的解决问题的办法,发现一直没有发现的答案。

因此我们常说:"灵感是一种顿悟。"灵感思维是一个过程,是灵感的产生过程,即经过大量的、艰苦的、长期的思考之后,受到某些事物的启发,或在转换环境时,突然得到某种特别的创新性设想的思维方式,正可谓"踏破铁鞋无觅处,得来全不费工夫"。它不是一种简单逻辑或非逻辑思维的活动，而是逻辑与非逻辑思维相统一的理性思维过程。

📖 小故事

紧腿裙与可口可乐瓶

1923年的一天上午，美国某玻璃瓶厂工人路透的女友来看望他。这天，女友穿着时兴的紧腿裙，实在漂亮极了。这种裙子在膝部附近变窄，凸出了人体的线条美。约会后，路透突发奇想：为何不把又沉又重的可口可乐瓶设计成这种紧腿裙的样式呢？于是，路透迅速地按照裙子的样式制作了一个瓶子，接着作为图案设计进行了专利登记，然后将这种瓶子设计带到可口可乐公司。

可口可乐公司的史密斯经理看了大为赞赏，马上与路透签订了一份合同，约定每生产12打瓶子就付给路透5美分，这就是可口可乐饮料现在所用的瓶样。

目前这种瓶子的生产数量已经达到760亿只，路透所得的金额约值18亿美元。

路透欣赏女友漂亮的裙子，想到改变又沉又重的可口可乐瓶的形状，这是灵感思维发挥了作用。

📖 小资料

奥运会吉祥物

福娃是2008年北京奥运会的吉祥物，设计者是清华大学美术学院教授韩美林，于2005年11月11日、距离第29届奥运会开幕恰好1000天时正式发布问世。

图2-2 北京奥运会吉祥物

北京奥运会吉祥物的成功问世就是灵感思维的生动事例：专家组对来自全世界的662件参赛作品，进行了大量的研究、考证、修改和艰苦的再创作，最后确定以大熊猫、猴子、龙、老虎、拨浪鼓及其组合形象为基本创作方向。"五一"期间，韩美林根据各方提出的修改意见，对福娃方案进行了进一步的修改完善，提出了以北京传统风筝"京燕"造型代替"龙"造型的修改方案。在表现手法上，将申奥会徽毛笔的笔触和奥运会会徽中国印的感觉相结合，大胆地采用中国传统水墨画的手绘技法，重新勾画了五个福娃的形象，突出了吉祥物生动活泼的性格特质，在整体形象的艺术表现方面有了重大的突破。至此，北京奥运会吉祥物形象定位基本完成。

1) **灵感思维的特点**

(1) 突发性。灵感往往是在出其不意的刹那间出现，使长期苦思冥想的问题突然得到解决。在时间上，它不期而至，突如其来；在效果上，突然领悟，意想不到。

(2) 偶然性。灵感在什么时间可以出现，在什么地点可以出现，或在哪种条件下可以出现，都使人难以预测而带有很大的偶然性，往往给人以"有心栽花花不开，无意插柳柳成荫"之感。

(3) 模糊性。灵感的产生往往是闪现式的，而且稍纵即逝，它所产生的新线索、新结果或新结论使人感到模糊不清。

灵感思维所表现出的上述特征，从根本上说都是来自于它的无意识性。

2) 灵感思维的分类

灵感思维的分类如表2-8所示。

表2-8 灵感思维的分类

序号	类型	具体解释
1	自发灵感	由大量的潜意识活动而产生的灵感
2	诱发灵感	思考者根据自身的爱好、习惯等，选择某种方式主动促使灵感产生
3	触发灵感	因接触某些事物，而受其启发产生的灵感
4	迸发灵感	在超常规的、急迫的事情面前，充分保持镇静，并开动脑筋，进而产生的灵感

小故事

利用情绪触发灵感而获得成功的典型事例

1) 吉利刮胡刀

英国人吉利原是一家公司的职员，1895年的一天早晨，他被公司派去出差。任务很紧急，吉利只得匆匆忙忙地刮胡子。而在匆忙之中，他把自己的脸刮伤了多处，满脸伤痕和血污，而又不得不马上启程赶路，这让吉利对笨拙的刮胡刀片憋了一肚子的火。强烈的愤怒不满的心情使他下决心一定要发明一种安全刮胡刀。

吉利首先想到的是用铁板把薄刀片夹紧，这样倒是安全多了，但却刮不着胡须。后来，他又想到将铁板的边沿刻成像梳子一样的沟，使胡须能钻进刀里，可是刀又接触不到脸。几经周折，沿着这一思路，他终于制成了征服全世界的"吉利安全刮胡刀"。这种刮胡刀至今仍受到男士们的青睐。

2) 自来水笔

1884年，沃德曼是欧洲一家公司的职员，一次，他从好几位竞争者中为自己的公司拉到一笔生意。但是当他递上一瓶墨水和一支当时人们使用的羽毛笔请对方在合同上签字时，不料从笔尖滴下几滴墨水，把合同给弄脏了。更糟糕的是，合同上的关键的字句被染得模糊不清。沃德曼只得请对方稍等片刻，回去重新拿一张合同纸来。可是就在沃德曼离开的那一会儿，另一家公司的业务员乘机抢走了这笔生意。这使沃德曼十分沮丧，他认为问题出在那支羽毛笔上。强烈的悔恨与愤慨的感情，变成了一种巨大的力量，他决心研制一种使用方便、墨水能自动且均匀流出的笔。

经过努力，沃德曼终于发明了自来水笔。虽然当时的自来水笔远远不如现在的钢笔这样精巧，但也不再像羽毛笔那样使用不便和容易滴出墨水了。由于沃德曼是这样研制出自来水笔的，所以有人把自来水笔的诞生叫作"盛怒之后的发明"。

利用情绪触发灵感就是人们自觉利用在某一原因下所产生的强烈感情，使之成为一种思考问题的推动力，并最终求得问题的解决。

3) 灵感思维的方法

灵感思维的方法如表2-9所示。

表2-9 灵感思维的方法

序号	方法	具体解释
1	久思而至	① 思维主体在长期思考但没有进展的情况下，暂将课题搁置，转而进行与该研究无关的活动 ② 恰好是在这个"不思索"的过程中，无意中找到答案或线索，完成久思未决的研究项目
2	梦中惊成	① 梦是以被动的想象和意念表现出来的思维主体对客体现实的特殊反应，是大脑皮层整体抑制状态中，少数神经细胞兴奋进行随机活动而形成的戏剧性结果 ② 并不是所有人的梦都具有创造性的内容 ③ 梦中惊成，同样只留给那些"有准备的科学头脑"
3	自由遐想	① 科学上的自由遐想是研究者自觉放弃僵化的、保守的思维习惯，围绕科研主题，依照一定的随机程序对自己拥有的大量信息进行自由组合与任意拼接 ② 经过数次，乃至数月、数年的意识驰骋和间或的逻辑推理，完成一项或一系列课题的研究
4	急中生智	情急之中做出的一些行为，结果证明，这种行为是正确的，利用此种方法的例子，在社会活动中数不胜数
5	另辟新径	思维主体在科学研究过程中，课题内容与兴奋中心都没有发生变化，但寻解定式却由于研究者灵机一动而转移到与原来解题思路相异的方向
6	原型启示	在触发因素与研究对象的构造或外形几乎完全一致的情况下，已经有充分准备的研究者一旦接触到这些事物，就能产生联想，直接从客观原型推导出新发明的设计构型
7	触类旁通	① 人们偶然从其他领域的既有事实中受到启发，进行类比、联想、辩证升华而获得成功 ② 他山之石，可以攻玉 ③ 触类旁通往往需要思维主体具有更深刻的洞察能力，能把表面上看起来完全不相干的两件事情联系起来，进行内在功能或机制上的类比分析
8	豁然开朗	① 顿悟的诱因来自外界的思想点化，一般来说要具备几个条件：一是"有求"，二是"存心"，三是"善点"，四是"巧破" ② 主要是通过语言表达的一些明示或隐喻获得
9	见微知著	① 从别人觉得稀奇的平常小事上，敏锐地发现新生事物的苗头，并且深究下去，直到做出一定创新为止 ② 见微知著必须独具慧眼，也就是用眼睛看的同时，配合敏捷的思维
10	巧遇新迹	① 由灵感而得到的创新成果与预想目标不一致，属意外所得 ② 许多研究者把这种意外所得看作"天赐良机"，也有的称之为"正打歪着"或"歪打正着"

📖 小故事

蛋卷冰激凌的产生

那是在1904年，一个叫欧内斯特·汉威的小贩，获准在圣路易斯世界博览会上设摊出售查拉比饼。这是一种很薄的鸡蛋饼，可以同其他甜食一起食用。在他所摆的小摊的旁边，是另一个用小盘子卖冰激凌的摊子。一天，他俩的生意都特别好。卖冰激凌的小摊把盘子用完了，而小摊的前面还站着许多顾客，眼看就要失去赚钱的大好机会，这把卖冰激凌的小贩急坏了。欧内欺特·汉威也在一旁替他着急，一急之下，汉威灵机一动，想出了一个办法。他把查拉比饼趁热时卷成一个圆锥形，而等它凉了以后便用它来代替盘子盛冰激凌，这一应急措施出乎意料地大受顾客们的欢迎，被人们誉为"世界博览会的亮点"，这也就是蛋卷冰激凌这一"老少皆宜"的可口食品的由来。

这个故事告诉我们，虽然是在某种紧急情况的逼迫下急中生智，但要获得灵感必须做到临危不乱。面临紧急情况，紧张是难免的，但必须保持镇静，避免慌乱，这是激发灵感产生的重要前提。

4. 直觉思维

直觉思维是人们在对一个问题未进行逐步分析，仅依据内因的感知，而迅速对问题做出判断，突然对问题产生顿悟的一种思维方式。

1) 直觉思维的特点

(1) 直觉思维是一种心理现象。
(2) 直觉思维是创新思维的组成部分。
(3) 直觉思维是在实践经验、固有知识的基础上形成的认知能力。

> 思考：
> "人可貌相"是否正确
> 俗话说："人不可貌相。"我们都知道这句话是正确的，因为一个人是不是能干，只看外表往往是看不出来的，需要观察他内在的实际能力。
> 可是，"人又可貌相"也是正确的，你信吗？
> 人与人初次见面，寒暄握手之余，会对对方有一个大致的印象：诚实、和蔼、亲切、热情，令人起敬，或者狡猾、冷酷、阴险，令人生畏，这就是我们常说的第一印象。而这第一印象常常是正确的，根据是什么呢？
> 根据就是直觉思维。

2) 直觉思维的作用

直觉思维是从事创新活动的重要心理素质。爱因斯坦说："真正可贵的是直觉。"丹麦物理学家玻尔说："实验物理的全部伟大发现都是来源于一些人的直觉。法国著名数学家彭加勒在谈到直觉对于数学研究的作用时说："没有直觉，几何学家便会毫无思想。"

这些伟大的人物都对直觉思维给予了如此高的评价，那么直觉在创新活动中到底起着什么样的作用呢？如表2-10所示。

表2-10 直觉思维的作用

序号	作用	具体解释
1	迅速做出优化选择	① 直觉不需要过于复杂的分析、推理 ② 直觉所做出的选择大多很迅速 ③ 有时能直接帮助人们从多种可能中选择出最优化的可能
2	做出创造性的预见	① 直觉具有预见性 ② 直觉会帮助人们发现新事物、新现象、新问题等 ③ 经过推理，验证直觉，就能帮助人们在短时间内进行大量的创新

📖 小故事

伦琴和X射线

世界上第一个诺贝尔物理奖获得者是谁?他就是德国科学家威廉·伦琴(1845—1923)。

1895年11月8日晚,伦琴在做实验时,无意中发现放在实验室的照相底片感光,直觉提醒他,一定有一种射线存在!由于对这种具有极强穿透力的射线不够了解,伦琴把这种引起奇异现象的未知射线称作X射线。正是这一直觉促使他继续研究,终于发现了这种神秘射线的种种性质,从而为X射线应用于医疗等方面做出了巨大贡献,伦琴也因此获得了诺贝尔奖。

📖 小故事

爱因斯坦评价居里夫人

被爱因斯坦称为具有"大胆的直觉"的居里夫人发明放射性元素的过程也是凭借一种直觉。

当1896年放射性现象被发现以后,居里夫人经过初步实验,发现放射性与化合情况以及温度、光线无关。于是,她大胆猜测,这种放射性是原子的一种特性,这种放射性元素除了铀之外,还有别的元素。不久,她经过实验发现了放射性元素钍,后来又发现了另一种放射性强度更大的元素镭,从而为将这些元素运用于军事和其他领域奠定了基础。

尽管直觉在创新活动中起着非常重要的作用,但必须指出的是:直觉是以经验为基础的,越是熟悉的事物,越容易产生直觉,而经验是有限的,这一有限性常导致创新者凭直觉得出的结论被限制在一定的范围内,并可能出现错误的论断。比如,在没有对病人做周密的观察之前,匆匆根据直觉判断,医生就有可能做出错误的诊断。

因此,在创造过程中,既要重视直觉思维的积极作用,又要注意克服它的缺陷,对于由直觉得出的猜测,应进一步用实践来检验它的正确性。

3) 直觉思维和灵感思维的关系

由于直觉和灵感在创新思维的关键阶段上起着重要的作用,而且它们在解决问题的过程中都表现出直接性、快速性和奇特性,给人以神秘感,因此,直觉思维与灵感思维极容易混淆,二者的区别如表2-11所示。

表2-11 直觉思维与灵感思维的区别

序号	区别	直觉思维	灵感思维
1	时间	在很短的时间对问题做出迅速而直接的判断	在产生之前长时间对课题进行顽强探索
2	思考对象	对出现在面前的事物或问题能给予迅速理解和判断	常常出现在思考对象不在眼前,或在思考别的对象时
3	主体状态	主体意识清楚时产生	主体意识清楚时或主体意识模糊时都可以产生
4	产生原因	为了迅速解决当前的课题	在某种偶然因素的启发下使问题得以顿悟
5	出现方式	不是突然,在人的意料之中	带有突发性,使人出乎意料
6	结果	对该事物做出直接的判断和抉择	与解决某一问题相联系

当然,灵感思维和直觉思维也有着共同的地方。与抽象逻辑思维相比,直觉思维和灵感思维都

属于非逻辑思维，它们都表现出不连续的跨越性的特点。灵感思维和直觉思维也并非没有联系，直觉思维往往需要借助灵感思维来实现其对问题的直接的、快速的抉择；而灵感思维又常常需要借助直觉的启示使问题得到突如其来的顿悟和理解。

5. 联想思维

联想思维是以事物的普遍联系为基础的。世界上每个事物都和其他每个事物联系着，不同的东西经过大量的中介过程统一起来。任何事物都是世界发展链条上不同的环节。在自然界中，从巨大的天体星系到细微的原子核内部的基本粒子，从无机界到有机界，无不处在普遍联系之中。

人们从放水时经常出现的旋涡现象能联想到地球磁场磁力线的运行方向；从豆角蔓的盘旋上升能联想到天体的运行方向；从水中木头漂浮、铁块下沉这个自然现象能联想到浮力及造船业；从偶然看到的事物的不连续性能联想到量子；从运动、质量、引力能联想到时空弯曲，等等，都属于联想思维。

联想思维是指人脑记忆表象系统中，由于某种诱因导致不同表象之间发生联系的一种没有固定思维方向的自由思维活动。主要思维形式包括幻想、空想、玄想。其中，幻想，尤其是科学幻想，在人们的创新活动中具有重要的作用。

📖 小故事

发现微生物

荷兰生物学家列文虎克从联想中发现了微生物。

1675年的一天，天上下着细雨，列文虎克在显微镜下观察了很长一段时间，眼睛累得酸痛，便走到屋檐下休息。他看着那淅淅沥沥下个不停的雨，思考着刚才观察的结果，突然想到一个问题：在这清洁透明的雨水里，会不会有什么东西呢？于是，他拿起滴管取来一些水，放在显微镜下观察。没想到，竟有许许多多的"小动物"在显微镜下游动。他高兴极了，但他并不轻信刚才看到的结果，又在露天下接了几次雨水，却没有发现"小动物"。过几天后，他再接雨水观察，又发现了许多"小动物"，于是，他又广泛地观察，发现"小动物"在地上有，空气里也有，到处都有，只是不同地方的"小动物"的形状不同，活动方式不同。列文虎克发现的这些"小动物"，就是微生物。这一发现，打开了自然界一扇神秘的窗户，揭示了生命的新篇章。列文虎克正是通过联想而获得这一发现的。

📖 小故事

响尾蛇导弹

在20世纪50年代，还没有研制出响尾蛇导弹。有一天，一位生物学家哈恩托和一位导弹专家博格纳聚会。交谈中，生物学家说到有一种奇特的蛇，叫响尾蛇，它的眼睛已经退化，但是，它的动作却极为敏捷，可以毫不费力地捕捉到老鼠或其他小动物。这是因为它的鼻子和眼睛中间有一个小"颊窝"，这是一个奇特的热敏器官，能够接收小动物身上发出的红外线，对携带能量最多的波段反应最为强烈。

说者无心，听者有意。博格纳马上由响尾蛇联想到导弹。他想，飞机在飞行中，尾部要放出高温气流，红外线肯定强烈。如果在导弹的头部装上一个类似响尾蛇的"颊窝"的红外线探寻装置，导弹不就有如装上眼睛去主动追寻飞机了吗？不久，一种命名为"响尾蛇"的空对空导弹就研制出来了。

本来，响尾蛇和导弹是两个不相干的东西，但是，博格纳却由响尾蛇—红外线—导弹—红外线装置—"响尾蛇"导弹一连串的联想，研制出一个新东西。

由此可见，所谓联想，就是根据当前已知的事物、现象、概念，连带想到与之相关的其他事物、现象、概念的思维活动。联想分为无意联想与有意联想。

(1) 无意联想。无意联想指在无联想意识的状态下出现的联想，没有特定的目的性。如：当你看到车牌号为"辽A00999"时，可能在脑海中突然想到"三九胃泰"，这就是无意联想。引起无意联想的起点与结果之间至少有一个共同点，而且联想者对这个共同点有着比较深刻的印象。无意联想是人与生俱来的一种天赋，是有意联想的基础。

(2) 有意联想。有意联想指在有意联想意识的状态下产生的联想，有创新者的目的；是将看到、听到的事物有意识地同别的事物联系起来思考，寻找共同点。如："滴水穿石"作为一种自然现象同人的精神没有关系，将两者联系起来思考，就可以找到了滴水穿石与人的精神的共同点。这个共同点就是"持之以恒，坚持不懈地努力"。对滴水来说，就会穿石，对人来讲，就能成功。

联想思维的类型如表2-12所示。

表2-12 联想思维的类型

序号	类型	具体解释	举例说明
1	相似联想	由一个事物外部构造、形状或某种状态与另一种事物的类同、近似而引发的想象延伸和连接	语文书—数学书，钢笔—铅笔，照片—本人
2	接近联想	在时间上和空间上相互接近的事物之间形成的联想	① 桌子上面有书本，下面有椅子 ② 闪电—雷鸣—下雨—滴答声 ③ 看到学生想到教室、实验室及课本等相关事物
3	对比联想	亦称相反联想，是指具有相反特征的事物或相互对立的事物之间所形成的联想	黑—白，写—擦
4	因果联想	由于两个事物存在因果关系而引起的联想，这种联想往往是双向的，既可以由起因想到结果，也可以由结果想到起因	如看到蚕蛹就想到飞蛾，看到鸡蛋就想到小鸡
5	连锁联想	根据事物之间这样或那样的联系，一环扣一环地进行联想，从而引发出新的设想	美国青年罗波尔由玩具联想到童话故事(小孩都是从菜地里长出来的)，再想到椰菜娃娃，又进一步联想到美国社会老人多、单亲家庭多，自然就触及情感孤独这一社会问题，于是他赋予椰菜娃娃多样化、拟人化设计，最后竟然萌发让人领养椰菜娃娃的奇思妙想，获得惊人的商业成功

6. 逻辑思维

逻辑思维是思维的一种高级形式，是符合某种人为制定的思维规则和思维形式的思维方式，我们常说的逻辑思维主要指遵循传统形式逻辑规则的思维方式，常称它为"抽象思维"或"闭上眼睛的思维"。

逻辑思维是确定的，而不是模棱两可的；前后一贯的，而不是自相矛盾的；是有条理、有根据的。在逻辑思维中，要用到概念、判断、推理等思维形式和比较、分析、综合、抽象、概括等方法，而掌握和运用这些思维形式和方法的程度，也就是逻辑思维的能力。

进行逻辑思维就像是登山，要：①确定为什么要登山；②保证装备足够精良；③挑选最佳路线；④要始终向前看；⑤不要在半路上停下脚步；⑥确保每步都正确；⑦最终到达山顶。

📖 小故事

路边的李子

魏晋时的"竹林七贤"中有一个人叫王戎，传说他小的时候有一次经过路边一棵李子树时，别的小孩都去摘李子吃，唯独王戎不动。旁边的大人很奇怪，问他为什么不去。王戎回答说："这棵树长在大路边，来往行人很多，现在还有这么多李子，一定是苦的。"大人不信，摘下来一尝，果然是苦的。

📖 小故事

卡文迪许与地球的重量

我们脚下的大地是硕大无比的地球，它也是有重量的。但是，要测出它的重量，用什么做测量工具呢？又由谁把它抬起来称量呢？英国科学家卡文迪许准备解决这一宏大的科学难题。

他想起一个办法，即牛顿提出的万有引力定律，就是两个物体之间引力的大小与两个物体的重量成正比，与它们之间距离的平方成反比。他想，如果有一个已知重量的铅球，它与地球之间的距离是可以测定的，如果引力常数是已知的，就能根据万有引力定律公式算出地球的重量。但是引力常数当时没有人能测出来。

1750年，19岁的卡文迪许开始向引力常数和地球重量的难题进军。他先拿两个铅球做引力实验。铅球的重量是已知的，距离也是已知的，他要先测出它们之间的引力，才能求出引力常数。但是引力是很微小的，要测出引力需要极精确的测量装置。卡文迪许根据细丝转动的原理做了一个引力测量装置，如果它受到引力，就会产生一个力，促使细丝转动，转动得越多，说明受到的力越大。尽管卡文迪许的装置比普通的弹簧秤精确许多倍，但是对于测量微小的引力来说，细丝转动的灵敏度还不够大。

一天，他看到几个孩子在玩小镜子的游戏而深受启发。孩子们手里的镜子，对着太阳在墙上反射出一个个小光斑，小镜子轻轻转动一个很小的角度，光斑在墙上便会移动一大段距离。卡文迪许跑回家，在他的测量装置上也安上了一面小镜子。细丝测力仪受到一点微小的力，它上面的小镜子就会转动一个微小的角度，而小镜子的反射光就会转动一个明显的角度。他利用这种放大的办法，使细丝测量引力装置的灵敏度大大提高。

最终，卡文迪许求出了引力常数，测出了地球与铅球之间的引力，再反推出地球的重量。卡文迪许在构思测量地球实验中运用逻辑思维的演绎推理创新思维，通过试验，实现了对地球的测量，成为第一个测出地球重量的科学家。

逻辑思维具有规范、严密、确定和可重复的特点。逻辑思维的类型如表2-13所示。

表2-13 逻辑思维的类型

类型	思维水平	定义	作用
经验型	常局限于狭隘的经验，思维水平较低	在实践活动的基础上，以实际经验为依据形成概念，进行判断推理	工人、农民常运用生产经验来解决生产中的问题
理论型	逻辑上升到理论阶段，思维水平较高	以理论为依据，运用科学的概念、原理、定律、公式等进行判断推理	科学家和理论学者的思维类型

7. 逆向思维

逆向思维是让思维向对立面的方向发展，从问题的相反方向进行深入的探索。人们总是习惯于顺着事物发展的正方向去思考问题，并寻找解决问题的办法。其实，对于某些问题，尤其是一些特殊问题，从结论往前推（也就是倒过来思考），从求解回到已知条件，或许会使问题简单化。

> **小故事**
>
> **1美元**
>
> 一个老人走进一家银行，来到信贷部坐下来。他身着豪华西装、高级皮鞋，还有领带和金领带夹。
>
> "想借1美元。"
>
> "什么，1美元？"
>
> "对啊，可以吗？"
>
> "当然可以，只要有抵押，再多些也无妨的。"
>
> 老人打开豪华皮包，拿出一堆股票、债券，等等，放在经理的桌上。
>
> "总共值50多万美元，够了吧？"
>
> "当然！当然！不过，你真的只借1美元吗？"
>
> "是的，就1美元。"
>
> "那么年息为6%，只要您按时付出利息，到期我们就退给您抵押品。"
>
> 老人办完手续，拿了借来的1美元就准备离开银行。
>
> 一直冷眼旁观的分行长，怎么也弄不明白：有50多万美元抵押品的人，为何来银行借1美元？于是，他追上前去问个究竟。老人笑道："来贵行前，我问过好几家金库，他们保险箱的租金都很昂贵。所以啊，我就在贵行寄存这些证券，租金实在太便宜了，一年才6美分……"
>
> 所有"正常思维"的人，都会走同样的路子并受到同种矛盾的限制：既然目的是寄存，但希望省钱，只能一家一家去询问，比较租金高低；然而也自然有共同的担忧，那就是寄存物品的保险系数，往往和租金高低成比。唯独这位老人跨越了"正常"：改变思维方向，用"反常"的方法达到了"正常"的目的，而且将"租金"减少到几乎等于零。

2.2.5 创新思维环境条件

创新活动的主体是人，现实中的每个人都生活在集体中，与周围环境有着千丝万缕的联系。环境对人的创新能力的形成和发展有非常重要的影响。

创新思维环境与一般的环境不同，是指影响人们进行创新思维和创新活动过程的一切外部条件，或者说是人在进行创新活动时所处的外部条件。另外，创新思维环境还应包括进行创新活动的人对外部环境的感觉、感受，即自我创新环境。

对人的创新能力影响比较大的环境因素主要有家庭、学校、工作单位等，每个人都有自己的成长过程，在不同的成长阶段，各种环境对他们的影响也是不同的。

(1) 家庭环境。家庭教育是培养人才的重要因素。家庭是一个人孕育创新思维能力的最早的环境，良好的家庭教育在培养人们的创新精神方面，起着学校教育和社会教育都难以起到的奠基作用。家庭教育好比植物的根苗，根苗茁壮，才能枝繁叶茂，开花结果。

(2) 学校环境。学校对培养学生的创新精神有着重要的作用。它是按照人的身心发展的规律组织起来的一种特殊环境，它以有目的的、经过选择的系统形式影响青少年。学校的教育活动是有明确目的的活动，又是在一定的组织与指导下进行的。学生在以学习为主的各种活动中，接受学校所施加的各种影响，从而获得知识，发展智力、创新能力和个性品质。学校的教育活动比较系统，能使学生形成比较完善的意识倾向。

(3) 工作环境。集体中的成员人人平等，互相激励、启发、帮助、共同进步，有利于创新设想的形成；相反，如果存在内耗，就会极大地损耗人的能量，影响创新思维能力的发挥。要有一个有竞争意识的、鼓励创新的工作环境。竞争给人以外在压力，可驱除惰性，刺激奋发向上的热情；可以诱发人们进行创新探索的意识，鼓励人们取得创新的成果。

(4) 社会生产力。社会生产力的发展与创造、创新成果息息相关。生产发展、生产力水平提高为创造、创新活动提供了良好的物质条件；反过来创造、创新又促进了生产的发展、生产力的提高。

(5) 政治环境。政治环境作为上层建筑，对创造、创新有着十分重要的影响。政治对经济的发展既可以有巨大的推动作用，又可以有阻碍作用。而经济的发展为创造、创新活动提供了良好的物质条件，人们的创造、创新精神也能得到充分的提高。

(6) 国际环境。国际环境，尤其是国际经济环境的风云变幻，往往会导致新思想、新事物的诞生，历史经验表明，每次经济危机往往催生重大科技创新，而重大科技成果也往往推动世界经济走向复苏与繁荣。20世纪30年代大萧条前后问世的科学发现，成为日后以电子、航空航天和核能为标志的第三次技术革命的基础。20世纪90年代兴起的互联网信息技术革命，也造就了世界经济的新一轮繁荣。美籍奥地利经济学家熊彼特对历史上三次产业革命分析后明确指出，正是技术革命带动了经济的起飞。德国经济学家格哈特·门施在《技术的僵局》一书中，利用现代统计方法对112项重要的技术创新分析后发现，重大基础性创新的高峰均接近于经济萧条期，技术创新的周期与经济繁荣周期成"逆相关"，因而认为经济萧条是激励创新的重要推动力，技术创新又将是经济发展新高潮的基础。

📖 小故事

螃蟹壳是软的

如果有人问螃蟹壳是硬的还是软的，估计绝大部分人都会说当然是硬的。螃蟹壳是硬的已经是人们思想中固有的概念。如果你遇到了软壳蟹，除了惊异之外，你还会做什么？你会打破砂锅问到底吗？

在美国，有一种食物叫作"炸软壳蟹"，是将蟹壳柔软的螃蟹油炸后直接食用。螃蟹壳怎么会是软的呢？

许许多多的人吃过了，惊异了也就过去了，但有一个日本人却一定要问个为什么，他想知道美国螃蟹的蟹壳为什么是软的？店里的人告诉他："其实所有的螃蟹壳都是硬的，但所有的螃蟹在蜕皮后刚刚长出新蟹壳的时候都是软的。"

这个人就是川上源一，雅马哈的第四任总裁。川上源一回到日本后，马上去走访渔民，没想到他们告诉他："那种软壳蟹根本卖不出去，都扔了。"他一听立刻就下了订单："我全买了！"于是，雅马哈旗下的鸟羽国际酒店的菜单上就多了一道菜"炸软壳蟹"。

当然，雅马哈的餐饮并不是最知名的，它的所有业务当中，占比重最大的依然是乐器。大家知道，雅马哈最早是生产风琴的，后来转向了钢琴。可以说，相对于欧美等老牌的钢琴生产国来说，它生产钢琴的时间并不是很长，但雅马哈钢琴已经达到世界一流水平。

"一台伟大的钢琴能够对听众产生深厚的情感影响。雅马哈创造了这样的钢琴。它是一个将情感、响应和技术完美结合的产物。这就是为什么我深爱雅马哈。"国际著名的钢琴家斯维亚托斯拉夫·李奇特是这样评价雅马哈的。但是，他并不是唯一一位这样偏爱雅马哈的人。事实上，雅马哈钢琴是世界顶尖钢琴家们的选择，也被最好的学校和音乐学院所推崇。

不得不说，正是川上源一持续不断地"提出为什么"造就了雅马哈这样的成功。

"使用什么样的材质可以使钢琴的音质更好？"最初做钢琴的时候，川上就问制造钢琴的负责人。

对于专家的回答一般的人都不会再去怀疑，但川上可不是这样的！他继续不停地问下去："你说的那种材质真的是最好的？"

"欧洲和南洋的木材哪种更适合做钢琴？"

"这些材料到底干燥几天比较好呢？"

……

直到把那位负责人问得说"我不知道"，他便下令："那就去试吧！"

他们把音板、弦、不同的木材、不同的干燥时间等因素进行组合试验，一次次地改变……他们获得了几十万个数据！之后，从中寻找最佳组合——这就是雅马哈制造钢琴的方法。

这种方法的效果很快就超越了传统的依靠技术人员的经验和感觉制造钢琴的方法，而使雅马哈迅速成为世界一流品牌。

从这个故事我们可以看出，创新者与普通人的一个最为重要的区别在于：善于看到问题，发现问题，同时善于进行深度询问，从而有效地解决问题。

有一句话说得好：事业的萌芽都源自于一个问题！

2.2.6 创新思维的应用

📖 小故事

点石成金

有个穷困潦倒、沿路求乞的书生遇到了一位仙翁，书生向仙翁祈求帮助，仙翁欣然答应，叫书生看看地上的石块，接着用右手食指轻轻一点，石块立即变成了黄金。仙翁叫书生拾起黄金，将其变卖。书生俯身拾起了黄金，恭恭敬敬地交还给仙翁，说："这块黄金我不要，我要您的手指头。"

故事中的书生总是受到人们的指责，认为他太贪心，其实，那位书生却是位极其聪明的人。在他看来，一千块一万块黄金也抵不上一个能让石头变成黄金的"手指头"，因为有了这个"手指头"就相当于有了无限的财富。他要仙翁的手指头就是要仙翁点石成金的方法,因为掌握了这种方法他可以一辈子受用。

对于任何人或企业来说,如果能请到别人为自己出点子,当然是很好的事情;但如果自己能够应用创新思维,自己给自己出主意,岂不是更好?

创新思维主要有以下两种应用。

(1) 日常的创新。创新是常规思维的一部分,因此可以用于任何需要思维的场合,无须做出任何正式或刻意的努力就可以产生。例如,那些天生具有创造性或受到激励具有创造性思维的人会不知不觉地运用创造性思维。

(2) 特定的创造。通常基于明确的需要。在这种情况下,个体要做出刻意的努力,运用系统方法来产生新想法,如企业管理创新、营销创新、制度创新都属于此类。

通过创新思维应用而改变世界的例子不胜枚举,比如我国东汉时期的蔡伦,发明了一种简易的造纸法,这种轻便而廉价的纸淘汰了沉重的竹简,在多数场合下代替了昂贵的丝帛,打破了贵族阶层对知识的垄断,使得普通的劳动人民也能够接受教育,这项创新对中华文明的发展具有不可估量的意义。

我们已经看到了创新思维所带来的价值,但如何才能合理地运用创新思维呢?创造性思维可能是一种灵感:如果摆脱束缚,你会具有创造性;如果相信直觉,你会具有创造性;如果学会使用右脑,你会具有创造性;如果有了创造热情,你会具有创造性;如果改善精神状态,也会产生一些创造性。除此之外,通过运用缜密的工具则更有助于高效、系统地产生创造性思维。

2.3 【创新人物】比尔·盖茨

比尔·盖茨(1955年10月28日—),美国著名企业家、软件工程师、慈善家以及微软公司的董事长。1975年,盖茨和童年伙伴保罗·艾伦创建微软公司,使其成为全球最大的电脑软件提供商,31岁成为世界首富,曾连续多年登上《福布斯》全球富豪榜榜首。

比尔·盖茨拥有多个"世界之最"的头衔,例如:他是第一个靠观念、智能和思维致富的人;他是世界首富,1996年的财产是160亿美元;他是有史以来最年轻的世界首富;他是第一个从一无所有白手起家,在短短20年内创造财富达139亿美元的奇才;他是人类历史上第一个靠电脑软件积累亿万财富的先行者;他是首位利用高科技和高智商,创造巨大财富的典范……因此,在20世纪90年代的地球上刮起了一阵强劲的比尔·盖茨旋风。那么盖茨是怎样的一个人呢?他的事迹有许多厚厚的书做了详细的介绍,这里我们只简单介绍一下盖茨小时候的几个故事。

盖茨的童年是在美国华盛顿州的西雅图度过的。7岁时盖茨最喜欢反复看《世界图书百科全书》,他经常连续几个小时地阅读这本几乎占他体重1/3的大书,一字一句从头到尾地看。他常常感叹,小小的文字和巨大的书本,里面蕴藏着多么神奇和魔幻般的一个世界啊!文字的符号竟能把前人和世界各地人们的有趣的事情,记录下来,又传播出去。他又想,人类历史将越来越长,那么以后的百科全书不是越来越大、越来越重了吗?能有什么好办法造出一个魔盒那么大,就能包罗万象地把一大本百科全书都收进去的载体?这个奇妙的思想火花,后来竟让他实现了,而且比香烟盒还要小,只要一块小小的芯片就行了。

盖茨看的书越来越多,想的问题也越来越多。一次,他忽然对他四年级的同学卡尔·爱德蒙德说：与其做一棵草坪里的小草，还不如成为一株耸立于秃丘上的橡树。因为小草千篇一律、毫无个性，而橡树则高大挺拔、昂首苍穹。他坚持写日记，随时记下自己的想法，小小的年纪常常如大人般地深思熟虑。他很早就感悟到人的生命来之不易，要十分珍惜来到人世的宝贵机会。他在日记里这样写道："人生是一次盛大的赴约，对于一个人来说，一生中最重要的事情莫过于信守由人类积累起来的理智所提出的至高无上的诺言……那么诺言是什么呢？就是要干一番惊天动地的大事。"他在另一篇日记里又写道："也许，人的生命是一场正在焚烧的火灾，一个人……所能去做的，就是竭尽全力要从这场火灾中去抢救点什么东西出来。"这样追赶生命的意识，在同龄的孩子中是极少有的。

盖茨所想的诺言也好，追赶生命中要抢救的东西也好，表现在盖茨的日常行动中，就是学校的任何功课和老师布置的作业，无论是演奏乐器，还是写作文，或者是参加体育竞赛，他都会尽全力，花上所有的时间去最出色地完成。老师给他所在的四年级学生布置了一篇有关人体的作文，要求四五页的篇幅。结果盖茨利用他爸爸书房里的百科全书和其他医学、生理、心理方面的书籍，洋洋洒洒地一口气写了30多页。又有一次，老师布置同学写一篇不超过20页的故事，盖茨浮想联翩，竟写出长达100页的神奇而又曲折无比的故事，使老师和同学都十分惊讶！大家说：不管盖茨做什么事，他总喜欢来个登峰造极，不鸣则已，一鸣惊人，不然他是不会甘心的。

1969年，盖茨所在的西雅图湖滨中学开设了电脑课程，这也是美国最早开设电脑课程的学校。当时还没有PC，学校只搞到一台终端机，还是从社会和家长那里集资才买来的。这台终端机连接其他单位所拥有的小型电子计算机PDP-10，每天只能使用很短时间，每小时的费用也很高。盖茨像发现了新大陆一样，只要一有时间，便钻进计算机机房去操作那台终端机，几乎到了废寝忘食的地步。13岁时，他便独立编出了第一个电脑程序，可以在电脑屏幕上玩月球软着陆的游戏。这一年的7月20日正好是美国宇航员阿姆斯特朗和奥尔德林乘登月舱，代表人类第一次踏上月球表面的日子。盖茨心里想，我不能坐宇宙飞船去月球，那么让我用电脑来实现我的登月梦吧！可是好景不长，只过了半年，湖滨中学就再也没有钱支付昂贵的PDP-10小型计算机的使用租金了。这件事使盖茨像失去了上学机会那么痛苦，因为这时候他对电脑已经入迷到神魂颠倒的地步。于是他和同学四处奔走，终于找到一个机会，就是帮助一家名为CCC的电脑公司抓臭虫，用除虫的报酬来支付他们操作电脑的费用。什么叫臭虫？这是电脑行业里人们称呼软件中的错误的名词，即讨厌的臭虫(Bug)。因为一旦有了这种臭虫，就会使电脑导出错误结果或死机，美国发往金星的"水手号"火箭和法国的"阿利亚娜"火箭，就曾因为电脑软件的故障(臭虫)而导致发射失败，损失几亿美元。盖茨兴冲冲地约了同学中的几个电脑爱好者，每天晚上6点左右，CCC电脑公司员工下班之后，他们便骑自行车来到那里上班。那里有许多台电传打字终端机可用，有各种电脑软件可尽情研究，真是如鱼得水。盖茨对电脑软件太着迷了，几乎整晚都留在那里，就像他在小学时就立志要搞出新名堂一样执着。每个晚上，他都要在CCC电脑公司的记录本上写满他和伙伴们发现的电脑臭虫。通过这一段时间的抓臭虫，盖茨使自己在电脑硬件和软件方面学到了许多书本上和学校里学不到的知识和技能，为日后的研究开发，练好了扎实的基本功。

当时的电脑是一个大家伙，三层楼高，几间房子大，不是专业的人操作不了。盖茨想，如何玩转这大笨家伙呢？经一番冥思苦想后下了决心，把它改小，用软件操作控制它。他和伙伴不断通过研究、发明创造获得资金，而后开办公司，起名"微软"。公司目标定为："争取每人桌上有台电脑，全世界每人一台电脑。"这是什么概念？后来这个概念成了经济创新理论，为经济、商业人士通用。简短的十几年间，当年的大家伙变成了如今的掌上宝、桌上器，老幼皆能控，日常不能缺，全世界都一样需要的电脑。

2018年3月6日,福布斯2018富豪榜发布,比尔·盖茨以900亿美元排名第二。

2.4 思考与测试

2.4.1 思考题

运用创新思维,思考以下问题:
(1) 地球越来越拥挤,环境日益恶劣,你对到月球上居住有什么样的想法?
(2) 地球的不可再生的能源越来越少,但太阳能、风能、海洋能源等利用得太少,你有什么更好的计划?
(3) 城市房价越来越使工薪阶层承受不了,你有什么措施来抑制房价呢?
(4) 在心脏的基本功能中,你觉得哪一项最重要并说明理由。

2.4.2 测试题

【创新思维能力测试】

下面是10个题目,如果符合你的情况,则回答"是",不符合则回答"否",拿不准则回答"不确定"。
(1) 你认为那些使用古怪和生僻词语的作家,纯粹是为了炫耀。(   )
(2) 无论什么问题,要让你产生兴趣,总比让别人产生兴趣要困难得多。(   )
(3) 对那些经常做没把握事情的人,你不看好他们。(   )
(4) 你常常凭直觉来判断问题的正确与错误。(   )
(5) 你善于分析问题,但不擅长对分析结果进行综合、提炼。(   )
(6) 你审美能力较强。(   )
(7) 你的兴趣在于不断提出新的建议,而不在于说服别人去接受这些建议。(   )
(8) 你喜欢那些一门心思埋头苦干的人。(   )
(9) 你不喜欢提那些显得无知的问题。(   )
(10) 你做事总是有的放矢,不盲目行事。(   )

第 3 章

创新方法与技巧

对于创新来说，方法就是新的世界，最重要的不是知识，而是思路。
———著名创新专家、中国研究创新思维第一人　郎加明

要创新，需学问；只学答，非学问；要创新，需学问；问愈透，创更新。
———美籍华裔物理学家、诺贝尔物理学奖获得者　李政道

如果把智商比作汽车固有的功率，那么思维技巧就等于驾驶技巧。
———创意大师、英国剑桥认知研究中心主任　爱德华·德·波诺

大胆的想法就像向前走步的棋子，它们可能会被击败，但它们也可能赢得比赛。
———德国著名思想家、作家、科学家　歌德

创新是做大公司唯一之路。
———美国微软公司联合创始人　比尔·盖茨

创新应当是企业家的主要特征，企业家不是投机商，也不是只知道赚钱存钱的守财奴，而应该是一个大胆创新敢于冒险，善于开拓的创造型人才。
———奥地利经济学家、现代创新理论的提出者　约瑟夫·熊彼特

【本章知识点】
- 何为创新方法？研究状况如何？
- 常用的创新方法有哪些？怎样使用？
- 常用的创新技巧有哪些？如何掌握？

3.1 创新方法

3.1.1 【案例导读】自主品牌——吉利汽车

从模仿夏利到超越丰田,吉利这个国产汽车要崛起,你信吗?很多年前,吉利集团董事长李书福说过,要在2020年当年销售200万辆车,要跻身全球十大汽车公司之列。当初大家听完了只是摇头而已。因为汽车行业,我们的自主品牌一直都像扶不起的阿斗,虽然中国的汽车产量销量已经是全球第一,但是消费者对国产汽车却是敬而远之的。

为什么会这样呢?

(1) 从汽车行业角度来看,汽车是个技术密集型的产品,具有技术壁垒很高、研发周期长的特点,大部分中国的国产汽车企业成立的时间并不长,本身都不具备高精尖的研发实力,像汽车的发动机、变速箱、底盘这些主件多数是依赖国外进口。而国外厂商也一般不会把自己的核心技术卖给别人,卖的也都是已淘汰的技术,这就造成我们汽车的技术和质量跟国外品牌一直具有较大的差距。这是核心的问题。

(2) 站在消费者角度来看,购车除了买的是技术和质量,同样也很关注汽车品牌带来的荣誉感。前几年国产汽车的状态是里子的技术靠买,汽车的外形也靠模仿,像比亚迪的F3,现在满大街的"保时泰""路风"啊(陆风汽车模仿路虎,外号"路风"),这些都是典型的山寨车型。而作为消费者,谁会想去买一部山寨的汽车呢?这是面子问题。

所以,国人不购国产汽车是因为没面子,也没里子。

面对国人的质疑,自主品牌也曾经非常努力地想要突围,其中做得比较突出的要算比亚迪和长城汽车。比亚迪把突围策略押在了新能源汽车上,想通过提前布局新能源这个未来的技术趋势,实现技术领先的战略。但是现状却是新能源汽车,虽然增长率很高,但因电池技术不成熟,配套的充电桩不齐全,导致在汽车当中的占比很低,制约了新能源汽车的发展。因此这种早于市场发展的策略,比亚迪的汽车自然卖得不温不火。

而长城汽车则是通过聚焦战略,把轿车业务几乎都砍掉,所有资源都倾注在SUV这个类别上。前几年合资品牌还不够重视SUV,长城汽车确实在SUV领域一家独霸。但是到2016年以后,各大品牌也全力发展SUV,长城汽车的增长就开始停滞不前了。

总的来看,比亚迪汽车也好,长城汽车也罢,都没有实现我们国产汽车的崛起。

那么,我们看看吉利汽车到底是怎么做的呢?前些年吉利的形象比比亚迪和长城还差,它们最开始是靠高仿夏利起家的,夏利本身是一款低端车,你去模仿它,那你的形象自然是比低端更低端了。

所以当李书福说吉利到2020年要卖200万辆车时,所有人都当他是痴人说梦话。不过最近,吉利公布的2018年业绩却打了很多人的脸。2018年7月份的汽车销量,吉利以105 230辆车首次挤进国产前三,销量同比增长30.31%,一举超越本田、丰田,仅次于大众和通用。而更重要的是吉利的业绩还是建立在自主品牌的份额比去年同比下滑9.6%的基础上,逆势发展而来的。李书福曾经吹的牛,似乎正慢慢变成现实。

那么吉利这次的崛起还是靠以前低端模仿的套路吗?当然不是。

在研究了吉利的营销战略后感到很惊奇,吉利现在不但车型全靠自主创新,他们还把互联网的爆品战略用得很好。

(1) 痛点法则。解决痛点是卖产品的基础，那么汽车，尤其是国产汽车要解决的痛点是什么？前面已经讲过是技术和质量。

吉利在面临这个痛点问题时，没有学比亚迪押宝新能源的技术上面，而是选择弯道超车，收购了瑞典豪华汽车品牌——沃尔沃100%的股权，以实现造车技术的飞跃。吉利对于技术的学习还是特别上心，在并购沃尔沃后并没有急于兑现，而是足足研究和消化了5年才推出第一款汽车——博瑞。博瑞一上市就让人眼前一亮，工业设计的品质感跟吉利以前的汽车拉开了很大的距离，让吉利的形象提升了一个档次，博瑞也成为第一款价格在15万元以上畅销的国产车。

(2) 尖叫法则。当产品解决了客户痛点后当然就会有人买了，但是要想成为爆品，还必须给客户一个尖叫的理由。那么一款会让消费者尖叫的车又是怎样的？你可能会以为是那种满身黑科技的车，就像特斯拉，这种车会让顾客尖叫，但不是谁都买得起的，买不起的尖叫那是瞎叫，也是一种伪需求。吉利是一家注重营销导向的公司，没有盲目追求技术，他们把尖叫点放在外观设计上面。吉利这几年除了跟沃尔沃学习模块化的造车技术外，在外观设计上也下了很大的功夫。

吉利对于国内消费者的风格偏好把握得非常精准，很多车型在网上被评为最美国产车，比如博瑞是最美中国车、博越是最美SUV、帝豪GL则是最美紧凑型轿车。还有一点，吉利的客户以年轻人为主，据调查显示，车的外观是现今90后买车考虑的第一要素。消费者对吉利评价最高的就是吉利的车好看。

(3) 爆点法则。什么叫爆点呢？比如，如果要你把一间房子烧掉，你会从哪里开始点火？你肯定会找易燃又会容易蔓延火势的东西来点。而营销中的爆点，就是那一群最易感染的消费族群和一个最容易传播的渠道。

吉利汽车的市场定位是以年轻人为目标客户，满足了易感染的消费族群的特征，那么再加上一个具有传播力的渠道，就可以引爆自己的产品了。2017年11月，吉利就策划了一场"网红直播卖车"的营销活动。他们有创意的地方在哪里呢？不是找真的网红代言，而是让整个西南区的100个经销商中，各派出一位颜值高的销售员作为网红去直播卖车。这些营销员本身对车很熟悉，在网络上去讲那是真的非常吸引人的。在活动当天，100多个直播账号，100多个直播的"网红销售"，同时直播了两个小时，吸引了超过1000万的粉丝关注他们，留言互动高达几十万次。这一场直播下来，吉利一共卖出了4429台车，平均一分钟卖出了37台！

这就是典型的爆点玩法，通过聚焦在90后这个年轻族群，用他们喜欢玩的直播形式，引爆自己的产品。

总结吉利崛起的原因，就是既有沃尔沃的技术背书，又有自主的车型设计，再加上一套互联网的营销策略。

汽车行业是一个既传统又现代的行业。传统的是它作为一个工业品需要长久的技术积累；现代的是汽车的营销思维在不断地紧贴潮流的发展而发展。吉利把别人的成功经验和做法借鉴过来，并有选择地进行使用，不是一味地模仿，而是在模仿中有创新，最终才成就了辉煌。

这一次吉利的崛起可以看作互联网思维与传统行业结合的典范，很值得每位企业家学习和借鉴。

笛卡尔说过："最有价值的知识是关于方法的知识。"方法不仅仅可以提高个人的学习和工作效率，达到事半功倍的效果，而且更重要的价值还在于能够复制成功！

3.1.2 相关概念

如果你会打乒乓球，请想想初学时的体验，在没学发球方法和技巧之前，我们发出去的球基本不具备任何攻击力。一旦学了有关的方法，我们并没有增加用力，但却可以让它随意旋转或更具有攻击力，这就是方法的魔力。

创新的方法亦同样如此。

20世纪有太多的发明，但最大的发明是什么？不是蒸汽机，也不是电脑，而是发明了创新的方法！通过应用这些方法，就能诱发人们潜在的创造力，使长期以来被人们认为神秘的、只有少数发明家或创新者所独有的创新设想，为每一个普通人所掌握。

但在这里必须指出的是：尽管方法是非常重要的，但从某种角度说，方法也是一种限制！因此，我们既要学习方法，又不能受方法的限制。换句话说，就是要在学习、运用的基础上，对方法加以灵活应用，同时，当一种方法成为创新的阻碍时，就要勇于对方法本身进行创新，寻找适合创新发展的新方法。

创新的方法是指创新活动中带有普遍规律性的方法和技巧。它是通过研究一个个具体的创新过程，比如创新的题目是怎样确定的，创新的设想是怎样提出的，设想如何变成现实，等等，从而揭示创新的一般规律和方法。

创新的方法首先出现在富于创意的美国。1906年，美国的普林德尔在《发明的艺术》一文中，通过发明案例介绍了发明者们日常不自觉使用的各种发明方法，最早提出了对工程师进行创造力训练的建议，并以实例阐述了一些改进及创新的技巧和方法。这基本上是能找到的、最早的探索创新方法的文章。

1931年，内布拉斯加大学教授克劳福德发表了《创造思维的技术》一文，提出了列举法，并在大学讲授，这个方法至今仍然是受到广泛欢迎的方法。同年，还有一位专利审查人罗斯·曼在其为取得博士学位而完成的著作《创造发明者的心理学》中，专门写了"发明方法"一章。

1938年，被誉为"创造方法之父"的亚历克斯·奥斯本总结出了现在非常著名的"头脑风暴法"，并取得应用的成功。为推广这种方法，他撰写了一系列著作，如《思考的方法》《所谓创造能力》《创造性想象》等，并深入到学院、社会团体和企业，组织大家学习和运用这些方法。现在，这种方法已经作为一种最常用的方法而普及全世界。

之后，先后有不同的人创造了各种各样的创新方法，到目前为止，已经达到340种之多，但常用的方法只有十几种。

📖 **小资料**

影响创新的三大敌人

第一大"敌人"，是最危险的敌人，即畏惧。有畏惧思想的人，害怕困难、怕艰苦、怕失败。其实，失败并不可怕。害怕失败的人，自己的想象力和首创精神就要受到束缚，长此以往，创造力必将丧失殆尽。

第二大"敌人"，是隐藏着的敌人，即过分的自谦。如果一个人认为自己这也不行，那也不行，甚至无端地指责自己，就会导致"创造麻痹症"，一个人一旦患了这种病，就会变成一个庸人。

第三大"敌人"，是最易出现的敌人，即懒惰。懒惰和愚笨有着不解之缘。巧妙的创造来源于勤奋的积累知识。懒惰、投机、心存侥幸，不仅不会有创造力，有时还会陷入歧途，或伪造科学数据，或贪他人之功，违反科学道德。

3.1.3 常用的创新方法

在那么多的创新方法之中,我们必须有选择地进行学习。法国生理学家贝尔纳说:"良好的方法能使我们更好地发挥运用天赋的才能,而拙劣的方法则可能阻碍才能的发挥。因此,科学中难能可贵的创造性才华,由于方法拙劣可能被削弱,甚至被扼杀;而良好的方法则会增长促进这种才华。"为了便于系统学习,我们从中选取具有代表性的常用方法加以介绍。

1. 模仿创新法

人们学习时,总是以模仿开始。同样,人们要提高自己的创新能力,也可以先从模仿开始。模仿就是把眼前和过去的东西通过自己的头脑再造出来,是一种再造想象。通过模仿,人们能够认识事物的外部和内部特点。

模仿创新法就是一种人们通过模仿旧事物而创造出与其相类似的事物的创造方法,主要特点是通过模拟、仿制已知事物来构造未知事物。从模仿的创造性程度而言,可分为机械式模仿、启发式模仿和突破式模仿三种,如图3-1所示。

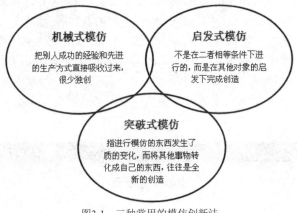

图3-1 三种常用的模仿创新法

> **📖 小故事**
>
> **云南白药创可贴**
>
> 在中国小创伤护理市场,邦迪一度占领了大部分市场,很多用户想到创可贴的时候甚至不知道还有其他品牌存在。云南白药认为自己的市场机会在于,同为给伤口止血的创伤药,邦迪产品的性能只在于胶布的良好性能,而没有消毒杀菌功能,而云南白药对于小伤口的治疗效果可以让用户更快地愈合。于是,邦迪成为云南白药第一个模仿和超越的对象。
>
> 挑战邦迪,云南白药缺少的是胶布材料的技术。
>
> 王明辉选择的解决方案是,整合全球资源来"以强制强",与德国拜尔斯道夫公司合作开发,这家拥有上百年历史的拜尔斯道夫在技术绷带和黏性贴等领域具有全球领先的技术。不到两年时间,双方合作的云南白药创可贴迅速推向市场。

小故事

安卓系统

安卓系统的研发始于2007年11月,说明在iPhone上市后谷歌很快就瞄上了苹果iOS系统,安卓实际上就是一个模仿苹果iOS+APP模式的新操作系统。与苹果不同的是,谷歌采取了与苹果封闭系统不同的商业模式创新:安卓第一版上市时,即与34家手机厂商、运营商成立"开放手机联盟(OHA)",以开放系统对阵强势苹果系统。

加入安卓联盟的手机厂商里,真正抓住安卓产业机会的是彻底告别多普达的HTC与三星(Galaxy),而安卓超越苹果,仅仅用了不到两年时间,安卓系统手机的APP、用户数、手机份额、下载量等都超过了苹果iOS系统。

小故事

照相机

人眼与传统照相机的成像原理是完全相同的。人眼的角膜和晶状体相当于照相机的凸透镜镜头,视网膜相当于照相机用的底片。人眼通过改变晶状体的曲率调节焦距,而照相机靠改变镜头与底片之间的距离来调节焦距。照相机与人眼如此相似,然而它并不是模仿人眼成像原理的结果,因为在它被发明之前生物学家还没有搞清楚人眼的结构。相反,是照相机的发明帮助人类弄清楚人眼的成像原理。所以,照相机与人眼是人类与大自然"趋同设计"的结果。

这个案例提醒我们:向大自然求教是发明的捷径,模仿与仿生发明尤为重要。

小故事

康师傅方便面

康师傅方便面进入大陆市场时,魏氏兄弟并没有特别的优势,从资本、技术、产品、品牌、推广等各方面都只是一个普通的竞争者。1988年进入大陆设厂的顶新,直到1992年才在天津设厂进入方便面行业。当时的日清、统一等都在所谓"高档面"(口味更好、更营养的方便面)上动脑筋。与行业老大的策略不同,康师傅方便面果断地选择了"大众化"(平价方便面)的道路。

康师傅实际上是第一个放弃"营养化"路线的方便面,因为魏氏兄弟看到,对于那些火车上的旅客或临时代餐的目标消费者来说,价格是一个重要的战略竞争要素。要实现规模化,产品不能复杂,尤其是消费者利益(广告诉求培养的选择驱动力)必须简单,于是,"好吃看得见"逐步被"就是这个味""这个味对啦"等一系列以"味觉"为核心的产品诉求广告代替。

是的,康师傅红烧牛肉面不是最好吃的,更不是康师傅的原创,但康师傅红烧牛肉面是销量最大的方便面单品,因为只有康师傅率先且持续地抓住、强化了红烧牛肉面的消费者利益聚焦点:味道。

> 📖 **小故事**
>
> **金丝猴奶糖**
>
> 国人皆知的大白兔是牛奶糖的第一品牌,甚至凝结了生活在1960—1990年三代人的消费情感记忆。"七粒大白兔,等于一杯牛奶"是大白兔根据热量等值换算出的一句产品USP(独特销售主张)。在牛奶匮乏的年代,大白兔奶糖是国人补充动物蛋白的替代产品。
>
> 20世纪90年代后期,金丝猴奶糖横空出世,抢夺大白兔奶糖的市场份额。金丝猴奶糖不仅模仿了大白兔奶糖的扭结、蓝白风格等产品形态及包装风格,甚至在产品诉求上采取了更加夸张的广告:"三粒金丝猴奶糖,就是一杯好牛奶。"这种模仿式创新产品,确实令领先品牌感到非常难受,就像美国营销史上百事可乐纠缠可口可乐的广告攻势一样。
>
> 在广告法还不健全的年代,类似大白兔、金丝猴的夸大宣传比比皆是,如中华鳖精、三蛇胆胶囊等。但在策略上,模仿领先对手的核心产品的特点,是模仿式创新产品快速上位、成为老二的不二法门。

在创新开发实践过程中,模仿一般应通过以下几种途径入手。

(1) 原理性模仿。运用已知事物的运作原理,去构建新事物及其运作机制。例如,电脑就是模仿人脑设计而成的。

(2) 形态性模仿。模仿已知事物的形状和特征等形态要素,形成新事物的创造性方法。例如,长沙世界之窗就是按照世界各国和我国的景观修建的。

(3) 结构性模仿。模仿已知事物的结构特点,利用其结构来创造新事物的方法。例如,复式住宅来自于对双层公共汽车结构的模仿。

(4) 功能性模仿。以一种事物的某种功能要求为出发点,模仿而产生其他类似的事物。例如,人们受到智能相机的启发,正准备研制出全智能操作的傻瓜电脑。

(5) 仿生性模仿。以生物界事物的生存和发展的原理、功能、形状等作为参照物进行模仿创造的方法。仿生性模仿包括技术性仿生、原理性仿生、信息性仿生等。

模仿创新法是在进行创新思维时经常用到的一种方法,这种方法的运用使我们的生活产生了巨大的变化。"一切与发明创造有关的事物,都是借来的,美与形莫不如此。"

2. 创意列举法

人们要进行创新,就需要善于寻找创新的契机,同时还要不断地进行观察学习,吸收他人的创新观点,将其转化为自己的创新意识。

新的创意往往是通过对一系列相关问题或建议的列举而被开发出来的。人们可以通过列举一系列问题或建议来指导新创意的开发方向,最终获得全新创意。

创意列举法主要分为属性列举法、希望点列举法、优点列举法和缺点列举法四种,如表3-1所示。

表3-1 创意列举法的分类

类型	具体解释	说明
属性列举法	先观察和分析属性特征,再针对每项特征提出创新构想	这种方法是一种创意思维策略,强调人们在创造的过程中,先观察和分析事物或问题的属性特征,然后再针对每项特性提出相应的改良或改变的构想

(续表)

类型	具体解释	说明
希望点列举法	不断地提出理想和愿望，针对希望和理想进行创新	这种方法是指人们不断地提出理想和愿望，针对这些希望和理想，寻找解决问题的对策、实现这些理想和愿望的方法
优点列举法	逐一列出事物优点，进而探求解决问题的方法和改善的对策	这种方法指的是人们通过逐一列出事物的优点，从而寻求解决问题、提出改善对策的方法
缺点列举法	列举和检讨缺点和不足之处，找出解决问题的方法和改善的对策	与优点列举法相对应，这种方法是人们针对一项事物，不断地列举出其缺点和不足之处，然后分析这些缺点，从而找出解决问题和改善对策的方法

上述四种方法中缺点列举法是人们最为普遍使用的创意列举法。一般来说，创新者总有做不完的课题，不过对于初学者，可能会遇到"不知道创新什么"这样的问题。缺点列举法可帮助你选题，它属于选题的方法，而且是一种易于掌握、被广泛采用的方法。

📖 小故事

二相插座的发明

1894年，松下幸之助出生在日本一个贫寒的家庭里。正像一些朋友了解的那样，又瘦又小的他9岁起就开始打工养家。后来，他凭着一项发明开创了自己的事业。这项发明和我们将要介绍的方法有关系，它就是二相插座。

在松下幸之助那个时代，电源的插口只有一个，也就是说点上电灯就不能干别的，比如熨衣服就不能干了，人们使用起来很不方便，但大家觉得这很正常，是理所当然的，没有人着手进行改进。

勤奋好学的松下幸之助很快就注意到了这个缺点。优秀的人总是善于看到普通人看不到的问题和缺点！于是他开始动脑筋、想办法："怎样才能克服这种不便呢？"经过反复思考和实验，他终于发明了二相插座，有效地克服了以前电源插座的缺点，赢得了巨大的市场。

"为什么呢？怎么你会那么想呢？"松下幸之助经常这样问别人。正是他这种处处留心看到事物的不足和缺点，才使得他做出了许许多多电器方面的创新，而这些创新也成就了他的事业。

因此，松下幸之助被誉为"经营之神"。

📖 小故事

改进电源插头

电源插头，是我们人人都会用得到的东西。你注意过它有什么缺点吗？

普通的插头我们不知道使用过多少次了，但我们很少想过它到底有什么缺点，使用中到底有哪些不方便。大部分人几乎都认为插头就该是那个样子。即便是使用过程中已经感觉到了它的缺点，但依旧没有把这些想法上升到显意识。

最近，国外有人注意到，这样的插头在使用后往外拔的时候，会比较难，需要费较大力气才能拔下来，甚至经常需要两只手一起协助才能拔下来。

这就是个缺点啊!

因此,有人发明出了中间带孔的电源插头,以便于拔下来时食指能弯进孔中,帮助其顺利地从插座中拔出来。

多留心工作、生活中这样的"缺点"吧,因为任何事物都不完美,这样坚持下去,你也一定能够创新。

3. 类比创新法

类比创新法是富有创造性的创意方法,有利于人的自我突破,其核心是从异中求同,或同中见异,从而产生新知,得到创造性成果。它在人们认识世界和改造世界的活动中,起着重要的作用。历史上,许多重大的科学发现、技术发明和文学艺术创作,都是运用类比创新法的硕果。例如,在科学领域,惠更斯提出的光的波动说,就是与水的波动、声的波动类比而发现的;欧姆将其对电的研究和傅立叶关于热的研究加以类比,建立了欧姆定律。在其他科学领域里,也有类似的情况。比如医生詹纳发现"种牛痘"可以预防天花,是受到挤牛奶女工感染牛痘而不患天花的启示。仿生学的迅猛发展,更说明了类比法的重大价值。

类比创新法是根据两个或两类对象之间在某些方面的相同或相似而推出它们在其他方面也可能相同的一种思维形式和逻辑方法。这种方法极富创造性,有利于人的自我突破,其核心是从异中求同,或同中见异,从而产生新知,取得创造性成果。它在人们认识世界和改造世界的活动中起着重要的作用。这种方法的关键是通过已知事物与未知事物之间的比较,从已知事物的属性推测未知事物也具有某种类似属性。

> **小案例**
>
> **蚂蚁寻食与新电脑计算法**
>
> 美国科学家认为,根据蚂蚁寻找食物的方式可以开发出新的电脑计算方法,以解决"寻找最佳路线"之类的复杂问题。
>
> 科学家发现蚁群寻找食物时会派出一些蚂蚁分头在四周游荡,如果一只蚂蚁找到食物,它就返回巢中通知同伴并沿途留下"信息素"作为蚁群前往食物所在地的标记。信息素会逐渐挥发,如果两只蚂蚁同时找到同一食物,又采取不同路线回到巢中,那么比较绕弯的一条路上信息素的气味会比较淡,蚁群将倾向于沿另一条更近的路线前往食物所在地。
>
> 类比蚁群的这种特性,可为电脑开发出新的计算方法,以解决"在许多城市之间寻找最佳路线"之类的问题。专家在电脑程序中设计虚拟的"蚂蚁",让它们摸索不同路线,并留下会随时间逐渐消失的虚拟"信息素"。根据"信息素较浓的路线更近"的原则,可选择出最佳路线。
>
> 这种计算方法被称为"蚁群优化计算法",它灵活性较高,对环境变化的适应力较强,已经成为很重要的智能算法。

从广义的角度来说,世界上所有的事物之间都存在着应用类比创新法的可能性,但它一定要有一定的客观规律作为基础。根据类比的对象、方式等的不同,类比创新法大致可以分为以下几种类型。

(1) 直接类比,从自然界或者人为成果中直接寻找出与创意对象相类似的东西或事物,进行类比创意。

📖 **小故事**

纳克医生很想发明一种能够诊断胸腔里健康状况的听诊设备。一天他到公园散步，看到两个小孩在玩跷跷板，一个小孩在一头轻轻地敲跷跷板，还有一个小孩在另一头贴耳听，虽然敲者用力轻，可是听者却听得极清晰。他把要创造的听诊器与这一现象类比，终于获得设计听诊器的方案，听诊器就这样诞生了。

鲁班从草叶的边缘可以割破手指这一已知事物出发，直接类比到他截断木材的难题，从而导致"锯"这一创意的产生，这就是从已知指向未知。而现实中常常是先出现问题再来寻找答案，就是从未知事物指向已知事物。

如电视发射塔的设计，要求既有抗各向风力的性能，又能满足发射信号的需要。

人们发现山上的云杉树由于受狂风长年累月的打击，底部直径显著增大，树形长成了圆锥状。通过类比分析，就出现了圆锥形的电视塔。

飞机发动机的燃烧器由于气流无法控制，常出现气体湍流紊乱现象。我国年轻的博士高歌曾在大西北工作，注意到沙丘的形状十分稳定。于是他将沙丘的形状同飞机发动机的燃烧器做了比较，将燃烧器内表面改为沙丘形状，最终发明了"沙丘驻涡火焰稳定器"。

(2) 拟人类比，使创意对象"拟人化"，也称为亲身类比、自身类比或人格类比。这种类比就是创意者使自己与创意对象的某种要素认同、一致，自我进入"角色"，体现问题，产生共鸣，以获得创意。

机器人的设计主要是模拟人的动作。

工业设计，也经常应用拟人类比。著名的薄壳建筑罗马体育馆的设计，就是一个优秀例证。设计师将体育馆的屋顶与人脑头盖骨的结构、性能进行了类比：头盖骨由数块骨片组成，形薄、体轻，但却极坚固，那么体育馆的屋顶是否可做成头盖骨状呢？这种创意获得了巨大成功。于是薄壳建筑风行起来。比如，我们熟识的北京天文馆、悉尼歌剧院、意大利佛罗伦萨主教堂都属于这种薄壳建筑。

(3) 幻想类比，就是将幻想中的事物与要解决的问题进行类比，由此产生新的思考问题的角度。

借用科学幻想、神话传说中的大胆想象来启发思维，在许多时候是相当有效的。

在这里要强调的是，幻想类比只是运用幻想激发想象力，它就像帮助我们过河的垫脚石，只是一个工具，幻想并不是我们马上要实现的目标。

📖 **小故事**

收缩的自行车把

孙悟空的金箍棒一定给你留下了深刻的印象。它能变大变小，收缩自如。能否受金箍棒的这些特点的启发，发明点什么呢？

某大学生进行幻想类比，结果发明了一个可以收缩的自行车把。

人在凹凸不平的路面上骑自行车时，总是试图通过控制车把来掌握身体的平衡。这样，车把就会被转向骑车人的身体。如果骑车者恰巧在此时摔倒，外侧的车把先接触地面，而内侧的车把就会戳向骑车人的腹部。当这种车把接触到地面时，车把外层的套筒会随着里面的弹簧收缩从而吸收掉将近50%的冲击力，减少对人体的伤害。这项发明的意义很大。

正是创造中的幻想类比推动了发明创造，逐步使幻想成为现实。如人幻想像鸟一样自由飞翔。现在人们乘坐飞艇、飞机等飞行工具已经能够自由飞行。

(4) 对称类比，自然界中许多事物存在着对称关系，如物理学上的正电荷与负电荷，两者除了极性相反之外，其他都相同，好像人们照镜子，镜中人与镜外人一样。换句话说，正电荷和负电荷是对称的。在创造过程中，运用对称类比，也可能获得某种创造。

> 📖 **小故事**
>
> **月光农业的创意**
>
> 万物生长靠太阳，这是人人皆知的事情。有人研究白天太阳与生物生长的关系，谁也不会大惊小怪。倘若有人突发灵感，琢磨起晚上月亮照射下的生物，可能有许多人大惑不解。
>
> 世界上的确有农艺家在对"阳光农业"的对称类比思考中悟出了"月光农业"的创意。在经过长期的研究后，居然获得意想不到的结论：万物生长也得益于月亮。一轮明月高挂蓝天时，大约有0.25勒克斯(相当于40瓦电灯在距15米外的亮度)的光照射大地。尽管月光如镜，但却给许多植物带来勃勃生机。
>
> 于是，农学家们建议，在播种收获农作物时，除了按季节、节气外，最好还考虑月亮的阴晴圆缺。因为经过不同时间和角度的月光洗礼，农作物的生产和储存将会给人们以新的喜悦。

(5) 因果类比，两个事物之间都有某些属性，各属性之间可能存在着同一种因果关系，根据某一个事物的因果关系可能推出另一个事物的因果关系。在创造过程中，掌握了某种因果关系并进行触类旁通，有可能获得新的启发，产生新的创意。

> 📖 **小故事**
>
> **台风旋向问题**
>
> 美国麻省理工学院谢皮罗教授发现，放洗澡水时，水流出浴池总是形成逆时针方向的旋涡。这是什么原因呢？专家告诉他，这种现象与地球自转有关，由于地球是自西向东不停地旋转，所以北半球的洗澡水总是以逆时针方向流出浴池。
>
> 在明白了浴池水流向的道理后，谢皮罗教授想到了台风的旋向问题，并进行了因果推理。他认为北半球的台风同样是逆时针方向旋转的，其道理与洗澡水流出的旋向道理是类似的。他还断言，如果在南半球，情况则恰恰相反。
>
> 谢皮罗有关台风旋向的科研论文发表后，引起世界各国科学家的莫大兴趣。他们纷纷进行观察或实验，其结果与谢皮罗的论断完全相符。

(6) 仿生类比，就是人在创意、创造活动中，常将生物的某些特性运用到创意、创造上的意思。

如模仿海豚的皮肤以减少潜水艇在水中受到的阻力；根据蝙蝠发明了雷达；模仿鸟类展翅飞翔，造出了具有机翼的飞机。同样，发现了鸟类可直接腾空起飞，不需要跑道，又发明了直升机；当发现蜻蜓的翅膀能承受超过其自重好多倍的重量时，就采用仿生类比，试制出超轻的高强度材料，用于航空、航海、车辆以及房屋建筑领域。

狗鼻子一向以灵敏著称，它能嗅出200万种物质和不同浓度的气味，嗅觉比人灵敏100万倍。现在，人以不同物质气味对紫外线的选择性吸收为信息，研制出"电子鼻"，其检测灵敏度可达狗鼻子的1000倍。

(7) 综合类比，是指根据一个对象要素间的多种关系与另一对象综合相似而进行的类比推理。两个对象要素的多种关系综合相似，就意味着它们的结构相似，由结构相似可推出它们的整体特征和功能相似。

> 📖 **小案例**
>
> 虚拟心脏的研究(模拟)
>
> "虚拟心脏"是美国《自然》杂志最近提出的新概念，国际医学界目前尚没有人从分子水平进行"虚拟器官"的研究。不久前，一颗正在中国医学科学院阜外心血管病医院计算机里跳动的"虚拟心脏"，将从分子水平揭示心脏常见疾病的病理基础，并为研制治疗相关疾病的新药提供一个真实而且深层次的"试验基地"。
>
> 负责这一研究项目的该院副院长惠汝太教授说，所谓"虚拟心脏"并非解剖学上的概念，说得形象一点，是计算机假装出来的心脏，但具备真正心脏的所有生理特性。它是将心脏的变化规律转化为各种方程式，用计算机运行方程式来演示心脏疾病分子水平的病变过程。目前正在研制中的这一"虚拟心脏"已经"得了"先天性心脏病、心力衰竭、扩张型心肌病和心律失常这几种最常见的或危及生命的心脏病。
>
> 设计一架飞机，先做一个模型放在风洞中进行模拟飞行试验，就是综合了飞机飞行中的许多特征进行类比。同样，各领域的模拟试验，如船舶模型试验、大型机械设备的模拟试验等，都是综合类比。

类比创新法在探求新的事物发展规律、建立事物间联系的过程中，发挥着极其特殊的作用。类比也可以说是一种不严格的推理。因为推理的不严格是它的特点之一。这个特点既是它的所长，也是它的所短。它的所长是诱发创造性思考，它可以触类旁通、启发思路；它的所短是因为科学研究和生产实践活动中需要严格的推理。

我们生存的世界是具有多样性统一和事物之间普遍存在联系的客观世界，建立在这种客观基础上的类比方法，具有联系上的广泛性的特点，也正是因为类比在逻辑上的不严格性和联系上的广泛性，才决定了类比的创造性。正如康德所指出的那样："每当理智缺乏可靠论证思路时，类比这个方法往往能指引我们前进。"

4. 头脑风暴法

头脑风暴法，又称智力激励法、BS法。它是由美国创新技法和创新过程之父亚历克斯·奥斯本于1939年首次提出，后来正式发表的一种激发创造性思维的方法，目前已成为创新活动中最常用的方法之一。它是一种通过小型会议的组织形式，让所有参加者在自由愉快、畅所欲言的气氛中，自由交换想法或点子，并以此激发与会者的创意及灵感，使各种设想在相互碰撞中激起脑海的创造性"风暴"。

头脑风暴法适合用于解决那些比较简单的问题，比如研究产品名称、广告口号、销售方法、产品的多样化等。其也适用于需要大量的构思、创意的行业，如广告业。

头脑风暴法可分为直接头脑风暴法和质疑头脑风暴法两种。

(1) 直接头脑风暴法。按照头脑风暴法的规则，通过专家会议，对需要解决的问题进行创造性思维活动，尽可能激发创造性，产生尽可能多的方法，又称为头脑风暴法。

(2) 质疑头脑风暴法。对头脑风暴产生的观点、方案等逐一质疑，分析其现实可行性的方法，又称为反头脑风暴法。

头脑风暴何以能激发创新思维？根据亚历克斯·奥斯本本人及其他研究者的看法，激发机理主要有以下几点。

(1) 联想反应。在探讨问题的过程中，每一个新观念，都可能引起相关的联想，产生连锁反应，相继产生一连串新观念，形成新观念堆，使人们创造性地解决问题。

(2) 热情感染。因为没有条件限制，头脑风暴法能激发人的热情，突破旧观念的束缚，能够最大限度地发挥人的创新思维能力。

(3) 竞争意识。头脑风暴法使人们产生竞争意识，人们竞相发言，力求提出独到的见解，争取获得新奇观念。

(4) 个人欲望。由于不受限制，人们会感到比较自由，人们的自有欲望得到满足。

为了更好地运用头脑风暴法，使思维活动真正起到互激效应，必须严格遵守以下四项基本原则。

(1) 延迟评价。在提出设想阶段，只能专心提设想而不能对设想进行任何评价。这是因为创造性设想的提出有一个诱发深化、发展完善的过程，常常是有些设想在提出时杂乱无章不合逻辑，似乎毫无价值，然而它却能够引发许多有价值的设想，或在以后的分析中发现开始没有发现的价值。因此，过早评价会使许多有价值的设想被扼杀。

延迟评价既包括禁止批评，也包括禁止过分赞扬。头脑风暴法首先必须禁止任何批评或指责性言行。这是因为会议成员的自尊心，使他们在自己的设想遭到批评或指责时，就会不自觉地进行"自我保护"，因而就会只想如何保护自己的设想，而不去考虑新的甚至更好的设想。批评和指责是创造思维的障碍或抑制因素，是产生互激效应的不利因素。同样，夸大其词的赞扬也不利于创造性的发挥，如"你这个想法简直太妙了"这类恭维话会使其他的与会者产生冷落感，且容易让人产生已找到圆满答案而不值得再考虑下去的印象。

延迟评价原则是头脑风暴法的精髓。

(2) 鼓励自由想象。自由想象是产生独特设想的基本条件。这一原则鼓励会议成员要坚持独立思考，敢于突破，敢于"异想天开"，甚至提出荒唐可笑的想法，使思想保持"自由奔放"的状态。

(3) 以数量求质量。要相信提出的设想越多，好设想就越多，因此要强调在有限的时间内提出尽可能多的设想。会议安排中可规定数量目标，如每人至少要有3个设想或更多。这样做可使与会者在追求数量的活跃气氛中，不再注意评价了。

奥斯本认为，会议的初期往往不易提出理想的设想，在后期提出的设想中，有实用价值的设想所占的比例要高得多。

(4) 鼓励巧妙地利用并改善他人的设想。已经提出的设想不一定完善合理，但却往往能提出一种解题的思路。其他人可在此基础上进行改善、发展、综合，或由此启发得到新的思路，从而提出更好的设想。

团队讨论要遵守以上四项基本原则，才能充分发挥大家的创造性，保证会议气氛轻松愉快，从而能够起到互激作用，想出更多更好的解决问题的方案。

📖 小故事

坐飞机扫雪

有一年，美国北方格外严寒，大雪纷飞，电线上积满冰雪，大跨度的电线常被积雪压断，严重影响通信。过去，许多人试图解决这一问题，但都未能如愿以偿。后来，电信公司经理应用奥斯本发明的头脑风暴法，尝试解决这一难题。他召开了一种能让头脑卷起风暴的座谈会，参加会议的是不同专业的技术人员，要求他们必须遵守以下原则。

(1) 自由思考。即要求与会者尽可能解放思想，无拘无束地思考问题并畅所欲言，不必顾虑自己的想法是否"离经叛道"或"荒唐可笑"。

(2) 延迟评判。即要求与会者在会上不要对他人的设想评头论足，不要发表"这主意好极了""这种想法太离谱了"之类的"捧杀句"或"扼杀句"，至于对设想的评判，留在会后组织专人考虑。

(3) 以量求质。即鼓励与会者尽可能多而广地提出设想，以大量的设想来保证质量较高的设想的存在。

(4) 结合改善。即鼓励与会者积极进行智力互补，在增加自己提出的设想的同时，注意思考如何把两个或更多的设想结合成另一个更完善的设想。

按照这种会议规则，大家七嘴八舌地议论开来，有人提出设计一种专用的电线清雪机；有人想到用电热来化解冰雪；也有人建议用振荡技术来清除积雪；还有人提出能否带上几把大扫帚，乘直升机去扫电线上的积雪。对于这种"坐飞机扫雪"的想法，大家心里尽管觉得滑稽可笑，但在会上也无人提出批评。相反，有一位工程师在百思不得其解时，听到用飞机扫雪的想法后，大脑突然受到冲击，一种简单可行且高效率的清雪方法冒了出来。他想，每当大雪过后，出动直升机沿积雪严重的电线飞行，依靠调整旋转的螺旋桨即可将电线上的积雪迅速扇落。他马上提出"用干扰机扇雪"的新设想，顿时又引起其他与会者的联想，有关用飞机除雪的主意一下子又多了七八条。不到一小时，与会的10名技术人员共提出90多条新设想。

会后，公司组织专家对设想进行分类论证。专家们认为设计专用清雪机、采用电热或电磁振荡等方法清除电线上的积雪，在技术上虽然可行，但研制费用大，周期长，一时难以见效。那种因"坐飞机扫雪"激发出来的几种设想，倒是一种大胆的新方案，如果可行，将是一种既简单又高效的好办法。经过现场试验，发现用直升机扇雪真能奏效，一个久悬未决的难题，终于在头脑风暴法会议中得到了巧妙解决。

随着创造活动的复杂化和课题涉及技术的多元化，单枪匹马式的冥思苦想将变得软弱无力，"群起而攻之"的战术则显示出攻无不克的威力。

头脑风暴法会议的组织步骤如下。

(1) 首先要明确会议的目标，千万不能无的放矢。一般要将会议讨论的问题提前1～5天告诉与会者。

(2) 会议人员以5～10人为宜，包括主持人、记录员和参加者。

(3) 选择合适的主持人。主持人是头脑风暴法会议的领导，会议的成功与否在很大程度上取决于主持人掌控会议的能力和艺术。主持人的职责是：①严格遵守四项基本原则；②使会场保持热烈的气氛；③把握住会议的主题；④保证全员献计献策。

主持人怎样才能做到这几点呢？首先要做好充分准备，其次要有一定的主持会议的技巧。主持人一般不能直率地发表意见，只能简单地说"很好，继续进行"或"很好，现在让我们改变一下方向，考虑下一轮干些什么"等。

(4) 确定记录员。记录员要把所有设想一个不落地记录下来。设想是进行综合和改善的素材，每个设想都要编上号，防止遗漏和方便评价。

(5) 会议时间一般在一小时以内,最好不超过两小时。

(6) 对设想的评价不能在同一天进行,最好再过几天,这样还可以提出新的设想。评价可以采用头脑风暴法会议的方式。

在头脑风暴法基础上,又产生了菲利普斯66法,其意义在于能使各小组形成竞争,从而提升效率。

菲利普斯66法是以发明人的名字和该方法的特点结合在一起而命名的,它是一种适用于小团队的创新方法。菲利普斯66法,也叫小组讨论法,是由美国密歇根州希尔斯代尔学院院长J. D.菲利普斯发明的,以头脑风暴法为基础,采用分组的方式,限定时间,即每6人一组,围绕主题限定只能进行6分钟的讨论。

这种方法的最佳应用环境是大会场,因人数很多,可通过分组形成竞争,使会场气氛热烈,犹如"蜜蜂聚会",因此也有人把这种方法叫作"蜂音会议"。

5. 六顶思考帽法

六顶思考帽是爱德华·德·博诺博士开发的一种思维训练模式,或者说是一个全面思考问题的模型。它提供了"平行思维"的工具,避免将时间浪费在互相争执上。强调的是"能够成为什么",而非"本身是什么",是寻求一条向前发展的路,而不是争论谁对谁错。运用博诺的六顶思考帽,将会使混乱的思考变得更清晰,使团体中无意义的争论变成集思广益的创造,使每个人变得富有创造性。

六顶思考帽是指使用六种不同颜色的帽子代表六种不同的思维模式。任何人都有能力使用以下六种基本思维模式,具体如表3-2所示。

表3-2 六顶思考帽含义、功能、特点及创新任务一览表

序号	帽子	含义、功能、特点	承担创新工作任务
1	白色思考帽	白色代表中立与客观;戴上白色思考帽,人们只关注事实和数据	陈述问题事实
2	红色思考帽	红色代表感性和直觉,使用时不需要给出证明和依据;戴上红色思考帽,人们可以表现自己的情绪,还可以表达直觉、感受、预感等方面的看法	对方案进行直觉判断
3	黄色思考帽	黄色代表价值与肯定。戴上黄色思考帽,人们从正面考虑问题,表达乐观的、满怀希望的、建设性的观点	评估该方案的优点
4	黑色思考帽	黑色代表谨慎消极;戴上黑色思考帽,人们可以运用否定、怀疑、谨慎、质疑的看法,合乎逻辑地进行批判,尽情发表负面的意见,找出逻辑上的错误,进行逻辑判断和评估	列举该方案的缺点
5	绿色思考帽	绿色代表跳跃与创造,寓意创造力和想象力,具有创造性思考、头脑风暴、求异思维等功能;戴上绿色思考帽,人们不需要以逻辑性为基础,可以帮助人们寻求新方案和备选方案,做出多种假设,并为创造力的尝试提供时间和空间	提出如何解决问题的建议
6	蓝色思考帽	蓝色代表冷静逻辑,负责控制各种思考帽的使用顺序,规划和管理整个思考过程,并负责做出结论;戴上蓝色思考帽,人们可以集中思考和再次集中思考,指出不合适的意见等	总结陈述,做出决策

小故事

中国香港表

想一想，咱们从第一款开始，已经戴过多少只手表了？

尽管钟表起源于欧洲，但现在世界上三大手表生产地却是瑞士、日本和中国香港。

中国香港，一直以来被公认是国际金融、贸易和航运中心。中国香港早先的表业不仅大大落后于瑞士和日本，而且在国际上也毫无名气，但后来却一跃而上，挤进前三甲，这其中的奥妙何在呢？

原来，香港地区的手表商仔细研究了手表市场后发现：中国香港表无论从质量、技术还是工艺等方面都无法与瑞士的"劳力士""雷达"，日本的"西铁城""双狮"相比，但这些世界名牌表也存在着问题，那就是功能比较单一。中国香港表若想打入市场，与瑞士、日本表分庭抗礼，非得独辟蹊径不可。

数据显示，发达国家每年每百人消费手表23只，连一些发展中国家每年每百人也有12只的消费量。这说明"天长地久""可靠耐用"已不再是手表消费的金科玉律了。随着时代的发展，集计时、多功能、时尚、价值、身份于一体才是当今手表消费最锐不可当的趋势。

中国香港表正是抓住了这一趋势，顺应了时代潮流。2006年的巴塞尔世界钟表珠宝展览会把这种时尚潮流充分地展现了出来。因为中国香港表价格低廉、种类繁多，让众多的买家感觉受惠多多。

让我们简单看一看中国香港表的万种"表"情吧。有时装表、运动表、笔表、链坠表、情侣表、儿童表、计算表、打火表、时差表、报警表(如带电报警)、里程表等。

另外，现代人越来越重视休闲与运动，具有运动象征意义的新潮又美观的廉价秒表和价值不菲的潜水表特别受到崇尚自然、追求休闲的年轻人青睐，加上"超亮夜视灯""倒计时"等功能，更加符合年轻人的消费心理需要。这类表与运动休闲服饰相配，极具时代感。

卡通表也不再是小朋友的专利。越来越多的年轻人也开始对卡通表情有独钟。形状除了传统的圆形外，还有椭圆形、方形、菱形及各种动物星座的图案，有的还可以发出模拟动物的叫声，甚至还有带温度测量和指南针功能的，零售价也多在100元以内。

"只在乎曾经拥有"演绎了中国香港表的万种风情。

作为一种简单实用的思维训练法和思维工具，六项思考帽已被美、日、英、澳等50多个国家和地区在教育领域设为教学课程，同时也被世界许多著名商业组织所采用，作为创造组织合力和创造力的通用工具。这些商品组织包括微软、IBM、西门子、诺基亚、摩托罗拉、爱立信、波音公司、松下、杜邦以及麦当劳等。德国西门子公司有37万人学习六项思考帽课程，使其产品开发时间减少了30%；美国的施乐公司反映，通过使用所学的技巧和工具，他们仅用不到一天的时间就完成了过去需一周才能完成的工作，麦当劳日本公司让员工参加六项思考帽思维训练，取得了显著成效，员工更加有激情，交流效果明显增强；朗讯科技(中国)公司人力资源部认为，学习了六项思考帽之后，以往复杂棘手的问题现在变得简单多了。

6. 检核表法

检核表法就是采用一张一览表，对需要解决的问题逐条地进行核计，进而从各个角度诱导出多种创意设想的方法，其中最常用的就是奥斯本检核表。奥斯本检核表法几乎适用于任何类型与场合的创新活动，因此享有"创新方法之母"的美称。

奥斯本检核表法就是以提问的方式，根据创造或解决问题的需要，列出一系列提纲式的提问，形成检核表，然后对问题进行讨论，最终确定最优方案的方法。该方法主要引导主体在创造过程中对照9个方面的问题进行思考，以便启迪思路，开拓思维想象的空间，促进人们产生新设想、新方案的方法，具体如表3-3所示。

表3-3 奥斯本检核表法九大问题

序号	检核项目	说明
1	能否他用	能否还有其他的用途？保持不变能否扩大用途？稍加改变有无其他用途？
2	能否借用	能否从别处得到启发？能否借用别处的经验和发明？过去有无类似的东西可供模仿？谁的东西可模仿？现有的发明能否引人到其他的创造设想之中？
3	能否改变	能否做某些改变？改变一下会怎样？可改变一下形状、颜色、音响、味道吗？是否可能改变一下型号模具或运动形式？……改变之后，效果如何？
4	能否扩大	能否扩大适用范围？能否增加使用功能？能否添加零部件，延长它的使用寿命，增加长度、厚度、强度、频率、速度、数量、价值？
5	能否缩小	能否体积变小、长度变短、重量变轻、厚度变薄以及拆分或省略某些部分(简单化)？能否浓缩化、省力化、方便化？
6	能否替代	能否用其他材料、原件、方法、工艺、功能等来代替？
7	能否调整	能否变换排列顺序、位置、时间、速度、计划、型号？内部元件可否交换？
8	能否颠倒	能否正反颠倒、里外颠倒、目标手段颠倒等？
9	能否组合	能否进行原理组合、材料组合、部件组合、形状组合、功能组合、目的组合？

📖 小故事

九大问题实际应用

1) 能否他用

夜光粉是一种用量少、用途不算广的发光材料，过去多用于钟表和仪表上。后来人们扩大了它的用途，设计出了夜光项链、夜光玩具、夜光壁画、夜光钥匙扣、夜光棒等，应有尽有。还有人制成了夜光纸，将其裁剪成各种形状，贴在夜间或停电后需要指示其位置的地方，如电器开关处、火柴盒上、公路转弯处、楼梯扶手上等。

某毛巾厂生产的毛巾，因质地太薄，被外商退回。后来有位员工建议改作餐巾，结果打开了销路，产品供不应求。

在日本，有人通过把理发用的电吹风借来烘干被褥，联想到发明新型被褥烘干机。

在法国，有人借洗衣机的原理，研制了一种便携式洗衣洗碗两用机。

有人把拉链的功能用于钱包和衣服上而大获成功。

2) 能否借用

建房时，要安装水暖设备，经常要在水泥楼板上打洞，既慢又费力。山西省的一位建筑工人设想用能烧穿钢板的电弧机来烧水泥板，经过改造，发明了水泥电弧切割器，在水泥上打洞又快又好。

在易拉罐发明之前，人们只能在瓶盖上挖个小洞，然后用管子吸，既费力又不方便。于是，技术人员开始研究如何能非常容易地在瓶盖上开个大口子。他们从自然界的动植物开始研究：哪些东西是能自动张口的呢？他们选择了具有开口功能的蛤蜊、凤仙花的荚果和火山口等作为研究对象。他们发现：蛤蜊的一开一合，是因为它的壳内有一道俗称瑶柱的肌肉，一开一合就是由这道肌肉的抽紧和放松来进行的。凤仙花的荚果，在成熟后啪地裂开了大口，原因是荚果的外皮有一部分有裂缝，在裂缝上有细细的筋拉合着，因此，荚果的口看来是密合的，一到秋天，荚果成熟，那些细筋就枯竭没力了，弹力使荚果张开了口。火山口的形成则不同。火山口所在之处有熔岩往上涌。哪儿的地壳比别处薄，地下熔岩的量大，哪儿就成为火山口。易拉罐就是选择了蛤蜊开口的原理，凤仙花荚果开口的结构和火山口的形成原理，将它们的特征加以协调综合而发明的。

泌尿外科医生在泌尿科中引入了微爆破技术消除肾结石，就是借用了其他领域的创新。

3）能否改变

美国的沃特曼对钢笔尖结构做了改革，在笔尖上开了个小孔和小沟，使书写流畅，成了钢笔大王。

1898年，亨利·丁根把滚柱轴承中的滚柱改成了圆球，发明了滚珠轴承，大大地降低了摩擦力。

有人把自行车的轮子做成椭圆的，骑起来一上一下地起伏着，犹如骑在马上奔驰一般，成了一种新的运动器械，使生活在城市里没有机会骑马的人，也能领略到骑马的滋味。最近，又有人将自行车链轮改成非圆形的，可提高机械效率10%，骑起来轻快省力。

4）能否扩大

日本公司制成一种乳胶液并将它加在钢筋混凝土中，可使其寿命从通常的60～100年增至500年，并有很强的抗腐蚀力，非常适用于海洋建筑。

在两层玻璃中间加入某些材料，就制成了防弹、防震、防碎的新型玻璃。

五年级学生贝明纲在半导体收音机上加装了一个磁棒，研制成了无方向半导体收音机。

5）能否缩小

许多长篇小说动辄几十万字甚至几百万字，很多人通过缩写本、简写本来吸引读者，发行量非常大。

1950年荷兰的马都洛夫妇为纪念他们死在"二战"纳粹集中营的爱子，投资以与实物1/25的比例将荷兰典型城镇缩小建成世界上第一个小人国"马都洛丹"，从而开创了世界主题公园的先河。中国率先采用这种形式的公园是深圳的"世界之窗"和"锦绣中华"。1989年"锦绣中华"的开幕为中国大陆园林的发展提供了一个新的方向，也为旅游业的发展创造出了一种新的手段，其惊人的游人量(高峰时每日达1.5万～2.0万人)和巨大的收益彻底打消了许多人对这种新形式的疑虑，一时间各地纷纷效仿。

6）能否替代

瓶盖里过去是用橡胶垫片，后改为低发泡塑料垫片。据统计，仅吉林省一年就可以节约橡胶520吨。

7）能否调整

重新安排通常会带来很多的创造性设想。房间内家具的重新布置；商店柜台的重新安排；营业时间的合理调整；电视节目的顺序变动；车间机器设备的布局调整……都可能得到更好的结果。

8）能否颠倒

小学生一般是先识字后读书，黑龙江省有三所小学的语文课，倒过来，让孩子们先读书后识字，在读书过程中，遇到不认识的字，用拼音标注。实验结果，二年级的学生识字、阅读、写作水平均超过了三年级学生。

据2009年2月初的一个报道，国外某人竟然设计了上下颠倒的房间，引起了一时的轰动。

9) 能否组合

南京某中学生利用组合的办法，发明了带水杯的调色盘，将杯子做成伸缩状，并将其固定在盘的中央，用时拉开杯子，不用时倒掉水，使杯子收缩。

奥斯本检核表法的优点很突出，它使思考问题的角度具体化了。但它也有缺点，就是它是改进型的创意产生方法，人们必须先选定一个有待改进的对象，然后在此基础上设法加以改进。因此这种方法不是原创型的，但有时候，也能够产生原创型的创意。比如，把一个产品的原理引入另一个领域，就可能产生原创型的创意。

奥斯本检核表法的"三步走"实施步骤具体如下。

(1) 第一步：根据创新对象明确需要解决的问题。
(2) 第二步：参照表中列出的问题，运用丰富想象力，强制性地逐个核对讨论，写出新设想。
(3) 第三步：对新设想进行筛选，将最有价值和创新性的设想筛选出来。

奥斯本检核表法的注意事项具体如下：

(1) 对所列举的事项逐条检核，确保不遗漏；
(2) 尽量多检核几遍，以确保较为准确地选择出所需创新、发明的方向；
(3) 进行检索时，可将每一大类问题作为一种单独的创新方法来运用；
(4) 检核方式可根据需要进行多种变化。

小故事

实际应用训练

通用汽车公司的职工持有为开发创造性而采用的检查单，其训练内容具体如下。

(1) 为了提高工作效率，不能利用其他适当的机械吗？
(2) 现在使用的设备有无改进的余地？
(3) 改变滑板、传送装置等搬运设备的位置或顺序，能否改善操作？
(4) 为了同时进行各种操作，不能使用某些特殊的工具或夹具吗？
(5) 改变操作顺序能否提高零部件的质量？
(6) 不能用更便宜的材料代替目前的材料吗？
(7) 改变一下材料的切削方法，不能更经济地利用材料吗？
(8) 不能使操作更安全吗？
(9) 不能除掉无用的形式吗？
(10) 现在的操作不能更简化吗？

一个企业在研制新产品方面的工作做得好坏，往往关系着它的成败兴衰。许多企业很重视这项工作，下面就是德国奔驰公司制定的用于新产品研制的检查单法训练内容。

(1) 增加产品——能否生产更多的产品？
(2) 增加性能——能否使产品更加经久耐用？
(3) 降低成本——能否除去不必要的部分？能否换用更便宜的材料？能否使零件更加标准化？

能否减少手工操作而搞自动化？能否提高生产效率？

(4) 提高经销的魅力——能否把包装设计得更引人注意？能否按用户、顾客要求卖得更便宜？日本明治大学教授川口寅之助认为，德国奔驰公司制定的用于新产品研制的检查单法训练内容中，第三项尤为重要，效果也最为显著，因而有必要专门制成降低成本用的检查单，单独印发给职工，便于随身携带。下面就是用川口寅之助开列的用于降低成本的检查单法训练内容。

(1) 能否节约原料？最好是既不改变工作，又能节约。

(2) 在生产操作中有没有由于它的存在而带来干扰的东西？

(3) 能否回收和最有效地利用不合格的原料在操作中产生的废品？能否使之变成其他种类具有商业价值的产品？

(4) 生产产品所用的零件能否通过购买市场上销售的规格品而获得，并将其编入本公司的生产工序？

(5) 将采用自动化而节约的人工费和手工操作进行比较，其利害得失如何？不仅从现在观点看，而且根据长期的预测，又将如何？

(6) 生产产品所用的原料可否用其他适当的材料代替？如何代替，商品的价格将如何？产品性能改善情况怎样？性能与价格有何关系？能否把金属改换成塑料？

(7) 产品设计能否简化？从性能上看有无加工过分之处？有无产品外表看不到而实际上做了不必要加工的地方？这时，首先要从性能着眼，考虑必要而充分的性能条件，其次再考虑商品价格、式样等。

(8) 工厂的生产流程有无浪费的地方？材料处理对生产率影响很大，这方面的改进还可节省工厂的空间。

(9) 零件是从外部订购合适，还是公司自制合适？要充分考虑工厂的环境再做出有数量根据的判断，从而能在大家都认为理所当然的事情中发现意外的错误，只凭常识是不可靠的。

(10) 查看一下商品组成部分的强度计算，然后考虑能否再节约材料。

7. 十二口诀法

十二口诀法又称为和田十二法、和田创新法则，是指人们在观察、认识一个事物时，可以考虑是否可以。十二口诀法是我国学者许立言、张福奎和上海市和田路小学结合我国实际情况，在奥斯本检核表基础上，借用其基本原理，加以创造而提出的一种思维技法。这种方法表述简洁，有助于潜能开发和实际运用，共12句话36个字，如表3-4所示。

十二口诀法既是对奥斯本检核表法的一种继承，又是一种大胆的创新。比如，其中的"联一联""定一定"，等等，就是一种新发展。同时，这些技法更通俗易懂，简便易行，便于推广。该法已被日本创造学会和美国创造教育基金会承认，并译成日文、英文，在世界各国广为流传和使用。

我们依据这十二个口诀进行核对和思考，就能从中得到启发，诱发人们的创造性设想。

表3-4 十二口诀法

序号	口诀	含义
1	加一加	加高、加厚、加多、组合等
2	减一减	减轻、减少、省略等
3	扩一扩	放大、扩大、提高功效等

(续表)

序号	口诀	含义
4	变一变	改变其形状、颜色、气味、音响、次序等
5	改一改	改缺点、改不便、改不足之处等
6	缩一缩	压缩、缩小、微型化
7	联一联	原因和结果有何联系，把某些东西联系起来
8	学一学	模仿形状、结构、方法，学习先进
9	代一代	用其他材料代替，用其他方法代替
10	搬一搬	移作他用
11	反一反	能否颠倒一下
12	定一定	定个界限、标准，能提高工作效率

小故事

十二口诀法的实际应用

1) 加一加

南京小学生丛小郁发现，上图画课时，既要带调色盘，又要带装水用的瓶子很不方便。她想要是将调色盘和水杯"加一加"，变成一样东西就好了。于是，她提出了将可伸缩的旅行水杯和调色盘组合在一起的设想，并将调色盘的中间与水杯底部刻上螺纹，这样，可涮笔的调色盘便产生了。

2) 减一减

拖鞋就是在普通鞋子的基础上减一减，减成简单的方式，便于在房间穿。

少年于实明见爸爸装门扣时要拧六颗螺丝钉，觉得很麻烦。他想减少螺丝钉数目，提出了这样的设想：将锁扣的两个边条弯成卷朝下，只要在中间拧上一颗螺钉便可固定。这样的门扣只要两颗螺钉便可固定了。

3) 扩一扩

将太阳帽扩一扩，使其帽檐扩大到足够母子二人遮阳使用。

最初的台式风扇是放到桌子上的，如果没有桌子那怎么扇呢？于是便出现了落地风扇。

空调原来是装到窗户上的，接着扩一扩，变成分体式，再扩一下，变成了柜式机，再扩大一下成了中央空调。

4) 变一变

河南省的王岩同学看到漏斗灌水时常常憋住气泡，使得水流不畅。于是，他想到若将漏斗下端口由圆变方，那么往瓶里灌水时就能流得很畅快，也用不着总要提起漏斗了。

5) 改一改

眼镜，原来镜片是用玻璃做的，光学性能不佳，而且容易碎裂；架子是金属的，很沉。于是人们便把眼镜架改为钛合金的，不变形而且很轻；把眼镜片改为树脂镜片，更轻、更安全。

6) 缩一缩

随身听的发明，实际上就是"缩一缩"带来的发明。

电热杯就是热水壶缩一缩的结果。

石家庄市王学青同学发现地球仪携带不方便，便想到，如果地球仪不用时能把它压缩、变小，携带就方便了。他想若应用制作塑料球的办法制作地球仪就可以解决这个问题。用塑料薄膜制的地球仪，用的时候把气吹足，放在支架上，可以转动；不用的时候把气放掉，一下子就缩得很小，便于携带。

7) 联一联

在澳大利亚，有人发现一片甘蔗田里的甘蔗产量提高了50%。这是由于甘蔗栽种前一个月，有一些水泥洒落在这块田地里。科学家们分析后认为，是水泥中的硅酸钙改良了土壤的酸性，而导致甘蔗的增产。这种将结果与原因联系起来的分析方法经常能使我们发现一些新的现象与原理，从而引出发明。由于硅酸钙可以改良土壤的酸性，于是人们研制出了改良酸性土壤的"水泥肥料"。

8) 学一学

人们模仿企鹅的运动方式发明了沙漠跳跃机。

从恐龙的巨大身躯上悟出建筑学的道理等。

王羲之从鹅的滑水动作中悟出楷书的笔法。

草圣张旭从公孙大娘的舞剑中悟出草书。

9) 代一代

山西省小学生张大东发现家中有许多用电池做电源的电器没有开关，使用时很不方便。他想出一个"用按扣代替开关"的办法：他找来旧衣服和鞋上面无用的按扣，将两片分别焊上两根电线头。按上按扣，电源就接通了；掰开按扣，电源又切断了。

现在自来水管道再不用铸铁的了，因为铸铁的自来水管道用不了几年就会锈蚀，取而代之的是PVC管，只是这一"代"，水管的使用年限就大大延长了。

10) 搬一搬

上海市的中学生刘学凡在参加夏令营时，感到带饭盆不方便，他很想发明一种新式的便于携带的面盆。他看到家中能伸缩的旅行茶杯，又想到了充气可变大，放气可缩小的塑料用品。他想按照这些物品制造的原理，设计一个旅行杯式的饭盆，或是充气饭盆。可是，他又觉得这些设想还不够新颖。他陷入了冥思苦想之中。一天，他偶然看到一个铁皮匣子，是由十字状铁皮将四壁向上围成的。他想，我也可以将五块薄板封在双层塑料布中，用时将相邻两角用揿钮揿上，五块板就围成了一个斗状饭盆。这样，一个新颖的折叠式旅行饭盆就创造出来了。

11) 反一反

洗衣机的脱水缸，它的转轴是软的，用手轻轻一推，脱水缸就东倒西歪。可是脱水缸在高速旋转时，却非常平稳，脱水效果很好。当初设计时，为了解决脱水缸的颤抖和由此产生的噪声问题，工程技术人员想了许多办法，先加粗转轴，无效，后加硬转轴，仍然无效。最后，他们来了个逆向思维，弃硬就软，用软轴代替了硬轴，成功地解决了颤抖和噪声两大问题。

12) 定一定

为了提高生产效率，在美国首先发明了流水线生产法。

药水瓶印上刻度，贴上标签，注明每天服用几次，什么时间服用，服几格。

城市十字路口的交通信号灯红灯停、绿灯行。

学校里规定上课时学生发言必须先举手，得到教师允许后才能起立发言。

8. 组合创新法

组合创新法是指按照一定的技术原理，通过将两个或多个功能元素合并，从而形成的一种具有新功能的新产品、新工艺、新材料的创新方法。例如，一堆砖堆放在一起只是一堆砖，若是按照一定的关系砌起来就可能组合成一座建筑物。组合创新法具有以下特点：

(1) 将多个特征组合在一起；
(2) 组合在一起的特征相互支持、相互补充；
(3) 组合后要产生新方法或达到新效果，有一定的飞跃；
(4) 利用现成的技术成果，不需要建立高深的理论基础和开发专门的高级技术。

小故事

CT的发明

"哦，我头痛，很难受……"如果你一脸苦瓜相地这样跟医生诉说，而且又不能明确说出头痛的原因时，医生一定会让你去做个CT，以确诊发病的原因。

CT检查现在已经成为大中型医院临床的常规检查手段。它能使人体的各种内脏器官的横断图像在几秒钟内就显示于荧光屏上，一目了然，因而能准确地诊断许多病症，尤其是在诊断脑、脊髓、眼、肝、胰、肾上腺等器官的疾病中，具有无比的优越性。

CT的英文全称是"computer tomography"，字面直译是"计算机断层摄影术"，但是比较准确的翻译是"X射线电子计算机扫描术"，因为CT是基于X射线的。

CT的问世在医学放射界引起了爆炸性的轰动，被认为是继伦琴发现X射线后，工程界对放射学诊断的又一划时代贡献。鉴于CT的临床意义重大，其获得了1979年生理学医学奖。不过，CT的主要发明者英国人豪斯菲尔德却是将两项非他独创的原理和技术组合在一起而完成这一伟大创新的。

下面我们一起来看一看CT是怎么发明的吧。

1924年，科马克生于南非，1950—1956年在开普敦大学任讲师期间，受聘到一家医院放射科工作，对放射治疗和诊断产生兴趣，萌发了改进放射治疗程序设计的念头。1956年迁居美国后，他继续进行这方面的人体模型实验和理论计算，1964年在《应用理论》杂志上发表了计算身体不同组织对X射线吸收量的数学公式，从而解决了计算机断层扫描技术的理论问题，为豪斯菲尔德以后发明CT扫描技术奠定了成功的基础。

1919年豪斯菲尔德生于英国纽瓦克。战后，豪斯菲尔德进入伦敦法拉第·豪斯电气工程学院学习。1951年他进入了EMI(电器乐器工业有限公司)从事研究工作，并且不久就开始从事电子计算机的设计工作。

当时，电子计算机刚刚发明，豪斯菲尔德以自己特有的创造力、动手能力和组织能力，研制出英国第一台晶体管电子计算机。经过多年努力后，他又研制出了一种能识别印刷字体的计算机。这在当时也是一个了不起的成就。

那时候，豪斯菲尔德任职的EMI生产各种电子仪器，除计算机外，还有探测器、扫描仪等。他的目标是要综合运用这些技术，生产出具有更大实用价值的新仪器。在这个过程中，他接触到了科马克的研究成果，这一成果给了他很大的启迪，并树立了研制新仪器的信心。因为他对计算机原理以及成像技术很熟悉，而科马克已经从理论上解决了X射线断层扫描的难题，因此，这让豪斯菲尔德觉得，只要把这两件事情有效地结合就可以了。豪斯菲尔德开始了攻关。

所有的创新中，想法最重要！

终于在1969年，豪斯菲尔德首次设计成功了一种可用于临床的断层摄影装置，并于1971年9月正式安装在伦敦的一家医院里。这一年他与神经放射学家阿姆勃劳斯合作，首次成功地为一名英国妇女诊断出脑部的肿瘤，获得了第一例脑肿瘤的照片。同年，他们在英国放射学会上发表了第一篇论文。这篇论文受到了医学界的高度重视,被誉为"放射诊断学史上又一个里程碑"。从此,放射诊断学进入了CT时代。

1979年的诺贝尔生理学和医学奖亦破例地授给了豪斯菲尔德和科马克这两位没有专门医学经历的科学家。

有人对1900年以来的480项重大创新成果进行了分析,发现从1950年以后,原理突破型成果的比例开始明显降低,而组合型发明开始成为技术创新的主要方式。据统计,现代技术创新中组合型成果已经占到了60%~70%。这也验证了晶体管发明者之一的肖克莱所说的一句话:"所谓创新,就是把以前独立的发明组合起来。"顺便说一下,肖克莱和另外两位专家巴丁、布拉克也一起获得了1956年度诺贝尔物理学奖。

比如我们日常生活中经常使用的东西都属于组合创新型发明。

牙膏+中药=药物牙膏。

电话+视频采集+视频接收=可视电话。

毛毯+电热丝=电热毯。

台秤+微型电脑=电子秤。

照相机+模/数转换器+存储器=数码相机。

自行车+蓄电池+电机=电动自行车。

机械技术+电子技术=数控机床。

可以说,组合的思维方法和组合的技巧是创新者的基本技能。爱因斯坦也高度重视组合创新,1929年他在为苏联《发明家》杂志创刊号发表的题为"集体代替个人"的文章中说:"我认为,一个人为了更经济地满足人类的需要而找出已知装备的新的组合的人就是发明家。"

从另一个角度说,以互联网为主要载体、各种传媒融合为主要特征的时代,知识纵横成网,信息瞬间万变,因此运用组合的方法更为重要。

组合创新法几乎覆盖了我们日常生活的各个领域,具体有以下几种实现方式。

(1) 主体附加法。以某事物为主体,在此基础上添加另一附属事物,从而实现组合创新的方法。主体附加法的创造性较弱,比较容易实现,只要应用得当,便可以产生巨大的效益。

📖 小故事

给汽车加上什么

最早的汽车是没有雨刷的,因此人们在驾车外出时遇到下雨就不得不停下来,因为雨水打在玻璃上严重影响了视线,极易出危险。1916年,一位叫盖茨的人发明了世界上第一副雨刷。后来,汽车上附加的东西逐渐增多,如今,许多公司把各种先进技术和装备,如微型电子计算机、无线电通信、卫星导航等新技术、新设备装在汽车中,使得汽车正在走向自动化和电子化。有了卫星导航系统,汽车就可以接收交通卫星的通信资料,确定汽车所在的准确位置,从而自动提供最优行车路线,并且显示出交通图;汽车的雷达系统可以把障碍物的距离和大小"告诉"驾驶员,这样开车就更加容易;而语言感知系统可以用图、表和声音告诉驾驶人员汽车的各个部位情况,此外还可按"音"行事,执行与驾驶有关的指令,等等。

(2) 异类组合法。将两种或两种以上的不同事物进行组合,产生新事物,这种方法被称为异类组合法。

📖 小故事

粉碎肾结石

德国人注意到了以下两个现象：一是"电力液压效应"，即水中两个电极高压放电时产生的巨大冲击力，能把坚硬的宝石击碎；二是在椭球面的一个焦点上发出声波，经反射后，会在另一个焦点汇集。他们把这两个现象组合起来，发明了一种清除肾结石的方法。他们设计了一个温水槽，让患者躺在水槽中，使结石位于椭球面上的一个焦点，把电极置于另一个焦点上。经过约一分钟的不断放电，通过人体的巨大冲击波就能把大部分结石粉碎。

📖 小故事

会发光的饰品

日本人把项链、耳环、戒指等饰品与微型锂电池或氧化银电池组合起来，把电池装入饰品中，不影响其外形，但在夜里及其他黑暗环境里却能闪闪发光，异常美丽，深受人们欢迎。

(3) 同物自组法。将相同的事物进行组合，产生新事物的创新方法。如我们熟知的情侣表、情侣帽、情侣衫、子母灯、子母电话机等。同物自组法的前提是保持事物的原有功能和原有意义，仅是通过数量的增加来消除缺点，或产生新事物、新方法。

📖 小故事

把订书器组合起来

我们来看一下大家都用过的一个办公用品——订书器。

用订书器装订书、本、文件、票证时，常常要订两到三个钉。需要操作者按压订书器两三次。钉距、钉与纸的三个边距全凭眼睛瞅着定位。因此装订尺寸不统一，质量差，工效也很低。福建有位青年运用同物组合的方法，将两个相同规格的订书器设计到一起，通过控制和调节中间结构，就可以适应不同装订的要求，每按压一次，既可以同时订出两个钉，也可以只出一个钉，钉距还可以根据需要进行调节。这样的订书器既保证了装订质量，又提高了效率。

📖 小故事

鸡尾酒

酒文化可以说是各民族传统的典型体现。在一次盛大的宴会上，各国的人都纷纷夸耀自己民族的传统，并都拿出了象征民族悠久文化的东西——酒。中国人拿出古色古香、做工精细的茅台，打开瓶盖，不仅酒香让四座皆惊，瓶子也很贵重。俄罗斯人拿出伏特加，法国人拿出香槟，意大利人拿出葡萄酒，德国人拿出威士忌。轮到美国人时，只见他把各种酒勾兑在一起，随之举杯相敬，说："这叫鸡尾酒，它体现了美国的民族精神——综合就是创造。"

进行同物组合时，我们要多多观察那些单独存在的事物，设想单独的事物成双成对之后，其功能是否能得到更好发挥，或者带来新的功能？另外，还可以考虑同物组合之后，能带来新的意义吗？

(4) 重组组合法。对事物的要素构成，重新按照新方式组合，从而使事物的性能发生变化，这种方法被称为重组组合法。

> **小故事**
>
> ### 激光产品
>
> 1960年美国青年学者梅曼根据爱因斯坦提出的"受激辐射"理论，发明了世界上第一台红宝石激光器。该激光器的特点是：高能量、高亮度、高热效应、高集中度。几十年来，人们把激光的原理与其他领域组合，形成了许多新技术，如激光打孔、激光切割、激光焊接、激光手术、激光理疗、激光测距、激光制导、激光通信、激光育种、激光唱片、激光照相、激光照排、激光武器等。

> **小故事**
>
> ### 初生的婴儿
>
> 就在法拉第发现电磁感应现象时，英国一女士曾经在法拉第做实验表演时，问他这有什么用途。法拉第风趣地回答说："一个初生的婴儿会有什么用途呢！"几十年后，由这一发现促发的电力工业革命席卷整个世界。小电机同各种产品的组合层出不穷。

9. 逆向转换法

逆向转换法指的是对事物或方法进行方向、过程、功能、原因、结果、优缺点、破立矛盾的两个方面等方面的逆转，从而产生新事物或新方法以及解决新问题的创新方法。

> **小故事**
>
> ### 六个核桃
>
> 食品饮料无疑是过度竞争性行业，本土饮料品牌有两种主流商业模式：一是娃哈哈、农夫山泉、达利园等极少数企业走的大食品路线，横跨多个品类获得成功；二是更多的企业鉴于谋略或者资源，以单一品类切入市场，建立竞争壁垒，形成单品冠军，或隐形冠军。这其中，养元凭借六个核桃核桃乳2011年跻身10亿元俱乐部，它有什么样的独门秘籍呢？
>
> 植物蛋白饮料属于大饮料概念的一个重要分支，在植物蛋白饮料这个范畴内又细分了多个"二级抽屉"，在六个核桃成为单品冠军之前，占据这层品类抽屉的有椰树椰汁、露露杏仁露、银鹭花生牛奶，三者都是各自细分品类的冠军。可以说，在植物蛋白饮料这个大抽屉里，本土品牌占据最有利的位置。
>
> 出品六个核桃的河北养元是一家中小型饮料企业，在找到"核桃饮品"专业定位之前，与国内99%的企业一样，采取跟随策略，品种杂乱，产品线宽泛，什么都做，什么都没做好。事实证明，作为处于补充地位的蚂蚁规模型企业，创新品类可能是最佳突围捷径，喜之郎果冻布丁、香飘飘奶茶、张仲景香菇酱等莫不如此。
>
> 品类名称要求通俗、容易理解、具有通用性，"核桃乳"被确定为品类名。为什么不叫"核桃露"？"露"容易让人联想到"露水"，显得水分更多一些；"乳"容易让人联想到"乳汁"，就像牛奶一样嫩白浓郁，似乎更有营养。从字面上消费者的联想可能会是：核桃乳营养成分比例大，干货多，下料足，相反核桃露则显得稀、薄。

> 📖 **小故事**
>
> **吸尘器**
>
> 　　1901年，美国一家生产车厢除尘器的厂家在英国伦敦莱斯特广场的帝国音乐厅举行了一次除尘表演。这种除尘器的工作原理就是用压缩空气把尘埃吹入容器内，所以当时许多现场观众都被吹得灰头土脸的，人们乘兴而来败兴而归。参观了这场示范表演的英国土木工程师布斯认为此法并不高明，因为许多尘埃未被吹入容器，他动起了脑子，他想："既然吹尘不行，那么能不能换个方法把吹尘改为吸尘呢？"回到家里后，布斯做了个很简单的试验：他用手帕蒙住嘴和鼻子，趴在地上使劲儿吸气，结果灰尘不再到处飞扬，而是被吸附到了手帕上。布斯据此制成了吸尘器，用强力电泵把空气吸入软管，通过布袋将灰尘过滤。1901年8月，布斯取得专利，并成立真空吸尘公司，但并不出售吸尘器。他把用汽油发动机驱动的真空泵装在马车上，挨家挨户服务，把三四条长长的软管从窗子伸进房间吸尘，公司职工都穿上工作服。这就是吸尘器的前身。

　　常用的逆向转换法有以下几种。

　　(1) 原理逆向，从事物原理的相反方向进行的思考。

　　意大利物理学家伽利略曾应医生的请求设计温度计，但屡遭失败。有一次他在给学生上实验课时，由于注意到水的温度变化引起了水的体积的变化，这使他突然意识到，倒过来，由水的体积的变化不也能看出水的温度的变化吗？循着这一思路，他终于设计出了当时的温度计。

　　其他的例子还有制冷与制热、电动机与发电机、压缩机与鼓风机。

　　(2) 功能逆向，按事物或产品现有的功能进行相反的思考。

　　现在我们看到的扑救火灾时消防队员使用的灭火器中有风力灭火器。风吹过去，温度降低，空气稀薄，火被吹灭了。一般情况下，风是助火势的，特别是当火比较大的时候。但在一定情况下，风可以使小的火熄灭，而且相当有效。另外保暖瓶可以保热，反过来也可以保冷。

　　(3) 过程逆向，对事物进行过程进行逆向思考。

　　如小孩掉进水缸里，一般的过程就是把人从水中救起，使人脱离水，而司马光的救人过程却相反，他采用的是打破水缸的方法。

　　(4) 因果逆向，原因结果互相反转，即由果到因。

　　如数学运算中从结果倒推回来以检查运算过程和已知条件。

　　(5) 结构或位置逆向，从已有事物的结构和位置出发所进行的反向思考。

　　例如结构位置的颠倒、置换等。

　　(6) 观念逆向，一般情况下，观念不同，行为不同，收获就可能不同。

　　例如我国工业生产部门从大而全的观念转变到专门化生产，大大提高了生产效率和产品质量；产品的以产定销变为以销定产，可以减少库存，提高资金利用率。

10. 移植创新法

　　中国有句古话叫："他山之石，可以攻玉。"这句话说的就是移植创新法。在科学史上，许多重大的发明就是借用了别的领域的有关知识，才解决了本领域中长期未能解决的重大问题。例如，把计算机、激光技术移植到印刷领域，便带来了印刷出版行业的一次革命；把植物根系在土壤中的结构与原理移植到土木工程中发明了钢筋混凝土结构；把数控技术移植到普通机床上，加以改造融合后就发明了数控机床；把液压技术移植到机械工程领域后，极好地解决了远距离传动、简化机构及操纵方便等问题。随着科学技术的进步，虽然各行各业的分工越来越细化，但各行业之间的新技术、新思想的转移也不断加快。人们在某一领域取得的科学理论和技术成果，包括该成果诞生的环境、过程、思路、方法和手段，都可能在其他领域具有同等重要甚至更加重要的创新意义。

移植创新法，是指将某一领域中已有的原理、技术、方法、结构、功能等，移植应用到另一领域而产生新事物、新观念、新创意的构思方法。

📖 小故事

笛卡尔的故事

笛卡尔是科学方法移植的先驱。他以高度的想象力，借助曲线上"点的运动"的科学想象，把代数方法移植于几何领域，使代数与几何融为一体，从而创立了解析几何。尽管他的著作是《几何学》，但他写的几何学却不同于欧几里得几何，被世人公认是解析几何的创始人。法国数学家、物理学家、哲学家笛卡尔（1596—1650），生前因怀疑教会信条而受到迫害，长年在国外避难。他的著作生前或被禁止出版或被烧毁，他死后多年还被列入"禁书目录"。但在今天，法国首都巴黎安葬民族先贤的圣心堂中，庄重的大理石墓碑上镌刻着"笛卡尔，欧洲文艺复兴以来第一个为人类争取并保证理性权利的人"。

笛卡尔的著作，无论是数学、自然科学，还是哲学，都开创了这些学科的崭新时代。《几何学》是他公开发表的唯一数学著作，虽然只有117页，但它标志着代数与几何的第一次完美结合，使形形色色的代数方程表现为不同的几何图形，许多相当难解的几何题转化为代数题后能轻而易举地找到答案。他在16岁那年出版的《方法论》一书成为哲学经典。

谈到笛卡尔的故事，似乎都不能回避他那著名的三个梦：1619年11月10日的夜晚，笛卡尔连续做了三个奇特的梦。第一个梦：自己被风暴从教堂和学校驱逐到风力吹不到的地方。第二个梦：自己得到了打开自然宝库的魔钥。第三个梦：自己背诵奥生尼的诗句"我应该沿着哪条人生之路走下去"。正是因为这三个梦，笛卡尔明确了自己的人生之路，可以这样说，这一天是笛卡尔一生中思想上的转折点。以至于有人说，笛卡尔梦中的"魔钥"就是建立解析几何的线索。

笛卡尔一生做出了多方面的贡献，他在1634年写的《宇宙学》，包含当时被教会视为"异端"的观点：他提出地球自转和宇宙无限；他提的旋涡说是当时最权威的太阳起源理论；他还提出了光的本性是粒子流的假说，并认为在广袤无垠的太空中存在着极其精细的"以太"。直到二三百年以后，笛卡尔的这些观点仍具有很高的研究价值。

📖 小故事

移植化学

用量子力学的定律来解释化学现象，就形成了新的化学理论——量子化学；反过来，把化学引入生物研究中的生物化学，不仅运用化学理论和方法研究生命大分子——核酸和蛋白质的分子结构和运动，还引进了光谱分析、同位素标记、X射线和电子显微镜等物理和化学的先进技术，成为当代十分活跃的前沿科学。再看我们更加熟悉的东西，汽车发动机上的汽化器原理来自于香水喷雾器；声音除尘器的构造类似于高音喇叭；外科手术中用来大面积止血的热空气吹风器，其原理和结构与理发师手中的电吹风相同。

难怪英国生物学家贝弗里奇说："移植是科学研究中最有效、最简便的方法，也是应用研究中运用最多的方法。""重大的科学成果有时来自移植。"

中国四大发明之一的造纸术，其技术就来自于移植，即把丝加工技术移植到造纸中，不改变技术本身，只是改变了加工对象，由加工丝改成了加工植物纤维。

移植创新法应用的必要条件如下。

(1) 用常规方法难以找到理想的设计方案或解题设想，或者利用本专业领域的技术知识根本就无法找到出路。

(2) 其他领域存在解决相似或相近问题的方式方法。

(3) 对移植结果能否保证系统整体的新颖性、先进性和实用性有一个估计或肯定性的判断。

移植创新法具有以下几种类型。

(1) 原理性移植，是指把某一领域的原理移植到另一个不同的领域，从而产生新设想的方法。

小故事

触摸屏时代

现在我们走进很多单位，都可以看到一台触摸屏的介绍机，只需简单地触摸几个点，就可以看到希望看的介绍。比如医院的科室介绍、著名专家等资料，一应俱全，可方便患者进行选择。

这种最早起源于1971年的触摸技术很快就被移植到了多个领域，比如手机、电脑等。据统计，全球触摸屏的运营收入从2006年的1亿美元上升到2012年的44亿美元。

"目前，触摸屏需求的驱动力主要来自消费电子产业，尤其是移动电话、便携游戏机、个人数字助理(PDA)、便携导航设备(PND)。"著名市场调研机构iSuppli公司负责显示技术和战略的高级分析员Jennifer Colegrove说道，"但是，随着市场的成熟，iSuppli相信触摸屏幕将在几乎每种电子产品中获得应用，从飞机到汽车、机器控制系统以及各种家电。"

据心理学的研究，用手指亲自触摸和采用鼠标键盘操作带给人的愉悦感是完全不同的。

就连宝马公司也融入"surface"触摸式技术，这让宝马成为第一个采用"surface"触摸式电脑的汽车生产商。

宝马公司把这个电脑主要用于顾客与公司进行个性化汽车定制。在宝马公司的官方博客上公布了两段演示视频，向消费者展示了如何使用"surface"触摸式电脑来完成定制汽车的过程，其中消费者可通过多点触摸式界面与宝马公司进行互动，并可以马上看到定制之后的效果。就像有人说的那样，这一技术很神奇，很酷，可以帮助人们拥有一辆独一无二的宝马！

(2) 方法性移植，是指把某一领域的技术方法有意识地移植到另一领域而形成创造的方法。例如，20世纪60年代中期，美国一位数学家把经典数学、统计理论的研究方法移植到对模糊现象的研究中，便创立了一门新的数学分支——模糊数学。

小故事

透明厨房与中餐标准化

2008年12月8日，由CCIV和YBC(支持青年创业组织)共同举办的"创业英雄会"隆重召开。会上一位叫王伟的英雄给大家留下了深刻的印象，因为他是"中餐透明化、标准化的第一人"。他经营的百姓厨房目前已达到3亿元的营业额，有14家分店。

透明化是指厨房透明，可以让客人参观。餐饮行业有个行规，厨房是烹调饭菜的地方，也是食客止步之处。在很多富丽堂皇的酒店，厨房地面污水横流、原料随地放置、切菜砧板生熟不分的现象不少，但吃饭的人并不知道。王伟说："百姓厨房就是要叫百姓放心。"于是，从2006年开始，百姓厨房在西安首推透明厨房，顾客可以走进厨房，目睹自己所食用的菜品是如何通过择、洗、切、配、烹等工序，在怎样的卫生条件下制作的。许多顾客在参观后都感慨地说："真的很不错，比咱自家的厨房还干净。"

另外，王伟还做出另一个推动中国餐饮业发展的举措，那就是中餐标准化。如何把西餐标准化操作的思想和方法引入中餐之中，一直是人们期待的事情。中餐菜谱中的"少许、适量"让厨师们只能跟着感觉走，于是经常出现换了厨师口味就变了，甚至同一个厨师、不同的时间做同一个菜，口味也可能变化，这直接造成菜肴质量的波动。

如何解决这个问题呢？经过多次的试验，王伟他们通过对做菜时用的原料勺进行标准化，来间接实现中餐标准化，取得了很好的效果。

📖 小故事

纳米技术

有一天，你穿的衣服可能不再是普通的衣服，而是纳米服装。你会问，这样的衣服有什么好处呢？据说纳米服装不仅能挡住95%以上的紫外线，还能挡住同量的电磁波，还无毒、无刺激，不受洗涤、着色、磨损的影响，能有效地保护人体皮肤不受辐射的影响。

纳米是一种长度单位，一根头发丝直径的十万分之一就是一纳米。纳米技术就是指在纳米尺度范围内，通过操纵原子、分子、原子团和分子团，使其重新排列组合，从而成为新物质的技术。

纳米技术的最终目标是使物质在纳米尺度上表现出新颖的物理、化学和生物学特性，从而制造出具有特定功能的产品。

那么纳米技术都已经应用到了哪些领域呢？

① 计算机领域中的应用。随着电脑的普及，计算机与我们的关系越来越密切。大家最熟悉的CPU纳米工艺，早就使微处理器行业迈入了纳米时代，并且还在不断创新着。

② 化工领域中的应用。细心的女性不难发现，纳米化妆品现在到处可见，将纳米TiO_2粉按一定比例加入到化妆品中，就可以有效地遮蔽紫外线。

③ 医学领域中的应用。科研人员已经成功利用纳米微粒进行了细胞分离，用金的纳米粒子进行定位病变治疗，以减少副作用等。另外，利用纳米颗粒作为载体的病毒诱导物已经取得了突破性进展，现在已用于临床动物实验，估计不久的将来可服务于人类。

④ 家电领域中的应用。小鸭集团研制出的纳米洗衣机，就是利用纳米抗菌材料研制出的自我清洁的洗衣机。它能够有效地抑制细菌滋生，无论使用多长时间，都能够保持"净水洗涤"的状态。

(3) 功能性移植，是指把某一种技术所具有的独特技术功能应用到其他领域，导致功能扩展的方法。如拉链过去用在衣服上，用在鞋上，近年来有人把拉链用在自行车外胎上，甚至用在外科手术伤口的缝合上。

📖 小故事

气泡

气泡有什么功能呢？通过发酵技术在面团中产生气泡，做出来的馒头或者面包，比没有气泡的面点好吃多了，不仅口感好，也有利于消化。那么，气泡这样的功能能否移植到其他领域呢？答案是肯定的。

美国人把气泡功能移植到了橡胶生产中，把能产生气泡的发泡剂掺入生橡胶，橡胶熟化后，就会像面包一样膨胀，于是就有了橡胶海绵。德国人把气泡功能移植到了塑料加工中，发明了美观便宜的泡沫塑料及其生产工艺。

日本人几乎可以说是全世界最善于把最新的技术移植到各个领域的，日本真正的原创技术并不是很多，但他们很善于把新技术迅速应用到工业及民用领域，从而产生很好的经济效益。日本人把气泡功能移植到冰激凌中，诞生了口感松软的雪糕。他们还将气泡移植到了香皂和肥皂中，诞生了泡沫香皂和泡沫肥皂。另外，日本人还把气泡功能移植到了水泥制品中，发明了气泡混凝土预制件及其生产工艺。这种材料因为良好的隔音和绝热性能而广泛用于高层建筑以及隔音保暖材料中。

📖 小案例

超导技术

将超导技术移植到计算机领域，就可以研制出无功耗的超导计算机；移植到交通领域可研制磁悬浮列车；移植到航海领域可研制出超导轮船；移植到医疗领域可研制出高性能的核磁共振扫描仪等。

(4) 结构性移植，是指把某一领域的独特结构移植到另一领域而形成具有新结构的事物的方法。

📖 小故事

蜂窝结构

蜂窝是一种强度相当高，但是只需耗用很少材料的结构，把这一结构移植到飞机制造工艺上，就可以减轻飞机的重量，从而提高其强度。同样，将蜂窝结构移植到房屋建筑上，可制造出形状如同蜂窝的砖，使用这样的建材可以减轻墙体重量，同时还具有隔音、保暖的优点。

(5) 材料性移植，指通过材料的替换达到改变性能、节约材料、降低成本的目的，从而带来新的功能和使用价值的方法。

📖 小案例

常见材料

玻璃是一种常见材料，通常可用于制作门窗、各种工艺品等，但你想到过用玻璃建造桥梁吗？保加利亚就用玻璃建造了一座宽8米、长12.5米、重18吨的桥梁。你能想到用玻璃造小提琴吗？捷克斯洛伐克有人就用玻璃制成了透明的小提琴，高雅豪华，音质也非常好。

树脂材料也是目前得到广泛应用的一种材料。眼镜的镜片现在大多都是树脂的了；我们去补牙，也要用到树脂材料；每天喝的牛奶，包装也用到了树脂材料；装修材料更是离不开树脂；还有各种家电、汽车等，都离不开树脂材料。

目前，陶瓷材料的应用价值也越来越高，它还能用来取暖，用陶瓷做暖风机，耗电量只有普通空调机的1/3。

移植创新法之所以对创意构思特别有用，是因为这种方法不受逻辑思维的束缚。当把一种技术或原理从一个领域移植到另一个领域时，并不需要在理性上有多么清楚的理解，往往是先做了再说，这就为新事物、新创意的形成提供了多种途径，甚至为许多外行搞发明创造提供了可能。但是，单靠移植创新法，并不能解决发明创造和创意构思的全部，它只是提供一个思维的突破口，通过这个突破口进而获得创新的思路。所以不要简简单单地认为，只要是移植就一定有创新成果，要真正获得移植的成功，还必须依靠许多具体的工程技术。

移植创新法的实质是人类思维领域中的一种嫁接现象，生物领域的嫁接或杂交可以产生新的物种，科技领域的移植、嫁接则可以产生新的科技成果。有一位著名的发明家是这样评价移植创意开发法的："移植发明是科学研究最有效、最简单的方法，也是应用研究最多的方法之一，重要的科学研究成果有时也来自移植。"

11. TRIZ理论法

TRIZ理论是一种发明问题的解决理论，由学者阿利赫舒列尔及他的同事于1946年最先提出，最初是从20万份专利中取出符合要求的4万份作为各种发明问题的最有效的解。他们从这些最有效的解中抽象出了TRIZ解决发明问题的基本方法，这些方法又可以普遍地适用于新出现的发明问题，协助人们获得这些发明问题的最有效的解。现在，国际上已经对超过250万项出色的专利进行过研究，并大大充实了TRIZ的理论和方法体系。如今TRIZ正成为许多现代企业创新的独门暗器，TRIZ可以轻易解决那些看似不可能解决的问题并形成专利，提升企业的核心竞争力，从"跟随者"快速成长为行业的技术"领跑者"，让创新就像做算术题一样轻松简单。

现代TRIZ理论法的核心思想主要体现在以下三个方面。

(1) 无论是简单的产品还是复杂的技术系统，都具有相应的客观进化规律和模式；

(2) 各种难题、矛盾和冲突的不断解决，是推动这种进化过程的动力；

(3) 技术系统发展，其理想状态是使用尽量少的资源实现尽量多的功能。

创新从最通俗的意义上讲就是创造性地发现问题和创造性地解决问题的过程，TRIZ理论的强大作用正在于它为人们创造性地发现问题和解决问题提供了系统的理论和方法工具。TRIZ理论主要包括以下内容。

(1) 创新思维方法与问题分析方法。TRIZ理论提供了如何系统分析问题的科学方法。如多屏幕法等；而对于复杂问题的分析，则包含了科学的问题分析建模方法，如物—场分析法，它可以帮助快速确认核心问题，发现根本矛盾所在。

(2) 技术系统进化法则。人们利用这些法则，可以分析产品的技术状态，并预测其未来发展趋势，开发新产品等。

(3) 技术矛盾解决原理。TRIZ理论将发明创造的规律归纳成40条创新原理。

(4) 创新问题标准解法。针对物—场模型的不同特征，分别对应有标准的模型处理方法，包括模型的修整、转换、物质与场的添加，等等。

(5) 发明问题解决算法。其应用于复杂问题或不明确的技术系统。它是一个对初始问题进行一系列变形及再定义等非计算性的逻辑过程，实现对问题逐步深入的分析，问题转化，直至问题的解决。

(6) 构建知识库。基于物理、化学、几何学等工程学原理而构建的知识库，为技术创新提供丰富的参考资源。

小案例

扭曲的斑马线

一条马路要穿过校园，于是问题就出现了：怎样迫使所有通过该路段的司机全程都低速行驶呢？

人们讨论后得出了两个方案：把这段马路全都画上"斑马"线，或者把该地段的道路改造成波浪形(Z字形)曲折道路。第一个办法花费很少，但是成效很差，第二个办法代价昂贵，但却相对牢靠。

当然，最好的办法就是把两个方案的优点结合起来，使它们的缺点都消失，你有什么好办法？

运用TRIZ这种神奇的方法让我们来解决校园街道的问题，就使问题变得很简单了——在普通道路上画上扭曲的斑马线，使它看起来就像波浪路面上的斑马线一样，司机们大脑中的条件反射精确地产生着作用，达到价格上和效果上的最优结合。

小案例

TRIZ理论的典型矛盾

生活中我们常用扳手拧紧或者拆卸螺栓，这时经常会出现螺栓棱角被磨损的问题。为了方便地拧紧或者松动螺栓，又不损坏螺栓，我们采取的方法一般是通过减小扳手卡口和螺栓的配合间隙，增加螺栓的受力面，来减少对棱角的磨损。但结果是提升了制造精度，提高了制造成本。要解决这样一对矛盾，可以用39个技术参数中的两个来描述该矛盾。通过矛盾矩阵我们就可以找到对应的创新原则，如增加不对称性、空间维数变化等。那么应用其中的空间维数变化原理，我们就会有这样一个解决方案：在扳手卡口内壁开几个小弧。因为经过分析我们知道，扳手之所以会磨损螺栓，就是因为作用力都集中在棱角上，是作用在一条线上，现在经过增加几个小弧，使作用力加到螺栓的棱面上，有效地解决了棱角磨损问题。这项技术已经成为美国的一项专利，美国的METRINCH公司基于这项技术开发出一系列扳手，获得了巨大利润。

通过上面的例子可以看出，经过深入分析，螺栓被扳手磨损的问题被定义为TRIZ理论中的典型矛盾，结果应用创新原理使得问题得到有效的解决，就像求解数学题一样，整个解决过程变得有序和可操作，大大提高了创新问题的解决效率和质量。

TRIZ的原理、算法也不局限于任何特定的应用领域。它指导人们创造性解决问题并提供科学的方法、法则，因此，TRIZ可以广泛应用于各个领域解决问题，创造可观的经济效益。

3.2 创新技巧

3.2.1 【案例导读】图书馆搬家

英国的大英图书馆，是世界上著名的图书馆，里面的藏书非常丰富。有一次，大英图书馆老馆年久失修，在新的地方建了一个新的图书馆。新馆建成以后，要把老馆的书搬到新馆去。这本来是一个搬家公司的活，没什么好考虑的，把书装上车，拉走，运到新馆即可。问题是按预算需要350万英镑，图书馆没有这么多钱。眼看雨季就要到了，不马上搬家，损失将会很大。"怎么办？"馆长想了很多方案，但都不太好，这让他一筹莫展。正当馆长苦恼的时候，一个馆员找到他，说有一个解决方案，不过仍然需要150万英镑。馆长十分高兴，因为图书馆有能力支付这笔钱。"快说出来！"馆长很着急。馆员说："好主意也是商品，我有一个条件。""什么条件？""如果150万全部花完了，那权当我给图书馆做贡献了；如果有剩余，图书馆要把剩余的钱给我。""那有什么问题？350万我都认可了，150万以内剩余的钱给你，我马上就能做主！"馆长很坚定地说。"那我们来签个合同……"馆员意识到，发财的机会来了。合同签订了，不久就实施了馆员的新搬家方案，而150万英镑连零头都没有用完。

原来，图书馆在报纸上刊登了一条惊人消息："从即日起，大英图书馆免费无限量让市民借阅图书，条件是从老馆借出，还到新馆去。"

很多时候，我们把事情想成当然，总以一种模式去思考，但很多事情往往会有更好的解决方案或处理办法，这就需要我们多想办法。

3.2.2 常用的创新技巧

1. 颠覆常识

常识一般是指日常知识、众所周知的知识、约定俗成的无须证明的知识，或者本能的学习和判断能力等。

常识阻碍创新。常识在日常生活中具有非常重要的作用，可以帮助人们对事情或问题进行初步判断。但它也会束缚思维，让思维陷入僵化，不利于创新。因此，为了更好地创新，人们应勇于颠覆常识。颠覆常识的技巧如表3-5所示。

1) 常识对创新的阻碍

(1) 权威误导。常识一般是指已经约定俗成被大家认可的知识，因而具有一定的权威性。人们在接受和认可这些常识时，一般不会进行过多的思考或质疑，从而限制了创新。

(2) 经验误导。常识也是日常经验的积累，而且这些经验曾经给人们帮助。因此，人们会信任常识，轻易不会质疑常识。

(3) 习惯误导。常识形成后，人们会习惯性地运用常识来解答某一问题，因此容易陷入惯性思维。

2) 颠覆常识的误区

(1) 全盘否定常识。人们也许会认为颠覆常识就是全面否定常识，但颠覆常识其实是跳出常识的束缚，选择新的角度和方式来审视问题。

(2) 反方向寻找。人们也可能会认为，颠覆常识就是沿着与常识相悖的方向寻找灵感和顿悟。

> 📖 **小故事**
>
> 马云有一次去日本参加一个国际会议。有位日本朋友向马云抱怨：到中国来，他竟然发现上不了在日本的博客。于是，他甚至质疑：网络管理这么严，怎么做好电子商务？在一般情况下，常人的思维都是直接去解决这个问题，即网络监管与电子商务的"矛盾"，但这并不是马云能解决的，似乎这是一个在国内做电子商务的"阿喀琉斯之踵"，是很难回答的。但是，马云的反驳很"绝"，他说："即使有5%的网站上不了，我们何必死盯着这5%呢？我们为何不去开拓95%的市场？这个道理很明显。如果我们只埋怨5%，只会越来越消极，越来越痛苦。"马云接着还打了个比方，有时候被老师、同学误解很正常，但应该看到，大部分时候，大家的相处都是愉快的。所以，我们不要因为一时的误解，影响整个师生或同学感情。
>
> 这里，马云其实只是把5%和95%的关系颠覆过来，从日本朋友最关注的5%，转移到电子商务大市场的95%上来，这样，我们的态度和认识就截然不同了。

表3-5　颠覆常识的技巧

序号	技巧	说明
1	不急于认同	不盲从常识，先经过思考再选择是否认同
2	辩证思考	从正反两面思考某一事物，不片面定性
3	左右脑并用	左右脑结合使用，不仅使用一种思维
4	回到原点	回到事物本身进行思考，不用经验思考
5	不盲从他人	有自己的独立思考意识，不盲从他人

2. 消除偏见

偏见一般是指人们由于一贯的错误认识或受事物表面现象蒙蔽、只看到事物的一面所引起的对事物的片面认识。

人们想要创新，就应学会消除对事物所持的偏见。只有这样才能正确认识事物，全面评价事物；也才能更好地掌握事物特性，获得灵感。

1) 偏见的形成

(1) 受个体经验左右。人们常常倾向于用以往的经验和态度去看待某事物，形成刻板印象和认识，且难以改变。

(2) 受个体人格和心理影响。如傲慢自大、固执己见、具有权威主义倾向的人容易对事物产生偏见。

(3) 受"首因效应"影响。人们容易对事物产生先入为主的判断，通过"第一印象"最先输入的信息对以后的认知会产生深刻影响。

(4) 受个人利益左右。人们以个人利益为出发点，对有利于自己的人或事持友好态度；反之，则持不友好态度。

2) 如何消除偏见

(1) 多角思考。看待事物不能只看事物的一面，要全面思考。

(2) 换位思考。站在不同的立场思考事物，抛弃自我中心主义。

(3) 反向思考。从事物的反面思考，立体化地把握事物。
(4) 归零思考。清除对事物的原本认识，重新定位事物。

📖 小故事

偏见导致失败

关羽一直对刘备的养子刘封有偏见。

在败走麦城之前，如果刘封能及时发兵救援，关羽可能就不会兵败被杀。但由于刘封一直对对他有偏见的关羽不满，所以才拒绝发兵，最终导致关羽父子丧命。这应该可以被称作"偏见导致失败"。

可以毫不夸张地说：在关羽的失败原因中，"对刘封的偏见"占了不小的比例。

3. 挑战权威

权威一般指人们自愿服从和支持的权力，也指使人信服的力量和威望。它在某些情况下是正确的，但它不等于真理，人们可以尊重权威，但不可以迷信权威。

"长江后浪推前浪"，人们想要创新，就必须有敢于挑战权威的勇气和信心，只有这样才能不断除旧革新。

1) 不敢挑战权威的原因

(1) 权威力量强大：权威具有很普遍、很强大的基础，一般难以动摇。
(2) 盲目信奉权威：认为权威是真理，是不可挑战和动摇的。
(3) 害怕挑战失败：害怕挑战失败后引来麻烦和嘲笑。

2) 如何挑战权威

(1) 敢于质疑：古人云："小疑则小进，大疑则大进。"质疑是发现问题、挑战权威的第一步。
(2) 相信创新的力量：相信创新终究能够战胜已经落后的权威，能够改变人们对权威的迷信。
(3) 相信小人物也能创新：不要被拥有权威的代表人物吓倒，要相信小人物也有能力改变一切。
(4) 实践出真知：想要创新，人们就必须在基于事实的基础上，付出努力和汗水，在实践中检验创新的力量。

📖 小例子

著名的比萨斜塔实验

为了坚持真理，伽利略对人人信奉的哲学家亚里士多德的所谓真理产生了怀疑，经过反复试验求证后，在人们的辱骂与猜疑中走上比萨斜塔，用事实验证了自己的观点：两个不同重量的物体从同一高度落下，同时着地。

伽利略不迷信权威的独立人格和执着追求真理的精神值得我们学习。

4. 打破规则

规则给人们提供了一定的依据，能够指导人们的思想和行为，但它在一定程度上也束缚了人们的思想和行动。

"规则是用来打破的。"当一种规则不适应新事物的发展时，我们要勇于打破规则，创立新规则。打破规则的方法如表3-6所示。

表3-6 打破规则的方法

序号	方法	具体解释
1	转换视角	从不同的立场出发，往往能得出不同的结论和规则； 想要打破规则，便要学会转换视角，从不同的角度来评判规则
2	突破传统	敢于质疑传统规则的适用性和效用性
3	挑战权威	要敢于向权威挑战，不能盲信权威，要培养独立思考的意识
4	关注变化	密切关注行业的新动态，学会抓取具有变革意义的信息，并和旧信息、旧规则相比较
5	接受新思想	积极接受新思想，有新思想作为理论武器，才能看清旧规则的局限性
6	寻找新点子	打破权威需要新点子，有了"立"才能"破"，有了新想法才能批判旧规则
7	突破行业限制	想要打破规则还需突破行业限制，站在新高度看待旧规则
8	不排斥外行	很多规则都是被外行人打破的； 要学会从外行人身上汲取新想法、新观点

📖 小例子

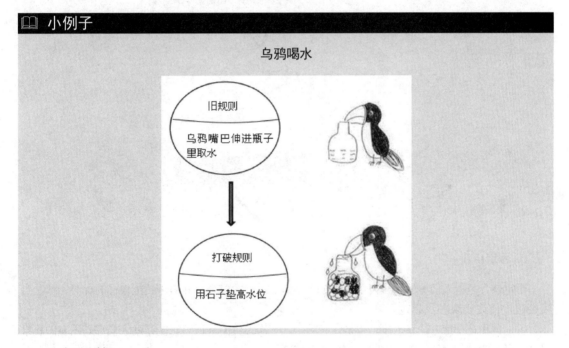

乌鸦喝水

5. 领先时间

"得时间者得天下"，这个世界不再是大吃小，而是快吃慢。因此，创新要抢在第一时间，要敢为人先，和时间赛跑。

新时代的特征是加速度和非稳定，这就要求人们抓紧时间，在有限的时间内做更多的事。

如何领先时间：

(1) 树立时间意识：龟兔赛跑，兔子输在轻敌，也输在忽视时间的重要性上，因此，心中要长存"时间就是生命"的意识。

(2) 树立竞争意识：如果没有竞争，便谈不上创新和领先。因此，想要领先时间，就要和时间赛跑、和别人赛跑。

(3) 设定目标和计划：有了目标和计划，才能按照目标和计划一步步去实现，才可避免方向不明所引起的时间浪费。

(4) 设定时间节点：在每一项任务和计划上都设定时间节点，既可以给自己提示，也可以监督自己。

(5) 把每一天当成最后一天：把每一天都当作生命的最后一天来度过，这样便能最大限度地珍惜时间。

(6) 借助时间管理工具：时间管理主要有四大工具，即时间管理矩阵、时间记录表、每日事项清单、时间管理审查表。

📖 小例子

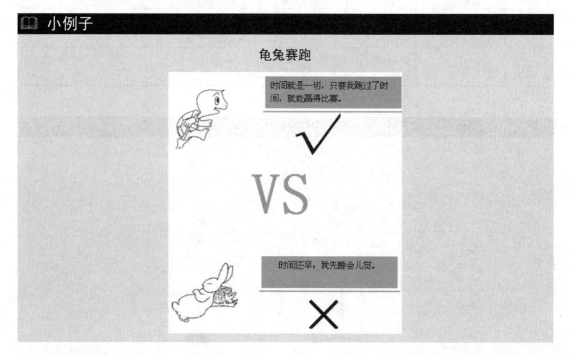

龟兔赛跑

6. 否定自我

否定自我是指人们勇于承认自己的不足，不满足已有的成绩，并勇于挑战自己的优势、敢于自我突破，最终实现自我超越。

否定自我是一种方法和手段，也是一股动力、一次人生的跳跃。它能帮助人们突破固有的思维习惯，从而获得新点子和新方法，继而实现创新。

1) 否定自我的特点

(1) 否定自我不是自卑。否定自我是不满足已有优势，自主寻找自身的弱点和局限，并非觉得自己一无是处。

(2) 否定的目的是发展。否定的目的是为了发展，通过否定自己让自己进入新的阶段或境界。

(3) 否定的实质是扬弃。否定自我不是全盘否定自己，而是既变革又继承，既克服缺点又保留优势。

2) 否定自我的方法

(1) 自我诊断。全面分析自己，并进行自我评价和自我鉴定，可借助一定的工具，如九型人格分析、星座分析、血型分析等。

(2) 对比他人。以他人为参照物，对照自己身上的优劣势，并借鉴他人的好的思维方法。

(3) 听取意见。寻求他人的意见，以便更客观地看待自己。

📖 小资料

九型人格

相传源于中东地区，据说是2000多年前印度苏菲教派的灵修课程，是口口相传的理论，但实际源自何时何地，已无从考究。20世纪20年代，一位神秘主义和灵性的教师古尔捷耶夫将它传到欧洲，一直以秘密教学方式流传。直到20世纪60年代，在智利公开举办一个灵性心理训练班，才掀开了九型人格论这套学问的神秘面纱。20世纪70年代，九型人格正式传入美国，这一古老的理论既简单精确又深刻，它和现代的人格论述竟然不谋而合，引起广泛关注。1993年斯坦福大学率先正式开办这一课程。

如果你对自己够坦诚，学习完九型人格，通过自我探索，你就可以真正认识自己、了解别人，找到那条人生中暗自牵引你的命运之线。九型人格论今天已被演化成一种人际沟通的管理工具，广泛应用在企业管理的各个领域，如表3-7所示。

表3-7 九型人格

序号	类型	具体特点	代表人物	适合工作领域
1	完美型	重原则，不易妥协，黑白分明，对自己和别人均要求高，追求完美	包公	适合需要坚持原则与公正的所有领域，如法官、医生、质量检查、纪律检查、安全检查、财会等
2	助人型	渴望与别人建立良好关系，以人为本，乐于迁就他人	雷锋	在营销推广的领域中拥有非比寻常的优势，如保险行业等；所有跟人打交道的工作都能发挥其天赋与才能，如客服、教师、护士、工会主席、推销人员等
3	成就型	好胜心强，以成就去衡量自己价值的高低，是一名工作狂	武则天	充满弹性、擅长说服别人，又很有目标性，在具有挑战性和说服别人的工作中尤其能发挥天赋与才能，如在推销、保险、演讲等领域尤其容易成功；可充分发挥才华
4	感觉型	情绪化，惧怕被人拒绝，觉得别人不明白自己，我行我素	林黛玉	适合从事各类要求高度创意的工作，所有涉及美的工作都能发挥他们的天赋与才能，如美术、音乐、艺术、时装、戏剧、文学、装潢、广告、产品设计等领域；幻想力丰富，对不同角色扮演的适应力强，亦可担任如律师、医生、工程师等；富有同情心，凭着丰富的创意和与人为善的交际能力，也将成为优秀的市场策划和推广人员
5	思想型	喜欢思考分析，求知欲强，但缺乏行动，对物质生活要求不高	爱因斯坦	擅长将大量数据有条不紊地分门别类，有过人的洞察和分析能力，会成为某个特定领域的专家，适合科学家、咨询顾问、决策分析、数据分析整理、研究等岗位；亦适合执行侦察、刺探情报等任务

(续表)

序号	类型	具体特点	代表人物	适合工作领域
6	忠诚型	做事小心谨慎,不易相信别人,多疑虑,喜欢群体生活,尽心尽力工作	曹操	在需要细心、耐心、警惕、忠诚的岗位上能发挥他们天赋的才能,如策划、规划、警察、情报人员、保卫人员等
7	活跃型	乐观,喜新鲜感,爱赶潮流,不喜承受压力	老顽童	一切能吸引这一型兴趣的岗位,尤其是公关、社交、计算机等需要创意的工作
8	领袖型	追求权力,讲求实力,不靠他人,有正义感	乔布斯	在需要勇气、智慧面对冲突时最能够展现天赋的才能,做领导者,带领一个团队,或作为创业者
9	和平型	需花长时间做决策,怕纷争,难于拒绝他人,祈求和谐相处	拉·甘地	不需要面对冲突的、和人打交道的工作,最能发挥第九型天赋的能力,如教师、护士、咨询师、治疗师、服务人员等

7. 扩展视角

视角是人们思考问题的角度、立场、方式、路线等。视角不同,得到的结论也不同。因此,想要创新,我们就应该扩展视角,学会多角度思考视角的类型如表3-8所示。

表3-8 视角的类型

序号	类型	具体解释
1	时间视角	对待时间的不同视角,影响着人们的思维;可分为过去思维视角、当下思维视角、未来思维视角
2	立场视角	立场视角可分自我、他人、群体立场,即看待事物和世界是从自我立场出发、他人立场出发、全局立场出发
3	认知视角	可分为感性视角(看待事物以感知为标准)和理性视角(看待事物以理性判断为标准)
4	评判视角	评判事物的一种态度,包括肯定(从事物的优点出发)、否定(重在批判事物缺点)、存疑(先质疑事物,经过思考和判断后确认对事物的态度)
5	对比视角	看待事物时不但会观察事物本身,还寻找其他参照物,对比事物之间的异同,即求同或求异视角

8. 解开枷锁

思维枷锁一般是指随着经验的逐渐积累和思维方式的逐渐固定而形成的一种思维习惯,如表3-9所示。它使得人们倾向于按照常规思维去思考和行动。

套上枷锁的思维具体如下所示。

(1) "要最完美的":追求完美,总想着要思考出最完美的方法。
(2) "不能想太多":当自己往别处想时,告诫自己不能想太多,从而停止继续思考。
(3) "大家都这样想":把大家的标准当作自己的标准,随波逐流。
(4) "要符合规矩":凡事都想着要符合规矩,不敢越雷池一步。
(5) "不能让别人笑话":怕别人笑话,不敢多想多做。
(6) "我不擅长":以自己不擅长、不具备天赋为由拒绝思考。

📖 小故事

需要一把剪刀

据说篮球运动刚诞生的时候，篮板上钉的是真正的篮子。每当球投进的时候，就有一个专门的人踩在梯子上把球拿出来。为此，比赛不得不断断续续地进行，缺少激烈紧张的气氛。为了让比赛更顺畅地进行，人们想了很多取球方法，都不太理想。有位发明家甚至制造了一种机器，在下面一拉就能把球弹出来，不过这种方法仍没能让篮球比赛紧张激烈起来。

终于有一天，一位父亲带着他的儿子来看球赛。小男孩看到大人们一次次不辞劳苦地取球，不由得大感不解：为什么不把篮筐的底去掉呢？一语惊醒梦中人，大人们如梦初醒，于是才有了今天我们看到的篮网样式。

去掉篮筐的底，就这么简单，但那么多有识之士都没有想到。听来让人费解，然而这个简单的"难题"困扰了人们多年。可见，无形的思维定式就像那个结实的篮子禁锢了我们的头脑，使得我们的思维就像篮球被"囚禁"在了篮筐里。于是，我们盲目地去搬梯子、去制造机器……。

生活中许多时候，我们就需要这样一把剪刀，去剪掉那些缠绕我们的"篮筐"，生活原本并没有那么复杂。

表3-9 思维枷锁的类型和解锁方法

序号	枷锁类型	具体解释	解锁方法
1	自我中心型	坚持自我立场的正确性，排斥他人的思想	跳出自我主义，从他人和全局角度思考
2	一根筋型	不懂得拐弯和迂回，缺乏想象力	不钻牛角尖，学会变通，进行辩证思考
3	随波型	随波逐流，以大众看法为准，没有自己的想法	学会独立思考，不盲从他人
4	权威型	盲从于权威，不敢挑战权威，缺乏质疑精神	培养质疑精神，敢于挑战权威
5	经验型	一味盲从于以往的经验，不肯改变	跳出经验主义，寻找新方法
6	定式型	习惯性地运用一种思维习惯进行思考	打破惯性思维，学会逆向思考
7	本能型	只按照自己本能思考，凭感觉进行判断和思考	养成多思考、多动手的习惯，学会理性分析

📖 小例子

三只松鼠

对于一个爱吃坚果的人来说，三只松鼠这个品牌大家一定不会陌生的。2012年，三只松鼠落户芜湖，开始了互联网时代的创业征程。从5个人的创业团队，到年销售额超过70亿元的公司，三只松鼠只用了短短的6年时间。截至目前，三只松鼠累计卖出160亿元的零食，牢牢占据线上线下同业态坚果零食全行业第一名。

"没有创新，就没有三只松鼠。"三只松鼠的发展可以分为三个阶段。

第一阶段：从无到有。 三只松鼠成长为互联网坚果第一品牌。创业伊始，三只松鼠大胆创新，跳出了传统的商业模式，选择不断强化购物体验和文化认同。从喊一声"主人"的卖萌营销，到开箱器、湿巾和垃圾袋的贴心服务，三只松鼠紧紧围绕消费者的需求，带给消费者超预期的消费体验。同时，正是凭借互联网强大的信息技术，三只松鼠打造互联网新农业生态圈，带动了上游的500多家合作伙伴，下游则对接了7000多万名消费者，共同分享互联网红利。自建云中央品控平台和中创食品检测有限公司，把农产品的生产者和消费者连接起来，通过用户评价及检测数据对上游生产者进行实时品质倒逼改善。三只松鼠的根本性颠覆在于，通过"互联网+"和大数据推动了农业供给侧结构性改革，在提高行业效率、降低成本的同时，提升了用户体验，更好地满足消费者需求。

第二阶段：从有到多。三只松鼠进军全品类零食。2017年，三只松鼠确定了"让天下主人爽起来"的新使命。在此之前，三只松鼠就开始尝试跨界，从坚果扩大到全品类零食，成长为中国零食第一品牌。如今，三只松鼠的产品品类达到600多种，包括坚果、花茶、果干、肉脯、烘焙等各类零食，现在订单中有60%是零食类产品。在坚果及零食产业以外，三只松鼠相继推出松鼠文化周边、动画片，不断试水跨界产品，持续强化三只松鼠的品牌IP，并以独特的松鼠文化贯穿全产业链。2018年4月，三只松鼠同名动画片登陆北京电视台卡酷少儿频道，收视率稳居同时段第一名。在各大视频网站累计收获了近5亿次的网络播放量。目前三只松鼠一手抓扩品类，一手抓内容赋能，提升松鼠品牌的IP化和人格化。

第三阶段：从多到强。三只松鼠正转型成为供应链平台企业，以更高的效率、个性化的产品和更优的品质，重新定义新零食，实现"从多到强"。三只松鼠通过掌握的大数据，数字化改造并赋能传统供应链，进一步提升食品行业的生产效率，通过柔性制造和智能制造，成长为基于信息技术和大数据下的供应链平台企业。2018年7月7日，三只松鼠举行全球伙伴共创大会，提出共建超级国民品牌的新目标——质量可靠、品类足够、价格合适、体验有趣，未来的三只松鼠将服务2亿家庭。

三只松鼠1600名员工的平均年龄只有24岁，为了鼓励年轻人，公司选用了多名90后主管，一些工作时间短但能力突出的年轻人迅速走上领导岗位。谈起未来，章燎原希望将三只松鼠打造成为食品行业的电商龙头品牌，"创业不难守业难，公司的扩张总有一天会遇到瓶颈，到那时只有靠科学的管理，才能让企业走得更远"。

三只松鼠的成功，表现在诸多方面，表现在细节上做到极致、售卖人文关怀和主流文化、人格化品牌形象、不断开拓消费场景等多种方式上的创新。

3.3 【创新人物】亚历克斯·奥斯本(创造学和创造工程之父)

亚历克斯·奥斯本(1888.5.24—1966.5.4)，创造学和创造工程之父，头脑风暴法的发明人，美国著名的创意思维大师，美国BBDO广告公司创始人，前BBDO公司副经理。他的许多创意思维模式已成为家喻户晓的常有方式。

1941年出版的《思考的方法》提出了世界上第一个创新发明技法——智力激励法，智力激励法又称为头脑风暴法(Brain Storming)或BS法，这种方法的目的是通过找到新的和异想天开的解决问题的方法来解决问题，是指一组人员通过召开特殊的专题会议形式，针对某一特定问题，与会成员之间互相交流、互相启迪、互相激励、互相修正、互相补充、集思广益，从而达到产生大量新设想的集体性发散技法。这是世界上最早付诸实践的创新技法，因此，大家都称他为"头脑风暴法之父"。

头脑风暴法由奥斯本发明后在世界各国大受欢迎，当然，要想发挥最佳作用，它必须遵循四项基本原则。此法经各国创造学研究者的实践和发展，至今已经形成了一个发明技法群，如奥斯本智力激励法、默写式智力激励法、卡片式智力激励法等。

1941年出版的世界上的第一部创新学专著《创造性想象》，提出了奥斯本检核表法，此书的销量达到了4亿册，一度超过《圣经》的销量。

20世纪40年代，奥斯本在其公司发起创新研讨。1953年和帕内斯教授在纽约州立大学布法罗分校创办了世界上第一个创造学系，开始招收创造学专业的本科生和硕士研究生。1954年，奥斯本作为布法罗大学的董事会成员，促成该校建立"创新教育基金会"，开创了每年一度的创造性解决问题讲习会，并任第一任主席。

"一日一创"的奥斯本

奥斯本文化程度不高，没有上过大学。1938年，21岁的他失业。他时刻梦想着做一名受人尊敬的新闻记者。为了实现自己的梦想，他鼓足勇气去一家小报社应聘。主编问："你有多少年的写作经验？"奥斯本回答："只有三个月。不过请你先看看我写的文章吧！"主编接过他的文章看了后，摇着头说："年轻人，你这篇文章写得不怎么样，你既无写作经验，又缺乏写作技巧，文笔也不够通顺；但是你这篇文章也有独到的地方，内容上有独到的见解，这个独到的东西是创新。这就很可贵！凭这一点，我愿意试用你三个月。"奥斯本由此领悟到"创新性"的可贵，明白了自己的优势所在，他决心做一个具有创新能力的人。他反复研究主编给他的大摞报纸，又买回其他报纸进行比较。第一天上班后，奥斯本迫不及待地冲进主编的办公室，大声说："主编先生，我有一个想法。"主编瞪大眼睛看着这个毛头小伙子。他不顾主编的表情，只顾着自己的思路说下去："广告是报纸的生命线，我们无法与各大报纸竞争大广告，而小工厂、小商店也做不起大广告，他们又急于把自己的产品或商品告诉更多的人，我们何不创造头条广告，以低廉的收费满足这一层次工商者的需要呢？"主编说："好啊！真是一个了不起的想法！"这就是现在报刊上广泛采用的一条一条的分类广告。奥斯本坚持每天提一条创新性的建议，两年后，这张小报成为一个实力雄厚的报业托拉斯，奥斯本也当上了报业集团拥有巨额股份的副董事长。

3.4 思考与测试

3.4.1 思考题

(1) 举出把下面两者结合起来的方法。
- 排球与弹簧
- 轮胎与花瓶

(2) 运用"头脑风暴法"思考：灯和开关分别在不同的房间，一间房里有甲、乙、丙三盏灯，另一间房则有控制灯的A、B、C三个开关，已知每个开关仅控制其中一盏灯，现在三盏灯都是关的，假如只能进这两个房间各一次，你能正确判断出各盏灯分别由哪个开关控制吗？

3.4.2 测试题

【创造力测试】

美国心理学家尤金·劳德赛，设计了"你的创造力怎么样呢？"的测验题，并指出测试者只需10分钟左右的时间，就可以测出自己的创造力水平。测验时，只需在每一句话后面，用一个字母表示同意或不同意。

A——同意；B——不同意；C——吃不准或不清楚

下面有50个句子，请根据你本人的实际情况，实事求是地填写。

(1) 我不做盲目的事，也就是我总是有的放矢，用正确的步骤来解决每一个正确的具体问题。（　）

(2) 我认为，只提出问题而不想获得答案，无疑是浪费时间。（　）

(3) 无论什么事情要我发生兴趣，总比别人困难。（　）

(4) 我认为合乎逻辑的、循序渐进的方法，是解决问题的最好方法。（　）

(5) 有时，我在小组里发表的意见，似乎使一些人感到厌烦。（　）

(6) 我花大量时间来考虑别人是怎样看我的。（　）

(7) 我自认为是正确的事，比力求博得别人的赞同更重要得多。（　）

(8) 我不尊重那些做事似乎没有把握的人。（　）

(9) 我需要的刺激和兴趣比别人多。（　）

(10) 我知道如何在考验面前保持自己内心的镇静。（　）

(11) 我能坚持很长一段时间来解决难题。（　）

(12) 有时我对事情过于热心。（　）

(13) 在特别无事可做时，我倒常常想得出好主意。（　）

(14) 解决问题时，我分析问题较快，而综合所收集的资料较慢。（　）

(15) 有时我打破常规去做我原来并未想到要做的事。（　）

(16) 我有搜集东西的兴趣。（　）

(17) 幻想促进了我许多重要计划的提出。（　）

(18) 我喜欢客观而有理性的人。（　）

(19) 如果我在本职工作之外的两种职业中选择一种，我宁愿当一个实际工作者，而不当探索者。（　）

(20) 我能与我的同事或同行们很好地相处。（　）

(21) 我有较高的审美感。（　）

(22) 在我一生中，我一直在追求着名利和地位。（　）

(23) 我喜欢那些坚信自己结论的人。（　）

(24) 灵感与成功无关。（　）

(25) 争论时使我感到高兴的是，原来与我观点不一致的人变成了我的朋友，即使牺牲我原先的观点也在所不惜。（　）

(26) 我更大的兴趣在于提出新建议，而不在于设法说服别人接受建议。（　）

(27) 我乐于自己一个人整日"深思熟虑"。（　）

(28) 我往往避免做那种使我感到"低下"的工作。（　）

(29) 在评价资料时，我觉得资料的来源比其内容更重要。（　）

(30) 我不满意那些不确定和不可预计的事。（　）

(31) 我喜欢一味苦干的人。（　）

(32) 一个人的自尊比得到别人的敬慕更重要。（　）

(33) 我觉得力求完美的人是不明智的。（　）

(34) 我宁愿和大家一起工作而不愿意单独工作。（　）

(35) 我喜欢那种对别人产生影响的工作。（　）
(36) 在生活中，我常碰到不能用"正确"或"错误"来加以判断的问题。（　）
(37) 对我来说，"各得其所""各在其位"，是很重要的。（　）
(38) 那些使用古怪和不常用词语的作家，纯粹是为了炫耀自己。（　）
(39) 许多人之所以感到苦恼，是因为他们把事情看得太认真了。（　）
(40) 即使遭到不幸、挫折和反对，我仍然能对我的工作保持原来的精神状态和热情。（　）
(41) 想入非非的人是不切实际的。（　）
(42) 我对"我不知道的事"比"我知道的事"更感兴趣。（　）
(43) 我对"这可能是什么"比"这是什么"更感兴趣。（　）
(44) 我经常为自己在无意中说话伤人而闷闷不乐。（　）
(45) 纵使没有报答，我也乐意为新颖的想法花费大量的时间。（　）
(46) 我认为"出主意很了不起"这种说法是中肯的。（　）
(47) 我不喜欢提出那种显得无知的问题。（　）
(48) 一旦任务在肩，即使受到挫折，我也要坚持完成。（　）
(49) 从下面描述人物性格的形容词中，挑选出10个你认为最能说明你性格的词。（　）

精神饱满的	有说服力的	实事求是的	虚心的	观察力敏锐的	谨慎的
束手无策的	足智多谋的	自高自大的	有主见的	有献身精神的	有独创性的
性急的	高效的	乐意助人的	坚强的	老练的	有克制力的
热情的	时髦的	不屈不挠的	自信的	有远见的	机灵的
好奇的	有组织力的	铁石心肠的	思路清晰的	脾气温顺的	爱预言的
拘泥形式的	不拘礼节的	有理解力的	有朝气的	严于律己的	精干的
讲实惠的	一丝不苟的	谦逊的	严格的	感觉灵敏的	无畏的
复杂的	漫不经心的	柔顺的	创新的	泰然自若的	渴求知识的
实干的	好交际的	善良的	孤独的	不满足的	易动感情的

要求：如实回答，不要偷看答案，否则，测试结果没有意义。

第 4 章

创新思维训练与创新能力培养

> 有了想法并将之付诸行动比徒有想法更重要。
>
> ——创新思维之父　爱德华·德·波诺
>
> 很少有人镇定地表达与他们的社会环境之偏见相左的意见，大多数人甚至无法形成这种意见。
>
> ——现代物理学的开创者、集大成者和奠基人　阿尔伯特·爱因斯坦
>
> 一些陈旧的、不结合实际的东西，不管那些东西是洋框框，还是土框框，都要大力地把它们打破，大胆地创造新的方法、新的理论，来解决我们的问题。
>
> ——著名科学家、地质学家　李四光
>
> 人，是创造者和建业者，是我们生存的地球上能够创造和评价美的唯一生物。
>
> ——动物学家　珍妮·古道尔

【本章知识点】
- 何为创新思维障碍？如何突破？
- 何为柯尔特思维训练工具？如何训练？
- 如何培养一个人的创新能力？途径有哪些？

4.1 创新思维的训练

4.1.1 【案例导读】一滴焊接剂与石油大王

有一位年轻人，在美国某石油公司工作，他的学历不高，也没什么特别的技术。因此，他所做的工作连小孩都能胜任，就是巡视并确认石油罐盖有没有自动焊接好。

石油罐在输送带上移动至旋转台上，焊接剂便自动滴下，沿着盖子回转一周，作业就算结束。他每天如此，反复好几百次地注视着这种作业，枯燥无味，厌烦极了。他想，要使这项工作有所突

破的话，就得自己找点事做。之后，他便细心观察这一焊接工作。很快，他发现罐子旋转一次，焊接剂滴落39滴，焊接工作便结束了。一天，他突然想：如果能将焊接剂减少一两滴，是不是能节省点成本？

于是，他经过一番研究，终于研制出37滴型焊接机。但是，利用这种机器焊接出来的石油罐，偶尔会漏油，并不理想。但他不灰心，又研制出38滴型焊接机。这次的发明非常完美，公司对他的评价很高。不久，这种机器便投入生产，改变了焊接方式。虽然节省的只是一滴焊接剂，但"一滴"却给公司带来了每年5亿美元的新利润。

这位青年，就是后来掌握全美制油业95%实权的"石油大王"——约翰•D. 洛克菲勒。

人生的改变总是从小的方面开始的，"改良焊接机"改变了洛克菲勒的人生。他成功的关键在于：注意普通人往往会忽略的平凡小事；能见别人所未见，才能做别人所不能做。

成功在于细节，成功是一种习惯，更是一种素养。无论是谁，想要突破现状、想要创新，首先就要考虑"我想做什么事？"或"我想成为什么样的人？"有了这样强烈的目的意识，才会集中精力，并调动过去积累的知识和经验，在有意或无意中使你有所关注的事情有所突破。那种"我不喜欢这样的环境，但我没有办法"，这种回避现实的态度，只能让人停滞不前。

平凡与非凡之间的距离并不遥远，就好像是"一滴焊接剂"，需要我们像"石油大王"洛克菲勒那样，注意观察周边事物、勤于钻研、锲而不舍，就可以在日常工作或生活中碰撞出创新的火花，做到"人无我有，人有我新，人新我变"。

4.1.2　突破创新思维障碍

生物学家贝尔纳曾经讲过："妨碍人们创新的最大障碍，并不是未知的东西，而是已知的东西。"人的思维一旦沿着一定的方向，按照一定次序思考，久而久之，就会形成了一种惯性，就会阻碍新观念、新想法的构想，成为创造性解决问题的障碍。所以，要具备创新能力，必须首先冲破"思维枷锁"。

1. 克服定式思维

所谓定式思维，就是按照积累的思维活动经验教训和已有的思维规律，在反复使用中所形成的比较稳定的、定型化了的思维路线、方式、程序、模式(在感性认识阶段也称作"刻板印象")。

美国作家亨利•詹姆斯曾经说过，改变一个人的人生观，往往像改变一个人的鼻子那么困难——它们都处在核心地位，即一个处在脸的中央，一个处在性格的中心。

> 📖 **小故事**
>
> ### 乞丐思维
>
> 上帝想改变一个乞丐的命运，就化作一个老翁来点化他。他问乞丐："假如我给你1000元钱，你打算怎么用它？"乞丐回答说："这太好了，我就可以买一部手机呀。"上帝不解，问他为什么。"我可以跟城市的各个地区联系，哪里人多我就往哪里乞讨。"乞丐回答说。上帝很失望，又问："假如我给你10万元钱呢？"乞丐听罢，眼里闪着亮光说："太好了，那我可以买一辆车。我以后再出来乞讨就方便了，再远的地方也可以迅速赶到。"上帝很悲哀。上帝狠心说："那如果我给你1000万元呢？""这次我可以把这个城市最繁华的地区全买下来！"上帝挺高兴。这时乞丐突然补充了一句："到那时，我可以把我领地里的其他乞丐都撵走，不让他们抢我的饭碗。"

定式是由先前的活动而造成的一种对活动的特殊的心理准备状态，或活动的倾向性。在环境不变的条件下，定式使人能够应用已掌握的方法迅速解决问题。而在情境发生变化时，它则会妨碍人采用新的方法。消极的思维定式是束缚创造性思维的枷锁。

1) 定式思维的作用

(1) 积极作用。在问题解决活动中，定式思维会根据面临的问题联想起已经解决的类似的问题，将新问题的特征与旧问题的特征进行比较，抓住新旧问题的共同特征，将已有的知识和经验与当前问题情境建立联系，利用处理过类似的旧问题的知识和经验处理新问题，或把新问题转化成一个已解决的熟悉的问题，从而为新问题的解决做好积极的心理准备。

定式思维是一种按常规处理问题的思维方式。它可以省去许多摸索、试探的步骤，缩短思考时间，提高效率。在日常生活中，定式思维可以帮助我们解决每天碰到的90%以上的问题。但是定式思维不利于创新思考，不利于创造。

(2) 消极作用。定式思维容易使我们产生思想上的惰性，养成一种呆板、机械、千篇一律的解决问题的习惯。当新旧问题形式相似而实质有差异时，思维定式往往会使人步入误区。

某位心理学家曾经说过："只会使用锤子的人，总是把一切问题看成钉子。"事实上，在一个问题上形成定式思维后，时间越长，重复次数越多，束缚就会越强，摆脱或突破也就越困难。

2) 定式思维的形式化特点

(1) 形式化结构。定式思维是一种纯"形式化"的东西，就是说，它是空洞无物的模型。只有当被思考的对象填充进来以后，只有当实际的思维过程及观念发生以后，才会显示出定式思维的存在，显示出不同定式之间的差异。因而可以说，没有现实的思维过程，也就无所谓思维的定式。正如从没有遇到过危险境地，也就难以断言某人是英雄还是懦夫。

> 📖 **小案例**
>
> **10美元**
>
> 心理学家曾经设计了一种思维游戏：木桌面上摆着一张10美元的钞票，钞票正中压着一把竖直放着的没开刃的菜刀，菜刀上支撑着一个横过来的木杆，木杆的两端系着两个平衡锤一样的东西，稍微晃动就会倒下来。现在要求游戏者在保持木杆平衡的前提下，把10美元的钞票取出来。经过多次尝试，游戏者们发现，不管怎样小心翼翼，要想不碰倒木杆便取出那张钞票几乎是不可能的。
>
> 其实，解决这个问题有一个极为简单的办法，那就是把钞票撕开，从刀刃压着的地方撕开，就能轻而易举地取出钞票，然而绝大部分游戏者都因想不到这个方法而一筹莫展。
>
> 由此可见，在现实生活中，人们已经不自觉地对钞票产生了一种尊崇的心理，因而从没有想到要去撕破它。这种定式只有在一定的条件下才能显露出来，并构成了创新思维的障碍。

(2) 强大的惯性。思维定式具有无比强大的惯性。这种惯性表现在两个方面，一是新定式的建立，二是旧定式的消亡。一般来说，某种定式思维的建立要经过长期的过程，而一旦建立之后，它就能够"不假思索"地支配人们的思维过程、心理态度乃至实践行为，具有很强的稳定性甚至顽固性。

📖 小故事

第二次生命

在美国出版的《人类心理学通报》上，曾经刊登过一位85岁老人的自白。这位老人说："假如给我第二次生命，我要努力犯更多的错误，而不会处处追求完美，我要变得更傻，不会再一本正经地对待那么多事情。我还要更加疯狂一些，给自己找更多的麻烦。"

这位老人大概是一生都生活得四平八稳，从没有什么出格的言行举止，因而到了人生的黄昏发出了那种"荒唐的"感叹。然而，如果他真的获得了第二次生命，他会"更傻""更狂""犯更多的错误"吗？恐怕不可能。

正像丢了钱的人经常说："那些钱要是能找到，我就到饭店去大吃一通。"如果钱真的找到了，他又舍不得花到饭店里去了。

定式思维的改变绝不是一朝一夕的事情，而且常常伴随着巨大的痛苦。改变定式思维需要长期训练，才可以有效地弱化定式思维。

小训练：
(1) 假设一些以前不敢想的疯狂念头；
(2) 多练习用比喻，比来比去，就能找到奇妙的联系；
(3) 做白日梦，让心思自由游走；
(4) 多从事一些需要动脑筋的业余活动，如围棋等；
(5) 学点外语；
(6) 多用左手做各种事情，笨拙也不要紧；
(7) 只读半本书，剩下的留给自己来假设结局。
……

📖 小案例

1) 有车一定要骑——心理图式

一个人推着一辆十分漂亮的自行车在街上步行。一会儿，熟人甲从他身边经过，问："你怎么不骑车呀？" 推车人坦然答道："不想骑便不骑。""不骑车又要推着辆漂亮的车，真是怪人！"熟人甲嘟囔着走开了。

过了一会儿，熟人乙也经过推车人的身边，关心地问："车子坏了吗？"推车人有些烦躁："没有！""那你干吗不骑呢？"熟人乙继续问，但推车人不想多费口舌解释。熟人乙也走开了。

接着，更多的人都来问推车人同样的问题："你怎么不骑呀？"搅得推车人心里烦躁不堪，最后，干脆坐上自行车，"噌"的一下骑走了。

2) 毛毛虫现象——拒绝变化

已在第1章中介绍。

3) 阿西莫夫的智商——惯性思维

世界著名的科普作家阿西莫夫曾经讲过一个关于自己的故事。

阿西莫夫从小就很聪明，年轻时多次参加"智商测试"，得分总在160分左右，属于"天赋极高"的人。有一次，他遇到了一位汽车修理工，是他的老熟人。

修理工对阿西莫夫说："嗨，博士，我来考考你的智力，出一道思考题，看你能不能正确回答。"阿西莫夫点头同意。修理工便开始出题:"有一位聋哑人,想买几枚钉子,就来到五金商店,对售货员做了这样一个手势:左手食指立在柜台上,右手握拳做出敲击的样子。售货员见状,先给他拿来一把锤子,聋哑人摇摇头,于是售货员明白了,他想买的是钉子。"

"聋哑人买好了钉子,刚走出商店,接着进来一位盲人。这位盲人想要一把剪刀,请问,盲人将会怎么做?"

阿西莫夫顺口答道:"盲人一定会这样……"他伸出食指和中指,做出剪刀的形状。

听了阿西莫夫的回答,汽车修理工开心地笑起来:"哈哈,答错了吧!盲人想买剪刀,只需要开口说:'我买剪刀'就行了,他干吗要做手势啊?"

阿西莫夫只得承认自己的回答很愚蠢,而那位汽车修理工在拷问前就认定他肯定答错,因为阿西莫夫"所受的教育太多了,不可能很聪明"!

4) 鲦鱼实验——群体惯性

鲦鱼因个体弱小而常常群居,并以强健者为自然首领。德国动物学家霍斯特在试验中发现:将一条领头的鲦鱼脑后控制行为的神经切除后,此鱼便会失去自制力,行动也会变得紊乱,但其他鲦鱼却仍像从前一样盲目追随。

这就是群体惯性形成的过程。在变化莫测的市场环境中,企业要想赢得竞争优势,就必须学会随着时代的发展而迅速调整。

然而,一些把成功归因于富有竞争力的经营管理模式的企业,面对一切以变化为主题的现实,仍高高在上,丝毫不怀疑自己成功的经营管理模式的价值和适用性,不思更新,固执地运行在"成功经验"的轨道上。结果,由于一成不变,企业昔日的辉煌渐渐蜕变为组织惯性,成为企业生存道路上的羁绊。

5) 引火烧身——线性思维

一个漆黑的夜晚,司机老王开车外出,车行至半路抛了锚,他初步判断是油耗尽了,由于油表坏了,便下车检查油箱。没带手电筒,他就顺手掏出打火机照明,随着"轰"的一声巨响,他就什么也不知道了……等醒来时他已躺在医院的病床上。是一位路过的好心司机把他救了,车报废了,脸毁了容,万幸的是命总算捡了回来。

6) 大象的悲剧——惰性思维

一家马戏团突然失火,人们四处逃窜,所幸没有人员伤亡。但令马戏团老板伤心和不解的是:那只值钱的大象却被活活地烧死了。

"这怎么可能呢?拴住大象的仅仅是一条细绳和一根小木棍啊!"老板怎么也想不通。

通常,没有表演节目时,马戏团人员会用一条绳子绑在大象的右后腿,然后绑在一根插在地上的小木棍上以避免大象逃跑。我们都知道以大象的力量,可用长鼻子卷起大树,拖拉巨大的木材,甚至可以一脚踏死动物,为什么它如今会乖乖地站在那里呢?

原来,当这头大象小时候被捕捉时,马戏团害怕它会逃跑,便以铁链锁住它的脚,然后绑在一棵大树上。每当小象企图离开它时,它的脚被铁链磨得疼痛、流血,经过无数次的尝试后,小象并没能逃脱。于是在它的脑海中形成了一旦有条绳子绑在它的脚上,它便永远无法逃脱的印象。因此,当它长大后,虽然绑在它脚上的只是一条小绳子和一根小木棍,但它懒得再去思考拴住它的是什么东西了。

惰性思维是指人类思维深处存在的一种保守的力量,人们总是习惯用老眼光来看新问题,用曾经被反复证明有效的旧概念去解释变化了的世界的新现象。不去尝试,不敢冒险,因循守旧,大好的时机和自身无限的潜能被白白地葬送,挫折和失败的悲剧肯定不可避免。

7) 失去的金子——习惯思维

一个穷人在一本书里发现了寻找"点金石"的秘密，点金石是一块小小的石子，它能将任何一种普通的金属点化成纯金。点金石就在黑海的海滩上，和成千上万的与它看起来一模一样的小石子混在一起，但秘密就在这儿。真正的点金石摸上去很温暖，而普通的石子摸上去是冰凉的。所以，当他摸着冰凉的石子的时候，他就将它们扔到大海里。他这样干了一整天，却没有捡到一块是点金石的石子，然后他又这样干了一星期、一个月、一年、三年，可他还是没有找到点金石。然而他继续这样干下去，捡到一块石子，是凉的，将它扔到海里，又去捡起一颗，还是凉的，再把它扔到海里，又一颗……

但是有一天上午他捡起了一块石子，而且这块石子是温暖的——他把它随手就扔进了海里。他已经形成了一种习惯，把他捡到的所有的石子都扔进海里，他已经习惯于做扔石子的动作，以至于当他真正想要的那一个到来时，他还是将其扔进了海里……

英国经济学家威廉·贝弗里奇在其《科学研究的艺术》一书中解释了惯性思维："我们的思想多次采取特定的一种思路，下一次采取同样的思路的可能性就越大。在一连串的思想中，一个个观念之间形成了联系，这种联系每利用一次，就变得越加牢固，直到最后，这种联系紧紧地建立起来，以致它们的连接很难破坏。这样，正像形成条件反射一样，思考受到了条件的限制。我们很可能具备足够的资料来解决问题，然而，一旦采用了一种不利的思路，问题考虑得越多，采取有利思路的可能性就越小。"

2. 克服偏见思维

人们往往被一些自己并未察觉的假象所干扰，做出错误的判断，由假象所导出的观察和判断会失真，从而产生偏见。

📖 **小故事**

某一个农民的最高理想："我当了国王，全村的粪一个也不给你们捡，全是我的。"这似乎就是人们说的"乡村维纳斯效应"。德波诺在《实用思维》一书中饶有兴味地描述了一种常见的社会现象："在僻静的乡村，村里最漂亮的姑娘会被村民当作世界上最美的人(维纳斯)，在看到更漂亮的姑娘之前，村里的人难以想象出还有比她更美的人。"在村里，它是真理，在全世界，它就是偏见。

正是经验使我们昂首否定，还是经验让我们低头认错，人们总是跳不出经验，它甚至让一切最大胆的幻想都打上了个人经验的偏见。

1) 偏见思维的表现形式

(1) 经验偏见。人们在自己的经验里生活，在自己的经验中思考，很难接受经验以外的事实。

📖 **小故事**

有个盲人从干涸小河的桥上经过时，不慎失足滑倒了，他两手紧紧地抓住桥栏杆，心想：如果失手放开，必定会掉进河里。有过路人告诉他："不要怕！只管把手放开，下面是平坦之地。"但是盲人不信，惊恐地抓住栏杆大喊大叫，直到筋疲力尽脱手掉到地面，未伤皮毛，盲人自嘲地说："嘻！早知下面是平地，何必这样长久地自找苦吃？"

盲人之所以不听从别人的劝告，是因为他和明眼人对这个世界有不同的体验和感悟。未亲身

"经历"从桥上坠落的过程之前,他无论如何也不相信"过路人"对桥以及桥下情况的描述。的确,一个人怎么会相信超越自己经验范畴的事物呢?

经验似乎比科学更直接、更亲切,但人们可能忘了:经验往往比科学更肤浅、更狭隘,有时甚至更顽固。

📖 小故事

18世纪的天文学家绝不相信陨石确实是从天上掉下来的,当时的天文学家坚持认为陨石是从某处捡来的或是大风刮来的,要不就是目睹者撒谎,甚至伟大的法国科学院也对民间传说加以嘲笑,直到1803年4月26日,竟有几千块陨石眼睁睁从天而降,落在法国莱格尔镇,天文学家才不情愿地承认陨石是从天上掉下来的。

无独有偶,还有这样一则古老的寓言。

📖 小故事

一头驴子背着盐渡河,在河边滑了一跤,跌在水里,盐溶化了。驴子站起来时,感到身体轻松了许多。驴子非常高兴,获得了经验。后来有一回,它背了棉花,以为再跌倒,可以同上次一样。于是走到河边的时候,它便故意跌倒在水中。可是棉花吸收了水,驴子非但不能再站起来,而且一直向下沉,直到淹死。

驴子为何死于非命?每一个人都能够看得出:很重要的一个原因是他们都机械地套用了经验,受了经验偏见思维的影响,他们未能对经验进行改造和创新。

(2) 利益偏见。所谓利益偏见,不是指由于你的利益关系会导致你立论的有意识的明显偏颇,而是指一种无意识的偏斜——对公正的微妙偏离。

📖 小故事

有个朋友曾作为大学辩论队的主教练带队参加全国名校辩论赛,在抽签之前,他们对辩题双方的立场并无特别的偏向,觉得抽到任何一签都属于中性的,难易程度相差无几,可一旦真的抽中某一立场时,最初几天他们竟会觉得自己抽到了下签,不划算,这也许是利益所导出的"这山望着那山高"。然而,随着问题的深入,大量的资料被搜集上来,各方专家参考意见陆续汇拢,又因他们对辩题立场义无反顾地强制维护,日夜苦思冥想,加之模拟战的屡屡获胜,以至于到后来,他们竟然都觉得己方的观点有利。非但有利,简直越想越有理。

这其中,一定有一种偏见在悄悄地渗入,这是一种超越理性的、不知不觉地由立场所决定的观点偏移。事实上,许多公正的裁判和审判,往往需要超然于双方利益以外的意志来裁决,这里,一方面要杜绝利益的有意识干扰,另一方面也是为了免除利益的无意识介入。

利益偏见更普遍的情况则是所谓的"鸡眼思维",也就是马克思所说的:"愚蠢庸俗、斤斤计较、贪图私利的人总是看到自以为吃亏的事情;譬如,一个毫无修养的粗人常常只是因为一个过路人踩了他的鸡眼,就把这个人看作世界上最可恶和最卑鄙的坏蛋。他把自己的鸡眼当作评价人们行为的标准。"

然而推而广之,普通人难道没有偏见吗?一些普通人的话语表述背后难道就没有值得思考的地方吗?事实上,大多数的恋人都认为自己找到了世上最好的人,大多数孩子也都会得出结论说自己的父母是世界上最好的父母。没错,他们可以从自己的角度得出判断,只是这样一来,"最好"就太多了。

(3) 位置偏见。站在什么样的位置和地位，就会得出什么样的认知。

> **📖 小故事**
>
> 小海浪："我常听人说起海，可是海是什么？它在哪里？"
> 大海浪："你周围就是海啊！"
> 小海浪："可是我看不到？"
> 大海浪："海在你里面，也在你外面，你生于海，终归于海，海包围着你，就像你自己的身体。"
>
> 的确，当我们只是小海浪的时候，我们比较，我们痛苦，我们不知道自己是什么(不识庐山真面目，只缘身在此山中)。当我们将要告别小海浪(某种个别的生命形式)的时候，这种特殊的位置又让我们重新认识自己。

只可惜没到那种地步(位置)的人很难有此大悟。尼克松总统因"水门事件"下台后，跌至人生谷底，这时他才得以悟出"最美的风景不是登上峰顶所看到的，而是下到谷底抬头所体会到的"这句话。这就叫"思不出其位"。每个人都生活在一定的社会坐标体系中，各种思想无不打上其鲜明的烙印，连黑格尔也不忘说："同一句格言，出自青年人之口与出自老年人之口是不同的，对一个老年人来说，也许是他一辈子辛酸经验的总结。"

(4) 文化偏见。人们都受到自己所在地域、国家、民族长期积淀的文化影响，看待问题的角度不可避免地打上文化、宗教、习俗的烙印。

一些美国留学生在读了《红楼梦》后，总是不解地问中国教授："为什么宝玉和黛玉不偷些金银财宝然后私奔呢？"中国教师知道这不是一个工具性问题，很难用一两句话解释得清。直到今天，大多数美国人仍不相信中药，更断然不敢以身试针(针灸)，在这种恐惧的深处是一种无可救药的文化偏见。看来，杜威的说法没错："个人相信什么在很大程度上是他自己文化的反映。"

偏见总是在人们不经意时、不承认时、不小心时，顽强地以它特有的形式到处渗透着。

(5) 以偏概全——点状思维。

> **📖 小故事**
>
> 一位老师走进了教室。他拿出一张画有一个黑点的白纸，问他的学生："孩子们，你们看到了什么？"学生们盯住黑点，齐声喊道："一个黑点。"
>
> 老师非常沮丧。"难道你们谁也没有看到这张白纸吗？眼光集中在黑点上，黑点会越来越大。生活中你们可不要这样啊！"
>
> 为什么你的眼睛仅仅盯住那个黑点，而没有看到黑点旁边的那一大片白纸？而正是这个黑点束缚和禁锢了我们的思维，使我们看不到其余更多、更好、更丰富的东西。

某些人一件事情没有办好，就会垂头丧气。"我真没用，我真窝囊，我是天底下最愚蠢的人。"或是透过别人不经意的一句话或一件事就给这个人下定义："他品质有问题。"其实，更重要的是我们要关注广阔的存在，而不是那个黑点。

(6) 固执己见——刻板印象。刻板印象指的是人们对某一类人或事物产生的比较固定、概括而笼统的看法。

在我们的印象里，年轻人总因血气方刚而爱冲动，老年人则保守而稳重；北方人高大而性格豪爽，南方人矮小却善于经商，这是因为我们都存在着"刻板印象"的偏见。

人际交往过程中，没有时间和精力去和某个群体中的每一成员都进行深入的交往，而只能与其中的一部分成员交往，只能"由部分推知全部"。刻板印象固然有省事省力的好处，但不少情况下却会出现耽误大事的判断错误。

2) 偏见的心理机制

(1) 心理期待。

> **📖 小故事**
>
> **小游戏：讲故事**
>
> 游戏的组织者先给某人讲一个短故事，然后请他悄悄地把故事讲给另一个人听，接着再讲给下一个人……如此这般，直到参加游戏的最后一个人听到为止。当最后一个人把他听到的故事讲出来，再与最初的故事一比较，往往引起大家的哄笑。因为故事传到最后常常已经面目全非，即使参加游戏的每个人都认真倾听并尽量忠实地复述，最后的故事也不会和原来的一模一样。
>
> 为什么游戏的结局是这样呢？
>
> 著名心理学家巴特勒于20世纪30年代运用上述游戏的方法和其他一些方法，研究人对有意义材料的记忆和遗忘的特点。他发现，在复述中，人们常常漏掉了那些不太合逻辑或与人们期望不一致的情节，而增加了一些使故事显得更合理的情节；用自己熟悉的词语代替那些不常用的词语；复述中故事的主题更加突出；复述者对故事的态度常常会影响到他的复述。
>
> 这些实验证实，以往的记忆和经验影响到人们对故事的理解，而对故事的理解影响到他们的复述。也就是说，人们记住的往往是他所愿意理解的东西，那些与自己期望和理解不符合的情节会被遗忘或歪曲。

偏见有时并非主观故意，而是一种无意识倾向，就像激烈争吵时，人的身体总是向对方倾斜，在表示骄慢时，头部会不自觉地侧仰，人的欲望和情绪也会导致心理偏移，以迎合某种期待。

我们的常识早就建立了相应的惯性链接，人的思考方式和行为模式总是受制于某种心理预期。这种心理预期或多或少会干扰我们的判断，使看似真实的判断蒙上细微的心理错觉。

(2) 心理归纳。

> **📖 小故事**
>
> 数学家华罗庚讲过一个故事：如果我们去摸一个袋子，第一次，我们从中摸出一个红玻璃球，第二次、第三次、第四次、第五次，我们还是摸出了红玻璃球，于是，我们会想，这个袋子里装的是红玻璃球。可是，当我们继续摸第六次，摸出了一个白玻璃球，那么我们会认为，这个袋子里装的是一些玻璃球罢了。可是，当我们继续摸，我们又摸出了一个小木球，我们又会想，这里面装的是一些球吧。可是，如果我们再继续摸下去……
>
> 每次摸出某种球后，我们都会做出一个判断，问题的实质是判断本身具有封闭性，即人的思考不倾向于对未知领域开放，而更习惯于对现有信号作归纳和定性，于是，对已知的肯定中就包括了对未知的否定。

人们有一种根据自己所见事实进行归纳判断的习性，这是一种与生俱来的归纳本性。对我们不认识的人，我们常常会根据他们的种族、性别、阶级、职业、衣着来分类，而将"类"的属性加在他们身上。偏见的形成就那么简单。

(3) 心理图式。

📖 小故事

一位心理学家曾和乔打赌说:"如果给你一个鸟笼,并挂在你房中,那么你就一定会买一只鸟。"

乔同意打赌。心理学家就买了一只非常漂亮的瑞士鸟笼给他,乔把鸟笼挂在起居室桌子边。结果大家可想而知,当人们走进来时就问:"乔,你的鸟什么时候死了?"

乔立刻回答:"我从未养过一只鸟。"

"那么,你要一只鸟笼干什么?"

乔无法解释……

后来,只要有人来乔的房子,就会问同样的问题,乔的心情因此搞得很烦躁。为了不再让人询问,乔干脆买了一只鸟装进了空鸟笼里。

人们常常在自己的头脑中挂上一个笼子,然后不得已往里装进一些东西。换句话说,是先有笼子,再寻找与之相配的鸟,一旦有了笼子,就会强迫性地产生对鸟的需要,这是一种看似奇怪但却十分普遍的心理。

从心理学角度讲,这个笼子就是你的心理图式,一个人能看到什么和看不到什么,相信什么和不相信什么,理解什么和不理解什么,归根结底是由你的心理图式决定的。法国启蒙思想家、唯物主义哲学家、无神论者狄德罗说:"我可以打赌,凡是那些看见了鬼怪的人,都是事先就怕鬼怪的,而那些看到奇迹的人,也都是事先就打定主意要看到奇迹的。"

撇开其他原因,我们似乎发现了一种现象——图式决定解释,需要决定可能,人们往往先有想法,再去找支持例证,出发点不同,结论也就各异。

观察取决于观察者的理论前见,解释受制于解释者的解释模式,观察永远摆脱不了两难的偏见,什么样的图式就有什么样的解释。

因此,对人们来说,某种定式思维或偏见思维一旦形成,很容易演变成一种非理性思维模式。并在我们认定为"事实"的判断中,包含我们并不知觉的"定式"和"偏见",正如我们耳熟能详的:无商不奸,无官不贪;运动员四肢发达、头脑简单等。定式和偏见广泛地、悄悄地影响着我们的思维,使我们无法彻底超越,但对于创新而言,冲破思维枷锁,从思维方法上寻求对定式和偏见的有限超越是大有裨益的。

(1) 避免先入为主。人们在生活中往往先入为主,凭自己的主观臆测,并非是真的事实。如果人们在平时的人际关系中总是喜欢道听途说,靠印象做出判断,就难免陷入"先入为主"的泥潭,对他人形成定式或偏见。

(2) 避免"循环证实"。有些人对他人的偏见十分强烈,而且这种偏见一旦形成后,久久不能消除,还自认有许多"理由"和"成见",究其原因是受了"循环证实"的影响。所谓"循环证实",即你对某人抱有反感,久而久之,对方也会对你产生敌意,于是,你就相信自己最初的判断是正确的。反感对反感,敌意对敌意,两人的偏见和隔阂越来越深,遇到这种情况,自己应首先主动理智地改变偏执的态度和行为,切断偏见的"恶性循环"。

(3) 增加直接接触。许多定式和偏见往往是由于彼此间缺乏开诚布公的沟通、接触而形成和产生的。要克服定式与偏见,就必须跨越敌意和不信任的心理障碍,加强直接接触,不管你是喜欢还是不喜欢,理解就能万岁。

(4) 提高知识修养水平。偏见是无知和愚昧的产物。一个人知识和修养水平越高,观察和分析问题的能力就越强，形成偏见的机会就会减少；反之，则容易受流言蜚语、道听途说的愚弄，而对人形成固执的偏见，妨碍做出正确的判断。

对创新思维而言，拥有一定的经验是必需的，过多的经验和对经验的过度依赖却是有害的，在今天这样一个知识爆炸和经验积累的时代，人们更需学会删除，头脑里应有一个"回收站"，设定一个删除键。否则，有限的思维内存会因爆满而"死机"。

4.1.3 掌握柯尔特思维工具

创意大师、英国剑桥认知研究中心主任爱德华·德·波诺认为思维是一种技能，是可以通过有效的途径加以训练的。他在《柯尔特思维教程》(The CORT Thinking Programme)中，阐析了一系列的思维技巧，每个思维技巧各代表一种思考操作的方法。掌握了这些思维工具，就可以更有效地用来分析、讨论问题。

柯尔特思维训练课程的理念是：简单、实用、清晰、集中和严肃。学习的重点在于实用性。柯尔特7个基本思维工具包括：考虑利弊(PMI)，找出有关因素(CAF)，推测后果(C&S)，确定目标(AGO)，权衡轻重缓急(FIP)，探求其他选择(APC)，参考他人意见(OPV)。

1. 考虑利弊(PMI)

考虑利弊的英文代号是PMI，是取英文Plus、Minus和Interesting三个单词的第一个字母拼写而成的，即P代表Plus，优点或有利因素；M代表Minus，缺点或不利因素；I代表Interesting，兴趣点。对于一项事情或问题，对于一个主意或建议，在没有做判断以前，事先分析它的利弊得失、是非正反两面的因素，以及找出无利也无弊但却有趣的因素，然后才做决定。这样就可以以冷静和客观的态度来处理事情，不至于因个人的好恶或因一时的冲动而妄下判断。

> 📖 **小故事**
>
> 爱德华·德·波诺课程的第一课就是考虑利弊PMI。这个简单的认知工具要求学生首先扫描正面因素，然后是负面因素，最后是兴趣点。
>
> 他授课的班级有30个学生，都是10~11岁的年龄。他问他们对上学获得报酬，比如一周5美元的想法有什么看法。
>
> 30个学生全都非常喜欢这个想法，说他们会购买糖果、口香糖和连环画册等。然后他介绍了PMI，并要求他们5人一组，系统地讨论PMI的每个部分。4分钟之后，他请他们说出自己的想法。有利因素和以前一样，但现在有了不利因素。不利因素包括：大一点的孩子可能欺负小一点的孩子，并抢走他们的钱；学校可能提高午餐收费；父母可能不再倾向于送他们礼物；这笔钱从哪里来；老师们的薪金会减少等。兴趣点是：如果在校表现不佳，这笔钱会拒付吗？年龄大一点的学生会拿得更多吗？
>
> 在训练最后，30个孩子中有29个改变了他们的看法，并认定这是个糟糕的想法。要注意的重要一点是，爱德华·德·波诺并没有和学生一起讨论或争辩这件事。他只是向学生介绍了认知扫描工具并要求他们运用。运用这个工具的结果是，他们获得了更宽阔的认知。更宽阔的认知的结果是，他们改变了最初的判断。
>
> 这正是教授思维所应该做的：提供学生可以运用的、重要的工具。

考虑利弊虽然很简单，但要养成对任何事物都能从三个方面进行客观考虑的习惯，特别是对一件你所厌恶的事物,也要考虑它的长处,这就要经过训练了。"考虑利弊"鼓励人们更全面地去看待问题,而不要只是从狭小的、片面的或个人好恶的方面去考虑事情。

考虑利弊(PMI)这个思维工具是柯尔特思维训练课程的基础。运用PMI可以改变你只凭直觉对一种观点或建议做出评价的习惯,使你在现实生活中能抓住更多的机遇,提高你对事物的决策能力,要在实践中自觉地运用这种思维方法。

PMI具体操作要领如下。

(1) 先思考P(优点),再思考M(缺点),最后思考I(兴趣点)。这个思考顺序一定要注意,而不是先全部写出来再来分是P、M、I。

(2) 既不算优点,又不算缺点,你就把它归到兴趣点。

(3) 如果你觉得它既算优点,又算缺点,就两个地方都放上。

> 小训练:
> 把公共汽车上的座位都拆掉。请用PMI思维方法来分析这个观点。
> 1) P(有利因素)
> 每辆车上可以装更多的人。
> 上下车更容易。
> 制造和维修公共汽车的价格会更便宜。
> 2) M(不利因素)
> 如果公共汽车突然刹车,乘客会摔倒。
> 老人和残疾人乘车时会遇到很多困难。
> 上车携带挎包或者小孩会有诸多不便。
> 3) I(兴趣点)
> 可生产两种类型的公共汽车,一种有座位,另一种没有座位。
> 同一辆公共汽车可以有更多的用途。
> 公共汽车上的舒适度并不重要。
> 在泰国,上班时高峰期开来的公共汽车确实是无座的,目的是多拉一些乘客,因为此时人们最急迫的需要是按时上班而不是舒适度,路程近的人更是如此。

2. 找出有关因素(CAF)

找出有关因素的英文代号是"CAF",由"Consider All Factors"缩写而成。

当你对某项事物必须做出选择、规划、判断或付诸行动的时候,总是有许多因素需要加以考虑。假如你忽略了某些因素,你的决定表面上看起来可能完璧无瑕,但日后却发觉错误层出不穷。所以找出有关因素不但要考虑那些显而易见的因素,还要探寻那些隐藏不露的因素,这包括影响个人的因素、他人的因素和社会的因素。在进行考虑有关因素时,应把所有的因素罗列出来,而且经常这么问:"还有遗漏其他什么因素吗?"概括说来,找出有关因素的要点是力求考虑周到,避免遗漏。

> 📖 **小故事**
> 一个大城市,法律规定新的大厦必须在地下层建造宽大的停车场,好让在该大厦工作的人员停放汽车。但不久后当局发现这条法律是不当的,只好加以撤除。什么原因呢?因为当局忽略了一个重要的因素:提供宽大的停车场,则会鼓励人们驾车上班,从而带来严重的交通问题。

有个农夫到警察局报案，说他的母鸡不生蛋。警长听后哈哈大笑，把农夫赶了出去。这警长自以为聪明，沾沾自喜地把这个案件当作笑柄。后来这个案件被他的上司听到了，便骂他道："笨蛋，难道你没考虑到蛋是被人偷了吗？"警长这才恍然大悟。可见有些事物你自认为考虑得很周全了，但旁人却能指出一些你意料不到的东西。

找出有关因素这个思维工具的重点是训练人们养成认真、细致和有系统地观察有关事物的各种因素。观察的方式可以从整体到部分、从主要到次要、从近到远、从上到下，或按时间的先后顺序等。

3. 推测后果(C&S)

推测后果的英文代号是"C&S"，是由"Consequence""Sequel"缩写而成的。对于一个行动、计划、决策、规则或发明等事项，要考虑它的后果或影响，这个思维工具就简称"推测后果"。

有些事情所产生的后果或影响是立竿见影的，有些则要经过一段时日才可看出它的结局。有些事物的后果，短期是好的，但长远的影响却是坏的。

对后果各个时期的划分，并没有固定的年限，应根据各事物的情况来斟酌，灵活处理。

> **📖 小例子**
>
> (1) 把兔子介绍到澳洲供他的朋友作为打猎的对象。
> 眼前的后果是好的，因为他的朋友可以享受猎兔的乐趣。
> 短期的后果仍然不错，因为兔子提供另一种肉类的来源。
> 中期的后果可变坏了，因为兔子繁殖得非常快，已变成有害的动物。
> 长期的后果则不堪设想，因为兔子繁殖到全澳洲，大量损害农作物。
> (2) 不朽的爱因斯坦。
> 有人曾问爱因斯坦：第三次世界大战一旦爆发，地球上将会出现一种怎样恐怖的景象？他回答说不知道，但却断言：第四次世界大战爆发时，交战双方将只能用双手和石头。
> 为什么第四次世界大战时，人类只能用双手和石头交战呢？因为如果发生第三次世界大战，毫无疑问是一场惨绝人寰的核子战争，一切文明将在一夜之间全部被摧毁，人类将回到石器时代，所以只能用手和石头来作战。
> (3) 毛遂自荐。
> 毛遂之所以能自我推荐，是因为他预测到只有赵国和楚国联合起来，才有足够的力量抗拒秦国的侵略，所以他以过人的胆识，挺身跟平原君一同去见楚王，机智地向楚王陈述联赵抗秦的利害关系，结果楚王答应跟赵国订立盟约，共同抗秦。

4. 确定目标(AGO)

确定目标的英文代号是"AGO"，是"Aims""Goals"和"Objectives"三个英文单词的缩写。这个思维工具是确定做一件事情的目标。有时候，你做出某件事情或对某种情境做出反应，是出于习惯，因为人人都如此，所以是很自然的，这是"因为"的理由。但有时候你为了达到某个目标而做出一件事情，这是"为了……"或"以……为目的"而做，这两种情况都有各自的目标。如果你明确知道你的目标，对如何完成那件事情是很有帮助的；如果你对他人心目中的目标也清楚，对了解他人的行为或看法更有莫大的帮助。

📖 小例子

有位父亲对他的孩子很是生气,于是就加倍增加孩子的零用钱,他为什么要这么做呢?他的目的也许是:

(1) 他的孩子曾偷窃别人的钱;

(2) 他对孩子生气后感到歉意;

(3) 表示他生孩子的气,但仍然疼爱她;

(4) 让他的孩子可以常去看电影,避免跟家人闹情绪;

(5) 下次跟孩子生气时可以扣除他的零用钱。

以上第一点和第二点是"因为"的理由,第三点到第五点是"为了……"而做。

确定目标这个思维工具的重点是要思考者确定一个行动的目的。所以要问清楚这个行动或这样做的目的是什么,要完成什么,要得到什么。有了明确的目标,有助于思考者做出决策,拟订计划,使一个行动所要达到的目标容易成功。

5. 权衡轻重缓急(FIP)

权衡轻重缓急英文代号是"FIP",由"First Important Priorities"缩写而成。有些事情比别的事情更紧急,有些因素比别的因素更重要,有些目标比别的目标更迫切,有些影响或后果比别的影响或后果更重大,当你面对这样的情况,对众多的观点经过分析后,就得衡量哪些是最紧急的,哪些是较次要的,以便从最重要的项目中去处理有关问题。

📖 小例子

有人向你借钱,你得考虑这些因素:

(1) 有那笔款项吗?

(2) 可以借出那笔款项吗?

(3) 信得过向你借钱的人吗?

(4) 借款人什么时候能把钱还给你?

在这四个因素中,很显然地,第一个因素是你应优先考虑的,如果你没有那笔钱,其他的因素就不必考虑了。

权衡轻重缓急是建立在前面论述过的四个思考方法之上的,即对一件事情,应先找出有关因素,由众多因素中考虑利弊,然后确定目标或推测后果。

📖 小例子

在选择职业时,你也许会考虑这些因素:

(1) 薪金和津贴;

(2) 发展或晋升的机会;

(3) 要和怎样的人相处;

(4) 工作环境;

(5) 下班的交通问题;

(6) 工作的兴趣或满足感。

这6个因素,你也许不能样样都满意,但可从你认为最重要的3个因素中做出决定。

一件事情的重要性，并没有绝对的标准，要看实际情况。某个人认为是最重要的，可是在另外一个人看来，也许是无关紧要的。

权衡轻重缓急这个思维工具的重点就是要人们对一种情况的某些因素或意见做出评估，把这些因素或意见按照重要性排列，优先处理你认为最重要的，以免凭个人的喜恶而做出片面的、主观的判断。

6. 探求其他选择(APC)

探求其他选择的英文代号是"APC"，是取"Alternative""Possibilities"和"Choices"三个英文单词的第一个字母拼写而成的。在你做出抉择或采取某项行动之前，可能觉得已经想得非常周到和很完美了，再也没有其他更好的办法可以选择了。但是，如果你再仔细想想，也许还可以想出其他可行的办法。对一个事件的看法也是一样，也许你觉得一切解释都很明显，一目了然。但是，如果你再仔细研究一下，可能发现还有更多其他的解释。

> **📖 小例子**
>
> 在沟渠里有一辆汽车，司机死在座位上，你认为有以下各种可能：
> (1) 司机心脏病猝发；
> (2) 轮胎被戳破；
> (3) 机件失灵；
> (4) 司机喝醉酒；
> (5) 司机为了闪避一辆车；
> (6) 司机突然被蜜蜂蜇伤而失去平衡；
> (7) 司机睡着了；
> (8) 司机被人谋杀后连人带车被推入沟渠。
> 但如果你再想一下，你也许会认为：可能是司机自杀、发生严重的车祸，等等。

探求其他选择是要人们集中精力，去探索其他可能的选择、解释、办法等，特别是那些不是显而易见的事情。当一件很明显的事情，要你再做深一层的思考，不是一般人愿意去做的，这需要苦心孤诣、乐此不疲地去进行。那些越是不明显的，就可能是最佳的选择。只有打破砂锅问到底和不断地究源探索，才能达到最佳境界。

总之，前面提到的第二个思考工具找出有关因素，是要人们力求考虑周全，避免遗漏，而探求其他选择是要人们从众多明显的、完美的解释或选择中，继续探求更佳的解释或选择，力求尽善尽美，精益求精。

7. 参考他人意见(OPV)

参考他人意见英文代号是"OPV"，由"Other People's Views"缩写而成的。在许多思考的情况中都包括了其他人。其他人在某情况中对有关因素、后果或目标，都有他们的看法和不同的观点。有时候他人和我们同在一个情况下，看法也会悬殊。因此，能够了解他人的想法或对事物的看法是很重要的。

参考他人意见就是要你设身处地站在别人的立场来考虑有关问题。大家在思考时，也许考虑不同的因素，看出不同的后果或影响，确定不同的目标，权衡轻重缓急，等等，了解他人的想法，对解决问题是很有帮助的。事实上，所有思考操作都可以站在不同人的立场来进行。

> **小例子**
>
> 一个父亲禁止他的13岁女儿抽烟,若站在他女儿的立场,她可能认为:
> (1) 她只是想尝试,因为她所有朋友都会抽烟,她不甘示弱,也要表现一下;
> (2) 她迟早要拿定主意,抽烟还是不抽烟,她想替自己做个决定;
> (3) 她认为抽烟并没有多大害处。
> 但是,站在父亲的立场,他却认为:
> (1) 抽烟危害健康;
> (2) 浪费金钱;
> (3) 味道难闻;
> (4) 表示他没有好好地教养自己的女儿;
> (5) 她年龄太小,还不能像成人一样由自己做主。
> 以上的问题,如果做父亲的能站在女儿的立场想想,或做女儿的能站在父亲的立场想想,问题就比较容易解决。因为参考他人意见可以把双方的看法拉近,增进互相了解,避免武断和自私。

参考他人意见可以扩大一个人的视野,避免钻牛角尖,训练人们对于某个问题或某件事情,从不同的角度或层面去探讨,这样虽然不一定能够找出共同的结论,但却能够了解他人各种不同的观点,对于判断问题或处理事情,就能比较客观。

> **小训练:**
> 请用PMI思维工具分析以下观点。
> (1) 每个儿女都应该赡养一个老人吗?
> 注:赡养,指子女或晚辈对父母或长辈在物质上和生活上的帮助。
> 说明:一般是指自家老人,无自家的就是别人家的。总之每个人得赡养一个。
> (2) 人们应该佩戴不同的徽章,以表示自己这一天心情的好坏。
> (3) 人们可以每天工作10小时,每周工作4天,余下的时间可自由安排,而不是采用每天8小时,每周5个工作日的制度。
> (4) 凡是可以在家里上班的,都要求在家里上班。
> (5) 取消高考。
> (6) 假如婚姻成为可以续签的、为期5年的契约,会怎样?
> (7) 学校都不聘后勤人员(如食堂、勤杂工作人员),全部由师生(主要是学生)承担。
> (8) 假如每个人都长有尾巴。
> (9) 城市屋顶必须绿化。
> (10) 现在的粮价涨一倍。

4.1.4 创新思维自我训练

本书在第2章已详细介绍了人们常用的创新思维方式,本节我们重点是给读者提供一些培养创新思维的方法、技巧以及恰当的小训练,以培养读者的创新思维能力。

1. 发散思维

发散思维是指从一个目标出发,沿着各种不同的途径去思考,探求多种答案的思维,好比自行车轮胎一样，车轮的辐条以车轴为中心向外辐射，发散思维就是沿着多条"思维线"向四面八方发散，多方向、多角度地扩展思维空间。宽广的知识面可以使人们见多识广，思路宽且灵活。因此，人们要注意培养广泛的兴趣；要尽可能地从各个方面去吸取信息和知识；重视各种环境下的实践。不少心理学家认为，发散思维是创新思维最主要的特点，是测定创造力的主要标志之一。

人的发散性思维能力是可以通过锻炼而提高的，发散思维的训练要注意思维的流畅、灵活和新颖三个度，即①流畅是在一定时间内产生观念的多少；②灵活是能产生不同类别属性的观念；③新颖是思维新奇独特的量度。发散思维的培养方法如表4-1所示。

表4-1 发散思维的培养方法

序号	方法	具体解释
1	考虑所有因素	尽可能周全地从各个方面考察和思考一个问题，这对问题的探索、解决都有很大的帮助
2	预测各种结果	我们思考一个问题时应考虑各种"结果"或最终可能出现的结局，这有利于对事物的发展有较明确的推测，并从中寻求最佳方案
3	尝试思维跳跃	当解决某个问题遇到困难时，我们可以采用思维跳跃的方法，即不从正面直接入手，而是另辟蹊径，从侧门突破
4	寻求多种方案	思考问题时，可快速"扫描"并指向事物或问题的各个点、线、面、立体空间，寻找多种方案，从而找到全新的思路与方法

发散思维训练的核心是发散点训练。一般从用途、功能、结构、形态、组合、方法、因果、关系8个方面向外延扩散。

(1) 用途发散。所谓用途发散就是以某物品作为发散点，设想出它的多种用途。

例如，在5分钟内尽可能多地说出订书钉的各种用途：订书、订报纸、订杂志、订装纸盒、订壁画，做牙签、做成掏耳勺，在皮带上钉出一定的图案、做装饰，可作为项链的一次性用锁，弯曲做成五线谱的音符，做成圆珠笔的尖头，做成发夹，做造型各异的饰品，做成别针，用在广告中人物化、钉在木板上，将一头磨圆，制成钢刷，当筷子用，用来拆一些小食品的塑料袋，连接两个很小的物体，做敲击乐器，当作针来引线，塞进枪膛做子弹，扭弯后做成手链，做成一次性拉链，将它放在外星球上作为人类文明的标志，制作强力订书机，涂上彩色油漆来拼图案，做发饰，制作标本时的订装，修理东西……

用途发散训练的题目形式是"在一定时间内说出某物品的各种用途"。

用途发散有两种思维方式，一种是根据物品的特征进行发散，想出可能的用途。例如，订书钉是铁制的，铁可以导电，于是我们就可以想到订书钉可以用来做导线、做启动日光灯等；另一种就是进行强制性的思维发散，即随便想出一个事物，把该事物和作为发散点的事物强制地联系在一起，寻找作为发散点物品的新用途。例如，忽然间想到扣子那么可以把订书钉卷成圆形，做扣子用；当然也可以做成订书钉形状的扣子。后一种方式对于发现某种材料的新用途能起到巨大的作用，有时还会取得辉煌的成果，特别是一种新材料发明以后，可以应用物品用途发散的后一种方式寻找适用的领域，一定会得到用其他方法得不到的新奇构思。

小训练：
① 以铅笔为发散点，从用途发散的两种思维方式考虑，铅笔有多少种用途？至少回答10种。(3分钟内完成)。

② 以扣子为发散点，从用途发散的两种思维方式考虑，扣子有多少种用途？至少回答10种。

(2) 功能发散。功能发散是从某事物的功能出发，构想出获得该功能的各种可能性。例如，对"怎样才能达到照明的目的"这一问题，有人做出如下构想：点油灯、开电灯、点蜡烛、划火柴、烧纸片、用手电筒、点火把、燃篝火、用镜子反射太阳光等。从发散思维的角度出发，没有废物或废料，只要能合理地借助功能发散(有时加上视角转换)，一定能变废为宝。

下面以红砖的用途为例，说明如何进行功能发散。

红砖最常用的功能是作为建筑材料使用，那在哪些方面可以实现红砖这一功能呢？可以在盖房子(包括盖大楼、宾馆、教室、仓库、猪圈、厕所……)、铺路面、修烟囱等方面实现红砖作为建筑材料的功能。

红砖从其物理性质来看，它具有一定的重量，这也可以说是它的一种功能，那在哪些方面能够体现红砖的重量？它可以当作压纸、腌菜、凶器、砝码、哑铃练身体等。

红砖的形状是长方体，在哪些方面能够体现红砖长方体的特征？它可以当作尺子、多米诺骨牌、垫脚等。

红砖的颜色是红色的，可以通过在水泥地上当笔、画画，压碎做红粉、做指示牌，磨碎掺进水泥做颜料等实现红砖的这一功能。

红砖的硬度较硬，可以用作凳子、锤子、支书架、磨刀等，体现红砖的硬度较硬，说明红砖能够承受较大的重量，同时也比较耐磨。

另外红砖的吸水性较强，可以用它来吸水。

还可以将红砖刻成一颗红心献给心爱的人；在砖上刻下自己的手印、脚印变成工艺品留念。

小训练：
① 以书本为发散点，从功能发散的角度进行发散，即先考虑书本有哪些功能？在哪些方面又能实现这些功能？
② 夏天天气特别热，如何能够达到凉快的目的？
③ 列出30种以上交通工具的名称(5分钟内完成)。

(3) 结构发散。结构发散是以某个事物结构为扩散点，设想出利用该结构的各种可能性的思维活动。

例如，尽可能多地说出含圆形结构的东西：太阳、水滴、酒杯、西瓜、扇子、瓶盖、镜子、头、螺丝钉，等等。经常进行这种思考，可以增加我们头脑中的形象储备，锻炼想象力。

小训练：
① 写出包含⌒结构的事物或现象。
② 写出包含方形结构的事物或现象。

(4) 形态发散。形态发散是以事物的形态(如颜色、形状、音响、味道、明暗等)为发散点，设想出利用某种形态的各种可能性。例如，你能设想出利用红色可做什么或办什么事吗？这是一种形态发散思考，如利用红颜色可做信号灯、红墨水、红围巾、红灯笼、红粉笔、红喜报等。

小训练：
① 利用白色可以做什么或办什么事情？
② 利用蓝色可以做什么或办什么事情？

(5) 组合发散。组合发散是以某一事物为发散点，尽可能多地设想出与另一事物联结成具有新价值的新事物的可能性。

组合发散是一种强制性思维的发散方法，即你想到什么就与发散点的事物组合在一起。

组合思维是一种非常重要的创意思维方法，组合思考不仅数量要多，更重要的是组合要新奇且合理。经常进行组合发散思考，将会提高我们的创意能力。

例如，尽可能多地说出手电筒可以同哪些东西结合在一起？如果想到了钥匙、手表、钟、鞋子、笔、衣服、书，那么与手电筒一组合就有了带电筒的钥匙、带手电筒的手表、带手电筒的钟、带手电筒的鞋子、带手电筒的笔、带手电筒的衣服、带手电筒的书等。从中可以发现一些很好的创意。如带手电筒的钥匙，我们知道，在生活中尤其是晚上开门的时候，如果楼道灯不亮，是很难开门的，有了带手电筒的钥匙就可以不用为此烦恼。

组合发散和前面讲到的用途发散中的强制性思维发散方式有相似之处，也有不同之处。相似之处在于两者都是想到一种事物，将这种事物与发散点进行联系。不同之处在于组合发散是把发散点与这种事物结合起来，形成一个新事物；而用途发散是将发散点来代替这种事物，从而发现发散点的新功能。例如，以钥匙为发散点，随机想到一种事物是手电筒，按照组合发散的思维方式，两者就能结合形成新的事物——带手电筒的钥匙；按照用途发散的思维方式，由手电筒联想到，钥匙是否具有一种新功能，钥匙能当手电筒用。

> 小训练：
> ① 以眼镜为发散点，按照组合发散的思维方式，看能够有哪些新事物的产生(至少10种)？其中，哪些比较有创意？
> ② 以杯子为发散点，按照组合发散的思维方式，看能够有哪些新事物的产生(至少10种)？其中，哪些比较有创意？

(6) 方法发散。方法发散是以人们解决问题或制造物品的某种方法为扩散点，设想出利用该种方法的各种可能性。例如，说出用"吹"的方法可能做的事或解决的问题：吹气球、吹口哨、吹笛子……这是一种方法发散思考。方法发散，是人们创新创意能力的一项重要素质。平时，人们要多掌握一些前人解决问题过程中积累下来的成功方法和技术，并能把这些方法辐射出去，用到新领域、新事情上去，从而大大地提高我们的创新创意能力。

> 小训练：
> ① 用"吹"的方法可以办哪些事情或解决哪些问题(至少10种)？
> ② 利用两个三角形、两个圆和两条直线进行有意义的组合，三角形、圆和直线的大小比例可任意改变，但基本形状不能改变。看你能组合多少个图案？(时间不限)

(7) 因果发散。因果发散是以某事物发展结果起因为扩散点，设想出该事物出现的原因或该事物可能产生的结果。例如，你发现地上有一摊水，你推测造成地上有水的各种可能的原因；你发现地上有一摊水，你猜测这摊水会造成什么样的后果呢。这就是因果发散。

具体来说，因果发散包括原因发散和后果发散。原因发散是以某事物发展的结果为发散点，推测造成此结果的各种可能的原因。如尽可能多地说出玻璃杯破碎的各种可能原因。答案如下：落地摔碎、被汽车轧碎、开水冲进杯子时炸碎、杯子结冰胀碎、被火烧裂碎、被子弹击碎等。后果发散是以某事物的起因为扩散点，推测可能发生的各种结果。如尽可能多地说出拉上开关后可能发生的各种结果。答案如下：灯不亮、灯亮、灯亮了马上灭掉、灯泡冒出白烟、灯泡爆炸、保险丝断、电线起火等。

人们在进行科学研究时,经常会碰到认识事物因果关系的问题。因此,进行因果发散思考训练,有助于培养我们的科研素质,去发现事物、认识事物的内在规律。

小训练:
① 请尽可能多地说出玻璃杯破碎后造成的各种可能结果。
② 你打羽毛球的时候,忽然球拍断了,请分析出现这种情况的原因有哪些?后果有哪些?

(8) 关系发散。关系发散是从某一对象出发,尽可能多地设想它与其他对象之间的关系。

例如,每个人都可以从自我出发,想出自己与其他社会成员之间的关系,除了日常的一些基本关系之外,每个人还可能是听者(相对于演讲者)、观者(相对于哑剧表演者)、读者(相对于图书管理员和书商)、选民(在选举活动中)……确定事物之间可能的关系发散有以下两种方式。第一种是从某一事物出发,尽可能设想出与其他事物的各种关系。例如,"你是谁?"你是你父母的女儿、你是某高校某系某班的学生、你是女生、你是舞者等。尽可能说出你与社会各方面及各种人物之间的关系。第二种是给出两个事物,请说出这两个事物之间的各种关系。例如,父亲和儿子之间可能有什么样的关系?答案有:父子关系、医生和病人的关系、师生关系、同事关系、上下级关系、原告和被告的关系、游戏伙伴的关系、谋害者和被害人的关系、病人和护士的关系、营业员和顾客的关系等。

小训练:
1. 说说你是谁?
2. 猫和狗有哪些关系?

2. 收敛思维

收敛思维,又称为聚合思维,是与发散思维相对应的一种思维方式,是一种从面到点的内聚式思维形态。收敛思维能力强的人一般具有较强的洞察力,看问题比较深刻,善于推理分析,且严谨周密。

收敛思维的训练方法有以下几种。

1) 聚合显同法

收敛思维是一种有方向、有范围、有条理的收敛性的思维方式,它通过思考,把所有感知到的对象按照一定的标准"聚合"起来,显示它们的共性和本质,去解决问题,实现创新。

📖 **小例子**

我国明朝时候,江苏北部曾经出现了可怕的蝗灾,飞蝗一到,整片整片的庄稼被吃掉,人们颗粒无收……徐光启看到人民的疾苦,想到国家的危亡,毅然决定去研究治蝗之策。他搜集了自战国以来两千多年有关蝗灾情况的资料。

在这浩如烟海的材料中,他确定了蝗灾发生的时间,大多在夏季炎热时期,以六月为最多。另外他从史料中发现,蝗灾大多发生在"幽涿以南、长淮以北、青兖以西、梁宋以东诸郡之地(相当于现在的河北南部,山东西部,河南东部,安徽、江苏两省北部)"。为什么多集中于这些地区呢?经过研究,他发现蝗灾与这些地区湖沼分布较多有关。他把自己的研究成果向百姓宣传,并且向皇帝呈递了《除蝗疏》。徐光启在写《除蝗疏》整个思维过程中,运用的思考方法就是我们讲的"聚合显同法"。

在使用聚合思维解决问题时，我们可以参考以下三个步骤。

第一步：多收集信息
- 收集大量的信息；
- 信息收集得越多，越有利于聚合出正确的结论。

第二步：认真选择
- 对收集到的信息去粗取精、去伪存真；
- 通过抽象、概括、比较和归纳的方法找出最本质的东西。

第三步：获得思维目标
- 以信息为证据得出科学结论；
- 获得思维目标；
- 实现创新。

📖 小例子

在日本丰田汽车公司，曾经流行一种管理方法，叫作"追问到底"，以便找出最终的原因。如，某台机器突然停了，那就沿着这条线索进行一系列的追问。

问：机器为什么不转了？
答：因为保险丝断了。
问：为什么保险丝会断？
答：因为超负荷而造成电流太大。
问：为什么会超负荷？
答：因为轴承枯涩不够润滑。
问：为什么轴承枯涩不够润滑？
答：因为油泵吸不上来润滑油。
问：为什么油泵吸不上来润滑油？
答：因为抽油泵产生了严重磨损。
问：为什么抽油泵会产生严重磨损？
答：因为抽油泵未装过滤器而使铁屑混入。

追问到此，最终的原因就算找到了。给抽油泵装上过滤器，再换上保险丝，机器就正常运行了。如果不进行这一番追问，只是简单地换上一根保险丝，机器照样立即转动，但用不了多久，机器又会停下来，因为最终原因没有找到。

2) 层层剥笋法(分析综合法)

我们在思考问题时，最初认识的仅仅是问题的表层(表面)，因此，也是很肤浅的东西，然后，层层分析，向问题的核心进一步地逼近，抛弃那些非本质的、繁杂的特征，以便揭示出隐藏在事物表面现象下的深层本质。

3) 目标确定法

平时我们碰到的大量问题比较明确，很容易找到问题的关键，只要采用适当的方法，问题便能迎刃而解。但有时，一个问题并不是非常明确，很容易产生似是而非的感觉，把人引入歧途。

这个方法要求首先要正确地确定搜寻的目标，进行认真的观察并做出判断，找出其中关键的现象，围绕目标进行收敛思维。目标的确定越具体越有效，不要确定那些各方面条件尚不具备的目标,这就要求人们对主客观条件有一个全面、正确、清醒的估计和认识。目标也可以分为近期的、远期的、大的、小的。开始运用时,可以先选小的、近期的,熟练后再逐渐扩大。

4) 聚焦法

聚焦法,就是人们常说的沉思、再思、三思,是指在思考问题时,有意识、有目的地将思维过程停顿下来,并将前后思维领域浓缩和聚拢起来,以便帮助我们更有效地审视和判断某事件、某一问题、某一片段信息。由于聚焦法带有强制性指令色彩,其一,可通过反复训练,培养我们的定向、定点思维的习惯,形成思维的纵向深度和强大穿透力,犹如用放大镜把太阳光持续地聚焦在某一点上,就可以形成高热。其二,由于经常对某一片段信息,某一件事、某问题进行有意识的聚焦思维,自然会积淀起对这些信息、事件、问题的强大透视力、溶解力,以便最后顺利解决问题。

> **小训练:**
> ① 用0、1、2、3这几个数字能表示的最大的数是多少?
> ② 尽可能多地说出形状与扇形相似的东西。
> ③ 与你的伙伴一起用4张扑克牌算24点。
> ④ 请说出家中既发光又发热的东西,找出它们的共同点。
> ⑤ 请写出海水与江水的共同之处,越多越好。
> ⑥ 鸽子、蝴蝶、蜜蜂与苍蝇有什么相同之处?
> ⑦ 铜、铁、铝、不锈钢等金属有什么共同的属性?

3. 灵感思维

你是否正在或曾经面临着下面类似的问题。

头脑风暴时,别人总能很快地写出一堆东西,但自己却憋不出一个点子来……

是的,活跃的思维,对于设计师来说,是相当重要的,但设计师本来也只是个普通人,难免会有脑子短路、头脑堵塞的时候。

根据国内外的专家研究与实践证明,灵感思维是完全可以有意识地加以训练和培养的。下面介绍一些常用的训练方法和技巧,每个人通过一段时间的训练,久而久之,灵感就会日益增多,对创新思维的作用就会越明显。

1) 灵感思维的训练方法
- 每天上下班(或上下学)选择一条不同的路线;
- 每天在不同的餐馆(或地方)吃早餐或午餐;
- 听听音乐做做白日梦;
- 给你的创造力找一个出口;
- 改变风景;
- 创建私人日记;
- 玩需要创造的电脑游戏;
- 涂鸦。

2) 活跃灵感思维的技巧
- 事物关联性。主要从事物的"相反的""相近的""相关的"三个方面入手。如:当我们接触到"火"这样的相关题材时,对应地我们可以想到"水""光""热"。

- 五感。人与生俱来的"视、听、嗅、味、触"五感,其实就是相当好的工具。如果对一个事物实在没有任何想法,不妨从五感入手,或许你就能发现灵感的源泉会不断地在脑子里涌现。

5W3H。如果前面两种方法都不奏效,还有一招杀手锏——5W3H分析法,又称为"八何分析法",在商业和市场分析中会被常常用到,而其用在活跃思维上也是相当奏效的。

> **小知识:**
> 5W3H分析法具体内容
> 5W: why(为何)、what(何事)、who(谁)、where(在哪)、when(时间)。
> 3H: how(怎么做)、how many(有多少)、how feel(感受)。

> **小训练:**
> 所谓实践出真知,我们不妨通过以下练习,看看大家掌握的程度如何?如果大家在思考的过程中真碰到了头脑堵塞,可以多回顾上面的内容,也顺便验证上述方法是否奏效。
> 问题具体如下。
> 1. 物体描述:请说出与"热情"相关的10样事物。
> 2. 两两关联:请找出"咖啡杯"和"玩具火车"这两个物品的15个共通之处。
> 3. 联想接龙:请以"雪山"为题干,进行接龙式的联想,让脑袋进行随意的联想,唯一要求是后一样事物与前一样必须有一定关联。
> 如: 雪山—水—H_2O……

拥有一副活跃的思维,就意味着我们可以拥有更多的可能性,可以找到更多的突破口,当然,活跃思维的方式和方法远不止如此。

> **小训练:**
> (1) 假如……?
> ① 假如外星人真的存在,想象一下它的样子?
> ② 假如世界上只剩下你一个人了,想象一下你的生活会怎样?
> ③ 假如将来有一天地球不适合人类居住了,想象一下人类可能的生活环境?
> ④ 假如你能够穿越时空隧道回到唐朝,想象一下那里的情景?
> ⑤ 假如汽车由你设计,想象一下它的外观、性能?
> (2) 一个轮子置于一平面上,轮子边缘有一黑点,使轮子在平面上滚动,想象并画出黑点在轮子滚动时留下的轨迹。
> (3) 电话铃突然响起,在接听之前,运用直觉思维,预测一下是什么人打来的?有什么事?
> (4) 在大街上遇到一个陌生人,运用直觉思维,猜测一下他(她)的年龄、职业或家庭状况怎样?
> (5) 下面是电影里的经典台词,你从中得到什么启示?
> ① 《玻璃樽》:星星在哪里都是很亮的,就看你有没有抬头去看它们。
> ② 《饮食男女》:人生不能像做菜,把所有的料都准备好了才下锅。
> ③ 《半生缘》:我要你知道,这个世界上有一个人会永远等着你。无论是在什么时候,无论你在什么地方,反正你知道总会有这样一个人。

④ 《教父》：别跟我说你是无辜的，这让我愤怒，因为它侮辱了我的智慧。
⑤ 《简·爱》：你以为我穷，不漂亮，就没有感情吗？如果上帝赐给我美貌和财富，我也会让你难于离开我的！就像我现在难于离开你一样！

4. 直觉思维

直觉思维是一种心理现象。它不仅在创造性思维活动的关键阶段起着极为重要的作用，还是人生命活动、延缓衰老的重要保证。直觉思维是完全可以有意识地加以训练和培养的。

1) 直觉思维的训练方法

- 松弛。把右手的食指轻轻地放在鼻翼右侧，产生一种正在舒服地洗温水澡的感觉，或仰面躺在碧野上凝视晴空的感觉，以此进行自我松弛。这有利于右脑机能的改善。
- 回想。尽量形象地回想以往美好愉快的情景，这对促进大脑中负责贮存记忆的海马的功能有积极效果。训练时间以2～3分钟为宜。
- 想象。根据自己的心愿去想象所希望的未来前景，接着生动活泼地浮想通过哪些途径才能得以成功。开头闭眼做，习惯之后可睁眼做。

以上三种方法应一日一次地坚持3个月左右。

2) 直觉思维的训练技巧

- 主动获取广博的知识和丰富的经验；
- 学会跟着感觉走，用心去倾听直觉的声音；
- 培养敏锐的洞察力和观察力；
- 要客观地认识直觉，避免个人感情的干扰；
- 拒绝客观环境的干扰，真诚地看待直觉。

> **小训练：**
> 日常生活中可以进行的训练
> (1) 听古典音乐。
> (2) 使用指尖。
> (3) 进行自由联想。
> (4) 用左手拿筷子。
> (5) 在书店立读。
> (6) 向似乎办不到的事情挑战。
> (7) 回到童心。

5. 联想思维

联想思维是由一事物的概念、方法、形象想到另一事物、概念、方法和形象的心理活动。比如，由此及彼，由表及里。红铅笔到蓝铅笔，写到画，画圆到印圆点，圆柱到筷子。联想可以很快地从记忆里追索出需要的信息，构成一条链，通过事物的接近、对比、同化等条件，把许多事物联系起来思考，开阔了思路，加深对事物之间联系的认识，并由此形成创造构想和方案。

> **📖 小故事**
>
> 　　德国气象学家、地球物理学家魏格纳有一次在看地图时,发现大西洋两岸的海岸线十分吻合,只要非洲方面有一个凹进去的海湾,对应的巴西海岸就有一个凸起来的地方与之对应,几乎完全可以拼到一起。这就引起了他的联想:难道大西洋两岸原来是在一起的吗?
>
> 　　于是,他开始寻找并收集支持他这种非逻辑思维得出的假设,以便能获得必要的理论依据。经过将大西洋两岸的地形地貌、地质结构、山川山脉、植被植物、海滨生物、爬虫化石等的比较和研究,终于形成了一套关于大陆漂移学说的科学理论。

　　下面介绍两种简单的跳跃联想训练方法。

　　(1) 自由联想训练,即随便找一个词汇起头,在规定的时间内快速联想,要求想到的词组概念越多越好,这是训练思维联想的速度,如:第一个词汇是"电",由此快速展开联想,在3分钟联想到的词汇越多越佳,我们可以想到:电—电话—电视—电线—电灯—电冰箱—食品—鸡蛋;电—闪电—雷鸣—暴雨—彩虹—太阳—宇宙—外星人,等等。

　　(2) 强制联想训练,即随机找两个不相关的事物,要求尽可能多地想出它们之间的相关联系或相同点,比如:"大海"和"羽毛球"有什么联系?有哪些相同点?等等。这种训练可以帮助我们提高大脑思维的跨度。

　　对于一般人来讲,如果能按照这两种方法坚持训练一个月就基本上可以达到提高思维速度和跳跃性的目的,为创新思维打下坚实的基础。当然,如果想进一步提升,还需要学习掌握一些专业的思维工具来辅助思考,因为专业的思维工具像撑杆一样可以帮助我们的思维达到凭本能无法企及的高度。

> **小训练:**
> (1) 看到北京奥运会主会场鸟巢,你会联想到什么?
> (2) 仰望星空,你有什么样的联想?
> (3) 看到熊猫可爱的样子,会引起什么样的联想?
> (4) 你看到高速公路上发生车祸时,会引起什么样的联想?
> (5) 你看到纸片上密密麻麻的黑点时,会联想到什么?

6. 逆向思维

　　逆向思维是让思维向对立面的方向发展,从问题的相反方向进行深入的探索。人们总是习惯于顺着事物发展的正方向去思考问题,并寻找解决问题的办法。其实,对于某些问题,尤其是一些特殊问题,从结论往前推(也就是倒过来思考),从求解回到已知条件,或许会使问题简单化。

　　具体来说,逆向思维可以从以下几个方面进行训练。

　　(1) 作用颠倒。任何事物都能起各种各样的作用。一个事物对另一个事物来说,既可以起正作用,也可以起反作用。就事物对人的利害关系来说,既有有利作用,也有不利作用。人们通过采取一定的措施能够改变事物所起的作用,其中也包括能够通过使事物某方面的性质、特点发生改变,起到同原有作用正好相反的作用。比如使事物对人不利的作用变为对人有利的作用。基于这样的事理,如果我们对事物的某种作用进行逆向思维,就有可能想出更好利用该事物或与该事物相关的新设想、新主意。

> **小训练：**
> 网络是当今社会不可缺少的，就如同空气一般。请问网络对人们来说有哪些有利作用，有哪些不利作用？对于不利作用，如何将其变为有利作用？

(2) 方式颠倒。事物都有自己"起作用的方式"，它也是事物的一种基本属性。此方式发生变化，事物的性质、特点和作用也会随之变化。我们如果从某种需要出发，采取一定的措施，使某一事物起作用的方式有所颠倒，那就可能会引起该事物的性质、特点或功能相应地产生符合人们需要的某种改变。基于事物同其起作用的方式之间的这种客观存在的关系，就可以进行创新思考，也可以就事物起作用的方式倒过来想。

> **小训练：**
> 我们平时洗脸的时候，一般会打开水龙头，水从水龙头中流下来，我们手捧着水洗脸，或者用洗脸盆接点水洗脸。请问，关于水的流向能有什么创新吗？

(3) 过程颠倒。事物起作用的过程具有确定的、显著的方向性。过程颠倒作为一种逆向思维的创新思考方法是指：事物起作用的过程一旦方向有所颠倒，人们对它的认识和态度便会有所改变。所以，如果有意识地就事物起作用的过程从相反的方向思考，便有可能从中引发新的设想。

> **小训练：**
> 生活中有哪些运用过程颠倒的例子？

(4) 位置颠倒。两个(以及多个)事物之间在空间上总是保持着一定的位置关系。或两两相对，或一前一后，或一上一下，或一左一右……从甲所处的位置看乙与甲的关系，从乙所处的位置看甲，以及看甲与乙的关系，得出的认识往往不同。在创新思考过程中，将事物之间的位置关系倒过来思考，也有可能产生新的看法和设想。

> **小训练：**
> 利用位置颠倒的思维方式考虑，如果把鞋前后穿反，是什么样的感觉？对你有什么帮助？你也可以试着倒立看这个世界，你会有什么发现？

(5) 结果颠倒。作为一种逆向思维的创新思考方法是指：对具有因果关系的事物之间，从作为结果的事物乙出发，倒回去思考作为原因的事物甲，以及思考事物乙发生、发展的过程，往往能获得新的认识和设想。

根据化学能可以转换为电能，英国物理学家戴维最终发现了电能也可以转化为化学能；根据电能生磁，英国物理学家法拉第最终发现了磁也能生电；意大利物理学家伽利略曾应医生的请求设计温度计，但屡遭失败，有一次他在给学生上实验课时，由于注意到水的温度变化引起了体积的变化，这使他突然意识到，倒过来，由水的体积变化也能看出水的温度的变化。循着这一思路，他终于设计出了当时的温度计。科学家在发现各种元素都有自己独特的光谱以后，根据不同元素有不同的光谱进行反推：有某种光谱存在，也就能断定必然有某种与之对应的元素存在。在这一思想的指导下，科学家不但发现了太阳上也有地球上所存在的氦等元素，还由此而提出了在科学技术研究中发挥巨大作用的光谱分析法。

> **小训练：**
> 生活中有哪些事物和现象是利用结果颠倒发现的？

(6) 观点颠倒。理论观点是人主观意识的产物，但它们归根结底都是客观事物及其规律在人们头脑中的反映。既然我们可以对客观事物进行逆向思维，那么对思想观点自然也可以，也就是将一种观点从相反的方向思考，以便从中获得新的认识，形成新的见解。这就是所谓的"观点颠倒"。人们对许多理论观点通过逆向思维而有所创新的事例表明：观点颠倒也是理论、知识创新的一种重要的思考方法，在生活和工作中有重要的应用。

> **小训练：**
> 还有哪些体现了观点颠倒的案例？

7. 逻辑思维

逻辑思维能够帮助人们做出正确的判断，是创新必不可少的思维方式之一。那么，我们应该如何提高自身的逻辑思维能力呢？

下面介绍几种逻辑思维的技巧。

- 辩证地看待问题。准确把握事情发展方向，辩证地看待问题，不能只站在自己的立场上思考。
- 灵活地使用逻辑。正确、灵活地使用逻辑，技巧性地解决问题。
- 努力地汲取知识。努力汲取知识，不断总结，让自身逻辑思维水平再上一个新台阶。
- 积极地参与辩论。辩论可以促进思考、催生新观点，提高逻辑思维能力。
- 大胆地进行质疑。当某些个人的结论和权威观点在逻辑上解释不通时，我们要敢于大胆质疑。

> **小训练：**
> 1) 对应数字
> 下面算式中的字母分别代表数字0、1、2、3、4、5、6、7、8、9，且分别代表不同的数字，其中D对应的是数字5，请找到其他字母所对应的数字？
> 算式： DONALD+GREALD=ROBERT
> 2) 逻辑思维故事
> 传说古代有位残暴的国王，有一次抓到一个反对他的人，一定要将这个人处死。国王虽然心里要将反对者处死，但表面上还装出仁慈的样子："让上帝来决定这个可怜人的命运吧，我允许他在临刑前说一句话，如果他讲的是真话，那么他将受刀斩；如果他讲的是假话，那么他将被绞死；只有他的话使我缄默不言，那才是上帝的旨意让我赦免他。"在国王这番冠冕堂皇的话语背后，有他的如意算盘：尽管话是由你说的，但判定真假还是由我，所以，该刀斩还是绞死不就是凭我一句话嘛。
> 请你想一想，反对者应该说句什么话，才能救自己一命呢？

> **小训练：**
> 思维综合训练
> (1) 巧排队列：24个人排成6列，要求每5个人为一列，请问应该怎么排列最好？
> (2) 升斗量水：一长方形的升斗，它的容积是1升。有人也称之为立升或公升。现在要求你只使用这个升斗，准确地量出0.5升的水。请问应该怎样办才能做到这一点？

(3) 违纪开车：在意大利城市街道的交叉路口上，明文规定着，有步行者横过公路时，车辆就应停在人行道前等待。可是偏偏有个汽车司机，当交叉路口上还有很多人横过马路时，他却突然撞进人群中，全速向前跑。这时旁边的警察看了也无所谓，并没有责怪他。你说这是为什么？

(4) 变换方位：在桌子上并排放有3张数字卡片组成三位数字216。如果把这3张卡片的方位变换一下，则组成了另一个三位数，这个三位数恰好用43除尽。是什么数、怎样变换？

(5) 月球飞鸟：月球上的重力只有地球上的1/6。有一种鸟在地球上飞20公里要用1小时，如果把它放到月球上，飞20公里要多少时间？

(6) 诚实与说谎：A、B、C、D 4个孩子在院子里踢足球，把一户人家的玻璃打碎了。可是当房主人问他们是谁踢的球把玻璃打碎的，他们谁也不承认是自己打碎的。房主人问A，A说："是C打的。"C则说："A说的不符合事实。"房主人又问B，B说："不是我打的。"再问D，D说："是A打的。"已经知道这4个孩子当中有1个很老实、不会说假话；其余3个都不老实，说的都是假话。请你帮助分析一下这个说真话的孩子是谁？打碎玻璃的又是谁？

(7) 最后一个字母：英语字母表的第一个字母是A，B的前面当然是A，那么最后一个字母是什么？

(8) 沉船：某人有过这样一次经历，他乘坐的船驶到海上后就慢慢地沉下去了，但是，船上所有的乘客都很镇静，既没有人去穿救生衣，也没有人跳海逃命，却眼睁睁地看着这条船全部沉没。

(9) 火车过隧道：两条火车轨道除了在隧道内的一段外都是平行铺设的。由于隧道的宽度不足以铺设双轨，因此，在隧道内只能铺设单轨。一天下午，一列火车从某一方向驶入隧道，另一列火车从相反方向驶入隧道。两列火车都以最高的速度行驶，然而，它们并未相撞。这是为什么？

(10) 车祸：一场车祸发生后不久，第一批警察和救护车已赶到现场，发现翻覆的车子内外血迹斑斑，却没有见到死者和伤者，为什么？

4.2 创新能力的培养

4.2.1 【案例导读】20世纪最伟大的食品——方便面

1. 被饥饿催生的灵感

安藤百福发明世界上第一包方便面——"快餐鸡汤面"是在1958年，当时他已48岁，而开发方便面的灵感则早在1945年就已萌生。

第二次世界大战后，日本食品严重不足，人们饿得连薯秧都吃。安藤百福偶然经过一家拉面摊，看到穿着简陋的人们顶着寒风排起了二三十米的长队。这使他对拉面产生了极大的兴趣，感到这是大众的一个巨大需求。但是他并没有着手开发。一直到他担任董事长的信用组合破产，一瞬间失去了几乎所有财产时，才决心把事业的中心转移到"食"上面来。

1958年春天，安藤百福在大阪府池田市住宅的后院内建了一个10平方米的简陋小屋，找来了一台旧制面机，然后买了18公斤面粉、食油等，埋头于方便面的开发。

2. 由重复开发悟出的道理

安藤百福设想的方便面是一种只要加入热水立刻就能食用的速食面，他设了5个目标：味道好且吃不厌；可以成为家庭厨房常备品且具有很高的保存性；简便，不需要烹饪；价格便宜；安全、卫生。

开始研究时完全处在摸索阶段，早晨5点起床后便立刻钻进小屋，一直研究到深夜一两点，睡眠时间平均不到4小时。这样的日子整整持续了一年，没有休息过一天。

在面这一行，他完全是一个外行。面条的原料配合非常微妙，有很大的学问。他把所有想到的东西全部试了一下，但放到制面机上加工时，有的面松松垮垮的，有的黏成一团。做了扔，扔了又做。整个开发成了一个重复的过程，看不见一丝希望。后来，总算悟出了一个经验：食品讲究的是平衡。食品的开发就是追求和发现这唯一而绝妙的平衡的过程。

后来，安藤夫人做的油炸菜肴启发了他。油炸食品的面衣上有无数的洞眼，就像海绵一样，这是因为面衣是用水调和的，其中的水分在油炸过程中会发散掉，形成"洞眼"，加入开水，很快就会变软。这样，将面条浸在汤汁中使之着味，然后油炸使之干燥，就能同时解决保存和烹调的问题。这种被他称作"瞬间热油干燥法"的方法很快便拿到了方便面制法的第一个专利。

有一天，岳母煮鸡骨架汤下面，儿子很爱吃，安藤便想到用鸡汤给面条浸味。起早贪黑整整干了一年，天下第一袋方便面问世，命名为"快餐鸡汤面"。在大阪商店里试卖，一抢而空。

3. 把面条放进纸杯里

1966年安藤百福第一次去欧美进行视察旅行，希望找到把方便面推向世界的办法。

当他拿着"快餐鸡汤面"去洛杉矶的超市时，他让几个采购人员试尝拉面，他们为难地摇着头，原来是没有放面条的碗。找到的只有纸杯子，于是把鸡肉拉面分成两半放入纸杯中，注入开水，他们用叉子吃着。吃完后把杯子随手扔进了垃圾箱。

安藤恍然大悟，脑子里有了开发"杯装方便面"的构想。容器决定选用当时还算新型的泡沫塑料，轻而且保温性能好，成本也便宜。杯子的形状做成用一只手也能拿起的大小。

在一次从美国回国的飞机上，安藤发现空中小姐给的放开心果的铝制容器的上部是一个由纸和铝箔贴合而成的密封盖子。当时，他正被如何才能长期保存这个问题困扰，想找一种不通气的材料。杯装方便面的铝盖在那一刻就这么定了下来。

方便面成为大众食品，大量生产、大量消费。安藤百福创建日清食品公司，几年之间销售额就达到43亿日元。

一个好的创意是"创新+可执行性"。安藤百福就是看到人们在战后为能吃上一碗刚做的拉面不惜在寒风中排长队等候，产生了发明"能在家中很快吃上拉面"的念头，发明了如今已在全世界成为大众快餐的方便面。正如美国广告大师李奥·贝纳所说："创意的核心是运用有关的、可信的、品调高的方式，与以前无关的事物之间建立一种新的有意义的关系的艺术。"

4.2.2 培养创新能力的途径

创新其实就是一个发现问题、构思创意、解决问题的过程，培养一个人的创新能力应从这三个方面入手。

1. 学会发现问题

我们每一个人都生活在"问题"之中，生活中从来都不缺乏问题，而是缺乏发现问题的眼睛。问题是一切发明与创新的起点。善于发现问题是科学精神的重要表现。人类科技进行的历史表明：

科学发现和技术发明都是始于问题的发现，都是出自带着发现的问题进行观察、思考。只有问题才能激发人们的好奇心，从而激发人们科学探索和技术研究的兴趣。

> **小故事**
>
> 20世纪初，在剑桥大学，维特根斯坦是大哲学家穆尔的学生。有一天大哲学家罗素问穆尔："谁是你最好的学生？"穆尔毫不犹豫地回答："维特根斯坦。""为什么？""因为在我的所有学生中，只有他一个人在上我的课时老是流露出迷茫的神色，老是有一大堆问题。"后来，维特根斯坦的名气超过了罗素。有一次，有人问维特根斯坦："罗素为什么落伍了？"他回答说："因为他没有问题了。"

有了问题，思维才有方向，才有动力；有了问题，才有主动探究的愿望。爱因斯坦明确指出："提出一个问题往往比解决一个问题更重要，因为解决一个问题也许仅是一个数学上或是实验上的技能，而提出新的问题、新的可能性，从新的角度去看旧的问题，却需要有创造性的想象力，而且标志着科学的真正进步。"

> **小故事**
>
> 一个阿拉伯人在沙漠里与骑骆驼的同伴失散了，他找了整整一天也没有找到。傍晚，他遇到了一个贝都印人。阿拉伯人询问贝都印人是否见到失踪的同伴和他的骆驼。
>
> "你的同伴不仅是胖子，而且是跛子，对吗？"贝都印人问，"他手里是不是拿一根棍子？他的骆驼只有一只眼，驮着枣子，是吗？"
>
> 阿拉伯人高兴地回答说："对!对!这就是我的同伴和他的骆驼。你是什么时候看见的？他往哪个方向走的？"
>
> 贝都印人回答说："我没有看见他。"
>
> 阿拉伯人生气地说："你刚才详细地说出我的同伴和骆驼的样子，现在怎么又说没有见到过呢？"
>
> "我没有骗你，我确实没有看见过他。"贝都印人平静地说，"不过，我还知道，他在这棵棕榈树下休息了许多时间，然后向叙利亚方向走去了。这一切发生在三个小时前。"
>
> "你既然没有看见过他，那么，这一切又是怎么知道的呢？"
>
> "我确实没有看见过他。我是从他的脚印里看出来的。你看这个人的脚印：左脚印要比右脚印大且深，这不是说明，走过这里的人是个跛子吗？现在再比一比他和我的脚印，你会发现，他的脚印比我的深，这不是表明他比我胖？你看，骆驼只吃它身体右边的草，这就说明，骆驼只有一只眼，它只看到路的一边。你看，这些蚂蚁都聚在一起，难道你没有看清它们都在吸吮枣汁吗？"
>
> "你怎么确定他在三个小时前离开这里的呢？"
>
> 贝都印人解释说："你看棕榈树的影子。在这样的大热天，你总不会认为一个人不要凉快而坐在太阳光下吧!所以，可以肯定，你的同伴曾经是在树荫下休息过。可以推算出，阴影从他躺下的地方移到现在我们站的地方，需要三个小时左右。"
>
> 听罢之后，阿拉伯人急忙朝叙利亚方向去找，果然找到了他的同伴。事实证明，贝都印人说的一切都是正确的。
>
> 读完这则故事，想必你会钦佩这位贝都印人的敏锐的观察力。
>
> 一个观察力强的人能从一般人认为是司空见惯的事件中发现奇迹。一个观察力弱的人即使进入宝山，也可能空手而返。

苹果落地，火炉上的水壶盖被水蒸气掀开，这些都是人们十分熟悉的现象，但牛顿和瓦特却由此分别发现了万有引力定律和发明了蒸汽机。当然，这些伟大的发现和发明并不是这么简单，但是观察力强的确是他们成功的重要因素。

2. 随时构思创意

每一次成功的背后，都有"另辟蹊径"的创意，它是解决问题的"加速器"。如今，创意在社会生活，尤其是市场经济中的地位显得愈加突出，遍布经济领域里的每一个角落，成为一个人取得成功的重要因素。

📖 小故事

美国的迪士尼一度从事美术设计，后来他失业了。原来他和妻子住在一间老鼠横行的公寓里。但失业后，因付不起房租，夫妇俩被迫搬出了公寓。这真是连遭不测，他们不知该去哪里。一天，二人呆坐在公园的长椅上，正当他们一筹莫展时，突然从迪士尼的行李包中钻出一只小老鼠。望着老鼠机灵滑稽的面孔，夫妻俩感到非常有趣，心情一下子就变得愉快了，忘记了烦恼和苦闷。这时，迪士尼头脑中突然闪过一个念头。对妻子惊喜地大声说道："好了！我想到好主意了！世界上有很多人像我们一样穷困潦倒，他们肯定都很苦闷。我要把小老鼠可爱的面孔画成漫画，让千千万万的人从小老鼠的形象中得到安慰和愉快。"风行世界数十年之久的"米老鼠"就这样诞生了。

创意就是具有新颖性和创造性的想法。换句话讲"把任何想法转化成效益"就叫创意。

📖 小资料

创意人的特征

- 强烈的好奇心
- 无限的想象力
- 广泛的兴趣爱好
- 挑战和冒险精神
- 深刻的抽象能力
- 珍视与渴望自由
- 充满自信
- 坚韧不拔的意志
- 永不满足的追求
- 审美能力
- 勤奋努力的精神
- 挑战权威
- 高度的专注力
- 充满激情与热情
- 幽默豁达的性情

3. 善于解决问题

创新始于问题的提出、创意的出现，终于问题的解决，创新要把研究和解决问题作为创新的出发点和落脚点，只有创意得到实施、问题得到解决，才能实现创新的价值。问题的解决有流程、有方法。只有掌握了解决问题的流程与方法，创新的成果才更容易出现。

当问题出现后，要对问题的属性、影响、规模、现状及解决问题所需的时间和资源全面了解，并直接或对照以往经验对问题进行描述，对解决问题的价值和意义进行评估，然后决定是回避这个问题还是要解决它，并预期要达成的目标。

📖 小故事

美国华盛顿广场有名的杰斐逊纪念大厦，因年深日久，墙面出现裂纹。为能保护好这幢大厦，有关专家进行了专门研讨：最初大家认为损害建筑物表面的元凶是侵蚀的酸雨。专家们进一步研究，却发现：

对墙体侵蚀最直接的原因，是每天冲洗墙壁所含的清洁剂对建筑物有酸蚀作用。

而每天为什么要冲洗墙壁呢？是因为墙壁上每天都有大量的鸟粪。

为什么会有那么多鸟粪呢？因为大厦周围聚集了很多燕子。
为什么会有那么多燕子呢？因为墙上有很多燕子爱吃的蜘蛛。
为什么会有那么多蜘蛛呢？因为大厦四周有蜘蛛喜欢吃的飞虫。
为什么有这么多飞虫？因为飞虫在这里繁殖特别快。
而飞虫在这里繁殖特别快的原因，是这里的尘埃最适宜飞虫繁殖。
为什么这里最适宜飞虫繁殖？因为开着的窗阳光充足，大量飞虫聚集在此，超常繁殖……
由此发现解决的办法很简单，只要关上整幢大厦的窗帘。此前专家们设计的一套套复杂而又详尽的维护方案只能成为一纸空文。

很多时候，看起来复杂无比的问题，只要找到了产生的真正原因，解决起来其实很简单。

在对问题进行分析时，有很多成熟的方法和技巧可供我们学习，如鱼骨图分析法就是一种发现问题、分析问题原因的有效方法，这种分析方法画成图就像鱼的骨架。另外，还有快速比较分析法、YY提问技巧法、简化法等。

4.2.3 掌握九种必备的创新能力

创新能力是人类突破旧认识、旧事物，探索和创造有价值的新知识、新事物的能力。它涉及一个人的多种能力，如逻辑思考能力、无限想象能力、换位共情能力、自我超越能力、方法运用能力、学习创新能力、管理创新能力等，是一个人综合能力的具体体现。因此，人们应重视对自己创新能力的培养和训练。

1. 逻辑思考能力

逻辑思考能力与一个人的创新能力有着极为密切的关系。因为无论何种形式的创新，都必须建立在逻辑思维的基础之上。

逻辑思考能力可以为创新提供必要的工具，使人们在创新时能独立判断和推理、有效进行分析与决策，以提高工作效率。

提高逻辑思考能力的途径主要有以下三种。

(1) 建立辩证的思维观点。用普遍联系的观点看待问题；用辩证思维的发展观来考虑问题；用全面的思维来解决问题。

(2) 掌握科学的思维方法。首先采取分析和综合方法，在认识中把整体分解为部分，并把部分重新结合成整体；其次采取归纳与演绎方法，从个别性事实概括出一般性知识，从一般性原理到个别性结论。

(3) 培养良好的思维品质。思维品质反映了个体智力或思维水平的差异。良好的思维品质应该是深刻、灵活、独创、批判、敏捷和系统的。

小训练：
在一起凶杀案中，有4个犯罪嫌疑人，分别是王一、赵二、张三和李四。警察询问了他们，他们的回答如下：
王一说："赵二是凶手。"
赵二说："李四是凶手。"
张三说："我没有杀人。"

李四说:"赵二在撒谎。"

假如这4个人中只有一个人说的是真话,那么谁是凶手?

2. 无限想象能力

无限想象能力是创新必不可少的一种能力,它可以帮助人们超越已有的知识经验,使思维达到新境界。想象不需要逻辑,但它是创新的火种和出发点,是创新思维的核心能力,如表4-2所示。

📖 小案例

空中温泉

现在,泡温泉已成为一种时尚。但是,边坐缆车边泡温泉,有这种惬意的事情吗?

是的,有。在日本,大阪南郊的有田观光饭店近年来对旅游业做了一系列市场调查。他们发现,大多数喜欢到郊外山水风景区旅游的游客,除了希望能欣赏到大自然的山清水秀外,还希望能痛痛快快地泡温泉,以消除工作的疲劳及遗忘尘世的烦恼。

饭店的总经理宇野了解到这些情况后,就产生了想象:如果能边泡温泉边欣赏风景,该有多好!于是,他就请人在饭店旁的两座山间,安装离地20米高的电缆,电缆上悬吊着一个个温泉澡池,用电缆车将它们连接起来。操纵电钮,温泉澡池便随电缆车上下飞驰,每个空中澡池可容纳两人。

客人泡在澡池中,可一边洗温泉澡,一边"抬首望红日,低头看青山"。这个绝招一问世,有田观光饭店几乎天天客满,就连附近的小客栈、小饭店也沾了大光,生意红火得很。

人们纷纷追问他的经营诀窍,宇野笑着回答:"满足人们的好奇心和提供最佳服务,是服务行业两个不可缺少的着眼点,它们的关系就像一枚钱币的两面,缺一不可。如果既能享用到全身浸泡温泉之中的惬意,又能领略到半空中饱览山水风光的新奇,那么顾客即使多花一点钱也心甘情愿。"

表4-2 想象的常见形式

序号	常见形式	含义
1	充填式想象	认识了事物的某些组成部分后,依此想象,把不完整的东西补足
2	组合式想象	将现有的技术、物品、现象等,进行适当的组合或重排,获得具有统一整体功能的新技术、新产品、新形象
3	纯化式想象	抛开关系不大的某些因素或部分,以构成反映本质的简单化、理想化形象
4	取代式想象	设身处地,通过揣摩他人的思想感情或事物的具体情景,来寻找顺利解决问题的办法
5	科学幻想	通过幻想各项活动的前景,并设想和预见可能遇到的困难及后果,然后再采取相应的有效行动

小知识:

提高想象力的技巧

(1) 看书时,采用跳读方式,并对所跳过的内容进行想象;

(2) 多想象,一旦开始,就一直想到极限,中途绝不要打断;

(3) 观察周围事物的形状,然后在脑海中描绘出它的形象;

(4) 以琐碎的小事和资料为基础,试着创造出一个故事;

(5) 和人见面以前，事先预想会面对的状况，并且设想问题；
(6) 看到某个广告或某个书名，尝试想象其内容，与实际内容做比较；
(7) 边看推理小说或比赛，边推测真凶或比赛的比分；
(8) 从设计图、地图、照片，想象实际的建筑或风景。

小训练：
如果让你设计一种新式鞋，你认为下面这些功能可以实现吗？
(1) 鞋可以吃。　　(2) 鞋可以说话。　　(3) 鞋可以扫地。
(4) 鞋可以指示方向。　(5) 鞋一磨就破。
除以上功能外，你还有其他的想法吗？

3. 换位共情能力

换位共情能力是人们设身处地认同和理解别人的处境与感情的能力。换位共情能力要求人们站在别人的立场上换位思考，用别人的角度来看待事物，体验他人的感受。

注意共情不是同情，而是善解人意。它打破了推己及人、想当然的思维定式，对于创新的意义重大。

换位共情能力具有以下优点：
(1) 换位共情是有想象力的表现；
(2) 可以看到不同观点的另一面；
(3) 更容易发现问题，真正了解他人需求；
(4) 感同身受更容易促进思考、激发创造潜能；
(5) 为满足他人需求而激发创意，使创新更具人性化和人情味；
(6) 树立人们的自我意识，体验他人的喜怒哀乐而不是妄加评论。

培养换位共情能力方式主要有：利用科学方法测试自己的情商；多学习、多观察、多询问和多尝试；用一句完整的话，以尊重的态度向他人表达自己的不同见解；若有机会做一名志愿者，为那些与自己经历不同的人服务，了解他们的处境，增强自己的换位共情能力。

4. 自我超越能力

自我超越能力是指突破极限、自我实现的一种能力。自我超越是一个过程，一种终身的修炼，随时随地要求人们自己改进。自我超越的价值在于学习和创造，不断发展、完善自我，向成功的目标迈进，如表4-3所示。

表4-3　自我超越的常见形式

序号	常见形式	含义
1	起点超越	对于空间的超越
2	时间超越	对于过去和将来的超越
3	性质超越	对具体事物、具体现象、具体物品等的超越
4	境界超越	对"有"与"无"的超越以及对"传统"的超越

小知识：

自我超越的技巧

(1) 要想实现自我超越，除了拥有宏远的目标外，还需要有达成目标的决心、毅力和勇气；

(2) 思维定式是实现自我突破的天敌，如果不打破思维定式，人们也许就永远无法超越自我、发挥潜能；

(3) 实现自我超越有时候必须做出困难甚至是痛苦的决定，只有敢于抛弃阻碍自己发展的惯性和传统，才能迈出继续前进的步伐；

(4) 自我超越需要不断自我激励，只有自己给予自己战胜困难的信心和勇气，才能使身心激发出无穷的能量；

(5) 追求永无止境，但需要一步步完成。

5. 方法运用能力

方法运用能力是指在解决问题时，人们对创造性方法的寻找、筛选以及实践的能力。

创新方法的运用能力是创新能力的一个重要体现。只有不断提高创新方法的运用能力，人们才能以更加高效的方式解决问题，更快地实现既定目标。

人们要想提高创新方法的运用能力，就要清楚创新方法运用的过程，如表4-4和图4-1所示。

表4-4 方法运用的过程

序号	过程	内容
1	进行问题分析	① 搜集关于问题的信息 ② 界定问题的范围 ③ 分析问题可能导致的后果 ④ 分析问题出现的原因
2	找出创新方法	① 头脑风暴：让参与者各抒己见，使各种设想在相互碰撞中激发大脑的创造性 ② 德尔菲法：以书面形式广泛征询专家意见来预测某项专题或某个项目未来发展的方法
3	快速展开行动	① 创新方法能够成功运用的秘诀就在于快速行动 ② 在实践中逐渐完善创新方法

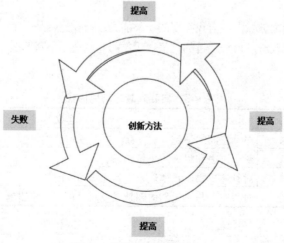

图4-1 创新方法运用的过程

创新方法只有经过尝试才能不断完善，而尝试是有风险的，很可能会遭遇失败。因此，在运用创新方法时，必须做到坚持不懈，否则只能前功尽弃、一事无成。

6. 学习创新能力

学习创新能力是指人们通过对特定对象进行分析和研究来获得新观点、新创意和新成果的能力，如表4-5所示。

表4-5 学习创新的过程

序号	过程	内容
1	选择学习对象	① 一般环境中的学习对象 ② 行业环境中的学习对象 ③ 以竞争对手为学习对象 ④ 以身边人为学习对象；以客户为学习对象
2	加工和改造学习对象	① 感觉系统：从感觉开始认识学习对象 ② 记忆系统：记忆会留存过去感知的问题和体验 ③ 分析处理系统：用分析、抽象、综合等方法对记忆系统中的信息进行分析和处理
3	获得创新成果	① 结果的表现形式是多种多样的，如创新的技术、产品、制度、组织结构、环境等 ② 获得创新成果代表了一个学习创新获得的终结，同时也意味着新的学习创新活动的开始

7. 管理创新能力

管理创新能力是指人们创造性地把新的管理方法、管理手段以及管理模式等管理要素引入组织管理系统，并将其转换为有用的产品、服务或作业方法的能力，如表4-6所示。

表4-6 管理创新包含的内容

序号	内容	含义
1	目标创新	每一个具体的经营目标，都需要适时地根据市场环境、消费需求特点以及变化趋势加以整合
2	技术创新	包括要素创新与要素组合创新、产品创新
3	制度创新	分析组织各成员之间关系的调整和变革，并从产权制度、经营制度、管理制度三方面去考虑
4	组织创新	在不同时期，对企业组织形式进行调整和变革
5	环境创新	通过积极的创新活动去改造环境，引导环境朝着有利于企业经营的方向发展

对于创新者来说，问题意识相当重要。要创新，首先要善于发现问题。管理创新也不例外。要做到管理创新，就需要善于经常性地发现管理工作中存在的问题——企业是个永远有问题的组织。

那么怎样运用创新思维发现管理工作中的问题呢？一般有两个要点：一是一定要带上批判的眼光；二是合理应用所学到的思维方式。比如，可以从问以下两个问题开始：难道只能这样吗？还能做哪些改变？

小故事

某IT公司考勤制度创新

北京某IT公司学习了创新的课程后，对照本企业的工作加以应用。他们时刻不忘提这两个问题：难道只能这样吗？还能做哪些改变？很快他们就发现了"问题"：考勤制度存在问题，不完全符合人本管理的思想。

原来，这家公司的考勤制度和其他公司一样，迟到了是要被处罚的，迟到一次罚一次钱，如果一个月迟到几次的话，当月的奖金就会受到严重影响。

而地球人都知道，北京的交通是最糟糕的，塞车很严重，常常会出现预想不到的堵塞，从而造成被动性迟到。

结合北京这一实际状况，公司做出了一个大胆的创新举措，即允许每人每个月合理迟到三次，这三次不受任何处罚，第四次才开始处罚。

没想到，这样人性化的管理制度出台后，受到了许多"80后员工"的热烈赞赏，非但没有出现大量的迟到现象，反而促进了公司凝聚力和员工积极性的提升。可见，一个小创新，可以带来大改变。

小训练：
有一座庙，三个和尚，如何解决吃水问题？

8. 营销创新能力

营销创新能力就是把创新理论和市场营销有机地结合起来，在产品、定价、渠道和促销上开展改善与革新活动的一种能力。

市场营销中，只有不断提升营销创新能力，在营销理念和营销手段上出奇制胜，才能在复杂激烈的市场竞争中脱颖而出。营销创新的方法，如表4-7所示。

表4-7 营销创新的方法

序号	方法	内容
1	产品创新	① 产品标准创新 ② 产品品牌创新 ③ 产品服务创新
2	定价创新	① 阶段性调整产品的价格 ② 根据对手动态调整自己的定价 ③ 根据不同地域的市场特征调整定价
3	渠道创新	① 渠道设计创新 ② 渠道管理创新
4	促销创新	① 事件营销：借助有影响力的事件提高品牌知名度，强化营销 ② 柔性营销：调整营销活动来适应并满足个性化需求 ③ 网络营销：在互联网上开展营销活动 ④ 无缺陷营销：产品无缺陷，销售无缺陷，服务无缺陷

9. 服务创新能力

服务创新能力是指通过对服务意识、服务方式进行创新从而提高服务效率的能力。

服务创新是针对服务活动进行的创新,是贯彻客户导向的服务理念的一个重要方面。它通常包括服务意识、服务方式、服务效率等方面,如表4-8所示。

服务创新具有以下优点:
(1) 为客户提供优质的服务,提高服务品质;
(2) 满足客户的新需求或创造客户的新感受;
(3) 使服务适应现代社会的要求,推陈出新;
(4) 改善企业内部过程和企业与客户的关系;
(5) 形成核心竞争力,促进企业发展。

表4-8 5S服务创新理念

理念	含义	具体解释
Smile	适度微笑	发自内心的真诚微笑
Speed	动作迅速	尽量快速工作,不让客户久等
Sincerity	态度诚恳	心怀诚意,服务于客户
Smart	精明、整洁、利落	以干净利落的方式接待客户
Study	研究学习	努力研究客户心理,学习客户服务技巧

4.3 【创新人物】爱德华·德·波诺(创新思维之父)

爱德华·德·波诺,牛津大学心理学和生理学博士及医学博士,马耳他大学医学博士,剑桥大学哲学博士,法国心理学家,曾任教于牛津、剑桥、伦敦和哈佛大学,欧洲创新协会"影响人类历史进程的250位杰出人物"之一,埃森哲"仍健在的全球50位管理大师"之一,《福布斯》"全球20位顶级商业顾问"之一、"2009欧洲创新年"大使。

德·波诺博士,1933年5月19日出生于地中海的岛国马耳他的一个医学世家,他将毕生精力用于创新思维领域的拓展与开发。他根据对人大脑的工作原理的理解,建构了世界上最庞大、最具穿透力的思维训练系统,创造出了"水平思维""平行思维""六项思考帽"等广泛应用于企业管理中的思考工具,被誉为"创新思维之父"。

自1967年以来,德·波诺在我们的思维方式上发动了一场革命。他以水平思维为契机,使我们的思维向新观点敞开,并为这种方法赋予了与逻辑思维相同的真实性。"水平思维"一词因此而被收入《牛津英语词典》。

1967年,德·波诺的第一部著作《水平思维的运用》问世,这本书提出了创造力在不可思议的瞬间发生的情况,还提出了再造创造力的方式。从英国到日本,这部畅销书的销售数量非常惊人。德·波诺恰到好处地描述了逃脱我们思维的僵化模式的方法——冲出匣子,打破思维常规,开拓、利用并战胜人类思维绝妙却僵化的机制。

1970年,时任英国剑桥大学认知研究基金会主任的德·波诺开始致力于思维技能训练问题的研究。他根据思维理论和丰富的思维技能教学的经验,编写了《柯尔特思维教程》(CORT Thinking)。该教程对世界许多国家都产生了很大影响。

柯尔特思维训练系统课程共分为六大部分，分别是：思维的拓宽、思维的组织、思维的交互、创造力、信息和感觉、行动的结构，每部分由10个单元构成。柯尔特训练用最简单、实用和有趣的例子，让学生容易理解和使用。课程以活泼生动、有趣的思考任务和活动，引发他们愉快地学习。

德·波诺的柯尔特思维打破了传统教学的以知识为基础的教育立场。"如果知道，做起来就很容易——这个想法是不正确的。"这一点是柯尔特的关键元素。柯尔特重在"实用"——可操作性，是一套应用工具而不是以知识为基础的学科(如历史、地理等学科)。

在实践中，柯尔特教程已经用于小到4岁的甚至两岁的孩子，大到用于世界上的大型跨国公司的高级主管人员，甚至诺贝尔奖得主。它还用于小学生或成年人(比如在纽约的思维学校)。从天才到只接收IQ在140以上学生的学校，到英国的ESN(低能教育)学校，这种学校里的IQ范围在75～80。使用它的领域贯穿委内瑞拉乡村、伦敦、悉尼、多伦多这样的地区，也有像尼日利亚这样的国家。

1978年，德·波诺的柯尔特思维课程就开始在委内瑞拉的全国小学4～6年级学生中应用，并培训了4.2万教师。后来引起北美国家的重视，美国ASCD(课程发展监督协会)会议通过了全面推广思维教学，在此期间其竟然被当权派给"垄断"了。不过后来在全球的校内校外的发展所产生的巨大影响，证实了其真正价值。

柯尔特思维课程在大型企业，如微软、IBM、松下、麦当劳及西门子等公司也得到广泛应用。

目前，《柯尔特思维教程》(CORT Thinking)和"六项思考帽"在全球已广泛应用于美国、英国、爱尔兰、加拿大、新西兰、以色列、马耳他等50多个国家超过4000所学校。在新西兰的小学，不少课室都挂起了这六项不同颜色的帽子，用以引导学生在课堂中多独立思考。

德·波诺出版的著作有62本，代表作为《六项思考帽》及《水平思考法》，并被译成37种语言，行销54个国家。不少跨国公司总裁、诺贝尔奖得主及各领域的精英都推介他的著作。

诺贝尔奖获得者、物理学家伊瓦·吉埃佛曾经这样评价德·波诺："引导我们进入未来思维的列车已经驶出站台，一些勇敢的人在这辆车上。爱德华·德·波诺博士就是其中之一……"

德·波诺现时的工作主要是为其他人做思考训练及著书立说，并正在研究"六项思考帽"。

> 📖 **小资料**
>
> 1) 六帽子思考法(即六项思考帽)(详见表3-2)
>
> 这种方法强调从不同角度思考同一个问题，客观地分析各种意见，最后得出结论。
>
> 六帽子：红、黄、黑、绿、白和蓝。
>
> 红色思考帽：从感情和直觉感性地看问题。
>
> 黄色思考帽：寻找事物的优点及光明面。
>
> 黑色思考帽：从事物的缺点、隐患看问题。
>
> 绿色思考帽：用创新思维思考问题。
>
> 白色思考帽：提供事实与数据。
>
> 蓝色思考帽：整体的思维模式。
>
> 2) 柯尔特课程目录
>
> ● CORT1：拓宽
>
> 第1课：对待观点(PMI)。有目的地检查观点正面的、负面的和有趣的方面，而不是马上接受或者拒绝。
>
> 第2课：相关因素(CAF)。尽可能广泛地考虑有关情况的所有可能因素，而不只是考虑最直接

的那些。

第3课：规则。包括基本的目的和相关原则，总结上面两课。

第4课：结果(C&S)。

第5课：目的(AGO)。找出并定义自己的目的，清楚自己的目的同时理解他人的目的。

第6课：计划。包括基本的性质和相关过程，对前面两课的总结。

第7课：优先权(FIP)。选择不同的可能性和备选方案，按照优先权顺序排开。

第8课：备选方案(APC)。产生新的方案和选择，而不要限制在原来的方案上面。

第9课：判断。用不同的方法，总结前面两课的大部分内容。

第10课：他人的观点(OPV)。暂时放下自己的观点，考虑所有其他人对相关情况的观点。

- CORT2：组织

第1课：识别。有意识地识别某个情况从而更容易理解和处理它。

第2课：分析。用两种分析方法有目的地把情况分解开来更有效地思考它。

第3课：对比。为了理解情况而使用对比，检查相同点和不同点。

第4课：选择。有意识地寻找满足要求的答案，从各种可能性中选择。

第5课：寻找其他方法。探索解决问题的其他途径。

第6课：开始。对实际情况开始进行思考，第一步该做什么？

第7课：组织。组织解决实际问题的方式。

第8课：集中。考虑情况的不同方面，清楚当前所考虑的方面。

第9课：巩固。了解取得了什么进展，总结哪些已经做了，哪些还没有做。

第10课：结论。得出一定的结论。即使最后得出没有可行的结论也行。

- CORT3：交互

第1课：同时考虑双方(EBS)。在辩论中同时考虑两个方面，而不是盲目地支持一方。

第2课：证据——类型。分析辩论中提出的证据的类型，区分事实和观点。

第3课：证据——价值。评定证据的价值，并不是每个证据的作用都是相同的。

第4课：证据——结构。检查证据，它是否独立、是否依赖于另一证据，另一证据是否又依赖于其他证据等。

第5课：同意、不同意、不相关。增加支持观点的证据，去掉不支持观点的证据。

第6课：保持正确1。两种保持正确的方法：①检查观点本身，它的应用和效果；②参照事实、权威和感觉。

第7课：保持正确2。另外两种保持正确的方法：①使用名字、标签和分类；②判断，包括使用评价词。

第8课：错误1。夸大、错误地下结论、走极端，仅仅把结论建立在部分情况上。

第9课：错误2。另外两种错误的方法——误解和偏见。

第10课：总结辩论完后得到了什么。

- CORT4：创造力

第1课：正确、错误和PO。PO是指在没有经过判断或者分析的情况下就得出的有创造性的观点。

第2课：手段。不只是利用观点本身，还有它们引出的其他观点。

第3课：随意地输入信息。那些输入的无关的谬误会使情况发生改变。

第4课：概念质疑。检验概念的"唯一性"会导致使用另外的方式做事。

第5课：支配性观点。大多数情况下都有占统治地位的观点，为了具有创造性，必须摆脱这些观点的束缚。

第6课：定义问题。对问题进行定义会使它更容易解决。

第7课：剔除谬误。从观点中找出谬误并去掉它们。

第8课：联合。通过考虑表面上没有联系的观点的性质，可以用融合或者结合的方式来创造新观点。

第9课：要求。理解要求可以对创造性的观点产生影响。

第10课：评价。某个观点完全满足要求吗？它有哪些优点和不足？

- CORT5：信息与情感

第1课：信息。分析信息并评价它的完整性，考虑丢失了哪些有用信息？

第2课：问题。熟练使用问题、问题的目的和方向、开放性问题和封闭性问题。

第3课：线索。线索、推论和暗示，对给定信息的极大外推，把两种线索结合起来。

第4课：矛盾。包括错误判断、错误结论和其他错误地使用信息的方式。

第5课：猜测。信息不完整时使用猜测，包括好的猜测和差的猜测。

第6课：信任。可信性——如何评价我们获得的信息：证明、确信、信任、一致同意、权威、奇闻等。

第7课：已有的观点。通常代替个人的思考——老套、陈词滥调、偏见、大众观点等。

第8课：情绪和自我。情绪对思考的影响，通常的情绪和利己主义——必须正确、试图扮滑稽、要面子等。

第9课：价值。价值决定着思考和最后结果的可行性，要正确地评价价值而不要试图改变它。

第10课：简化和清晰化。最后归结为哪一点？情况是什么？思考的是什么？

- CORT6：行动

第1课：目标。思考要做的第一件事，把注意力集中在一件事上，它将作为思考的主题。

第2课：扩展。目标选好之后，下一步就是对它在深度、广度和多样性方面进行扩展，这就是开放性思考。

第3课：浓缩。把扩展思考浓缩成更切实、有用的东西，例如：要点、摘要、结论、选择。

第4课：TEC(TARGET-EXPAND-CONTRACT，即：目标—扩展—浓缩)。按次序使用上面三个工具，训练确定目标、思考主题并提取出可行的结论。

第5课：目的。搞清楚思考的确切目的。到什么时候为止做出决定，得到行动计划或者观点？确定思考的一般目标和特定目的。

第6课：输入。包括要考虑的情况、情景、框架、可用信息、因素和人，所有应该考虑的情况。

第7课：解答。各种备选的解决方案，包括最明显的、传统的和最新的，产生解决方案和补救缺陷的方法。

第8课：决定。决定的过程：从备选方案中选择最好的；确定选择的优先权和标准；决定的结果和评价。

第9课：实施、执行、得出思考的最后结果。制定实现最后选择的步骤，把思考付诸实际行动。

第10课：TEC-PISCO。应用整个PISCO过程：目的—输入—解答—决定—实施(Purpose-Input-Solutions-Choice-Operations)，合并所有的TEC-PISCO框架，使用前面的三个工具(TEC)来详细定义PISCO的每个阶段。

4.4 思考与测试

4.4.1 思考题

1) 陶行知先生在他的《创造宣言》中说:"处处是创造之地,天天是创造之时,人人是创造之人。"我们如何理解这句话?

2) 创新能力培养:我的创意环境

与使自己感到有创意之环境或物进行亲密接触。也许是某种香味(如季节的变化、肉桂味、烤面包味)、景色(如日出、山脉、假日图片、花卉),也许是某种声音(如海浪声、爵士音乐、寂静)、味道(如巧克力、橘子、卡布奇诺)、或者某种感觉(如凉爽的玻璃、舒服的汗衫、春风拂面)。什么能使你变得更有创意呢?请列出你创意环境里的必要元素。如:一天里的什么时段你最有创意?

(1) _____
(2) _____
(3) _____
(4) _____
(5) _____

讨论交流:
(1) 什么颜色会让你觉得心情愉快?
(2) 空间的大小会对你的心情造成怎样的影响?
(3) 何种饮料会让你平静下来?

4.4.2 测试题

【观察力测试】

选择最合适你的一项,然后把所对应的分数相加起来。
(1) 进入某个单位时,你( )。
　　A. 注意桌椅的摆放→3分
　　B. 注意用具的准确位置→10分
　　C. 观察墙上挂着什么→5分
(2) 与人相遇时,你( )。
　　A. 只看他的脸→5分
　　B. 悄悄地从头到脚打量他一番→10分
　　C. 只注意他脸上的个别部位→3分
(3) 你从自己的看过的风景中记住了( )。
　　A. 色调→10分
　　B. 天空→5分
　　C. 当时浮现在你心里的感受→3分

(4) 早晨醒来后，你( )。
　　A. 马上就想起应该做什么→10分
　　B. 想起梦见了什么→3分
　　C. 思考昨天都发生了什么事→5分

(5) 当你坐上公共汽车时，你( )。
　　A. 谁也不看→3分
　　B. 看看谁站在旁边→5分
　　C. 与离你最近的人搭话→10分

(6) 在大街上，你( )。
　　A. 观察来往的车辆→5分
　　B. 观察房的正面→3分
　　C. 观察行人→10分

(7) 当你看橱窗时，你( )。
　　A. 只关心可能对自己有用的东西→3分
　　B. 也要看看此时不需要的东西→5分
　　C. 注意观察每一件东西→10分

(8) 如果你在家里需要找什么东西，你( )。
　　A. 把注意力集中在这个东西可能放的地方→10分
　　B. 到处寻找→5分
　　C. 请别人帮忙找→3分

(9) 看到你的亲戚、朋友过去照片，你( )。
　　A. 激动→5分
　　B. 觉得可笑→3分
　　C. 尽量了解照片上都是谁→10分

(10) 假如有人建议你去参加你不会的游戏，你( )。
　　A. 试图学会玩并且想赢→10分
　　B. 借口过一段时间再玩而给予拒绝→5分
　　C. 直言你不玩→3分

(11) 你在公园里等一个人，于是你( )。
　　A. 仔细观察仍在旁边的人→10分
　　B. 看报纸→5分
　　C. 想某事→3分

(12) 在满天繁星的夜晚，你( )。
　　A. 努力观察星座→10分
　　B. 只是一味地看天空→5分
　　C. 什么也不看→3分

(13) 你放下正在读的书时，总是( )。
　　A. 用铅笔标出读到什么地方→10分
　　B. 放个书签→5分
　　C. 相信自己的记忆力→3分

(14) 你记住领导的( )。
    A. 姓名→3分
    B. 外貌→3分
    C. 什么也没记住→10分

(15) 你在摆好的餐桌前( )。
    A. 赞扬它的精美之处→3分
    B. 看看人们是否都到齐了→10分
    C. 看看所有的椅子是否都放在合适的位置上→5分

第 5 章

创业、创业精神与创业者

> 我的创业历程，是不断寻找、不断纠正的过程。
> ——中国网络游戏先行者、网游2.0理论建立者　吴渔夫(Fishman)

> 高等教育应该将培养学生的创业技能与主动精神放在首要位置，毕业生将不再仅仅是求职者，而首先要成为工作岗位的创造者。
> ——联合国教科文"21世纪的高等教育：展望与行动"

> 对所有创业者来说，永远告诉自己一句话：从创业的第一天起，你每天要面对的是困难和失败，而不是成功。我最困难的时候还没有到，但有一天一定会到。
> ——阿里巴巴　马云

> 企业发展就是要发展一批狼。狼有三大特性：一是敏锐的嗅觉；二是不屈不挠、奋不顾身的进攻精神；三是群体奋斗的意识。
> ——华为技术有限公司创始人、总裁　任正非

【本章知识点】
- 何为创业？
- 创业与创业精神、人生发展的关系？
- 创业者应具备什么样的基本素质？
- 组建和管理创业团队的基本方法是什么？
- 如何正确认识并理性对待创业？

5.1　创业内涵

2014年9月，李克强总理首次提出"大众创业、万众创新"的号召，党的十九大报告指出要强化就业创业服务体系建设。如今，创新驱动战略上升为国家战略，"双创"已然成为社会公众的共

识和人们干事创业的遵循。以新技术、新产业、新业态、新模式为核心的新经济蓬勃发展，迅速改变着人类的生活，也引领着时代的颠覆性变革，群体、技术和生产要素等的跨界流动使"全民创客、跨界融合"成为大势所趋。

5.1.1 【案例导读】APUS—做中国移动互联网出海的领导者

全球互联网领域规模最大、层次最高的国际盛会——第三届世界互联网大会，于2018年11月16日在浙江乌镇召开，本届大会汇聚到来自全球五大洲、120多个国家和地区的重量级嘉宾，共享全球互联网界的黄金"乌镇时间"。

APUS作为中国移动互联网国际化领域的突出代表和中国移动互联网出海的领导者，始终在全球范围内践行着互联网"一带一路"政策，其创始人兼CEO李涛作为特邀嘉宾再次出席世界互联网大会并在会上再做分享。

1. 醍醐灌顶：25亿海外空白市场

在创业之前，李涛的身份是360的副总裁，全面负责公司的移动化和国际化。在2012—2013年，他已经对中国互联网和移动互联网增长的局限性有所预感。"当时我判断整个中国网民大概在8亿人，不可能更多，这是中国人口结构决定的。"他认为，中国的互联网公司迟早会面临国内用户增长的瓶颈问题。基于这样的分析，李涛在360内部提出国际化战略，从2013年下半年—2014年4月，公司的海外产品迅速在市场上获得了近1亿的用户规模。

"这个过程对我来说是个非常大的刺激，可谓'醍醐灌顶'——中国8亿市场马上要饱和，海外还有20亿～25亿的空白市场没人填补。"李涛感慨，"很多时候，当你埋头往前跑或是赶路时，你不会真正地意识到自己是在一个宝藏上捡钱。"

在印度、巴西、俄罗斯、东南亚和南美等国家和地区，互联网的发展比中国要落后2～5年，这部分市场提供的互联网服务和内容十分贫乏，"容量是中国的3倍，竞争却只有中国的1%，连傻子都能把这个市场做起来"，可就是少有人去做。

发现了海外市场的巨大金矿，李涛犹豫了——360的核心业务在国内，海外业务不会得到足够多的支持。"事实上，这个问题在中国所有的互联网巨头里都存在。"在他看来，即便所有人都意识到了海外是比国内更大的蓝海，但企业和负责人都要从既得利益和新的探索之间平衡，探索新的领域永远不是大公司的首要任务。正因如此，他选择离开，2014年5月，李涛从360辞职。

2. 抓住机遇：抢滩海外市场

2013年底，巴西的服务员用的是非智能手机，但是2014年初，他们就开始用入门的安卓智能手机。一叶知秋，这一信号恰恰说明：移动互联网要在海外爆发了。这时候谁能在新兴市场上为用户提供产品和服务，谁就可以培养用户习惯，同时决定互联网未来流量的走势。

而当时，中国移动互联网市场人口红利已经见底。全球70多亿人口，当时存量市场已有30多亿，这也意味着至少还有30亿的海外用户市场没有被开发，这是一个千载难逢的机会。

2014年6月，APUS Group成立，以海外新兴市场和手机用户系统作为切入点，成立之初便获得1亿人民币的A轮投资。2014年7月2日，APUS的第一款产品APUS用户系统正式上线。

APUS 用户系统的三大特性是小、快、简单，这源于APUS对海外新兴市场痛点的分析。众所周知，安卓手机用户切肤之痛在于其系统运行速度缓慢、不流畅，且使用起来非常复杂。APUS基于这个痛点寻找到解决方案，让手机快、简单、方便，而且安装APUS所需的容量很小，并可以适配全球2万多部、几乎是所有品牌、所有机型的手机，这极好地解决了新兴市场国家的手机用户，尤其是新用户接入互联网的问题。

2015年1月，APUS获得第二轮1亿美元投资。同年8月，APUS入选《华尔街日报》独角兽俱乐部公司。2016年初，APUS正式开始商业化变现，此后收入保持了持续性高速增长。迄今，APUS在全球200多个国家和地区拥有数量超过10亿的用户。

构建完整的APUS生态系统及APUS产业链

APUS在自己的系统之上集成了非常多的用户接入互联网的重要功能：从APUS桌面、浏览器、搜索、应用市场、新闻，再到消息中心。正是通过这样一个产品集群，APUS能够完成用户接入互联网基本的服务，方便用户接入互联网。

早期的APUS是一个流量入口平台。从2015年6月份开始，APUS搭建大数据平台，基于10亿用户和对用户的分析，建立用户画像，一方面更好地服务用户，一方面帮助合作伙伴拓展全球业务。

现在APUS开放平台通过合作与投资扶持和培养全球各地的内容服务和商业经营等合作伙伴，为用户提供内容和服务。截至目前，APUS在全球范围形成了完善的投资布局，搭建APUS生态系统。同时，APUS与全球巨头的Google、Facebook、MSN、Amazon、Twitter等；印度市场知名的Flipkart、InMobi、Olacabs；俄罗斯市场的Yandex等国际巨头；国内知名手机品牌华为、中兴、联想、魅族等都达成深度战略合作。

3. 国际化道路上：砥砺前行

作为中国最早一批完全定位于海外市场的企业，APUS从创立之初，就把自己定位成一家国际化公司，产品推出时即支持25种语言。一定意义上，APUS 也是最早、最为成熟的中国"出海"创业公司之一。

(1) 为什么走国际化道路？

走国际化之路是APUS基于对行业发展的判断：世界互联网可分为三大市场，美国、中国和其他市场，但美国和中国市场已是一片"血海"，竞争异常激烈，而其他新兴市场的30亿人口空间则更为广阔。并且，这些新兴市场的互联网土壤也在慢慢摆脱贫瘠状态，逐渐成为一片沃土。然而，当时国内的互联网巨头95%的业绩在国内，无暇海外市场。加之，当时中国政府正大力号召打造创新驱动新优势，鼓励积极开展国际产能合作，推动企业"走出去"，在国际市场竞争中促进中国制造升级。所以，当创业者们还在国内移动互联网的"血海"里厮杀，争夺流量、吸引VC投资时，APUS扬帆国际化市场，实现了在海外市场低调而迅速地圈地扩张。

(2) 判断市场时机，做好产品切入。

过去的20年，互联网商业模型分为三类：一是最底层的流量入口，以谷歌和百度为代表；二是内容运营的模型，以Youtube 和优酷、今日头条等为代表；三是为用户提供内容服务的模型，以亚马逊、阿里巴巴、滴滴出行为代表。其中，流量入口模式是整个互联网商业模型的基础，谁掌握着流量就掌握着话语权。APUS创立之初便判断流量入口类产品的时间窗口应在2014—2017年间。公司通过战略思考，选择了用户系统这一流量入口模式作为切入点。

流量入口模式有两个要素，一是流量，二是路标。每个国家的每个人都需要杀毒软件、搜索引擎，巨大刚需则意味着大量潜在用户。因此，APUS一开始便选择了以桌面切入市场，并逐步提供包括清理加速、应用下载、浏览器、搜索、新闻和消息中心等产品，成为一个轻量级的操作系统。

而后，当市场进化到高级阶段时，竞争形态也会演化成资源竞争，其目的则是为了控制流量入口。而在东南亚、印度这样的新兴市场,当70%~80%的人都在用APUS的产品时,这说明APUS的市场占有率已经基本趋近饱和,后来者就没有太多机会了。

(3) 依据支付环境,商业化持续营利。

企业盈利、满足用户价值、创造社会价值,唯有做到这三点的企业,才能真正构建健康的商业模式,从而实现可持续营利,只有具备高成长能力,同时可持续自造血的"独角兽"才能生存。

2016年初,APUS开始尝试商业化。对于创业公司来说,APUS的商业化进程似乎开始得有点早。事实证明,APUS的选择是正确的。商业化后APUS的收入保持了持续性高速增长。

在商业化方面,APUS的思路是依据支付环境适度商业化。APUS规划了广告、搜索、电商、游戏,以及数字产品分销5种路径。APUS目前营利变现的主要方式是全球大数据精准广告平台。

APUS从2015年下半年开始构建大数据平台,并在2016年开始基于大数据平台来构建程序化交易系统。对内,APUS依托于大数据平台对用户进行精准的用户画像和场景化分析,精确投放,极大提高广告变现效率。对外,APUS在全球范围内与Google、Facebook、Yahoo、Amazon等全球移动互联网行业巨头达成深度战略合作,共同探索更多创新的移动广告服务。APUS的每一次广告投放都是在严格保证用户体验的前提下进行,始终把握把用户体验放在首要位置,不断优化和改善产品性能。

此外,APUS也开始了在电商、移动支付、游戏和数字分发等方面进行多种营利模式的探索。通过开放APUS生态系统平台,帮助生态链上下游合作伙伴提供增值服务,实现共赢。截至目前,APUS成为Facebook全球深度战略合作伙伴,成为Facebook全球范围内收入增长最快的合作伙伴,同时也成为Facebook经典合作案例。

未来,APUS将继续坚定不移地推进公司的全球化战略和商业化战略,帮助中国的移动互联网产品和服务走出国门,拓展全球市场。

5.1.2 相关概念

什么是创业?在创业界有不同的意见。一些专家学者认为:"创业是一个发现和捕捉机会并由此创造出新颖的产品或服务和实现其潜在价值的复杂过程。"创业必须投入时间和付出努力,承担相应财务、精神和社会的风险,并获得金钱的回报、个人的满足和独立自主。霍华德•H. 斯蒂芬认为:"创业是一种管理方式,是对机会的追踪和捕获的过程,这一过程与其当时控制的资源无关。"并且进一步指出:"创业可由以下7个方面的企业经营活动来理解:发现机会、战略导向、致力于机会、资源配置过程、资源控制的概念、管理的概念和回报政策。"杰弗里•A. 蒂蒙斯则认为:"创业是一种思考、推理和行为方式,这种行为方式是机会驱动、注重方法和与领导相平衡。创业导致价值的产生、增加、实现和更新,不只是为所有者,也为所有参与者和利益相关者。"

科尔提出:把创业定义为"发起,维持和发展以利润为导向的企业的有目的性的行为"。史蒂文森、罗伯茨和苟斯拜客提出:"创业是一个人——你不管是独立的还是在一个组织内部——追踪和捕捉机会的过程,这一过程与当时控制的资源无关。"

美国学者帕尔特•蒂•维罗斯教授把创业概念延伸到从人们创业意识产生之前到企业成长的全过程。他认为创业应该分为4个阶段:①未成年;②创业行动开始之前;③开始创办企业;④企业成长。未成年就是创业意识萌芽阶段,创业者心里有创业的冲动,只是还没有找到合适的机会。当机会出现后,创业欲望加强,开始进行各种准备活动,进入了第二个阶段。接着,创业者或者独自一人，或者组建创业团队，开始进行市场调研、拟订创业方案、融资、注册登记、建厂生产、提高产品或者服务质量。最后，企业进入发展期，进入第二次创业阶段。

国内学者结合已有的研究，也给出了相关的定义。王会龙认为创业的核心要素是机会识别，创业是一个创造出新的产品或服务并实现其内在价值的过程。郁义鸿等人指出，创业不仅是一个发掘并捕捉机会的过程，还可以利用已有的资源创造出新的服务或产品，实现和增加其价值。宋克勤把"创业"定义为创业者通过捕捉和识别商机，利用已有的资源来提供一定的服务或产品，以创造并增加价值的过程。

随着对创业活动考察和研究的深入，创业的内涵也在不断升华。创业包含企业经营活动的6个层面：创业意识、战略导向、发现机会、把握机会、资源控制、资源配置。因此，创业可被定义为：创业者以一个既定目标为导向，通过运用自己的管理组织、资源整合和环境适应等能力，将市场潜在的机遇或者需求与自己创造性的思维相结合，并承担因此产生的各种潜在风险，来达成既定目标的过程。

根据上述定义，创业可以从以下4个方面理解。

(1) 创业是一个复杂的创造过程，创造出某种有价值的新事物。这种新事物必须是有价值的，不仅对创业者本身有价值，对社会也要有价值。价值属性是创业的重要社会性属性，同时也是创业活动的意义和价值。

(2) 创业必须贡献必要的时间和大量的精力，付出极大的努力。要完成整个创业过程，要创造新的有价值的事物，就需要大量时间，而要获得成功，没有极大的努力是不可能的，而且很多创业活动的创业初期是在非常艰苦的环境下实现的。

(3) 创业要承担必然的风险。创业的风险可能有各种不同的形式，取决于创业的领域和创业团队的资源。但通常的创业风险主要是人力资源风险、市场风险、财务风险、技术风险、外部环境风险、合同风险、精神方面的风险等几个方面。创业者应具备超人的胆识，甘冒风险，勇于承担多数人望而却步的风险事业。

(4) 创业将给创业者带来的回报。作为一个创业者，最重要的回报可能是其从中获得的独立自主，以及随之而来的个人的物质财富的满足。对于追求利润的创业者，金钱的回报无疑是重要的，对其中的许多人来说，物质财富是衡量成功的一种尺度。通常，风险与回报成正相关关系。创业带来的回报，既包括物质的回报，也包括精神的回报，它是创业者进行创业的动机和动力。

创业的内涵可归纳为以下3点。

(1) 创业是一种活动，即创业是一种有目的的开创新事业但不局限于创建新企业的活动，开创新事业是创建新企业的基础。

(2) 创业是一个过程，即一个始于从变化的环境中发现有利于价值创造并回报社会的机会，经过整合资源使得有用的新创意转化为现实，最后实现价值的过程。

(3) 创业是一种思考和行动方式，即受到机会驱动并以机会而非资源为中心的行动方式，是一种边行动边思考的行动方式。

5.1.3 创业的要素与类型

1. 创业的要素

创业者必须学会从整体构架、经营模式与行动策略上对自己的创业进行有效的规划，为此必须掌握最重要的基本工具。

蒂蒙斯模型是理解创业要素的基本工具。蒂蒙斯是美国最早从事创业学教育的教育家，早期一直是该领域最有权威的人士，曾任美国国家创业委员会的特别顾问。他所强调的商机、资源与团队三要素，在概念上正好与中国传统的"天时、地利、人和"三要素一一对应。

1) 商机

(1) 创业过程的核心是商机问题。新企业得以成功创建的起始点是商机，而不是资金、战略、关系网络、工作团队或商业计划。

(2) 商机的最重要特征是设想中的产品或服务具备潜在的市场需求。有市场需求是因为产品和服务有增值特征，能够为目标客户创造显著的价值，并且其市场规模足够大，目标市场具备有吸引力的成长潜力(例如预期的增长率可达到20%以上)，产品的改善空间足以在相当一段时间内创造高额利润(通常新产品在刚上市的头一年或更长时间内，毛利润在40%)，以及良好的现金流等特点。

(3) 一个好的思路未必是一个好的商机。实际上以商业计划或商业建议等形式呈送给投资者的每100个思路中，通常只有4～5个最后会成为选定对象。在这些被否定的思路中，80%以上是在最初的几个小时甚至在没打开商业计划书前就否定的，另外有10%～15%是在投资者仔细阅读了商业计划书以后被否定的。只有不到10%的商机吸引住投资者，并要经仔细的审查研究，一般历时几个星期甚至几个月。成功的投资家和创业者可能要花难以计数的时间寻找创业思路，而这些思路到头来可能毫无商机。所以，对创业者来说，学会快速地估计是否存在真正商业潜力，以及决定该在上面花多少时间和精力是一项重要的技能。

(4) 商机的评价标准可以应用到对商机的寻找和评价中。成长率越快，毛利润、净利润和自由现金流越大，创业者的商机就越大。正如摩尔定律和德鲁克假说所揭示的，变化程度越大，创业者商机越多。现行的服务和质量越不一致，提前和延迟的次数越不一样，商机就越多。当然，在这样的环境中创业的风险也越大。

2) 资源

为了使企业成功，首先必须让所有的资源都到位，尤其是资金必须充足是很多未经历风雨的创业者普遍会有的一个错误概念，其错误地认为资金是创业的第一位。当一个强有力的管理团队构思出一个有效推动市场的商机时，资金自然而然就跟着来了。成功的创业者一般都为合理利用和控制资源设计了创意精巧、用资谨慎的战略。若是过早地拥有了太多资金，反而会成为阻碍你成功的因素。

许多创业者早期所能获取与利用的资源相当匮乏，而优秀的创业者在创业过程中所体现出的卓越创业技能之一，就是创造性地整合和运用资源，尤其是那种能够创造优势，并带来持续竞争优势的战略资源。尽管与已存在的进入成熟期的大企业相比，创业型企业资源比较匮乏，但实际上创业者所拥有的创业精神、独特创意以及社会关系等资源，却同样具有战略性。对创业者而言，一方面要借助自身的创造性，用有限的资源创造尽可能大的价值，另一方面要设法获取和整合各类战略资源。

3) 团队

创业团队=创业带头人+创业成员

创业团队是企业成功的关键因素。优秀的团队总是由一位非常有能力的创业带头人建立和领导。团队的业绩记录不仅向人们展示了成就，也展示了一个团队拥有的高贵品质。

创业带头人是团队的核心，他既是队员，也是教练员，是团队的领跑者和企业文化的创造者。

吸引其他关键管理成员，然后建立起团队，这样的领导能力和技巧，是投资家苦苦寻找的最有价值的东西之一。

成功的创业领导人之所以能做到这一点，是因为他们对事业的忠诚、值得信任并且能够积极营造良好的团队氛围，帮助大家有效行动和克服困难，愿意与团队伙伴和员工们一起分享财富，并为员工绩效和行为表现制定高标准。风险投资者愿意给拥有优秀业绩记录、万众一心的管理团队下赌注。美国著名风险投资家约翰•多尔重申了乔治•多瑞阿特将军的格言："与拥有B等管理团队和A等思路的企业相比，我更喜欢拥有A等管理者和团队却只有B等思路的企业。在当今世界，有的是技术、创业者、资金和风险资本，真正缺少的是优秀的管理团队。你所面临的最大挑战就是建立一支杰出的团队。"阿里巴巴的马云也声称："正义跟我持有相同的观点，一个方案是一流的idea(思路)加三流的实施；另外一个方案是一流的实施，三流的'idea'，哪个好？我们同时选择一流的实施，三流的'idea'。"

美国研究创业的成果显示，拥有20个以上员工，销售额达到200万～300万美元的企业比小企业更容易存活、成功。在绝大多数案例中，一个企业如果没有一支由两个以上关键贡献者组成的团队，是很难成长的。

4) 商机、资源、团队的关系

在蒂蒙斯模型的描述里，创业过程中商机的形式、大小、深度决定了资源与团队所需的形式、大小、深度。创业过程本身是动态的，商机、资源、团队这三个因素是循环的，并且它们之间的平衡是动态的，是十分微妙的，就像杂耍者在蹦床上表演抛掷小球，需要时刻保持速度、方向、高度的动态匹配与平衡。

由于外界环境的不确定性、机会模糊性、创业活动的动态性、风险性等因素对创业活动的冲击，原有的机会、资源和创业团队三者的平衡被破坏，产生失衡现象。有可能会产生两个极端的情况：①机会很好，但资金很有限；②资金很充足，但没有很好的机会。

创业者通过创业团队来调整机会和资源，努力实现这三个方面的再次平衡。由此可见，蒂蒙斯模型中的创业过程是"平衡—失衡—平衡"的动态过程，创业团队是保持三者平衡的关键决策因素。

特别需要知道的是：没有最好的，只有最合适的。创业者并不需要具备"无穷的资源"或"钱财"，只要有与商机和团队能力相匹配的"足够用"的资源就行。创业的过程就是不断整理资源、提升团队能力的过程，千万不要犯"聚集了足够的资源""具备了足够能力"才开始创业的错误。如果那样，很可能你一生都无法"准备好"。

2. 创业的类型

1) 生存型创业

生存型创业者一般是指创业者迫于生存压力，为获得个人基本生存条件不得已而选择的创业行为。他们属于被动型创业，创业只为谋生，以获得必要的生活来源，我国大部分创业者都属于生存型创业者。常见的个体户大多就是生存型创业，他们由于创业初始定位所限，往往只能小打小闹，难以做强做大，当然也有因为经营得当与把握住机遇而成长为大中型企业的，但数量很少。国内比较典型的成功案例是浙江，尤其是温州的很多创业者，从最初的生存型创业成功地走上了机会型发展的道路，他们的成功在很大程度上得益于当地独特的创业文化。

2) 机会型创业者

机会型创业者是指创业者为抓住现有的机会，以实现价值创造而选择自主创业的行为。机会型创业者一般以政府公务人员、职业经理人、高校教师、科研机构人员、专利技术发明者为多，典型的如微软、阿里巴巴、戴尔、苹果、甲骨文、Google 等，它们都是机会型创业的结晶。当年，比尔·盖茨因为认识到软件发展的机遇，甚至终止学业，开创了微软公司；杨致远感受到互联网的机会，也放弃了博士学业，创办了雅虎公司。国内典型的机会型创业案例有如张朝阳创办搜狐、李彦宏创办百度、江南春创办分众传媒等。机会型创业是一种主动型创业，创业者有较高的产品或服务的科技含量，创建的新企业往往属于成长型企业，发展潜力较大。

3) 二者的区别

机会型与生存型创业相比，在创业动机、创业目标、对资源的需求和创业领域等方面都有不同。

- 在创业动机上。机会型创业是为了追求商业机会而愿意放弃其他选择，自愿走上创业道路，他们对追求机遇与进行创新冒险有主观的偏好，显示出创业者的主动性；而生存型创业则是创业者没有其他更好的出路，为了生存而无奈地进行创业，显示出创业者的被动性。
- 在创业目标上。机会型创业注重的是新市场，体现出创业市场的潜在性；而生存型创业是面对现有的市场，最常见的是在现有市场中捕捉机会，表现出创业市场的现实性。
- 在对资源的需求方面。机会型创业需要分析和发现新的市场机会，需要较多具有专业知识的人才，需要较多的初始财务资源和先进的技术资源，比较重视与外界维持长期的良好关系，还需要有较为丰富的社会资源。在创业领域方面，机会型创业很多是利用自主知识产权进行的技术型创业，以及资源要求较高的金融、保险、房地产等领域；而生存型创业往往是小型创业，分布在零售、汽车租赁、个人服务、保健、教育服务、社会服务和娱乐业等。

生存型创业与机会型创业的划分并非泾渭分明，一些成功的创业者会迅速完成由前者到后者的"转变"。生存型创业者在取得早期成功后，也必须转向机会型创业寻求更大的发展。国内著名的联想电脑、华为公司都经历了这样的历程。

除了机会型与生存型创业之外，还有一种赚钱型创业者。

赚钱型创业者除了赚钱，没有什么明确的目标。他们就是喜欢创业，喜欢做老板的感觉。他们不计较自己能做什么、会做什么。可能今天在做着这样一件事，明天又在做着那样一件事，他们做的事情之间可以完全不相干。甚至其中有一些人，连对赚钱都没有明显的兴趣，也从来不考虑自己创业的成败得失。奇怪的是，这一类创业者中赚钱的并不少，创业失败的概率也并不比那些兢兢业业、勤勤恳恳的创业者高。而且，这一类创业者大多过得很快乐。

清华大学中国创业研究中心参加了全球创业观察国际研究，研究发现，中国的创业活动处于活跃状态，但相比 GEM 的其他成员国，我国在全球的创业类型分布中，偏向于生存型创业，生存型创业的现象多于其他国家，一度是中国的主导类型。但近年来，我国的这一比重也在逐渐变化，到 2006 年时，生存型创业者已经低于 50%。

5.1.4 创业与大学生人生发展

"人有知识，则有力矣。"根据麦可思研究院联合中国社会科学院发布的《中国大学生就业报告》数据显示，2017年全国795万名应届毕业生，其中创业大学生数量超过20万名，大学生毕业即创业比例连续从2011届的1.6%上升到2017届的3.0%，大学生创业人数近乎翻了一番。

1. 创业对大学生的意义

(1) 创业可以充分发挥个人才能。许多上班族感到厌倦，积极性不高，重要原因之一是个人的创业得不到肯定，个人的才能无法充分发挥，在工作中缺乏成就感；而创业则完全可以摆脱原有的种种羁绊，充分施展自己的才华，发挥最大潜能，提高个人价值。

(2) 创业可以积累财富，拥有自主人生。成功创业能够改变工薪阶层的窘困，可以为寻找出路的大学生另辟蹊径。无论出于何种动机和意愿，开创一份完全属于自己的事业，都既能满足自我需求、实现自我价值，又能为社会提供一系列的就业机会，终究是一件造福当下甚至惠及未来的好事情。不仅如此，这还可以使自己摆脱上班的约束，使自己的人生价值得到更完美的体现。

(3) 创业可以享受过程，激励人生。在创业过程中，创业者可以感受到无穷的变化，遇到无数的挑战和机遇，这本身就是令人兴奋的。重要的是，在这个过程中，创业者可以不断积累经验，为日后的成功和长足发展奠定根基。创业还能够使个人有足够多的机会和力量回馈社会、造福一方，从而获得极强的成就感。创业更能使人做自己喜欢的事，并从中获得乐趣，能够激励自己不懈怠、不骄傲，一路踏实走下去。

总之，创业是实现人生价值、获得自身全面发展的有效途径。

小资料

创业宣言

阿尔贝特·施威茨尔[德]

我怎会甘于庸碌，打破常规的束缚是我神圣的权利。
只要我能做到，赐予我机会和挑战吧，安稳与舒适并不使我心驰神往。
不愿做个循规蹈矩的人，不愿唯唯诺诺麻木不仁。
我渴望遭遇惊涛骇浪，去实现我的梦想，
历经千难万险，哪怕折戟沉沙，也要为争取成功的欢乐而冲浪。
一点小钱，怎能买动我高贵的意志？
面对生活的挑战，我将大步向前，
安逸的生活怎值得留恋，乌托邦似的宁静只能使我昏昏欲睡。
我更向往成功，向往振奋和激动。
舒适的生活，怎能让我出卖自由，
怜悯的施舍更买不走我的尊严。
我已学会独立思考，自由地行动，
面对这个世界，我要大声宣布，
这，是我的杰作。

2. 创业能力对大学生职业生涯发展的作用

现在这个时代是一个创业的时代，改革开放为有志于创业的人们开辟了道路，提供了良好的环境，召唤每一个人投身于创业的潮流之中。创业对于国家、社会、个人尤其是大学生群体有着十分重要的意义，是实现人生理想和价值、获得自身全面发展的有效途径。

创业能力，本质上就是企业的经营管理能力。从管理学理论来看，创业能力按照由高到低分为四个等级，即操作与协调能力、执行与指挥能力、企划与计划能力、决策与控制能力。创业者要能够胜任各个能级的岗位的工作。因此，创业的过程，就是培养创业能力的过程。因此，创业能力的培养和提高，对个人职业发展有重要的意义。

(1) 创业能力的提高有利于确定职业发展目标。培育和提升创业能力使大学生能够从职业生涯规划的层面上更加深入地了解创业的内涵，把创业作为一种可能的职业选择来看待，在创业选择时更加理性。创业能力的提高是一个不断发展的过程，有什么样的创业能力，就可规划什么样的职业发展目标。创业能力发展到一个新层次，职业发展目标就可以发展到一个更新的层次。

(2) 创业能力的提高有利于实现职业发展目标。在创业能力培育过程中，大学生能通过了解商业运作的基本规律和过程，掌握一定的创业技能和市场分析方法，更加深入地理解市场需求和职业环境，为未来的职业选择提供方向和正确引导，从而增强职业生涯规划的科学性和可行性。当职业生涯发展目标越明确，需要的创业能力就越强。没有创业能力的提高，职业发展就变成无源之水、无本之木，个人的理想就无法实现。

(3) 创业能力的提高是职业发展的基础。

就业是实现职业发展的第一步，这是大学生职业规划的基本选择。就业意味要选择职业，有了职业，才可能进一步发展事业和创业。创业能力的培育有效增强了大学生重要的职业素质，包括机会识别能力、团队合作能力、沟通能力、创新能力、管理能力、资源获取与整合能力等，从而提高了大学生毕业后的职场适应能力和竞争力，有助于提升个体职业生涯发展空间的高度和广度。有了创业能力的提高，才可能从容选择理想的职业，为个人职业发展奠定基础。

创业能力的提高已不仅仅局限在自主创业上，更具有广义上的开创事业、开拓事业、创新业绩等含义，其内涵体现了开拓创新、创业能力和综合素质的提升与发展，而这些素质对于社会各个领域的就职岗位十分重要，对个人职业生涯发展更起着积极作用。

5.1.5 大学生常用的创业模式

每个创业活动本身是机会、资源、团队整合的过程，了解常见的创业模式，使大学生创业者了解如何对自己的创业进行定位、如何获取创业机会、整合创业资源，是非常有意义的。以下总结了6种基本的创业模式，供大家了解与借鉴。这些模式并不是十分严格的概念，它们彼此之间或有交叉，但侧重点不一样，可以给你不同的启发。

1. 概念创业

概念创业对最富有梦想和创意的大学生来说或许是创业的首选。事实上，大学生们所熟悉的雅虎、易趣等众多的互联网公司，乃至联邦快递等，都来自一些年轻人的革命性创意，杨致远、皮埃尔·奥米迪亚等这些人凭着敏锐的市场嗅觉和新奇的商业创意，从普通创业者摇身变成了日进斗金的创业者。

概念创业是凭借创意、点子、想法来开始创业。这些创业概念必须标新立异，在你打算进入的行业或领域具有足够的独特性甚至开创性；同时，这些超常规的想法还必须具有可操作性。只有这样，才能赢得市场先机，并吸引风险投资商或者消费者的眼球，进而获取创业所需要的其他资源。

在一些人看来，概念创业由于涉及"高深莫测"的创意、想法，无从入手。其实，创意并不一定是天才才能做的事，只要你善于观察生活，到处都有商机。30多年以前，美国人弗雷德·史密斯凭着一个想法——隔夜传递，被风险投资家看中，创办了"联邦快递"，如今"联邦快递"已是全球最大的快递运输公司，在全球200多个国家开展业务。

有人把概念创业总结为四大类型：异想天开型、问题解决型、异业复制型和国外移植型。

(1) 异想天开型。几乎所有伟大的革命性创意都可以列入异想天开型，如：微软的编程软件、苹果的家庭电脑、雅虎的全球网址分类、Google的在线搜索引擎、易趣的网上拍卖等。

📖 小例子

有很多的"异想天开"是普通人可以做到的。

一个叫贝利的法国人，就用自己独特的想法改变了旧报纸的命运。贝利注意到每个人对自己的生日都很敏感，希望收到特别的生日礼物，而鲜花、蛋糕等传统礼物不但让人腻味、显得很"俗"，更因为是一次性的，无法很好地体现生日的特殊性。于是，他创立了一家"历史报纸档案公司"，把旧报纸当成礼品，出售给生日日期与报纸出版日期相同者。就这样，贝利抓住人们追求个性化的心理，把"日子"当作一个生意来做，每年卖出了25万份旧报纸。

(2) 问题解决型。大部分创意创业尤其是服务业领域的创业，可以归入问题解决型一类，如大家熟悉的新东方外语培训、携程网、如家连锁酒店、分众传媒、立体车库等。众多提供功能性创新的产品类公司也是典型的问题解决型创业，如宠物反光衣、弯曲吸管等。

📖 小例子

龚华超作为一名南京理工大学机械学院工业设计专业的学生，他经常要输入长度、宽度、高度的数值，然而苹果电脑没有数字小键盘，横向排列的数字键使得每次输入数字的时候手指不得不大幅度横向移动，很容易出错，这让注重效率的龚华超难以接受。

遇到问题思考解决办法，是龚华超一直以来的习惯。于是经过3个多月的钻研，产生了Nums的最初原型触板数字贴膜，并获得了德国红点设计奖的至尊奖。随后5年，龚华超和团队建立了北京拉酷网络科技有限公司，并在软件和硬件方面不断突破，最终研发了Nums超薄智能键盘，它是一张薄至0.22毫米的膜，类似一张A4纸的厚度，同时，获得了日本优良设计大奖。

每个人在日常生活中都难免会碰到一些恼人的问题，有的人对此的反应是抱怨，有的人则从自身经历或朋友的困境中发现了创造价值的可能性，针对问题所在，想出解决问题的妙方。如果这些问题具有普遍性，那就意味着良好的市场前景。

(3) 异业复制型。即使是很多取得巨大成功的创业者，未必都是新领域中第一个"吃螃蟹"的人，而是通过其他领域中某些事物的启发，直接借鉴过来，也就是把一个行业的原创概念复制到另一个行业，就引申出一个巨大的市场。这就是所谓的异业复制型概念创业。异业复制的好处是有"范本"可循，不必挖空心思并且冒太大的风险去摸索。当然，不同领域的经营模式能否移花接木并且做到浑然天成，则是对创业者智慧的考验。

📖 小例子

马化腾的QQ就是一个典型的异业复制。在创办腾讯之前，马化腾曾在电信行业从事互联网传呼系统的研究开发工作，"从1998年开始，我就考虑独立创业，却一直没想清楚要做什么……我感觉可以在寻呼与网络两大资源中找到空间。"其后，他自主开发了基于互联网的网上中文ICQ服务，集寻呼、聊天、电子邮件和文件传输多种功能于一身，这就是腾讯QQ的来历。

(4) 国外移植型。在国内还有一种非常典型的概念创业模式，就是国外移植型。如国内的门户网站最初都是步雅虎后尘的跟进者。实际上，IT等新技术领域，尤其是互联网方面，以及连锁经营等众多新型服务业领域移植国外模式的痕迹是比较明显的。现在湖南卫视收视率较高的《我是歌手》也是引入韩国综艺节目的概念。

移植国外模式，是最便捷的创业方式，但因为不是你自己的独特创意，因此往往没有什么门槛，要做好必须抢在别人最前面。如果你经常浏览国外资讯，见多识广，洞察力强，那么不妨把国外的新鲜点子搬回来。要注意文化差异，对国外的创业概念进行本土化改造，否则难免水土不服。

2. 白手起家(积累演进)

早期温州人白手打天下的历程现在被传为美谈，还有很多早已成名的企业家，包括李嘉诚、王永庆、曾宪梓等，都是白手起家的典型。尽管现在的时代不再有那么大的施展空间，但对于发展并不均衡的中国来说，仍然存在不少的可能性。

白手起家创业是在没有基础或条件很差的情况下，从很小的生意开始，例如做推销、产品的校园代理等，通过艰辛的努力逐渐积累，在此过程中不断把握机遇、提升能力，最终创立起一番事业的创业模式。这并不是简单盲目地闯与创，也不是一味地充满激情，而是需要有超人的毅力、吃苦耐劳的精神、强大的心理承受能力来面对市场的竞争；也需要经营者具备一定的预见能力，能够把握好市场的方向，并在最简单的东西中发现商业机会，而具备良好的信誉和品格将是这类创业者最大的财富。

很多人认为，概念创业是天才的选择，如果你不是天才，又没有资本和资源，但仍然想创业，那就只有白手起家这一条路了。其实白手起家模式是难度系数最大的一种形式。它就犹如先有一个鸡蛋，孵出小鸡后，鸡生蛋、蛋生鸡这样的一个循环、一点一滴摸索、一步步积累资产的过程。

3. 收购接手现有企业

收购现有企业是目前常见的创业方式之一，但不是普通的大学生可以选择的方式。收购创业包括两种方式：接手别人的公司(或生意)，收购公司后对其进行重组、转卖。收购现有企业之前，当然要对收购企业做全面的评估，彻底了解收购带来的负面影响，如资产负债高、资金缺乏、商誉不佳、产品利润率低等不利因素。如果你有办法控制或降低这些风险和扭转其经营局面，有把握改善所接手生意的经营局面或者通过业务转型实现超常的发展，或者发现了其资产的价值空间，那就可以做这样的运作。

4. 依附创业

依附创业包括代理经销、特许经营、直销等子模式，是创业模式中内容最丰富的一种。这一类的创业模式不需要你自己去开发创意和产品，你需要关注的主要是市场销售问题。

(1) 代理经销模式。代理经销是常见的一种创业方式，代理时通常应选择品牌信誉好、发展潜力大的产品和公司，但好产品的代理经销权在市场上非常抢手，你的主动权也许很小。这一类的创业者首先要理解的几个基本概念是经销商、代理商与分销商。

① 经销商，是经营某种产品的商户。其一般与厂家签订销售合同，预付一定的保证金(或货款的一部分甚至全部，具体可以谈判，进货价一般随着批量的增加而优惠)，销售价格一般由经销商自己决定，厂家则不直接干预价格的确定，厂家也不对产品销售情况的好坏承担责任，不退货，最多只对质量有问题的产品予以退换，其余问题一概由经销商负责。经销商的利润来自于进销差价，

风险较大，但利润空间也较大。

② 代理商，是代厂家打理生意，由厂家授权在某地区经销某种产品的商户，但不需要买断厂家的产品。其对产品的销售价格无自主权，受厂家的约束较多，成为代理商的条件也比较苛刻(如对代理商在当地的市场网络基础、经验与信誉等)，但代理商并不承担产品无法售出的风险，甚至不需要很大的资金投入，所代理货物的所有权属于厂家，是厂家给予商家佣金额度的一种经营行为。

③ 分销商，是从代理商处分销产品的商户。其价格通常受经销商控制，不与厂家发生关系，所需的资金较小，风险相应小一些，但利润空间也较小。

④ 代理商和经销商的区别主要在于是否需要从厂家购买产品，取得产品所有权。经销商从厂家购得产品，取得产品所有权，然后销售，其关系是厂家—经销商—消费者；而代理商是代理厂家进行销售，本身并不购买厂家的产品，也不享有该产品的所有权，所有的货都是厂家的，产品所有权仍然属于厂家所有，其关系是厂家—代理商—消费者。

随着市场经济的发展，现在市场上所称的代理商更多具备的是经销商的性质，还有一些属于二者的混同体，即有一定代理权的经销商。国外企业进入中国，往往会通过代理商来帮助其开发市场，而国内企业则多青睐于经销商。

大学生创业者进行经销或代理创业的第一步在于选择有发展前景的品牌，可以通过以下几个方面的审视来选择经销或代理的产品。

- 选择的厂家要有较强的研发能力和资源优势。这些背景有助于深入了解该产品的技术含量、品质及相应的宣传策略，也是赢得市场的根本保障，能够给你和消费者增加信心。
- 产品最好是上市不久的，属于起步阶段，企业处于成长期。因为这类产品由于新近推出，品牌知名度尚未打开，竞争对手还无暇顾及或未引起足够的重视，厂家对代理商的选择标准也不会很高，各项要求相对较低，运作的空间较大，而且作为一个上市新品，在市场推广的具体操作中容易赢得企业的关照和支持。
- 卖点突出，差异化明显。在当前众多的同质化产品中，经销商所选择的产品要尽可能凸现个性，不要为了贪图折扣率、大价差而迷失方向。很多行业的竞争都很激烈，如果选择的产品没有什么特色，今后的市场运作将很艰难。
- 价位基本上在目标消费者能够接受的范畴。价位偏高，虽说经销商利润空间增大，但市场推广慢，吸引不了更多的购买群体；相反，价格低，则产品推广、终端运作、配送服务上的成本太高，其会冲淡利润。因此，价位是否适合也是要考虑的重要因素。
- 谨慎选择冷僻产品。如果你选择的是跟风产品，前期可以规避一些市场风险，但获利空间随着竞争的日趋激烈将不断缩小，也难以产生品牌效应，产品运作的生命周期就短。另外，如果选择过于超前的高科技产品，虽然蕴含着巨大的产业前景，利润空间高，但相应推广的要求也高，市场培育期长，不太适宜于资源有限的创业型经销商或代理商。
- 在一些代表性城市，每年会举办各种产品博览会、展销会、新闻发布会，创业者要有市场敏感性，有意识地从中去摸清产品的信息，了解企业背景动态，最终选择合适的产品合作。

(2) 特许经营模式。特许经营是指特许人将自己所拥有的商标(包括服务商标)、商号、产品、专利和专有技术、经营模式等以特许经营合同的形式授予被特许人使用，被特许人按合同规定，在特许人统一的业务模式下从事经营活动，并向特许人支付相应的费用。

特许经营主要有以下3种类型。

① 生产特许。该类加盟商要自己投资建厂，使用盟主的专利、技术、设计标准等加工或制造取得特许权的产品，然后向批发商或零售商出售，加盟商不与最终用户(消费者)直接联系，如可口可乐的灌装厂、百事流行鞋等。

② 产品和品牌特许。该类特许经营主要涉及加盟商要使用盟主的品牌和有效的销售方法来批发、销售盟主的产品，加盟商仍保持其原有企业的商号，单一地或在销售其他商品的同时销售盟主生产并取得商标所有权的产品。此类型中的受许人通常属于零售商一级，主要流行于汽车销售、汽车加油站、自行车、电器产品、化妆用品以及珠宝首饰等行业。

③ 经营模式特许。该类型的特许经营其主要特征是加盟商有权使用盟主的商标、商号名称、企业标识及广告宣传，完全按照盟主的模式来经营；加盟商在公众中完全以盟主企业的形象出现，盟主对加盟商的内部管理、市场营销等方面具有很强的控制。该类特许经营越来越成为当今主导的模式，它集中体现了特许经营的优势，目前在很多行业迅速推广，如快餐食品(麦当劳、肯德基、马兰拉面、好利来)、旅店业、洗衣店(荣昌)、汽车租赁等服务性行业。特许经营的类型比较如表5-1所示。

表5-1 特许经营的类型比较

序号	类型	受权主要内容	特许人特征	特许人战略控制	加盟商获利来源	主要应用领域
1	生产特许	商标/标志、专利、生产技术、产品生产权、产品分销权	强势品牌、专利专有技术持有者	专利、专有技术、原材料等	生产利润、分销利润	生产制造
2	产品和品牌特许	商标/标志、产品分销权	品牌制造商	货源、价格	分销或零售利润	商品流通
3	经营模式特许	经营模式、单店VIS系统、单用运营管理系统、产品分销权	拥有全面自主知识产权的企业	全面统一管理：品牌、经营计划选址、VIS、配送、促销、价格、管理制度、培训等	服务利润、零售利润和财务利润	服务领域、商品流通领域

特许经营的成功关键概括为3S原则：标准化(Standardization)、专业化(Specialization)和简单化(Simplification)。3S原则是特许经营的基本原则，因为特许经营的本质是工业产权和/或知识产权的转让，而3S原则的执行正是由于这种转让使双方都能获取最大效用的手段。

- 标准化。标准化是为了利于特许经营模式的复制、利于经营体系的管理和控制或保持整个体系的一致性，这是特许经营的优势和竞争力之一。其意思就是指特许人对其业务运作的各个方面，包括流程、步骤、外在形象等硬软方面，经过长期摸索或谨慎设计之后而提炼出的能够随着特许经营网络的铺展而适应各个地区加盟店的一套全体系的统一模式。
- 专业化。专业化指特许经营体系各基本组成部分的总体分工，特许经营网络为了保障庞大体系的良性运转，必须把不同的职能交由不同的部分来完成，然后各部分有机协调、合作，从而使特许经营体系成为一个具有自我发展和良好适应外部环境能力的有机整体。
- 简单化。简单化指作业流程简单化、作业岗位活动简单化，由此可以使员工节省精力，提高工作效率，以最小的时间和体力支出获得最大的效益。在管理实践中，特许人一般都会对作业流程和岗位工作中的每一细节做深入的研究，并通过手册归纳出来。例如，著名的麦当劳手册中甚至详细规定了奶昔员应当怎样拿杯子、开机、灌装奶昔直到售出的所有程序,使其所有的员工都能依照手册规定操作,即使新手也可以依照最有章法的工作程序,迅速解决操作问题。

特许经营创业的成败与特许经营企业(盟主)的品牌和支持密切相关,加盟商可以通过三步来进行特许经营模式的创业。

- 挑选行业。加盟时要选择自己熟悉的领域,或者至少是自己感兴趣的。加盟商多是中小投资者,本身有一定的资金压力,要根据自己期望的资金回报率来选择行业。不同行业都有自身的特点,例如餐饮店的毛利高、分类较细,其中火锅、快餐相对容易复制,中西式正餐较麻烦,也多以直营为主;教育类服务的口碑、所在店址的辐射区域都会决定经营情况,以服务为主导,对教师的要求很高;美体健身业态的装修、器械成本高,多采取预收款办卡制,资金回笼问题不大,但不同商家的服务同质性较强。
- 选加盟主。对加盟主的考察主要包括6个方面:要看直营店,特许经营意味着加盟主和加盟商一起把店开好的能力,好的品牌一定是直营先做强再做大;看那些店的统一性,如视觉识别系统、陈列、面积、服务态度等;看二次加盟商的数量和比例,这些人之所以开第二家、第三家店,是因为第一家能够盈利,所以重复加盟体现了可复制性;看同店增长率,是否推出新产品,具有让老店继续盈利增长的能力;看特许经营合同,特许经营合同越厚越好,合同越薄越麻烦;看对方有几个品牌,最好选择单一品牌专注经营的,多品牌经营难度很大,有些"骗子"就是用多品牌运作的。
- 维护好双方关系。加盟意味着双方要维持长久的关系,要有协议对经营的各方面进行详尽约定,协议越完整越好,因为可以对各种情况加以明确,避免日后可能产生的纠纷。加盟商要使用加盟主的特许经营资源、商标、形象,要有维护品牌的意识,不要以为品牌不是自己的;品牌毁掉了,既影响加盟主的形象,你的生意也做不下去。认同总部的经营理念,遵循总部的规章,但也可以有所创新,经过总部同意,可以根据当地的情况做一些有特色的服务或宣传。

5. 创业

SOHO创业也称为在家创业,起源于美国20世纪80年代后期,然后迅速在经济发达国家风靡起来。形象地说,SOHO算是"个体户"在互联网时代的"升级版"。

SOHO是"Small Office"和"Home Office"的缩写,就是"在家里办公、小型办公"的意思,特指那些在家办公的自由职业者,包括作家、撰稿人、自由音乐人、画家、美编、职业玩家、网站设计人员、网络主持等。从事这一行的人大多是20～30岁的年轻人,能熟练运用电脑,是当今时代的新新人类。其实任何人都可以成为SOHO族。对大学生这个群体,我们强调的SOHO族是指基于互联网、按照自己的兴趣和爱好自由选择工作、不受时间和地点制约、不受发展空间限制的自由职业者。

据估计,我国的SOHO族已经超过500万人,而在美国已有1/5的工作人员是SOHO族,且以每年5%的速度增长着。日本、韩国和中国香港地区也在鼓励个人创办SOHO型公司。在澳大利亚已经有超过1/10的人在家里办公。

在SOHO大军中,有70%的人全部或者大部分时间在家里办公,他们主要是从事IT行业的经理人和专业人员,依靠互联网、传真和电话等现代信息传输工具与外界联系。另外,40%在家办公的人士属于人们平常所说的"自己开公司"的人和自由职业者。

随着互联网的日益发达，人与人之间的联系在技术上变得前所未有的便捷，企业的边界逐渐被打破或者变得十分脆弱，在家创业则成为时代的一种重要趋势，并正在改变着我们的工作、生活与财富分配方式。可以说，现在这个时代，SOHO是代表了一种先进的生产组织方式，已成为最活跃的新经济。

据资料统计，在过去20年间，以美国为例，已经有18%的行业和产业在消失，35%的工作岗位已不复存在。面对产业结构和技术结构的变化，无数家庭面临现实的或潜在的失业危机。选择在家创业，也许是你把这种趋势所带来的挑战转化为机遇的明智之举。

能在家里挣钱是件令人幸福的事，在家办公的最大好处是可以自由自在地工作，不需要向雇主做长期承诺，尤其是免掉了因上下班交通拥挤而浪费时间，不必拘泥于办公室里的各种繁文缛节，少了很多麻烦和焦虑，从事着自己所喜爱的工作，更加自由和宽松。什么时候想干活了，马上就可以开始。

SOHO族分个人和团体两种。

- 个人。在新生代的SOHO族中，有的是基于当事人个人独立接活，并独立完成相关业务。这类SOHO族主要适合于那种对独创性比较强调的业务，追求创意性和风格的独特、个性，比如自由撰稿人、音乐人、画家、平面设计师、自由摄影师等，可以认为是Home Office的代表。
- 团体。稍微高级一点的就是以所谓"工作室"的形式开展业务，几个志同道合的朋友，相互配搭，以便完成更复杂、要求更高一些的工作，比如从事动画制作、简单的游戏制作、礼品、配送、理财与投资顾问、幼儿教育、家政、商务代理、广告与音乐制作等业务，以及婚礼、联谊会、发布会、驴友俱乐部之类的活动策划和项目策划。这些可以认为是"Small Office"的代表。

他们两者之间工作和生活方式的差别并不十分严格，不同的人可以根据个人的特点、性格以及能力，选择更适合自己的SOHO生活方式。

有一个很有意思的现象，淘宝网上的女性创业者占到全体创业者数量的一半以上，反映出互联网是适合女性创业者成长的肥沃土壤。

鉴于SOHO族的经济收入和社会地位，很多人把他们称为自由白领。他们同时也要面对和承受一些因此产生的烦恼。在家工作，容易产生惰性，工作效率不高，并且少了同事间的情感互动、互相启发，个人的创造力也要打折扣。没有公司与团队做后盾的SOHO人士注定要面对更多的寂寞和压力，甚至可能出现"SOHO综合征"，如头痛、头昏、失眠、工作效率下降、注意力不集中、记忆力减退、不愿与人交往。因此，只有那些具有很强的自律性和毅力，并且身心健康的人才适合在家办公。如果你有"SOHO综合征"的预兆，应及时请求帮助，并考虑更换工作方式，或进行必要的治疗。

6. 兼职创业

兼职创业，指在完成本职工作以外，在业余时间内，与其他单位建立的工作关系。社会发展的多元化让人的个性和价值有了张扬的空间，一些新兴的行业如软件编写、财会服务等工作具有很大的随机性和自由性，为人们提供了大量的兼职机会。兼职时，创业者要做好自己的职业规划，根据自己的实际情况摆正兼职和正职两者之间的位置，且需要具备极强的职业道德和敬业精神，做一个成功的兼职人员。

大学生兼职创业是指学生不放弃或中断自己的大学学习而在课余时间从事创业活动的创业模

式。我国目前的大学生创业者对于这种模式倾向性很高。这种模式要求学生在创业的同时不影响大学课程的学习，因此选取此种模式的创业者在创业活动中所涉及的行业通常都是对创业者时间投入要求较灵活的行业，而创业者本人对于学习和创业的时间、精力安排必须合理，否则可能造成两头皆失的糟糕结果。

从大学生创业者的角度来看，选择此种模式主要有以下几种情况。

(1) 为大学学习服务的，即创业是为了更好地完成大学的学习而开展创业活动，通常可以归为两类：一是为了筹集学费开展创业，二是为了锻炼自己的实践能力开展创业。

(2) 降低创业的风险，即大学生创业者认为直接创业的风险太高，保守起见，选择了兼职型创业。

大学生兼职创业模式具有以下特点。

(1) 经营模式的多样性。由于不仅要面对创业的风险和挑战，还要完成繁重的大学课程，创业者只能利用课余时间从事业务，而由于学校的教育模式不灵活，业务的种类与运营方式必须根据创业者的实际情况随机调整。

(2) 组织形式的多样性。创业资本的来源多种多样(如个人筹借、朋友合伙、家庭资助、学校资助、企业赞助等)，并且大部分创业项目的市场范围局限于大学校园，业务的组织也大多缺乏正规的法律架构。

(3) 科技含量较低。因为我国大学生创业者整体上的创新能力仍然很弱，而且在校大学生尤其是低年级学生的专业技术知识也不完备。

5.2　创业精神

5.2.1　【案例导读】史玉柱的创业精神

1. 从首富到"首负"

大家一定都听过一句广告语"今年过节不收礼，收礼只收×××"吧！当年从央视一路到各个电视台轮番轰炸，成功地将产品推向了市场，这也为他二次腾飞奠定了基础。

性格决定未来，这句话在史玉柱身上体现得淋漓尽致。早年，他和众多企业家一样，沉迷于工作，对于家庭的照料几乎处于缺失的状态。史玉柱的第一桶金——金山汉卡，这款产品4个月为史玉柱赚得了100万元(1990年前后)，赢得了生意，输了生活是他当时最好的写照。他的前妻董春兰身体不好，疏于对她的照顾，不久之后他们便离婚了，史玉柱将他银行卡上仅剩的19万元全部给了妻子，自己净身出户。后来史玉柱通过一款新产品不久之后大赚数千万元，成功之后的史玉柱想挽回妻子，她慎重考虑之后拒绝了史玉柱，而史玉柱从此未再婚。

这件事情之后，史玉柱就去了珠海，成立了后来鼎鼎有名的巨人公司，随后他推出了第三代产品，这款产品又给他带来了人生第一个一亿元，而且后来巨人获得了不少领导人的支持，此时的史玉柱站在了巨人的肩上。

成功之后，他和众多年轻人一样，自大、膨胀等因素在他身上快速发酵。史玉柱开始建造巨人总部，而当时的珠海市也几乎以白菜价给了他一块地皮，原本大厦的最初投资只是2个亿，不过因为地质勘查错误，结果地基就花了1个亿，而且为了回馈领导给的信任，巨人大厦不断加盖，一直到了70层，最后整栋大楼的投资达到了12亿元。此时史玉柱账面上才1亿元左右，巨人大厦成为拖垮他的最后一根稻草。35岁的史玉柱欠债2.5亿，成了名副其实的"首负"。

2. 巨人的"征途"

失败的史玉柱一度消失在了人们的视野中，当时有不少人断言史玉柱从此不可能再站起来了。史玉柱欠的这些钱随着珠海巨人的倒下，其实他是不用还的，但史玉柱却没有这样做。

巨人倒下之后众人并没有因为树倒就猢狲散，当时他的女助理程晨甚至向自己的父亲借了10万美元给史玉柱，以支持史玉柱东山再起，而史玉柱也没有令大家失望，几年之后一款名为"脑白金"的产品风靡大江南北。史玉柱凭借这款产品还清了2.5亿的欠款。随后又进军了网游行业，成为一名互联网大佬。

2015年11月，巨人网络宣布借壳世纪游轮回归A股，市场当时给予反馈是20个涨停板，在20个交易日里，世纪游轮的涨幅超过了500%。回归之后，命运仿佛又在跟史玉柱开玩笑，那个将巨人网络带上巅峰的《征途》已经进入了衰退期，每季充值流水正逐季下滑。从2017年4月起巨人的股价从最高的77.87元一路下跌到现在的18.07元，市值相比最高时候缩水了3/4。

如今的巨人已经不是当年的巨人了，如今的史玉柱也已经不是当年的史玉柱了。尽管在游戏市场并没有一路冲到一线的明星企业，但对于跨界成功的他也算得上是一次传奇了，如今的巨人网络市值366亿元，也算得上相当成功的。至于未来，史玉柱和巨人能走到哪里，交给时间去验证吧！

从一无所有到亿万富翁，他是一位著名的成功者；从亿万富翁到一无所有，他又是一位著名的失败者；再从一无所有到亿万富翁，他更是一位著名的东山再起者；他创造了一个中国乃至全球经济史上绝无仅有的传奇故事。

第一次，他上演了一个成功的版本；第二次，他演绎了一个失败的案例；这一次，他从哪里跌倒就从哪里爬起，并完成了对企业家精神的定义——执着、诚信、勇于承担责任。

5.2.2 相关概念

哈佛大学商学院对创业精神的定义是："创业精神就是一个人不以当前有限的资源为基础而追求商机的精神。"从这个角度上来讲，创业精神代表着一种突破资源限制，通过创新来把握机会、创造价值的行为，而不是简单地体现在创造新企业上。因此，创业精神可以简单地概括为："没有资源创造资源，没有条件创造条件，用有限的资源去创造更大的资源。"

创业的道路是坎坷的，选择了创业就是选择了面对更多困难、迎接更多挑战，而创业精神就体现在战胜困难与挑战的过程。虽然创业常常是以开创新公司的方式产生，但创业精神不一定只存在于新企业。一些成熟的组织，包括政府、事业单位等机构，只要有比较旺盛的创新活动和风气，该组织也同样具备创业精神。

创业精神类似一种能够持续创新成长的生命力，一般可区分为个体的创业精神及组织的创业精神。个体的创业精神，是指在个人意愿引导下，从事创新活动，进而创造一个新事业；而组织的创业精神则是在一个组织内部，以群体力量追求共同意愿，从事组织创新活动，进而开创组织的新面貌。

企业家创业精神的外在表现，可以从创新、冒险、务实、自主精神等方面来描述。

1. 创新精神

创新精神是创业精神的核心。创新精神之所以成为创业精神的核心，归根结底是由创业活动的开拓性所决定的。由于创业是一种创造性的活动，本身就是对现实的超越，就是一种创新，因此，创业离不开创新，创新是创业的源泉。美国著名管理学大师德鲁克认为："创业就是要标新立异，打破已有的秩序，按照新的要求重新组织。"因为"理论、价值以及所有人类的思维和双手创造出来的东西都会老化、僵死。我们需要的是一个创业的社会，在这个社会中，创新和创业精神是正常的、稳定的和持续的。正如管理已成为所有现代机构的特有机制，成为组织社会的主体职能一样，创新和创业精神也必须成为维持我们组织、经济和社会之生存所不可或缺的活动"。具体到精神领域，创业则意味着要树立将变革视为正常的、有益的现象的精神，树立一种寻找变革、适应变革，并将变革当作开创事业的机会的精神，树立一种赋予资源以新的价值的创造性的行为能力。

创业的本质是创新，创新就意味着突破。这样的突破可能是产品创新，如苹果手机；可能是技术创新，如英特尔的芯片；可能是商业模式创新，如亚马逊的网络图书销售。如果忽视创业背后所蕴藏的创新、社会责任感等创业精神本质要义，将金钱作为创业的全部，那么这种企业肯定是长不大的。

> **小资料**
>
> **硅谷精神**
>
> 上帝说"要有风"，于是就有了风；上帝说"要有光"，于是就有了光——像神一般地创造从来都是人类最伟大的梦想。而硅谷无疑是距离这个梦想最近的地方。鼓励冒险、刺激创新、容忍失败、绝少束缚的氛围形成了硅谷独特的文化。这就是创新。企业在创新中实现梦想，人在创新中实现价值。
>
> 创新像基因，植根于每一个硅谷人的身体；创新像空气，滋养着每一个硅谷人的生命。如果说好莱坞的餐厅侍者的菜单下面可能就放着他的剧本，那么硅谷的一个管道工修完下水道，跟他的客户谈的就是微软和网景两种浏览器的优劣。如果说好莱坞追梦人的抽屉里是各种手稿，那么硅谷人的脑海里就是创业计划。如果说代理人是在好莱坞大行其道，为演艺明星度身定做角色，那么风险投资家就是在硅谷叱咤风云，为新创公司提供整体服务。硅谷是无数创新思维和灵感的聚集与扩大——当你天天呼吸着别人的更新、更快、更大胆的想法时，你的眼光自然在变宽，你的灵性自然被点燃，你的想象力和创造力自然在增值。
>
> 著名经济记者John Micklethwait和Adrian Wooldridge在一篇论文里归纳出硅谷最成功的10条"文化簇集"：
>
> 第一，能者在上的公司信仰。年龄和经验没有用，肤色和背景无所谓。
>
> 第二，对失败的极度宽容。在欧洲，破产被看成羞耻；在一些国家，破产者不能再开公司。而在硅谷，"It is OK to fail"（败又何妨）。
>
> 第三，对"背叛"的宽容。员工的流动不受谴责，是一种完全正常的行为。
>
> 第四，合作。即使昨天是你死我活的对头，明天也有合作的机会。
>
> 第五，嗜好冒险。不仅在创业上如此，生活中也寻求蹦极、高空跳伞等刺激，以激活自己。
>
> 第六，赚钱之后，不做"守财奴"，再投资到创业环境中去。
>
> 第七，热衷改变。敢于自己吃自己，自我淘汰掉昔日的辉煌和模式。
>
> 第八，对产品而不是金钱的痴迷。硅谷人以宗教般的虔诚心态追求技术，希望能够以技术推动

世界进步。

第九，机会的慷慨分布。谁都不用嫉妒谁。每个人都有自己的机会。

第十，分享财富的强烈倾向。从认股权到给员工健康检查，免费午餐、晚餐，为家属办幼儿园，提供优厚的退休金，至少在公司内部，财富被分享而不是独食。

如果再加一条的话，那应该是勤奋工作。在硅谷几乎每个人都没有固定的上下班时间，一天工作十二三个小时是家常便饭，十五六个小时也不鲜见。在和时间赛跑的过程中，睡眠是所有创业者的奢侈品。杨致远与斐罗创办雅虎之初，晚上经常睡在办公桌下，一只睡袋加一条毯子。

在这样的硅谷时代中，作为个体，他们中的每一个未必是为使命而生，为使命而来；但作为群体，他们却似乎承担着人类的某种使命，闪耀着人类精神的光芒。这就是硅谷的精神，它已成为我们这个时代的特征，并引导着社会发展的未来走向。

2. 冒险精神

冒险倾向指个人在不确定的情况下把握机会的方向。米顿曾把创业者看成喜欢冒险的人，认为他们在任何时候都准备寻找并管理杂乱无章的情境，正因为他们能够避免风险，因此他们常常为接受风险做好准备。任何一项创业活动都不可能自始至终保持一帆风顺，特别是在知识经济时代的今天，创业者必须具有较强的风险意识，对于具备扎实的知识基础但缺乏经营经验的大学生们来说，面对机会能否冒险并果断做出决策是决定他们走上创业的关键第一步。

创业是充满风险的，这也是将创业投资的资金称为"风险资金"的原因。有研究指出，企业经营者为追求成功就必须承担合理、计算过的风险，所追求的利润越高，风险则越大，更有甚者必须冒着失败的风险以追求预期利润。Henshel认为，经营者成功的要素之一是要有创意地承担风险，即愿意承担合理的、估计过的风险。

赫尔·博斯利发现潜在的创业企业家比那些不想创业的人具有更高的发现倾向。陈·格林尼克里克在进行创业企业家自我效能量表调研时，发现风险倾向与创业企业家有正相关的关系。帕利希·佰吉提出创业企业家之所以具有更高的风险倾向的可能原因是，创业企业家对市场形势的判断更为积极肯定，把它们看作"机会"，而不是"风险"，而非创业企业家则看不出"风险"中孕育的潜在"机会"。

3. 务实精神

务实精神是创业精神的归宿。务实精神是中华民族自古以来就普遍重视和提倡的一种精神，它包括多重含义，要求人们办实事、求实效、实事求是，以至达到名与实相符。创业就是要创立一番事业，它是一种实实在在的实践活动，需要扎扎实实地付出艰苦的努力。要使创业的意识、创业的目标，知识、才能和品德有所体现，实现其价值，必须靠脚踏实地地、创造性地劳动。没有这种务实的劳动，人就无法确定创业的精神与社会需要之间的价值关系，就无法使创业的理念变成现实，使创业的计划变成财富，也无法实现其创业的根本价值。

4. 自主精神

个人主动性这个概念最早是由国际应用心理学会主席弗里斯教授在20世纪90年代提出的，是指个体采取积极和自发的方式，通过克服各种障碍与挫折来完成工作目标和任务的行为方式。有研究表明，个人主动性水平高者能充分利用挑战和机会甚至能在这些基础上进行创造，能积极参与一个正在飞速发展的世界。个人主动性可以作为协调人类资源管理系统和组织绩效的一个因素，个人主动性水平高者更易投入到新工作的创新上。弗里斯认为，相对非创业者来说，创业者在个人主动性上的得分更高并更能克服困难。库普等人还发现个人主动性与创业的成败有一定的关系。

自主精神是创业精神的基础。如果对创业实践做具体的分析，就会发现它除了具有实践活动的普遍特征外，还具有高于一般的实践活动的特征，在人的自觉能动性方面，它特别突出了人的自主精神，即自由创造、自主创业、自立自强的精神。创业精神的强弱，取决于人们自主创业的意愿，这种意愿也就是人的创业需要、创业动机，以及由此升华而成的创业理想，它构成了人们的创业意识。创业意识从本质上说就是一种自强自立的精神，它是人们创业的内在动力，是创业精神的基础内容。需要越强烈，动机越纯正，理想越切合实际，信念越坚定，创业精神就越持久、越稳定，有了这种持续稳定的精神支持，创业活动才会持之以恒，愈挫愈奋。

> **📖 小资料**
>
> **惠普车库法则(HP's Rules of the Garage)**
>
> 惠普公司之所以成为伟大企业，其基因就是他们的创业精神——HP的"车库法则"。
> 相信你能改变世界；
> 快速工作，别锁上工具箱，随时待命；
> 了解何时该独立自主，何时该团队合作；
> 与同人分享你的工具与想法，信任他们；
> 不玩政治，杜绝官僚作风(这在车库里本就很可笑)；
> 客户是评价你工作好坏的唯一标准；
> 激进的创见不一定是馊主意；
> 创造不同的工作方法；
> 每天都要有贡献，如果你没有贡献，就别离开车库；
> 相信团队合作可以万事皆成；
> 发明创新。

5.2.3 创业精神的培育方法

1. 创业榜样示范创业精神

上海第一财经主持人在崔艳在2009年4月5日采访"德丰杰全球创业投资基金"创始人汤姆·威尔斯时，他提问："您认为创业者可以培养吗？"汤姆·威尔斯回答给予了肯定："创业是可以学习的。"

每一个创业者在创业初期，都应该对已经创业成功或者没有成功的人做尽可能多的了解，但这种学习不要对自己的创业形成束缚。因为人们所学会的每一件事都是实践的结果，而每一个创业者在创业历程中，都不可避免地犯过错误，任何一位企业家都会牢记自己和其他创业者经历了怎样的磨难才取得了今天的成功，其中最典型的就是汽车大王亨利·福特曾经破产过四次！

但是，创业实践证明：学习别人成功的经验，可以使人更快成功；汲取别人失败的教训，可以使人不复制失败。就像家长从小就告诫孩子不要用手去摸太热的东西一样，实际上如果没有家长的教诲，这个世界上不知要多出多少被烫伤的故事。

2. 创业环境培育创业精神

首先，经受竞争环境考验。不良的创业心理品质往往表现为自卑胆怯，它往往来源于成功经验的缺乏。当今社会充满竞争和挑战，需要大学生大胆展示自己，充分发展自己，努力把握各种创业的机会。这就要有敢想、敢做、敢闯、敢冒险的心理品质，这些心理品质只能从行动中来、从竞争中来、从实践中来。因此，大学生应积极参与竞争，不要坐等机会的来临，只要有机会就大胆地去争取，多从事几种职业、多参与几次竞争是好事并非坏事，通过竞争积累成功的经验，通过竞争取得自信的快乐，通过竞争战胜孤僻、害羞、怯懦等心理障碍。

其次，经受不利环境的磨砺。生活比别人苦点、工作比别人累点、环境比别人差点这也是一种磨炼创业心理品质的方法。环境在给人施加压力的同时，也为人准备了一份智慧和才能，人们最出色的事业往往是在承受巨大压力下取得的。

3. 创业实践磨炼创业精神

良好创业心理品质的形成重在实践训练，积极的实践能带来及时的反馈和成就感，也能带来节节成功的喜悦；切切实实地投入到创业实践中去，定能磨炼出坚强的创业心理品质。

(1) 培育学校要构建创业实践基地，为大学生提供创业实践的便利，如创业见习基地、创业实习基地和创业园等，实现产、学、研一体化。

(2) 社会要为学生提供更多的创业岗位供学生选择，如勤工俭学岗位、社区服务岗位等，使其经受创业实践熔炉的考验。

(3) 学生自己课余主动参与创业实践，从小商品推销到饭店洗盘子，从为人打工到自己开店，熟悉各种职业特点和自己的能力特点，积累创业经验，增长创业才干，减少将来创业的盲目性。

只有经受创业实践的锻炼，创业目标才会更加明晰，创业信念才会更加强烈，才会形成良好的创业者心理素质。

5.3 创业者

创业的行为是在市场经济条件下应运而生的。企业的创建者可以是个人，也可以是团队。其通常是一些有着共同志愿和价值观的人，因怀着对梦想的渴望而走到一起，形成最初的创业团队。他们通过对资源和生产要素的重新组合，来开发自己的产品或服务，满足市场上人们的某种需求，这时，企业就诞生了。

5.3.1 【案例导读】马化腾五兄弟——难得的创业团队

从当年5条电话线和8台计算机所组成的局域网，到今天拥有QQ月活跃账户数8.77亿、微信/WeChat月活跃账户超过10亿，为用户提供腾讯多元化的服务，成为中国最大的互联网综合服务提供商之一，也是中国服务用户最多的互联网企业之一；从当初只是5个人的创业团队、5万元创业起步，到2004年6月上市后的8.98亿港元身价；从20多年前10多平方米的一间办公室，到今天高度190多米、建筑面积8.8万平方米的腾讯大厦。腾讯公司2017年实现收入2377.60亿元，同比增长56%，实现净利润724.71亿元，同比增长75%。

1. 腾讯创造出如此奇迹，靠的是团队

1998年的秋天，马化腾与他的同学张志东"合资"注册了深圳腾讯计算机系统有限公司。之后又吸纳了三位股东：曾李青、许晨晔、陈一丹。这5个创始人的QQ号，据说是从10001到10005。为避免彼此争夺权力，马化腾在创立腾讯之初就和4个伙伴约定清楚：各展所长、各管一摊。马化腾是CEO(首席执行官)，张志东是CTO(首席技术官)，曾李青是COO(首席运营官)，许晨晔是CIO(首席信息官)，陈一丹是CAO(首席行政官)。之所以将创业五兄弟称之为"难得"，是因为直到2005年的时候，这五人的创始团队还基本保持这样的合作阵形，不离不弃。直到腾讯做到如今的帝国局面，其中4个还在公司一线，只有COO曾李青挂着终身顾问的虚职而退休。

在企业迅速壮大的过程中，要保持创始人团队的稳定合作尤其不容易。在这个背后，工程师出身的马化腾从一开始对于团队合作的理性设计功不可没。

从股份构成上来看，5个人一共凑了50万元，其中马化腾出资23.75万元，占了47.5%的股份；张志东出了10万元，占20%；曾李青出了6.25万元，占12.5%的股份；其他两人各出5万元，各占10%的股份。

虽然主要资金都由马化腾所出，他却自愿把所占的股份降到一半以下，47.5%。"要他们的总和比我多一点点，不要形成一种垄断、独裁的局面。"而同时，他自己又一定要出主要的资金占大股。"如果没有一个主心骨，股份大家平分，到时候也肯定会出问题，同样完蛋。"

2. 保持稳定的另一个关键因素，就在于搭档之间的"合理组合"

据《中国互联网史》作者林军回忆说，马化腾非常聪明，但非常固执，注重用户体验，愿意从普通用户的角度去看产品。张志东是脑袋非常活跃，对技术很痴迷的一个人。马化腾技术上也非常好，但是他的长处是能够把很多事情简单化，而张志东更多的是把一个事情做得完美化。

许晨晔和马化腾、张志东同为深圳大学计算机系的同学，他是一个非常随和而有自己的观点，但不轻易表达的人，是有名的"好好先生"。而陈一丹是马化腾在深圳中学时的同学，后来也就读深圳大学，他十分严谨，同时又是一个非常张扬的人，他能在不同的状态下激起大家的激情。

如果说其他几位合作者都只是"搭档级人物"的话，只有曾李青是腾讯5个创始人中最好玩、最开放、最具激情和感召力的一个人，与温和的马化腾、爱好技术的张志东相比，他是另一个类型的人。其大开大合的性格，也比马化腾更具备攻击性，更像拿主意的人。不过或许正是这一点，也导致他最早脱离了团队，单独创业。

后来，马化腾在接受多家媒体的联合采访时承认，他最开始也考虑过和张志东、曾李青三个人均分股份，但最后还是采取了5人创业团队，根据分工占据不同的股份结构的策略。即便是后来有人想加钱、占更大的股份，马化腾说不行，"根据我对你能力的判断，你不适合拿更多的股份"。因为在马化腾看来，未来的潜力要和应有的股份匹配，不匹配就要出问题。如果拿大股的不干事，干事的股份又少，矛盾就会发生。

当然，经过几次选择，最后他们上市所持有的股份比例只有当初的1/3，但即便是这样，他们每个人的身价都还是达到了数十亿元人民币，是一个皆大欢喜的结局。

可以说，在中国的民营企业中，能够像马化腾这样，既包容又拉拢，选择性格不同、各有特长的人组成一个创业团队，并在成功开拓局面后还能依旧保持着长期默契合作，是很少见的。而马化腾成功之处，就在于其从一开始就很好地设计了创业团队的责、权、利。

能力越大，责任越大，权力越大，收益也就越大。

5.3.2 创业者

1. 创业者

创业者一词由法国经济学家坎蒂隆于1755年首次引入经济学。1800年,法国经济学家萨伊首次给出了创业者的定义,他将创业者描述为将经济资源从生产率较低的区域转移到生产率较高区域的人,并认为创业者是经济活动过程中的代理人。著名经济学家熊彼特则认为创业者应为创新者;这样,创业者概念中又加了一条,即具有发现和引入新的更好的能赚钱的产品、服务和过程的能力。总之,创业者的内涵随着经济的发展不断丰富。

在欧美学术界和企业界,创业者被定义为组织、管理一个生意或企业并承担其风险的人。创业者的对应英文单词是"Entrepreneur","Entrepreneur"有两个基本含义:一是指企业家,即在现有企业中负责经营和决策的领导人;二是指创始人,通常理解为即将创办新企业或者是刚刚创办新企业的领导人。

创业教育创始人之一彼得德鲁克指出:"创业不是魔法,也不神秘。它与基因没有任何关系。创业是一种训练,就像任何一种训练一样,人们可以通过学习掌握它。"另一位创业教育专家布罗克豪斯在《企业家精神与家族企业的比较研究》一文中也指出:"称一个人为创业者,就如同教一个人成为艺术家一样。我们不能使他成为另一个梵高,但是我们却可以教给他色彩、构图等成为艺术家必备的技能。同样,我们不能使他成为另一个布朗森,但是成为一个成功的创业者所必需的技能、创造力等却能通过创业教育而得到提升。"可见,一个人通过适当学习和实践经验的积累,在具备了一些独特的创业技能和素质后完全可能成功创业。

香港创业学院就是培养创业技术的一所世界一流的非营利性的创业教育机构,是创业领袖的摇篮,是创业商品的舞台,是创业者的使命、荣誉、责任及其商品、企业、现金流的样板。香港创业学院院长张世平将创业者定义为一种主导劳动方式的领导人,是一种无中生有的创业现象,是一种需要具有使命、荣誉、责任能力的人,是一种组织、运用服务、技术、器物作业的人,是一种具有思考、推理、判断的人,是一种能使人追随并在追随的过程中获得利益的人,是一种具有完全权利能力和行为能力的人。

总之,创业者的内涵随着经济的发展而不断丰富。但有一点始终不变,创业者可以通过创业教育培养和提高创业素质和能力。

2. 创业者素质

1)欲望

"欲望"列在中国创业者素质的第一位。创业者的欲望与普通人的欲望不同之处在于,他们的欲望往往超出现实,往往需要打破现在的立足点,打破眼前的樊笼,才能够实现。所以,创业的欲望往往伴随着强大的行为动力和冒险精神。

一个真正的创业者一定具有强烈的欲望。有人一谈起这些就觉得很庸俗,甚至一些成功者亦不愿提起这样的话题,特别是一涉及钱,便变得很敏感、很禁忌。其实完全不必如此,市场经济、竞争环境完全可以轰轰烈烈、堂堂正正地去追求自己正当的所欲所愿。

因为欲望,而不甘心,而创业,而行动,而成功,这是大多数白手起家的创业者走过的共同道路。

> **📖 小例子**
>
> 上海有一个文峰国际集团,老板陈浩,是一个40多岁的男人。1995年,陈浩挟着20万元来到上海,从一个小小的美容店做起,现在已经在上海拥有了30多家大型美容院、一家生物制药厂、一家化妆品厂和一所美容美发职业培训学校,并在全国建立了300多家连锁加盟店,个人资产超过亿元。
>
> 陈浩有一句话:"一个人的梦想有多大,他的事业就会有多大。"
>
> 所谓梦想,不过是欲望的别称。

2) 忍耐

忍耐是创业者必须具备的素质。成语里有一句"艰难困苦,玉汝于成",还有一句"筚路蓝缕",意思都是说创业不易。首先是要忍受肉体上和精神上的折磨。肉体上的折磨还好办一些,挺一挺就过去了,而精神上的折磨往往是常人难以忍受的。《孟子·告子下》:"天将降大任于斯人也,必先苦其心志,劳其筋骨,饿其体肤,空乏其身,行拂乱其所为,所以动心忍性,增益其所不能。"可见,肉体上和精神上的折磨是创业者成功路上的必修课,可以"增益其所不能"。创业者一定要有一种坚忍不拔、宠辱不惊的定力与意志,如果没有,那么一辈子给别人打工、做一个打工仔,或许是更合适的选择。

> **📖 小例子**
>
> - 乔布斯在斯坦福大学毕业典礼上的演讲中自述当年的穷困潦倒:"当我休学之后,我没有宿舍,所以我睡在友人家里的地板上,靠着回收可乐空罐的5先令退费买吃的,每个星期天晚上得走7里路绕过大半个镇去印度教的哈而·克里什那神庙吃顿好饭。追寻我的好奇与直觉,我所驻足的大部分事物,后来看来都成了无价之宝。"
> - 电话大王吴瑞林当初创业失败:"走在路上,平时笑脸相迎的乡邻竟然一夜之间形同陌路,不断有人在我身后指指点点。没多久,孩子们就哭着回家告诉我,老师把他们的位子从第一排调到最后一排去了,学校里的同学也不和他们玩了。"吴瑞林不得不带着家人,"选择了在一个月黑风高的深夜悄悄离开",离开了生他养他的故乡。
> - 指甲钳大王梁伯强一次次创业,一次次辛苦累积财富,而每一次点滴积累的财富最后总是被各种各样"莫名其妙的原因"剥夺,若是一般人早发疯了,可梁伯强都忍下了。现在他是一个成功者。

3) 眼界

对于创业者来说,必须见多识广。广博的见识,开阔的眼界,可以很有效地拉近自己与成功的距离,使创业活动少走弯路。眼界决定了创业者的创业思路。一般而言,创业者的创业思路有几个共同来源:一是职业;二是阅读;三是行路;四是交友。

4) 明势

明势的意思分两层,作为一个创业者,一要明势,二要明事。明势,创业者一定要跟对形势,要研究政策,这是大势。在政策方面,国家鼓励发展什么,限制发展什么,对创业之成败更有莫大的关系。做对了方向,顺着国家鼓励的层面努力,可能事半功倍;做反了方向,则一定会鸡飞蛋打。

5) 敏感

创业者的敏感是指对外界环境变化的敏感,尤其是对商业机会的快速反应。

6) 人脉

创业不是引"无源之水"、栽"无本之木"。创业需要资源,而其中最重要的是人脉资源,即创业者构建其人际关系网络或社会网络的能力。一个创业者如果不能在最短时间之内建立自己最广泛的人际网络,那么他的创业一定会非常艰难,即使其初期能够依靠领先技术或者自身素质,如吃苦耐劳或精打细算,获得某种程度上的成功,我们也可以断言他的事业一定做不大,正所谓有钱比不过"有人"。

创业者的人脉资源,第一是同学资源,第二是职业资源,第三是朋友资源。

7) 谋略

商场如战场,在产品同质化严重、市场有限、竞争激烈的情况下,创业者的智谋将在很大程度上决定其创业成败。谋略,说白了就是一种思维的方式,一种处理问题和解决问题的方法。对于创业者来说,智慧是不分等级的,它没有好坏、高明不高明的区别,只有好用不好用、适用不适用的问题。

8) 胆量

创业本身就是一项冒险活动,必然伴随风险,因而创业需要强大的心理承受能力,需要胆量、胆识。当年史玉柱在深圳开发M-6401桌面排版印刷系统,史玉柱的身上只剩下了4000元钱,他却向《计算机世界》定下了一个8400元的广告版面,唯一要求就是先刊广告后付钱。他的期限只有15天,前12天分文未进,第13天他收到了3笔汇款,总共是15 820元,两个月以后,他赚到10万元。史玉柱将10万元又全部投入做广告,4个月后,史玉柱成了百万富翁。这段故事至今为人们津津乐道,但是想一想,要是当时15天过去,史玉柱收来的钱不够付广告费呢?要是之后《计算机世界》再在报纸上发一个向史玉柱讨债的声明呢?我们大概永远也不会看到一个轰轰烈烈和一个"赌性"十足的史玉柱了。

创业需要胆量,需要冒险。冒险精神是创业家精神的一个重要组成部分,但创业毕竟不是赌博。冒险是这样一种东西,你经过努力,有可能得到,而且那东西值得你努力。否则,你只是冒进,死了都不值得。创业者一定要分清冒险与冒进的关系,无知的冒进是鲁莽和愚蠢,你的行为将变得毫无意义,并且惹人耻笑。

9) 分享

作为创业者,一定要懂得与他人分享。一个不懂得分享的创业者,不可能将事业做大,甚至创业尚未成功就"财聚人散"了。分享不是慷慨,对创业者来说,分享是明智。

📖 **小例子**

正泰集团的成长历史,有人说就是修鞋匠南存辉不断分享财富的历史。在南存辉的发家史上,曾经进行过4次大规模的股权分流,从最初持股100%,到后来只持有正泰股权的28%,每一次当南存辉将自己的股权稀释,将自己的股权拿出来,分流到别人口袋里去时,都伴随着企业的高速成长。但是南存辉觉得自己并没有吃亏,因为蛋糕做大了,自己的相对收益虽然少了,但是绝对收益却大大地提高了。

白手起家的郭凡生之所以成为亿万富翁,其成功的秘诀就在于懂得与人分享。慧聪公司是1991年创立的,1992年慧聪的章程里已经写入了劳动股份制的内容。学经济出身的郭凡生这样解释他的劳动股份制:"我们规定,慧聪公司的任何人分红不得超过企业总额的10%,董事会分红不得超过企业总额的30%。当时我在公司占有50%的股份,整个董事会占有的股份在70%以上,有20%是准备股，但是连续8年，慧聪把70%以上的现金分红分给了公司那些不持股的职工。"

郭凡生对中关村的企业和中国的高科技企业做不大自有一番高论："中关村企业有100万利润就分裂，有200万利润就打架，为什么做不大呢？就在于这个公司只有一个老板，老板拿走绝对的利益，而这个公司又不是靠老板的资本来推动发展的，当它的主体变为知识推动时，企业就要不断地分裂，所以中关村的企业做不大，中国的高技术企业做不大。"

10）自省

自省其实是一种学习能力。创业既然是一个不断摸索的过程，创业者就难免在此过程中不断地犯错误。自省，正是认识错误、改正错误的前提。对创业者来说，自省的过程就是学习的过程、进步的过程。成功创业者有一个共通之处，就是都非常善于学习，非常勇于进行自我反省。

一个创业者，遭遇挫折，碰上低潮都是常有的事，在这种时候，反省能力和自我反省精神能够很好地帮助你渡过难关。曾子说："吾日三省吾身。"对创业者来说，问题不是一日三省吾身、四省吾身，而是应该时时刻刻警醒、反省自己，唯有如此，才能时刻保持清醒。

📖 小故事

创业带头人和创业团队的核心素质

创业带头人：
- 学和教都既好又快
- 能坦然对付逆境，并且很快恢复过来
- 表现出正直、可靠、诚实的品质
- 建立创业文化和组织

团队的素质：
- 相关的经历和业绩记录
- 取胜的意愿
- 敬业、决心和恒心
- 对风险、不确定性的容忍度
- 创造力
- 团队的焦点和控制
- 适应性
- 执着于商机
- 领导
- 沟通

3. 大学生创业素质

创业者的成功各有千秋，学者们对创业者素质的界定也不尽相同，针对大学生自身特点，本书就心理、身体、能力等方面素质做出了总结。大学生如果想在大学毕业后开始艰苦的创业之路，应该在大学期间有意识地自我培养、自我锻炼、自我提升，为创业打下良好的基础。

1）心理素质

所谓心理素质是指创业者的心理条件，包括自我意识、性格、气质、情感等心理构成要素。作为创业者，他的自我意识特征应为自信和自主；他的性格应刚强、坚持、果断和开朗；他的情感应更富有理性色彩。成功的创业者大多是不以物喜，不以己悲。

> **小资料**
>
> 零点集团董事长袁岳认为，创业者最重要的资本是心理资本，敢于冒险，不安分，有坚持性，沉得住。
>
> 2002年11月的一期《哈佛商业评论》在《你能成为创业者吗》一文中，提炼出了测试人们是否具有创业潜质的"PH试纸"。
>
> 该文通过5个问题来了解创业者的特质：你是否能灵活地运用规则；你能否和强大的竞争对手竞争；你是否有耐心从小事做起；你是否愿意迅速调整战略；你是否善于达成交易。

创业者需要具备成就动机、自信、执着、高情商、冒险精神等特质，这些特质是多年生活中沉淀下来的，对创业行为有着深远影响。

(1) 成就动机。所谓成就动机，是个体追求自认为重要、有价值的工作，并使之达到完美状态的动机，即一种以高标准要求自己力求成功取得目标的内在动力。创业者是不甘于平庸的一个群体，他们具备很高的成就动机，并且勇于接受挑战和考验，希望创造出一番事业。

美国哈佛大学教授戴维•麦克利兰在创业文献中建立了成就需要结构，指出高成就需要个体奋力去寻求创业角色而不是其他管理角色，满足个体需求。麦克利兰采用了来自美国、意大利和波兰的大量样本，研究表明创业是将成就动机转化成经济增长和发展的活动。据研究，创业企业家的成就动机比一般人高，而且成功的创业企业家大多具有高度的成就动机。

余安邦、杨国枢研究建立一个成就动机的概念模式，并进而发展出适合中国企业家心理特征调查研究架构与方法的人的成就动机的量表，包含社会取向成就动机和个人取向成就动机两个分量表。社会取向成就动机指个人的成就价值主要来自于他人或他所属的团体价值，未将价值充分内化为个人价值系统的一部分；个人取向成就则是指个人对于成就价值观念内化较强，成就价值已是个人系统的一部分，成就的意义、好坏并非决定于他人，而是创业的关键第一步。

(2) 自信。产生自信心是指不断地超越自己，产生一种来源于内心深处的最强大力量的过程。成就事业就要有自信，有了自信才能产生勇气和毅力，困难才有可能被战胜，目标才可能达到。但是自信绝非自负，更非痴妄，自信唯有建筑在诚实和自强不息的基础之上才有意义。大学生创业者需要建立对自己的信心和对创业成功的信心，这两种信心需要在不断完成任务的过程中得以强化。心理学有很多方法和技巧可以让人更加自信，但归根结底自信是源自实力，而不是简单的成功学激励，只有自己的知识和能力达到了一定水平才是真实的自信，因此需要在不断取得进步的过程中一点一点地构建。

(3) 执着。正如比尔•盖茨所说，巨大的成功靠的不是力量而是韧性，社会竞争常常是持久力的竞争，创业的成功是大浪淘沙的结果，"胜者为王"，唯有有恒心和毅力的成功者才会笑到最后。"创业的过程，漫长而艰苦，充满了风险和各种各样的地雷，所以你要蹚过去，靠的不是对于财富的渴望，靠的是对自己心中梦想的执着。"

新东方教育科技集团董事徐小平说，曾国藩"屡败屡战"的故事说明了执着的品质对于成功的意义。屡败屡战说的是一个过程，成败还没有定论，这就是一种执着的精神。执着的品质是当代大学生群体比较缺乏的，20世纪80年代以后相对安逸的家庭环境，以及一直在校园中学习，年青一代很少经历挫折和大风大浪。因此，有志于创业的大学生要有意识地培养自己执着的品质，可以从任何小事做起，坚持做较长的一段时间，例如坚持每天写一篇日记，每天读50页书，每天锻炼30分钟等任务，既达成了计划的目标，又培养了执着的精神。

(4) 情商。"情商之父"丹尼尔·戈尔曼认为一个人的成功，IQ的作用只占20%，其余80%是EQ的因素。情商包括5个方面：了解自我、自我管理、自我激励、认识他人情绪、人际关系能力。情商和领导力有比较大的关联，提高情商有助于领导水平的提高。

大学生创业者可以从5个方面来提高自己的情商：①了解自我，知道自己是个什么样的人，最好请别人给你客观的反馈；②控制情绪，遇到任何事情先冷静思考，深呼吸或数数来避免情绪爆发，明白情绪化无助于解决问题；③换位思考，改变以自我为中心的思维，从对方的角度来思考和理解别人的想法；④保持积极上进的心态，克服悲观情绪的困扰；⑤学习和掌握沟通技巧，训练表达能力。

(5) 冒险。只要从事创业活动，就必然会有某种风险伴随，且事业的范围和规模越大，取得的成就越大，伴随的风险也越大，需要承受风险的心理负担也就越大。然而，与经济学中效用函数所推导出的风险态度不同的是，风险承担所衡量的是个人对风险的态度，亦即对风险的嫌恶程度。

一般而言，大多数人认为创业者是风险的爱好者；然而从研究得知，创业者只是适当地承担风险。也就是说，创业者应该被称为风险承担者，而并不是大众所认知的风险追求者。因为创业者不会寻求高风险事业，但是他们愿意承担新创事业的应有、适当、合理的以及估计过的风险。因为不论是企业的基本精神，还是创业企业家的基本特征，都需要具有风险承担倾向，愿意冒险，甚至是冒着失败的风险，也要勇于承担风险，追求利润。

(6) 内外控制源。控制源最早是由社会理论家罗特和弗瑞斯提出并进行研究的。它是指人们对行为原因的一般性看法。控制源被划分为两个维度，即内控与外控。内控者倾向于把自己的成败归因于自身因素，而外控者常把行为的后果看成机遇、运气或超出自身能力之外的外部力量所决定的。研究表明，创业者宁愿采用并支持明白无误的规则而不愿把事情归咎于一些外在因素。有文献报道，内在控制是创业者的心理特征之一。

(7) 个人主动性。个人主动性这个概念最早是由国际应用心理学会主席弗里斯教授在20世纪90年代提出的。有研究表明，个人主动性水平高者能充分利用挑战和机会，甚至能在这些基础上进行创造，能积极参与一个正在飞速发展的世界。个人主动性可以作为协调人类资源管理系统和组织绩效的一个因素，个人主动性水平高者更易投入到新工作的创新上。

弗里斯认为，相对非创业者来说，创业者在个人主动性上的得分更高并更能克服困难。库普等人还发现个人主动性与创业的成败有一定的关系。

2) 身体素质

所谓身体素质是指身体健康、体力充沛、精力旺盛、思路敏捷。现代小企业的创业与经营是艰苦而复杂的，创业者工作繁忙、时间长、压力大，如果身体不好，必然力不从心、难以承受创业重任。

此外，创业者需要有良好的身体素质来做基础，革命的本钱要在年轻的时候就存好，待到创业过程中就能发挥最大作用。

📖 小例子

零点集团的董事长袁岳认为创业并不是有智慧就可以了，创业在本质上是拼身体、拼心理、拼耐力与拼人脉。

袁岳认为大学生创业的首要条件就是创业的大学生身体要超级好，能做到天天出操，再去创业。

"创业和早上出操有什么关系?"袁岳是这么回答的:"如果你因为老师没有要求你做到天天出操就不这样做,那么创业也不是老师要求的。连天天坚持出操都做不到的人,要干每天都出摊的创业更是纸上谈兵。"

此外,创业是一件非常辛苦的事情,"没有好身体,不仅自己会死得很快,连创立的企业也会死得很快"。一般创业者都要经受超过常人的工作负荷和心理负担,如履薄冰地经营企业,身体素质的好坏就决定了创业能够走多远。我们经常会听到一些企业家年纪不大就突然去世了,也时常听到一些高科技行业的精英英年早逝,这都是沉重的代价。大学生创业者在读书期间是锻炼身体的最好时期,有时间也有良好的设施环境去锻炼。

每个创业者都可以培养自己某项或几项运动的兴趣爱好,还能在锻炼过程中拓展人脉、学会团队合作和提升领导力。

> 📖 **小例子**
>
> 国内知名的企业家中有不少重视体育锻炼的,例如柳传志坚持长跑,几经商海沉浮的史玉柱在浙江大学读书时就经常环绕西湖跑步,大学里锻炼出来的身体和心理素质支撑了他人生的起伏;台湾地区经营之神王永庆也非常热衷于跑步,甚至在80多岁高龄时还坚持跑步锻炼。

3) 知识素质

创业者的知识素质对创业起着举足轻重的作用。创业者要进行创造性思维,要做出正确决策,必须掌握广博的知识,具有一专多能的知识结构。具体来说,创业者应该具备行业知识、商业知识和综合知识这三类知识。

大学生创业者必须具备行业知识、商业知识和综合知识这三类知识,行业知识是选择创业机会的基础,掌握商业知识能够知道企业的经营管理,综合知识则是建立良好社会关系的基础。

(1) 行业知识。大学生创业者必须对所要进入的行业有相当深入的了解,这是寻找和把握创业机会的关键。在你准备创业的时候,有必要全面了解行业的发展历程、现状、前沿趋势与竞争格局,透彻理解市场需求的情况,尤其要从顾客角度来理解行业知识,进而了解行业内的成功案例,熟悉相关的产品服务以及技术知识。

创业者可以通过4种方式来学习行业知识:①阅读行业内有影响力的著作和杂志;②向行业内知名的专家和企业家学习,阅读他们的博客和发表的文章;③到行业知名网站上了解最新资讯,借鉴别人的成功经验,虚心向前辈请教;④结交行业内人士,通过行业活动或俱乐部等方式接触业内人士,向内行学习经验和探讨疑难问题。互联网上有着非常丰富的相关资讯,大学生对网络的熟练运用,为他们研究和学习行业知识提供了良好的基础。

(2) 商业知识。创业团队有必要掌握市场营销、财务管理、法律、决策、谈判与商务礼仪等涉及商务方面的基本知识,这是经营管理中需要掌握的技能。大学生创业者学习商业知识的方法主要是从书本中学习,其次是从实践中学习和向成功企业家学习。

一些人(尤其是技术型的创业者)轻视商业知识的用处,一些过于强调实践的人则错误地认为书本理论不实用,以为实践才是最好的学习方式。事实上,间接经验远比直接经验重要,关键是要学到货真价实的知识和理论,最优秀的创业者和管理者正是那些善于学习理论的人,他们从科学的理论中得到指导自己创业的方法和工具。有一些很出色的商业刊物,推荐给创业者们:《哈佛商业评论》是全球商业领域顶尖的思想宝库;《商学院》《中国企业家》《世界经理人》《创业家》《销售与市场》等特色杂志也值得阅读。

(3) 综合知识。毋庸置疑，国内应试教育的制度环境和文化在客观上造成大学生的知识面受到很大局限，以至于很多大学生在走上职业生涯之后相当一段时间难以与社会里的人进行顺畅沟通，因为大学生对生活中的沟通话题了解太少或者过于僵化，而这些话题知识是学校里不曾教的，需要大学生自己敏锐地发现、感悟和学习。

在商务交往中有一个现象，人与人之间的非正式沟通比正式沟通花的时间还要长，大约占到了70%的比重，话题知识的掌握就直接决定了这大部分时间的沟通效果。创业者们有必要对一些沟通话题有兴趣，并且要"有涵养"，如子女教育、健康、投资理财、历史文化、休闲旅游、汽车、体育运动、时尚科技等。综合知识的学习需要日积月累，大学生可以从自己最感兴趣的内容入手拓展综合知识。

4) 能力素质

创业者至少应具有如下能力：创新能力、学习能力、交际能力和领导能力。

(1) 创新能力。创新是创业者发掘机会、将机会转化成市场概念的过程，创新能力是创业者必备的素质能力。创业者需要不断训练自己的创新思维，越早开始越好。日本管理大师大前研一还在麦肯锡咨询公司工作的时候，就用每天上班坐电车的时间来思考电车上的十几条广告，思考有什么更好的广告语，要是自己来做这个广告会怎么做等，这样训练出他卓越的创新思维能力和思考的习惯。

(2) 学习能力。人类社会进入了知识经济时代，人们创造的知识总量也越来越多，知识与技术的更新越来越快；正如摩尔定律所预示的，新技术新产品的生命周期越来越短。因此，需要快速地学习、不断地学习，才能跟上知识潮流的步伐并力争引领潮头。

创业的道路上充满了未知，没有完全的经验可以照搬，创业者只有在书本与实践中不断地学习、思考，才能成长起来。虽然大学生在学校学习了十多年，但不代表你真正具备了学习的能力，因为创业者需要的学习能力，比一般的学习更具有"功利性"，例如重在掌握知识的逻辑演绎，并且能够灵活重组或创造性地运用所学内容于实际中遇到的问题。

大学生在提升学习能力上可以采用三个方法：①写读书笔记，将学到的知识形成自己的思考；②将书中内容用自己的语言讲给别人听(通过博客、杂志包括企业内刊或行业刊物等发表)，有助于升华思想和深度思考；③将书中的方法和技巧用于实践，每天有意识地训练自己采用所学方法，并在实践中检验它们，甚至开发出新的更好的方法，达到超越书本的境界，真正学以致用。

(3) 交际能力。人际交往能力是创业者不可或缺的能力之一。有一种流行的说法：一个人能否成功，不在于你知道什么，而在于你认识谁。人际交往能力强的人，可以在关系网络中穿梭自如，解决别人难以解决的问题，大大提高工作效率，也能与周围的伙伴愉快地合作，从而产生强大的凝聚力。

创业者需要深刻理解商业社会人际关系的核心原则是互利双赢，人际关系稳固的根基则是信誉，这是人际关系可持续发展的基本保障。大学生创业者需要从进入大学校园开始就有意识地提升自己的人际能力，除了多参加社团与社会实践活动以外，还有一些操练的方法，例如每周结交一个陌生人，并且有意识地不断提高结交的质量，逐步拓展人脉关系。

(4) 领导能力。创业者需要具备和谐的领导力。领导能力可以理解为一系列行为的组合，这些行为将激励人们追随领导人要去的地方。在组织中各个层次我们都可以看到领导力，这是事业有序经营的核心。

创业团队一定要有一个灵魂人物，他可以指引方向、凝聚人心和协调团队成员。创业型企业初期的管理通常是不规范的，需要创业团队不计较个人得失的付出，这就需要领袖人物来引领和激励大家共同前行，众志成城克服创业过程中的种种困难。

大学生创业者需要在学校和工作中有意识地训练自己的领导能力，逐渐建立自己的影响力，也就是建立别人对你的依赖，让别人愿意追随你，为构建创业团队打基础。

大学生首先要成为一名杰出的追随者，然后向领导者学习领导之道，最后自己在模仿中学习成为优秀的领导者。

美国社会心理学家罗伯特·西奥迪尼的著作《影响力》中提出了建立影响力的六大核心原理：互惠、承诺、社会认同、喜好、权威和短缺。

当然，这并不是要求创业者必须完全具备以上这些素质才能去创业，但创业者本人要有不断提高自身素质的自觉性和实际行动。

提高素质的途径：一靠学习，二靠改造。要想成为一个成功的创业者，就要做一个终身学习者和改造自我者。

哈佛大学拉克教授讲过这样一段话："创业对大多数人而言是一件极具诱惑的事情，同时也是一件极具挑战的事。不是人人都能成功，也并非想象中那么困难。但任何一个梦想成功的人，倘若他知道创业需要策划、技术及创意的观念，那么成功已离他不远了。"

5.3.3 创业团队

1. 创业团队概念

1）创业团队

学者对创业团队有许多不同的定义，卡姆、舒曼、西格和纽里克将创业团队定义为两个或以上有共同的经济利益而最初建立公司的人。库尼对创业团队定义中的"最初建立"和"共同的经济利益"提出了质疑，他将创业团队定义得更为广泛，认为创业团队是两个或以上有明显的经济利益关系并共同发展企业的个体。他认为创业团队并不一定是最初建立公司的人，也不一定具有完全共同的经济利益，而是有相似的经济利益的人。克拉金和罗萨定义了两类创业团队：第一类创业团队是某个具备一定素质的创业者个体创建企业，而其他的团队成员接受作为从属管理的角色；第二类创业团队是由几个从事财富创造的个体组成，这些个体分别从事新观点的不同分支，并能够整合资源和相互协商。

国内学者对创业团队的概念进行界定的研究比较少，多是对国外的定义进行综述和分类，也有少量学者在国外定义的基础上尝试着对创业团队提出自己的定义。汪良军从创业团队所有权的角度将创业团队界定为"两个或以上的创业团队是指在创业初期（包括企业成立前和成立早期），由一群才能互补、责任共担、愿为共同的创业目标而奋斗的人所组成的特殊群体。个体联合创建一个企业，并且他们在新创企业中拥有各自的股份"，并且在库珀和达利的创业团队定义的基础上指出创业团队共享的承诺可以理解为股份和财务利益。

综上所述，创业团队可以从两个层面理解。狭义的创业团队是指有着共同目的、共享创业收益、共担创业风险的一群经营新成立的营利性组织的人，他们提供一种新的产品或服务，为社会提供新增价值；广义的创业团队不仅包含狭义创业团队，还包括与创业过程有关的各种利益相关者，如风险投资商、供应商、专家咨询群体。

2）大学生组建创业团队的意义

创业团队是指有着共同目标的两个或两个以上的个体形成的，一起从事创业活动，建立起一个新创企业的团队。这个团队在创业初期(包括企业成立前和成立早期),是由一群才能互补、责任共担、愿为共同的创业目标而奋斗的人所组成的特殊群体。

一般而言,创业团队由四大要素组成:①目标,是将人们的努力凝聚起来的重要因素,从本质上来说组建创业团队的目的就是为了实现团队的共同目标;②人员,任何商业计划的实施最终是要靠团队成员去完成的,团队的每个成员作为知识的载体,所拥有的知识对创业团队的贡献程度将决定企业在市场中的命运;③团队成员的角色分配,明确团队成员在新创企业中担任的职务和承担的责任;④创业计划,即制订成员在不同阶段分别要做哪些工作以及怎样做的指导计划。

2. 创业团队优劣势分析

1) 创业团队的优势分析

(1) 创业资源更丰富。创业需要创业资源来支持,创业所需的知识、技术、资金和经验等创业资源都是影响创业的重要因素。获取创业资源的难易程度也直接影响创业绩效。没有足够的创业资源来支持,创业者就不能做出创业的高绩效行为。

创业是一项高风险性的活动,风险伴随着整个创业活动,创业团队时时刻刻面临着创业风险,面对着充满创业风险的创业环境。创业团队人多力量大,在新创企业成立的时候可以获得大量的资金、技术和经验,抗风险能力大。若创业资源丰富,则有利于把握一些风险较大但收益较高的创业机会。

创业团队需要具备方方面面的能力以应付创业的需求。一般认为,技术、市场、生产和营销方面的技能是创业团队的必备技能。创业团队需要掌握创业所需的专业技能,很多创业活动都是因为掌握了关键的新技术,能够为消费者提供新的商品和服务而创立的,所以创业团队技术方面的技能是必不可少的。创业团队要发现创业机会并对之进行汇总评估、做出正确的创业决策,创业环境时刻在变化,市场信息瞬息万变,创业机会稍纵即逝,所以有关市场的技能是必备的。创业的实现离不开生产和管理,这方面的专业也是团队不可少的技能之一。创业提供的商品和服务要得到消费者的认可,必要的营销和销售技能也是必不可少的。

(2) 信息收集更全面。做出创业决策时要收集比较全面的信息。创业者之所以寻求团队合作,是因为要弥补创业目标与自身能力间的差距。团队成员只有相互间在知识、技能、经验等方面实现互补,才有可能通过相互协作发挥出"1+1>2"的协同效应。创业团队的团队成员具备不同的专业技能,具有不同的工作背景,团队在创业时,收集的相关信息比较全面,更为周全。

"三个臭皮匠,顶个诸葛亮",团队的结构是创业团队的重要资源。库珀和达利认为如果创业团队成员在技能、知识和能力上互补,团队将实现高效。众多研究表明,创业团队在技能上的异质性能够改善新创企业的绩效。班特利和杰克逊认为:高层管理团队拥有更多样化的能力构成,将做出更具创新性和高质量的决策。默里进一步对技能异质性的内容进行了研究,认为技能的异质性来自成员的教育背景、行业、职业和工作背景这四个方面,并认为高管团队的异质性与公司绩效正相关。创业团队的结构组成会很大程度上影响团队的绩效和创业的绩效。

(3) 群体做出创业决策可以避免个人冲动。创业团队的决策行为是创业团队在创业过程中做出一系列决策的行为。平等的决策行为模式是每个创业团队成员的意见均被作为参考,这类决策模式有利于全面地考虑。

决策问题,在获得全面决策信息的基础上做出最终决策。这类决策的质量相对较高:一方面由于决策的信息丰富,决策的质量相对较高;另一方面因为是平等型的决策模式,所有团队角色均参与并且意见被尊重,所以决策结果容易被团队接受,决策的认可度会较高,可以避免个人冲动。

2) 创业团队的劣势分析

(1) 团队成员个性不合带来风险。因为经验、友谊和共同兴趣结成合作伙伴，发现商业机会后共同创业的例子比比皆是。这种关系驱动的模式比较适用中国文化的特点，其团队的稳定性相对较高。但人际交集往往会掩盖团队成员性格上的差异、处理问题的态度，关系的远近亲疏也经常会成为制约团队发展的瓶颈。如果创业成员之间因为性格、个性、兴趣不合，很容易导致创业磨合期就出现分歧甚至分裂，引发团队解散的风险。

(2) 利益分配争议带来风险。曹垣亮对200多位创业者"创业管理调查"表明，团队散伙排在前三位的原因是团队矛盾(26%)、利益分配(15%)、有效沟通(12%)。团队矛盾的背后或多或少有利益的成分，前两项合计占41%，而被竞争对手打败的只有1%。

很多中小民营企业的创业团队在发展初期，或者是没有考虑到，或者是碍于面子没有明确提出未来具体的利益分配方案，等到企业规模扩大时就开始为利益怎么分配而争执了。

📖 小故事

无锡尚德太阳能电力有限公司在创业初始的两年里一直处于亏损状态，后来业务稍有起色，就因为利润分配方案不完善，五个人的创业团队走了四人，只剩下施正荣独立支撑尚德公司，而且离开的四人后来均进入了光伏电池行业，成为尚德的竞争对手。

可见，利益分配对于创业团队有着重要影响。

(3) 团队成员经营理念不同带来风险。创业之初团队成员选择难免出现随意性和偶然性，或是在团队中承担某种角色的人才过多，团队成员之间角色和优势重复；或是团队成员的经营理念、处理问题方式不一致，团队思想不统一；或是随着企业的成长，有些成员能力难以适应更大规模、更规范的企业经营管理的需要，都会引发各种矛盾，最终导致整个创业团队的散伙。

📖 小故事

一个典型的例子就是联想的倪光南和柳传志。

柳传志是一位有科技背景的企业管理者，而倪光南是一名著名的科学家，他们的分歧是经营理念的不一致，柳传志是以市场为导向，而倪光南是以技术为导向，这一根本的分歧导致了曾被誉为"中关村最佳拍档"的联想创业组合的分裂。

(4) 目标不一致带来风险。创业初期，创业团队的目标一般并不十分清晰和明确，随着创业的进程以及外界环境的变化，团队成员可能会发现原先确定的目标和现实之间存在差距。此时如果团队成员之间缺乏沟通，意见难以调和，或是个人目标与组织目标出现较大的不一致，甚至有些成员不认可公司的目标和策略，价值观出现冲突，那么团队就面临着解散的风险。

3. 组建创业团队的原则

在组建创业团队时一般应该遵循以下基本原则。

(1) 目标明确合理原则。明确的目标使团队的任务方向明晰，避免迷失方向或者大家目标不一致。合理的目标是指经过大家的努力协作可以达成的目标。在创业初期定的目标过高，不切实际，容易使团队失去信心。目标定得过低，团队成员容易丧失斗志与激情。

(2) 计划实际可行原则。计划可行要求责任落实到个人、计划落实到具体细节，存在明确的时间期限、可支配资源、明确的控制指标及改进的措施。

(3) 分工职责明确原则。创业工作的复杂性以及个人能力限制决定了一个人从事创业的所有工作,而应该根据成员的特点进行分工,扬长避短。分工明确的最佳状态是所有工作都有人做,成员间的工作不交叉重复,所有工作都由最佳人选做。职责明晰要求每个成员清晰自己的职权范围以及承担的工作责任。不仅如此,每个成员的责权利方面的信息都应该成为准公共知识,这样有助于降低交易成本,提高组织效率。

(4) 团队动态调整原则。没有一个企业的团队创建之后就固守已有的规模及人员组成。"路遥知马力,日久见人心",创业过程中往往存在某些团队成员不适合团队文化,达不到标准的成员可能致使整个团队人心涣散。再者不乏存在成员在创业的过程中会因为自身原因需要退出队伍。所以要做好团队成员动态调整的准备,适时引进更适合的人才加入团队。

(5) 人员互补匹配原则。这一原则是组建创业团队时最重要的一个原则。从人力资源管理的角度来看。建立优势互补的创业团队是保持创业团队稳定的关键。在创建一个团队的时候。不仅仅要考虑成员相互之间的人际关系、亲情关系,更重要的是考虑成员之间在能力上和技术上的互补性。

4. 创业团队的管理技巧和策略

1) 建立信任

信任,作为高素质团队的起点,能制约和推动团队的发展。团队能不能飞跃,首先看在团队中团队成员间能不能建立起相互的信任。

信任是合作的基础。对于一个团队而言,团队成员是相互信赖的,且团队合作往往是建立在信任而非利益的基础上。尤其在现今的工业社会中,虽然信任与合作正朝着一体化的方向发展,但是合作是以相互信任为前提的,没有信任,就难以产生合作的基础。可以说,信任是一个高效团队成功的关键因素。信任即彼此独立,有效率,有吸引力,共同承担责任,相互鼓励和信任。现实中,团队的失败大多也被归纳为内部缺乏信任,团队成员对领导的不信任是团队失败的主要原因。

> 📖 **小资料**
>
> 威尔逊和乔治在《团队领导生存手册》中指出,要建立团队内的信任,团队领导者应注意做好以下9个方面:
> ① 必须知道自己所做的事是否对建立团队内部的信任有意义;
> ② 能识别同伴间的不信任以及不信任对团队的不良影响;
> ③ 要知道如何避免信任陷阱,如随便猜疑别人、掩饰自己、不守承诺、打击报信人、混淆信息、糖衣炮弹等;
> ④ 在陷入信任陷阱时,有自己信任和尊重的人来提醒自己;
> ⑤ 坦率表达自己的看法;
> ⑥ 善于倾听别人的谈话;
> ⑦ 适当的时候,承认自己不全知道所有的解决办法;
> ⑧ 让别人提供反馈意见,同时要对他们的意见做出合理的、恰当的反馈;
> ⑨ 要告诉别人,你是非常信任他们的。

信任也需要相互监督。信任无疑能提高组织成员的积极性、满意度,有效地提升组织创新、生存能力,然而,信任也有成本,一旦信任被利用了,高得可怕的信任成本便显示出极强的破坏力,因为没有约束的信任将伴随着风险。

小案例

不离不弃的创业团队

外界常常用"沉浮""动荡"来形容对史玉柱团队的印象,但谁也不能否认其"嫡系"十分稳固。陈国、费拥军、刘伟和程晨被称为史玉柱的"四个火枪手",史玉柱在一次创业初期,身边人很长一段时间没领到一分钱工资,但这四人始终不离不弃,一直追随左右。

据刘伟的介绍,尽管经历了巨人公司数年的停业,但脑白金分公司的经理有一半都是最初跟随史玉柱起家的人马,这些人在脑白金已工作六七年,而脑白金和征途的多数副总更是早在1992—1994年期间便是巨人公司的员工。

人们的疑惑在于,史玉柱这位出身于技术而又近乎偏执的独裁者,何以在"巨人"倒下之时,整个团队二十余人几乎都没有离开他,却追随他蛰伏了数年而后东山再起?从最早的计算机产品到保健品,再到现在的网游,几乎是同一帮人马在策划运作。究竟是什么原因使这批人才聚集在这个"鬼"才身边呢?

作为史玉柱"新嫡系"的征途项目负责人纪学锋,是史玉柱成立征途公司时挖来的第一批网游骨干之一,他的看法是"公司各方面都很开明、公平,只要有实力,就会有机会。在管理上不会拘泥于太多的规则,大家做事的时候拼命做,小事则不拘泥于细节,整个过程能够让人实现个人价值。很多企业包括外企规则管理,都把人管得太死"。巨人大厦失败后,对于怎样维系团队的奋斗向上、保证企业的向前发展,史玉柱的做法是:不定目标,缜密论证,步步推进,一咬到底。这一习惯贯穿着征途两年多的发展轨迹。

脑白金2001年销量突破了13亿元,史玉柱随即授权大学时睡在他上铺、时任上海健特总经理的陈国打理日常事务。翌年,陈国发生车祸。据知情人士透露,当时史玉柱正在兰州开会,连夜飞回上海,赶到医院时陈国已奄奄一息。和巨人的倒掉相比,这件事对于史玉柱的打击同样巨大,公司把所有业务全都停掉,专门处理陈国的后事。史玉柱在后来回忆时表示,那是一种"断臂之痛"。从此,史玉柱对车要求很高,"以坐SUV为主,另外加了一条规定,干部离开上海禁止自己驾车",他和公司高层每年清明都要去给陈国扫墓。

史玉柱没有在陈国去世后重新接管脑白金,而是将担子交给了文秘出身的刘伟。"刘伟做上海健特副总,她分管的那一块,花钱就是比别人少很多。"史玉柱说,"跟了我十几年,没有在经济上犯过一回错,我自然非常相信她。"刘伟表示,自己虽然能叫出这300多个县、市、省办事处经理的名字,但具体管理还需要史玉柱提供思想和方法。

史玉柱力求让每一个员工明白,评价业绩"最终凭的是功劳而不是苦劳"。公司只有一个考核标准,就是量化的结果。正是以结果论英雄,他才练就了一个强有力的队伍。他用人的一个原则是"坚决不用空降兵,只提拔内部系统培养的人"。他认定的理由是,内部人员毕竟对企业文化的理解和传承更到位,并且执行力相对更有保障。对于一个商业模式定型、管理到位的企业来说,执行的保障比创造的超越更为重要。从这个角度来讲,史玉柱是个典型且极端的实用主义者。

在检讨巨人集团失败的教训时,史玉柱曾表示,原来公司董事会是个空壳,决策就是由自己一人说了算,认识到了"决策权过度集中,危险很大"。

今天,这位自诩为"著名的失败者"的成功者似乎已经洗心革面,他说:"独裁专断是不会了,现在不管有什么不同想法,我都会充分尊重手下人的意见。"

由此,他成立了七人投资委员会,任何一个项目,只要赞成票不过半数就一定放弃,否决率高达2/3。

2) 合理授权

管理学专家彼特·史坦普说过，成功的企业领导不仅是控权高手，更是授权高手。

随着团队的建设和发展，领导者要通过合理授权，让团队成员分担责任，使团队成员更多地参与项目的决策过程，允许个人或小组以自己的更灵活的方式开展工作。其目标和意义如下。

(1) 通过灵活授权，显示领导者对团队成员的信任，也给团队成员学习与成长的空间。这种信任可以奠定团队信任的基础，也是团队精神存在于领导者与团队之间的体现。

(2) 合理授权有利于充分发挥团队队员的积极性和创造性。每个人都有实现自我价值的愿望。每一项工作的成功，不仅是领导管理的成功，更是所有实现自我价值的团队成员的成功。

(3) 合理授权有利于及时决策。一方面，团队成员在自己授权范围内可根据内外部环境的变化及时决策；另一方面，通过灵活授权，领导者逐渐将工作重点转向关键点控制、目标控制和过程控制。

3) 积极沟通、善于倾听

沟通是信息交流的重要手段，它就像一座桥梁，连接着不同的人、不同的文化和不同的理念。良好、有效的沟通能让交流的双方充分理解，达成共识。美国著名未来学家奈斯比特曾指出"未来竞争是管理的竞争，竞争的焦点在每一个社会组织内部成员之间及其外部组织的有效沟通上"。

团队成员之间的有效沟通是任何团队管理艺术的精髓。倾听是这个世界上最美的行为。团队成员之间需要沟通、交流、协作共事，善不善于倾听，不仅体现着一个人的道德修养，而且还关系到能否与他人建立一种正常、和谐的人际关系。

请记住，倾听是一首歌，是团结之歌、友爱之歌、和谐之歌。

4) 考核管理、赏罚分明

绩效考核是现代组织不可或缺的管理工具之一，它是一种周期性检查与评估团队成员工作表现的管理系统。有效的绩效考核，不仅能确定每位团队成员对组织的贡献或不足，还可以在整体上为组织的人力资源管理提供客观的评估资料，为公平合理地付酬劳给团队成员提供客观依据，从而提升团队成员的工作绩效。

坚持赏罚分明的原则意味着在涉及团队成员的个人利益时要坚持公平、公正和公开的分配原则，该奖赏的要奖赏，该惩罚的时候要惩罚。在涉及惩罚团队成员的问题时经常会碰到这样一种情况。

创业初期，创业团队的成员大多是同学、朋友等熟人，但是创业团队经过一段时间的运作之后会发现团队的运作并没有想象中的那样顺利，可能会产生有的人或许不能认同企业的经营理念，或许有的人想"自立门户"，或许有的人工作时心不在焉，想逃避责任，或许有的人做事情根本就不称职等情况。因此，经过一段时间的磨合之后，创业团队都要经过一个痛苦的"洗牌"过程，而对团队成员最严厉的惩罚恐怕就是将他"踢出"这个团队了。这种情况并非是团队的创立者希望看到的，很多情况下碍于情面，将某些团队成员"踢出"团队可能更是一种左右为难的选择。事实上，即使对于最富经验的职业经理人，他们最怕的事情就是解雇员工。

请记住，对于创业企业，在创业初期碰到这种问题要有果断换人和"洗牌"的勇气。

5) 共同学习

进入21世纪，随着科技的进步和知识更新速度的加快，无论是哪一种类型的团队，要想成为一支能够打硬仗、素质过人的高效能团队，归根结底还是要"打铁还须自身硬"，团队成员需要不断地给自己充电学习，弥补知识与技能上的不足。

要让团队成员在组织内通过团队学习，实现知识共享。实现个人学习向团队学习的飞跃，首先要实现每个人获得的新知识都能快捷地与团队其他成员分享。知识不会因为传播而减少，交流和分享却能使整个团队的集体智慧增加。尤其在知识经济时代，团队竞争就是学习速度的竞争。个人学习的成果，若不经团队学习的过程，就只是个人知识的增长，无法形成团队整体的学习力和竞争优势；相反，个人通过团队学习，实现成员的知识共享，就能快速提高团队的知识总量和集体智慧，增强企业竞争力。

📖 小故事

我的三次合作创业经历

我曾经历三次创业合作。

- 第一次合作。2003年6月，我刚刚从公司下来，带着一个同事合作，做起了一个项目的代理。我们资金合在一起，他因为还要上班，我负责整个经营，他负责财务，期间遇到很多从没有遇到的问题，我们一起协商解决，在困难时确实感觉到合作的力量，至少在面对问题时商量的人多，智慧就多，问题就好解决。我们做得非常好，同行开始败落，我们成为最后的胜利者。
- 第二次合作。2004年10月份，随着我们合作发展的不断进步，我的其他朋友要求一起参与，做全国市场。因为各种原因，由我的一个朋友做法人，全权负责经营，他不懂得我们这块业务，导致合作过程中出现一系列问题：分工不明确，合作没有书面严格的原则要求，出现外行管理内行、合作不信任、运作不踏实、内部缺乏监督制约等，带来很大的风险与危机，结果一步步走向失败。
- 第三次合作。我们组建了股份公司，在吸取第二次合作失败的基础上，我选择的合作伙伴虽然比较精明多疑，但是我们在合作前制定了协议，大家必须遵守制度。虽然多次发生股东意见分歧，但是面对原则，谁也不敢动。运营开始慢慢好转，现在我们的项目已经打开全国市场，并且地方市场也在好转。

下面我们总结一下这三次合作。

第一次合作2人，简单约定，一个负责全面，一个负责财务，经营得很好。其主要是分工明确，处理好合作的原则问题，财务互相监督，分配规则大家意见一致。

第二次合作5人。老总不是内行，作风松散，合作前只有股权分配办法，没有发展的纲要，没有良好的监督以及预算机制，不能很好地协调与制约，出现几个人一起管理，失败是难免的。

第三次合作3人，合作伙伴各有特长。外行是大股东，刚开始主要全盘操控市场，但是因为合作前达成协议，对于企业发展不能提出好的发展方案、没有解决问题的能力，就自动退出管理层。此外，财务等各项监督机制完善，各股东明确自己的专职，严格遵守协议原则规定的内容，保证了市场开拓的通畅。

结论

创业团队人员多少不是成败的关键因素。

关键因素是：①合作原则要明确，要能够互相监督、股权分配、财务清晰；②能者上，庸者让；③合作应当尽可能做到优势互补、资源共享。

5.4 【创业人物】马云(阿里巴巴)

马云,中国著名企业家,阿里巴巴集团主要创始人,现担任阿里巴巴集团董事局主席、日本软银董事、大自然保护协会中国理事会主席兼全球董事会成员、华谊兄弟董事、生命科学突破奖基金会董事、联合国数字合作高级别小组联合主席。

1988年,马云从杭州师范学院外语系英语专业毕业后去了杭州电子工业学院,任英文及国际贸易讲师。马云很快成为杭州优秀青年教师,发起西湖边上第一个英语角,开始在杭州翻译界有了一定的名气。很多人来请马云做翻译,马云做不过来,于1992年成立海博翻译社,请退休老师做翻译。海博翻译社第一个月全部收入700元,房租2000元。为生存下去,马云背着大麻袋到义乌、广州去进货,海博翻译社开始卖鲜花、卖礼品。

1994年海博翻译社营收持平,1995年开始赚钱。

1. 第一桶金

1994年,马云听说互联网。1995年初,他偶然去美国,在朋友的帮助和介绍下开始认识互联网。

1995年4月,马云和妻子再加上一个朋友,凑了两万块钱,专门给企业做主页的杭州海博网络公司就这样开张了,网站取名"中国黄页",其后不到三年时间,该网站赚到了500万元。

1997年,马云和他的团队在北京开发了外经贸部官方网站、网上中国商品交易市场、网上中国技术出口交易会、中国招商、网上广交会和中国外经贸等一系列国家级网站。

2. 创立阿里

1999年3月,马云正式辞去公职,和他的团队回杭州,以50万元人民币开始了新一轮创业,开发阿里巴巴网站。意识到互联网产业界应重视和优先发展企业与企业间电子商务(B2B),而这种模式被称为"互联网的第四模式"。

1999年10月和2000年1月,阿里巴巴两次共获得国际风险资金2500万美元投入,培育国内电子商务市场,为中国企业尤其是中小企业迎接"入世"挑战构建一个完善的电子商务平台。

马云为完善整个电子商务体系,自2003年开始,先后创办了阿里巴巴、淘宝网、支付宝、阿里妈妈、天猫、一淘网、阿里云等国内电子商务知名品牌。

在淘宝迅速崛起后,易趣希望能够收购淘宝,但马云希望能够保持对淘宝的控制权。马云得到了雅虎联合创始人杨致远的支持,雅虎向阿里巴巴注资10亿美元。

马云也历任多家公司的重要角色,其中包括阿里巴巴集团董事局主席、软银集团董事、中国雅虎董事局主席、亚太经济合作组织(APEC)工商咨询委员会(ABAC)会员、杭州师范大学阿里巴巴商学院院长、华谊兄弟传媒集团董事、TNC(大自然保护协会)全球董事会董事、海博翻译社社长和全球生命科学突破奖基金会理事等职务。

马云的创业成功,阿里巴巴集团的成功,使马云多次获邀到全球著名高等学府讲学,当中包括宾夕法尼亚大学的沃顿商学院、麻省理工学院、哈佛大学、北京大学等。

3. 卸任首席执行官

2013年3月11日,阿里宣布陆兆禧接替马云,出任阿里巴巴集团首席执行官。马云表示,在接下来的几年内,将主要负责阿里巴巴董事局的战略决策,协助首席执行官做好组织文化和人才的培养，并将会和大家一起加强和完善阿里的公益事业。

2013年5月10日晚，杭州黄龙体育中心，包括阿里集团来自全球的2.4万名员工，1万多名阿里集团合作伙伴以及来自全球的媒体，出席淘宝10周年庆典暨马云辞职阿里巴巴集团首席执行官卸任晚会。马云做了自己身为阿里巴巴CEO的最后一次演讲。

4. 再度出山

2013年5月28日，阿里巴巴集团联合银泰集团、复星集团、富春集团、顺丰集团、中通、圆通、申通、韵达等多家民营快递企业，在深圳联合成立菜鸟网络科技有限公司，并同时启动中国智能骨干网(简称CSN，阿里内部称物流地网)的项目建设，马云卸任阿里巴巴集团CEO职位后，再度出山组建物流网络平台并担任菜鸟网络科技有限公司的董事长。

2014年9月8日，马云在纽约开始阿里巴巴IPO的首次路演，阿里巴巴将于2014年9月19日在纽交所正式上市。

5. 亚洲首富

2014年12月12日早间消息，彭博社亿万富翁指数公布的最新数据显示，阿里巴巴创始人马云已经超过香港地区富豪李嘉诚，成为新的亚洲首富。

2014年以来，马云的财富增加了250亿美元，这主要是由于阿里巴巴在上市之后股价大涨。根据彭博社的数据，马云的财富总额达到286亿美元，而李嘉诚为283亿美元。

阿里巴巴的市值已经达到2590亿美元，超过了亚马逊和e-Bay的总和，在标准普尔500指数中仅落后于8家公司。马云的超过一半财富来自他所持的6.3%阿里巴巴股份，这部分股份的价值达到163亿美元。此外，他还持有蚂蚁金融的近一半股份。

6. 出任联合国特别顾问

2016年9月21日，联合国秘书长潘基文亲自签发任命书，宣布马云受邀出任联合国贸易和发展会议青年创业和小企业特别顾问。成为联合国特别顾问意味着马云成为正式的联合国官员和全球公民。同时，为方便马云在全球各地为中小企业全球化奔走，联合国还将特意为马云颁发联合国红色特别通行证。联合国通行证分红蓝两色，红色通行证仅颁发给高层官员，其他人则使用蓝色通行证。

7. 香港大学名誉社会科学博士

2018年5月18日下午，在香港大学李兆基会议中心大会堂举行的第199届学位颁授典礼上，马云获颁名誉社会科学博士学位，以表彰他对科技、社会和世界所做出的重大贡献。

2018年10月，马云以2700亿元人民币财富位居2018年胡润百富榜第一位。

5.5 思考与测试

5.5.1 思考题

(1) 简述创业的概念，举一些成功者的创业例子？
(2) 创业能力对个人职业生涯的发展有什么样的积极作用？

(3) 什么是创业者？创业者应具备哪些素质？
(4) 如何加强创业团队的管理？

5.5.2 测试题

【创业能力测试】

测评说明：

① 当你想要拥有一个自己的公司的时候，有必要先进行这个测试(见表5-2)，它可以帮助你判断你是否适合创业？你具有多少创业者潜力？当然，这个测试结果仅供参考，因为决定一个人创业能否成功要受到许多因素的制约。

② 本测试根据一系列陈述句组成。请认真阅读题目，根据你的实际情况来选择最符合你的描述。

③ 在选择时，请根据你的第一印象来回答。不要做过多的考虑，并在符合你的情况的括号里画"√"。

表5-2 创业能力测评表

序号	内　　　容	结果
1	是否曾经为了某个理想而设下两年以上的长期计划，并且按计划进行直到完成？	
2	在学校和家庭生活中，你是否在没有师长和亲友的督促下，就自动完成分派的任务？	
3	你是否喜欢独自完成工作，并做得很好？	
4	当你与朋友在一起时，你的朋友是否常寻求你的指导和建议？你是否曾被推举为领导者？	
5	在你以往的经历里，有没有赚钱的经验？你喜欢储蓄吗？	
6	你是否能够专注地做自己感兴趣的事连续10小时以上？	
7	你是否习惯保存重要资料，并且井井有条地整理，以备需要时随意提取查阅？	
8	在平时生活中，你是否热衷于社会服务工作？你关心别人的需要吗？	
9	是否喜欢音乐、艺术、体育以及其他各种活动？	
10	在此之前，你是否带动其他人员，完成过一项由你领导的大型活动或任务？	
11	喜欢在竞争中生存吗？	
12	当你在别人管理下工作时，发现其管理方法不当，你是否会想出适当的管理方式并建议改进？	
13	当你需要别人的帮助时，是否能充满自信地提出要求，并且能说服别人来帮助你？	
14	在你筹款或者义卖时，是不是充满自信而不害羞？	
15	当你要完成一项重要工作时，是否总是给自己留出足够的时间仔细完成，而绝不让时间虚度，在匆忙中草率完成？	
16	你参加重要聚会时，是否会准时赴约？	
17	是否有能力安排一个恰当的环境，使你在工作中不受干扰，有效地专心工作？	
18	你交往的朋友中，是否有许多有成就、有智慧、有眼光、有远见、老成稳重型的人？	
19	你在学习或团体中，被认为是受欢迎的人吗？	
20	你自认是理财高手吗？	
21	你是否可以为了赚钱而牺牲自己的娱乐？	
22	是否总是独自挑起责任的担子，彻底了解工作目标并认真地执行工作？	
23	在工作中，是否有足够的信心和耐力？	
24	能否在很短的时间内，结交许多新朋友？	

【创业者素质测试】

测评说明：

创业，从大体上来说其实也是一种职业，当然也有适合不适合的人群。因而，我们就不难理解为什么有些人可以轻松地创业成功，而有些人不行。下面就来做做题，看看你是否有那些创业者应有的素质吧！

本考卷为开卷考试，没有时间限制，还可以定期反复测验。

1. 你在哪一种条件下，会决定创业(　　)。
   A. 等有了一定工作经验以后　　　　B. 等有了一定经济实力以后
   C. 等找到天使或VC投资以后　　　　D. 现在就创业，尽管自己口袋里没有几个钱
   E. 一边工作一边琢磨，等想法成熟了就创业

2. 你认为创业成功的关键是(　　)。
   A. 资金实力　　　　　　　　　　　B. 好创意
   C. 优秀团队　　　　　　　　　　　D. 政府资源和社会关系
   E. 专利技术

3. 以下哪项是创业公司生存的必要因素？(　　)
   A. 高度的灵活性　　　　　　　　　B. 严格的成本控制
   C. 可复制性　　　　　　　　　　　D. 可扩展性
   E. 健康的现金流

4. 开始创业后你立刻做的第一件事情是？(　　)
   A. 找钱、找VC　　　　　　　　　　B. 撰写商业计划书
   C. 物色创业伙伴　　　　　　　　　D. 着手研发产品
   E. 选择办公地点

5. 创业公司应该(　　)。
   A. 低调埋头苦干　　　　　　　　　B. 努力到处自我宣传
   C. 看情况顺其自然　　　　　　　　D. 借别人的势进行联合推广
   E. 努力整合资源

6. 招聘员工时最重要的是(　　)。
   A. 学历高低　　　　　　　　　　　B. 朋友推荐
   C. 成本高低　　　　　　　　　　　D. 工作经验
   E. 人生规划

7. 产品进入市场的最佳策略是(　　)。
   A. 价格低廉　　　　　　　　　　　B. 广告投入
   C. 口碑营销　　　　　　　　　　　D. 品质过硬
   E. 企业理念

8. 和投资人交流最有效的方式是(　　)。
   A. 出色的现场PPT演示　　　　　　 B. 详细的商业计划书和财务预测
   C. 样品当场测试　　　　　　　　　D. 有朋友的介绍和引荐
   E. 通过财务顾问的代理

9. 选择投资人的关键因素是（　　）。
   A. 对方是一家知名投资机构　　　　B. 投资方和团队不设对赌条款
   C. 谁估值高就拿谁的钱　　　　　　D. 谁出钱快就拿谁的钱
   E. 只要能融到钱，谁都一样

10. 你认为以下哪一项是VC投资决策中最重要的因素？（　　）
    A. 商业模式　　　　　　　　　　　B. 定位
    C. 团队　　　　　　　　　　　　　D. 现金流
    E. 销售合约

11. 从哪句话里可以知道VC其实对你的公司并没有实际兴趣（　　）。
    A. "我们有兴趣，但是最近太忙，做不了此项目"
    B. "你们的项目还偏早一些，我们还要观察一段时间"
    C. "你们如果找到领投的VC，我们可以考虑跟投一些"
    D. "我们这个行业不熟悉，不敢投"
    E. 上面任何一句话

12. 创业团队拥有51%的股份就绝对控制了公司吗？（　　）
    A. 正确　　　　　　　　　　　　　B. 错误

13. 创业公司的首席执行官，首要的工作责任是（　　）。
    A. 制定公司的远景规划　　　　　　B. 销售、销售、销售
    C. 人性化的管理　　　　　　　　　D. 领导研发团队
    E. 搞进投资人的钱来

14. 凝聚创业团队的最好办法是（　　）。
    A. 期权　　　　　　　　　　　　　B. 公司文化
    C. 首席执行官的魅力　　　　　　　D. 工资和福利
    E. 团队的激情

15. 创业公司的财务预测中最重要的是（　　）。
    A. 销售增长　　　　　　　　　　　B. 毛利率
    C. 成本分析　　　　　　　　　　　D. 资产负债表
    E. 现金流量表

16. 创业公司的日常运营中，以下工作是最重要的是（　　）。
    A. 会议记录的及时存档　　　　　　B. 业绩指标的合理安排和及时跟踪
    C. 团队的经常性培训　　　　　　　D. 奖惩制度
    E. 管理流程的ISO9000认证

17. 创业公司的日常运营中，最棘手的问题是（　　）。
    A. 人的管理　　　　　　　　　　　B. 销售增长
    C. 研发的速度　　　　　　　　　　D. 资金到位情况
    E. 扩张力度

18. 创业公司产品市场推广效果的衡量标准是（　　）。
    A. 广告投入量和覆盖面　　　　　　B. 营销推广的精准程度
    C. 产品出色的品质保证　　　　　　D. 广告投入和产出比例
    E. 产品价格的打折力度　　　　　　F. 品牌的市场渗透率

19. 防止竞争的最有效手段是(   )。
    A. 专利　　　　　　　　　　　B. 产品包装
    C. 质量检查　　　　　　　　　D. 不断研发新产品
    E. 比竞争对手更快地占领市场
20. 创业公司的第一个大客户竟然是个土财主，你会(   )。
    A. 一视同仁地对他提供你公司的标准服务
    B. 指导他如何来积极配合你的工作
    C. 修理他，给他些颜色看看是为了他的提高
    D. 提供全面服务+免费成长辅导
21. 你认为创业公司中的最大风险是(   )。
    A. 市场的变化　　　　　　　　B. 融资的成败
    C. 产品研发的速度　　　　　　D. 首席执行官的个人能力和素质
    E. 决策机制的合理性
22. 当创业公司账上的现金低于三个月的时候，应该采取哪项措施(   )。
    A. 立刻启动股权融资　　　　　B. 通知现有公司股东追加投资
    C. 立刻大幅削减运营成本，包括裁员　　D. 打电话给银行请求贷款
    E. 把自己的存折和密码交给公司会计
23. 创始人之间发生矛盾时，你会(   )。
    A. 坚持原则，据理力争　　　　B. 决定离开，另起炉灶
    C. 委曲求全，弃异求同　　　　D. 引入新人，控制局势
    E. 动之以情，晓之以理
24. 投资创业公司的理想退出方式是(   )。
    A. 上市　　　　　　　　　　　B. 被收购
    C. 团队回购　　　　　　　　　D. 高额分红
    E. 以上都是

第 6 章

创业机会与商业模式

> 无论是一个企业，还是一个人，都一定是时势造英雄，千万不要英雄造时势。顺流而上，这是手法。形势好了，大家才有机会成为英雄。只有成为英雄后，才有可能去适应时势、改造时势。
> ——第九城市董事长兼首席执行官　朱骏

> 一个人再有本事，也得通过所在社会的主流价值认同，才能有机会。
> ——华为技术有限公司创始人、总裁　任正非

> 不要控制失败的风险，而应控制失败的成本。
> ——新产品管理领域里的世界级专家、门径管理程序奠基人罗勃特·G.库珀博士

> 要永远相信：当所有人都冲进去的时候赶紧出来，所有人都不玩了再冲进去。
> ——长江实业集团有限公司董事局主席兼总经理　李嘉诚

【本章知识点】
- 何为创业机会？其识别要素是什么？
- 创业机会开发商业模式的过程是什么？
- 何为商业模式设计策略？技巧有哪些？
- 商业模式的要素有哪些？如何构建？

6.1 创业机会的识别与评价

6.1.1 【案例导读】喜马拉雅音频——孤注一掷，创建"声音王国"

"世界上流量最大的河'亚马逊'成为全球最大的跨境电商平台；世界上最大的宝藏'阿里巴巴'成为中国第一、世界第二的互联网公司；那世界上最高的山脉'喜马拉雅'又将成为什么？"这是6年前的一则售卖网络域名的广告，在普通人看来，这可能只是一个营销噱头，但在创业者余

建军眼里，却是满满的机遇。

喜马拉雅到底成为什么？余建军与合伙人陈小雨用6年的时间给出了答案——喜马拉雅FM如今是中国最大的移动互联网音频平台，拥有4.5亿手机用户，2000万车载、穿戴、音响智能设备用户，在移动音频领域的市场占有率高达73%。在这个平台上，用户平均每天都会花费两小时左右的时间学习各类文化知识。"让知识、智慧像水和电一样，无处不在，随取随用。"这是余建军常说的一句话，也是他一直以来的奋斗目标。

1. 爱"孤注一掷"的理工男

余建军1977年生于福建。和大多数理工男一样，余建军的大学生活简单而又规律，上课学编程，回宿舍就听收音机学英语。但他又很爱看书，以前还在学校校报当过小编。最常被他挂在嘴边的就是马丁·路德·金的《我有一个梦想》，"这篇演讲我读了无数遍，每读一遍都感觉浑身充满了电。" 余建军欣赏这些内心强大的历史名人，立志要像他们一样。他喜欢用英语词组"All in"来强调这种孤注一掷的气魄。

在四年的学习后，他逐渐有了创业的想法，他在研究生时期就跟同学开始了第一次创业，当时团队刚拿到了一笔由政府提供的创业资金。"当时每天基本上都加班做到半夜，下班回去就几个哥们撸串喝酒，睡上几个小时，八九点又起来继续奋斗，打了鸡血似的。"但由于几个创业伙伴都是程序员，只会写代码，没有营销方面的经验，前后为项目投入了五六十万，这次创业还是以失败告终。

但他并未死心。每当他看到一个新事物，或闪过一个念头，他都会马上记在手机里，并在自己脑海中不断演练着，如何把它做成一个创业项目，他把这戏称为"脑保健操"。

在那之后，余建军又先后创立了"杰图软件""城市吧"，还与合伙人陈小雨一同创立了"那里世界"等项目，这其中有成功，也有失败。在每次创业的"All in"背后，是余建军的不断试错，他不怕犯错，只怕没找到对的方向，而一旦找对了，便会再次为其孤注一掷。

2. 做声音的"百货商店"

2012年正值移动互联网时代的开端，智能手机开始普及，余建军又把目光投向"耳朵经济"——投身移动音频领域，开发出一款可以在线点播各类音频节目的手机客户端，并命名为"喜马拉雅FM"，余建军和陈小雨成为公司的联席CEO，而这已经是余建军的第五次创业。

最早是因为一则域名广告的"诱惑"，导致余建军和陈小雨买下了"喜马拉雅"这个域名。"当时这个名字让我们眼前一亮，我们一开始就希望做一个大的平台，也在以亚马逊和阿里巴巴为标杆，假如以后真的可以比肩它们那是挺美妙的，所以就决定用这个名字。"

余建军从小就是一个音频爱好者，上学的时候就经常听广播电台，大学时随身听更是不离手，毕业后开车在路上也听广播，在他看来，投身这个领域既是机缘巧合，也有一定的必然。"我本身一直就是声音的受众，2012年已经进入移动互联网时代，我当时就想，每个人每天有很多碎片时间不得不浪费掉，假如能把这些零散的时间都拿来听点东西，学学知识，那会是一个很有意思的事，而智能手机让这个事情成为可能。"

在决定做音频之前，余建军就已经深入研究了市场动向。由于传统广播频道数量有限，且无法自主选择收听节目的时间，所以用户往往还是"被动"，也正因为这样，不开车的用户几乎不听广播。

"生活中其实有很多有才华的人，上知天文下知地理，但他们没机会展现自己，因为缺少一个发声的平台；传统的电台更多是注重播报新闻、音乐和交通信息这类实用性内容，真正有思想、有深度的内容还是偏少，我希望能建一个像'声音百货商店'的线上平台，让每个有知识、有才华的人都有自己的舞台，类似于做一个'声音的淘宝天猫'。"

3. 有干货的声音才能留住用户

因为定位准，喜马拉雅FM一推出就大受欢迎，大量专业主播以及民间主播开设了频道，节目内容包罗万象，到后来不少名人大咖也在喜马拉雅FM上"开声迎客"，短短几年时间，余建军和陈小雨已经构筑了一个庞大的音频生态圈，公司规模也从最初的七八个人扩展到现在的上千人。他说平台内容会发展到今天这样百花齐放也是之前没预料到的。

"我们做平台服务，声音是核心媒介，至于具体的内容，我们并没有去要求一定要是什么类型，像最早只是签了一些相声和娱乐节目的版权，到后来各路广播电台的专业DJ也上来开频道，慢慢节目就丰富了；再到后来我们发现，那些有深度的，包含知识的，有干货的节目才能留得住用户。而且你会发现，做知识文化内容的频道和主播越来越多，愿意收听学知识的用户也越来越多。"

随后，喜马拉雅FM开始试水付费收听，"声音大咖"可以对自己的节目进行付费播放，听众也可以"打赏"，同时由公司牵头制作一批有深度的音频节目，并通过举办线上线下活动向用户推广。

4. "音频是天然的知识媒体"

余建军发现，移动音频节目的出现，可以改变以往人们被动接受信息的局面，从而充分利用好每天的碎片时间，让每一分每一秒都更有意义，他认为很多的学习与成长往往都是在这些碎片时间当中发生的。"视频是天然的娱乐媒体，像我们看视频，往往都会消耗大块的时间；而音频是天然的知识媒体，当我们处在每个碎片时间之中，没有精力去娱乐的时候，会更易于接受知识类的内容，例如开车、挤公交、跑步、做家务等场景下，听音频可以解放眼睛的注意力，又不会觉得疲劳，所以知识属性的内容适合通过音频来传递。"

做音频产品还有很重要的一点，就是可以传递感情。"同样一段文字看到和听到的感觉是不一样的；音频可以让很多文化水平较低的人也听得懂，例如看懂一本书需要有一定的学识水平，听书的话就不一样了，哪怕没知识的人也能听懂，理解门槛更低。"

在他看来，做这个移动音频平台并不是为了和谁竞争。"我只会根据用户的需求，去提供更为丰富的产品和便捷的服务，加上我们对未来大趋势的预判，来研发更多的东西。如果总是左顾右盼，反而会让自己很困惑。"

截至2015年12月，喜马拉雅音频总量已超过1500万条，单日累计播放次数超过5000万次。在移动音频行业的市场占有率已达73%。喜马拉雅同时支持iPhone、iPad、Android、Windows Phone、车载终端、台式电脑、笔记本等各类智能手机和智能终端。2017年11月8日，喜马拉雅入选时代影响力·中国商业案例TOP30。

6.1.2 创业机会的识别

1979年，纽约大学教授柯兹纳首次指出创业是一个机会发现活动，创业者往往对机会保持高度的警觉性，机会发现是创业中的一个重要环节。2000年，尚恩和文卡塔拉曼指出，解释如何发现和开发创业机会是创业研究领域应当关注的关键问题。

创业机会识别作为创业活动的初始阶段和核心环节，对于新创企业起步与发展方向至关重要。创业机会识别源于创意的产生，但创意与机会并不能等同。

1. 创业机会

1) 创意与机会

无论何种创业都要善于抓住好的创业机会。好的创业机会往往又来源于好的创意，可以说"好的创意是成功的一半"，把握住了任何一个稍纵即逝的、真正的好创意，创业就等于成功了一半，创意是创业机会的来源。

然而，"创意"并不等于"创业机会"，管理学认为创意是一种创新，其突出的标志是具有新颖性、独特性。任何一个创意的产生，可以天马行空、可以不必十分注重其实现的可能性。但是一个真正的创业机会却必须是实实在在的、具备实施条件的、是能够用来作为新创企业的基础的。所以，创意是否具有商业价值存在不确定性。

好的创意应该具备实用性和价值性，即能够付诸实施，并能给消费者带来真正的价值，但创意的价值需要通过市场检验。这种具有商业价值的创意，往往能够点石成金，激活创业活动，推动产业升级，甚至创造出全新的产业，极大地推动社会进步，并获得巨大的经济效益。

2) 机会的内涵

创业是建立在机会基础之上的，机会发现是创业的基础和前提。不同的研究视角对机会的理解存在差异。

(1) 静态角度定义创业机会(强调创业机会是客观存在的)
- 柯兹纳：机会就是未明确的市场需求或未得到充分利用的资源或能力。
- 赫尔伯特：机会实际上是一种亟待满足的市场需求，这种潜在的市场需求如此旺盛，因而对于创业者来说，实现该需求的商业活动相当有利可图。
- 阿德吉费里：机会事实上意味着创业者探寻到的潜在价值。
- 莎拉瓦蒂：机会就是利用现有资源去更好地达到预定目标的一种可能性。

(2) 动态角度定义创业机会(强调创业者的努力在机会识别中的重要作用)
- 熊彼特：通过创造性的打破市场平衡，才会出现企业家获取超额利润的机会。
- 文卡塔拉曼：机会并不是客观存在的，是由主动型创业者创造出来的，机会的创造内生于想象和创造一个更美好未来的交互活动中，其结果就是创业者创造出一个新市场。
- 尚恩、埃克哈特：机会是个体获取、修理并解读信息价值的过程。

可见，机会是客观存在还是主观创造出来的，学者们尚存争议。但可以肯定的是：机会总是存在的，但大多数机会不会显而易见，需要发现和挖掘。

2. 创业机会的特征

美国百森商学院蒂蒙斯教授在《21世纪创业》中提出创业机会的4个特征。

(1) 它很能吸引顾客。创业机会要满足真实的市场需求，只有能为消费者创造新价值或增加原有价值，才能对顾客产生吸引力，才可能具有良好的市场前景，也就是说创业机会要有价值性。

(2) 它能在你的商业环境中行得通。有价值的创业机会不但能让创业者在承担风险和投入资源之后，不仅能收回投资，也能创造更高的价值，即消费者认为购买你的产品或服务比购买其他的产品或服务能够获得更高的价值,也体现了创业机会的价值性。

(3) 它必须在机会之窗存在的期间被实施。机会之窗是指商业创意被推广到市场上去所花费的时间,若机会窗口存续时期同是创业的时间期限,即时机,所谓"机不可失,失不再来"。而且新产品市场建立起来,机会窗口就被打开了。机会窗口一般会持续一段时间,不致转瞬即逝,但也不会长久存在。随着市场的成长,企业进入市场并设法建立有利可图的定位,当达到某个时点,市场成熟,竞争者已经有了同样的想法并把产品推向市场,那么机会之窗也就关闭了。因此,特定的创业机会仅存在于特定的时段内,创业者务必要把握好这个"黄金时间段",这也体现了创业机会的时效性。

(4) 必须有必要的资源(人、财、物、信息、时间和技能)。在"你的商业环境中行得通"是前提。说明创业机会必须适合创业者所处的市场环境,创业者才有可能开发和利用这种机会,这就是创业机会的可行性。否则,机会再好,创业者却因缺乏必要的资源无法加以利用,这样的市场机会对于特定的创业者不能称之为创业机会。

3. 创业机会的来源

关于创业机会的来源,理论界尚未形成权威共识。
- 蒂蒙斯:创业机会主要是来自改变、混乱或是不连续的状况。
- 德鲁克:机会的七种来源:意外之事;不协调;程序需要;产业和市场结构;人口变化;认知、意义和情绪上的变化;新知识。
- 谢恩:创业机会的四种变革:技术变革、政治和制度变革、社会和人口结构变革与产业结构变革。
- 徐本亮:我国创业机会主要源自问题、变化、创造发明、竞争和新知识、新技术的产生五个方面。

简言之,创业机会主要来自于一定的市场需求和变化。

本书认为,我国的创业机会主要来源于问题、发明创造、差异、变化。

1) 问题

创业的根本目的是满足顾客需求,顾客需求在没有满足前就是问题。寻找创业机会的一个重要途径是善于发现和体会自己和他人在需求方面的问题或生活中的难处,新的需求出现以及需求方式的改变往往产生新的问题,有经验的创业者就可能从中找到富有价值的创业机会。

2) 发明创造

创造发明提供了新产品、新服务,更好地满足了顾客需求,同时也带来了创业机会。在人类社会发展史上,每次重大的发明创造都引起产业结构的重大变革,产生无数的创业机会。200多年前,蒸汽机推动了第一次工业革命,催生了众多产业部门;100多年前第二次工业革命中诞生了发电机、内燃机、汽车、电话机等一批革命性创新产品,引发了全球性创业高潮;20世纪50年代之后,半导体、计算机、集成电路、互联网等发明创造将人类带入了崭新的信息时代,开创了许许多多新的产业部门。即使你不能发明新的东西,但如果能跟上时代的步伐,成为销售和推广新产品、新服务或新技术的人,也会带来无限商机。

3) 差异

如果你能寻求和其他企业的差异,弥补竞争对手在消费者定位中的差异或产品的差异,这也将带来新的创业机会。

4) 变化

创业机会大都产生于不断变化的市场环境，环境变化了，市场需求、市场结构必然发生变化，就会给各行各业带来商机。变化是创业机会的重要来源，没有变化就没有创业机会，人们通过这些变化，常常就会发现新的创业机会。

著名管理大师彼得·德鲁克将创业者定义为那些能"寻找变化并积极反应，把它当作机会充分利用起来的人"。变化主要来自谢恩所说的四种变革：技术变革、政治和制度变革、社会和人口结构变革与产业结构变革。

(1) 技术变革。例如，从"低科技"中把握机会。随着科技的发展，开发高科技领域是时下热门的课题。美国近年来设立的风险性公司中电脑占25%，医疗和遗传基因占16%，半导体、电子零件占13%，通信占9%。但是，公司机会并不只属于"高科技领域"。在运输、金融、保健、饮食、流通这些所谓的"低科技领域"也有机会，关键在于开发。

例如，当人类基因图像获得完全解决，可以预期其必然在生物科技与医疗服务等领域带来极多的新事业机会。虽然大量的创业机会可以经由系统的研究来发掘，不过，最好的点子还是来自创业者长期观察与生活体验。

> 📖 **小例子**
>
> 从无线电通信发明之日就产生了移动通信。
>
> 1897年，M. G. 马可尼所完成的无线通信试验就是在固定站与一艘拖船之间进行的，距离为18海里。而现代移动通信技术的发展始于20世纪20年代，大致经历了五个发展阶段。35年前，谁也无法想象有一天每个人身上都有一部电话，用来连接这个世界。
>
> 如今，人们可以通过手机进行通信，智能手机更如同一款随身携带的小型计算机，通过3G等移动通信网络实现无线网络接入后，可以方便地实现个人信息管理及查阅股票、新闻、天气、交通、商品信息，应用程序下载，音乐图片下载等。

(2) 政治和制度变革。例如：北美自由贸易协定自生效以来，由于关税的减免，政府对跨国贸易管制的放松，有力地促进了地区贸易的增长。根据国际货币基金组织的数据，仅10年的发展，成员国之间的货物贸易额增长迅速，三边贸易额翻了一番，从1993年的3060亿美元增长到2002年的6210亿美元。

(3) 社会和人口结构变革。居民收入水平提高，私人轿车的拥有量不断增加，就会派生出汽车销售、修理、配件、清洁、装潢、二手车交易、陪驾等诸多创业机会；人口结构的变化，则出现老年保健用品、养老护理，为独生子女服务的业务项目，为年轻女性和上班女性提供的用品，为家庭提供的文化娱乐用品等创业机会。

(4) 产业结构变革。例如，美国一家高炉炼钢厂因为资金不足，不得不购置一座迷你型钢炉，而后竟然出现后者的获利率要高于前者的意外结果。经过分析，才发现美国钢品市场结构已产生变化，因此，这家钢厂就将之后的投资重点放在能快速反映市场需求的迷你炼钢技术。

例如，在国营事业民营化与公共部门产业开放市场自由竞争的趋势中，我们可以在交通、电信、能源产业中发掘极多的创业机会。在政府刚推出的知识经济方案中，也可以寻得许多新的创业机会。

我国正处于经济社会发展的转型期，无论是政治制度、社会和人口结构，还是产业结构都在发生持续而深刻的变革，从这个意义上讲，中国的创业机会远比发达国家多，这也是近年来外国投资者纷纷到中国投资、大批海外留学人员回国创业的基本动因。

4. 创业机会的识别

1) 创业机会的识别过程

创业机会的识别是创业领域的关键问题之一。从创业过程的角度来说，它是创业的起点。创业机会的识别过程是一个不断调整反复均衡的过程。不同的创业者可能愿意关注不同的创业机会，即使是同一个创业机会，不同的人，对其评价也往往不同。

创业过程开始于创业者对创业机会的把握。创业者从成千上万繁杂的创意中选择了他心目中的创业机会，随之不断持续开发这一机会，使之成为真正的企业，直至最终收获成功，这一过程中，机会的潜在预期价值以及创业者的自身能力得到反复的权衡，创业者对创业机会的战略定位也越来越明确，这一过程称为机会的识别过程。这一机会识别过程实际上是一种广义的识别过程，因为它事实上囊括大部分研究中提到的机会搜寻、机会鉴别、机会评价等活动。

(1) 阶段一："机会的搜寻"。创业开始的关键可能来源于一个新产品或服务的创意，而创意往往来源于对市场机会、技术机会和政策变化信息的感知和分析，来源于创业者在个人经验基础上的"灵感"。

在机会搜寻阶段，就是创业者对整个经济系统中可能的创意和"灵感"展开搜索，如果创业者意识到某一创意可能是潜在的商业机会，具有潜在的发展价值，就将进入机会识别的下一阶段。

- 首先，根据创意，明确研究的目的或目标。例如，创业者可能会认为他们的产品或服务存在一个市场，但他们不能确信：产品或服务如果以某种形式出现，谁将是顾客。这样，一个目标便是向人们询问他们如何看待该产品或服务，是否愿意购买，并了解有关人口统计的背景资料和消费者个人的态度。当然，还有其他目标，如了解有多少潜在顾客愿意购买该产品或服务，潜在的顾客愿意在哪里购买，以及预期会在哪里听说或了解该产品或服务等。
- 其次，从已有数据或第二手资料中收集信息。这些信息主要来自于商贸杂志、图书馆、政府机构、大学或专门的咨询机构以及互联网等。一般可以找到一些关于行业、竞争者、顾客偏好趋向、产品创新等方面的信息。该种信息的获得一般是免费的，或者成本较低，创业者应尽可能利用这些信息。最后，从第一手资料中收集信息。收集第一手资料包括一个数据收集过程，如观察、上网、访谈、集中小组试验以及问卷等。该种信息的获得一般来说成本都比较高，但却能够获得更有意义的信息，可以更好地识别创业机会。

如果创业者希望主动搜索机会，他们还可以将一些经过特别筛选和培训的有创意的消费者、非行业内专家、客户，以及创意专家集合在一起，以产生最新、最激动人心的创意。所有的创意产生都植根于真正消费者的洞察，以保证这些创意和商业需求息息相关。这些相关的商业目的可能会是：便于实施，适用于大部分消费者，能紧跟或反映公司的技术水平、盈利，和品牌价值相符。在产生创意和选择最好创意的时候，所有上述商业目的都会给予考虑。应该鼓励任何发散式创意，当然创意也必须具备可操作性，以便于实施。

(2) 阶段二："机会的识别"。识别创业机会是思考和探索互动反复，并将创意进行转变的过程。

相对整体意义上的机会识别过程，这里的机会识别应当是狭义上的识别，即从创意中筛选合适的机会。这一过程包括两个步骤：首先是通过对整体的市场环境以及一般的行业分析来判断该机会是否在广泛意义上属于有利的商业机会;第二步是考察对于特定的创业者和投资者来说,这一机会是否有价值,也就是个性化的机会识别阶段。

一般来说,有关市场特征、竞争者等的可获数据,常常反过来与一个创业机会中真正的潜力相联系,也就是说,如果市场数据已经可以获得,如果数据清晰显示出重要的潜力,那么大量的竞争者就会进入该市场,该市场中的创业机会就会随之减少。因此,对收集的信息进行结果评价和分析,识别真正的创业机会是重要的一步。一般而言,单纯地对问题答案的总结,可以给出一些初步印象;接着对这些数据信息交叉制表进行分析,则可以获得更加有意义的结果。也就是说,对创业者来说,搜集必要的信息,发现可能性,将别人看来仅仅是一片混乱的事物联系起来以发现真正的创业机会,这是非常重要的。

(3) 阶段三:"机会的评价"。评价是仔细审查创意并分析其是否可行的阶段,主要包括技术方案评价、市场潜力评价和成本收益评价。评价是机会识别中的关键环节,要求创业者对创意的可行性客观、公正地评判。

2) 创业机会的识别技巧

识别和把握创业机会的一般行为技巧如下。

(1) 从国家经济发展趋势中判断商机。创业者一定要眼界开阔,关注并研究国家宏观经济政策和行业发展态势,这是大势。国家鼓励发展什么,限制发展什么,行业未来发展趋势如何,都与创业机会密切相关。

例如,根据我国"十二五"国民经济和社会发展规划纲要,循环经济、绿色制造业将在未来5年内大有可为,因此,这个领域内蕴含了大量的商业机会有待创业者发掘。又如,国家近年来放宽准入,鼓励民间资本进入铁路、市政、教育、金融等领域,创业者就可以放手在这些产业中发掘金矿。

(2) 市场环境变化孕育商机。变化中常常蕴藏着商机,许多创业机会产生于不断变化的市场环境。环境变化将带来产业结构的调整、消费结构的升级、思想观念的转变、政府政策的变革、市场利率的波动等。例如,在国有企业民营化的过程中,创业者可以在交通、电信、能源等产业中发掘创业机会;循环经济、绿色制造的理念将变革传统的生产和消费模式,带来节能减排、废物回收、材料更新、循环利用等领域的创业机会;移动互联网、3D打印技术、"云计算"等高新技术的出现,必将引发新一轮产业革命。任何变化都能引发甚至创造出新的创业机会,需要创业者凭着自己敏锐的嗅觉去发现和识别。

(3) 资源整合创造无限商机。创造性地整合资源,不仅可以创造出新的价值,还可以带来无尽的商业机会。柯兹纳就认为,机会是一种通过对资源的创造性整合,满足市场及客户的需求的渠道。

(4) 科技发展催生商机。世界产业发展历程告诉我们,几乎每一个新兴产业的形成和发展,都是技术创新的结果。产业转型、技术创新、产品换代,都会带来前所未有的创业机会。创业者如果能够及时了解最新的科技发展动态,持续跟踪产业发展、技术创新的步伐,即使你不发明新的东西,也会从其推广、应用、销售、维护、开发和咨询等项服务中开发出新的市场机会。

📖 小例子

1995年,马云作为翻译陪同杭州市一个考察团访问美国。

就是这次美国之行,让马云第一次接触到了互联网。敏锐的直觉告诉他:"感觉它肯定会影响整个世界,而中国当前还没有。"

既不懂网络也不会计算机的马云当即决定:回国创业,做Internet!由此拉开了阿里巴巴的序幕。

(5) 市场"空缺"蕴含商机。市场的"缺口"或"边角"往往蕴含了大量被人们忽略而未被满足的市场需求，充分开发利用这些机会空间，另辟蹊径、人无我有、人有我新，就一定能够出奇制胜。

(6) 解决问题过程中发掘商机。问题往往隐含了被精巧掩饰的商业机会。许多创业者都是从发现问题开始，在解决问题的过程中，找到满足消费者需求、能为消费者创造价值的方案后，往往就能捕捉到极具市场前景的商机。

📖 小例子

几年前海尔总裁张瑞敏出差四川，听说海尔洗衣机在四川销售受阻，原因是农民常用洗衣机洗地瓜，排水口一堵农民就不愿意用了。

于是，海尔集团就根据当地农民的需要开发出一种排水管口粗大、既可以洗衣又可以洗地瓜的洗衣机。这种洗衣机生产出来后，大受欢迎，畅销西南农村市场。

(7) 竞争对手的缺陷隐藏商机。研究竞争对手，从中寻找其产品或服务的弱点，若能有效弥补其缺陷和不足，在激烈的竞争中胜出，就很可能从中找到重要的创业机会。

6.1.3 创业机会的评价

1. 创业机会评价的特殊性

尽管创业机会的评价已经构建了不少定性、定量的评价体系和模型，但机会的识别与把握却依然一半是科学、一半是艺术，这是因为创业机会的评价具有多方面的特殊性。

1) 机会信息的不对称性

创业者在创业机会的解读上通常面临信息的不对称。好的创业机会本身需要具备的知识、信息、资源、社会关系网络等，要求创业者具有丰富的工作经验和社会阅历、广博的知识结构和广泛的社会关系网络，但创业者往往由于知识结构、工作经验、个人特质和资源禀赋方面的差异和局限性，必然影响对特定创业机会评价的准确性。

2) 创业环境的不确定性

随着经济全球化、信息化和科学技术的迅猛发展，今天的创业者面临的是一个更加复杂多变的、不确定的市场环境，而且往往机会创造价值的潜力越大、科技含量越高，环境不确定性就越大，信息也就越不完全，创业者就越难做出全面、准确的评价。当然，环境的不确定性并非只有消极作用，它会提供开创新事业的诸多机会，创业正是对环境不确定性的回应，而且这种应对结果往往进一步催生大量新的不确定性机会。

3) 创业者的有限理性

有限理性的概念最初是阿罗提出的，他认为有限理性就是人的行为"既是有意识的理性，但这种理性又是有限的"。

首先，有限理性与创业环境的不确定性密切相关。人们对环境的预测能力和认识能力是有限的，人不可能无所不知。

其次，创业者个人特质尤其是性格特征、认知因素、职业兴趣存在很大差异，即便是面对同一机会，不同的创业者也会表现出不同的看法和评价。

此外，由于受到情境的影响，在很大程度上创业者的创业警觉性往往依靠以往的经验直观推断或偏见的方式。

在复杂情境下，一个人不可能获得所有的信息来做出合理的决定，人们只具有有限的理性。此时，创业者的冒险精神、创造力起着关键性作用。

4) 多种其他因素的影响

创业机会的识别与评价还受到创业者性别、创业团队、地域差异等多种因素的影响。

📖 小例子

1997年，赵迎光从山东大学韩语系毕业后，作为山东国际经济技术合作公司驻韩国支社代表，在韩国工作了10年，见证了韩国电子商务从起步到成熟的过程，并将其定位为自己职业发展的方向。

2007年，他参观了一家韩国知名网店，日销售额100多万元，赵迎光颇受震撼。网店所属公司的社长告诉赵迎光三个秘诀：第一，在网上卖东西，一定要做自己的品牌，将来才有机会；第二，一定要卖女装，女装这个行业是电子商务最热的行业；第三，要做女装的话，款式尽量多，更新尽量快，性价比要高，只要做好了，一定能成功。

深受启发的赵迎光当年果断辞职回济南创业，创建一个互联网服装品牌。

2008年3月，韩都衣舍正式开业，仅前期装修办公室、租赁仓库等就投入60多万元。同时，他还在韩国注册了法人公司。网络销售基本无地域之分，上来就要与全国同行同台竞技。在济南，要做单纯的服装品牌，在设计、生产、行业经验、渠道上并没有什么优势。赵迎光决定先从韩国代购开始起步。

2016年3月，韩都方面曾对外称2016年的一个目标是代运营30多个线下品牌，目前来看其代运营品牌数已经远超预期。韩都衣舍提供的代运营服务主要包括：合资公司培育线上新品牌、为中小品牌提供线上全套或部分线上代运营服务。

韩都衣舍规划在2020年通过自我孵化、兼并收购、时尚云平台的搭建，完成基于服饰品类的50个以上品牌的布局。韩都衣舍作为互联网快时尚第一品牌，自2012年确立多品牌运营战略以来，相继推出了针对女装、男装、童装、中老年装等不同类目的品牌。

可见，对创业机会的识别与评价因人而异、因地而异、因环境而异。创业者在机会评价过程中，必须客观分析个人特质、职业兴趣和能力特长，考虑是否与相应的机会特征相匹配，依托自身的优势，通过选择、整合、创造满足需求的方式，从而使得有价值的创意成为可能的创业机会。

2. 创业机会的评价方法

如果创业机会难以衡量或评价，那么创业机会的研究就会停留在概念层面，难以真正深入研究机会与创业过程中其他因素的关系与作用机制。在机会开发过程的各阶段，创业者会对市场或资源进行非正式的研究，对机会做出多次评价，这些评价会使创业者识别出其他的新机会或调整其最初的看法。

其中，比较普遍的一种评价方法是阶段性决策方法。这一方法要求创业者在机会开发的每个阶段都要进行机会评价。一个机会是否能够通过每个阶段预先设置的"通过门槛"，在很大程度上取决于创业者经常面对的约束或限制,如创业者的目标回报率、风险偏好等。一项机会若不能成功通过某一阶段的评价门槛,将被修订甚至被放弃。

因此,通过循环反复的"识别—评价—开发—识别"步骤,一个最初的商业概念或创意就会逐步完善起来。

1) 定性评价方法

1994年,斯蒂文森等人认为对创业机会的充分评价,需要考虑以下几个重要问题:①机会有大小,存在的时间跨度和随时间成长的速度等问题;②潜在的利润是否足够弥补资本、时间和机会成本的投资,带来令人满意的收益;③机会是否开辟了额外的扩张、多样化或综合的商业机会选择;④在可能的障碍面前,收益是否会持久;⑤产品或服务是否真正满足了目标市场真实的需求。

1998年,隆杰内克等人提出了评价创业机会的5项基本标准:①对产品有明确的市场需求,推出的时机也是恰当的;②投资的项目必须能够维持持久的竞争优势;投资必须具有一定程度的高回报,从而允许一些投资中的失误;③创业者和机会之间必须相互适合;④机会中不存在致命的缺陷。

2) 定量评价方法

(1) 标准打分矩阵。标准打分矩阵法是通过选择对创业机会成功有重要影响的因素,并由专家小组对每一个因素进行最好(3分)、好(2分)、一般(1分)三个等级的打分,最后求出对于每个因素在各个创业机会下的加权平均分,从而可以对不同的创业机会进行比较,如表6-1所示。表中列出了其中10项主要的评价因素,在实际使用时可以根据具体情况选择其中的全部或部分因素来进行评估。

表6-1 标准打分矩阵

标准	专家打分			
	最好(3分)	好(2分)	一般(1分)	加权平均分
易操作性				
质量和易维护性				
市场接受性				
增加资本的能力				
投资回报				
专利权状况				
市场大小				
制造的简单性				
口碑传播潜力				
成长潜力				

(2) 蒂蒙斯创业机会评价模型。1999年,蒂蒙斯提出了包含8项一级指标、53项二级指标的评价指标体系,几乎涵盖了其他一些理论所涉及的全面内容,包括行业和市场、经济因素、收获条件、竞争优势、管理团队、致命缺陷问题、个人标准、理想与现实的战略差异等方面,被认为是目前最为全面的创业机会评价指标体系,如表6-2所示。

表6-2 评价指标体系

序号	一级指标	二级指标
1	行业和市场	①市场容易识别，可以带来持续收入；②顾客可以接受产品或服务，并愿意为此付费；③产品的附加价值高；④产品对市场的影响力大；⑤将要开发的产品生命长久；⑥项目所在的行业是新兴行业，竞争不完善；⑦市场规模大，销售潜力达到1000万美元到10亿美元；⑧市场成长率在30%~50%甚至更高；⑨现有厂商的生产能力几乎完全饱和；⑩在5年内能占据市场的领导地位，达到20%以上；⑪拥有低成本的供货商，具有成本优势
2	经济因素	①达到盈亏平衡点所需要的时间在1.5~2年以下；②盈亏平衡点不会逐渐提高；③投资回报率在25%以上；④项目对资金的要求不是很大，能够获得融资；⑤销售额的年增长率高于15%；⑥有良好的现金流量，能占到销售额的20%以上；⑦能获得持久的毛利，毛利率要达到40%以上；⑧能获得持久的税后利润，税后利润率要超过10%；⑨资产集中程度低；⑩运营资金不多，需求量是逐渐增加的；⑪研究开发工作对资金的要求不高
3	收获条件	①项目带来的附加价值具有较高的战略意义；②存在现有的或可预料的退出方式；③资本市场环境有利，可以实现资本的流动
4	竞争优势	①固定成本和可变成本低；②对成本、价格和销售的控制较高；③已经获得或可以获得对专利所有权的保护；④竞争对手尚未觉醒，竞争较弱；⑤拥有专利或具有某种独占性；⑥拥有发展良好的网络关系，容易获得合同；⑦拥有杰出的关键人员和管理团队
5	管理团队	①创业者团队是一个优秀管理者的组合；②行业和技术经验达到了本行业内的最高水平；③管理团队的正直廉洁程度能达到最高水准；④管理团队知道自己缺乏哪方面的知识
6	致命缺陷问题	不存在任何致命缺陷问题
7	个人标准	①个人目标与创业活动相符合；②创业家可以做到在有限的风险下实现成功；③创业家能接受薪水减少等损失；④创业家渴望进行创业这种生活方式，而不只是为了赚大钱；⑤创业家可以承受适度的风险；⑥创业家在压力下状态依然良好
8	理想与现实的战略差异	①理想与现实情况相符合；②管理团队已经是最好的；③在客户服务管理方面有很好的服务理念；④所创办的事业顺应时代潮流；⑤所采取的技术具有突破性，不存在许多替代品或竞争对手；⑥具备灵活的适应能力，能快速地进行取舍；⑦始终在寻找新的机会；⑧定价与市场领先者几乎持平；⑨能够获得销售渠道，或已经拥有现成的网络；⑩能够允许失败

2007年，林嵩提出蒂蒙斯机会识别指标体系的缺点也比较明显：①指标多而全，导致主次不够清晰，实践中在对创业机会进行评价时，很难做到对各个方面的指标进行量化设置权重、实现综合评分的效果；②各维度划分不尽合理，存在交叉重叠，这也在一定程度上影响了机会评价指标的有效性；③蒂蒙斯创业机会评价体系主要是基于风险投资商的风险投资标准建立的，这与创业者的标准还是存在一定的差异性，风险投资商的标准更具有主观性，而创业者的标准更具有客观性。

(3) 刘常勇的创业机会评价框架。我国台湾的创业学教授刘常勇归纳的创业机会评价框架比较简单，具有一定代表性。他认为创业机会评价主要围绕市场和回报两个层面展开，如表6-3所示。

表6-3 创业机会评价框架

评价分类	市场评价	回报评价
具体解释	• 是否具有市场定位，专注于具体顾客需求，能为顾客带来新的价值 • 依据波特的五力模型进行创业机会的市场结构评价 • 分析创业机会所面临市场的规模大小 • 评价创业机会的市场渗透力 • 预测可能取得的市场占有率 • 分析产品成本结构	• 税后利润至少高于5% • 达到盈亏平衡的时间应该在两年以内，如果超过三年还不能实现盈亏平衡，则这样的创业机会是没有价值的 • 投资回报率应高于25% • 资本需求量较低 • 毛利率应该高于40% • 能否创造新企业在市场上的战略价值 • 资本市场的活跃程度 • 退出和收获回报的难易程度

3. 创业机会评价技巧

创业机会评价有利于创业者应对并化解环境的不确定性，但是由于创业机会评价具有特殊性，常规的市场研究方法不一定完全适用于创业机会评价，尤其是对于原创性创业机会的评价。因此，学习了解科学的创业机会评价的技巧就显得十分的重要。

创业的核心产品和所面对的市场，属于创业机会的自然属性，它们显然不依赖于创业者自身或者创业机会的其他特征而客观存在。因此，我们认为对于创业者所选择的创业机会来说，主要存在两个客观的考察维度。

1) 市场层面维度

主要指创业者所面临的市场环境的特征，包括市场的成长性、市场的规模、市场的竞争程度，是否拥有良好的市场网络关系等。

无论你的公司经营什么，都必须了解行业及其市场竞争状况。行业及市场竞争分析是对公司商业生态环境的重要层面做战略性的评估。

行业之间在经济特点、竞争环境、未来的利润前景等方面有着重大的区别。

行业经济特性的变化取决于下列各个因素：行业总需求量和市场成长率、技术变革的速度、该市场的地理边界(区域性的？全国范围的？)、买方和卖方的数量及规模、卖方的产品或服务是统一的还是具有高度差别化的、规模经济对成本的影响程度、到达购买者的分销渠道类型。

行业之间的差别还体现在对下列各因素的竞争重视程度：价格、产品质量、性能特色、服务、广告和促销、新产品的革新。在某些行业中，价格竞争占统治地位，而在其他行业中，竞争的核心却可能集中在质量上，或集中在产品的性能上，或集中在品牌形象与声誉上。

一个行业市场的经济特性和竞争环境以及它们的变化趋势往往决定了该行业未来的利润前景，对于那些毫无吸引力的行业，最好的公司也难获得满意的利润；相反，颇有吸引力的行业中，弱小的公司也可以取得良好的经营业绩。

2) 产品本身维度

主要指产品本身的技术优势，包括产品的技术是否存在进入壁垒、产品技术是否有成本优势、技术优势能否持久等。根据这两个维度，可以建立一个坐标轴，纵向为市场特征，横向为产品本身的技术先进性。为了方便对问题的分析，将市场优势和产品的技术优势分为强弱两种。这样，对创业机会的评价可以大致分为四类。

创业机会不同维度的建立，可以直观地分析和比较不同创业机会的实际开发成长过程，这一过程，实际上也正是创业者制定创业战略，促进新创企业良性成长的过程。因此，在创业战略的制定过程中，需要对于创业机会深入分析，不同的创业机会需要不同的创业战略来支持，才能获得较好的成功。因此，创业机会的特征对于创业战略的制定具有重要的导向作用。

尽管这里直观地将机会分为四种类型，然而，在实践中，它们的应用程度各不相同。

I型的创业机会市场特征和产品特征俱佳，然而，这样的机会常常转瞬即逝，大量的市场追随者使得市场优势不再，或者是技术的飞速发展使得原有的技术优势很快成为过去，即从I型变成II、III型甚至是IV型的创业机会。IV型的机会在市场和产品两个维度上都不具备优势，创业者最好暂缓创业，等待市场进化或者技术发展到一定程度再开发创业机会。

因此，在实践中真正用于创业的机会主要集中于II、III型的创业机会，对于这两种类型的机会的研究最具借鉴意义，下文也主要集中考察II、III型的创业机会。为直观地说明创业机会与创业战略之间的关系，这里提出一个机会导向的创业战略制定模式。根据这一分析模式，本书认为，在分析创业者的可行战略规划时，首先要考虑的是创业者拥有的创业机会的特征，如图6-1所示。

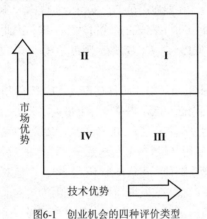

图6-1　创业机会的四种评价类型

6.2　商业模式的开发

管理学大师彼得·德鲁克曾说过："当今企业之间的竞争，不是产品之间的竞争，而是商业模式之间的竞争。"前时代华纳CEO迈克尔·邓恩认为："在经营企业过程当中，商业模式比高技术更重要，因为前者是企业能够立足的先决条件。"

在创业机会识别阶段，创业者对于如何开发、利用创业机会实现新企业持续的盈利，往往缺乏思考、模糊不清，而实现盈利是新企业在市场中生存的基本前提。

清华大学中国创业研究中心高健教授认为：有资料调查显示，当今中国创业企业的失败，23%是因为战略的失误，28%是因为执行的问题，而高达49%的失败是因为没有找到适合自己持续盈利的商业模式。

因此，作为机会识别和论证工作的一部分，创业者必须思考和设计出切实可行、完整的商业模式。

207

6.2.1 【案例导读】四个典型商业模式

1. 沃尔玛:"创造性破坏"商业模式

沃尔玛是另一个有意思的财富故事。过去近20年里,沃尔玛公司创始人——沃尔顿家族的财富一直排第一,远远超过盖茨和其他家族。例如,在2006年美国《福布斯》财富榜上,沃尔顿家族单个成员分别排第六、七、八、十和十一位,每位的财富超过150亿美元,5位共有786亿美元,而单人排第一的盖茨有530亿美元。这种故事,这么大的财富数字,不是神话又是什么呢?

为什么沃尔顿家族能有这么多财富?沃尔玛只是开平价超市连锁店,在这种传统行业里,怎么可能比微软更赚钱?

从表面看,沃尔玛超市好像跟其他连锁店没区别。沃尔玛的口号是"天天平价",以高质量、低价格把别的商店挤掉。如果沃尔玛的价格总比别人低,那沃尔玛靠什么赚钱呢?我们以前讲过,微软每卖一份软件的边际成本几乎为零,但零售商没那么幸运,卖出的每件物品的成本不可能接近零,例如,他们肯定要花钱进货,还要雇用员工,支付运货成本,还有商场的租金,等等。所以,沃尔玛的商业性质跟微软不可能相同,赚钱的模式自然不一样。因此,为了做到"天天平价",同时又能赢利,沃尔玛必须在成本上下功夫,要最大限度地压成本,这样才可让消费者得到好处。但,问题是如何压低成本?

沃尔玛的最大特点是大批量采购货物,而且是直接从厂商采购,避开批发商。由于采购量巨大,它能把厂商的出货价格杀到最低。沃尔玛是世界上最大的公司、最大零售商,在全球有5000多家巨型超市,每周有一亿多顾客光顾其商店,2006年的销售额是3388亿美元,相当于整个中国农林牧副渔业一年的收入,沃尔玛雇用150万员工。这几千家超市的货物由总公司统一采购,例如像鞋、衣服,只要沃尔玛决定从哪家制鞋厂进货,那就是一年许多亿双鞋的订单,那家制鞋公司就不用找别的客户了,只为沃尔玛生产就够它发展增长了。正因为这样,沃尔玛就有充分的砍价能力。以最便宜的价格直接从厂商进货,不仅给沃尔玛很大的赢利空间,而且也让它有能力以低价跟别人竞争。所以,大批量从厂商直接采购,避开批发商,是沃尔玛压低成本、提高利润的主要策略。

如果我们看看沃尔玛的背景,或许能更好理解。沃尔玛的创始人沃尔顿先生于1918年出生在俄克拉荷马州的农村,从小放牛养马,挤牛奶,养兔子卖,养鸽子卖。中学、大学时期,在餐馆、商店打工,自己赚钱上学。他的家境极普通。大学毕业后,在一家连锁商店工作过两年,1941—1945年当兵。1945—1962年间,在阿肯色州的农村,他通过加盟Ben Franklin品牌开过多家连锁店,当时让他极其痛苦的问题有两个,一是他必须付很高的批发价进货,他的规模太小,没办法,只好忍受批发价,得不到出厂价;二是像阿肯色农村这种偏远的地方,人口少,市场小,没有批发商愿意往那里送货,沃尔顿自己必须想法安排货运,造成成本升高。

就以今天中国农村的情况为例,农村人口稀少,收入又低,不仅银行和保险公司不愿意去,就连一般的平价超市也觉得那里没油水,不愿去。结果,收入低的农村反而得不到廉价商品。当时,美国农村也如此,一般认为,在人口少于5万的乡镇开平价商场,是不会赢利的,所以,那时的连锁超市都集中在城市,在那里互相竞争砍价,避开乡村。也恰恰因为是这样,沃尔顿先生反倒觉得乡村才有机会,因为那里竞争少,只要价格足够低,即可赢得市场。

1962年,在阿肯色州的一个小镇,沃尔顿开了第一家沃尔玛超市,以"天天平价"为基本立足点。随即,开始在其他小镇扩张。他只选那些没人去、人口在5000至2.5万之间的乡镇。那些小地方,不仅没有竞争,而且每开一家沃尔玛超市,当地人马上会家喻户晓,不需要花钱做广告,他们自动会来。这当然节省成本，也是沃尔玛的另一个成功秘诀。到1969年，沃尔玛共开了18家规模相当大的分店，全部在人口低于2.5万的小镇。到1990年，沃尔玛有1/3的超市都在这种没有竞争的小镇，在那里，它有相当强的定价权。有了这种优势做后盾，沃尔玛相对于对手的竞争力就强了。

既然没有批发商愿意送货到阿肯色州的乡村，1964年开始，沃尔顿只好建自己的物流库存中心。虽然这是被迫的，但意外的收获是沃尔玛从此可以避开中间批发商，直接跟生产厂商谈价、进货了。也就是说，沃尔玛从厂商进货到自己的物流中心，然后再运到各分店。随着沃尔玛规模的上升，它的砍价能力也直线上升，使沃尔玛的货价水平越来越低，竞争优势越来越强。在这些大规模扩张中，沃尔玛的钱从哪里来？如果没有钱，它怎么能到处开新店呢？

这就得靠资本市场帮忙了。也就是说，看到沃尔玛的增长前景、竞争优势这么强，沃尔玛公司的股份自然有很多人想要，愿出高价买。为了得到更多资金做扩展，沃尔玛于1972年在纽约证券交易所上市，向大众投资者发行新股。从此以后，股票市场就成了沃尔玛增长的资金来源。

所以，沃尔玛带来的几乎是一场零售业革命，给消费者大众巨大好处，但也逼着许多人另谋职业，去其他行业重新找到优势和特长。这就是奥地利经济学家熊彼特所讲的"创造性破坏"。也就是说，沃尔玛把千千万万个小规模杂货店挤垮，这当然是一种破坏，破坏了原来以高价格、低效率构成的零售业秩序。按一般的理解，"破坏"是一个贬义词，可是，沃尔玛的破坏是一种"创造性破坏"，是褒义的，因为由沃尔玛取代千千万万家杂货店之后，社会效率提高了，数亿家庭的生活费用被降低了。这不是对社会的创造性贡献，是什么呢？

2. 戴尔电脑："定制加直销"商业模式

1962年后，沃尔玛从根本上改变美国零售业，也改变了美国人的日常生活。但是，就像美国所有的行业一样，有竞争就有不断的创新。

1984年，又一种新商业模式出现，这次的创新者是当年才19岁的麦克·戴尔，他是如此成功，连续多年在《福布斯》财富榜上排在前十位，2006年的财富为155亿美元，位居第九位。

戴尔的故事非常有意思，而且他的商业模式跟微软、星巴克、沃尔玛都不同。从某种意义上，那也是时势造英雄，只不过是戴尔有商业天赋，超过别人抓住了商机。今天，个人电脑家家有、人人有，你可能觉得人类自古就如此，可实际上其历史很短。电脑本身起源于第二次世界大战，起初只是专业用的电脑，没有大众化的个人或家庭电脑。1977年，苹果公司推出一种基于视窗界面的电脑，大大提高其可用性，便于普及，成为第一代个人电脑。1981年，IBM也进入个人电脑市场，推出第一代IBM个人电脑。由于IBM是计算机行业的龙头，历来以制造大型计算机而出名，它的进入即标志个人电脑走上正式舞台。当时，IBM的个人电脑商业模式是自己设计、制造，部分产品由自己的销售团队直销给大公司客户，但更多的是通过零售渠道向中小企业、个人用户销售。不过，IBM公司太大，大型计算机是主业，对个人电脑的推销力度有限，难以两者兼顾。相比之下，1982年新成立的康柏克计算机公司则没有历史包袱，只从事个人电脑的制造和销售，轻装上阵，很快赶上IBM的个人电脑销售量，成为该行业的老大。

但是，由于IBM和康柏克公司都是通过零售店销售电脑，这种商业模式成本很高。

第一，从组装电脑到销售、到拿到现金，这中间的时间太长。也就是说，IBM造好电脑后，先在公司仓库放着，再运到各地商店，由于商店收货后往往不能马上卖掉，要租地方做库存。不仅库存空间需要付成本，而且要用大量流动资金支持货物的储备，资本成本会很高。

第二，电脑技术变化很快，库存时间越长，技术过时的可能性越高，折价和报损的程度会很高，这又使成本增加。

第三，由于是通过商店出售，店面本身又需要成本，所以，电脑制造商需要给代理商不低的分成佣金。结果，不仅IBM、康柏克的赢利空间受限，而且使电脑价格提高，不利于个人电脑需求的增长。

戴尔电脑公司的机会就是这么来的。戴尔出生在得克萨斯州，出于好奇，15岁时买了台苹果电脑，搬回家拆了再装，试试自己能否再装好，结果试成了。没想到的是，那次经历铺下了致富之路。1983年，戴尔18岁，得克萨斯州立大学一年级学生。那年，他成立自己的公司，白天上学，晚上与周末帮其他公司更新个人电脑操作系统，随着业务的扩展，他开始雇用员工。到1985年，在他还是大学二年级学生时，他公司收入已是600万美元。

也是在1985年，戴尔看到IBM、康柏克的商业模式过于呆板，既不能根据客户的需要组装电脑，不同用户的需要显然不同，但IBM、康柏克不能为多数用户量体裁衣，同时，它们的商业模式又使资金周转速度太慢，库存电脑太久、太多，占用太多零售店面，成本过高。那年，戴尔将公司改做电脑，它的模式是"先拿到客户订单，收到钱，再组装电脑，然后发货"。也就是说，你先打电话下买单，告诉你所要的电脑速度、存储器大小等，交好钱，然后戴尔电脑公司才开始装，装后寄到你家里。这样，戴尔不需要太多流动资金，没有库存，没有零售店面成本，更没有电脑技术过时的风险，因此也没有价格风险。既有满足用户需求的灵活性，又大大降低成本，这使戴尔有很大的砍价空间，即使他卖的电脑比IBM、康柏克的便宜很多，戴尔电脑公司照样能赢利，而IBM、康柏克却可能亏损。你说，有了这种"定制加直销"模式，戴尔不胜出才怪呢，是不是？

看来戴尔跟沃尔玛、星巴克、微软一样，都是除了创新以外，在成本上下功夫，甚至创新就是为降低成本。降低成本是企业经营的核心之一。要么有技术优势，要么有成本优势，当然最好两者都有。有意思的是，虽然戴尔的电脑业务于1985年才开始，到同年底，他的销售额已达7000万美元，1990年的销售为5亿美元。到1999年，戴尔电脑超过IBM、康柏克、惠普成为最大的个人电脑商。对于客户而言，他们不仅可以根据个人需要定制电脑，戴尔的价格也最低，而且一出现问题，还能直接跟制造商交涉，而不是与零售商打交道，这很有吸引力。

戴尔的"定制加直销"非常成功。例如，在20世纪90年代中期，它的平均库存时间在6~13天，而竞争对手的库存时间为75~100天。电脑淘汰速度、降价速度一直很快，这种库存时间优势对戴尔的成功极为关键。

如果直销模式这么节约成本，这跟特定产品的标准化程度有关，标准化程度越高、越成熟、越简单的产品，越便于做直销。个人电脑到1985年已具备这些特点，已相当标准化。但是，有很多东西是非常个性化的，例如，女士服装、时装，还有汽车、食物等许多商品，可能难以直销，一般人都喜欢看一眼、试一下才决定买不买。所以，零售商店不可能被淘汰，总会有市场，只是人们必须为此多付一些钱。

戴尔的"定制加直销"模式还有其他优势。实际上，它特像中国的房地产模式，开发商在盖楼房之前，就把房子预售给客户，先得到房款，然后再用这些钱盖房，这样，不仅开发商自己不需多少本钱，而且拿到这些预付款后，可以把钱存在银行先赚利息，或者做别的投资，大大提高其利润空间。戴尔在大学时，没有本钱就能开公司，道理也在此。

3. 麦当劳、微软："零边际成本"商业模式

1) 麦当劳

有一天，麦当劳的总裁克罗克到哈佛商学院讲课，问同学们说："同学们，我是做什么的？"大家冲他笑说："你不就是做快餐的吗？""错了，我是做房地产的。"他说："如果我不做房地

产，仅仅做快餐，麦当劳早就关门倒闭了。"当然，麦当劳做房地产不是独立的经营项目，而是与做快餐密切结合在一起的。

麦当劳在西方是采取特许经营的方式，首先把一个精心考察过的店铺租下来，租期20年，跟房东谈好了20年租金不变，然后吸引加盟商，把这个店铺再租给加盟商，并向每个加盟商加收20%的租金，以后根据这个地产升值的情况，进行相应的递增。

因此，克罗克认为他赚的是地产的钱，而不是快餐的钱。原来麦当劳采取的是以快餐吆喝，以地产赢利的商业模式，其经营快餐不单单是为了直接赢利，而是为了招租。真正的赢利来源是房地产的增值带来的租金差！多么经典的商业模式呀！

2) 微软

盖茨是一个天才，在1977年他21岁的时候创办了微软公司。1986年3月微软上市，他30岁时，就成了亿万美元富翁！但他为什么一个人能赚这么多钱？

其实，盖茨的亿万财富并不是说他已经实现了这么多的盈利收入，而是在他公司上市后，股票市场对微软未来的收入非常看好，然后愿意给微软的股票很高的价格，也就是说，盖茨今天的财富更多的是反映微软未来的收入，反映微软未来能赚多少钱，是股市帮助盖茨把未来的收入提前变现，他今天的财富不是靠过去已赚的收入累计起来，而是未来收入的提前累计。所以，是股市帮了他的忙，是股市非常看好微软的未来。

那么，为什么微软会这么赚钱？它跟别的公司有什么差别？原因当然很多。第一个原因可能是软件商业模式的特点，因为一旦微软花成本开发出一种软件，例如像你们喜欢用的Windows，那么每多卖一份Windows系统软件，其价格是260美元，其成本对微软公司来说接近零，也就是说，这260美元是纯利润，净赚。世界上今天有6亿多的电脑用户，哪怕中间只有一亿人付这个价钱，这也是260亿美元的收入！你说，这么大数量的销售市场，同时每卖一份软件的边际成本又几乎为零，这种商业模式怎么不赚钱呀！

边际成本是什么意思？是说，一旦你已经把开发成本、广告成本投入，为了再多卖一份产品，你还要付出多少成本。例如，你们可能觉得丰田公司造一种车会卖很多钱，但是，你要知道，每辆车的制造成本会很高，而且每辆的制造成本基本一样。也就是说，为了多卖一辆车，丰田必须买这些汽车部件，例如发动机、车身、轮胎、方向盘等，这些部件一样也不能少，况且他们要付很多的工人工资、退休金以及其他福利，所以每辆车的边际成本很高，丰田汽车公司的利润空间永远无法跟微软相比。这就是为什么大家喜欢微软的股票，喜欢盖茨创办的公司，而不会太热爱汽车公司股票。

是呀，这也是为什么人们开餐馆开了几千年，但没有人开出一个亿万富翁来。实际上，农业的利润空间更小。因为每亩地需要的资源投入和劳动投入都是一样的，边际成本是常数，没有规模效应，不要说跟微软的商业模式比这要差很多很多，而且跟汽车公司比也差很多，原因是通过机械化生产，丰田公司能利用规模生产减少每辆车的制造成本。所以，农业远不如工业，而工业又不如微软这样的行业。这就是为什么西方国家通过工业革命在过去250年领先中国，而今天美国又通过像微软这样的行业领先世界所有其他国家，超过包括工业革命的发源地——英国。

当然，类似微软这样的商业模式越来越多，例如，网络游戏。中国的陈天桥先生创办盛大网游，他的特点也是"零边际成本"，一旦互联网游戏软件已开发好，多一个客户对盛大的成本是零，所以来自千百万个新客户的付费都是净利润。基金管理业也是基本如此，像我们的对冲基金公司有10个工作人员，只要所管理的资金在一亿美元至几十亿美元之间，我们不用增加太多费用开支，收入的边际成本也几乎为零。

4. 联合国、奥运会："私营模式"商业模式

1) 联合国

联合国在美国宣告成立，但一直没有一个气派、有规模、有档次的总部办公大楼。洛克菲勒得知这个消息后，对联合国的情况进行了全方位的调查，结论是联合国将不同于其他世界性组织，它将成为处理国际性实质问题的权威机构，它的决策将涉及全世界每个国家的利益，为此各国都会花一定的代价来争取联合国做出对自己国家有利的决策，所以，联合国总部所在地，也必然是各国外交的重要发生地，各国会就近安营，派代表参与联合国事务。尽管当时联合国还处于艰难维持的初期，但未来趋势必然如此。做出这个判断之后，洛克菲勒从他那片纽约的土地之中，分割出价值3800万美元的一小片，以1美元的价格"出售"给了联合国，这对于尚无安身之地的联合国来说的确是雪中送炭，于是联合国决定在洛克菲勒的土地上安营扎寨。

不久，第二次世界大战结束后新的世界格局形成，获胜的大国们开始经营联合国，联合国的作用迅速显现，各国纷纷去争取在联合国的利益，许多建筑商、宾馆发展商等也都看准了联合国的商业价值，于是洛克菲勒以联合国作为王牌，在大片土地上规划了外交区，土地迅速增值，获利无数，且名利双收，这种投资效果，是用3800万美元的传统广告投入所无法达到的，因为3800万美元买不下联合国！

2) 奥运会

洛杉矶奥运会组委会主席彼得·尤伯罗斯，首创了奥运会商业运作的"私营模式"。

1984年，42岁的尤伯罗斯，只是好莱坞的一个小型旅游公司的老板，私人家产只有100多万美元。尤伯罗斯上任伊始，洛杉矶奥组委在银行连个户头都没有，他只好自己出资100美元开了一个账户。

尤伯罗斯没有要政府一分钱，凭一张奥运会组委会的招牌，筹资7亿美元，几乎是单枪匹马地筹办了洛杉矶奥运会，其基本商业框架沿用至今。

在"尤伯罗斯模式"中，电视转播权招标和"选择唯一商家模式"(奥运TOP赞助商计划的最早启蒙形式)是核心的组成部分，后来也成为历届奥运会掘金的两大主要手段。

(1) 电视转播权招标。在电视转播权的出售中，尤伯罗斯首度采用了招标的办法。组委会规定每个有意竞标奥运会转播权的电视公司必须先支付75万美元的定金。这些定金存在银行里，仅每天的利息就有1000美元。漫长的招标谈判过程结束后，这些巨额利息已经成为组委会的"第一桶金"。

同时，尤伯罗斯亲自出马游说。在美国三家最大的广播公司的竞争中，美国广播公司最终以2.25亿美元买下16天比赛的转播权，并同意提供7500万美元的技术设备。而在之前最高的电视转播权收入，也不过是1980年莫斯科奥运会的1.01亿美元。

尤伯罗斯还努力将转播权分别卖给了欧洲、澳大利亚的机构，开拓了电视转播权的销售范围，总进账飙升到2.87亿美元。

(2) TOP赞助商雏形。尤伯罗斯发现，赞助商掏钱的热情取决于宣传回报的多少，他下决心改变以往奥运会赞助小而散的局面，专心"钓大鱼"。

本届奥运会规定，总赞助商数目不超过40家，尽量控制在30家以内，每个行业的赞助商只要一家，底价400万美元，诱导企业之间激烈竞争。这个价格使赞助奥运会的"门槛"比以前提升了许多，但有利于树立一个行业唯一的企业形象。这一招使大公司都全力投入到竞争中来，可口可乐大战百事可乐而甩出1200万美元，富士则以700万美元"闪电袭击"击败柯达。

最后，尤伯罗斯以"5选1"的比例选定了32家赞助公司。据统计，本届奥运会组委会共收到企业赞助3.85亿美元，而上一届赞助商达381家公司，总赞助仅为900万美元，还不如可口可乐一家的赞助费。

(3) 门票及其他。门票销售是本届奥运会主要盈利手段之一，尤伯罗斯首次开创了分销奥运会比赛门票的先例，以方便观众通过邮购、上门等各种方式购买。本届奥运会将以前赠送给重要人物的"最佳座位"都分类划分，以不同的价格卖出。他还严格控制赠票，甚至放出话来，即使总统来也得自掏腰包买门票。尤伯罗斯了解美国体育迷的心理，大幅度提高奥运会门票价格，结果反而导致了门庭若市的抢购局面。

数据显示，1984年洛杉矶奥运会每张门票的平均价格为32美元，总收入为1.23亿美元，占该届奥运会全部收入的近1/4。

洛杉矶奥运会还设立"赞助人计划票"，凡赞助2.5万美元的个人，可保证奥运会期间每天获得最佳看台座位两个；未取得独家赞助的商家，要想到奥运会做生意，必须缴纳50万美元；另外还发行了纪念币、纪念邮票和纪念章，通过发行25种纪念币和2000张赞助券，集资近1亿美元……

(4) 火炬接力也赚钱。尤伯罗斯标新立异，一改往日圣火只能在优秀运动员之间进行接力的做法——以3000美元为价码销售火炬接力的一公里传递权。

传统的奥林匹克火炬于1984年5月8日从希腊传到美国纽约市，然后横穿1500个城镇，到达洛杉矶，全程1.9万公里。尤伯罗斯售出了其中1万公里的火炬传递，只要愿意出钱，所有的美国人都可以参加接力活动。结果仅这一项，奥运会就获得了4000万美元的额外收入。

(5) 各种"节流"手法。除了以上提及的"开源"，尤伯罗斯还使用了各种节流手法。最著名的就是大大加大奥运志愿者的人数。在洛杉矶奥运会时，有28 742名志愿者经过统一和有组织的安排，从事着各类工作，如赛场支持、医疗卫生、媒体、陪同代表团和个人、公共关系、鉴定服务、技术和通信、运输、赛场的入口控制、餐饮、财政、行政管理，等等。同时，有一支特别的志愿者在奥运会下设的25个分委员会中工作。

除此之外，洛杉矶奥运会尽量不修体育场馆，不新建奥林匹克村，以租借的两座大学宿舍代替。另外，还以拉到的赞助兴建一座现代化的竞赛用游泳池及自行车赛场。

最终，洛杉矶奥运会盈利2.25亿美元，尤伯罗斯本人也赚到1个多亿，开创了私人举办奥运会的先河并载入史册。

6.2.2 商业模式的定义和本质

1. 商业模式的定义

早在20世纪50年代，有人就提出了"商业模式"的概念，但直到40年后(20世纪90年代)这个概念才流行开来。商业模式是一种包含了一系列要素及其关系的概念性工具，用以阐明某个特定实体的商业逻辑。它描述了公司所能为客户提供的价值以及公司的内部结构、合作伙伴网络和关系资本等用以实现(创造、推销和交付)这一价值并产生可持续赢利收入的要素。

泰莫斯定义商业模式是指一个完整的产品、服务和信息流体系，包括每一个参与者和其在其中起到的作用，以及每一个参与者的潜在利益、相应的收益和来源以及方式。在分析商业模式过程中，主要关注一类企业在市场中与用户、供应商、其他合作方的关系，尤其是彼此间的物流、信息流和资金流。

国内被广泛引用的定义是：为了实现客户价值最大化，把能使企业运行的内外各要素整合起来，形成高效率的、具有独特核心竞争力的运行系统，并通过提供产品和服务，达成持续赢利目标而组织设计的整体解决方案。其中"整合""高效率""系统"是基础或先决条件，"核心竞争力"是手段，"客户价值最大化"是主观目的，"持续赢利"是客观结果，也是检验一个商业模式是否成功的唯一的外在标准。

由此看出，成功的商业模式不一定是技术上的创新，而可能是对企业经营的某一环节的改造，或是对原有经营模式的重组、创新，甚至是对整个游戏规则的颠覆。

商业模式的创新贯穿企业经营整个过程，贯穿企业资源开发、研发模式、制造方式、营销体系、流通体系等各个环节。每个环节的创新都可能塑造一种崭新的、成功的商业模式。

2. 商业模式的本质

商业模式本质上是若干因素构成的一组盈利逻辑关系的链条，回答了创业的7项基本问题：

(1) 谁是企业的顾客？
(2) 企业能为顾客提供怎样的(独特)价值和服务？
(3) 企业的产品与服务应该何时投入市场？
(4) 企业的产品与服务应该投放在哪个市场上？
(5) 企业的产品与服务为什么能赢得客户？
(6) 企业如何以合理价格为顾客提供这些价值，并从中获得企业的合理利润？
(7) 企业能多大程度为顾客提供(独特)价值和服务？

在这里，我们可以看到商业模式的本质就是"5W2H"，即一个组织在何时(When)、何地(Where)、为何(Why)、如何(How)和多大程度(How much)地为谁(Who)提供什么样(What)的产品和服务，并开发资源以持续这种组合。

6.2.3 商业模式的要素

根据对商业模式本质的讨论，我们知道商业模式是由价值主张、价值网络、价值维护、价值实现四个要素构成的一组盈利逻辑关系的链条。

1. 价值主张

价值主张是指企业通过价值链上的资源整合以独特的方式为客户创造的价值。简言之，价值主张就是为客户创造什么样的价值。

成功的商业模式的基础是要有一个非常有影响力的客户价值主张，它能够给客户带来显著的价值。2008年，Johnson等指出价值主张包括三个元素：目标顾客、客户利益(要解决的某个重要问题，或满足目标客户的某项重要需求)、提供物(即解决问题或满足需求的某种产品或某项服务)。

2. 价值网络

价值网络反映的是企业为了创造价值，对内对外运营活动的结构特性，泛指企业同其他商业伙伴之间为有效提供和创造价值并实现其商业化而形成的合作关系网络。

随着技术进步和顾客个性化需求的主张，现实中的价值网络变得更为复杂，原有网络参与者除了顾客、供应商、竞争者和互补者之外，还包括其他多种类型的经济主体，如广告商、商业伙伴、联盟企业、中介机构(渠道商、贸易商等各种服务提供者)和政府等。

这些不同类型的参与者之间通过特定的方式建立起直接或间接的竞争与合作关系，并互为依存、彼此联动构成了一个复杂的利益共同体，被称为价值网络生态系统，不同的价值网络生态系统构成了不同的价值网络形态。

3. 价值维护

有效的、创新的商业模式可能会因为没有得到伙伴的有力支撑或者竞争者迅速模仿而造成价值流失，导致失败，因此企业必须进行价值维护。国内外大量案例表明，许多商业模式的失败都是因为没有建立有效的价值维护，以致价值创造活动无法维持，甚至彻底失败。

价值维护由伙伴关系与隔绝机制两部分组成。

(1) 伙伴关系。企业与价值网络合作伙伴在相互信任的基础上，双方或多方在价值创造活动中采取的共担风险、共享利益的长期合作关系。

(2) 隔绝机制。为价值创造的成果、方法及价值网络免受侵蚀和伤害而做出的机制安排，即如何隔绝破坏者和模仿者，使价值创造活动不被外来因素所破坏。

4. 价值实现

价值实现是指通过各种收入流来获取所创造财富的途径。商业模式以顾客价值创造为起点，最后都必须归结到企业如何将盈利"赚到手"。

价值实现具体内容主要包括收入模式和成本管理两个因素。

(1) 收入模式。企业获得收入的方式，即企业如何对创造出来的价值进行回收。

(2) 成本管理。企业管理成本的方式。要解决的根本问题是企业在创造价值的活动中，如何进行成本布局和成本控制，以实现盈利最大化。

商业模式的核心功能在于创造价值和获取价值。

上述四要素构成的逻辑关系链条，解释了商业模式创造价值、实现持续盈利的因果关系。

📖 **小资料**

商业模式要素画布

Alexander Osterwalder及Yves Pigneur博士在2011年提出了一套视觉化的商业模式架构和分析工具。该工具中的商业模式要素分析模型分为四大支柱和九个要素。四大支柱包括：产品/服务界面、资产管理界面、客户界面和财务界面。在这四大支柱下又包含九个构成要素，分配在四大支柱中，其中产品或服务界面包括价值主张；资产管理界面包括核心资源、关键业务和重要伙伴；客户界面包括客户细分、渠道通道和客户关系；财务界面包括成本结构和收入来源。这九个商业模式要素共同组成一幅用来描述商业模式的画布，该模型通过庖丁解牛的方法将企业复杂的商业模式以图形的形式呈现在分析者面前。企业经营者可以通过填补画布的过程逐步思考和解析企业当前的商业模式，发现存在的优势和劣势，从而为未来调整企业商业模式提供思路。

重要伙伴	关键业务	价值主张	客户关系	客户细分
	核心资源		渠道通道	
成本结构			收入来源	

案例分析：

随着现在工作生活节奏的加快，年轻人对健身的需求也越来越多，但是工作和生活区附近的健身房都是早上9点开门到晚上9点30分清场，如果加班就赶不上了，所以24小时开放的健身房就应运而生。

有这样一家健身房，它的运营模式是求精、求简、求快生活，把用户体验和成本控制做到了极致。在这种设计之下，健身房遍布全国，基本体验有，而且还获得了大牌资本的A轮投资，扩张势头强势。

从商业模式上分析，这家健身房可圈可点的地方非常多。

(1) 首先，这家健身房瞄准集中商业园区，面积不大，但是基本设施非常齐全，更衣室和跳操室都有配备，只是不提供洗澡服务。运营人员的解释也合理：运动后不建议马上洗澡，因为毛孔还在扩张阶段，马上洗澡容易引起昏厥。没有洗澡间将健身房的成本缩减了很大一部分。之前附近有另外一家24小时健身房，模式都一致，但是他们增设了洗澡间。洗澡间为了减少成本，刚开始只在男、女浴室各提供2个莲蓬头，也就是每次只能供2人洗澡，结果会员怨声载道。在增加了若干莲蓬头和洗澡隔间之后，浴室又三天两头堵塞，而且莲蓬头也常常坏。最近一次居然要对浴室重新装修，导致两个月不能更衣和洗澡，用户体验大幅度下降。因此不增加洗澡间是合理的。

(2) 其次，这家健身房努力提升其服务的性价比，体现在两个方面：其一，健身房最低按月付，每个月199元(非一线城市低至99元)，这一点是借鉴了星巴克的快速时尚消费理念。能够按月付的健身房非常符合现在快节奏生活的年轻人的胃口。季卡和年卡也不贵，年卡在2000元左右。其二，这家健身房的打折优惠很大，为了抢占口碑，首次办卡会员优惠为月卡减50元，季卡和年卡减100~200元。另外，重复办卡的，即使是月卡，运营人员也会提供20元左右的优惠券，性价比很高。对大多数人而言，办月卡更能够激励人们去健身，因为原来办年卡的时候，心里想着还有300多天呢，不急，最后却没去几次，所以月卡体验实在是很赞。健身房的私教们都是兼职，费用在北京低至180元/小时，比起别的健身房动辄500~600元/小时的私教费用来简直不值一提。这家健身房通过兼职教练的方式减少教练成本，也不对教练有什么固定业绩指标，所有教练自行调整工作时间、操课时间，非常方便。

(3) 再次，这家健身房采用互联网管理模式，配备少量的运营人员，而且也不用24小时坐班。健身房开在工作园区，本身治安不错，而且是全微信公众账号平台管理，从扫码打卡进门到离开，以及参与各项健身房的活动、预约教练、预约公共操课，甚至跑步机的电脑界面，都是联网的，所以这家健身房主导的是互联网智能健身平台。

(4) 最后，这家健身房的打折优惠促销活动非常多，每月有各种优惠，实物、卡券都有。除了上述的办卡优惠，还有办卡即送运动水壶、毛巾和帽子三件套等，各种秒杀促销事件每个月都有一次，口碑一下就建立了起来。

未来的消费升级领域创业的成功核心包括三个方面：①好的用户体验。②最精简化运营成本及合理价格。③互动参与性社群品牌营销。

请你根据此案例绘制它的商业模式画布。

6.2.4 构建商业模式的方法

如何才能构建出好的商业模式呢？我们认为：①确定盈利点；②价值链整合于定位，形成核心竞争力；③标准化运作。

1. 确定盈利点

商业模式实际上就是客户价值实现与创造的逻辑。好的商业模式归根结底是能够满足客户需求与实现客户价值，从而实现盈利的商业模式。因此，价值创新、满足客户未被满足的需求，是商业模式设计的灵魂。价值整合、使客户价值增值是商业模式设计的核心。

要做到这一点，就要求在商业模式设计中，将客户价值、盈利模型和战略控制三项因素综合考虑。斯莱沃斯基的畅销书《发现利润区》总结了企业的22种盈利模式，每种盈利模式都有其使用的行业。大学生创业者在选择创业行业时可以从当中得到启发，构建更适合的盈利模式。

2. 价值链整合与定位，形成核心竞争力

商业模式设计的核心在于构建一个利益相关者的交易结构及合理的价值分配办法。这实际上要求创业者对企业内部小系统(企业价值链)进行整合优化，并对企业在所处的产业大系统(产业价值链)中的位置进行合理定位，从而进一步确定企业的核心竞争力。

在商业模式中价值链整合与定位过程中，应该注意两个层面的问题。

(1) 基于价值体系的商业模式设计。实现企业内部化，同时伴随企业的虚拟化进程。

价值体系包括企业内部的价值链和所在的价值网络。基于价值链的创新是指企业围绕顾客的要求，优化企业内部的资源配置，在最大限度满足顾客需求的前提下降低企业成本。

常用两种途径：①对价值链进行定位，将附加值高的部分留在企业之中，将附加值低的部分外包，最大限度地利用企业内部资源；②对价值链进行重组，围绕企业的价值目标，以对价值创造具有战略价值的部分为中心，其他部分对价值链进行重组。也就是说，把不属于你的企业，按内部管理进行管理。例如戴尔电脑的全部个性化产品，实现了虚拟化生产，没有库存也就提升了资金周转率；耐克作为世界上最大的运动品牌，却没有生产过一双鞋。

我们把这种以顾客需求为导向的，舍弃非核心业务领域，专注于企业核心产品、核心业务，以开发培育使企业可持续发展的核心能力为目标，对价值链上非核心能力环节与优势企业，甚至顾客、竞争对手等采取联营、联盟、外包等合作经营形式，以开发快速变化的市场机遇的经营手段，称为虚拟经营模式。

(2) 基于价值网络的商业模式设计，关注利益相关者。

基于企业所在的价值网络的商业模式设计途径有：①创造独特的活动体系，形成以顾客价值为中心的价值网络；②加强与价值网络中其他成员的联系，形成战略同盟，加强对环境变化的适应性与供应链的稳定性；③做价值网络成员联系的组织者，成为交易的中介或打造交易的平台。

弗里曼对利益相关者著述道："任何一个企业都离不开利益相关者的参与，企业应追求的不是某个主体的利益，而是所有相关者的整体利益，这些利益相关者包括企业股东、债权人、雇员、消费者、供应商等交易伙伴，企业更应该关注能够为企业带来价值增值的利益相关者。"

6.2.5 常见的10种商业模式

商业模式是没有固定模式的，不是恒久不变的，是需要不断创新、不断尝试把商业模式套用在所未涉及过的行业中或者从未使用过的环境中的，但是无论怎么创新、怎么变化，几乎都以以下比较常见的10种商业模式为基础的。

1. 附加商业模式

附加商业模式指当核心产品价格低下时，会通过附加产品使总体价格上升的商业模式。客户用极低的价格购买核心产品，但为了满足具体需求还需要另外购买其他产品，最终花费的价格要比预期的多，而商户也从中收取更大的利益。例如：装修行业就是一个附加商业模式，前期的报价定方案，后期的增加项目及改动项目来使整体价格上涨。

附加商业模式已经存在很多年了，特别是服务行业，通过提供特殊服务和附加产品，充分利用客户花更多钱的意愿是符合逻辑的。旅游业也广泛使用附加商业模式，因为竞争激烈所以通过极低的价格吸引顾客，然后在旅游过程中销售贵宾客房、饮料、特殊活动、景点购物来提升整体利润。

确保这个模式的良好运行的前提是，客户能够先选择一个基础产品，然后增加一些客户对其价格敏感度较低的可选产品。最初，客户会在包括价格的理性标准基础上做决定，后来就会变成了以情感为动机的购买模式了。一旦你在高铁列车上饿了，就不在乎列车上的快餐比饭店贵多少钱。

2. 试用商业模式

这个商业模式描述的是个人或者组织团体之间进行不同种类的产品和服务的交换。例如：在大型商场，商家为了促销新品上市，会准备一定数量的免费试用品，让客户体验产品的效果，从而用口碑打开新品市场。通过为潜在的新客户介绍某种产品，试用模式就能为产品宣传起到一定作用。

如今，在互联网发达的时下，试用模式也被套用在网络营销上。这不仅仅是让客户免费体验这么简单。例如：某个香水品牌的商家在自己的公众号上开通了商城，并且提供了大量的免费试用小瓶，然后通过其他媒体大肆宣传，只要关注该公众号就能免费领取试用小瓶装，而且还是包邮。当客户试用完后在该公众号上给予意见及评价，就能以一半的价格购买该品牌的香水。不仅推广了品牌，而且连带着销售收入，最主要的是吸引了一大批的粉丝。

3. 交叉商业模式

交叉商业模式跟附加商业模式不同，但又有相似之处，交叉商业模式的目的是开发现有的客户关系来销售更多的产品。例如：加油站，很简单的例子，在加油站内不仅仅可以加油，还可以购买跟汽油无关的产品，如烟、酒、饮料等。交叉商业模式的优点是已经建立起来的安全感，让客户能够充分地相信，从而当客户消费其他产品时，能够让客户达到很高的满意度。

这个商业模式还存在双赢的关系，例如：在餐厅吃饭，喝完酒就可以通过餐饮服务员寻找代驾公司，而代驾公司通过餐饮渠道找到了客户，餐饮因为帮客人寻找代驾公司从而让客人满意，从而双方都双赢。交叉商业模式的潜力还可以发掘，可以用利润小的产品绑定利润大的产品销售，也可以用利润大的产品绑定利润小的产品，可谓是多样化。

互联网的B2B领域也应用不少，一家有名气的电商在主营自己核心产品的同时，通过代卖的方式销售其他电商的产品，而这个产品是自己家没有，却又有微弱的关系。

4. 众筹商业模式

众筹商业模式就是把一个项目所需要的资金，分一大部分外包给大众。通过媒体等方式把项目分享给大众，引起大家对项目的兴趣和关注，从而吸引支持者投资资金。作为回报，支持者会得到该项目的报酬，或者附加的专项收益，例如定期分红。

众筹商业模式可以追溯到几百年前，当时最早一批起家的晋商们就是通过集资，用个人少量的资金运作大额资金的商业活动。集资也是众筹的一种表现，特别是在改革开放的初期，房地产商人崛地而起，而当时比较普遍的购房交易就是当开发商们拿下地皮之后就会用集资的方式向购房者打开销售通道，购房者通过集资的方式买房可以比后期更加优惠，而开发商通过集资能够快速地回笼资金。在当时的银行政策下开发商如果运作得当可以空手套白狼，就连前期的购买地皮钱都可以通过合作的方式拿到第一笔资金。

众筹模式与传统投资不同之处在于，众筹者可以参与到项目当中来，很多众筹者更是对能够参与到项目当中更感兴趣，很多人的想法和创意对众筹的项目来说能够更加完善。而且众筹模式能够提供一个独特的机会来拓宽人际关系圈子。更重要的是众筹模式能够让项目发起人通过众多的众筹者获得有价值的反馈和评价，除了能完善项目，还可以省下很多的在实验阶段产生的费用。而作为众筹的发起人首先要有吸引人的想法和可行性的项目，才能吸引认同项目人的支持，从而能够言行一致地提供资金支持。

5. 众包商业模式

众包商业模式是把一项任务外包给外围的执行者去完成，他们通常以公开的方式输送任务。众包的目的是在不增加费用的前提下更有效地解决问题。众包也应用于企业为了找出更多更好的创意而发起投稿活动，参与者可以在完成任务后得到一笔可观的金钱报酬，而企业不只是得到创意文案，还可以得到大众对产品的喜好等更加广泛的信息，更是省下了时间、人员增加等成本。

众包模式也非常适用于找出更多关于客户想要和喜好的新产品的信息。例如东莞一家服装企业为了得到更好的设计方案，邀请全国服装设计师提供设计样品及方案，如果被采纳给予很多的报酬。现网络时代中也常见众包模式，很多外卖O2O也采用了众包模式，当有顾客订餐时会通过手机定位把外卖送餐业务发送到抢到该订单的跑腿员手机APP平台，跑腿员完成任务就可以得到报酬。

6. 会员制商业模式

会员制商业模式与客户建立长期关系，通过奖励特殊产品或者折扣金额来培养客户的忠诚度。要想保持这种忠诚度需要商家提供的价值超出产品的价值。发放会员卡是目前最为常用的保持顾客忠诚度的手段，而注册会员卡时顾客提供的身份信息能让商家更好地对顾客进行附加服务。例如节假日时送上美好祝福，生日时提供精美礼品等。保持顾客的忠诚度光提供附加服务是不够的，同时要设计出顾客理性消费的需求，要利用心理效应，顾客常常会受到寻找优惠的本能刺激，实际上顾客往往消费的要比预想的要多。

另外，这个模式的另一个优点是能为企业带来重要的客户数据，能够获得顾客的消费行为记录，这为以后进行分析提供了巨大的帮助。电商企业还可以选择把减免金额直接与顾客的账户挂钩，当顾客购买时折扣就自动生效，也可以会员返点的模式，当顾客消费了一定的金额就会给予一定的代金券，等下次顾客再购买时就可以用代金券抵现金使用。例如沃尔玛会员超市、美国的美乐家超市都是使用的会员制模式，只有办理了会员才可以在该超市消费，而超市通过积分抵现金等形式黏住了大批的忠诚顾客。这个模式适用于很多情况，实际上，客户忠诚度已经变得必不可少，企业长期成功的基础就是以顾客为中心。鉴于大多数行业的竞争越来越激烈，赢得顾客的忠诚度无疑是一个最好的销售渠道。

7. 数字化商业模式

数字化商业模式就是把现有产品或服务转化成一个数字体，它的优势就是省去了中间商，降低费用，配送更合理。例如在线视频电影、视频教学等，用户支付了不多的费用就可以在线观看。与大多数商业模式比较，数字化商业模式包含了近几十年来的主流技术、社会经济的发展和进步。倒退20年前，当时的人们观看电影依赖的是购买录像带、CD或者磁带，这在现时代是不可想象的。

另一个例子是现时代的教学模式也推出了网络在线教学、网络在线考试，通过网络就可以拿到所需要的认证。而这个网络教学模式也为偏远地区的人们提供了很多帮助，也为工作繁忙的年轻人提供了自己选择学习的便利。数字化模式是一个非常有前景的商业模式，越来越会被广泛应用。特别是互联网企业很难避免数字化。

8. 直销商业模式

直销模式是指一家公司的产品是由该生产商直接销售，而不是通过代理商、渠道商、零售店销售出去的。通过这一模式生产商能够保证更高的利润的同时让消费者花费更少的费用，而且还能促进与消费者之间的体验，从而帮助公司更好地了解消费者的需求变化，改进产品。

传统模式：生产商—中间商—经销商—零售店—顾客

直销模式：生产商—顾客

此外直销模式还能使公司对销售信息更加精准，并能一直保持统一的销售模式、统一的销售价格。安利公司就是一个很成功的例子，安利产品通过一个由分公司和个人组成的全球网络向客户进行销售，人们可以通过跟安利公司签约成为直销商，并按照公司统一的价格销售。直接对顾客面对面地销售，顾客在使用之后也可以签约成为直销商。公司会为每一位直销商提供专业的培训，使每一位直销商都能成为独立的个体。

直销模式是非常广泛的，而且在与顾客完成整个销售过程中能达到两个目的。

(1) 可以密切关注顾客，追踪他们不断变化的需求。

(2) 可以优化销售、营销、生产和其他部门之间的内部协调。

9. 电子商务模式

电子商务模式是把传统的产品与服务通过网络渠道在线进行销售，省去了实体店及运营的成本费用。消费者可以在不同的产品之间比较，比在实体店之间比较更加节省时间，并且以更低的价格购买。

电子商务是随着电脑的广泛普及而出现的。不过电子商务也存在一个很大的缺陷，就是购买者在购买的时候不能直接地体验虚拟物品，这种缺陷必须通过把各种益处都尽可能清楚地展现给消费者予以弥补，要保证客户不满意时能够退货换货。电子商务模式还可以影响一家公司的所有层面和领域。例如可以利用数据挖掘技术来分析公司的销售，可以给销售部门提供优化销售策略的数据。而且这种优化也可以自动运行，可以发给消费者个性化的广告和新产品、打折商品的推荐，而公司用最低的费用把广告发送到了潜在顾客的手中。

互联网是延伸的发展，电子商务也能作为一个补充销售渠道，通过这一渠道，数字化产品的好处就能充分得到挖掘。电子商务具有无穷的潜力，电子商务的出现重新定义了购物。近年来比较火的外卖O2O就是电子商务的延伸。

10. 体验销售模式

在体验销售模式中一个产品或者服务的价值会因为提供了体验的机会而增加。例如近年来比较流行的VR眼镜，因刚上市时缺乏消费者对其的认可，所以通过让消费者体验的方式把价值释放出来。

体验销售模式被广泛应用到任何的行业，很多公司通过让顾客体验，塑造自身产品的价值，让顾客区分与竞争对手的差别。美国星巴克咖啡是一个很好的例子，除了为顾客提供多种咖啡、茶、点心等之外，还为顾客提供一系列的附加服务。例如：免费的Wi-Fi、轻松的音乐、舒适的座椅及环境，通过采用让顾客自己体验，从而增加顾客的黏性度，导致名声也越来越大，客户忠诚度也越来越高，收入也是不断增加。

体验销售模式也被利用在饮品经销商中，当一个品牌的饮品刚刚上市时，为了让顾客得到认可，经销商都会跟餐厅、超市等协商，免费为这些终端销售商提供产品，等卖完之后再结款。终端销售商因为没有前期投资费用，又能增加销售商品很愿意合作，而经销商们就是利用这种体验销售模式快速地打开市场。

📖 小案例

"互联网+"时代的四种商业模式

2018年8月22日，CNNIC发布的第42次《中国互联网络发展状况统计报告》显示，截至2018年6月，我国网民规模达8.02亿，互联网普及率为57.7%；这个数据已经很明显了，半数以上的国人都成为网民。这也就是说，互联网对人们社会生活影响进入了一个新的阶段。同样，商业模式在"互联网+"时代下也在不断地转型与升级。

一、平台型商业模式

所谓互联网平台模式，就是在当前的"互联网+"时代背景下，构建多主体共享的商业生态系统，并且产生网络效应，实现多主体共赢的一种战略。平台的消费关系具体表现为：平台上卖方越多，对买方的吸引力越大；同样，卖方在考虑是否使用这个平台的时候，平台上买方越多，对卖方的吸引力也越大。例如，天猫购物平台，每年的"双十一"购物声势浩大，喜报连连，这一天以成交千百亿元的数额创造销售奇迹。

淘宝平台的赢利模式：

淘宝是中国C2C老大，通过免费策略把国外来的eBay打跑了。在淘宝平台上开店，交易不收费，那么靠什么赢利呢？

淘宝平台的主要赢利模式如下。

(1) 人就是资源。现在活跃在淘宝网上的店主上百万，更有几千万注册会员，这本身就是种资源，通过分析其消费行为、购买情况、流行趋势等，这些数据都可以卖给需要的公司。

(2) 广告收入。

(3) 竞价排名赢利。你的淘宝小店开得时间久了，客户也在不断积累，但既然是C2C，消费者个人间的电子商务行为,那么自然是终端用户比较多,例如买衣服的,你当然希望他能多买你几件,或者再多几个人看到你的店,这时候淘宝的策略是,谁出的钱多,就给谁的店排名靠前一点,你愿不愿意付这个钱呢?

举办活动吸引赞助商赢利。淘宝上经常举办一些活动,其中就吸引不少赞助商,淘宝从中得利也是不少。

支付宝融资。支付宝和淘宝合起来其实就成了淘宝的一个融资机构,类似于银行,只是比银行简单。我们在淘宝上通过支付宝交易,把钱汇到支付宝,支付宝把我们的资金收集起来进行投资赢利。

互联网的平台思维就是开放、共享、共赢的思维。平台模式的精髓在于打造一个多主体共赢互利的生态圈。将来的平台之争,定是生态圈之间的竞争,单一的平台是不具备系统性竞争力的。

例如:百度、阿里、腾讯、搜狐等互联网巨头围绕搜索、电商、社交各自构筑了强大的产业生态。可以说,高效的价值传递功能,是平台模式崛起的关键所在。当今网络社会,谁能把产品、服务更加有效地传递给顾客,谁就最终能在市场竞争中掌握控制权。

二、免费商业模式

很多互联网企业都是以免费、好的产品吸引到更多的用户,然后将新的产品或服务提供给不同的用户,在此基础上再构建商业模式,例如QQ、360安全卫士、淘宝网购等。

360的免费模式:

360不小心进入了安全行业,从现在来看,正好赶上了中国互联网的大爆发时期。上网的人增长很快,各种软件、商业模式发展很快,当然网上的"小偷"也突然暴增。

在360出来之前,2005年我国有1亿网民,互联网普及率只有8%,到了2013年,中国网民超过了6亿,手机网民比电脑网民还要多。所以,在360安全卫士出现之前,杀毒还是按照传统的商业模式,是卖软件的,没有人认为是普遍服务,没有人认为杀毒应该是免费的。

但是随着互联网的发展,互联网的安全性变成每个人都要面临的问题。那个时候,不仅"流氓软件"泛滥,而且出现了各种木马,QQ号、游戏装备被盗,人们到网上下载软件时都会下载下一堆广告插件。

包括杀毒在内,互联网安全一定会成为一种基础服务,如果安全变成每个人都用的基础服务,它就一定是免费的。

要做360免费杀毒,就彻底免费,就终身免费。事实证明,用户需求强烈,三个月的时间,360免费杀毒的用户就过亿了。这就是用免费的商业模式颠覆瑞星、金山付费的商业模式的典型例子。

2006年,360推出第一款永久免费软件——360安全卫士以来,凭借"免费模式"迅速崛起,成为互联网行业的一匹黑马。那么,360是如何用好免费模式的?其背后的商业逻辑是什么?

众所周知,在360免费模式开启之前,国内高达数亿的个人电脑安全市场被瑞星、金山、江民三大杀毒巨头垄断。然而,360免费模式一经推出就彻底打破了这种格局,并迅速占领了国内安全软件市场,使原本90%处于"裸奔"状态的个人电脑得到免费的安全服务。

360首倡的互联网安全免费服务,是基于具有良好用户体验的主营业务产品而提供的。也就是说,其主营业务产品所发挥的作用并不是赢利,而是使其成为沉淀用户和培养用户依赖性的最大入口。那么,借助"安全"这一具有刚需性质的基础服务切入,以长期免费带来大规模用户积累,使得360的安全产品像水电一样成为互联网的基础设施,并以良好的用户体验建立起已有用户对360"安全"的品牌认知和忠诚度,而完全不需要考虑赢利,这是360给其主营产品的定位和使命,也是

360免费的精髓。

免费模式做增值。一般来说，增值服务是在主营业务基础上实现的，但与百度等互联网企业的免费增值模式不同，360为保证360安全免费服务用户体验不受广告等其他赢利性增值服务的影响，将安全免费服务与其他服务独立运营，但又相互促进。

一方面，360专注于自身"安全产品及服务供应商"的定位，持续完善免费服务的功能，相继推出了装机必备、打补丁、云查杀、眼睛卫士等创新性功能，保证了安全免费服务的良好用户体验和口碑。另一方面，360安全免费服务的运营独立于其他服务，但又将360安全免费服务上的用户与其他平台上的产品共享，如360浏览器、360安全桌面等，进而通过搜索广告、游戏分成等较为成熟的互联网赢利方式获得收入，这种共享性的产品布局与赢利方式是360在众多"免费+增值服务"模式中脱颖而出的根本原因。

因此，依靠广告及增值服务收益支持免费服务的成本，又通过免费服务的用户基础拉动广告及增值服务的用户覆盖。360的运营独立与用户共享既促进了用户对免费服务的口碑和忠诚度，又保证了增值服务的收益。

免费模式是商家利用大众乐于接受"天上掉馅饼"的心理，借助免费手段销售产品或服务从而建立庞大的消费群体，塑造品牌形象，然后再通过配套的增值服务、广告费等方式取得收益的一种新商业模式。这种商业模式本身的成本很低，而"免费"的金字招牌对顾客有着无穷的吸引力，能在短时间内使企业迅速占领市场，扩大知名度。

三、O2O商业模式

O2O，狭义来理解就是线上交易、线下体验消费的商务模式，主要包括两种场景：一是线上到线下。用户在线上购买预订服务，再到线下商户实地享受服务，目前这种类型比较多。二是线下到线上。用户通过线下实体店体验并选好商品，然后通过线上下单来购买商品。

广义的O2O就是将互联网思维与传统产业相融合，未来O2O的发展将突破线上和线下的界限，实现线上线下、虚实之间的深度融合，其模式的核心是基于平等、开放、互动、迭代、共享等互联网思维，利用高效率、低成本的互联网信息技术，改造传统产业链中的低效率环节。

美乐乐的O2O模式：

美乐乐是出现在2013年的一匹电商黑马，它的迅速崛起在于O2O模式。美乐乐CEO高扬认为，美乐乐成功最主要的因素在于O2O模式的成功。相较于家具电商，美乐乐的优势主要体现在服务、体验与品质三方面。

高扬说："美乐乐O2O基本上是线上做营销，线下做体验和服务。O2O的核心、关键不是线上做得多好，或者线下做得多好，也不是两个'O'，而是怎样把人从线上拉到线下来，这是很多企业做不出来的原因。例如，光线上企业，你说它线下做不好，其实它可以找一堆线下的人。我有很多创业的朋友，做互联网的人，做传统企业的人，他还是做不好，他没有办法把线上的人拉到线下来，我看到很多公司都是这样做的，都是这样的问题。"

一个线下企业想做O2O，第一是线上做不好或不会做。即便线上做得好也没有用，其根本是怎么把人拉到线下来，这点是最难做的。因为这不只是说你要懂线上，而是线上和线下要配合着做。

美乐乐选择将线上作为根据地，可以吸引到全国的流量，节省线下门店的资金，从而将售价降低，占据价格优势，吸引消费者。

美乐乐又涉足线下体验馆，主要供线上体验用，将线上流量转化为线下交易量。体验馆不仅作为在当地城市的实景展厅，还作为小型仓库，缩短家具运输距离。另外，美乐乐还创建装修网，整合了多种家居、家装资讯,细化生态链中的多个消费环节。

美乐乐还通过集中SKU,把每一个产品的量加大,从而大幅降低生产成本,等有了规模效应以后,不论从生产、运输各个方面都可以得到提升。美乐乐在生产与运输两个环节获得了20%左右的成本优势。

美乐乐家居网根据其自身发展,从传统的B2C业务拓展由"美乐乐家居体验馆"这一线下平台,从本质上降低了过去冗长的渠道成本,打破了过去企业和消费者信息不对称下的价格虚高局面。作为家居行业O2O"第一个吃螃蟹"的企业,美乐乐的O2O模式是较为成功的。

四、品牌模式

随着企业的发展,产品线的不断扩展,当一个企业面临多个品牌或推出新品牌的时候,就产生了品牌模式的选择问题。规划一个科学合理的品牌模式,对企业多快好省地打造强势品牌是至关重要的。

三只松鼠的品牌模式:

据获悉,2016年"双十一"三只松鼠全渠道销售额达5.08亿元。此外,三只松鼠在天猫"双十一"食品类品牌销售额排行榜中名列第一。在其创始人章燎原看来,能够抓住产品的核心——以顾客为本是其重要原因。

(1) 注重产品的品质。不管是线下还是线上,一切从顾客出发,没有人不希望自己买的东西物美价廉。三只松鼠作为零食一类,除了好吃之外,消费者大都希望买的零食新鲜、绿色、健康;而三只松鼠厂家深入各大原料产地,建立直供合作关系,保证质量。以其所售坚果为例,开口松子从东北直接进货,山核桃直接从临安进货,野生山核桃仁直接从湖南进货,等等,第一时间保证了产品原料的新鲜与原汁原味。

(2) 注重产品的细节。区别于传统店铺,做电子商务,有很多细节,而细节方面关系到客户的体验,直接影响品牌与销售。三只松鼠对细节非常看重,例如特别注重产品的包装与物流包裹。三只松鼠的包装设计具备设计美学特征,为了更好地优化体验,包装袋的更新换代较为频繁,不少"粉丝"都表示自己当初就是觉得包装很漂亮而进店消费的。物流包裹则是采用质地坚硬的五层牛皮纸、防偷盗胶带,还有开箱器等,这无疑是消费者网购体验所需要的,而三只松鼠恰恰做到了这一点。

(3) 注重物流速度。在电商企业中,京东自建物流网,而为了让顾客更加快速地收到货,三只松鼠自建物流系统,开了北京仓、广州仓、芜湖仓,开创了全国首家提供当日发、分仓地当日达、周边省市次日达的极速物流体验食品电商,这毫无疑问再次提升了顾客对三只松鼠的购物体验感。

三只松鼠通过以上三点,充分围绕顾客的购物体验来展开,这三方面做好了,自是会从顾客那里传出品牌,如此逐渐形成一个良好的品牌效应,越来越多的人知道,渐渐地,一个品牌就这样形成了。

6.3 【创业人物】黄峥(拼多多)

拼多多作为新电商开创者,致力于将娱乐社交的元素融入电商运营中,通过"社交+电商"的模式,让更多的用户带着乐趣分享实惠,享受全新的共享式购物体验。

1. 从"学霸"到"爆发"的拼多多

22岁本科从浙大毕业的黄峥，顺利申请到美国威斯康星大学麦迪逊分校就读，一所在美国位列"常春藤大学"系列，并以计算机专业出名的全球顶级大学。2004年，当谷歌公司还在争取获得雅虎收购的早期发展阶段时，已经在美求学两年的黄峥，很快决定毕业后前往谷歌公司就职。当年就在纳斯达克上市的谷歌公司，给黄峥早期的财富积累奠定了坚实的个人基础。这也为他后来回国创业不为自己赚钱的底层价值观，打下了坚实的基础。

作为一名专业的计算机技术专家，黄峥和当时同在谷歌的李开复，2006年一起受命前往中国开展业务。就在当年，黄峥通过另一个浙江同乡丁磊，认识了在美定居的段永平——步步高系(OPPO、VIVO)的幕后老板，参与了段永平竞拍下的"股神"巴菲特的午餐会。

段永平受巴菲特的启发和鼓励，从此转身投资，成为中国为数不多的顶级投资人，并在个人身价上，一直享有中国隐形首富美誉。段永平也被黄峥视为人生的贵人之一，拼多多发展至今，段永平不仅提供资金解决了黄峥早期创业的第一笔融资。对于黄峥来说，每到关键时刻，为其指点迷津、出谋划策的人生伯乐，一定就是段永平。

"好公司，动作越少越好"；"快就是慢，慢就是快"；"用平常心做事情会更好"。这些话既是段永平说给黄峥听的，也是能让中国众多创业者受益匪浅的金玉良言。对比黄峥自己常说的商业思考："要怀有平常心，选择做正确的事，并想办法把事情做正确"；"创业就像打高尔夫，我们始终在重复同样的动作，但我们希望把动作做得更标准"。不得不说，黄峥不仅深受段永平的影响，也颇得段永平的真传。

26岁时的黄峥，已经完成了留学顶级名校、加入顶级互联网公司、完成个人财富积累、融入顶级商业圈子(最新名单还有从百度离职的陆奇，以及新加坡前外交部长杨荣文)、找到事业伯乐的人生高度。绝非"池中物"的黄峥，很快在27岁那年，选择自主创业。同一时期的王兴，已经将校内网(人人网前身)做得风生水起。而27岁的雷军，已经被提拔为金山软件的总经理。这三人的公司在2018年的今天，被外界统称为中国互联网的MMP，以飞速的增长向传统的BAT地位发起挑战。

细数2015年前黄峥创业的7年经历，他在游戏、电商代运营、社交电商领域的扎根前行，一点没有浪费。拼多多带给外界的游戏版体验的社交裂变，不正是他创业早期一步步经历打下的基础么？这是黄峥人格里非常有特点的一面。他可以在个人兴趣上不喜欢一个事物，但他可以在做事情的过程中，将他经历的事物底层逻辑，思考透彻，并在彼此关联的内在势能上，协同打通。这是一个懂技术、懂商业的理工男人格才有的商业建构思维。

都说从成立到上市的拼多多创造了中国互联网企业最快的成长纪录，黄峥本人的身价也超过了刘强东，成为人人津津乐道的80后"新首富"。很多人不知的是，快速上市的拼多多背后，是目前仅次于阿里的3亿多用户数，以及阿里、京东之外，第三家打破"电商难以突破千亿大关"魔咒的另一种快速。

快，分两种。一种是赶上雷军常说的"风口论"的快，这个风口，黄峥赶上了智能手机的普及和微信的爆发。就像黄峥在上市当天对外一再强调的那样："拼多多一大半靠运气，这源于深层次的底层力量推动，很像三四十年前深圳改革开放的推动力，我们在上面开花的人，做什么就会有爆炸式的增长。"另一种快，是理解了商业的底层逻辑，打通了不同资源的内在联系，打下了前期良好基础的快。黄峥的技术背景、大公司经历和早期创业的领域，以及他独有的思考方式，带来了拼多多的第二种快。联系上文所述的"快就是慢，慢就是快"，对于黄峥和拼多多的快，理解起来就豁然开朗了。

很快,现行出炉的拼好货和拼多多合并。一年之后的2016年9月,订单量已经超过唯品会的拼多多,开始正式宣布转型社交平台型电商。在当时,这是一个打着灯笼在全球都找不到对标物的全新模式,并在随后启发了众多效仿拼多多,开始在社交、拼团、游戏体验中掘到金子的创业者。在拼多多正式转型社交平台型电商的前两个月,黄峥敲定了腾讯、高榕资本的入股。前者带给拼多多在微信端的"入伙"身份,后者则让拼多多开始在上市前,弹药充足地放手快干。

2. 思考拼多多的下一步

拼多多对外公开宣称它的业务成功条件,主要依赖于扎根微信端的社交拉新——游戏体验式的裂变和拼团模式。不过黄峥在上市当天的媒体沟通会上,明确表明拼多多大部分交易,其实还是在自己APP上完成的。

同样是在7月26日晚上上市发布会上的致辞,黄峥对未来的拼多多有这样一句定义:"未来拼多多将成为一个网络虚拟空间和现实世界融合的新空间。用户可以用最划算的价钱买到理想的商品,更在过程中收获快乐。这个空间里,供给两端的链条被压缩,批量定制化大规模实现,社会资源的无谓损耗持续降低。如果以传统企业类比,这个空间应该是'Costco+迪士尼'的结合体,它不光提供超高的性价比,更将娱乐性融入每个环节。"

而在拼多多的上市前招股书上还有一句关键信息:"平台下一步会升级供应链,会利用大数据和AI人工智能,为用户做更精准的个性化推荐。"

听懂拼多多说话,需要一定的分析理解能力。利用大数据和AI人工智能,为用户做更精准的个性化推荐。等于是在告诉所有人,未来消费者在拼多多的购买驱动力,低价不再是唯一的理由。人的下单决定,主要出自对自我需求的精准满足。

人的需求是多变而多面的。低价的永远有人要,品质人人都不拒绝。什么东西是有品质的低价?或许,最理想的对标答案,可能还真是Costco(好市多),一家打败了沃尔玛,令全球零售业都佩服、效仿的美国社区超市。

拼团,不出预料的话,将永远是拼多多带给大众的主要体验特色。这并不稀奇,美国Costco在任何国家和地区的卖场里,处处都是拼团的欢乐景象。几个主妇组团去Costco购物,通过联合组团的方式,享受到更折扣的价格,完成批量采购后,几个主妇之间再分配各自出资比例的所需。这是不是拼团?是不是线下零售常见的购物景象?为什么要迪士尼一样的娱乐性?很显然,这是拼多多赖以爆发的主要条件之一。拼多多毕竟是线上平台,缺乏线下面对面具备的交互丰富性。没有游戏版的体验,人拉人拼团的转化触发条件,在线上会非常困难。

这就是为什么拼多多说要升级供应链,大数据精准推荐,以及一个Costco和迪士尼的结合体的内在意思。

有时候自言不擅长和媒体沟通的黄峥,其实在他所说的每一句中,都清楚明白地表达了拼多多的过去、今天和未来。黄峥的话有时候不仅是站在拼多多说给外界听的,也是站在社会说给自己听的。"没有一个伟大的变革和创造会来得那么容易,那么显而易见,一边倒的正面不是我们追求的,一边倒的负面也从来不是真实的拼多多。""我要勇于承担起责任,持续承受质疑甚至冤枉。"

黄峥的人物观念:

(1) 深挖消费者的诉求,为用户创造价值;
(2) 要怀有平常心,选择做正确的事,并想办法把事情做正确;
(3) 创业就像打高尔夫,始终在重复同样的动作,但希望把动作做得更标准;

(4) 社交由达人经济向平等的多对多社交网络转变；由集中式超级大脑向分布式多个个体独立思考平权式转变；从集中搜索到品牌分众化；

(5) 中国品牌要"走出去"，首先应该做渠道变革。

2018年10月，黄峥以950亿元人民币财富位居2018年胡润百富榜第13位。

6.4 思考与测试

6.4.1 思考题

(1) 仔细观察你周围同学生活中不方便或不满意的地方并考虑解决方案，看看是否可以作为商机，为什么？

(2) 查找总结10种商业模式，并为每种商业模式举一个企业例子。

6.4.2 测试题

【适合创业的行业】

1. 你觉得自己的性格属于哪种？（　　）
   A. 比较安静　　　　B. 比较爱动　　　　C. 介于两者之间
2. 以下几种文学作品你更喜欢哪一种？（　　）
   A. 诗歌　　　　　　B. 小说　　　　　　C. 哲理散文
3. 在圆形、三角形、S形三种图形中，你更喜欢哪一种？（　　）
   A. 圆形　　　　　　B. 三角形　　　　　C. S形
4. 你上学的时候，哪一门功课学得最好？（　　）
   A. 数学　　　　　　B. 语文　　　　　　C. 外语
5. 你在衣着化妆方面是否很有天赋？（　　）
   A. 是　　　　　　　B. 不是　　　　　　C. 说不上
6. 你对学习演奏一种乐器是否有兴趣？（　　）
   A. 没有　　　　　　B. 非常希望有机会能学习　　　　　　C. 说不上
7. 公司组织的节日Party需要大家演节目，你会（　　）。
   A. 我可不擅长
   B. 我非常乐意有机会让大家见识我这方面的才艺
   C. 虽然不很擅长，但也会尽力
8. 你做事情条理性强吗？（　　）
   A. 很差，乱透了　　B. 我做事总是井井有条　　　　　　C. 不算很好
9. 周末如果有空闲，你会选择哪种休闲方式？（　　）
   A. 看书　　　　　　B. 逛街购物　　　　C. 动手做些小饰品
10. 外出旅行，你更喜欢去哪些地方？（　　）
    A. 风景优美的人间仙境
    B. 充满文化气息的名胜古迹

C. 不为人知的山野小景
11. 朋友在一起讨论问题，通常情况下，你的见解(　　)。
    A. 总能令人耳目一新
    B. 与他人大致相同
    C. 偶尔也有一番见地
12. 如果某件事吸引了你，你(　　)。
    A. 通常都是被事物的表象或者有趣的地方所吸引
    B. 如果被吸引，我就一定要对它探个究竟
    C. 如果可能的话，我也会参与其中
13. 你喜欢陶艺吗？(　　)
    A. 似乎很时尚，我也想把它作为一种休闲方式
    B. 不是很喜欢，但我想了解人们为什么喜欢陶艺
    C. 非常喜欢，自己动手做些陶艺品会独具特色
14. 下面的场景你更喜欢哪个？(　　)
    A. 静谧深邃的森林
    B. 蓝天白云下的草场
    C. 怪石林立的高山峭壁
15. 如果能力许可，在人事经理、记者和自由画家三种职业中，你会选择哪一种？(　　)
    A. 善于处理人际关系的人事经理
    B. 能言善辩、可能接触社会各色人等的记者
    C. 尽管有可能非常清贫，但是可以率性生活的自由画家

第 7 章

创业资源与创业风险

> 如果大环境小环境都自己去建设的话,我自身的能力和实力不具备。所以当时我们只有一个简单的想法,就是我把自己有限的资本或者力量聚焦到一个核心——如何去塑造品牌,把相关的交给社会来完成。
>
> ——上海美特斯邦威股份有限公司董事长　周成建

> 恶劣的环境下,搭建一个温室,让幼苗无所顾忌地成长。成长过程中,适合我的留下,不适合的扔掉。
>
> ——联想控股有限公司总裁、董事局主席　柳传志

> 做企业要讲竞合环境。现在全世界的环境也是一个竞合的环境。得意不可忘形,失意不可丢失信念。
>
> ——天使投资人、乐搏资本创始合伙人　杨宁

【本章知识点】
- 资源获取方法是什么?
- 创业资源管理的技巧和策略是什么?
- 创业资源整合的方法是什么?
- 创业风险类型有哪些?如何防范风险?

7.1　创业资源概述

创业不是"天马行空",不是引"无源之水"、栽"无本之木"。创业需要资源,没有真正意义上的"白手起家",创业者不可能完全靠一己之力轻松做老板。每一个人创业,都必然有其凭借的条件,也就是其拥有的资源。但不论创业者是刚走出校园的学生,还是工作了几十年的高管,凡是具有创业性的商业活动,永远都处于资源不足(特别是资金不足)的状态。其实道理很简单,穷则思变,没有钱才要通过做生意赚钱,不满足现状才期望通过创业来改变。若所有资源都到位了,创

业活动反倒有可能消失。试想，当年如果惠普公司不拒绝乔布斯和沃兹尼亚提出发展个人计算机的建议或IBM公司与比尔·盖茨合作开发Windows，哪里还会有今天的苹果公司和微软？

其实不只是个人创业活动，就是国家级创业也总是伴随着资源不足而发生的。邱永汉先生分析日本第二次世界大战以后短短数十年间由贫穷的谷底攀升到世界首富的高峰的原因时说，世界上所谓资源国家，很少是真正富裕的，而日本这样一个资源匮乏的岛国，主要靠采购资源，靠创造资本，成为能够创造财富的"真正富裕"的国家。因此，资源缺乏成为日本国家工业化创业的原动力。

未经历风雨洗礼的大学生创业者在创业道路上遇到的第一个障碍就是资源不足，他们期望所有的创业资源都能够到位，显然，这种想法既不现实也不符合创业规律，任何一个创业者都不可能在创业之初就把创业中涉及的问题都解决好，也不可能把一切创业资源都备足，关键在于要学会进行资源获取与整合。成功的创业者大多都是资源整合的高手，创造性地整合资源是他们成功的关键因素之一。

7.1.1 【案例导读】蒙牛借力

蒙牛与伊利，两家奶业巨头同处西北边陲重镇呼和浩特，尽管蒙牛的诞生比伊利晚10多年，但蒙牛还是在短短的4年内奇迹般地长大，从进入市场时在同行业排行第1116位，到2002年以1947.31%的成长速度被商界誉为"成长冠军"，站到了可以与伊利相提并论的位置。现在的蒙牛和伊利同属中国奶业四强，而2018年蒙牛正式挤进前三强，蒙牛的液态奶市场占有率第一，伊利第二；伊利的冰激凌类产品第一，蒙牛第二。

蒙牛，是如何后来居上的？又是如何从后来居上的角色成长为中国乳业老大的挑战者的？

1. 虚拟联合，借力社会资本

蒙牛自一诞生起，蒙牛乳业的老总牛根生就非常注重借助外部力量发展壮大。

传统思维是先建工厂、后建市场；蒙牛是逆向思维："先建市场、后建工厂。"于是，"虚拟联合"诞生了：1999年，蒙牛把区内外8个中小型乳品企业变为自己的生产车间，盘活了7.8亿元资产，经营了冰淇淋、液体奶、粉状奶3个系列40多个品种的产品，使蒙牛产品很快打入全国市场，当年销售收入达到4365万元。半年时间，蒙牛在中国乳品企业销售收入排行榜中，由千名之末蹿升至第119位。"蒙牛现象"一时成为经济界备受瞩目的一个亮点。

牛根生说，在计划经济下，企业就是生产车间的同义语，而当今做企业，可以先建市场、后建工厂。像这样，品牌拥有者运用自己的品牌优势、市场优势、科技优势，将许多个企业联合到自己的名下，只进行资本运营，不发生资金转移，这种联合方式就是"虚拟联合"。

2000年，蒙牛一面扩展"虚拟组织"，一面杀了个"回马枪"，创立自己的"根据地"，高起点建起了具有国际先进水平的17条冰淇淋全自动生产流水线和22条液体无菌奶生产流水线。

蒙牛有了自己的工厂后，"虚拟联合"不仅没有收缩，而且进一步延伸。目前，参与公司原料、产品运输的600多辆运货车、奶罐车、冷藏车，为公司收购原奶的500多个奶站及配套设施，近10万平方米的员工宿舍，合起来总价值达5亿多元，没有一处是蒙牛自己掏钱做的，均由社会投资完成。通过经济杠杆的调控，蒙牛整合了大量的社会资源，把传统的"体内循环"变作"体外循环"，把传统的"企业办社会"变作"社会办企业"。

1999年，实现销售收入4365万元，居全国同行业119位。

2000年，蒙牛实现销售收入2.94亿元，是1999年的6.7倍，销售额居全国同业排名第11位。

2001年，蒙牛实现销售收入8.5亿元，是2000年的3倍，销售额居全国同业排名第5位。2002年，蒙牛实现销售收入20亿元，销售额居全国同业排名第4位。

2002年12月，摩根士丹利等三家国际投资公司联合对蒙牛投资2600万美元，是目前中国乳业接受的最大一笔国际投资。

经济界人士说，如果不是"先建市场、后建工厂"，蒙牛产品的问世至少要晚一年；如果不用经济杠杆撬动社会资金，蒙牛的发展速度至少减慢一半；如果不引入国际资本，蒙牛的国际化至少要晚几年。

2. 品牌和产品，从借势到抢势

牛根生是一个非常讲究策略的人。在蒙牛羽翼未丰的时候，他暂时收起了自己的野心。

从品牌上，甘当老二，依附于伊利，借势于伊利。蒙牛巧妙地通过"甘当内蒙古第二品牌"的品牌宣传和"中国乳都"等概念的推出，叫响了蒙牛自己的品牌。

创内蒙古乳业第二品牌的创意是这样诞生的：内蒙古乳业第一品牌是伊利，这事世人皆知。可是，内蒙古乳业第二品牌是谁?没人知道。如果蒙牛一出世就提出"创第二品牌"，这就等于把所有其他竞争对手都甩到了后边，一起步就"加塞"到了第二名的位置。这个创意加上蒙牛的实力，蒙牛一下子就占到了巨人的肩膀上，这光沾大了，势借巧了。

蒙牛在宣传上一开始就与伊利联系在一起，他们的第一块广告牌子上写的是"做内蒙古第二品牌"；在冰淇淋的包装上，他们打出了"为民族工业争气，向伊利学习"的字样。把蒙牛与伊利绑在了一起，既借道伊利之名，提高了蒙牛品牌，使双方利益具备了一定的共同点，又使伊利这个行业老大投鼠忌器，避免了其可能的报复性市场手段，因为此时伊利任何报复性的市场手段都可能造成一荣俱荣、一损俱损。由于牛根生与蒙牛骨干力量全是从伊利出来的，所以提起伊利董事长郑俊怀，牛根生至今仍言必称"我们领导"，显示了对伊利极大的尊重。

在牛根生看来，一个品牌并不单单是一种产品的问题，而是一个地域的问题，内蒙古就是一个大品牌。为扩大蒙牛品牌美誉度，蒙牛还提出了建设"中国乳都"的概念。呼和浩特的奶源在全国最优，人均牛奶拥有量也居全国第一。2001年6月，蒙牛以"我们共同的品牌——'中国乳都'呼和浩特"为主题，在呼和浩特的主要街道高密度投放灯箱广告。从此，"中国乳都"概念被政府官员和媒体频频引用，得到政府和民众的支持。

对于蒙牛的举动，伊利也只能表现得极为乐观：既然你蒙牛是要做大内蒙古奶这块大蛋糕，我又何乐而不为呢？而牛根生从一开始就将蒙牛定位于乳品市场的建设者，努力做大行业蛋糕，而不是现有市场份额的掠夺者。他有一句"名言"：提倡全民喝奶，但你不一定喝蒙牛奶，只要你喝奶就行。

在产品上，一开始蒙牛采取了避实就虚的策略，老大的主力产品是高端的利乐纸盒包装(利乐包)，蒙牛就生产低一个档次的利乐枕塑料袋包装；老大的主战场在一线大市场，蒙牛就从二、三线市场做起，俨然一个跟随者的角色。

蒙牛在积蓄自己的力量，等待着"牛气冲天"的那一天。

2001年7月10日，离揭晓2008年奥运会主办城市还差三天，蒙牛宣布，一旦北京申办成功，蒙牛捐款1000万元，是国内第一个向奥组委而不是奥申委捐款的企业；2003年3月份伊拉克战争爆发后，蒙牛第一个在央视做字幕广告；"非典"爆发后，蒙牛是国内第一个捐款捐物的企业，并以

1000多万元的捐赠拔得了头筹……这一系列敢为人先、敢为第一的举动，好像是在向世人显示蒙牛要树立中国乳业第一品牌的决心。

2003年，蒙牛已成为不仅包括利乐枕，还包括利乐包的液态奶全球产销量第一的品牌；其产品在国内许多城市已坐上领头羊位子；在今天的冷饮和乳品市场蒙牛已是伊利的强劲对手，两家企业的产品形式、价格、市场定位都有很大的趋同性，你推"四个圈"、我就来个"随便"，彼此之间早已展开了正面的竞争。

虽然伊利还像个竖在蒙牛前面的标杆，但正因为牛根生看到了经营乳品生产企业的高度，所以他敢大着胆子翻跟头；伊利更是一个被牛根生解剖得明明白白的躯体，他能够在运作蒙牛的过程中游刃有余，也在于深谙伊利短长。

有人问牛根生现在是不是想做"老大"，牛根生说："老大是所有人都想争取的。我们现在考虑的是哪个时间实现销售额100亿美金的事。"

7.1.2 创业资源的内涵与种类

1. 创业资源的内涵

对于创业资源的含义，学术界有不同的定义。巴尼认为："创业资源就是任意一个主体，在向社会提供产品或服务的过程中，所拥有或者所能够支配的能够实现自己目标的各种要素以及要素组合。"阿尔瓦雷斯和布森尼特斯认为："创业本身是一种资源的重新整合。"我国国内学者林强和林嵩认为："创业资源是企业成立以及成长过程中所需要的各种生产要素和支撑条件。"张斌认为："创业资源是指新创企业在创造价值过程中需要的有形与无形资产，具体包括创业人才、创业资本、创业机会等。"综上所述，创业资源是指新创企业在创造价值的过程中所需要的特定资源的总称。

- 从广义上看，创业资源可界定为：能够支持创业者进行创业活动的一切东西。

它既包括可见的物质资源，如厂房、机器设备、资金等；也包括不可见的无形资源，如创业战略、创业方案、知识、技术、创业团队等；既包括创业者实际拥有的资源，也包括创业者可间接获取的资源，如广泛的社会关系等；既包括体现创业者个性特征的个体资源，也包括组织性、社会性的资源；既包括国内各种资源，也包括国外提供的资源。

总而言之，广义上的创业资源是涵盖使创业者创业活动顺利进行的一切支持性资源，包括有形与无形的资产。它是新创企业创立和运营的必要条件，主要表现形式为创业人才、创业资本、创业机会、创业技术和创业管理等。创业的过程实际上是创业者建立、整合和拓展资源的过程。

- 从狭义上看，创业资源是促使创业者启动创业活动的关键优势资源。

关键优势资源是指建立企业赢利模式的业务系统所必需的和重要的资源与能力，如麦当劳的标准化资源与能力、海尔的创新资源与能力、沃尔玛的低成本战略资源与能力。并不是企业现有的所有资源和能力都同等珍贵，也不是企业每一种资源和能力都是企业所必需的，只有和企业定位、赢利模式、整个业务系统流程、现金流结构相契合并且能互相强化的资源和能力才是企业真正需要的。

从资源的角度看，创业者是否具备业务系统所需的关键资源能力是其能否成功创业的核心问题。创业者对关键优势资源和能力识别得越清晰，利用得越充分，在激烈的市场竞争中保持创业后的竞争优势也就越持久。创业者对创业资源管理的原则是：必要资源要齐备适量，关键优势资源要富集并不断追求。

创业者要么根据自己的关键优势资源选择创业项目，要么根据创业项目整合关键优势资源，否则创业必败无疑。

2. 创业资源的类型

不同的创业活动具有不同的创业资源需求。我们把创业资源分为有形资源和无形资源两大类，而其中无形资源往往是撬动有形资源的重要杠杆。

1) 有形资源与无形资源

有形资源包含金融资源、实物资源和组织资源三大类。

(1) 金融资源。企业物质要素和非物质要素的货币体现，具体表现为已经发生的能用会计方式记录在账的，能以货币计量的各种经济资源，包括资金、债权和其他。

(2) 实物资源。企业从事生产经营活动所需要的一切生产资料，其构成状况可按实物资源在生产经营过程的作用划分为劳动对象和劳动手段。

(3) 组织资源。为了实现既定的目标，按一定规则和程序而设置的多层次岗位及其相应人员隶属关系的权责角色结构。包括企业的战略规划、员工开发、评价和报酬系统等。

无形资源包含人力资源、科技资源、品牌资源、市场资源、政策资源、信息资源六大类。

(1) 人力资源。存在于企业组织系统内部的有经验的、掌握特殊技能的、被激励起来的员工等和可供企业利用的外部人员的总和。人力资源是企业资源结构中最重要的关键性资源，是企业技术资源和信息资源的载体，是其他资源的操作者，决定着所有资源效力的发挥水平。

(2) 科技资源。包括两个方面：①与解决实际问题有关的软件方面的知识；②为解决这些实际问题而使用的设备、工具等硬件方面的知识。科技资源的专有性主要表现为与企业相关的专门知识、商业秘密、专利和著作权等，又是有形资源。

(3) 品牌资源。品牌是一个名称、名词、符号或设计，或是它们的组合，其目的是识别某个销售者或某群销售者的产品或服务，并使之同竞争对手的产品和服务区别开来。品牌资源又可细分为产品品牌、服务品牌和企业品牌三大类。

(4) 市场资源。包括营销网络与客户资源、行业经验资源、人脉关系。凭什么进入这个行业？这个行业的特点是什么？盈利模式是什么？是否有起码的商业人脉？市场和客户在哪里？销售的途径有哪些？

(5) 政策资源。近年来，政府会采取一系列系统的创业扶植政策，从支持创业教育与培训，提升创业技能，通过资金扶持、减免税费、财政补贴、社会保障等鼓励创业，为创业者提供信息与管理咨询及专业化服务，提供金融支持、项目支持等。

(6) 信息资源。依靠什么来进行决策？从哪里获得决策所需的信息？从哪里获得有关创业资源的信息？

2) 无形资源是撬动有形资源的重要杠杆

由于企业新创，企业的战略规划、员工开发、评价和报酬系统等制度安排还不完善，所以有形资源中的组织资源无疑是较为薄弱的部分；从而无形资源中的人力资源在很大程度上承担着组织资源的功能，成为创业时期最为关键的因素，创业者及其团队的洞察力、知识、能力、经验及社会关系将影响到整个创业过程的开始与成功。

同时，在企业新创时期，专门的知识技能往往掌握在创业者等少数人手中，因而此时的技术资源在事实上和人力资源紧密结合，并且上述两种资源可能成为企业竞争优势的重要来源。

在有形资源中,创业时期的资源最初主要为财务资源和少量的厂房、设备等实物资源。然而,这些资源的取得(如风险投资),很大程度上取决于创业者及其团队的能力、经验、社会关系及其掌握的关键技术资源,以及信息资源、政策资源等无形资源;同时,在企业新创过程中对所需的厂房、设施、原材料等有形资源的组织与运作也有赖于创业者及其团队的能力与经验。

7.1.3 大学生创业者资源盘点

随着社会政策的导向,越来越多的大学生参与到创业活动中。在创业之前,创业者有必要盘点自己拥有的资源。

1. 创业者的内部资源

创业者刚开始拥有的内部资源主要是创业者自身的知识技术资源,及其所占有的生产资料等,也就是个人所拥有的有形资产及无形资产。拥有一份良好的内部资源,对创业者来说无疑是重要的。

(1) 现金资产。创业者本人(还可能包括其家庭)可以随时支配的现金和银行存款。请注意是"可以支配"的,创业要取得全家的支持,也要为家庭的生活留有余地。易于变现的国债、股票等也可以视同现金资产。

(2) 房产和交通工具。这种资源一方面可以作为创业的硬件资源,另一方面可以作为现金资产的补充,在需要的情况下,可以作为抵押品向银行或其他投资人申请融资。如果这些房产和交通工具是按揭方式购置的,则要大打折扣。

(3) 技术专长。包括有形和无形两种。
- 有形:已申请成功的发明专利、实用新型专利和外观专利,或者是某一领域公认的专家,如注册会计师、律师、高级美工师、设计师、工程师、医生、心理咨询师等;
- 无形:专有技术、科研成果或者对某个特定行业和领域的深入研究。

(4) 信用资源。你有没有信用污点,如果没有,估计一下你能够通过你长期积累的信用资源干些什么事,或是有人根据你的信用愿意给你投资,或是有人愿意借钱给你,或是有人愿意为你铺货,至少有人愿意在你还没有付工资的情况下为你工作。

(5) 商业经验。对市场经济和游戏规则的了解程度,尤其是你对将进入的行业的深入理解程度。行业之间的差异很大,各行业的关键成功因素都不一样,需要有深入的研究和实践才能积累足够的商业经验。

(6) 家族资源。经济支持、创业指导、学习机会、人脉关系甚至是客户资源。即使家族资源非常丰富,也需要获得家族权威者的认可和支持,方能真正有效地利用好这些资源。

大学生处于资源积累的初始阶段,自身拥有的资源数量少、质量不高,但是要想创业就必须具备一定的内部资源。内部资源中通过自己实践积累的资源最为关键,既能证明创业者的潜在能力从而增强创业信心,也能够用于说服家人全力支持和取得投资者的信任。无形资产的获得更是能成为创业者的核心竞争力,大学生创业者若能拥有产品方面的专利技术则能成为吸引投资和获得学校、政府大力支持的关键资源;具备良好的个人信用和商业经验则可以凝聚团队、发现创业机会。

内部资源的积累则需要创业者进行一定的规划,充分准备,逐步获得创业所需的能力和资源。大学生可以先从自己的兴趣开始打造个人专长,往往个人感兴趣的事情能够成为未来的创业基础,甚至是创业的核心优势。

> 📖 **小例子**
>
> 美国苹果公司的创始人史蒂夫·乔布斯从里德学院退学之后,按照自己的兴趣去学习了该校开设的全美国最好的美术字课程,他从这个课程学到了多种美妙的艺术字体和精妙的排版等技术。
>
> 十年之后,当乔布斯在设计第一台Macintosh电脑的时候,正好把当时在里德学院学的那些艺术字体全部设计进Mac。那是第一台使用精美印刷字体的电脑。

2. 创业者的职业资源

所谓职业资源,即创业者在创业之前,在为他人工作时所建立的各种资源,包括项目资源和人际资源。从职业资源入手创业,例如充分利用工作中建立的各种关系,符合创业活动 "不熟不做"的教条。尤其是在国内目前还没有像成熟的市场经济和法制社会一样,普遍认同和执行竞业避止法则的情况下,选择从职业资源入手进行创业,已经成为许多人创业成功的捷径和法宝。不过,职业操守仍然是应该维护的基本立场。据调查,国内离职下海创业的人员,90%以上利用了原先在工作中积累的资源和关系。

大学生在校期间虽然没有开始工作,但只要有意识地去整合校园的资源,高校的创业相关资源还是比较丰富的。大学生要积极地建立与高校教师之间的良好关系,以此来获得老师的支持甚至借用老师的个人资源。大学生应重点关注两类教师资源的积累:一是技术专家型,可以为大学生创业提供技术方面的指点和支持,以及研发设施资源的借用;二是创业专家型,能为大学生的创业提供商业方面的指导和支持。

3. 创业者的人脉资源

创业者外部资源最重要的一点可能是人脉资源,即创业者构建其人际网络或社会网络的能力。人脉关系对于创业之初非常关键。创业者的人际资源可分为同学资源和朋友资源。

(1) 同学资源。现在同学会很盛行,名牌大学在大城市都有同学会或校友会分会。很多老板到各大名校读EMBA,其中的主要收获之一是拓展人脉关系。同学之间因为接触比较密切,彼此比较了解,同时因为同学圈子一般不存在利害冲突,友谊一般都较可靠,纯洁度更高,EMBA这类同学圈子还因为大家比较成熟而容易建立高效率的圈子,对于创业者来说,是值得珍惜的战略性外部资源之一。与同学相似的是战友,以及同乡资源。同学资源和同乡资源,可并称为创业者最重要的两大外部资源。

(2) 朋友资源。同学、战友、老乡也算是朋友,其实同事一样是朋友。朋友犹如资本金,对创业者来说是多多益善。在家靠父母,出门靠朋友;多一个朋友多一条路是至理名言。一个创业者如果不能交朋友,没有一些高质量的朋友,恐怕很难发展。创业专家认为,人际交往能力应列在创业者素质的第一位。

大学生创业者可以着力于两类人脉的建立。

① 创业团队的积累。大学同学因为彼此熟悉和信任而容易成为未来的创业伙伴,能够抱团打天下,共同承担创业初期的艰辛与困难。同班同学之间建立信任关系往往是最容易而且稳定的,通过参加各种社团、社会实践和创业大赛等活动积累的团队成员也因共同的经历而能够联系在一起。

② 创业贵人的积累。创业路上尤其是创业初期的艰难时期,能够获得成功者的点拨和激励,得到客户的提携帮助,创业者将容易挺过创业的低谷。大学生创业者需要在社会人士和高校老师中争取这种宝贵的支持,一个富有创业精神、勤奋努力的年轻人是能够获得成功人士的垂青和指引的。

7.1.4 影响创业资源获取的因素

1. 创业者

1) 创业者关系网络

伯诺伊特和朱利恩认为,创业网络是创业者(创业企业)所拥有的各种社会关系,包括创业者的个体网络以及创业企业的组织关系网络。

创业网络是创业者或创业企业在创业活动中的嵌入。根据尤兹的阐述,网络关系是多种多样的,如商业的、合作伙伴、朋友、代理、导师等,这些途径使得资源能够同时存在于个体网络和组织关系网络两种关系中。现有文献认为网络系统对于小企业来讲可能是一个弥补稀缺资源的主要途径。例如,外部网络帮助企业找到新的资源源头。或许更重要的是,外部网络也是一个获取信息的渠道。这些关系网络能够增强企业获取资源的能力,因为网络是创业者获取外部资源的一个方法。

前人的研究指出,创业网络有三种类型:社会网络、支持性网络以及公司间网络。①社会网络中包括亲人、朋友以及熟人;②支持性网络由一些支持机构,如银行、政府以及非政府组织组成;③公司间网络包括其他所有企业。

大学生创业的网络形式是比较单一的。大学生由于大部分的时间是在学校内读书学习,因此很少有机会接触社会,这就造成了大学生的创业网络中几乎没有政府网络和商业网络的存在。而大学生在校期间积累了一定的人力资本,因此大学生在创业之初主要依靠的网络类型是个人网络。由于政府对于大学生创业的政策支持,他们具有一定的支持性网络,例如银行等金融机构会为他们提供相应的小额贷款等。因此,大学生的创业网络类型主要有两种,即个人网络和支持性网络。

2) 创业者信息获取能力

信息获取能力是指创业者在社会生活或创业过程中捕捉、吸收和利用信息的一种潜在能力,包括信息接收、捕捉、判断、选择、加工、传递、吸收、利用、搜集与检索能力。

创业需要资源,从广义来看,即从创业企业的内外部条件来看,创业资源包括创业者、人才、技术、资本、信息、市场、关系、营销网络等;从狭义来看,即从创业企业的内部条件来看,创业资源包括人力资源、财力资源、技术资源、信息资源等。因此,信息获取能力本身有助于对丰富的、高质量的信息资源的获取。

由于新创企业在资源获取过程中的信息不对称,信息资源作为一种特殊的战略性资源在新创企业资源获取过程中发挥重要的杠杆作用。因此,信息获取能力在相当程度上影响着创业者对其他创业关键资源的获取,直接影响并决定新创企业的创业绩效。

于晓宇等的实证研究表明:技术信息获取能够为新创企业提供外部参考,帮助企业识别创业失败,进而促进失败学习行为。同时,失败学习行为可以激发更多创新活动,提高组织创新绩效。很多高科技新创企业为降低技术环境不确定性的影响,通过建立各类流程以获取丰富的外部技术信息。

2. 创业团队

新创企业把创意变成产品或服务,把产品或服务市场化、产业化是一个艰苦的过程,必须组建好一个富有凝聚力和创新精神的创业团队,这是获取各项创业资源的重要前提,也是创业成功的一个基本保障。

不管创业者在某个领域多么优秀，他也不可能具备所有的知识和经营管理经验，而借助团队就可能拥有创业所需要的各种知识和经验，例如顾客经验、产品经验、市场经验和创业经验等。同时，通过团队，人脉关系网络可以放得更大，能够有效地增进创业者的社会资本，提高创业成功的概率。因此，创业团队本身就是一项极为重要的创业资源。

库普和布龙研究发现，他们所调查的高成长企业中80%以上是由团队创建的。大量的实证研究表明，团队创办的企业在存活率和成长性两方面都显著高于个人创办的企业。团队创业的成功率要远远高于个人独自创业。西格尔等对宾夕法尼亚州的大约1600家新企业的研究发现，创业团队是否拥有在新企业所处行业的先前工作经验，是区分高成长性和低成长性的唯一因素。调查中发现，85%以上的网络创业团队成员有创业经验，属于二次创业，而且他们的业绩普遍好于先前没有创业和工作经验的创业团队。

团队创业较个人创业能产生更好的绩效，其内在逻辑在于创业团队是一个特殊的群体，群体能够建立在各个成员不同的资源与能力基础之上，贡献并且整合差异化的知识、技能、能力、资金以及关系等各类资源，这些资源以及群体协作、集体创新、知识共享与共担风险产生的乘数效应，能够帮助新创企业更好地克服创新的风险和资源的约束。

此外，创业团队的价值观、对商机的识别能力、对资源的获取与整合、领导能力等，都是极其重要的战略资源，会为企业带来持久的竞争优势。

3. 政府政策

创业政策可以通过多种途径和方式对创业活动产生正面影响。支持创业教育与培训、创业计划等方式，增强创业意识，培养创业精神，提升创业技能；资金扶持、减免税费、财政补贴、社会保障；为创业者提供信息与管理咨询及专业化服务，提供金融支持、项目支持、政府购买和基础设施等；通过新闻媒介、教育机构等正面宣传，引导人们关注创业，改变对创业的态度，培育先进的创业文化，法律保障、公平的市场竞争环境、知识产权保护政策、小企业扶持政策，促进初创企业成长。这些都是政府干预创业资源的市场配置，有利于创业资源的获取。

7.1.5　创业资源获取

1. 合作获取资源

要获取创业资源，首先要寻找到可以提供资源的对象。对此，一种办法是找到少数的拥有丰富资源的资源提供者，如政府、银行、大公司等，这方面创业者往往没有优势；另一种办法是尽量多找潜在的资源提供者。

商业活动强调利益，要获取资源，需要认真分析潜在资源提供者关心的利益所在。一旦不同诉求的组织或个人之间存在共同利益，或能够建立起紧密的利益联系，就成了利益相关者。利益相关者应当合作，合作需要共赢。合作总要有一个开始，在没有合作基础的前提下，一开始就共赢不容易。

老洛克菲勒有这样一句名言，建立在商业基础上的友谊永远比建立在友谊基础上的商业更重要。经济全球化的重要特征是资源的全球性流动，"不求所有，但求所用"，合作可以突破空间、组织和制度等方面的限制，从而在更加广阔的范围内开展，这也是创业活动活跃的重要原因。要成功地获取创业资源，创业者必须有创新的思维，要兼顾各方面利益相关者的利益，通过多种方式合作达到共赢的境界。

2. 信息带来资源

创业者信息技能包括信息需求识别及表述、信息检索及获取、信息评价及处理、信息整合及学习、信息利用与开发等。掌握并善用信息技能，对于创业者把握商机、获取创业资源、做出创业决策、推进创业企业成长都十分重要。

在全球金融危机中，一些企业就是因为对金融信息的反应迟钝，遭受了灭顶之灾。不少创业者则是因为及时获取并利用了有价值的信息而创业成功。

> **小案例**
>
> 霍英东在第二次世界大战结束后翻阅一些报刊资料时，无意中看到中国香港政府《宪报》上刊登的拍卖战时剩余物资的通告，正是这些被当作垃圾品拍卖的战时剩余物资成就了霍英东创业的第一桶金。
>
> 20世纪90年代，王传福在一份国际电池行业动态上了解到日本宣布本土将不再生产镍镉电池的信息，而抓住了创业机会。
>
> 1995年马云在美国第一次接触互联网，敏锐的直觉告诉他："感觉它肯定会影响整个世界，而中国还没有。"马云当即决定辞职回国创业。

在知识经济时代，掌握并善用信息和网络技术不仅能使创业者摆脱烦琐的文件和纸上作业，可以轻而易举地对企业产品的库存、销售、业绩、市场占有量、竞争对手的情况、顾客对企业产品的反馈信息等进行即时控制，而且可以充分利用员工创造性劳动和技术专长，对信息和数据做出更加正确的判断，使其成为企业决策资源。

3. 杠杆撬动资源

杠杆效应就是以尽可能少的付出获取尽可能多的回报。无形资源往往是撬动有形资源的重要杠杆。杠杆可以是资金、时间、品牌、公共管理、能力等，方式可以包括借用、租赁、共享、契约以及资源外取等。

成功的创业者一般具有丰富的社会资源和快速、准确的信息资源并善于利用关键资源，特别是无形资源的杠杆效应"撬动"资源。具体体现在以下几个方面。

(1) 能比别人更加延长地使用资源；
(2) 更充分地利用别人没有意识到的资源；
(3) 利用他人或别的企业的资源来完成自己的创业目的；
(4) 将一种资源补足另一种资源，产生更高的复合价值；
(5) 利用一种资源撬动和获得其他资源。

> **小资料**
>
> 万向集团的创始人鲁冠球曾说："企业对资源的组合和利用过程，实际上是一个资源转换的过程，谁的转换效率高，谁就是赢家。万向能够在国际市场站稳脚跟，使产品进入通用、福特等世界一流跨国企业，并不是我们做到了世界最好。在国外，我们在技术、质量上比不过优秀的同行；在国内，我们在成本、价格上比不过很多的小厂。但我们为什么能够稳定、快速地发展，根本原因在于我们打通了国内外的资源，使企业成了多国资源的结合体。"

> 今天的万向已经发展成为这样一家企业:设备是德国的,原材料是美国的,管理人员是日本的,厂房和劳动力是中国的。这些资源通过跨国转移融为一体,其国际生产成本和价值都得到了更明确的体现和提升。

4. 沟通凝聚资源

沟通很重要,具有较强沟通能力是创业者成功获取资源的关键因素。

有两个数字可以很直观地反映沟通的重要性,就是两个70%。

(1) 第一个70%。创业者70%的时间用在沟通上。开会、谈判、协商、拜见投资者或走访客户等是最常见的沟通形式,撰写计划书和各类文字材料实际上是一种书面沟通的方式,对外各种拜访、联络也都是沟通的表现形式,管理者大约有70%的时间花费在此类沟通上。

(2) 第二个70%。企业中70%的问题是由于沟通障碍引起的。例如,创业企业常见的效率低下的问题,往往是由于缺乏沟通或不懂得沟通所引起的。此外,企业里执行力差、领导力不强的问题,归根结底都与沟通能力的欠缺有关。

人与人之间最宝贵的是真诚、信任和尊重,其桥梁就是沟通。创业企业的资源获取,在很大程度上就是通过企业与内外部的沟通来实现的。与外部的沟通,主要包括与投资者、银行、政府部门、媒体、业界、客户、供应商等,通过沟通建立联系,获得信任,与对方达成共识,强化了创业者的社会网络,争取多方的支持或帮助,取得一个共赢的结果;在企业内部,通过有效的沟通,凝聚了员工人心,聚合了自有资源,降低了内部冲突,提升了整个企业的效率和业绩。

📖 小资料

金宝汤料公司的总裁道格拉斯·科南特提出了沟通建立人脉关系的五个步骤。尽管这是对求职者的建议,其实对创业者同样十分有用。

(1) 确定你的人脉群体。首先,想好你要集中全力在哪个领域一展身手。你希望为大企业、中型企业,还是初创企业工作?你所感兴趣的是营销、制造、IT,还是其他具体的职能等,然后根据这些指标列出一份能够在你的兴趣和专长领域对你有所帮助的联系人名单。

(2) 征求意见和建议。与名单上的每个人取得联系,对他们说:"我是(某某人)推荐的。我想听听您对我的工作有何意见和建议,希望您能给我15分钟时间,我将不胜感激。"在面谈过程中,你要简短地概括一下你的背景和技能,然后征求他们的意见和建议。会面的目的不是求职,你必须尊重对方,仔细倾听对方的每一句话。结束时你可以问问对方建议你还要拜访哪些人。如此扩展你的联系资源,很快,你在自己的兴趣领域就会找到一大批联系人。

(3) 拜访结束后的第二天,立即以个人名义,向你在会谈过程中接触过的每个人(不仅要包括与你谈话的对象,还包括高管助理,甚至前台接待人员)发送一份手写的感谢信。这表明你是位素质优秀的人才,考虑周到,并能主动掌控全局。

(4) 定期以电子邮件跟进。建立一份备忘录,定期给每位面谈对象发送一份简短的电子邮件,报告你的收获和表示感谢,并顺便请他们继续提供可能的支持。

(5) 让人脉网络保持活跃。要通过经常联系使人脉群体保持完好,只要有可能,就尽量回报他们的慷慨之举,他们也会继续在你最需要的时候予以支持。

7.2 创业资源管理

创业者想要成功地开发出机会，进而创建一个新企业或者开拓新的事业，在很大程度上取决于他们所能够掌握和整合的资源，以及对各种资源的利用情况。然而，就创业活动而言，它是在资源高度约束情况下开展的商业活动，大多数创业者在进行创业活动之初总是陷入资源匮乏的尴尬境地，因此，资源整合和管理能力就必然成为创业者开展创业活动的必修课程。在现实生活中，优秀的创业者在创业过程中所展现出的卓越的创业技能之一就是创造性地整合和管理创业资源。

7.2.1 创业资源的开发与整合

资源是创业者创业必不可少的关键元素，创业者资源整合能力的大小基本上决定了创业的成败。资源整合能力的强弱也是衡量创业者、企业家能力的主要指标之一，而且这种能力直接关乎新创企业的成长壮大。值得一提的是，并不是每个创业者都具备这种能力，也并非谁都能轻易学来，它需要创业者各种知识能力的长时间积累，与创业者的素质、管理能力、企业研发能力等紧密相关。

创业资源的整合可以从以下7个具体方面加以阐释：人脉资源、人才资源、信息资源、技术资源、资产资源、行业资源、政府资源。

1. 人脉资源的开发与整合

人脉资源是创业过程中的第一资源，各种良好的、健康的人脉资源有助于创业者方便地找到投资、技术、产品、渠道等，整合人脉资源也成为创业成功的基本条件之一。

开发与整合人脉资源需注意其以下几个特性。

(1) 长期投资性。创业者应当在平时就注重人脉资源的积累，不要在有需要时才开始建立人脉积累。人脉资源的形成需要很多的时间和精力，这也是一种投资。

(2) 可维护性和可拓展性。人脉资源是可以通过亲情、友情、合作、交流等进行维护并加以巩固的，但需要经常性的进行维护，同时在维护中不断发展新的人脉关系。

(3) 有限性和随机性。每个人一生中认识的人一般不超过500人，而真正能够帮助自己的不超过50人，因而每个人的人脉资源都是有限的。就这一点而言，个人的发展也会受到人脉资源的限制。同时，创业者并不一定能从所认识的人中获得帮助，有能力的人可能不认识，这在客观上要求其不断认识更多的人。

(4) 辐射性。辐射性强调人脉资源的传递特性，通过中间人能够调动更多的人脉资源。需要注意的是，进行人脉资源的开发与整合时一定要整合健康的人脉资源，要以创业者自身的人格魅力来积聚，因此创业者自身的人格、品质、素质等需要不断提升。

2. 人才资源的开发与整合

人才战略应当作为新创企业的重点战略，为此企业应当求才、爱才、育才、重才，用事业发展吸纳高科技人才，用高科技人才牵引高新技术产品开发，从而形成一支支撑企业发展的高素质优秀人才队伍。

人才资源的开发与整合应当注意以下几个方面。

(1) 建立完善的激励体制，用奖惩制度去激发员工的潜能，让员工的潜能发挥到极致；

(2) 建立培训机制，培养人才，让人才在企业中发挥最大潜能；

(3) 善待员工，这是留住人才的唯一法宝，不仅给予人才精神上的满足，同时也要配以物质利益；

(4) 要量才而用，尽量挖掘并发挥人才的长处，按照人才的才能和特长安排职务，尽量控制其短处，使人才有价值的认可感；

(5) 分工应当尽可能明确，职责划分应当清晰；

(6) 通过外部力量如培训班等协助创业者快速找到所需的人才。

3. 信息资源的开发与整合

当今社会，信息资源对很多创业者来说就是成功的机遇，创业者应当像管理整合其他创业资源一样对信息资源加以管理整合。创业企业信息化的最高层次就是决策，它具有前瞻性。企业在做决策时，受到来自竞争对手、政府、行业、合作伙伴、客户等内外部环境的影响。而对于创业者而言信息是不对称的，创业者只有充分了解和分析企业内外部环境，才能做到有的放矢、抓住成功的机遇。

对于信息资源，既要开发与整合管理好外部信息资源，即抓住好的机遇，又要开发与整合管理好内部信息资源，进行信息资源的规划。信息资源规划是指通过建立全企业的信息资源管理基础标准，根据需求分析建立集成化信息系统功能模型、数据模型和系统体系结构模型，然后再实施通信计算机网络工程、数据库工程和应用软件工程的一个系统化的企业信息化解决方案，以使企业建立起高水平的现代信息网络，实现信息化建设的跨越式发展。

4. 技术资源的开发与整合

创业初期，创业技术是最关键的资源，它是决定所需创业资本的大小、创业产品的市场竞争力和获利能力的根本因素。一个成功的企业要有好的产品，其产品必须做到专业化，而在同一领域内要实现产品的最专，技术上要一直领先。美国的微软公司和苹果公司，最初的创业资本都不过几千美元，创业人员也只有几人，它们之所以能够走向成功，就是因为拥有独特的创业技术。

对于初创企业而言，在缺乏自身技术资源的情况下，应尽可能地与大专院校及科研院所合作，实现技术成果的转化。特别值得注意的是，技术资源的主要来源是人才资源，重视技术资源的开发与整合同时也是注重人才资源的开发与整合。另外，开发与整合技术资源只是起点，技术资源开发与整合是为了不断进行技术创新、自主研发并拥有自主知识产权、保持技术的领先、占领市场并壮大企业。

5. 资产资源的开发与整合

开发与整合资产资源，不仅仅是解决创业过程中"钱"的问题，更重要的是看战略投资者所能为企业带来的其他资源，如政府背景、行业背景、市场影响力、行业支撑等。但在这个过程中应当特别注意战略投资者要与企业当前阶段的发展目标相吻合。

在开发与整合外部资产资源时，创业企业首先要对资产资源有整体性了解，对投资者的基本情况如资质情况、业绩情况、提供的增值服务情况等进行全面掌握，再根据企业的实际情况在众多的投资者中选择合适的目标。

在谈判的过程中，双方将围绕企业的发展前景、新项目的想象空间、经营计划和如何控制风险等重点问题进行协商。

在签订合同时,创业企业和投资人必须明确以下两个基本问题:①双方的出资额与股份分配,其中包括对投资企业的技术开发设想和最初研究成果的股份评定;②创业企业的人员构成和双方各自担任的职务。

6. 行业资源的开发与整合

创业企业应对某个行业有充分的了解,同时掌握这个行业的各种网络关系,如业内竞争对手、供货商、经销商、客户、行业管理部门以及科研机构、行业协会、行业杂志、行业展会等,这些对于创业的成功与否很重要。

另外,同行之间或者产业上下游之间的创业企业应通过策略联盟或股权置换等方式整合资源,使人力资源、研发能力、市场渠道、客户资源等实现优势互补,对内相互支持,对外协同竞争。这种方式往往是有几家创业企业作为核心,同时带动一批创业企业,形成利益共同体。

7. 政府资源的开发与整合

充分开发与整合创业的政府资源,享受政府扶持政策,对于创业企业来说可以达到事半功倍的效果。

开发与整合政府资源也即充分关注并利用政府的各项优惠政策,包括财政扶持政策、融资政策、税收政策、科技政策、产业政策、中介服务政策、创业扶持政策、对外经济技术合作与交流政策、政府采购政策等。

7.2.2 创业资源整合过程

创业者首先需要建立资源整合的意识,开阔视野,提升境界,以"天下资源皆可为我所用"的意识和气魄,来突破自身资源不足的局限和障碍。

1. 创业资源整合特点

创业资源的整合呈现三个特点。

1) 渐进性

对于任何一个创业企业或者创业团队来说,有利的创业资源往往都是难以完全发掘、配置和利用的。因此,就必须遵循渐进的原则,根据对资源的需求程度以及资源开发和利用的成本、收益和不确定性三者的综合考虑,逐步地寻找和利用各种创业资源。也就是说,对于每一种创业资源,都应当选择一个适当的整合时机,以降低资源的维护成本。

2) 双赢

基本上,我们所发掘和应用的每一种创业资源实际上也都是一个相对独立的利益体,尤其是外部资源。因此在开发和使用这些资源的时候,就不能仅仅从自身利益出发,而必须坚持双赢的原则,也就是创业者(创业团队)与创业资源(活动)的所有利益相关者都能从你的创业中获得各自期望的利益。尤其是需要长期使用的创业资源,更要重视对方的利益。既然是双方都要赢,那合作过程中必定要创造出新的价值,才能都比原来更好了。因此,资源整合围绕的核心就是创造价值。

外部资源整合的过程在本质上是一个价值交换的过程,必须找到利益的交集,形成互利互惠的合作，因此需要创业者具备优秀的分析能力和谈判能力，以价值交换的思路成功说服资源拥有者给予支持，并从谈判中获得最佳价值。

3) 量力而行

不仅对于不同的资源需要渐进开发和使用，即使对于同一种创业资源，也存在着逐步开发的问题。尤其是对于创业团队和创业企业来说，资源开发的能力和经验都相对较弱，因此就更需要采取量力而行的原则，按部就班地对所需要的创业资源进行开发和使用。

与相对比较模糊和复杂的外部创业资源相比，内部创业资源非常明确和具体，内部资源整合的最根本目标则是如何更有效地配置和使用这些资源，而不是像外部资源整合那样需要不断地发掘各种新的资源主体。因此可以把内部创业资源整合形象地比喻为"内部挖潜"。内部资源的整合首先要考虑公平性，激发企业所有人员的创业潜力；然后要将当前利益与长远利益相结合；最后要为创业留有余地，考虑缓冲资源的预留。

相比之下，外部资源都是相对独立的利益主体，彼此的关系也更加复杂，创业者或者创业企业对这些资源的开发、配置和使用的难度更大，而且很多外部资源不是直接摆在创业者和创业企业面前的，需要创造性地去寻找、发掘或选择，因此具有相当的不确定性。

对内部资源进行整合的目的主要是提高效率，不存在不可使用这些资源的问题。而在外部资源整合方面，基本的目标则是保证可以利用这些外部资源，然后才能谈到效率问题。

表7-1给出了一个常见的外部创业资源清单。

表7-1 常见的外部创业资源清单

来源	具体资源	对资源的认知
相关政府机构	园区管理委员会、工商行政管理部门、税务管理部门等	相对规范的外部资源
商业化的服务组织	银行、技术平台、咨询机构、会计师事务所、律师事务所、投资机构、广告公司等	实际上是把创业企业作为"买方"的各种营利机构
非营利性的服务组织	慈善基金会、公益组织、公共媒体	树立企业良好社会形象的合作方
产业链相关组织	材料供应商、机器设备供应商、批发商、零售商、代理商、客户	利益相关者，可能发展为战略联盟
可能的合作伙伴	高校、科研院所等研究机构	人才、技术等要素的来源
竞争者(竞合)	竞争者	有可能进行局部合作(如行业协会、共同对外的联盟，甚至可能进行购并)
创业团队的社交网络	与创业者存在人际关联的个人	创业之初的关键资源渠道

在外部资源的整合上，还应当遵循以下几个基本原则。

(1) 比选原则。由于外部资源的多样性，所以有助于某一创业任务的外部资源可能会有多个，使用每个外部资源都具有不同的收益、成本和不确定性，创业者要根据创业项目发展的需要、自身的实力以及这些资源的特点，选择最适合的外部资源。

要想获得很好的外部资源整合效果，就必须找到尽量多的能够满足某一具体创业目标的资源要素，然后再去选择最适合的。

(2) 信用原则。与外部创业资源打交道，实质是与人打交道，信用和信誉将是决定能否长期利用某些资源的关键因素。

(3) 提前原则。由于外部资源整合的难度较大、进展相对也较慢，并且外部资源的发现也需要一定的过程，所以不能等到需要的时候再去考虑外部资源的整合，而是应当具有一定的超前眼光，适当提前酝酿和运筹。

创业资源还有普通资源和战略性资源之分，划分依据是能否为企业带来竞争优势。当拥有战略性资源时，新创企业可以抵御来自竞争对手的压力，但是创业者也必须注意保护战略性资源，因为时间的推移、信息的透明化、技术的进步等因素会使竞争对手模仿、替代创业者原有的竞争优势。资源基础理论认为战略性资源应同时具备四个特征，即有价值、稀缺性、难以复制和难以替代性。普通资源虽然不具备或不完全具备上述四个特征，但它们对于正常开展经常性活动也是必不可少的，如办公场所、办公设备等。

2. 创业资源整合过程

创业资源的整合是一个复杂的动态过程，是创业企业对不同来源、不同层次、不同结构、不同内容的资源进行选择、汲取、配置、激活和有机融合，使之更具柔性、条理性、系统性和价值性，并对原有的资源体系进行重构，摒弃无价值的资源，以形成新的核心资源体系。

资源的整合过程可以分为四个子过程，即资源扫描、资源控制、资源利用和资源拓展。这四个子过程在时间上并不是完全分离的，而是相互影响、相互衔接的。

1) 资源扫描

创业者要知道自己的资源禀赋以及企业拥有的最初资源。将已有资源识别出来，包括己方所有有价值的有形资产和无形资产，如人才、技术、设备、品牌等，找到自己的资源优势和不足，同时认清哪些属于战略性资源，哪些属于一般性资源，还要确定资源的数量、质量、使用时间以及使用顺序。

扫描自身已有资源的同时，也要对外部环境进行扫描，及时发现新创企业所需的资源，确定自己所缺的创业资源可以从哪些渠道获得，以及谁拥有这些重要资源，并为各种资源渠道的获得难易程度进行排序；进而寻找利益交集，对资源拥有者的利益需求进行深度分析，并与自己所拥有的资源进行比较，找到利益契合点。这通常需要创业者具有行业知识和一定的社会关系。创业者在初始创业阶段会利用与自己关系较近的资源网络，随着业务的向前发展而逐渐扩充这一网络。

2) 资源控制

通过资源扫描通常会发现，创业初始阶段，创业者的个人资源禀赋是创业的基础。控制的范围包括创业者自身拥有的资源、通过交易等形式可获得的资源以及通过社会网络等形式可以控制的资源。

创业者自身拥有的资源(教育、经验、声誉、行业知识、资金和社会网络)，在许多情况下存在于创业团队中。在特定的行业，创业团队中成员的社会网络资源和技术对于企业的成功至关重要。在获取资源的过程中，需要判别这种资源对实现企业的目标是否关键，并且创造性地设计出双赢的合作方案，形成长期互利关系。

获取资源的方式主要有两类，即购买和并购。资源购买主要是通过市场购入所需的资源；资源并购是通过股权收购或资产收购，将企业外部资源内部化的一种交易方式。创业者要尽可能利用已有资源和能力去控制那些尚无法得到的资源，可以通过联盟、加盟等方式。资源联盟是指通过联合其他组织，对一些难以或无法通过自己进行开发的资源实行共同开发。

对于多数新创企业来说，初始资源禀赋是不完整的，创业者需要取得资源供应商的信任以取得所需的资源。可以通过一定的手段(如完美的商业计划和优良的设施)来展示企业成功的形象，并借此鼓励供应商对企业进行资源投资。创业者的声誉、能力、行为等是吸引潜在合作者的决定性因素。

3) 资源利用

在获取和控制大量资源的基础上，新创企业开始对这些资源进行配置和利用，将它们合理有效地配置到最能发挥其使用效益的地方去，体现出这些资源的价值。企业资源在未整合之前大多是零碎、低效的，要发挥这些资源的最大使用价值、产生最佳效益，就必须运用科学方法对各种类型资源进行细化、配置和激活，将有价值的资源有机地融合起来，它们相互匹配、互为补充、互相增强。

在配置资源之后，新的资源或者说竞争优势就会形成，企业必须利用区别于其他企业的这种优势来赢得市场。

资源在整合并转化为企业内部的独特优势之后，创业者需要协调各种资源之间的关系，匹配有用的资源，剥离无用的资源。通过协调，使资源的联系更加紧密，更加具有匹配性，形成"1+1>2"的局面，并为下一步拓展奠定基础。

4) 资源拓展

对资源的拓展创造过程是将以前没有建立起联系的资源建立联系，将新获取的资源与已有的资源进行链接融合，进一步开发潜在的资源为企业所用，又称为再开发，即开拓资源的范围和功能，为下一步的识别、获取、配置和利用资源奠定坚实的基础，这也是企业持续竞争优势的根本来源。

开拓创造过程是为新创企业带来新的能力，从而使其能够更充分地发现和掌握创业机会。

7.3 创业风险

创业有成功也有失败，创业者一定要有风险意识。一位成功的企业家曾说过，创业时要做最坏的结果打算，你能承担多大的损失，支撑多长的时间，如何应对创业的瓶颈阶段，才是最重要的。大学生白手起家、小本创业，一定要有防范风险的意识和对策，做到防患于未然。

7.3.1 【案例导读】直播行业——来也匆匆，去也匆匆

原本红火的直播市场，在2017年迎来了倒闭潮，伴随众多直播平台纷纷倒下，从此撕开了直播行业虚假繁荣的表象。光圈直播就是其中最典型的一个。

1. 独角兽诞生

清华大学历史系毕业的张轶2014年创办光圈直播，不过，刚投身创业大潮的张轶当初选择的创业方向是图片社交，他的目标是做中国的"Instagram"。2015年9月，张轶发现图片流量的大头还是被微信所收割，创业者很难有立足之地。后来看到美国移动端直播APP——Periscope、Meerkat的相继出现，引起了张轶的兴趣。于是，2015年10月，光圈转型为视频直播APP，致力于打造互动手机全民直播平台，成为直播行业最早的创业者。

2016年，直播行业出现爆发式增长，社交媒体进入全民直播时代。半年不到的时间，映客、花椒、熊猫、一直播等上百家直播平台风生水起。光圈直播也正好搭乘上这场东风，顺利起航。为了

冲在前端，光圈直播一直在加大马力。2016年3月，光圈直播请来著名主持人陈鲁豫，为其融资路演活动站台。2016年6月，光圈直播联合卫视栏目，打造了一场"光圈之星校花大赛"，声势浩大，轰动一时。上线两个月，光圈直播的用户数量就突破40万，日收入突破15万元，平台估值5亿元！光圈直播从一众同行中脱颖而出，当之无愧为直播平台独角兽！

2. 快速倒塌

飞速到达巅峰期后，迎来的却是悬崖峭壁，随时面临着跌落下降的危险。到了2016年下半年，看中直播市场的巨头纷纷入场，力量薄弱的中小型直播平台陷入淘汰危机。

光圈直播也不例外。在巨头的冲击和政策的严管下，光圈直播从原本的138个直播间，顷刻间锐减至仅剩二三十个，直播间人数亦从此前的2000人变成不足200人。于是乎，光圈直播在选择烧钱刷流量的同时，CEO张轶决定直播内容从UGC(素人原创)转型到PGC(专业生产)。此后，光圈直播不仅自己做了几期节目，也谈成几个合作方入驻平台，直播官方大型活动，例如新丝路模特大赛等。不过，一系列动作之后，平台上的用户量并没有增长。仅有的50万用户量，不但在千万用户量的巨头面前显得微不足道，更要命的已经无法靠用户打赏获取可观收入。没有利润，导致员工工资停发，据说，光圈员工自2017年6月主播打赏收入被拖欠，甚至连承诺给予校花比赛胜出者出国旅游的费用都拿不出。

张轶曾努力寻找有意愿的投资人，然而就连原本与平台达成合作的投资商，都不愿意继续支付后续的广告费了，又怎么会有新的投资方加入合作？再后来，公司甚至出现渠道商前来索要数十万元欠款一事。最后，CEO留下300万元的欠薪，失联了。曾经的独角兽，光圈直播就这样倒了。

3. 原因分析

可以说，光圈的失败是因为缺乏持续性的资金支持以及稳定的流量导入，转型不成功也是其中的原因，但这些不过是看得到的现象，更深层次的原因在于创业者的过度跟风和准备不足。

光圈直播的创始人张轶，创业之前他是一名大学老师。首先，他自身不具备技术能力，所以平台硬件跟不上专业技术流。再者，相较之下，张轶并不是那么懂产品和运营以及管理。当初刚从图片社区转向直播平台时，光圈从其他直播平台上挖来不少人组成团队人员，其力量并不那么强大且没有亮点。除此之外，跟不上行业发展，达不到政策要求等，也是造成光圈倒下的重要因素。张轶在决定闯入风口之前，没有意识到存于风口中的危险，也没有应对风险的准备，以至于洪流到来之后，抵挡不住现实的冲刷，最终被淘汰。

当然，除了曾经的独角兽光圈直播，趣直播、网聚直播、蜜桃秀、蜂直播等数十家中小平台也接二连三销声匿迹。

从诸多创业失利的事件可以看到，风口可以追，但要有风险意识和随时接受考验的准备。如果没能力跟上时代发展的脚步，注定将沦陷于风口过后的洪流中，如此结局，便是昙花一现。

7.3.2 相关概念

1. 创业风险的概念

国外有这样一句谚语："除了死亡、税收外，没有什么是确定的。"同样可将此谚语套用在创业中："除了风险外，没有什么是确定的。"创业风险就是创业企业在创业时遇到的风险，是指因为创业环境的不确定性、创业机会与创业企业的复杂性，创业者、创业团队与创业投资者的能力与实力的有限性，造成创业活动与预期目标相脱离的情况。

2. 创业风险的来源

创业环境的不确定性，创业机会与创业企业的复杂性，创业者、创业与创业投资者的能力与实力的有限性都是创业风险的根本来源。创业的过程往往是将某一构想或技术转化为具体的产品或服务的过程，在这个过程中存在着几个基本的、相互联系的缺口，在给定的条件下的风险往往就来源于这些缺口。

1) 融资缺口

融资缺口存在于学术研究和商业支持之间，是研究基金和投资基金之间存在的断层。

(1) 研究基金，通常来自于个人、政府机构和公司研究机构，不仅支持概念的创建，还支持概念可行性的最初证实。

(2) 投资基金，支持将概念转化为有市场的产品原型(这种产品原型有令人满意的性能，创业者对其生产成本有足够的了解并且能够识别其是否有足够的市场)。

创业者可以通过研究基金证明其构想的可行性，但往往没有足够的资金将其化为商品，这给创业者带来一定的风险。通常只有极少数基金愿意鼓励创业者跨越这个缺口，如富有的个人专门进行早期项目的风险投资，以及政府资助计划等。

2) 研究缺口

研究缺口存在于创业者根据自己的兴趣所做的研究判断和依据市场潜力所做的商业判断之间。当一个创业者最初证明一个特定的科学突破或技术突破可能成为商业化产品的基础时，这仅仅是创业者做出的研究判断，在将预想的产品真正转化为商业化产品的过程中，即使其具备有效的性能、低廉的成本和较高的质量，为使产品能从市场竞争中生存下来，仍需要大量复杂且可能耗资巨大的研究工作，从而形成创业风险。而一般创业企业很少会花时间去做这些研究，这就造成了研究的缺口。

3) 信息和信任缺口

信息和信任缺口存在于技术专家和管理者(投资者)之间，也就是说在创业中存在着两种不同类型的人，一是技术专家；二是管理者(投资者)。这两种人接受不同的教育，对创业有不同的预期、信息来源和表达方式。

(1) 技术专家知道哪些内容在科学上是有趣的，哪些内容在技术层上是可行的，哪些内容根本就是无法实现的。在失败案例中，技术专家要承担的风险一般表现在学术上、声誉上受到影响，以及没有金钱上的回报。

(2) 管理者(投资者)通常比较了解将新产品引进市场的程序，但当涉及具体项目的技术部分时，他们不得不相信技术专家，可以说管理者(投资者)是在拿别人的钱冒险。

如果技术专家和管理者(投资者)不能充分信任对方，或者不能进行有效的交流，那么这一缺口将会变得更深，带来更大的风险。

4) 资源缺口

资源与创业者之间的关系就如同颜料和画笔与艺术家之间的关系一样，没有了颜料和画笔，艺术家即使有了构思也无从实现。创业也是如此。没有所需的资源，创业者将一筹莫展，创业也就无从谈起。在大多数情况下，创业者不一定也不可能拥有创业所需的全部资源，这就形成了资源的缺口。如果创业者没有能力弥补相应的资源缺口，要么创业无法起步，要么在创业中受制于人。

5) 管理缺口

管理缺口是指创业者并不一定是出色的企业家，不一定具备出色的管理才能。这种类型的创业者进行的创业活动主要有：一种是创业者利用新技术进行创业，创业者只是技术方面的专业人才，不具备专业的管理才能，从而形成管理缺口；另一种是创业者有新的创业思路，但不具备战略规划上的才能，或者是不善于管理具体的事务，从而形成管理缺口。

7.3.3 创业风险的形式

创业风险是伴随着创业过程而产生和存在的，对此，创业者必须有清醒的认识。

1. 与财产有关的风险

这里所说的财产是指企业的有形财产，也称为实物财产。对于创业的企业来说，有形财产是初期投资的主要方向和方式，也是最有可能给企业造成最大损失的风险。有形财产可以通过保险方式将部分损失转嫁给保险公司，但保险公司一般赔偿的都是直接损失，而比直接损失更大的间接损失还是要由企业来承担。因此，创业者对所创办的企业的有形财产的管理不能掉以轻心。

2. 与产品和服务有关的责任风险

(1) 产品责任风险。主要是指生产者、销售者和维修者所提供的产品或服务所导致的风险。在现实生活中，因为产品质量的缺陷而导致消费者的人身财产伤害屡见不鲜。由于创业企业的产品往往是一些新产品，安全性和可靠性有待于市场的检验，所以要特别加强对产品安全性的检查，否则可能造成难于弥补的损失。

(2) 服务责任风险。对于创办服务企业而言，对顾客或客户产生伤害的原因可能是多种多样的，有的是服务企业直接引起的，有的则是由于顾客的自身原因所造成的。对于前一种，企业理所应当赔偿；对于后一种，企业往往也要承担一部分责任。

3. 与人力资源有关的风险

1) 因雇员对企业的不忠诚造成的风险

这类风险在现实生活中随处可见。为避免这类风险，可以从建立综合的内部控制体系做起，努力完成相对成熟和严格的企业管理制度，同时还应当注重企业文化的建设和对员工的素质培养。

2) 因人员的流失造成的风险

员工的流失可能会造成关键技术、商业情报和市场的丢失，而且流失的利益往往都会被同行业的竞争对手所获得，这样就会带来更大的压力和竞争形势。

此类风险大多数都是不可保险的，创业者必须引起重视，注意防范。

7.3.4 创业风险的防范策略

1. 学会市场调查

在创业之前进行市场调查往往更容易创业成功。因此，一个想创业的人要懂得市场，必须学会市场调查。只有进行深入细致的市场调查，才能确定创业者是否具备创业过程的客观条件。

> **小案例**
>
> 当年，清华紫光公司通过观察、询问及问卷调查等大量的市场调研了解到，随着笔记本电脑的普及和校园无线宽带网络环境的逐渐成熟，笔记本电脑与台式机相比具有明显的移动应用优势，更能满足学生个人学习和社会实践的需求，越来越受到学生用户的青睐。调研表明，作为重要的学习工具，学生普遍希望他们的笔记本电脑能够在保证低价位的同时，兼具高性价比、无线网络接入、更长待机时间能力。紫光公司针对学生的实际需求成功开发了新产品S200笔记本电脑，整体外观小巧轻盈，采用超低功耗专用CPU和高性价比主板芯片组，并集成了无线网络天线模块，方便扩展该产品进入无线网络的能力，深受学生用户的欢迎，占领了广大的学生电脑市场。

2. 慎重选择创业项目

创业之初，最关注的是如何寻找到一个好的创业项目，如何开拓市场，如何获取最大的收益。要想创业成功，选对行业非常重要，当许多人一窝蜂地抢着进入某一行业时，你一定要保持清醒的头脑，认真分析此行业面临的机遇和风险。

> **小案例**
>
> 2017年，失败的企业当中，共享单车是重灾区。一年前，共享单车以迅猛之势崛起，随后开始野蛮生长。然而一年之后，风口上的共享单车开始出现倒闭潮，先后有多家共享单车企业被曝押金无法退还。这期间，经历了什么？
>
> 2015年6月，戴威的ofo收到了第一辆学生共享出来的单车，这标志着共享经济正式到来。随后，伴随摩拜的入场，共享单车作为新的商业物种引得无数媒体轮番报道，共享单车持续升温。资本追捧也刺激着其他创业企业跃跃欲试，一时间，大街上出现了赤橙黄绿青蓝紫等各色共享单车，竞争激烈，ofo、摩拜之间的口水仗也使得行业话题性十足。
>
> 2017年下半年，腾讯及阿里的加入使整个行业梯队分得更加明显，摩拜全面接入微信，ofo入驻支付宝，共享单车已不再单纯是"彩虹车"之间的较量，摩拜、ofo双寡头之下，留给其他平台的机会越来越少。
>
> 于是，倒闭潮开始来袭。2017年6月21日，3Vbike发布公告称，由于大量单车被盗，即日起停运，这距离其上线运营不过4个月。2017年8月2日，町町单车因非法集资、资金链断裂，被栖霞区工商局纳入异常企业经营名录。从"富二代"到"负二代"，前后不过8个月。2017年9月底，酷骑单车曝出资金链断裂、押金难退，多地运营单位与工商局失去联系，部分地区开始对酷骑单车进行清理。2017年11月，供应商和用户围堵了小蓝单车北京办公点要账、要押金，其中还有公司的调度维修员等员工讨工资，这种现象距离其上线运营不足一年。

3. 慎选合作伙伴

创业团队中的合作伙伴往往能决定创业的成败与否。这里的合作伙伴，包括股东、共同经营者、员工、加盟总部等。如果选错合作伙伴，双方一天到晚把大量精力耗费在沟通、吵架和冲突之中，事业不垮掉才怪。对团队人员的职责分工，是每个创业者在创业之初就必须加以思考和界定的。如开发创意，制定目标和制订行动计划、确保计划的执行，使企业达到预期的目标等只能由创业者自身行使。最好在企业创立之初拟定一份书面合作协议对合伙人在企业中的法律地位、权利和职责等问题加以明确规定。

📖 **小案例**

跟公司名字一样，2009年8月，"真功夫"的广州总部爆发了一场真功夫表演，在投资界和创业界颇为轰动：共同创始人及公司大股东潘宇海委任其兄潘国良为"副总经理"，并派到总部办公，但遭到"真功夫"实际控制人、董事长蔡达标的拒绝后，引发剧烈争执。

要理清"真功夫"的管理权矛盾，还得从头说起。1994年，蔡达标和潘宇海在东莞长安镇开了一间"168蒸品店"，后来逐渐走向全国连锁，并于1997年更名为"双种子"，最终更名为"真功夫"。真功夫的股权结构非常简单，潘宇海占50%，蔡达标及其妻潘敏峰（潘宇海之姐）各占25%。2006年9月，蔡达标和潘敏峰协议离婚，潘敏峰放弃了自己的25%的股权换得子女的抚养权，这样潘宇海与蔡达标两人的股权也由此变成了50∶50。

2007年"真功夫"引入了两家风险投资基金：内资的中山联动和外资的今日资本，共注入资金3亿元，各占3%的股份。这样，融资之后，"真功夫"的股权结构变成：蔡、潘各占47%，VC各占3%，董事会共5席，构成为蔡达标、潘宇海、潘敏峰以及VC的派出董事各1名。

引入风险投资之后，公司要谋求上市，那么打造一个现代化公司管理和治理结构的企业是当务之急。但蔡达标在建立现代企业制度的努力触及另一股东潘宇海的利益，"真功夫"在蔡达标的主持下，推行去"家族化"的内部管理改革，以职业经理人替代原来的部分家族管理人员，先后有大批老员工离去。公司还先后从麦当劳、肯德基等餐饮企业共引进约20名中高层管理人员，占据了公司多数的要职，基本上都是由蔡总授职授权，潘宇海显然已经被架空。潘宇海与蔡达标的矛盾由此激化。

闹到最后，家族内部争斗演变成了刑事案件：2011年，警方逮捕了蔡达标，罪名是涉嫌挪用资金、职务侵占等犯罪行为。2014年，蔡达标二审被判罪名成立，两罪并罚重判14年刑期，他个人持有的股权被司法拍卖。因为股权纷争事件，真功夫已经多次错失上市机会。要重回上市之路，市场环境和行业挑战都不允许了。

4. 学会市场营销

随时保持轻松愉快的心情。要符合这种策略的要求，首先不能找容易紧张、发怒的人做合作伙伴。其次在处理问题时不要一根神经老绷着，在适当的时间放松一下自己，很多棘手的问题或许就能找到出路。

📖 **小案例**

作为网络童装第一品牌，绿盒子曾经风光无限。2011年绿盒子与迪士尼签订了合作协议。绿盒子同时拥有迪士尼线上品牌的设计、生产、销售三项授权。2014年绿盒子销售达2.5亿元左右，其中，2014年绿盒子"双11"整体销售额超过6000万元，与韩都衣舍、茵曼等"淘品牌"齐名。2015年，绿盒子先后斥巨资赞助《虎妈猫爸》《小爸爸》等电视剧，为剧中主角提供整套服装配饰及搭配指导。然而，这家成立于2010年8月，立足于互联网电商渠道的童装品牌最终陷入了僵局。原来，这起源于绿盒子的"脱淘"。尽管组建自己的B2C官网，投入等同于淘宝8～10倍的成本吸纳新客户，但绿盒子80%的销售额依然来自淘宝。在B2C尝试失败后，绿盒子又将其重点回归做品牌并在电商平台发展，彼时很多传统品牌纷纷"触网"也开始进军天猫等第三方平台，电商红利时代逐步走向"下坡路"。和传统品牌相比，绿盒子在设计、供应链上有些跟不上。

尽管2014年知名投资人再次注资绿盒子，准备在全国范围内设立实体体验店，以先直营后加盟的形式大干一场，然后登陆新三板。但是，一切还是充满了想象。2015年8月，愿意参与C轮融资的知名投资人外逃,杳无音信……绿盒子开始陷入危机当中。2016年7月6日,绿盒子徐汇分公司被列入工商部门经营异常名录。2016年12月22日,部分供应商向上海市徐汇区公安局等部门,提交请愿书,说明绿盒子拖欠94家企业单位共计9400万元债款无法清偿。

5. 学会理财,随时关注财务变化

学会理财是创业者的重要能力,既要有一个正确的理财心态,又要有最好的理财方法,二者缺一不可。小本创业要随时注意财务状况,账款要能及时巧妙地追讨,很多创业者就是被人拖欠账款而垮塌的。因此你在决定创业之前,最好先学会当家理财,学会向债务人催收账款的秘诀。当事业有所成就后,也要戒忌野心的滋长,须谨记"小本创业难,稳健守业更难"。许多优秀的创业者到后来"黄粱梦醒"被打回原形,就是被一时的成功冲昏了头脑,忘记了这个道理的缘故。

> 📖 **小案例**
>
> 曾经被捧上神坛的90后创业者尹桑于2016年宣布自己的创业项目"一起唱"融资失败,目前已经面临解散的惨境。一起唱成立于2012年,上线时主打一起唱APP,专注于线下KTV的颠覆。但由于用户和市场不温不火,公司决定以KTV的硬件系统为切入点,建立自己的点歌系统。在一起唱的系统中,提供了基于地理位置的KTV搜索、比价、预订、智能推荐歌曲等功能。而其团队主要通过地推的方式把他们的点歌系统推给线下传统KTV,截至2014年底已经有100多家线下KTV使用了一起唱的点歌系统。融资方面,一起唱在上线之初就得到IDG 500万人民币天使轮融资。2014年1月完成IDG的300万美元A轮投资;4月完成了B轮1200万美元的融资,投资方仍然是IDG。2015年,为了追赶行业竞争对手,一起唱大幅度扩张加大产能,从100人不到,4个月扩张到近600人。但到了2016年一起唱的创始人尹桑发布员工内部信称,由于C+轮融资失败,再加上此前采购大批硬件设备,账上仅剩的现金已经用尽,公司临近倒闭。尹桑承认"由于我管理的松懈,公司制度的缺失,风险的预判不足,开销的铺张浪费,回款流程的不健康"导致了现在的地步。

6. 学习和了解相关法律知识

国家为了使企业能在公平和谐的环境中竞争和发展,制定了各类法律法规。这些法律法规具有权威性、强制性、公平性,能切实有效规范企业的经济行为。依法办事是每个企业的责任。

对于一个创业者来说,了解和掌握所有的法律知识是不现实的。其实,创业者只需要了解和创业有直接关系的法律即可。最为重要的是,作为创业者要知道法律不仅对创业有约束的一面,更会为创业企业的顺利发展保驾护航。当前,我国与创业有关的基本法律主要有:企业法、民法、合同法、劳动合同法、税法、商业保险法和社会保障法等。

7.4 【创业人物】王卫(顺丰)

"我做企业,是想让企业长期发展,让一批人得到有尊严的生活。"在中国的速递行业中,"战死好过做俘虏"的顺丰能从心底让对手感到恐惧。王卫,作为顺丰的总掌舵人,和他所带领的企业一样,充满了传奇色彩。18年来,王卫首次接受了媒体采访;25年来,王卫始终按照客户、员工、股东、王卫这样的顺序来排布,坚持打造一个真正务实的企业,

01

1970年,王卫出生于上海,父亲是一名空军俄语翻译,母亲是江西一所大学的老师。7岁时,

王卫随家人搬到香港居住,然而这次迁移并没有将一家人的生活带往更好的方向。由于父母学历并未得到认可,他们只能去做工人,王卫由此尝尽了被人歧视的滋味。

高中毕业后,王卫来到叔叔手下做起了小工,一次次地穿梭在香港的街头,仰望那并不属于自己的天空。

90年代初期,受邓小平南巡的影响,香港大约8万多家制造工厂北移到了内地,企业开张的鞭炮声连绵不断,也催生了一批帮忙夹带货物的水客,王卫也是其中一员。而王卫和其他人不同的是,他在其中看到了商机,在碌碌的生活中找到了出路。

当用拉杆箱子也装不下的时候,王卫跟父亲借了10万人民币,于1993年3月26日在顺德注册了顺丰速运,当时整个公司只有6个人。同年,成立的快递公司还有申通和宅急送,不过,它们的命运却各不相同。

王卫在香港砵兰街租了几十平方米的店面作为在香港的大本营,专替企业运送信件到珠三角。刚开始,没有专门的运货车,王卫就和他的小伙伴们用背包和拉杆箱运货,被人称为"水货佬"。

创业初期,王卫像疯了一样,每天工作十五六个小时,骑着摩托车在大街小巷穿梭跑市场。当时王卫的策略是"割价抢滩",别人70块一件货,顺丰收40块。迅速吸引了大批中小商家,生意红火得出人意料。

在这样的疯狂扩张下,顺丰的合作和代理商越来越多,到了1997年,王卫几乎垄断了所有的通港快件。据媒体报道,当时行驶在通港公路上的快件货运车有70%属于顺丰的业务。香港回归时,海关甚至婉拒了国企中铁分一杯羹的请求。

26岁赚到人生第一桶金之后,王卫有点目空一切的感觉,恨不得告诉全世界,我也是有钱人了!他经常带着妻子打球、游泳、爬山,渐渐淡出顺丰的日常运营管理。

02

然而这种清净的富贵闲人生活并没有持续多久,危机就来了。顺丰的加盟商们受利益驱使,妄想把分公司都抓在自己的手上,他们的肆意妄为导致了大量的客户投诉。

彼时,王卫力排众议,展现出了极其强悍的一面。他决定收权,将加盟改为直营,收权的方式则是"一刀切",想留下来的,产权全部回购,否则走人。

这场改革遇到了各种阻力,王卫甚至受到了生命威胁,但他也毫不退却。正是由于他的坚持,经过两年的整顿,顺丰的架构和各分公司的产权明晰起来。传闻在这个过程中,他甚至将曾经供职于公司的父亲与姐姐拒之门外,足以看出王卫的雷霆铁面。

艰难的2002年过后,顺丰的"削藩"计划才算落下帷幕。王卫强势的手腕就像一把弯刀,割除了顺丰身上的毒瘤,顺利从加盟制转为直营制,并在深圳成立了总部,顺丰的业务也开始进入指数级增长的快车道。

2003年,"非典"肆虐,给全国笼罩上了一层白色阴云,而对于快递行业来说这场灾难却是难得的商业机会。顺丰身处SARS的广深重灾地区,人们不敢轻易出门,使得快递业务量猛增;而疫情期间,航空公司的生意十分萧条。

借航空运价大跌之际,王卫顺势与扬子江快运签下包机5架的协议,第一个将民营快递业带上天空,为顺丰的"快"奠定了江湖地位。

此时,顺丰的经营思路也开始奠定。王卫坚持只做快递,而且只做小件,不做重货,与四大国际快递重叠的高端不做,五六元钱的同城低端也不做,剩下的客户被锁定为唯一目标,1kg内收不超过20元的邮费。由于坚持只做小型快递,顺丰甚至拒绝了摩托罗拉这样的"肥"订单。

2004年FedEx就拟以50亿元收购顺丰,但被王卫拒绝,当年顺丰的销售额是13亿元。王卫在业界落得一个"不见PE、VC的人"的名声,但背地里,他试过将整个公司抵押给中国银行,借得区区420万元。类似的事,他先后做过9次。

彼时,王卫开始流露出他的冒险家气质。有人评价他说:"王卫很勇,他有胆子不断扩张,赚10块再拿8块去开新商铺。"王卫既是一个审慎的商人,也是一个热情的梦想家。他身上既有运动家的沉着浪漫,也有当代商人食肉动物一般的攻击性。

2009年底,民航总局发布了一条不起眼的公告,宣布顺丰航空正式获准运营,这也是中国民营快递企业第一次拥有自己的飞机。彼时,顺丰正以年平均增长率50%、利润率30%的速度迅猛发展。

03

在顺丰,每个快递员都是自己的老板,因为他们的报酬全系于勤奋以及客户的认同,而月薪上万的收派员在顺丰早已不是特例。

2011年,王卫曾明确表示"我不圈钱,也不上市"。在他看来,上市之后,环境将大不相同,他需要为股民负责,利润将成为企业存在的唯一目的。这样,企业将会变得很浮躁。然而,2016年,快递业开始进入资本追逐阶段,五大快递公司密集筹划上市,掀起一股上市热潮。王卫终于坐不住了。在年会上,他坦言:"我不接受,我不认可,我们这几年所谓的辉煌。如果只是为了上市,有点信仰迷失掉了。因为我真正要给大家看的不是多少部飞机,多少市场占有率,甚至我今天的财富是多少,我觉得这个事我根本没有兴趣去看的。大家得到的幸福和成就,才是我真正要的东西。同时,这些请求大家跟我一起来去实现,不是我王卫一个人来去实现。"

顺丰内部认为王卫有三个特点:一是对员工很尊敬;二是有理想主义;三是有社会责任感和关注弱者的情怀。

2016年4月17日,一位北京顺丰快递员在送货时不慎与一辆轿车发生剐蹭,被车主扇了多个耳光。王卫在微信朋友圈转发了事件相关视频,并评论称:我王卫向着所有的朋友声明!如果这事不追究到底,我不再配做顺丰总裁!后来,在顺丰的努力交涉下,打人者因涉嫌寻衅滋事被依法行政拘留10天。

王卫每年都要体验不同的基层业务,经常跟同事说:不要用快递员来称呼他们,而是将快递员称作"孩子"。"顺丰有爱,真正爱我们的员工,不是出于忽悠的爱。"

2017年2月24日,顺丰上市当天,一身休闲装的王卫专门带着去年被打的顺丰快递小哥到深交所敲钟。同时提醒顺丰公司员工也要更加谨慎,"少说话多做事"。另外,当天他还给每一位员工发了一个大红包,从1888元到1万元不等。据媒体估算,红包总价值超过10亿元,这样的敲钟方式在A股算是前无古人了。

04

如今,"四通一达"已不再是王卫眼中的对手。据顺丰2018年6月公布的上半年业绩预告显示,顺丰控股最高盈利为23.5亿元,超过韵达股份和申通快递的净利润总和。

和马云、刘强东不同的是,王卫更像小说里的隐世侠客;伴随着顺丰的上市,与马云的"菜鸟网络"、刘强东的"京东物流"在快递业之争才刚刚开始。

在公司管理上,王卫最关心的就是整个信息系统的"底盘"。"未来快递业真正要面对的竞争,不是来自同行,而是像Google一样的高科技公司。"

王卫希望自己能静下心来,倾听更多优质的声音,敢于否定自己的态度和能力,去服从更优秀的人。"以前的成功是未来更成功的壁垒,如果你不打破它,就不会得到更大的成功。"

"你如果不愿意去吃亏,或者分享利益给人家,那么你永远都不会做大。员工要尊重,给他尊重;要收入,给他收入。当他月收入上万,他会拿客户两千的手机吗?"人性都是趋利避害的,弄清这点,即便是40万人,王卫认为也没什么难管的。

"可能大家认为顺丰快,是因为其他人慢,我自己不认为顺丰有多么快。"王卫直言,"我认为的快和今天做到的快还有差距。"

2018年10月,王卫以1200亿元人民币财富位居2018年胡润百富榜第7位。

7.5 思考与测试

7.5.1 思考题

(1) 创业都需要哪些资源?
(2) 如果你想创业,请根据你所选择的行业盘点自己的资源并构想如何整合。

7.5.2 测试题

【获取创业资源能力自我评估】

创业资源包括的范围极其广泛,如:创业者拥有的有形资产、无形资产、性别、年龄、民族、长相、体力、智力、经验、经历、技能、知识、社会关系等,还包括对这些有形和无形资源的整合。只要唤起强烈的创业愿景,点燃头脑中的创业火炬,就会发现"商机满地跑,只要你肯找","身上一根草,创业是个宝"。因此,创业者要从创业资源角度对自身重新认识、分析和整合。请利用下表7-2对自身资源进行评估。

表7-2 获取创业资源能力自我评估表

从自主创业的角度,重新评估自己的创业资源	
我的有形资产资源(现金、房屋、设备、材料、运输工具、其他)	
我的有形资产优势	
我的有形资产劣势	
针对创业我拟采取的对策	
我的无形资产资源(特殊技能、经营权、秘方、口碑、声誉、其他)	
我的无形资产优势	
我的无形资产劣势	
针对创业我拟采取的对策	
我的社会关系资源(亲属、朋友、同学、其他)	
我的社会关系优势	
我的社会关系劣势	
针对创业我拟采取的对策	
我的人际交往资源(人缘、交际能力、其他)	
我的人际交往优势	

(续表)

我的人际交往劣势	
针对创业我拟采取的对策	
我的体力资源(力量、速度、耐力、灵活、其他)	
我的体力资源优势	
我的体力资源劣势	
针对创业我拟采取的对策	
我的脑力资源(算术、语言、悟性、记忆、其他)	
我的脑力资源优势	
我的脑力资源劣势	
针对创业我拟采取的对策	
我的技术资源(经营管理、销售、烹饪、修车、养鱼、品茶、其他)	
我的技术资源优势	
我的技术资源劣势	
针对创业我拟采取的对策	
我的知识资源(学历、阅历、社会知识、其他)	
我的知识资源优势	
我的知识资源劣势	
针对创业我拟采取的对策	
我的学习资源(手艺、语言、其他)	
我的学习资源优势	
我的学习资源劣势	
针对创业我拟采取的对策	
我的兴趣资源(花卉、汽车、其他)	
我的兴趣资源优势	
我的兴趣资源劣势	
针对创业我拟采取的对策	
我的经历资源(读书、务农、做工、参军、其他)	
我的经历资源优势	
我的经历资源劣势	
针对创业我拟采取的对策	
我的经验资源(销售经验、经商经验、管理经验、其他)	
我的经验资源优势	
我的经验资源劣势	
针对创业我拟采取的对策	
我的年龄资源(青年、中年、老年、其他)	
我的年龄资源优势	
我的年龄资源劣势	
针对创业我拟采取的对策	
我的民族资源(少数民族、特殊风俗、其他)	
我的民族资源优势	

(续表)

我的民族资源劣势	
针对创业我拟采取的对策	
我的其他资源	
我的优势：	
我的劣势：	
按重要性排序，我的优势资源是： ① ④ ② ⑤ ③ ⑥	
按重要性排序，我的劣势资源是： ① ④ ② ⑤ ③ ⑥	
扬长避短，总结资源，整合资源： ① ④ ② ⑤ ③ ⑥	

第 8 章

创业项目与创业计划

> 不做准备，就是在准备失败。
> ——著名政治家、科学家　本杰明·富兰克林
>
> 凡事预则立，不预则废。
> ——古代著名的思想家、教育家、儒家学派创始人　孔子
>
> 任何时候做任何事，订最好的计划，尽最大的努力，作最坏的准备。
> ——SOHU NET首席策划师　李想
>
> 思路决定出路，布局决定结局。
> ——蒙牛乳业股份有限公司董事长　牛根生

【本章知识点】
- 创业项目如何选择？
- 创业计划的作用是什么？
- 创业计划的基本结构是什么？如何编写？撰写方法有哪些？
- 创业计划书的展示方法是什么？

8.1　创业项目的选择

8.1.1　【案例导读】土巴兔——活下去，建壁垒

2018年11月23日消息，由创业家&i黑马主办的第11届创业家年会在北京举行，土巴兔创始人王国彬出席大会并发表主题演讲。

王国彬在演讲中表示，过去10多年，土巴兔完成了用互联网重构家装这一传统产业的实践之路，实现了三个阶段的跨越和发展：信息平台阶段——交易平台阶段——赋能平台阶段。

王国彬已经创业18年了，在做土巴兔之前，创办了两家企业。第一次创业，开办了一个电脑学校，主要是培养广告设计师、网页设计师、程序员；第二次创业，2005年把电脑学校交给同事管理，到深圳创办了一家互联网搜索引擎公司。但这次创业没那么顺利，犯了很多互联网创业者都会犯的错误，于是2008年3月结束了这次创业，又回到了电脑学校。很多学生说他，校长创业失败回来，可以安心做校长了，但他内心还是坚定要做技术创业。他给自己下了最后通牒，第三次创业就要是他自己的最后一次创业，所以希望它的商业价值和社会价值都能足够大。

王国彬分析了中国过去10年优秀公司成功背后的逻辑。2000年，新浪用技术改变纸媒，改变资讯获取方式；2003年，盛大处于风口浪尖，用技术改变娱乐；后来，腾讯改变了沟通和交流；阿里巴巴改变了购物方式。这些企业成功的背后都有一个共同逻辑：都以技术为基础改变某个行业，只不过起初改变的行业比较轻。互联网技术也和每次技术革命一样，都是由轻到重改变行业，越往后需要的时间越久，其商业价值也越来越大。基于这些判断，2008年，王国彬判断中国未来10年技术会进一步重构更多行业，包括吃、穿、住、行、健康、教育、物流、医疗等。所以，他的第三次创业的初心就是希望用互联网重构几万亿的装修家居产业链，提高该行业的效率，降低成本，提升用户体验。同时，他也给自己定了六字创业原则："活下去，建壁垒。"

装修是几万亿的市场，但该产业极具复杂性：低频、高客单价、人工为主、作业周期长、角色多、SKU多、专业性极强……这些产业特点使得B端和C端都有很多痛点。过去十年，土巴兔就围绕着这些产业特点，解决B端和C端的痛点。

土巴兔在过去十年的探索可以分为以下三个阶段。

第一阶段：信息平台阶段。

土巴兔解决了用户不知如何选择装修公司、装修公司获客难的痛点。

当一个业主拿到房子时，就会想：该怎样装修，大概要多少钱；装修公司在想：该小区有哪个业主需要装修。土巴兔打造了一个智能的匹配引擎，给C端和B端打数据标签。当用户在土巴兔平台登记一个装修需求时，土巴兔给他匹配三家正规装修公司，免费上门量房、做户型设计、报价预算、风水指导，用户足不出户，拿到免费设计方案。装修公司只是举手之劳，就见到了最想见到的人。土巴兔通过把一个免费的理念引进装修产业，使该行业的营销方式发生极大变化，用户不用再被骚扰，变成免费试吃，装修公司只要提供免费试吃能力，就能见到自己想见的人。

第二阶段：交易平台阶段。

该阶段奠定了土巴兔成为中国最大家装流量入口的地位。

2012年，土巴兔得到业主的反馈。业主说土巴兔免费试吃很好，但当他们真正与装修公司签约时，装修公司的态度就发生了变化。于是，王国彬便想：土巴兔能否像淘宝一样，业主满意后再付款呢？当时，土巴兔解决此问题的时机已成熟了，背后有三个逻辑。第一个逻辑：装修公司通过与第一阶段土巴兔的合作，已赚到了钱。第二个逻辑：装修公司与业主之间虽是低频关系，但装修公司与土巴兔之间是高频关系，土巴兔可以把低频变成高频。在此情况下，B端有动力、有意愿遵守平台规则。第三个逻辑：因为有了支付宝，用户可以装修满意后再付款，过去的重决策就变成了轻决策，这在一定程度上可提升装修公司转化的签约率。基于此，土巴兔帮装修公司把账结算清楚后，先在深圳试点，然后推广到全国。土巴兔通过对中国家装产业交易方式的改变，倒逼装修公司重视质量，整个行业的信用体系慢慢形成。

第三阶段：赋能平台阶段。

装修需求和中国很多其他民生需求一样，极其庞大，但优质供给不足。所以，土巴兔第三个阶段的重点是为行业提供基础设施的赋能平台，促进行业有更多优秀的设计师、工匠创业，更多优质装修公司可以得到很好的发展。

(1) 第一个基础设施：覆盖产业链的数字化系统。土巴兔花了近十年时间，不断打磨、渗透此系统，该系统也提升了整个产业的效率。

(2) 第二个基础设施：多层次的供应链体系。每家传统家装公司的体量都较小，采购成本较高，无法对接厂家和总经销商。由于土巴兔平台上有几万家装修公司，把每家装修公司的需求汇聚在一起，再加上完成了交易闭环，厂家也很放心，货给了装修公司，装修公司的资金仍在土巴兔平台上。所以，土巴兔成功地把供应链的基础设施在家装产业推行下去，帮助装修公司享受平台集采规模带来的优势，降低采购成本。对家居建材厂家来说，它们多了一个流通渠道，用户材料采购渠道更正规化。

(3) 第三个基础设施：开放的金融平台。因为土巴兔平台上有信用体系、数据、完整的交易闭环，所以很多银行以及消费金融公司都愿意接入土巴兔，给业主、装修公司提供贷款。

回顾土巴兔过去十年的发展，王国彬觉得若想让技术改变产业，最重要的品质是耐心。在此过程中，很多打法可能会调整和变化，也会遇到很多坑，但土巴兔有一个方向不变：持续给客户创造价值。在此前提下，由点到面、由轻到重用互联网重构产业，土巴兔三个阶段的发展，每个阶段都是下一阶段的前提和基础，下一阶段又巩固前一阶段的果实。

未来的智能时代，标准化的东西都将被机器取代。而对知识的升华能力、洞察能力、创新、创意都变成了稀缺资源。

王国彬希望土巴兔未来能成为一个围绕居住的美学、健康科技而进行创新创作的创业平台。土巴兔这个平台能够涌现很多的创业者，为人们的美好家居生活而进行创新。

8.1.2 创业项目的选择过程

创业项目的选择一般需要经过三步：创业环境分析、创业市场调研、创业机会评估。

1. 创业环境分析

创业环境是指创业者周围的境况，围绕着创业企业生存和发展变化，对其产生影响或制约创业企业发展的一系列外部因素及其组成的有机整体。

1) 创业环境的内容

(1) 政府政策。不但包括对创业活动和创业企业成长的规定、就业的规定、环境和安全的规定、企业组织形式的规定、税收的规定等，还包括政策的执行情况、落实情况和事实上的效率情况等。

(2) 政府项目。提供项目支持是政府政策的具体化。这种支持，包括提供服务支持和建立扶植创业企业的相关组织和机构，以及通过这些组织和机构举办和开发的大量创业项目。

(3) 金融支持。最主要的来源是私人权益资本、自有资金、亲戚朋友投资或其他的私人股权投资。

(4) 教育培训。这是创业活动得以开展的必要条件，也是创业者将潜在商机变为现实商机的基础。

(5) 研究开发转移。研究成果的转移过程是否顺利,不仅表明我国商业化的步伐,而且表明创业研发和研发后转化为生产力的效率和水平,更反映出创业者是否能抓住商业机会。目前,我国的研究开发成果能很好地从发源地通过创办企业向市场转化。

(6) 切入时机。中国的市场正处于市场增长率高、市场变化率高的阶段,对创业企业来说,是个难得的机遇。创业企业进入成本相对较低。

(7) 商务环境和有形基础设施。我国整体环境正在朝着有序、规范的方向发展。诚信意识在增强,硬件环境在改善,服务意识在提高。消费者的理性消费意识和消费观念有了明显变化。

(8) 文化和社会规范。我国目前的文化和社会规范鼓励创业和创业者,鼓励人们通过个人努力取得成功,也鼓励创造和创新的精神,更鼓励通过诚实劳动致富,让创业者勇敢地承担和面对创业中的各种风险。

2) 我国创业环境的特点

(1) 法律、政策、社会环境持续改善。我国目前私营经济发展的法律环境逐步具备,创业门槛不断降低、资本市场日趋活跃,创业载体和创业服务机构发展加快,创业者的后顾之忧将会越来越少。

(2) 创业扶持政策不断推出。为了促进创业,国家和地方各级政府纷纷出台了相关政策,给予创业者更多的支持。例如,人力资源和社会保障部已经在全国百家创业试点城市搭建创业平台,通过开展免费创业培训、强化创业指导、优化创业环境、培育创业文化、进行创业激励等途径进行重点扶持。

(3) 提供了广阔的发展空间。知识经济时代最根本的变化是资金让位于知识,知识成为最宝贵的资源、最重要的资本,这为受过良好教育并具有相应专业知识的人才提供了无限的机会。其次,第三产业投资少、见效快,十分适合普通大众创业,成为我国一个极具魅力的投资领域,可以为创业者提供大显身手的舞台。

3) 创业环境分析的方法

(1) PEST分析法。PEST分析法是战略外部环境分析的基本工具,它通过对政治、经济、社会和技术四个方面的因素分析,从总体上把握宏观环境,并评价这些因素对企业战略目标和战略制定的影响。

- P:政治(Political System),是指对组织经营活动具有实际与潜在影响的政治力量和有关的法律、法规等因素。
- E:经济(Economic),是指一个国家的经济制度、经济结构、产业布局、资源状况、经济发展水平以及未来的经济走势等。
- S:社会(Social),是指组织所在社会中成员的民族特征、文化传统、价值观念、宗教信仰、教育水平以及风俗习惯等因素。
- T:技术(Technological),不仅仅包括那些引起革命性变化的发明,还包括与企业生产有关的新技术、新工艺、新材料的出现和发展趋势以及应用前景。

(2) SWOT分析法。SWOT分析法又称为态势分析法,它是由旧金山大学的管理学教授海因茨·韦里克于20世纪80年代初提出来的,是一种能够较客观而准确地分析和研究个体或者企业的现实情况的方法。

SWOT四个英文字母分别代表:优势(Strength)、劣势(Weakness)、机会(Opportunity)、威胁(Threat)。从整体上看,SWOT 可以分为两部分:①SW,主要用来分析内部条件;②OT,主要用来分析外部条件。利用这种方法可以从中找出对个体(企业)有利的、值得发扬的因素，以及对个体(企业)不利的、要避开的东西，发现存在的问题，找出解决办法，并明确以后的发展方向。

2. 创业市场调研

1) 创业市场调研的内容

创业市场调研的目的就是为创业项目的相关决策提供依据或者为验证创业决策中的相关推断和策划而进行的各种市场信息的收集、整理、分析和应用的过程。因此，市场调研对创业项目的前期规划和设计有着关键性的支持作用。

(1) 政策调研。创业者只有熟悉政策，利用好政策中对自己有利的因素，规避不利因素，才能少走弯路，从而更快地让企业启动起来，事半功倍地打好创业这场战役。

(2) 行业调研。创业者对自己即将从事的行业，需要有一个全面、充分、系统细致的考察与评估。比如，你即将进入的行业是属于成长型行业，还是属于已经成熟，甚至达到饱和状态的行业？主要的合作商和客户是谁？未来的发展趋势如何？只有对此类问题有了深入的了解，你才会知道如何更好地进入特定的市场。

(3) 产品和服务调研。对同类产品的调研，主要解决以下问题：如这些同类产品的外观、色彩等都有什么特点？其产品具有什么样的特点和优势，是质量取胜，还是功能取胜？同行业中失败的产品存在什么样的问题？……对这些问题的答案都是你创建未来产品特色和优势的有效依据。对目标消费人群的调研分析，着重需要了解：哪类人群可能是你的长期客户？他们更看重同类产品的什么功能和服务？他们期望得到什么样的服务？

(4) 客户调研。进行客户调研就是了解客户需求的过程，了解即将开发的产品和服务能否满足客户和市场的需求。客户调查包括对客户的消费心理、消费行为等特征进行调查分析，研究社会、经济、文化等因素对购买决策的影响，同时还要了解潜在顾客的需求情况，影响需求的各因素变化的情况，消费者的品牌偏好等。

(5) 商业模式调研。商业模式，就是企业通过怎样的模式和渠道来盈利，商业模式是企业生存的根本，因此，在企业启动之前，需要去了解成功企业的盈利模式是怎样的，失败企业的盈利模式又是怎样的。只有这样才能在确立自己企业的盈利模式时能够有所借鉴、扬长避短。

2) 市场调查方法

创业者收集市场信息的方法有两种：一种是间接方法；另一种是直接方法。

(1) 间接调查法。间接法收集市场信息就是收集已存在的、别人调查整理的二手信息、情报、数据或资料。这些间接的信息可以从各个渠道得到，如报纸、杂志、互联网、行业协会、研究机构、政府部门、统计机构、银行财税、咨询机构等。

(2) 直接调查法。收集市场信息最直接的方法就是直接观察或者调查相关人员有关问题或感受，根据得到的答案或信息整理出有用的市场信息。

通常直接收集信息的方法有问卷调查法、面谈访问法、电话询问法、观察调查法、实验法。

3. 创业机会评估

这部分除了上节课讲到的创业机会评价内容和技巧外，创业项目评估的一个重要部分是创业机会与个人的匹配问题，接下来会有详细的介绍。

8.1.3　适合大学生的创业项目

国内的学者和创业者普遍认为，中国的创业机会非常多，很多留学海外的人员以及外企高级管理人员也正是被这一点所吸引而在国内走上创业道路。

实际上，中国丰富的创业机会，是有深刻的社会经济结构因素所支撑的。中国人口多，贫富悬殊大，众多产业还处在初级发展阶段或者在寻求转型发展，人们多方面的基本需求远未得到满足，而且需求越来越呈现出多样化等，这些为创业者提供了无限可能。

对于想创业的大学生来说，最好是依托自身的优势以此起步，进而逐渐提高创业活动的层次。大学生创业者了解年轻人市场，有较强的信息搜集能力和丰富的创意等，都能帮助大学生创业者找到适合自己的创业机会。这里总结了大学生创业的7种典型的商业机会。

1. 满足大学生学习和生活需求的产品和服务

大学生创业者对于学生市场的需求是最为了解的，这是多数大学生开始创业时首先考虑到的方向。创业者可以通过回顾自己在大学生活中遇到的问题或不满的地方，也可以通过访谈在校大学生，了解大学生的各种重要需求，然后从中挑选出最适合自身资源的创业机会。做校园代理是大学生常见的创业方式，如考研、考证、旅游、手机卡等大学生常用的产品，这些业务的成本和风险都低。

> **小例子**
>
> 故事要从上海交通大学的一起男生宿舍叫外卖事件说起。炎炎夏日，宿舍里几个男生都在打游戏，分身乏术又饥肠辘辘的他们决定叫外卖，但电话打到餐馆，要么不送，要么就打不通。大家又抱怨又无奈，饿着肚子聊起来。"这外卖为什么不能晚上送呢？""晚上生意少，赚不到钱，何苦。""干脆我们包个外卖吧。"这时其中之一的张旭豪说："如果能网上订外卖就好了。"张旭豪和他的几个伙伴康嘉、汪渊、曹文学就这样从不起眼的送外卖服务开始了创业。随着软件学院同学的叶峰的加入，"饿了么"网络订餐系统的"交大帮"就这样初步形成了。创业伊始，大家还讨论过公司名称问题，最终，"饿了么"这句学生间的点外卖口头禅最终胜出，以它的亲切顺口成了公司的响亮大名。最初的启动资金靠几个人东拼西凑，连学费都没能幸免。为了全情投入，张旭豪主动放弃去香港理工大学深造的机会，与康嘉一起选择休学，而叶峰则在2010年本科毕业后，放弃了进入微软的机会，和大家一起奋斗创业。如今，饿了么已是中国最大的餐饮O2O平台之一。

2. 特色零售店或服务项目

零售和服务行业的进入门槛不高，对资金、技术和团队的要求较低，服务的对象又非常的广泛，随着消费需求的持续变化，商业机会层出不穷，每年都会有新的模式和新的企业迅速崛起，这一行业适合于多数大学生进行创业。零售和服务行业最需要的就是商业模式和服务的创新，创业者把自己的独特创意融入其中，就有可能开创出新的零售模式或特色服务项目。例如，在长沙市太平街上有一个特色小店，该店主要销售年轻人喜欢的各种个性化小玩意，尤其是店里的特色服务项目——蜗牛慢递，非常有创意。蜗牛慢递的特色在于客户可以任选送到的时间，内容可以是任何东西(甚至可以是无形产品)，慢递的东西都加入了创意或特色。

3. 网上开店或网络服务

现今的大学生对于互联网非常熟悉，互联网上的创业机会也异常丰富。最普通的网上创业就是开网店，在淘宝网上注册账户卖自有产品或代销。例如，浙江省义乌工商学院就非常鼓励甚至要求学生开网店进行网上创业。网上开店的秘诀在于透彻理解网上购物行为，合理规划产品的品类，高水平地展示产品，积极管理客户评价等方面来提高网店的利润。大学生还可以创造出特色的网络服务，以低成本实现客户价值。例如，财客在线就是通过满足年轻人理财记账的需要而成功的，通过会员付费和广告收入来盈利。

4. 处于同质商品阶段的小产品的品牌化经营

成熟行业给大学生的创业机会比较少，毕竟行业格局已经形成，只有一些零散型的产业才有创业的机会，例如那些处于商品化阶段的日常用品或农产品。这些小产品的行业内竞争层次很低，同质化的产品相同的价格很难做大企业和打造品牌，企业的利润也很微薄。创业者需要转换经营思路，进行品牌化运作，将产品的档次提升，甚至加入一些创意元素。创业者可以从杯子、镜子、梳子、玩具等日用品以及农产品中选择创业项目，将小产品打造出特色品牌，就像梁伯强的指甲剪品牌——非常小器。这类创业的进入门槛比较低，风险也不高，需要大学生以高端化或回归自然的品牌运作来从小产品中开发出大市场。例如，德青源品牌的鸡蛋，2002年以来每年以150%的速度快速增长，2009年实现销售额5亿元。德青源用17年的时间，以匠心品质，赢得了超过两亿国人的信赖，成为我国鸡蛋市场第一品牌。

5. 提供个性化的产品或服务

现代消费者对于产品或服务的个性化程度要求越来越高，收入水平的提高和市场需求的多样化为个性产品或服务的需求提供了坚实的购买基础。年青一代的消费者对个性化产品或服务的需求更高、更敏感，而这类产品的创业成功关键在于准确和快速掌握市场需求的能力，这为大学生开展个性化产品或服务的创业提供了天然的优势。创业者需要把握的除了基于个性化需求的定位，还需要从商业模式上进行创新，在提供个性化服务的同时寻求规模化经营，并保持较低的成本。个性化的创新机会有可能通过将其他行业的特点引入新行业中，满足客户的多重需求，甚至开发出全新的市场，形成新的商业模式。

通过引入个性化的元素使传统产业释放巨大活力，ZARA算是一个非常卓越的成功案例。

6. 开发具有技术含量的新产品

大学生创业者(尤其是理工科专业的研究生和博士生)可以开发出新产品，以创新技术作为创业的关键资源，组建公司来生产和销售创新产品(或提供技术服务)。新产品的开发是很难靠某个人就能成功的，它需要一个团队来协作开发，一般以导师为核心的研究团队有可能开发出更高技术含量的新产品。创业者如果自身无法开发新产品，那么就要寻找可以合作创业的新产品开发者，这需要创业者与研发人员的能力互补。这种创业可以获得政府相关机构的大力支持，尤其是与政府产业扶持政策相关的战略性新兴产业和其他重点产业更是有可能成为政府关注与扶持的典型创业项目。

7. 国外最新成功模式的移植

发达国家的经济与技术走在我国的前面，它们曾经历过的商业机会也很可能在今天的中国出现。这需要用历史的眼光来看待经济和技术的发展，找出不同经济阶段的典型商业形态，从而借鉴发达国家成功把握这些机会的商业成功经验。

携程网创始人之一的季琦说过："中国式的创新更多是继承式的创新，在借鉴欧美发达国家商业模式的情况下，结合中国具体情况，进行改造式创新和应用。因为人类的物质、精神需求和享受，总是从低级到高级，从简单到复杂。欧美的服务业已经先于我们发展，已经经过了客户的需求选择，中国的服务业也大体会遵循他们的发展轨迹。因此，在服务行业，继承欧美的成熟商业模型特别有价值；研究他们成长的轨迹和成败的原因，对于我们这些后来者也非常有益。"在高科技领域(尤其是互联网)，这一滞后发展模式更加明显，美国等先进国家最先开发出新技术和新商业模式，国内创业者迅速跟进，在模仿中进行再创新。

国内目前知名的互联网公司大多是从美国借鉴或模仿过来的，例如当当网是从亚马逊网站得到启发的，腾讯是直接模仿MSN发家的，淘宝网则从eBay借鉴而来。2011年广受关注的团购网站也是发源于美国，拉手网、团宝网、美团网等迅速崛起的团购网站都是模仿美国网络团购业的领导者Groupon公司。

8.1.4 创业项目与个人匹配

创业活动是创业者与创业机会的结合，影响创业机会识别既有主观因素，也有客观因素。由于创业者个性特质的差异，更由于各个创业者所面临的创业环境和资源约束条件的不同，创业者尽管发现了创业机会，但这并不意味着要创业，更不意味着成功就在眼前，因为并非所有机会都适合每个人。

1. 判断创业机会是否适合自己的主要依据在于机会特征与个人特质的匹配

学者们普遍认同，一方面，创业者识别并开发创业机会；另一方面，创业机会也在选择创业者。只有当创业者和创业机会之间存在着恰当的匹配关系时，创业活动才最有可能发生，也更可能取得成功。

> **📖 小例子**
>
> 联想控股董事长柳传志就反复提醒创业者：在转身做企业时，需想清楚性格是不是适合做企业。他总结说，人大概可分为两种：奔日子的和过日子的。奔日子的人，总在奔，宁可冒风险，也要过一种新的生活，有新的追求；而过日子的人，则把谋生存作为创业的动机。他自认是奔日子的人。
>
> 当时毕业后的他在国防科委、科学院、研究部门工作，得过不少奖项，但是心总是不安分，想去寻找新追求。
>
> "奔日子型的创业，达到一定高度后，还想跟自己较一把劲。"例如像马云这样的人，不停地往前走。这种人是对推动生产力的发展有好处的，是更值得鼓励的，但是风险很大。

2. 个人特质和机会特征匹配理论

2009年，张爱丽在借鉴多学科有关创业机会研究成果的基础上，提出个人特质和机会特征匹配理论，为创业机会的识别过程提供了有价值的见解。个体能否感知到创业机会的存在，取决于他们是否拥有先前知识去甄别外部信息，这意味着掌握特定领域的知识对识别创业机会至关重要。显然，个人因素(如先前经验)有助于创业者感知和识别机会因素(如新信息的价值)。

从个人特质和机会特征匹配的视角看，创业机会识别过程大体可分为以下两个阶段。

1) 识别"第三人机会"阶段

所谓"第三人机会"，是指对于某些市场主体而言感知到的某种潜在机会。创业者依据先前经验和认知因素，对外部信息进行搜集、分析和甄别，通过增补型匹配、互补型匹配和结构性匹配三种匹配方式，识别出第三人机会。

- 增补型匹配，指有关顾客信息与创业者所掌握的知识相同或相似，或者有关技术的信息与创业者所掌握的技术知识相同或相似，从而能产生类似于成员——组织匹配理论中的增补型匹配的效果，这种匹配会增强创业者的创业意图。
- 互补型匹配，指个人因素或机会因素能在一定程度上改善创业环境或者补充创业环境所缺少的东西，从而产生类似于成员—组织匹配理论中的互补型匹配的效果。例如，创业者掌握了有关顾客需求的先前经验，外部环境提供了相关新技术的信息，如果这种新技术信息能用来解决创业者认知的顾客需求，那么，创业者先前掌握的关于顾客问题的知识与外部环境提供的关于新技术的信息就属于互补型匹配。显然，互补型匹配有利于识别创业机会。
- 结构性匹配，指已知某种知识关系(如某种技术或服务适合应用于某类顾客)，通过直接推理、类比推理、相似性比较、模式匹配等方式，把这种知识关系应用于改进新的措施或实际的顾客需求与创业者所拥有的知识、技术和服务方法或新技术之间的匹配上，这与认知领域结构匹配理论中的结构性匹配相类似。

2) 识别"第一人机会"阶段

"第一人机会"阶段是指对于创业者本人而言有价值的机会的阶段。根据创业意图理论，创业者在考察创业机会时会重点考察机会特征中的营利性和不确定性，而机会的创新性与机会的营利性和不确定性密切相关；而创业者个人的认知因素、成就需要、自我效能感被认为是最为重要的个人特质。

因此，在识别出第三人机会基础上，该机会的创新性、营利性和不确定性程度，若能与创业者个人特质中的认知因素、成就需要、自我效能感相匹配，那么创业者就可能感知和识别出第一人机会。如果两者不能匹配，那么，创业者就会放弃第三人机会。

可见，创业机会是否适合自己的主要依据在于机会特征与个人特质的匹配。

8.2 创业计划

创业动态跟踪调查项目(PSED)针对多个国家创业者进行的大规模调查显示，制订创业计划已是创业者在创业时必须完成的23项关键活动之一。

8.2.1 【案例导读】小企业也需要有计划

1. 高起点创业，体验梦想和现实的距离

张海霖和他的团队是在2006年10月开始创业的，当时他还是上海交通大学工业工程与物流工程专业的在读博士。在一家荷兰公司和导师的支持下，他申请了2006年度的上海市大学生科技创业基金，并注册成立了上海恺易集成系统技术有限公司，从而踏上了创业的道路。

首先,他们制定了以荷兰这家外资公司的现有产品和服务为基础,以上海地区的物流企业为目标客户群,重点进行市场拓展的营销战略。

接着,他们就组建销售队伍、召开产品发布会、参加物流学术会议、网络推广、散发传单等。先后花了半年时间,使用了所有可能使用的推广方法和市场策略。经过近半年努力,张海霖和他的团队费尽心机,使出了浑身解数,拜访了无数的客户,最终也没有销售出去几件国外的产品和服务,最好的情况就是客户答应试用而已。

经过了一段时间的努力后,产品的市场开拓不但没有打开局面,公司的资金也捉襟见肘了。

2007年春节后,公司为了生存被迫调整策略,从代理销售荷兰公司的产品和服务,转变成为客户定制开发信息系统。尽管进行调整后公司拿到了几笔信息系统开发的小单子,但仅能勉强维持生存。公司当时的情况基本处在大单子没有能力承接,小单子基本不赚钱或者亏钱的境地。

经过深思熟虑,张海霖决定开发国际货代管理(AMS)软件产品,希望以此作为由项目定制开发的公司向产品研发公司的转变。经过了近半年的辛勤工作,公司第一款软件产品"恺易国际货代管理软件"终于研发成功了。然而,现实却是残酷的,张海霖进行了大力的宣传和推广,产品的销售依然不畅。

2007年底,公司的资金基本已被消耗殆尽。2008年元旦,公司已经面临解散。

2. 确定新战略,重新找到企业发展道路

经过这次的惨痛教训,张海霖不得不重新给自己的公司定位,开始认真研究市场,从客户的需求出发认真研究自己企业的优势和劣势。张海霖逐渐认识到企业要生存和发展一定要有准确的战略定位,要十分清楚客户是谁,他们需要的是什么,我们现在又能做什么,将来还会做什么。小企业也要有大战略。

痛定思痛,经过无数次的思考、争论,向专家请教,向同类型的企业学习,最终张海霖摆脱了浮躁的心理,停止了盲目地冒进,重新确立了方向和目标,树立了信心。经过多次内部讨论,张海霖的公司重新确立了立足于技术进步的"需求牵引,技术推动"发展战略,要做"看得准,干得出,用得上"的项目和产品,并确定了明确的市场策略、产品策略和人才策略。

经过一系列的战略调整和具体实施策略的执行,张海霖及其团队成员脚踏实地、认认真真地稳步发展,韬光养晦,耐心积累经验和市场资源,陆续推出了一系列的物流软件产品和公共物流信息服务平台。企业经营逐步开始出现了转机,企业战略也越来越清晰了。

3. 看准新市场,不断调整公司战略方向

按照既定的发展战略,张海霖的公司又经过了大半年踏踏实实的发展,积累了一定的成功案例,也在此基础上开发了一系列的软件产品。截至2009年初,公司团队规模扩大到了创业初期的3倍;拥有自主知识产权的系列小软件产品已达到四大类20多款,涵盖了运输、仓储、货代、第三方物流等物流行业的各个业务环节;建设了"吉运通"公共物流信息服务平台和"吉运通"GPS车辆跟踪与监控服务平台等两个开放式的服务平台,注册的用户和会员已经超过了7500名。此时,公司已经初步形成了完整的、稳定的核心技术团队和运营管理团队,基本具备了承担大型定制开发项目的人员要求、技术要求和行业经验要求,能够独立提供从项目方案设计、需求分析、软件开发、硬件集成到实施培训等整体的解决方案。张海霖的公司体现了立足于技术进步的战略的价值,充分验证了小企业需要大战略指导才能实现跨越发展。

目前,张海霖的企业正在按照既定的发展战略稳步前进,现有团队的规模已经超过了50人,先

后在江苏无锡、新疆昌吉、安徽合肥和深圳等地建立了分公司或分支机构,产品和服务已经遍及国内近10个省市和自治区。2011年,其全年的销售收入将有望突破千万元,公司即将走上稳定发展、稳步扩张的道路,在面向物流及供应链、农牧业物联网和智慧城市等的三个核心领域已初步形成自己的竞争优势和行业地位。就像小孩子要有远大理想和奋斗目标一样,张海霖的创业之路验证了这一真理——小企业同样需要大战略。

8.2.2 创业计划的作用

创业计划是创业的行动导向和路线图,既为创业者行动提供指导和规划,也为创业者与外界沟通提供基本依据。

1. 创业计划明确创业目标

有些创意听起来很好,但当把其所有细节都按照商业开发的模式想一遍,认真分析的时候,就发现这个项目并不是可行的创业项目。进行创业计划的过程,就是帮助创业者明确创业目标,理清创业思路的过程。

创业计划本质上是创业者对自身经营情况和能力的综合总结和展望,是企业全方位战略定位和战术执行能力的体现。

2. 创业计划体现创业行动

一项比较完善的创业计划,可以成为创业者的创业指南或行动大纲。创业计划与创业本身一样,是一个复杂的系统工程,它是企业对自身现状及未来发展战略全面思索和定位的过程。创业计划能反映创业者对项目的认识及取得成功的概率,它能展示出创业者的核心竞争力;最低限度反映创业者如何创造自己的竞争优势,如何在市场中脱颖而出,如何争取较大的市场份额,如何发展和扩张,种种"如何"会构成创业计划的说服力。若只有远景目标、期望而忽视"如何",则创业计划便成为"宣传口号"而已。

3. 创业计划募集外部资源

作为企业融资的必备条件,创业计划就如同上市公司的招股说明书,是一份对项目进行陈述和剖析、便于投资商对投资对象进行全面了解和初步考察的文件。好的创业计划不仅能吸引投资者,更能吸引高素质的创业伙伴。

4. 创业计划降低犯错概率

美国每年有300多万家新企业出现,但是这些新的企业失败率高得惊人,有30%的独立小公司在经营的头两年倒闭。而导致如此高的失败率的一个重要原因就是"未能做好计划",很多创业者实际上并没有做好充分的准备工作就开始一项新的事业。他们没有分析自己的实力、弱点和劣势。对于一个初创企业,创业计划可以更好地帮助你分析目标客户,规划市场范畴,形成定价策略,并对竞争性的环境做出界定,在其中开展业务以求成功。

> **思考:**
> 现在很多创业者习惯在创办企业之前,花上几个月,甚至一两年的时间写出厚厚的几百页的商业计划书,把创办企业的每一个环节都搞得一清二楚。

> 当正式成立企业时,创业计划书就会成为他们的行动指南,创业计划书也会变成事业执行书,如果在行动中想到了什么新的主意,也会马上补充到计划书中。
> 这样做有什么样的好处和弊端?

8.2.3 创业计划的内容

不同行业的创业计划形式有所不同,但从总的结构来看,所有的创业计划都应包括计划摘要、主体和附录三个部分。

1. 计划摘要

摘要是对整个计划最高度的概括。应用最精练的语言,浓缩计划书的精华。计划摘要是引路人,一般要在后面所有内容编制完毕后,再把主要结论性内容摘录于此,以求一目了然,在短时间内给使用者留下深刻的印象。在概述中企业必须回答下列问题:

(1) 企业所处的行业,企业经营的性质和范围;
(2) 企业主要产品的内容;
(3) 企业的市场在哪里,谁是企业的顾客,他们有哪些需求;
(4) 企业的合伙人、投资人是谁;
(5) 企业的竞争对手是谁,竞争对手对企业的发展有何影响;
(6) 企业的优势在哪里;
(7) 如何投资、投资数量和方式;
(8) 投资回报及安全保障。

概述如同推销产品的广告,编制人要反复推敲,力求精益求精,形式完美,语句清晰流畅而富有感染力,以引起投资人阅读创业计划书全文的兴趣。特别要详细说明自身企业的不同之处以及企业获取成功的市场因素。

2. 主体

创业计划书的主体部分是整个计划书的核心。主体部分的内容要翔实,在有限的篇幅之内充分展示创业者要说明的全部内容,主体部分按照顺序一般包括以下几个方面。

1) 企业(项目)介绍与战略

这一部分是向战略合伙人或者风险投资人介绍融资企业或项目的基本情况。如果企业处于种子期,现在也只有一个美妙的商业创意,应重点介绍创业者的成长经历,求学过程,并突出其性格、兴趣爱好与特长,创业者的追求,独立创业的原因以及创意如何产生。如果企业处于成长期,应简明扼要介绍公司过去的发展历史、现在的状况以及未来的规划。在描述公司发展历史时,正反的经验都要写,特别是对以往的失误,不要回避。要对失误进行客观的描述,中肯地进行分析,反而能够赢得投资者的信任。

2) 技术产品(服务)介绍

投资人最关心的问题之一就是企业的产品、技术或服务能否以及在多大程度上解决现实生活中的问题。或者,企业的产品(服务)能否帮助顾客节约开支,增加收入,这是市场销售业绩的基础。在这一部分,要对产品(服务)做出详细的说明,说明要准确,也要通俗易懂,让非专业人员的投资者也能明白。

> **📖 小资料**
>
> 产品介绍必须回答以下问题：
> ① 顾客希望企业的产品能解决什么问题，顾客能从企业的产品中获得什么好处？
> ② 企业的产品与竞争对手的产品相比有哪些优缺点，顾客为什么会选择本企业的产品？
> ③ 企业为自己的产品采取了何种保护措施，企业拥有哪些专利许可证，或与已申请专利的厂家达成了哪些协议？
> ④ 为什么企业的产品定价可以使企业产生足够的利润，为什么用户会大批量地购买企业的产品？
> ⑤ 企业采用何种方式去改进产品的质量、性能，企业对发展新产品有哪些计划等。

3) 行业、市场分析预测

行业与市场分析主要对企业所在行业基本情况，企业的产品或服务的现有市场情况、未来市场前景进行分析，使投资者对产品或服务的市场销售状况有所了解。

4) 市场营销策略

企业的盈利和发展最终都要拿到市场上来检验，营销成败直接决定了企业的生存命运。营销策略的内容应包括：①营销机构和营销队伍的建立；②营销渠道的选择和营销网络的构建；③广告策略和促销策略；④价格策略；⑤市场渗透与开拓计划；⑥市场营销中意外情况的应急对策等。

5) 生产计划(运作分析)

生产制造计划旨在使投资者了解产品的生产经营状况。这一部分应尽可能把新产品的生产制造及经营过程展示给投资者。同时，为了增大企业的评估价值，企业家应尽量使生产制造计划更加详细、可靠。

6) 管理团队介绍

投资者非常看重管理团队。这部分主要是向投资者展现企业管理团队的结构、管理水平和能力、职业道德与素质，使投资者了解管理团队的能力，增强投资信心。

7) 财务分析与预测

这部分包括公司过去若干年的财务状况分析，今后三年的发展预测，以及详细的投资计划。旨在使投资者据此判断企业未来经营的财务状况，进而判断其投资能否获得理想的回报，因而它是决定投资决策的关键因素之一。

8) 融资计划

融资计划主要是根据企业的经营计划提出资金需求数量，融资的方式、工具，投资者的权益、财务收益及其资金安全保证、资金退出方式等，它是资金供求双方共同合作前景的计划分析。

9) 风险分析

向投资者分析企业可能面临的各种风险隐患，风险的大小以及融资者将采取何种措施来降低或防范风险增加收益等。

融资者最好采取客观的态度，不能因为风险发生的可能性小而忽略不计，也不能为了增大获得投资的机会而故意缩小、隐瞒风险因素，而应该对企业所面临的各种风险都认真地加以分析，并针对每一种可能发生的风险提出相应的防范措施，这样才能取得投资者的信任。

3. 附录

创业计划的附录应包括媒介关于公司产品的报道，公司产品的样品、图片及说明，有关公司及产品的其他资料。

以上是创业计划的全部内容。

根据公司及项目具体情况的不同，创业者可以在此基础上结合实际情况增添或删改。对不同公司而言，各要点的轻重程度是不一样的。哪些是最重要的，需要强调，哪些是无关紧要的，可以一笔带过，应视情况而定。

一般来说，投资者最关心的问题主要是两点：①创业者的商业创意、产品和服务是否具有唯一性；②该公司管理阶层能否胜任。因此创业者在编写创业计划书时一定要对这两方面着力进行分析。另外，获取利益是投资者的根本目的，及早收回资金是其投资的前提，所以对于未来收益的预测及设计和风险资金的退出之路也是计划书应分析的重点。

> **小资料**
>
> 据统计，被美国风险投资家所投资的企业，10家中有两家的投资回报为每年15%~20%，有一家为投资家带来10倍的利润，而其余的7家或是投资事业不成功，或是倒闭，或是未能像预期那样发展下去。

8.2.4 创业计划中的信息收集

创业前或在创业过程中对企业所处的环境进行仔细分析，准确地预测市场行情，而在分析和预测市场行情前，创业者必须收集一些必要的市场信息，信息的搜集过程，就是分析并预测环境进而化解未来不确定性的过程。

创业收集的信息是指在一定的时间和条件下，与生产与服务经营活动相关的各种信息、情报、数据、政策法规、资料等的总称。创业时应该了解与创业有关的或与今后创立的企业相关的市场信息，主要包括以下几个方面。

1. 政治政策信息

不同的国家有着不同的社会性质，不同的社会制度对组织活动有着不同的限制和要求。即使社会制度不变的同一国家，在不同时期，政府的方针、政策、对经济活动的态度和影响也是不断变化的。主要的政治政策信息有：

(1) 政府管制。体现为企业必须无条件服从和接受，如药品安全、食品卫生、危险品制造等方面。管制的目的是为了保证国家及全民利益不受损害，是强制执行的。如果创业企业在选择项目时不了解相关政策，企业将会遭受损失。

(2) 经营许可。个人或企业获得合法经营某项业务的授权。并不是所有经营都要许可，但有些行业是必需的，如我国的医药、食品生产销售、种子经营、林木采伐、资源开采、房屋拆迁、公路客运、汽车维修、民航客票销售代理、营业性射击场、小件寄存、证券资信评估、企业信用评价等。

(3) 产业政策与贸易协定。政府的产业政策、投资政策和反垄断法规。入世以来，中国国内的产业已经成为国际产业分工体系的一个组成部分，基本上所有的行业都处于与国际企业同一舞台竞争的地位，因而必须了解有关国际贸易协定的规定和发展趋势信息。

(4) 税收优惠与政策鼓励。税收是国家调控经济的政策杠杆，它的变化直接影响着创业企业及创业者个人的收入。关注并利用国家的税收优惠政策可以有效地缓解创业初期资金的压力。此外，需注意搜集地区性的创新创业鼓励政策，如提供政府补贴、基金支持、担保融资、低息甚至贴息贷款，税收减免，给予场地减租等。

不少地方政府对大量安置下岗职工与残疾人的企业给予财政支持或税收减免等，这些都是创业者应该充分利用的政府政策信息。1987年中国诞生了第一个科技企业孵化器——武汉东湖创业服务中心。他为创业青年提供创业培训、政策引导、资金扶持、融资对接等全方位创业帮扶措施。

2. 经济信息

经济发展状况主要包括宏观和微观两个方面的内容。

宏观经济环境主要包括社会经济结构、经济发展水平、经济体制改革和国家经济政策等方面的内容；微观经济环境主要指企业所在地区或所服务地区的消费者的收入水平、消费偏好、储蓄情况、就业程度等因素。这些因素直接决定着企业目前及未来的市场大小。

主要的经济发展状况信息包括：国民生产总值(GDP)及其增长率、贷款的可得性、可支配收入水平、居民消费(储蓄)倾向、利率、通货膨胀率、规模经济、政府预算赤字、消费模式、失业趋势、劳动生产率水平、汇率、证券市场状况、外国经济状况、进出口因素、不同地区和消费群体间的收入差别、价格波动、货币与财政政策等信息。

3. 社会文化和人口统计信息

社会文化环境包括一个国家或地区的居民教育程度和文化水平、宗教信仰、风俗习惯、审美观点、价值观念等。文化水平会影响居民的需求层次；宗教信仰和风俗习惯会禁止或抵制某些活动的进行；价值观念会影响居民对组织目标、组织活动以及组织存在本身的认可与否；审美观点则会影响人们对组织活动内容、活动方式以及活动成果的态度。

> 📖 **小资料**
>
> 主要的人口统计、社会文化与风土人情的信息包括：人口总数、性别、年龄构成、职业分布、家庭人口、户数、婚姻状况、结婚数、离婚数、出生率、死亡率、人口移进移出率、社会保障计划、人口预期寿命、人均收入、生活方式、平均可支配收入、对政府的信任度、对政府的态度、对工作的态度、购买习惯、对道德的关切、储蓄倾向、性别角色、投资倾向、种族平等状况、节育措施状况、平均教育状况、对退休的态度、对质量的态度、对闲暇的态度、对服务的态度、污染控制、对能源的节约、社会活动项目、社会责任、对职业的态度、对权威的态度、城市与城镇和农村的人口变化、宗教信仰状况等。

4. 技术发展信息

技术发展趋势除了要考察与企业所处领域的活动直接相关的技术手段的发展变化外，还应及时了解：①国家对科技开发的投资和支持重点；②该领域技术发展动态和研究开发费用总额；③技术转移和技术商品化速度；④专利及其保护情况等。现在的技术发展信息也更多地与国家政策导向相结合，节能减排、生态环保是国家重要的发展战略，现阶段的技术发展也向节能环保方向高速发展。

5. 竞争者信息

行业竞争者信息实际上是对市场同类商品供给者状况的相关信息。要特别注意主要竞争对手、主要经营者的变动情况，行业龙头企业的技术水平，竞争对手的产品品种、质量标准和服务特色、品牌建设、销售方式、市场占有率等信息的收集。不仅要关注和收集来自于同行业的相关产品，还要关注和收集来自供应商、客户、替代品、新加入竞争者等多方面的信息；有些行业新技术不断涌现，产品更新换代很快，特别要注意收集行业技术创新、研发动态和替代品威胁方面的信息。

6. 目标客户信息

目标客户是指创业者所选择的特定的并准备销售和服务的客户。主要包括目标消费者的购买动机、购买意愿、购买水平、购买习惯、品牌认可等。

8.2.5 市场调查的内容和方法

市场调查的内容涵盖新创企业从事市场营销活动将要涉及的全部领域，所以市场调查的内容相当广泛。主要的内容和方法有以下几点。

1. 市场调查的内容

1) 市场环境调查

市场环境调查包括政治与法律环境的变化调查、经济和科技的发展调查、人口状况调查、社会时尚变化和竞争状况调查。可以分为政策调查和行业调查。

(1) 政策调查：企业总在一定的市场环境下生存，在生产经营中必须遵守国家政策、法律法规和宏观调控的要求，具体包括：

- 你所经营的业务、开展的服务项目有哪些有关政策和法律信息？
- 国家是鼓励还是限制你所开展的业务？
- 国家对你开展的业务有什么管理措施和评价方法？
- 宏观经济是否景气？是否影响消费者的购买力？

(2) 行业调查：在行业分析中应该正确评价所选行业的基本特点、竞争状况以及未来的发展趋势等内容，具体内容包括：

- 该行业的发展程度如何？现在的发展动态如何？
- 经济发展对该行业的影响程度如何？政府是如何影响该行业的？
- 是什么因素决定着它的发展？过去十年的价格趋势如何？
- 该行业竞争的本质是什么？你将采取何种战略？
- 进入该行业的障碍是什么？你将如何克服？
- 该行业中典型企业的回报率是多少？未来十年的价格走向如何？

2) 市场需求调查

市场需求调查包括市场需求总量及其构成的调查、各细分市场及目标市场的需求调查、市场份额及变化情况构成调查。

需求调查就是要通过调研搞清楚你的项目的产品或服务在多大程度上可以解决顾客现实生活中的问题和困难，或者你的产品或服务可以为顾客节省多少开支、增加多少收入，具体包括：

- 顾客希望企业的产品能解决什么问题？顾客能从企业的产品中获得什么好处？
- 企业的产品或服务与竞争对手相比有哪些优缺点？顾客为什么会选择本企业的产品或服务？
- 消费者接受网络或微信营销吗？
- 目标顾客群都选择哪种宣传方式？

3) 消费者行为调查

消费者行为调查包括消费者需求调查、购买心理调查、动机调查、购买模式和购买行为调查，影响消费者购买决策的主要因素和消费者需求变化趋势分析等。

- 目前该行业还存在哪些"不方便"？有哪些未被满足的需求？
- 创新和技术进步在该行业扮演着一个怎样的角色？
- 顾客更喜欢什么样的销售模式？
- 你的产品可以满足顾客哪些物质或精神的需求？

4) 竞争对手调查

竞争对手调查包括竞争对手产品状况调查、产品价格调查、销售渠道调查、广告和促销状况调查等。

- 市场上同类或类似产品的技术水平和受欢迎程度如何？
- 同类或类似产品的价格如何？判断未来的价格走向。
- 竞争对手的销售渠道和网络如何？
- 竞争企业拥有哪些专利、许可证，或与已申请专利的哪些厂家达成了协议？

2. 市场调查的方法

1) 观察法

观察法是指收集信息的工作人员凭借自己的感官和各种记录工具，深入现场，在被观察者未察觉的情况下，直接观察和记录被观察者的行为，以收集市场信息的一种方法。

观察法的优点是可以实地记录市场现象的发生，能够获得直接、具体、生动的材料，具有可靠性高、简便易行、灵活性强等优点。例如，可口可乐的总裁，在来我国参加经济高峰会议期间，亲自到上海大街小巷的商场中"散步"——这是在进行观察法调研。

观察法主要应用于城市集贸市场调查、商品库存调查、消费者需求调查、商场经营环境调查、产品质量调查、广告调查等领域。现在有一种职业叫作神秘顾客，就是应用这种方法来调查市场的。

> **【调查案例】精细观察的商业密探**
>
> 帕科·昂得希尔是著名的商业密探，他所在的公司叫恩维罗塞尔市场调查公司。
>
> 昂得希尔通常的做法是坐在商店对面，悄悄观察来往的行人。而此时，在商店里他的属下正在努力工作，跟踪在货架前徘徊的顾客。他们的目的是要找出商店生意好坏的原因，了解顾客走进商店以后如何行动，以及为什么许多顾客在对商品进行长时间挑选后还是失望地离开。通过他们的工作给许多商店提出了许多实际的改进措施。
>
> 例如，一家主要以青少年为顾客的音像商店，通过调查发现，这家商店把磁带放置过高，孩子们往往够不到。昂得希尔对商店指出应把商品降低放置，结果销售量大大增加。

再如一家叫伍尔沃思的公司发现商店的后半部分的销售额远远低于其他部分,昂得希尔通过观察和拍摄现场解开了这个谜:在销售高峰期,现金出纳机前顾客排着长长的队伍,一直延伸到商店的另一端,妨碍了顾客从商店的前面走到后面,针对这一情况,商店专门安排了结账区,结果使商店后半部分的销售额迅速增长。

2) 调查法或询问法

调查法或询问法是指调查人员将事先拟订的调查项目或问题以当面、书面或电话的方式向被调查者提出询问,要求给予答复,由此获取被调查者或消费者的动机、意向、态度等方面的信息。这是市场调查中最常见的方法,主要分为面谈调查、电话调查、邮寄调查、留置询问表调查四种。

它们有各自的优缺点:①面谈调查能直接听取对方意见,富有灵活性,但成本较高,结果容易受调查人员技术水平的影响;②电话调查速度快,成本最低,但只限于在有电话的用户中调查,且用户往往不耐心回答;③邮寄调查速度快,成本低,但回收率低;④留置询问表调查可以弥补以上缺点,由调查人员当面交给被调查人员问卷,说明方法,由其自行填写,再由调查人员定期收回。

这种调查法或询问法是通过调查问卷的形式来实现的,所以调查问卷的质量会起到决定性的作用。

【案例分析】市场调研失败案例分析

20世纪70年代中期以前,可口可乐一直是美国饮料市场的霸主,市场占有率一度达到80%。然而,20世纪70年代中后期,它的老对手百事可乐迅速崛起。1975年,可口可乐的市场份额仅比百事可乐多7%;9年后,这个差距更缩小到3%,微乎其微。

百事可乐的营销策略是:一是针对饮料市场的最大消费群体——年轻人,以"百事新一代"为主题推出一系列青春、时尚、激情的广告,让百事可乐成为"年轻人的可乐";二是进行口味对比。请毫不知情的消费者分别品尝没有贴任何标志的可口可乐与百事可乐,同时百事可乐公司将这一对比实况进行现场直播。结果是,有八成的消费者回答百事可乐的口感优于可口可乐,此举马上使百事的销量激增。

耗资数百万美元的口味测试

对手的步步紧逼让可口可乐感到了极大的威胁,它试图尽快摆脱这种尴尬的境地。1982年,为找出可口可乐衰退的真正原因,可口可乐进行了深入的市场调查,分析百事可乐的营销策略,可口可乐决定在全国10个主要城市(抽样调查)进行一次深入的消费者调查,设置了许多针对性的问题(问卷调查),如"你认为可口可乐的口味如何?""你想试一试新饮料吗?""可口可乐的口味变得更柔和一些,您是否满意?"等问题,希望了解消费者对可口可乐口味的评价并征询对新可乐口味的意见,对现有的可乐市场进行分析,是不是因为口味的问题。调查结果显示,大多数消费者愿意尝试新口味可乐。

可口可乐的决策层以此为依据,决定结束可口可乐传统配方的历史使命,同时开发新口味可乐。

没过多久,比老可乐口感更柔和、口味更甜的新可口可乐样品便出现在世人面前。

为确保万无一失,在新可口可乐正式推向市场之前,可口可乐公司又花费数百万美元在13个城市中进行了口味测试,邀请了近20万人品尝无标签的新/老可口可乐。结果让决策者们更加放心,六成的消费者回答说新可口可乐味道比老可口可乐要好,认为新可口可乐味道胜过百事可乐的也超过半数。至此,推出新可乐似乎是顺理成章的事了。

可口可乐不惜成本协助瓶装商改造了生产线，而且，为配合新可乐上市，可口可乐还进行了大量的广告宣传。1985年4月，可口可乐在纽约举办了一次盛大的新闻发布会，邀请200多家新闻媒体参加，依靠传媒的巨大影响力，新可乐一举成名。

背叛美国精神

看起来一切顺利，刚上市一段时间，有一半以上的美国人品尝了新可乐。但让可口可乐的决策者们始料未及的是，噩梦正向他们逼近——很快，越来越多的老可口可乐的忠实消费者开始抵制新可乐。

对于这些消费者来说，传统配方的可口可乐意味着一种传统的美国精神，放弃传统配方就等于背叛美国精神，"只有老可口可乐才是真正的可乐"。有的顾客甚至扬言将再也不买可口可乐。

每天，可口可乐公司都会收到来自愤怒的消费者的成袋信件和上千个批评电话。尽管可口可乐竭尽全力平息消费者的不满，但他们的愤怒情绪犹如火山爆发般难以控制。

迫于巨大的压力，决策者们不得不做出让步，在保留新可乐生产线的同时，再次启用近100年历史的传统配方，生产让美国人视为骄傲的"老可口可乐"。

仅仅三个月的时间，可口可乐的新可乐计划就以失败告终。尽管公司前期花费了两年时间，数百万美元进行市场调研，但可口可乐忽略了最重要的一点——没有对其市场的消费群体进行分析，对于可口可乐的消费者而言，口味并不是最主要的购买动机。

因此，调研报告是企业的科学决策，必须对市场进行详细调研。可口可乐公司推广新可乐，没有分析到消费者最主要的购买动机，一味地重视它的口味，从而失去了消费者的强大支持，以失败告终。

3) 网络调查法

泛指在网络上发布调研信息，并在互联网上收集、记录、整理、分析和公布网民反馈信息的调查方法，是企业利用互联网了解和掌握市场信息的方式。它是传统调查方法在网络上的应用和发展。具有自愿性、定向性、及时性、互动性、经济性与匿名性等特点。

网络调查法是通过互联网、计算机通信和数字交互式媒体，按照事先已知的被调查者的e-mail地址发出问卷收集信息的调查方法。

网络调查的大规模发展源于20世纪90年代。网络调查与传统的调查方法相比，在组织实施、信息采集、调查效果、调查速度方面具有明显的优势。

【案例思考】佳能的市场调查进军了办公设备领域

施乐曾经是美国企业界的骄傲，曾经是美国的复印巨人，先后为其研发的复印机申请了500多项专利，几乎囊括了复印机的全部部件和所有关键技术环节。如果其他企业要制造复印机，就必须向它购买专利，那么制造出来的复印机就会比施乐贵几倍，根本没有市场，施乐在永远有花不完的钱中度过了一段时间。

终于，施乐的产品结构和定价策略造成的市场机会被一个凌厉的对手抓住了，这就是佳能。20世纪60年代，佳能打算把自己的产品线延伸到利润丰厚的办公设备领域。佳能面临的首要问题就是施乐的专利壁垒。但是，美国这类产品的专利有效期为10年。佳能首先遍读施乐公司拥有的所有专利，参考其专利资源，力求在已有的技术基础上进行创新和突破；同时，佳能对复印机市场进行了深入细致的调查。在调查中，佳能走访了施乐的用户，了解他们对现有产品不满意的地方；重要的是，佳能还走访了没有买过施乐复印机的企业，询问他们没有购买的原因。结果，佳能发现了巨大的市场机会。

施乐出售的复印机价格昂贵，即使是大型企业，往往也只能买得起一台。对于这些企业来说，施乐的复印机并不是普通的办公设备，而是重要的固定资产投资。这些复印机都是大型的，只能放在公司的某个固定地点，工作方式被称为"集中复印"。这种工作方式不仅麻烦，而且保密性不好。佳能意识到，要想从施乐手中分得复印机市场，就要反其道而行，推出体积小、简单、无须专人操作、价格便宜的复印机。为此，佳能开发出了自己的复印技术，率先造出了第一款小型办公和家用复印机产品。但佳能没有马上在市场推出。它还需要解决一个重要的问题，那就是，如果佳能推出了类似产品，得到了市场认可，以施乐的资金和技术优势，它可以迅速推出类似产品。佳能意识到，必须设法改变自己和施乐之间的力量对比。而要想做到这一点，就要"有钱大家赚"。于是，佳能去找其他的日本厂商：东芝、美能达、理光等，商谈合作的可能。

佳能把自己造出来的产品拿给这些企业看，提出联合生产这种复印机。佳能设计了一个其他人难以拒绝的合作方案。如果其他企业从佳能这里购买生产许可，相比于他们自己从头研究开发，投产时间要快一年多，而费用只需开发的十分之一。

经过佳能的努力，十多家日本企业结成了一个联盟。这些企业都从佳能那里购买生产许可证，同时针对施乐的"集中复印"，推广"分散复印"概念，大举向小型化复印机市场发动集体进攻。于是，施乐的对手从佳能一家一下子变成了十几家。这样一来，施乐就不那么容易夺回失地了。

在佳能领导的企业联盟的全力攻击之下，施乐遭遇到了全方位的挑战和严重的挫折。从1976年到1981年，施乐在复印机市场的份额从82%直线下降到35%。施乐已经不可挽回地从一个市场垄断者、领导者变成了一个追赶者——而且，这种追赶还很吃力。时至今日，佳能在复印机市场上也占据着一定的地位。

【思考】
(1) 佳能凭借哪些方面的优势进入了办公领域？
(2) 施乐在企业经营中有哪些问题？
(3) 我国关于专利方面有哪些政策？

8.3 创业计划书

创业计划书是创业的行动导向和路线图，既为创业者行动提供指导和规划，也为创业者与外界沟通、寻求帮助提供基本依据，因而对于创业成功具有十分重要的作用。

8.3.1 【案例导读】一页纸创业计划书

在一次天使见面会上，北京创盟的河北创业者李鹏的发酵罐气流能量回收项目引起了风投的兴趣。Lu，Hayes & Lee，LLC Managing Partner的Glen Lu在会后和李鹏交流了半个多小时。当时吸引风投目光的是李鹏的一份一页纸计划书。

关键词：专利产品；国内空白；年节电100亿度；政府强力推广

公司简介：我公司成立于2005年8月，从事节能节电业务，拥有自己的技术与知识产权，包括电机节电器技术，发酵罐排放气流压差发电的多项专利。

项目简介："发酵罐排放气流压差发电与能量回收。"发酵罐是药厂与化工企业普遍使用的生产工具，用量非常之大，如华北制药，石药、哈药这样的企业，每家企业使用的大型(150吨以上)发酵罐均在200台以上。因生产需要，发酵罐前端需要压气机给罐内压气，压气机功率一般在2000~10 000千瓦，必须24小时运转，每年电费在900万~4000万，满足发酵罐生产，就需要多台的压气机工作。所以，压气机耗电通常是这些企业很大的一项费用支出。经发酵罐排放的气流仍含有大量的压力能，浪费在减压阀上。如安装我公司研制的"发酵罐排放气流压差发电与能量回收"装置，可以回收压气机耗费电能的三分之一左右。

同行简介：目前该技术国际统称TRT，应用于钢厂的高炉煤气压力能量回收。主要的供货商有日本的川崎重工、三井造船，德国的GHH，国内的陕西鼓风机厂。年销售额达到20亿以上。

进展简介：本项目关键技术成熟并已经掌握，我公司已经与某制药集团达成购买试装与推广协议，项目完成时，预计可以在该集团完成5000万以上的销售。

优势简介：
(1) 我公司已申请该项目的多项专利。
(2) 市场中先行一步，属市场空白阶段。
(3) 符合国家产业政策，温家宝总理亲自担任节能减排小组组长，要求各地政府落实节能减排指标，该项目属于节能减排项目。
(4) 各地方政府有节能奖励，如三电办有1/3的投资补贴，制药集团可获得约1600万元政府补贴；
(5) 可以申请联合国CDM(清洁生产)资金(每减排一吨二氧化碳可以申请10美元国际资金，连续支付5年)，制药集团可每年节能6000万度，减排二氧化碳6万吨，可获得国际资金供给300万美元。

用户利益：
(1) 减少电力费用支出，以某制药集团为例，如全部安装该装置，一年可以节约电费3000万元~36 000万元，收回投资少于两年。
(2) 很少维护，无须增加人员，寿命在30年以上，可以为用户创造投资15倍以上价值。
(3) 降低原有噪声20分贝以上，符合环保要求。
(4) 其他政府奖励。

目标用户与市场前景：本项目目前主要针对国内药厂、化工厂。从和某集团达成的初步协议看，集团内需求量大约在100多套，而全国存在同样状况的有多家药厂，再加上许多的化工行业也采用了相同或类似的生产工艺，均为我公司的目标市场。总市场预计在100亿以上。

📖 小资料

那是在1983年，美国得克萨斯大学奥斯汀分校的两位MBA学生，参照模拟法庭的形式，举办了一次创业计划书竞赛，目的是演练企业策划过程。当他们历经千辛万苦，终于成功举办了这世界上第一次创业计划书竞赛时，也因此得到了风险投资家的关注。从此，越来越多的创业基金、风险投资基金、律师事务所、会计师事务所和投资咨询公司也都参与到这类活动中来。

我国首届"挑战杯"大学生创业计划书竞赛是于1999年2月10日在清华大学举办的。就在这次大赛中，共收到了全国120所高校的400件作品，其中"美视乐"团队，就是在这次竞赛中获得了上海第一百货股份有限公司的5250万元风险投资，成为中国大学生创业获得风险投资的第一例。

8.3.2 创业计划书的对象

1. 创业者和创业团队

创业计划书是创业者的策划文案,它使创业者对自己所有的资源、已知的市场情况和初步的竞争策略作尽可能详尽的分析,并提出一个初步的行动计划,使创业者心中有数。创业计划书是自己理清思路的操作文本,它可以帮助创业者记录很多有关创业的构想,帮助创业者规划成功的蓝图,而整个运营计划如果翔实清楚,对创业或参与创业的伙伴而言,也就更容易达成共识,确保创业团队的分享与认同,这无疑对创业者的成功是有帮助的。

2. 创业融资对象

在面对创业融资对象的时候,创业计划书等同于商业计划书,当创业者面对风险投资及银行的时候,他们都要求创业者提供创业计划书(或商业计划书),但需要明确一点,马云曾经说过"商业计划绝对不是一个销售计划,里面有无数细节,无数人才的运营"。

3. 新创企业

创业计划书通过描绘新创企业的发展前景和成长潜力,它不但会增强创业者自己的信心,也会增强风险投资家、合作伙伴、员工、供应商对创业者的信心,创业计划书相当于新创企业的第一张名片,引起周围人的关注、信任、关心。而正是这第一张名片,是企业走向成功的坚实基础。

8.3.3 创业计划的执行摘要

执行摘要,也称为执行总结,是创业计划浓缩之精华,反映创业计划书的全貌,是全部计划书的核心之处。执行摘要虽然在创业计划的最前面,但在动笔写摘要之前,创业者要先完成创业计划书的主体部分,然后在反复阅读主体部分的基础上,提炼出整个计划书的精华,再开始写摘要。执行摘要一般是2页,最多3页。摘要无须涵盖所有创业计划中涉及的内容,但要确保每一个关键问题都应该提到。凝练的创业计划执行摘要应涵盖以下8个关键点。

1. 项目独特性

首先概括公司的亮点。通常,可以直接、简练地说公司拟解决某个重大问题的方案或产品。在第一段创业者可提到一些使人印象深刻的名字,比如公司的知名顾问、已合作过的大公司、有名的投资公司等。

2. 问题和解决方案

用简要的话来介绍公司的产品和服务,以及它解决了用户的什么问题。企业给客户提供什么样的产品或服务来解决这个问题,软件、硬件、服务还是综合的。陈述产品(或服务)的价值定位、创意价值的合理性存在。这部分应用通俗的语言,不要用缩写或技术用语。

3. 面临的机会

通过描述公司所处行业、行业细分、巨大的市场规模、成长性和驱动因素,以及美好前景,来展示自己的市场机会。创业者最好能在一个环境良好并能有一定增长的市场中占有较大份额，而不是在一个超大的成熟市场中占有较小的份额。

4. 面临的问题

创业者需要清楚地描述当前或者是将会出现的某个重大问题。通过解决问题来提高利润、降低成本、加快速度、扩张市场范围、消除低效及提高效率等。

5. 企业的竞争优势

无论如何，你都有竞争对手，至少，你是在跟你的目标客户当前使用的产品或服务提供商在竞争，创业者必须明确自己真实的竞争优势，并写出与创业者本身直接竞争者的竞争方案。

6. 企业的商业模式

清晰地描述企业的商业模式——怎样赚钱？需要阐述公司在产业链、价值链上的位置，合作伙伴是谁，他们为什么要跟你的公司合作，如果已经有了收入，有多少，如果现在没有，什么时候会有。

7. 展示创业团队

你的团队为什么能成功？是通过创业者和核心管理团队的能力。不要只是简单地把每个团队成员的简历攒在一起，而应该解释每个团队成员的背景、角色、经历为何有利于公司发展，以及如何互补。

8. 预测财务回报

可以用一个表格来展示公司的历史财务状况和未来的财务预测。这个财务预测需要展示3~5年的，这样才能看到企业持续的发展趋势。注意数据不能离谱。

📖 小资料

第四届"挑战杯"创业计划大赛金奖作品的执行摘要

1) 公司

上海盛旦科技股份有限公司秉承"Tech application应用科技"的经营理念，努力将高科技实用化，满足大众需求。公司目前拥有的一次性打印电池技术由复旦大学化学系研究开发，拥有完全的知识产权并已申请专利。

盛旦在一次性打印电池技术的基础上首先推出了"闪电贴(Flashtip)"一次性超薄手机电池系列产品。填补了一次性手机电池的市场空白。目前手机已经成为人们生活中不可或缺的消费品之一，据统计目前全国已有手机用户2.5亿，但手机的不便之处也逐渐暴露，比如关键时刻的电量不足，突然断电的现象，常常给人们带来很多尴尬，特别是外出洽谈商务或结伴出游时手机电池的突然断电，有时会给人们带来很大的损失。虽然一些大商场提供了临时充电器，但由于充电需等候多时，且只有少数大商场提供此类服务，手机电量的及时补充问题还未得到根本解决。"闪电贴(Flashtip)"系列一次性超薄手机电池正是针对这一市场空白而推出的最新产品。

2) 市场

"闪电贴(Flashtip)"的目标群体主要定位于出差的商务人士、旅游群体以及往来商旅等,一张1毫米厚、面积与传统电池板相仿的产品将提供约为12小时的电池电量,只需将其贴于现有电池表面即可电力十足,轻便而快捷,既可以作应急使用,尽可能地降低短期断电造成的通信中断,也可省去外出携带充电器等不必要的麻烦,作为常用的备用手机电池。当然,由于其较高的性价比,其他普通消费者也可以接受。

在区域市场上,初期以国内市场为主,先大中城市后小城市,同时在适当的时间进入国际市场,利用全球化的市场需求获得规模竞争优势。

3) 生产与营销

盛旦准备在上海张江高科技园区设立加工基地,由于有成熟的技术(主体技术为现代喷墨打印技术和纳米材料技术),产品的加工工艺并不复杂,主要设备为打印设备和电池材料配置设备。初期成本为1.2元/贴(大小类似普通手机电池,厚度为1mm,待机时间12小时),售价5元/贴,随着生产规模扩大成本将不断降低。由于其市场容量巨大而且目前尚处于空白状态,因此市场前景巨大。

由于"闪电贴(Flashtip)"属于快速消费品的范畴,所以在营销上采用大规模铺货的方式,占领便利店、超市、书报亭等主要的销售渠道,方便消费者获取我们的产品。同时,第一年进行大量的派送试用,且投入一定资金做前期推广,通过各种媒体广告和各种促销活动推进产品知名度。在市场上采取先立足上海,后逐渐有计划分步骤地推向全国。第一年37万片,第二年45万片,第三年开始销售额和利润都大幅上升。

4) 投资与财务

公司设立在张江高科技园区,属于国家支持的中小型高科技企业,税收上享受"两年免征所得税"的政策。公司成立初期需资金720万。其中风险投资520万,盛旦公司投资(管理层和化学所投资)100万,流动资金贷款100万。其中用于固定资产投资155万,流动资金565万。

股本规模及结构定为:公司注册资本800万元人民币。其中:外来风险投资入股520万(62.5%);盛旦专利技术入股180万(22.5%);资金入股100万(12.5%)。

公司从第三年开始盈利,到第四年后利润开始大幅增长,内部收益率为50.1%。风险投资可通过分红和整体出让的形式收回投资。

5) 组织与人力资源

公司初期成立时候采用直线型的组织结构,由总经理直接向董事会负责;三到五年后随着新产品的推出开始采用事业部型组织结构。公司初期创业团队主要来自复旦大学管理学院,成员各司其职,都具有相关领域的专业知识和运作经验,且优势互补。同时公司拥有复旦大学化学所技术人员作为公司技术支持。此外,公司还邀请多位管理学院教授为经营顾问。

8.3.4 创业计划书的撰写和展示技巧

当新创企业需要融资的时候,创业计划书就能打动外部投资人。做一份引人注目的创业计划书并在有机会的时候展示出它的魅力,是创业者应做的基本准备之一。

1. 创业计划书的包装

1) 封面

一个好的封面会使阅读者产生最初的好感，形成良好的第一印象，因此封面的设计要有一定的审美艺术性，最好具有与众不同的独特性。色彩应醒目，封面纸应坚挺，在封面上可以印有公司的名称、地址、联系电话和计划书撰写的日期。

2) 打印稿

创业计划书必须打印成正规的计划书文本，打印稿应文本工整、字迹清晰，有时为了醒目也可选用彩纸，但不宜给对方留下刺激性的视觉印象，也可以在每项内容的首页用彩纸，或每项内容的标题用醒目的颜色打印。

3) 图标和图形

在计划书中，如果有必要，可增加一些图标或表格来直接说明。一般来说，应该采用高品质的图标和图形。但需要注意的是，条形图没有表格的内容显示清晰。此外，也可采用部分产品图片和说明书，但只能作为计划书的附件，且要保证质量。

4) 剪报

剪报不是计划书必不可少的内容。但如果有高质量的关于公司及产品的报纸文章，可能会更吸引人。剪报要少而精。

2. 创业计划书的最佳篇幅

创业计划书的最佳篇幅是多少，并没与一个明确的页数，但有一些规律可以遵循。

(1) 一般计划书的篇幅在15~30页之间，对大部分企业来说，20页已经足够了。但如果这份计划书是为了公司内部使用，则可以到40页或更长。

(2) 如果创业者开设的是一家小型、简单的企业，计划书最好不要超过15页，但不到10页会显得有些单薄。

3. 创业计划书中应注意的问题

创业计划书是吸引投资者的第一张名片，在初次撰写的时候，一定想写得真实、完美、动人。但其中也会遇到一些问题需要注意。

(1) 创业计划书应层次清晰、主次分明，让投资者能一下子抓住文章的重点，有一个清楚的头绪。

(2) 创业计划书不要过于强调技术。投资者不是技术专家，技术知识创业是一方面，更重要的是创业者怎样将技术卖出去，也就是企业的商业模式。

(3) 创业计划书要体现团队和人的价值。创业团队往往是创业能否成功的关键。

(4) 创业计划书中的数据一定要准确，前后一致。

(5) 对创业公司自身和投资人应有不同的创业计划书。

(6) 轻视现金流。大多数创业者的焦点都在利润方面，而不是现金。创业者要明确一点，我们平时支出的并不是经营利润，而都是现金，所以，了解现金流是至关重要的。

(7) 高估商业创意。很少有成功的企业是完全基于全新的商业思路，一个新的商业创意往往比现有的产品更难实现好的销量。所以，不要对自己的商业创意估价过高。

4. 展示你的创业计划

当创业者有机会向投资者介绍自己的创业计划书时，演讲人的动作、表情、语言及幻灯片的制作水平都直接影响投资者对创业者的评价。

首先是演讲的准备。演讲的时候要严格控制时间。一般来说，一次演讲往往只有10分钟。在演讲的时候，演讲人要抓住演讲的重点，因为时间有限，演讲者还要尽可能地全面诠释计划书，必须有的放矢，尽量展现重点。保持演讲精彩的最重要一点，就是使演讲生动有趣、充满激情。

> **📖 小资料**
>
> 乔布斯在斯坦福大学2005年毕业典礼上说："我很清楚唯一使我一直走下去的，就是我做的事情令我无比钟爱。你需要去找到你所爱的东西。对于工作是如此，对于你的爱人也是如此。你的工作将会占据生活中很大的一部分。你只有相信自己所做的是伟大的工作，你才能怡然自得。如果你现在还没有找到，那么继续找、不要停下来，只要全心全意地去找，在你找到的时候，你的心会告诉你的。"
>
> 乔布斯是世界舞台上最具沟通魅力的大师级人物，他登台演讲时，总是充满激情，看起来似乎有无穷无尽的精力，而很多投资家和基金都很看重创业者的激情。

其次是演讲幻灯片的制作。一些专家建议在制作幻灯片时刻遵循6-6-6法则，即每行不要超过6个单词，每页不超过6行，连续6张纯文字幻灯片之后需要一个视觉停顿(采用带有图、表、插图的幻灯片)。一般20~30分钟的演讲最多不超过12张幻灯片。周鸿祎也有其十页完美计划书的主张。

> **📖 小资料**
>
> **周鸿祎的十页完美计划书**
>
> 对于早期融资的项目，一份好的计划书就是一个不超过十页的 PPT。最重要的是要有干货。
>
> - 第一页，目前市场上存在的问题。用几句话清楚说明你发现目前市场中存在一个什么空白点，或者存在一个什么问题，以及这个问题有多严重，几句话就够了。应该相信风险投资人很聪明。比如，现在网游市场里盗号严重，你有一个产品能解决这个问题，只需要一句话说清楚就可以。很多人写了三百张纸，抄上一些报告，对于网游和互联网的报告内容比他自己的计划内容还多。投资人天天阅读行业报告，天天看这个，还需要你教育他吗？不要给他论证市场有多大，上来就开门见山。
> - 第二页，问题的解决方案。你有什么样的解决方案，或者什么样的产品，能够解决这个问题。你的方案或者产品是什么，提供了怎样的功能，你是怎么解决这个问题。越正规越职业的投资人就会把自己假想成一个用户，如果我是一个用户会不会用你的东西，我会感同身受你说的东西，你解决的问题越具体、越实在，他觉得你的这个事越有价值。否则的话，上来宏论了半天，集Web2.0、社区、搜索于一体的网站，三年内超越新浪、搜狐，这个是空话。一定要说实话，用朴实的话来解释我发现了一个什么机会，要去解决这个问题，我会怎么做。

- 第三页，产品的目标用户。你的产品面对什么样的用户群，是给全国老百姓都用，还是只是外企白领用，还是只给学生用。对早期创业公司，即使你说这个想法十年以后可能会统治世界，但这仍然只是一个想法，你说出来没有人会信。最开始找一个哪怕很小众的用户群精准定位，让人感觉你比较聚焦，明确你面对什么样的用户，这样对你的商业合作和融资更有利。
- 第四页，未来的市场有多大。你认为未来你所做的这件事市场有多大，可以做一个预测和估计。日本有人发明在手纸上印数图游戏和广告，这个事情在中国做市场有多大，你通过中国有多少个厕所就能计算出来一个大概的量，告诉风投我准备进入一个多大的市场。
- 第五页，竞争对手。有其他人在做同样的事不可怕，重要的是你能不能对这个行业有一个基本了解和客观认识。要说实话、干实事，可以进行一些简单的优劣分析。这个市场里面千万不要说只有你一个人最聪明，这种话一说风投就很鄙视你，觉得你消息太不灵通了，也不事先上网搜搜。把握目前的竞争对手在做什么，他们做得怎么样，不要怕说别人比你强，没关系，至少要说实话，说明你做这个事之前会看看周边，而不是井中之蛙。
- 第六页，核心竞争力。为什么这件事情你能做，而别人不能做？否则如果这件事谁都能干，为什么要投资给你？在这里，投资者看重的关键不在于所干事情的大小，而在于你能在哪些点上比别人干得好，与别人干得不一样。你独门的东西或许是你的营销手段、生意模式、推广模式等。
- 第七页，你的计划。可以做一个简单的财务分析。不要预算未来三年挣多少钱，没人会信。说说未来一年或者六个月需要多少钱，你大概准备多少钱，用这些钱干什么，在未来12个月里面准备做哪几件事，诸如很多买电脑、招聘、定盒饭，这种事就别说了，就给自己定出几个关键点。投资者听你说，有时候通过这些事情看你的思维能力，是不是眉毛胡子一把抓，还是定出几个关键点。
- 第八页，盈利模式。你知道自己是怎么挣钱的，我未来的收入模式是什么样的。如果不知道就老老实实说不知道怎么挣钱，这里面最大的陷阱就是你确实不知道怎么挣钱，说实话刚开始很多公司都不知道怎么挣钱。很多人有一个偏见，以为商业模式就等于挣钱模式，其实不是。挣钱模式只是商业模式最后一个环节，完整的商业模式首先包括你的产品模式，你是什么样的产品，你的市场定位，针对什么样的用户群，怎么推广，最后才是怎么挣钱，这才构成一个完整的商业模式。讲到营收挣钱，知道就写一个，不知道就不要写，就老老实实地告诉投资者：我是早期阶段不知道怎么挣钱，相信你们会帮我，但是我现在会先把产品做好，把用户做上去。这样还是比较实事求是的做法。
- 第九页，团队介绍。团队的几个人简单做一个介绍，不要像写简历或者写三好学生评语似的把美誉之词写在自己头上，不要说自己才貌双全，胸有大志，立志成为比尔·盖茨第二，这种话没有信息量。
- 第十页，投资人。最后，把你的投资人给列一下，对你的融资也许会有很大帮助。

一个包含以上内容的计划，就是一份非常好的创业计划书了。做创业计划书就是说大实话。怎么想的就怎么说，用最朴素、最明了的语言，说出你的行动计划，说出第一步准备干什么。

对于创业者，学会写商业计划书，学会以一个良好的心态建立一个合作的团队，完成第一个挑战——获得风险投资，这样创业就有了一个很好的开始。

8.3.5 创业计划书的模板

××××××××××公司
创业计划书

公司主营：求职信息咨询与培训服务

目　录

第一部分　执行总结 ………………………………………………………………… 285
　　1.1　产业背景 …………………………………………………………………… 285
　　1.2　公司与产品服务 …………………………………………………………… 286
　　1.3　定位与发展战略 …………………………………………………………… 286
　　1.4　市场与竞争分析 …………………………………………………………… 286
　　1.5　营销策略 …………………………………………………………………… 287
第二部分　产品与服务 ……………………………………………………………… 287
　　2.1　产品与服务定义 …………………………………………………………… 287
　　2.2　产品与服务的客户价值 …………………………………………………… 288
　　2.3　发展规划 …………………………………………………………………… 289
第三部分　市场分析 ………………………………………………………………… 289
　　3.1　市场机会 …………………………………………………………………… 289
　　3.2　目标市场定位 ……………………………………………………………… 290
　　3.3　市场容量估算与趋势预测 ………………………………………………… 290
　　3.4　产业结构分析 ……………………………………………………………… 291
　　3.5　竞争优势 …………………………………………………………………… 292
第四部分　竞争战略 ………………………………………………………………… 292
　　4.1　商业目的 …………………………………………………………………… 292
　　　　4.1.1　市场开发现状分析 ………………………………………………… 292
　　　　4.1.2　市场进入策略 ……………………………………………………… 293
　　4.2　市场定位 …………………………………………………………………… 294
　　4.3　"×××"发展战略 ………………………………………………………… 294
　　4.4　竞争力分析(SWOT) ……………………………………………………… 294
第五部分　营销策略 ………………………………………………………………… 295
　　5.1　营销目标 …………………………………………………………………… 295
　　5.2　营销战略和总体规划 ……………………………………………………… 295
　　5.3　销售渠道策略 ……………………………………………………………… 295
　　　　5.3.1　图书出版销售渠道 ………………………………………………… 295

5.3.2 其他产品销售渠道 295
　5.4 产品与服务策略 295
　　5.4.1 图书出版 295
　　5.4.2 网站咨询 296
　　5.4.3 职场培训 296
　　5.4.4 高级客户服务 296
　5.5 市场策略 296
　　5.5.1 学生市场 296
　　5.5.2 社会求职者 296
　5.6 价格策略 296
　5.7 沟通策略 296
第六部分 经营管理 296
　6.1 商业模式 296
　6.2 ×××价值链 297
　6.3 价值链分析 297
第七部分 团队组成 297
　7.1 团队成员 297
　7.2 成员技能分析 298
第八部分 财务分析与融资 299
　8.1 CVP分析 299
　8.2 五年财务年报 299
　8.3 财务比率分析 302
　8.4 IRR、NPV、PP计算 302
　8.5 灵敏度分析 303
　8.6 公司资本 304
　8.7 公司融资 304
第九部分 风险预测与防范策略 304
　9.1 客户接受程度风险 305
　9.2 管理风险 306
　9.3 竞争风险 306

第一部分 执行总结

1.1 产业背景

　　高校扩招的影响已经开始显现，就业人数激增，竞争格外激烈：2005年我国毕业生达338万人，比2004年增长20%，2013年则预计会达到680万人。毕业生的激增直接导致劳动力供大于求的尖锐矛盾，构成了巨大的就业压力。 调查资料表明，大学生初次就业率逐年下降：2003年为70%，2004年为65%。究其原因，很大程度上是在校学生求职信息与技巧的缺乏：如何准备各行业各公司的面试，如何掌握通向成功职场的诀窍，各行业各公司的相关信息已经成了在校学生最广泛的需求，也自然成为求职过程中最炙手可热的商品。

1.2 公司与产品服务

××××××××××公司(××××××××××× Co.，Ltd.以下简称×××)是一家致力于求职相关的信息与服务提供商。公司的口号是"按图索'机'"，取"按图索骥"之意。×××愿意为广大求职者提供最有价值、信息量最丰富的求职信息，帮助他们找到通往成功职场的最满意一站。

依据信息时代国际流行的"Tripod"三位一体商业模式，×××以图书出版作为轴心业务，单独出版针对各种行业与公司的求职信息书籍；同时以网络为依托，积极拓展培训与咨询等其他增值服务，所有业务相辅相成，为求职者提供全方位、个性化专业服务。×××矢志成为面向中国大陆地区大规模的、拥有先进管理技术的求职信息与服务提供商，帮助×××的客户在求职过程中获取最新、最有效的信息，从而顺利踏向职场之路。

1.3 定位与发展战略

公司定位：求职信息与服务提供商(包括出版与培训)。

使命：利用在中国市场本土求职信息服务产业的先行优势，凭借庞大的求职信息收集网络与先进的管理与分析技术，向广大求职者提供高质量的求职信息与服务。

远景：成为跨出版与网络等多媒体的世界一流的求职信息与服务提供商。

×××的发展战略：

- **短期目标(2007—2008)**：开展图书出版业务，成功推出第一系列书籍，稳定现金流。
- **中期目标(2008—2012)**：继续扩展书籍涉及的行业与公司，同时积极开展网络、咨询与培训业务，扩充收入来源。
- **长期目标(2012年以后)**：调整商业模式，通过拓展与企业的合作向企业提供增值收费服务，寻求新的利润增长点。

1.4 市场与竞争分析

从实际情况出发，×××将把起始的目标客户定位于高校毕业生。根据有关部门统计，2013年中国高校毕业生将达到680万人。而通过×××的细致调查，在受访者中有40%的人愿意承担平均20元的求职书籍，因此×××评估国内求职信息书籍的市场容量在2013年将达8000万元。同时通过详细的分析，我们有信心这个市场将以每年40%左右的速度增长。

与这个巨大市场产生鲜明对比的是市场内高度差异化的竞争，而×××本身独一无二的竞争优势也将确保它的市场份额。

- **单独针对特色化细分行业和公司的求职书籍**：×××将选择求职者最关心的行业与公司进行特色化细分，并单独出版介绍，每本书籍只针对一类行业或公司，对症下药，提供与该行业或公司相关的求职信息。这是×××最大的独特之处。
- **最完善的本土求职信息数据库**：作为先行者的×××会利用1~2年的时间收集大量第一手、真实与实用的求职信息，并不断完善，形成庞大的数据库与人际网络。×××的求职信息将全部来自对每年各高校中进入上海各行业工作的×××成员的跟踪采访以及与×××合作的公司人力资源部门的访谈，以保证×××提供信息的实用性与时效性。

相比×××，目前国内的求职培训机构还没有提供和×××类似的求职信息书籍，而国外求职信息产业的领先者如VAULT等还未进入中国市场。在此基础上，我们根据调研结果，预计×××将占有该市场 30%的份额，仅依靠图书出版业务公司年收入就可达约 600万元。

1.5 营销策略

在确定初期以书籍出版业务为重点的基础上，×××的营销策略将更加着重于公共关系的开发以及与出版商、发行商的战略合作。一方面，×××会通过定期和不定期的校园宣传、校园活动赞助以及校园讲座确立起在这一范围的合作关系，并以此为基础积极拓展校园公共关系，以较低成本迅速提高×××的知名度与收入；另一方面，×××将极力发展与出版商、发行商的战略合作，共享出版商的销售渠道并迅速打开市场。

第二部分 产品与服务

2.1 产品与服务定义

依据信息时代国际流行的"Tripod"商业模式，如图 A-1所示，×××将以图书出版为轴心业务，出版针对各种求职者最关心的行业与公司的书籍；同时以网络为依托，积极拓展培训以及咨询等其他增值服务，为求职者提供全方位、个性化的专业服务。这也是×××为所有求职者提供价值的途径。

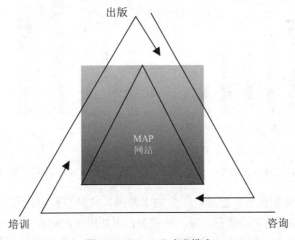

图A-1 "Tripod"商业模式

- **出版**：出版是×××的核心业务。×××计划出版业内众多顶级畅销书，涉及求职信息、求职技巧、求职面试等年轻人关注的人生规划问题。各类书籍将涉及求职者最关心的行业与公司，并单独出版，每本书籍只针对一个行业或一个公司，对症下药，提供与该行业或公司最全面、最实用的求职信息。
- **咨询**：×××将会建立目前中国最大的求职培训网站 www.XXX-career.com.cn，网站会提供我们出版的求职书籍的电子版下载和部分书籍的精华版下载。
- **培训**：×××计划邀请行业内拥有经验丰富的职业培训师为×××服务并努力发展×××自己的专业培训师资源，为求职者提供行业知识、简历制作以及面试技巧等多方面的培训。
- **网站**：×××将会以网站为平台，在提供咨询服务的同时，及时公布×××的书籍与培训信息，并开辟互动社区，了解更多求职者的需求并及时提供个性化的定制服务。

2.2 产品与服务的客户价值

准备找工作的大学生将始终是×××的主要客户群体，×××的主打产品和服务都将为在校大学生量身定制，力求为学生客户提供丰富、及时、有效的求职信息，为广大的求职者创造特有的客户价值。

针对需求的分类书籍：×××的各类书籍涉及求职者最关心的行业与公司，每本书籍只针对一个或几个细分后的行业或公司。根据×××的调查，如图A-2所示，我们发现广大求职者对于行业有明显的偏好，对四大会计师事务所、投资银行、咨询、消费品以及IT行业的关注度占据了前五位，相对于工业及其他行业有巨大的优势。因此×××的书籍出版初期将关注于这五个行业的求职信息，分别详细介绍相应的行业历史、商业模式、职业发展、主要公司以及求职面试流程等重要信息。而这其中我们也会根据广大求职者的需求来确定在书籍中介绍的公司，例如在消费品行业的求职信息书籍中，×××将会着重介绍宝洁、联合利华、欧莱雅以及玛氏等著名企业，以充分满足求职者的需求，如图 A-3所示。

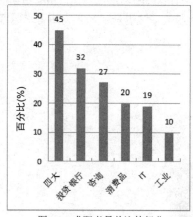
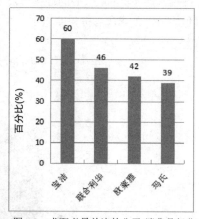

图A-2　求职者最关注的行业　　　　图A-3　求职者最关注的公司(消费品行业)

- **最完善的本土求职信息数据库**：作为先来者的×××会利用1～2年的时间收集大量第一手、真实与实用的求职信息，并不断完善，形成庞大的数据库与人际网络。×××的求职信息将全部来自于对每年各高校中进入上海各行业工作的×××成员的跟踪采访以及与×××合作的公司人力资源部门的访谈，以保证×××提供信息的实用性与时效性。让求职者对于任何一个行业求职信息的搜索都有最实用的收获。
- **人才**：×××的核心团队中有在高校中从事多年就业方面工作的学生，积累了大量的毕业生资源与HR采访经验。×××将不断发展进入各行业中著名公司的毕业生成为我们团队的成员或资源。通过这些毕业生和各著名公司的HR访谈获取第一手的行业及公司信息。

2.3 发展规划

×××的最终目的是实现产业化，公司按其发展阶段将逐步提供以下服务。

第一阶段：开展图书出版业务，推出第一系列书籍，稳定现金流，包括以下3点。
(1) 推出会计师事务所、投资银行、咨询、消费品、IT五个行业的求职信息书籍。
(2) 与出版商、发行商达成战略合作，共享销售渠道进行市场拓展。
(3) 继续完善信息库的建设，将行业扩展到工业、房地产等其他潜在的热门行业。

第二阶段：继续拓展书籍涉及的行业与公司范围，同时积极开展网络咨询与职场培训业务，扩充收入来源，包括以下几方面。
(1) 完成网站的建设并推向市场。
(2) 网站开放求职书籍的电子版下载(收费或免费)。
(3) 开展职场培训，主题涉及简历写作、面试技巧与职场生涯发展等。
(4) 通过与各高校合作的项目(讲座等方式)拓展公关关系。
(5) 继续出版下一系列的求职书籍。

第三阶段：调整商业模式，通过拓展与企业的合作向企业提供增值服务，寻求新的利润增长点，包括以下几方面。
(1) 为企业提供网站广告以及出版关于公司专辑的求职书籍的服务。
(2) 向企业提供高端的增值服务，涉及校园调查以及企业校园行等。
(3) 继续出版下一系列的求职书籍。
(4) 继续深化求职咨询与培训服务
(5) 开展网上真实模拟面试。
(6) 推出E-LEARNING部分和知名企业以及成功求职者的访谈录。

第三部分 市场分析

3.1 市场机会

求职信息咨询产业在国外由来已久，Vault、Wetfeet、Monster等网站是国际上著名的求职咨询信息平台，这些机构从成立之初就高速发展，涉及的书籍购买、注册人数每年都以指数级增长。这样的产业之所以能够兴起并快速发展，是因为在求职过程中各个行业和公司的基本信息以及求职过程中的指导信息 (如简历写作、面试、笔试形式等)都是求职者迫切希望了解的，而他们也非常需要这样一个能有效整合与收集求职信息的平台来提高他们求职的效率与成功率。

同样，这样的市场机会国内也同样存在。一方面，相比国外同等城市，近年，上海每年的就业环境激烈程度有过之而无不及，就业市场已经完全成为买方市场；另一方面，目前很多刚刚走出大学的毕业生们仍然将求职重点放在了知名外企中，而这些行业和公司的求职信息发布呈现分布散、密度小的特点，收集相对困难。因此，综合这两方面的因素以及国外类似机构成功的经验，可以得出结论：目前国内求职信息咨询产业拥有巨大的需求。

而与此巨大的需求市场产生强烈对比的是，国内并没有出现类似国外Vault、Wetfeet、Monster等专门提供系统的、完整的、大量的求职信息的咨询机构，ChinaHR、51job目前关注的领域只在于公司求职信息的发布和人力资源的外包服务，没有提供系统、完整的行业与公司信息。而国外的领先Vault等机构到目前为止尚未专门考虑独自进入中国市场，同时这些国外的求职信息咨询机构所提供的信息都是基于美国和欧洲行业和公司，与中国国内还有较大差异。因此，求职信息咨询产业在国内还处于未被开发的状态。

由此可知，×××所面对的市场有很大的商业机会。按照麦肯锡咨询公司根据所提供产品/服务以及商业模式对产业的分类，如图A-4所示，×××处在右上角的新产业中，即拥有新的产品(求职信息咨询服务)与新的商业模式(Tripod)，该产业为高增长的投资领域。

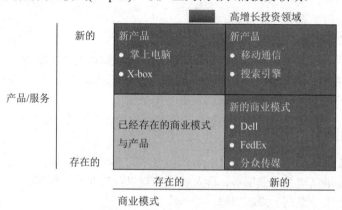

图A-4　根据产品/服务及商业模式对产业的分类

3.2　目标市场定位

从目前这个产业刚刚从国内起步的实际情况出发，目标客户群定位于有就职需要的在读大学生。主要有以下两条理由。

- **高需求**：对应届毕业生来说，求职过程是人生的第一份工作，针对性不足，对行业和公司的求职信息有广泛的需求；而且应届毕业生又缺乏工作经验，本身对于各行业各公司的求职信息缺少必要的了解。
- **价格承受**：×××主要通过出版物发布信息，因此消费者需要面对的费用主要是出版物价格。根据我们的调查，在校学生与社会求职者的承受能力不会有太大差异。

3.3　市场容量估算与趋势预测

根据相关的调查分析显示，高校毕业生逐年增长：2001年：104万人；2002年：145万人；2003年，212.2万人；2004年，280万人；2005年毕业生达338万人，而2013年全国普通高校毕业生人数预计会突破680万人，如图A-5所示。而×××的尽职市场调查表示，在受访者中有40%的人愿意承担平均20元的求职书籍，假设400万人中间一半会前往大城市寻找就业机会，需要买书了解职场信息，因此×××评估国内求职信息书籍的市场容量在2013年将达到8000万(8000万×20元×40%=6400万元)。同时通过详细的分析，我们有信心这个市场将以每年40%左右的速度增长。

同时根据×××的进一步调查显示，如图 A-6所示，被访者(全部为在校大学生)70%以上愿意尝试×××的分类求职书籍。针对最热门的五个行业，我们发现这个比例均超过20%，响应人数最多的四大会计师事务所行业达到了53%。因此在此基础上，我们根据调研结果，预计×××将占有该市场的30%，仅靠出版业务公司每年就可达到600万元以上的收入规模，并且每年保持30%的增长率。×××相信这个项目对于其雇员和投资者来说一定会盈利。

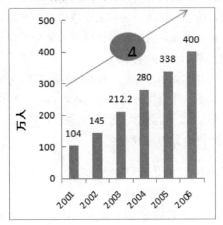

图A-5　近年来全国毕业生人数

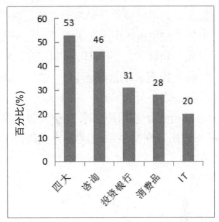

图A-6　求职者愿意购买MAP书籍的百分比

3.4　产业结构分析

求职信息咨询产业的结构分析，如图A-7所示。

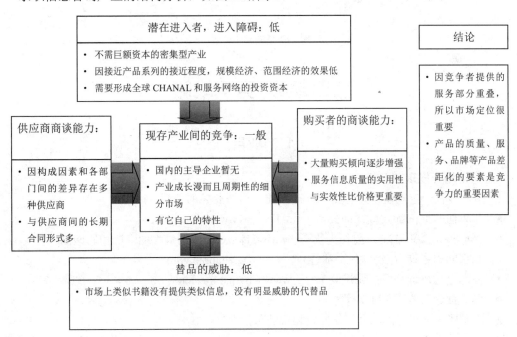

图A-7　求职信息咨询产业的结构分析

3.5 竞争优势

- **完全针对行业的信息发布**：×××将选择求职者最关心的行业与公司，进行特色化的细分，单独出版各类书籍，对症下药。这是×××最大的独特之处。
- **先导优势**：作为先来者的×××会利用1～2年的时间收集大量第一手、真实与实用的求职信息，并不断完善、形成庞大的数据库与人际网络。而×××的求职信息将全部来自于每年各高校中进入上海各大行业、公司工作的×××成员的跟踪采访以及与×××合作的公司人力资源部门的访谈，以保证了×××提供的信息的实用性。
- **与私人投资者的战略合作**：×××已和私人投资者达成协议，基本业务能够得到保障。

根据麦肯锡咨询公司的研究，如图 A-8所示，拥有独特的竞争优势的企业往往可以高速增长，而×××完全可以利用上述提到的3种竞争优势提供优异的服务，利用先导优势的规模效应降低成本从而降低价格，并在长期发展后凸现品牌优势，从而达到自身独有的竞争优势。

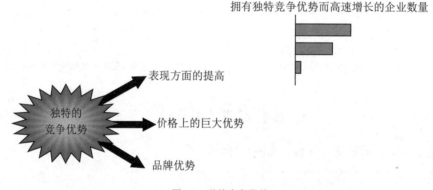

图A-8　独特竞争优势

第四部分　竞争战略

4.1 商业目的

4.1.1 市场开发现状分析

1. 国内具有一定规模和知名度，进行相同、相似业务的公司/网站
- 北京纽哈斯国际教育咨询公司：HiAll——www.hiall.com.cn
- "前程无忧" 51job：前程无忧——www.51job.com中国最大的求职招聘网站
- 北京网聘咨询有限公司：智联招聘——www.zhaopin.com
- 诚迅金融培训公司：诚迅联丰——www.Chainshine.com
- 各大搜索引擎连带业务

2. 外国具有一定规模，进行相同、相似业务的公司/网站
- Monster，Inc.：Monster——www.monster.com 2005年4月19日收购中华英才网40%股份
- Vault，Inc.：Vault——www.vault.com
- Wetfeet，Inc.：Wetfeet——www.wetfeet.com

3. 国内公司现状与市场竞争分析，如图A-9所示。

(1) 求职、招聘类网站
- **竞争激烈**：知名度高、规模较大的网站只有前程无忧、中华英才网、智联招聘、中国人才热线四大门户招聘网站，以及政府相关网站。
- **内容繁杂**：针对群体为所有求职者和需要招聘的企业。据中华英才网总裁张建国介绍，2005年估计有130万家企业在该网上发布过招聘广告，2006年将达200万家。

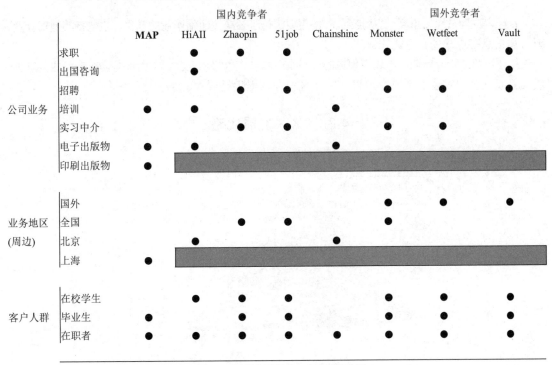

图A-9 国内公司现状与市场竞争分析

(2) 提供职场培训机构
- **地域性差异**：全国各地的就业情况、人才类型、公司分布差异明显，导致同一培训机构难以靠相同模式拓展各地业务。HiAll目前在北京的培训初具影响力，而上海本地目前还没有具有一定影响力的机构。
- **学生针对性弱**：针对在职者或实习生的培训计划为主，针对学生干部或优异学生为主，培训资源分配不均，普通在校学生很难能得到机会。

(3) 提供出版物机构
- **信息资料分散**：企业信息资料以电子版为主，一般位于各大高校BBS精华区，内容更新缓慢，时效性低。
- **版权问题**：网站发布的信息版权、著作权难以保障，非法转帖现象严重。

4.1.2 市场进入策略
- **以上海为起点**：对上海的情况更加了解，市场需求大、竞争对手少，人际关系广泛。
- **以长三角地区为拓展**：区域经济发达，企业数量多，工作岗位多。2003年，规模以上的工业企业数就达到了29 489个，而根据商务部研究院在《2005—2007年跨国公司对华产业投资趋势调研报告》中指出,未来三年,从选择投资区域企业数分布看,长三角占全国47%,"独占鳌头",使得长三角成了全国人才聚集区。
- **以高校聚集大城市为目标**:2004年,中国普通高等学校毕业生为239.1万人,研究生毕业生为15.1万人,而且之后数年将维持现状或者还有增加,他们无疑是×××的潜在客户群体。

4.2 市场定位

目标客户群从地域角度 "从点到面",主要定位于各高校面临毕业的学生,也包括其他对行业或公司信息有需求的社会人士。

待公司第二阶段后期,市场表现巩固,与企业的合作也将纳入公司主营业务,企业将成为该阶段及其以后公司发展的主要客户群,×××将向其提供高层次、个性化的服务。

4.3 ×××发展战略

×××发展战略如图A-10所示。

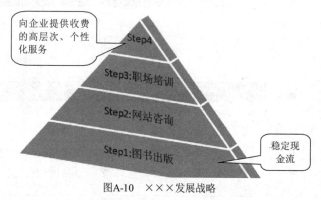

图A-10　×××发展战略

4.4 竞争力分析(SWOT)

1. 优势(Strength)
- **地域优势**:中国经济发展的最前沿,长江三角洲的中心,随之即有硬件配套优势、劳动力优势、需求量优势、信息资源优势、"产业链"优势等。
- **信息优势**:处于面临毕业的关键时期,身边的信息与资料丰富,最贴切、最准确。创业团队中有本科生,也有研究生,客户的所求所需恰是团队所有成员的所求所需。
- **资本优势**:公司发展阶段不采用风险投资,无撤资压力与资本风险。已与私人投资者进行接触,得到积极响应,愿意投资我们的项目。

2. 劣势(Weakness)
- **资金劣势**:公司成立初的30万元主要用于图书的出版,剩余资金较少。现金流风险对公司资金产生压力。
- **经验劣势**:学生创业对于公司运营与危机应对的经验需要逐渐积累。

3. 机遇(Opportunity)
- **市场机遇**:国内市场尚未充分开发;20世纪80年代出生高峰带来如今毕业生人数激增,公司潜在客户群体即迅速增加。

4. 威胁(Threat)
- **机遇威胁**：毕业生数量高峰将在10～20年后丧失，国外投资对中国的热衷也会降温，公司的未来也许需要进行重新构架。
- **环境威胁**：中国法律仍不完善，不公平的竞争对公司将有致命影响，如盗版问题等。

第五部分 营销策略

5.1 营销目标

以公司网站为依托，图书出版为轴心业务，建立强大的信息数据库，与出版商、发行商进行战略合作，共享销售渠道；凭借网络推广公司品牌，并打出品牌化的求职培训服务和相关的电子书籍，以此作为公司的盈利增长点。

5.2 营销战略和总体规划

- **销售渠道**：与出版商、发行商结为战略伙伴，共享发行销售渠道；进行市场公关。
- **价格**：对求职者采取合理定价(中低)；对企业客户，免费低层次服务升级到收费高层次，个性化专业服务。
- **产品与服务**：图书出版、网站咨询、职场培训、高级客户服务等。
- **推广方案**：书籍促销、校园推介、网站广告、书籍内页、封面广告等。

5.3 销售渠道策略

5.3.1 图书出版销售渠道
- 市场公关，与客户群体积聚场所建立合作关系。
- 与出版商、发行商结为战略伙伴关系，共享销售渠道，也可缓解现金流压力。
- 校园推广与校园促销。

5.3.2 其他产品销售渠道
产品的组合优化带来渠道销售的整合，以及产品推广的影响力共享。

5.4 产品与服务策略

5.4.1 图书出版
- 充分体现公司信息数据库的核心竞争力。
- 进行特色化的行业与公司细分，体现×××书籍的价值，即不同客户能够搜索到共同需要的分类行业或公司信息。
- 免费电子图书与收费电子书籍相结合；收费电子书籍与收费印刷图书相并存。实现内容差异化，渠道多样化。
- 逐步从×××书籍上升为×××丛书，实行品牌化战略。

5.4.2 网站咨询

×××品牌的宣传载体与信息媒介,提供了解×××品牌的渠道。

提供即时的电子书籍阅览、下载,与印刷图书进行产品组合的优化。

5.4.3 职场培训

特色化的行业与公司细分的现场阐述,结合×××品牌丛书的核心价值,营销方式共进。

5.4.4 高级客户服务

与企业建立战略伙伴,打通与企业的信息渠道,使特色化的行业与公司细分更合理。为企业推荐,并且打造适合细分职能的合适人选,树立"榜样式"营销模式。

5.5 市场策略

5.5.1 学生市场

囊括所有准备找工作的在读大学生。

在信息混乱、众说纷纭的环境下,为他们提供真实、个性化的信息分享与职业向导。

5.5.2 社会求职者

指有工作经验的求职者。

按照求职需要,提供特色化行业与公司细分信息,提高就业准度和择业效率。

5.6 价格策略

实行差别定价法。

对个人求职者合理定价(中低);对企业客户提供高层次专业服务,相对价格略高。

- 兼顾图书出版资金的回笼,即公司现金流的通畅,合理定价。
- 企业客户由免费低层次服务转型为收费高层次服务的过渡需可靠,需市场公关。

5.7 沟通策略

- 求职者:以网站为实时沟通平台,并以新客户的新要求作为特色细分的新方向。
- 企业:以走访、面谈为主要沟通方式,交换互有信息。

第六部分 经营管理

6.1 商业模式

1. 公司本身模式——"Tripod"模式(采用图书出版、网站咨询、职场培训三大方式)三大方式在时间上,按出版、咨询、培训分别向市场推出;在投入上,把出版物作为自己的轴心业务以稳定现金流,咨询与培训业务作为公司发展到一定程度以后的收入拓展渠道。

2. 与企业合作模式——非固定模式(低层次合作和高层次合作)

公司的业务初期向企业免费提供服务,吸引新进客户,快速开拓市场。等市场占有率达到一定程度,公司业务稳定时,再推出一系列的高端收费服务,增加新的盈利点。

6.2 ×××价值链

×××价值链如图A-11所示。

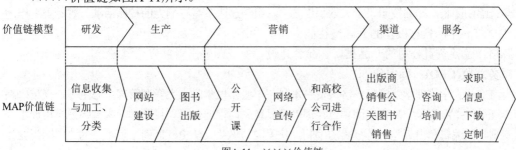

图A-11 ×××价值链

6.3 价值链分析

研发——×××提供服务的基础是各行业与各公司的详细信息。×××通过访谈等形式来获得第一手资料，访谈工作由公司的正式员工完成。

生产——网站是×××"Tripod"商业模式三大业务的平台，提供信息查询与下载功能。网站建设工作由公司首席信息官负责。

营销——×××会通过在各高校BBS的宣传以及与高校就业中心的合作来拓展×××的公共关系。同时×××会不定期开展公开课来提高×××的知名度。

渠道——×××主要通过与出版商的战略合作，并利用出版商的渠道来拓展市场。

服务——×××提供高质量的关于各行业、各公司以及求职技能等方面的信息，同时提供关于求职的培训与咨询服务。另外，×××也向企业提供广告以及校园调查等不同层次的服务。

第七部分 团队组成

7.1 团队成员

执行总裁(CEO)：蒋逸明

上海交通大学电子信息与电气工程学院研究生二年级。前任上海交通大学宝洁学生职业发展协会会长。本科毕业于北京大学计算机专业，经济学双学位，曾获北京大学十佳社团负责人称号。有广泛的人际关系基础，善于分析、处理问题。曾在多家知名大企业实习，如博思艾伦咨询公司、麦肯锡(上海)公司、英特尔(上海)科技有限公司等，对公司运营有着深刻的见解。

蒋逸明主要负责日常的生产经营管理活动，使整个企业保持良好的业绩，确保资产保值增值以及每个财政年度末向董事会报告公司的财务状况和盈利能力。

运营总监兼首席信息官(COO&CIO)：周辰

上海交通大学电子信息与电气工程学院本科四年级。国际青年成就组织(JA)资深培训师。曾在多家知名企业实习，如贝恩顾问管理公司、麦肯锡(上海)公司、通用电气(中国)有限公司等，同时，社会活动丰富，曾担任上海人民广播电台记者，现代信息杂志社《Hello IT》杂志学生主编。

周辰主要负责主持公司日常的运营工作，协调、平衡各部门之间的关系，确保整个企业的良好运作，并维护公司网站的正常运行。

市场总监(CMO)：陈斯佳

上海交通大学管理学院金融学本科三年级，专业成绩优秀。担任学院团委外联部部长，上海交通大学合唱团团长，2005校园"十大歌手"之一。组织过诸多有影响力的校园活动。曾赴香港作为交换生交流一年，具有极佳的人际交往能力。

陈斯佳主要负责公司的产品推广、品牌建设、保证图书出版销售渠道畅通。

财务总监(CFO)：韩宗佳

上海交通大学管理学院国际经济与贸易本科三年级。校学联人力资源管理中心主任，获英语高级口译证书，上海新长宁教育集团项目经理以及贝恩顾问管理公司项目助理，麦肯锡公司培训生。曾负责刊物的编辑和出版与财务报表的编制。获美国马里兰大学史密斯商学院主办的"中国商业计划大赛"第三名。

韩宗佳主要负责公司财务管理，对公司的财务控制、会计、收受、金融、投资活动负责，并根据各部门的计划预算资金，提出融资方案。定期向董事会递交财务报告。

公共关系主管(CSR)：吕亚佳

上海交通大学管理学院工商管理系本科三年级。极富创新精神，勤于思考，曾在市、全国和国际竞赛中屡屡赢得大奖。2004年在美国举办的第55届国际科学与工程大赛上获得7项大奖并拥有国家专利。担任"拜耳国际环境大使"。曾获得上海市"明日科技希望之星"荣誉称号。受邀赴美参加2006年哈佛亚洲商业年会以及第52届哈佛模拟联合国活动。

吕亚佳主要负责通过公司的各种公关活动，建立公司产品与服务的识别度，提升公司形象。并负责客户对于公司各种需求的响应、整理以及反馈。

7.2 成员技能分析

虽然×××的成员专业背景不同，但从图A-12可以看到×××的成员无论在专业知识还是软

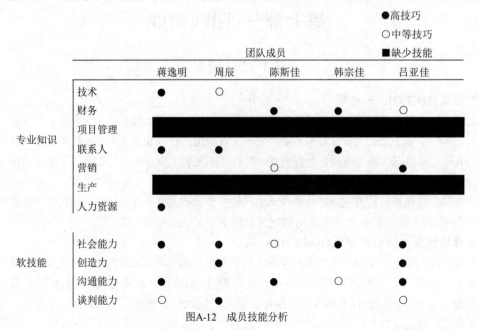

图A-12 成员技能分析

技能上都有很强的互补性,可以成为一支具有强大战斗力的团队。更重要的是×××的团队成员都有共同的理想,为了×××的使命而共同奋斗。

第八部分 财务分析与融资

8.1 CVP分析

CVP分析如表A-1所示。

表A-1 CVP分析

固定成本	元/年	可变成本	元/年
管理人员费用	108 000	水电费用	6000
营销人员费用	120 000	生产租金	36 000
研发人员费用	—	运输成本	11 840
生产人员费用	55 620	促销活动	70 000
租金	18 000	合　计	123 840
水电费	5400	单位可变成本	2.09
折旧	1350		
无形资产摊销	1000	盈亏平衡点销售额	497 600
合　计	309 370	2007年预测销售额	1 200 000

根据图A-13所示的CVP分析,我们的保守销售额预测远大于盈亏平衡点销售额。因此,我们的商业模式能够帮助我们在第一年生存,并且在以后几年赚取利润。

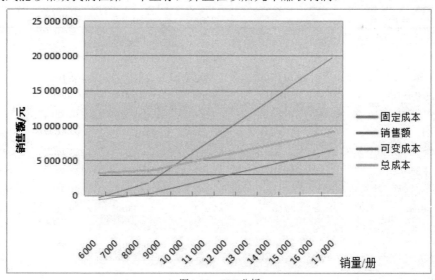

图A-13 CVP分析

8.2 五年财务年报

五年财务年报如表A-2~表A-5所示。

表A-2 损益表

年份	2007	2008	2009	2010	2011
一、主营业务收入	621 600	1 302 400	3 404 000	9 590 400	29 870 100
减：主营营业成本	109 460	221 087	565 069	1 562 054	3 973 953
营业费用	190 000	418 000	1 097 800	3 435 960	13 059 552
主营业务税金及附加	49 728	104 192	272 320	767 232	2 389 608
二、主营业务利润	272 412	559 121	1 468 811	3 825 154	10 446 987
减：管理费用	133 750	209 800	316 450	664 400	1 099 750
三、利润总额	138 662	349 321	1 152 361	3 160 754	9 347 237
减：所得税	—	—	190 140	521 524	1 542 294
四、净利润	138 662	349 321	962 221	2 639 230	7 804 943

表A-3 利润分配表

年份	2007	2008	2009	2010	2011
一、净利润	138 662	349 321	962 221	2 639 230	7 804 943
加：年初未分配利润	—	76 264	268 391	797 612	2 249 188
二、可供分配的利润	138 662	425 585	1 230 612	3 436 842	10 054 132
减：提取法定盈余公积	13 866	34 932	96 222	263 923	780 494
提取法定公益金	6933	17 466	48 111	131 961	390 247
三、可供股东分配利润	117 863	373 187	1 086 278	3 040 957	8 883 390
减：支付现金股利	41 599	104 796	288 666	791 769	2 341 483
四、未分配利润	76 264	268 391	797 612	2 249 188	6 541 907

表A-4 现金流量表

年份	2007	2008	2009	2010	2011
一、经营现金流					
净利润	138 662	349 321	962 221	2 639 230	7 804 943
加：固定资产折旧	1350	2700	6300	45 100	117 300
无形资产摊销	1000	1000	1000	1000	1000
应付账款的增加	819	1289	5398	18 624	73 359
现金流入小计	141 831	354 309	974 919	2 703 953	7 996 602
减：存货的增加	39 600	52 214	126 470	369 346	658 044
应收账款的增加	15 570	17 127	46 062	135 592	444 487
现金流出小计	55 170	69 342	172 533	504 938	1 102 531
经营活动产生的现金流量净额	86 661	284 967	802 386	2 199 015	6 894 072
二、投资现金流					
固定资产投资	10 000	10 000	40 000	270 000	330 000
无形资产投资	5000	—	—	—	—
现金流出小计	15 000	10 000	40 000	270 000	330 000
投资活动的现金流量净额	-15 000	-10 000	-40 000	-270 000	-330 000
三、筹资现金流					
吸收权益性投资	200 000				
现金流入小计	200 000	—	—	—	—

(续表)

年份	2007	2008	2009	2010	2011
支付现金股利	41 599	104 796	288 666	791 769	2 341 483
现金流出小计	41 599	104 796	288 666	791 769	2 341 483
筹资活动的现金流量净额	158 401	-104 796	-288 666	-791 769	-2 341 483
现金净增加额	230 062	170 171	473 720	1 137 246	4 222 589
货币资金的期初余额	—	230 062	400 234	873 953	2 011 200
货币资金的期末余额	230 062	400 234	873 953	2 011 200	6 233 789

表A-5 资产负债表

年份	2007	2008	2009	2010	2011
1.资产					
流动资产：					
货币资金	230 062	400 234	873 953	2 011 200	6 233 789
应收账款	15 570	32 698	78 760	214 353	658 839
存货	39 600	91 814	218 285	587 630	1 245 674
流动资产合计	285 233	524 746	1 170 999	2 813 183	8 138 302
固定资产：					
固定资产原价	10 000	20 000	60 000	330 000	660 000
减：累计折旧	1350	4050	10 350	55 450	172 750
固定资产净值	8650	15 950	49 650	274 550	487 250
固定资产合计	8650	15 950	49 650	274 550	487 250
无形资产：					
商标权	5000	4000	3000	2000	1000
减：商标权摊销	1000	1000	1000	1000	1000
商标权净值	4000	3000	2000	1000	—
无形资产合计	4000	3000	2000	1000	—
资产合计	297 883	543 696	1 222 649	3 088 733	8 625 552
2.负债和所有者权益					
负债					
应付账款	819	2108	7506	26 129	99 489
负债合计	819	2108	7506	26 129	99 489
所有者权益：					
实收资本	200 000	200 000	200 000	200 000	200 000
盈余公积金	13 866	48 798	145 020	408 943	1 189 438
法定公益金	6933	24 399	72 510	204 472	594 719
未分配利润	76 264	268 391	797 612	2 249 188	6 541 907
所有者权益合计	297 063	541 588	1 215 143	3 062 604	8 526 064
负债和所有者权益合计	297 883	543 696	1 222 649	3 088 733	8 625 552
净值	297 063	541 588	1 215 143	3 062 604	8 526 064

8.3 财务比率分析

财务比率分析如表A-6和图A-14所示。

表A-6 财务比率分析

年份	2007	2008	2009	2010	2011
获利能力分析指标					
毛利率/%	23.42	29.50	38.93	39.55	39.12
净利率/%	23.42	29.50	32.51	33.02	32.66
资产回报率/%	46.55	83.02	108.95	122.43	133.26
权益报酬率/%	46.68	64.50	79.19	86.18	91.54
资金经营周转能力分析指标					
应收账款周转率/%	38	49	53	55	55
应收账款天数/天	10	7	7	7	
存货周转率/%	3	4	4	4	
应付账款周转率/%	134	151	118	93	63
总资产周转率/%	2	3	3	4	4
固定资产周转率/%	68	96	90	49	63
现金销售额率/%	38.86	33.80	29.53	25.17	26.09
资产销售额率/%	50.32	45.92	41.31	38.65	36.10
生产成本销售额率/%	18.49	18.67	19.09	19.55	16.63
营业费用销售额率/%	32.09	35.30	37.09	42.99	54.65
管理费用销售额率/%	22.59	17.72	10.69	8.31	4.60

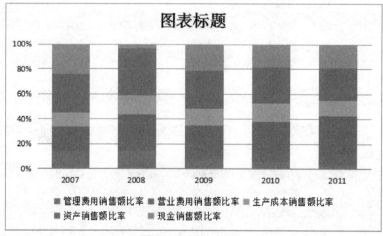

图A-14 财务比率分析

8.4 IRR、NPV、PP计算

- 净现值分析(NPV)

以发现项目除去时间影响的现值。按照贴现率i=15%计算。

本项目的净现值为19 759 710元.
- 投资回收期(PP)

投资回收期表明公司可以在多少时间内收回投资。

本项目的投资回收期为2年10个月左右。
- 内部报酬率(IRR)

假定我们用i_1表示折现率，求得NPV_1略大于零；再提高折现率，用i_2试算，求得NPV_2略小于零，利用插值法我们计算出本项目的内部报酬率为66%。

8.5 灵敏度分析

为了更清晰地反映基于销售量的变化所引起的主营业务收入、利润总额、净利润和净资产的变化，我们特别制作图A-15~图A-17以供对比。

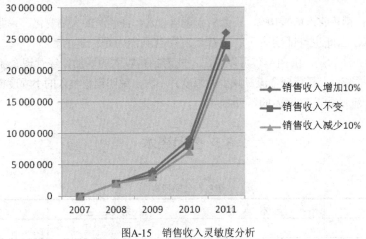

图A-15　销售收入灵敏度分析

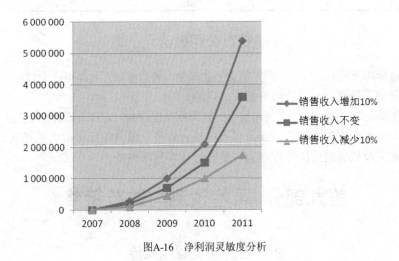

图A-16　净利润灵敏度分析

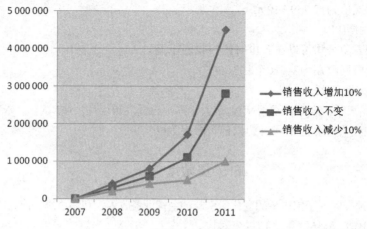

图A-17 经营现金流量灵敏度分析

由图中看出：销售收入增减10%，不会引起销售收入、净利润的大幅变化，说明这两项指标对销售量并不敏感，由此也可证明公司的经营状况和获利能力是稳定的。

同时，值得关注的是，由图A-17可以看出，随着销售收入的增加，经营现金流量大量增加，而随着销售收入的减少，经营现金流量减少的幅度并不大，说明销售收入的小幅度提高，就可以对整个公司的现金流量状况有很大的帮助。

8.6 公司资本

表A-7 公司资本

	技术入股	自筹奖金	总奖本
金额(万元)	10	40	50
比例(%)	20%	80%	100%

8.7 公司融资

- 本项目前期投资小，只需申请大学生创业基金，再自筹10万元即可，无须风险资金介入操作，规避了股权分配以及撤资带来的风险。
- 痛苦压抑期内，由于图书出版的现金回笼周期难以控制，若现金流补充不足，公司将选择再次申请大学生创业基金，或向私人投资者筹资，或向银行申请优惠贷款。
- 已有私人投资者表达出合作意向，愿意对该项目作投资。

第九部分 风险预测与防范策略

9.1 客户接受程度风险

风险：部分学生尚未对我们公司的产品和服务理念给予认可，需求尚未形成。

对策：投入可以承受的人力、物力在宣传、试用和培训上。通过这些方式与各高校就业与职业发展中心保持良好的合作关系。这样就会转化为对×××有利的影响,提高客户的产品忠诚度。

9.2 管理风险

风险:
- 形象、知名度等方面还处于发展阶段,影响第一年的财务收入。
- 管理层年轻,经验不足。
- 信息来源的可靠性以及出版物的知识产权等问题面临的风险。

对策:
- 打造产品知名度,树立公司形象,分阶段稳步实施营销策略。
- 管理层注重自身管理能力的提高。
- 注意吸取多方建议,协调部门矛盾,兼顾了解法律事宜。

9.3 竞争风险

风险:
- 调查不够全面,未发现市场上已有与×××相似的同类产品。
- 产品的发展期由于资金、技术等难题,被竞争者先入为主。
- 产品上市后,不乏其他模仿者出现。市场的进入壁垒较低,模式易被复制。
- ×××的电子资料可能会被非法盗用。

对策:
- 加快信息的更新速度,配合相应的价格策略,提升竞争力。
- 丰富网站的功能,以更加人性化服务弥补技术优势不足。
- 加强网站安全,对非法盗用及时用法律手段予以严惩。
- 客户定制电子书后,所寄光盘资料采用 PDF 格式只读形式文件,以防非法复制。

8.4 【创业人物】张一鸣(字节跳动)

2013年,作为北京字节跳动科技有限公司创始人兼CEO,张一鸣先后入选《福布斯》"中国30位30岁以下的创业者"和《财富》"中国40位40岁以下的商业精英",是中国国内互联网行业最受关注的青年领袖之一。

从牛仔裤上的油渍上你很容易看出张一鸣是一个典型的技术宅男。从高中时代起他就酷爱计算机,2001年进入南开大学先后就读于微电子和软件工程专业。他在大四时编写的电路板自动化加工软件PCBS曾获得过"挑战杯"二等奖。

虽然从外表来看有些"技术宅",但其内在是个很有冲劲的人。他说:"最初在酷讯得到了很好的锻炼。当时因为年轻,可以没日没夜地工作,通宵达旦的情况也时常有。如果下班回家早,一般也是看书,学习到晚上一两点。那段时间让人感觉很充实,那两年经常没日没夜地学习。"就是这位极具冒险精神的"技术宅",迄今为止,他已经直接参与了五家公司的创业,其中有两家是自己创立的,还有一家是合伙人。

第一次：初尝互联网创业禁果

2003年之后，经历了寒冬的互联网行业开始复苏。搜狐、新浪、网易三大门户网站利润额持续增长，在纳斯达克股市上的表现优异；阿里巴巴投资1亿元人民币推出了个人交易网站淘宝网，并创建独立的第三方支付平台支付宝；做即时聊天起家的腾讯和以搜索业务为本的百度也正式挂牌上市。

张一鸣嗅到了互联网行业大发展的气息。2005年大学一毕业，他就组成3人团队，开发一款面向企业的IAM协同办公系统。但产品的市场定位失误导致了创业失利，当时协同办公在中国根本还没有发展起来。这次创业经历让张一鸣意识到，在互联网创业需要找到一个正确的方向，并且能够抓住这个机会。

第二次：搜索+管理

在一次短暂而失败的创业后，2006年2月张一鸣进入旅游搜索网站酷讯。作为酷讯的第一个工程师，他全面负责酷讯的搜索研发，一年后成为技术高级经理，手下管理着40多人，最终担任技术委员会主席。那时候他毕业还不到两年，看到公司管理中出现的诸多问题，很想知道大公司是如何管理的，于是他在2008年离开酷讯去了微软。

回想起加入微软的经历，张一鸣说"有一种不适应感"。

起初张一鸣抱着学习大公司如何协调管理工程师的想法加入了微软，但微软给他留下的印象并不尽如人意。"我觉得微软最初建立的团队以及管理系统很好，在很多工程的管理、培训背后有一套良好的系统作为支持，比如培训的系统、代码权限控制的系统、权限部署的工具系统。由于微软自主开发工具，所以它有一套自己的方案，包括审核标准、开发流程，但是代价就是其效率极低。它对工程的控制超过了对创意的实现，做的时候你需要很小心。对他们来说最重要的是你遵循流程中的每条细则，条条框框比较多，我认为不适合特别有想法、特别有冲劲的人。"

第三次：社交行为分析

离开微软后，当时国内第一个微博网站饭否吸引了他，他在2008年9月份以技术合伙人的身份在饭否创业，负责饭否的搜索、消息分发、热词挖掘、防作弊、用户排名等后台系统方向，为社交分析储备了大量技术。因为饭否是个社区，需要跟用户有更多的互动。"我们经常去做用户沟通和访谈，所以更懂得了如何理解用户。"饭否让张一鸣感受到了信息在人与人之间流动的价值。如果把酷讯和饭否结合起来，其实就是"组织信息+社交行为分析"，这就是"今日头条"的雏形，张一鸣也就是在这时候有了做"个性化信息推荐"的想法。

第四次：涉足移动开发

当饭否被关闭之后，海纳亚洲找上门来，希望出资由张一鸣创立一家房产信息网站。2009年10月，张一鸣开始了第一次独立创业，创办了垂直房产搜索引擎"九九房"。在九九房，张一鸣开始涉足移动开发，6个月时间先后推出了掌上租房、掌上买房等5款移动应用，在当时的移动互联网环境下实现150万用户，是房产类应用的第一名。

"我这时候对移动市场有了认识，感觉个性化信息推荐在手机上的需求更大。"张一鸣在2011年底辞去了九九房的CEO职位，在2012年初开始筹备"今日头条"。

第五次：个性化推荐的实践

中国互联网络信息中心统计显示，截至2012年12月底，我国网民达到5.64亿人，而用手机上网的比例快速增长至74.5%，达到了4.2亿人的手机网民规模。

张一鸣也察觉到了移动互联网的发展趋势,"在这个前提下帮用户发现感兴趣、有价值的信息,机会和意义都变得非常大"。为此,他开始了自己的第五次创业,成立的这家公司有个很有趣的名字——字节跳动(ByteDance),顾名思义,公司产品和数据相关。ByteDance开发出名为"今日头条"的手机应用,成为国内增速最快的新闻客户端。

2016—2017年张一鸣短视频的牌打得超乎行业预期。除了现有的字节跳动旗下的抖音、火山小视频、西瓜视频,又收购了Flipagram和muscial.ly……建立了短视频矩阵,再次让业内外感叹这家公司的前瞻性眼光以及高效的执行力。

2018年10月,张一鸣以650亿元人民币财富位居2018年胡润百富榜第26位。

📖 **小资料**

张一鸣为青年们的演讲摘录

我陆续加入到各种创业团队。在这个过程中,我跟很多毕业生共处过,现在还和他们很多人保持联系。跟大家分享一下,我看到的一些好的和不好的情况。总结一下,这些优秀年轻人有哪些特质呢?

第一,有好奇心,能够主动学习新事物、新知识和新技能。今天不太谦虚,我把自己当作正例,然后再说一个负例。我有个前同事,理论基础挺好,但每次都是把自己的工作做完就下班了。他在这家公司待了一年多,但对网上的新技术、新工具都不去了解。所以他非常依赖别人。当他想要实现一个功能,他就需要有人帮他做后半部分,因为他自己只能做前半部分——如果是有好奇心的人,前端、后端、算法都去掌握、至少有所了解的话,那么很多调试分析,自己一个人就可以做。

第二,对不确定性保持乐观。比方说头条最开始时,我跟大家讲:我们要做1亿的日启动次数。(当然,现在不止1亿了,我们现在的日启动次数已经差不多5亿。)很多人觉得,你这家小公司怎么可能做得到呢?大公司才能做得好。所以他就不敢努力去尝试。只有乐观的人会相信,会愿意去尝试。其实我加入酷讯时也是这样。那家公司当时想做下一代搜索引擎(最后也没有做成,只做了旅游的垂直搜索)。

我不知道其他人怎么想的,我自己觉得很兴奋。我确实没有把握,也不知道怎么做,但当时就去学,就去看所有这些相关东西。我觉得最后也许不一定做成,或者没有完全做到,但这个过程也会很有帮助——只要你对事情的不确定性保持乐观,你会更愿意去尝试。

第三,不甘于平庸。我们在座各位,在同学中已经非常优秀了。但我想说,其实走向社会后,应该再设定更高的标准。我见到很多大学期间的同学、一起共事的同事中,有很多非常不错的人才,技术、成绩都比我好。但10年过去,很多人没有达到我的预期:我觉得他应该能做得很好,但他却没有做到。

很多人毕业后,目标设定就不高了。我回顾了一下,发现有同事加入银行IT部门:有的是毕业后就加入,有的是工作一段时间后加入。为什么我把这个跟"不甘于平庸"挂在一起呢?因为他们很多人加入,是为了快点解决北京户口,或者当时有些机构有分房补助,可以购买经济适用房。

后来我就在想一个问题,如果自己不甘于平庸,希望做得非常好的话,其实不会为这些东西担心:是否有北京户口,是否能买上一套经济适用房?

如果一个人一毕业,就把目标定在这儿:在北京市五环内买一个小两居、小三居,把精力都花在这上面,那么工作就会受到很大影响。他的行为会发生变化,不愿意冒风险。

比如我见到以前的朋友，他业余做一些兼职，获取一些收入。那些兼职其实没有什么技术含量，而且对本职工作有影响，既影响他的职业发展，也影响他的精神状态。我问他为什么，他说，唉，快点出钱付个首付。我觉得他看起来是赚了，其实是亏的。

不甘于平庸很重要。我说不平庸，并不是专门指薪酬要很高或者技术很好，而是你对自己的标准一定要高。也许你前两年变化得慢，但10年后再看，肯定会非常不一样。

第四，不傲娇，要能延迟满足感。 我在这里举个反例：两个我印象比较深刻的年轻人，素质、技术都蛮不错，也都挺有特点。我当时是他们的主管，发现他们在工作中 deliver 的情况始终不好。他们觉得其他同事比他们做得差，其实不是：他们确实可以算作在当时招的同事里面 TOP 20%，但误以为自己是 TOP 1%。所以很多基础一点的工作，比如要做一个调试工具，他就不愿意做，或者需要跟同事配合的工作，他就配合得不好。

本来都是资质非常好的人才，人非常聪明、动手能力也强，但没有控制好自己的傲娇情绪。我觉得这和"不甘于平庸"不矛盾。"不甘于平庸"是你目标要设得很高，"不傲娇"是你对现状要踏实。

这2000个样本当中，我见到很多我原来觉得很好的，其实没有我想象中的发展好，我原来觉得不好的，其实超出我的预期。这里我也举个例子：

当时我们有个做产品的同事，也是应届生招进来，当时大家都觉得他不算特别聪明，就让他做一些比较辅助的工作，统计一下数据啊、做一下用户反弹啊之类。但现在，他已经是一个十亿美金公司的副总裁。

后来我想想，他的特点就是肯去做，肯负责任，从来不推诿，只要他有机会承担的事情，他总尽可能地做好。每次也不算做得特别好，但我们总是给他反馈。他去了那家公司后，从一个用户量不到10万的边缘频道负责起来，把这个频道越做越好。由于这是一个边缘频道，没有配备完整的团队，所以他一个人承担了很多职责，也得到了很多锻炼。

第五，对重要的事情要有判断力。 选什么专业、选什么公司、选什么职业、选什么发展路径，自己要有判断力，不要被短期选择而左右。上面一些例子，也都涵盖了这一点。比如当时很多人愿意去外企，不愿意去新兴的公司。2006、2007年，很多师弟、师妹问我职业选择，我都建议他们去百度，不要去 IBM、微软。但实际上，很多人都是出于短期考虑：外企可能名气大、薪酬高一点。

虽然这个道理，大家都听过很多遍。刚毕业时薪酬差三五千块，真的可以忽略不计。短期薪酬差别并不重要。但实际上，能摆脱这个、能有判断力的人，也不是特别多。

8.5 思考与测试

8.5.1 思考题

1) 思考题一

当王红完成她的创业计划书时，她相信这能帮助她获得创业中现金资源。王红正努力创建一家校园旅行社，顾名思义，王红想针对现在学校中学生的旅行提供服务。王红的创业计划有5个部分：企业介绍、市场分析、管理部分析、竞争分析、销售部分析。但风险投资拒绝了她。

(1) 结合案例，你认为王红的计划书都有哪些问题？
(2) 请你以王红的身份写一份创业计划书。

2) 思考题二

请思考如果你只有1分钟向风险投资人说明你的创业计划，你会怎样说？

> **📖 小资料**
>
> 英国剑桥大学驻校企业家、创业讲师道森来中国时带领中国学生进行的一次实践训练，据说在剑桥创业学习中心经常有这样的训练。道森说，通常银行家和基金管理人都很忙，而大学生的创业计划一般都要去融资，这时最好的办法也许就是在他的办公楼下等他。也许他的办公室就在这所CBD的30层，那你恰好、也只能在电梯上楼的1分钟内有机会跟他说明你的创业计划。
>
> 提示：用第一句话概括清楚你要做的事；第二句话说明申请资金的数量和用途；第三句话说明未来的市场潜力有多大。

8.5.2 测试题

【测试理财意识与未来的经济计划能力】

有一天，你去花圃买树苗，你希望过几年后这棵树苗会变成什么样呢？（　　）

  A. 整棵树开满花

  B. 整棵树结满果

  C. 变成一棵参天大树

  D. 枯死

【测试计划性】

1) 测评说明

本测验共有31道题，涉及我们的工作、生活、价值观等方面。对于这些问题，每个人的看法都会不尽相同，任何基于真实情况的回答都是你的个性、特点的反映，没有"对"或"不对"之分。请在每道题的A和B中选择一个答案，不要漏掉任何一道题。有些题你可能从未碰到过或难以选择，不需要过多思考，凭第一感觉回答即可。

2) 问题

(1) 当要做别人也做的事时，我更愿意(　　)。

  A. 用大家所接受的方法做　　　　B. 自己想出的方法做

(2) 我对自己的物品的摆放通常是(　　)。

  A. 在意的　　　　　　　　　　　B. 随便的

(3) 我更难以接受的是(　　)。

  A. 生活的节奏单一不变　　　　　B. 稳定有序的生活被打乱

(4) 我认为更重要的是(　　)。

  A. 能够预见一件事情　　　　　　B. 能够适应现实条件

(5) 我喜欢(　　)。

  A. 抽象的、概括性的观点　　　　B. 具体的、真实的叙述

(6) 当被事先规定好你要在某个时刻做某件事情，我(　　)。

  A. 很高兴，可以按计划行事　　　B. 有些不高兴，因为被束缚了

(7) 我更看重( )。
  A. 潜在的可能性   B. 真实的情况
(8) 选择你较喜欢的词( )。
  A. 实干家   B. 创新者
(9) 选择你较喜欢的词( )。
  A. 制作   B. 发明
(10) 选择你较喜欢的词( )。
  A. 富于想象   B. 讲求实效
(11) 选择你较喜欢的词( )。
  A. 有条不紊   B. 机动灵活
(12) 选择你较喜欢的词( )。
  A. 提前安排   B. 不断体验
(13) 选择你较喜欢的词( )。
  A. 理论   B. 经验
(14) 对周末或假日,我喜欢( )。
  A. 提前安排好约会、社交聚会等   B. 随心所欲,临时决定做什么
(15) 在日常工作中,我( )。
  A. 从最后关头的压力中得到动力   B. 避免出现燃眉之急的压力
(16) 在工作中,我( )。
  A. 尽量避免定一个最后期限   B. 安排好了的事情,就不再轻易改动
(17) 通常情况下,我( )。
  A. 崇尚现实主义与常识   B. 崇尚想象力和新事物
(18) 我更愿意交的朋友是( )。
  A. 总有新主意的人   B. 脚踏实地的人
(19) 我通常( )。
  A. 在做完决定后感到快乐   B. 因保留有选择的余地而快乐
(20) 和我相处得好的人通常是( )。
  A. 富于想象的人   B. 注重现实的人
(21) 相对之下,我更相信( )。
  A. 确定而有形的事物   B. 灵感和推理
(22) 选择你较喜欢的词( )。
  A. 一丝不苟   B. 不拘小节
(23) 选择你较喜欢的词( )。
  A. 想象   B. 实际
(24) 选择你较喜欢的词( )。
  A. 条理的   B. 随意的
(25) 选择你较喜欢的词( )。
  A. 已知   B. 未知
(26) 选择你较喜欢的词( )。
  A. 过程   B. 结果

(27) 选择你较喜欢的词(　　)。
　　A. 可能性　　　　　　　　　　B. 现实性
(28) 选择你较喜欢的词(　　)。
　　A. 具体　　　　　　　　　　　B. 抽象
(29) 我喜欢(　　)。
　　A. 完成有重大意义的探索性工作　B. 完成常规性的实际的工作
(30) 更符合我的情况是(　　)。
　　A. 我总有一种开创新局面、创造新事物的冲动
　　B. 我认为多数时候应坚持经受过检验的常规方法，以免冒太大的风险
(31) 更符合我的情况是(　　)。
　　A. 目标一旦确定，我就会坚持不懈地为之奋斗
　　B. 我根据现实情况灵活调整我的目标

第 9 章

新企业的开办与管理

管理是一种实践,其本质不在于知,而在于行;其验证不在于逻辑,而在于成果。

——现代管理大师　彼得·德鲁克

一个企业都是从小长到大的,别着急,创业大概有一年半到两年是瓶颈期,特别难,然后突破瓶颈组织成长、组织膨胀、业务膨胀,然后陷入经济危机,这时迅速调整,调整过来就好了,调整不过来就死掉。所以我清楚,头两年要克服瓶颈,之后要控制组织,有了这样一套东西以后,我们心平气和了,知道一个企业要做大要有很多年时间。

——万通控股董事长　冯仑

什么是营销?营销并不是以精明的方式兜售自己的产品或服务,而是一门创造真正顾客价值的艺术。

——现代营销学之父　菲利普·科特勒

【本章知识点】
- 企业组织形式是什么?
- 新企业注册流程与步骤是什么?
- 新企业生存管理的方法是什么?
- 创办企业须关注什么问题?

9.1　创办新企业

企业是从事生产、流通与服务等经济活动的营利性组织。企业通过各种生产经营活动创造物质财富,提供满足社会公众物质和文化生活需要的产品服务,在市场经济中占有非常重要的地位。我国长期以来将企业看作从事产品生产、流通或服务性活动、实行独立核算的经济单位。从法律角度看,凡是经合法登记注册、拥有固定地址并相对稳定的经营组织,都属于企业。企业本质上属于追求利润的营利性组织。

9.1.1 【案例导读】罗永浩——一个理想主义者的创业故事

2014年12月6日,罗永浩举办了个人告别演讲《一个理想主义者的创业故事Ⅳ》。

今天提到罗永浩,大家想到的是锤子科技、智能手机。但他的创业故事,是从一个培训学校开始的。

他曾被认为是游手好闲的待业青年,被当作新东方最牛和最傻的另类教师,还曾被认为创办了一家热衷参与公共事件的政治性网站。逐渐地,他变成理想主义的代名词,许多大学生在他身上寻找精神慰藉和思想启蒙,很多名人都对他不吝褒奖。2008年,36岁"高龄"、没有太多从商经验的罗永浩突然开办了"老罗和他的朋友们教育科技有限公司"。

罗永浩最大的困惑是,他既要摸索着运作好一家企业,同时,又要与过往理想主义的形象相匹配。当有人不断说"你不行"的时候,再强大的心脏也会产生疲劳感。他说,对于"不要流氓能否赚到钱"的问题,自己起初并没有把握,只是单纯地相信可以。"既然我瞧不起的人都能赚到钱,为什么我不能呢?"

罗永浩开始考虑他的下一份工作。他想过写书当作家,有人告诉他,二十多岁干这行还行,都30的人了,当作家会很艰难。2008年元旦前后,和朋友商量后,他决定开一家英语培训公司,这些朋友当中,有作家兼商人冯唐。

罗永浩说自己不是一个擅长找投资者要钱的人。资金迟迟没有到位,一直拖到5月份,冯唐告诉罗永浩,不能再拖了,再拖半年就会凉下来,他给了罗永浩一笔启动资金,对罗永浩说,你先张罗起来,天天烧钱你就会焦虑,一焦虑做什么事都会顺理成章。

罗永浩拿着冯唐给的启动资金,注册了公司,简称"老罗英语"。他始终没有说服任何人再给"老罗英语"投资。中途,一位在非洲做生意的发小知道他开公司,主动给了他300万元。

果然,罗永浩开始焦虑。"老罗英语"主打北美英语考试培训课程,新东方是这项业务铁板不动的老大,一开始"老罗英语"生意惨淡,总投资600万元,第一年亏损了三百多万元。"基本上每天一开门就是一万块钱不见了,被打劫也不可能这么吓人,我当时拿朋友的钱做,属于投资不是借款,赔了是不用还的,但怎么好意思呢?"罗永浩想,万一赔了,自己找一个年薪百万的工作,除了生活开支,600万的债也要花10年才能还清,还清时已经50岁。一想到这些,我就眼前发黑。他开始经常在办公室里过夜,琢磨怎么把生意做好。

例如,民营英语培训旺季主要集中在寒暑假,3月投入宣传成本,6月才能收回,每个月的资金流很不均匀,为了鼓励学生早缴费,他推出过一项促销方案——越早交钱,收费越低。"从消费心理学角度讲,这个方案的愚蠢之处在于,如果我这个月报名要交1200块钱,得知上个月报名的只交了1100块钱,就会很窝火,很犹豫,结果这个月没交,下个月得知又要多交100块会更窝火,在这种非理性的情绪下可能会选择你的竞争对手。看了一些专业书后才知道,要倒过来做,一开始就定最后一个月的价,如果报得早打折,消费者这个时候会觉得什么时候交都是占便宜,只不过早交多占便宜,晚交少占便宜,这样他就可以接受,其实本质上是一样的。"他研究了很多市场营销专业的书籍,发现自己走了很多弯路,于是开始推出一系列类似的改版营销方案。

第二年,经营情况有所好转,"老罗英语"亏损100万元。2010年底,罗永浩在北京海淀剧院举行了一场演讲,题目是《一个理想主义者的创业故事》。演讲进行到最后,罗永浩说,希望明年公司能够赚到钱,换到更大一点的地方继续演讲。

2011年10月25日,罗永浩在北京保利剧院完成了岁末演讲,题目是《一个理想主义者的创业故事II》。他宣布了两条消息,一条是去年北京海淀剧院演讲网络点击率超过1000万,另一条是"老罗英语"创办到第三年,终于开始盈利了。100万元的数额并不大,但兴奋和得意,他毫不掩饰,台下掌声一片。

2012年5月,罗永浩创办锤子科技(北京)有限公司("锤子科技")。

锤子科技是一家制造移动互联网终端设备的公司,公司的使命是用完美主义的工匠精神,打造用户体验一流的数码消费类产品(智能手机为主),改善人们的生活质量。

公司的英文名"Smartisan",是由"smart"和"artisan"组合成的词,意思是"智能手机时代的工匠"。

2012年6月18日,罗永浩在北京北展剧场举办了个人演讲《一个理想主义者的创业故事III》。2013年3月27日,罗永浩Smartisan OS发布会正式举行。2013年5月,锤子科技以4亿元的投前估值获得紫辉基金领投的7000万元风险投资。2014年3月,锤子科技以8.5亿元的投前估值获得2.05亿元风险投资。2014年5月20日,第一代手机产品Smartisan T1正式发布。2014年12月6日,罗永浩举办了个人告别演讲《一个理想主义者的创业故事IV》。2014年12月6日,白色Smartisan T1开始接受预订。2015年1月18日,Smartisan OS获得极客公园"2014中国互联网年度创新产品"大奖和"最佳用户体验"奖。

2015年2月28日,汉诺威工业设计论坛(iF Industrie Forum Design)在德国慕尼黑公布了2015年第62届iF国际设计奖的获奖名单,锤子科技出品的Smartisan T1智能手机获得iF国际设计奖金奖——iF国际设计奖的最高级别奖项。这是自iF设计奖成立以来,中国大陆的智能手机产品首次获得iF国际设计奖金奖。此外,Smartisan T1手机的包装也获得了本届iF设计奖。

2015iF设计之夜——第62届iF设计奖金奖颁奖典礼于2月27日晚在德国慕尼黑BMW Weld举行,iF首席执行官Ralph Wiegmann向受邀的iF设计奖金奖获得者颁发了奖杯和证书,有来自设计、商业、文化、政治和媒体领域的约2000名参会者一同庆祝见证了这个夜晚。作为金奖获得者之一,锤子科技的工业设计副总裁李剑叶和CEO罗永浩也受邀出席了颁奖仪式。

9.1.2 企业组织形式的选择

选择适当的企业形式是创业过程中非常重要的一环,不同的企业形式意味着需要不同的启动条件和资金需求。有远见的企业家必须确定最符合企业需要的法律结构,根据现在存在的组织基本形式,可将其分为三种模式。

1. 创业的单一业主模式

1) 个体工商户

个体工商户指有经营能力并依照《个体工商户条例》的规定经工商行政管理部门登记,从事工商业经营的公民。《个体工商户条例》第2条第1款规定:"有经营能力的公民,依照本条例规定经工商行政管理部门登记,从事工商业经营的,为个体工商户。"

(1) 个体工商户的申请条件。

① 个体工商户是从事工商业经营的自然人或家庭。自然人或以个人为单位,或以家庭为单位从事工商业经营,均为个体工商户。根据法律有关政策,可以申请个体工商户经营的主要是城镇待业青年、社会闲散人员和农村村民。此外,国家机关干部、企事业单位职工不能申请从事个体工商业经营。

② 自然人从事个体工商业经营必须依法核准登记。个体工商户的登记机关是县以上工商行政管理机关。个体工商户经核准登记，取得营业执照后，才可以开始经营。个体工商户转业、合并、变更登记事项或歇业，也应办理登记手续。

③ 个体工商户只能经营法律、政策允许个体经营的行业。

(2) 个体工商户申请程序。

设立个体工商户，个体坐商或需要名称的个体摊商，应先办理名称预先登记。然后提交申请材料，材料齐全，符合法定形式的，等候领取《准予设立登记通知书》，领取《准予设立登记通知书》后，按照《准予设立登记通知书》确定的日期到工商局交费并领取营业执照。

申请个体工商户登记注册应提交的文件、证件：

① 《个体工商户开业登记申请书》(含《个体工商户开业登记申请表》《经营者基本情况表》《经营场所证明》表等表格，香港、澳门地区永久性居民中的中国公民设立个体工商户的，应填写《个体工商户(港澳居民)设立登记申请书》)；外来人员办理个体工商户登记，还应提交《暂住证》复印件。

② 《企业名称预先核准通知书》及《预核准名称投资人名录表》(未取字号名称的个体摊商不提交)。

③ 经营范围涉及前置许可项目的，应当提交有关审批部门的批准文件。

> **小提示：**
>
> 香港、澳门地区永久性居民中的中国公民设立个体工商户的，请在申请设立个体工商户登记之前，详细阅读《城乡个体工商户管理暂行条例》《城乡个体工商户管理暂行条例实施细则》、《个体工商户登记程序规定》《企业名称登记管理规定》及本告知单，并请到各区县分局办理登记注册手续。
>
> 香港、澳门地区永久性居民中的中国公民设立个体工商户的，营业范围为零售业(不包括烟草零售)、餐饮业、居民服务和其他服务业中的理发及美容服务、洗浴服务、家用电器及其他日用品修理，但不包括特许经营。其组成形式仅限于个人经营，从业人员不超过8人，营业面积不超过300平方米。

(3) 个体工商户的优势。

① 个体工商户申请、变更手续简便。

② 个体工商户可从事临时经营、季节性经营、流动经营和没有固定门面的摆摊经营。

③ 个体工商户可以按照税务机关的要求建立账簿，如果税务部门不做要求，也可以不进行会计核算。

(4) 个体工商户的劣势。

① 个体工商户的从业人数有限制，包括经营者本人、请帮手和带学徒等的雇工人员不得超过8人。

② 个体工商户只有在家庭经营的组成形式下才能变更经营者姓名，而且必须是家庭成员。

③ 个体工商户的投资者与经营者必须为同一人，即投资设立个体工商户的自然人，个体工商户不能设立分支机构。

④ 个体工商户一般无品牌，影响力小。

2) 个人独资企业

《个人独资企业法》规定，个人独资企业是指一个自然人投资，财产为投资人个人所有，投资人以其个人财产对企业债务承担无限责任的经营实体。

(1) 个人独资企业的设立条件。设立个人独资企业应当具备下列条件：

① 投资人为一个自然人；

② 有合法的企业名称；

③ 有投资人申报的出资；

④ 有固定的生产经营场所和必要的生产经营条件；

⑤ 有必要的从业人员。

(2) 个人独资企业的设立程序。申请设立个人独资企业，应当由投资人或其委托的代理人向个人独资企业所在地的登记机关提交设立申请书、投资人身份证明、生产经营场所使用证明等文件。委托代理人申请设立登记时，需要出具投资人的委托书和代理人的合法证明。

申请设立个人独资企业，设立申请书应当载明下列事项：

① 企业的名称和住所，企业的名称应与其责任形式及从事的业务相符合；

② 投资人的姓名和居所；

③ 投资人的出资额和出资方式；

④ 经营范围。

登记机关收到设立申请文件之日起15日以内，对符合规定条件的，予以登记并发给营业执照，营业执照的签发日期为个人独资企业成立日期。

(3) 个人独资企业的优势。

① 企业的设立、转让和解散等行为手续简便，仅需向登记机关登记即可；

② 企业主独自经营，制约因素少，灵活性强，能迅速应对市场变化；

③ 利润归企业主所有，无须与他人分享；

④ 在技术和经营方面易于保密。

(4) 个人独资企业的劣势。

① 当个人独资企业财产不足以清偿债务时，企业承担无限责任，投资人以其个人的其他财产予以清偿，因而带有相当大的风险，举债要十分谨慎。

② 个人独资企业不易从外部获得信用资金，如果企业主资本有限，企业的规模难以扩大。

③ 当所有者生病或失去工作能力，或决定退休，此时若没有家庭成员、亲朋好友愿意并且有能力经营企业，这个企业就将终结。

对于创业者希望其长大并获取巨大的财务成功的新企业来说，独资企业通常不是合适的选择。

3) 个体工商户和个人独资企业比较

(1) 个人独资企业与个体工商户的相同点。

① 两者的投资主体基本相同。两者的投资主体只能是自然人(公民)，而不能是法人或其他组织。

② 个人独资企业与个体工商户对投入的资产都实行申报制，不需要经过法定的验资机构验资。由于两者都承担无限责任，因此也不强调对作为出资的实物、工业产权、非专利技术和土地使用权的实际缴付。

③ 两者承担法律责任的形式相同，都必须以个人或家庭财产承担无限责任。如果以出资方式

分,个体工商户可分为个人经营和家庭经营两种形式;而个人独资企业也可以分为以个人财产出资的个人独资企业和以家庭财产出资的个人独资企业。在责任承担上,以个人财产出资的个人独资企业或个体工商户都以个人财产承担无限责任。以家庭财产出资的个人独资企业或个体工商户都以家庭财产承担无限责任。

④ 作为一种经济组织,个人独资企业与个体工商户均须有必要的资金、场所、从业人员及生产经营条件。这也是个体工商户与个人独资企业作为市场主体进入市场的必要条件。

⑤ 此外,个人独资企业与个体工商户在商标使用主体及广告宣传策略等方面也具有很多的相同点。

(2) 个人独资企业与个体工商户的区别。

① 个人独资企业必须有固定的生产经营场所和合法的企业名称,而个体工商户可以不起字号名称,也可以没有固定的生产经营场所而流动经营。换句话说,合法的企业名称和固定的生产经营场所是个人独资企业的成立要件,但不是个体工商户的成立要件。

② 个体工商户的投资者与经营者是同一人,都必须是投资设立个体工商户的自然人。而个人独资企业的投资者与经营者可以是不同的人,投资人可以委托或聘用他人管理个人独资企业事务。也就是说,个人独资企业的所有权与经营权是可以分离的,这就决定了个人独资企业更符合现代企业制度的特征。而个体工商户的所有权与经营权是集于投资者一身的,已不能适应于现代企业制度发展的要求,所以它只能适用于小规模的经营主体。

③ 个人独资企业可以设立分支机构,也可以委派他人作为个人独资企业分支机构负责人。这一规定,说明了个人独资企业不但可以在登记管理机关辖区内设立分支机构,也可以在异地设立分支机构,由设立该分支机构的个人独资企业承担责任。而个体工商户根据规定不能设立分支机构。另一方面个体工商户虽然可以异地经营,但随着各地近几年相继简化了外来人员的登记手续,从而使个体工商户的异地经营这一规定逐渐淡化。由此可以看出,个人独资企业的总体规模一般大于个体工商户。

④ 个人独资企业与个体工商户的法律地位不尽相同。在民事、行政、经济法律制度中个人独资企业是其他组织或其他经济组织的一种形式,能以企业自身的名义进行法律活动。而个体工商户是否能够作为其他组织或其他经济组织的一种形式,一直是国内民法学家的争论对象。在日常法律活动中,个体工商户的法律行为能力往往受到一定的限制,更多的时候,个体工商户是以公民个人名义进行法律活动的。事实上,国内就有许多法律专家提出个体工商户不是法律意义上的企业。另外,个人独资企业与个体工商户作为市场主体参与市场经济其他活动的能力不同,如个人独资企业可以成为公司的股东,从而以企业名义享有公司股东的权利和义务,而个体工商户一般不能以企业名义作为公司股东,只能以个人投资者(自然人)身份成为公司股东。

⑤ 个人独资企业与个体工商户在财务制度和税收政策上的要求也不尽相同。事实上,这也是投资者较关心的问题。根据《个人独资企业法》的规定,个人独资企业必须建立财务制度,以进行会计核算。值得一提的是,个人独资企业的财务制度是个人独资企业的必备条件,不以任何部门的要求而改变。而个体工商户由于情况复杂,是否要建立会计制度争论较多,在即将实施的新《会计法》中也只做了原则规定。按照执法情况看,个体工商户可以按照税务机关的要求建立账簿,如税务部门不作要求的,也可以不进行会计核算。另外,在税收政策方面,由于我国的税收法律制度是一个相对独立的体系,它与市场主体法律制度之间没有统一的联系。税务部门认定一般纳税人和小规模纳税人的标准并不是以企业的市场主体地位不同而划分的。一般来说,个体工商户较难认定为一般纳税人,而个人独资企业如符合条件则可以认定为一般纳税人。如何把市场主体立法与税收立

法有机地结合起来,是今后完善社会主义市场经济法律制度值得探讨的问题。

2. 合伙经营模式

《合伙企业法》规定,合伙企业是指由合伙人订立合伙协议,共同出资、合伙经营、共享收益、共担风险,并对合伙企业债务承担无限连带责任的营利性组织。

1) 合伙企业的特征

(1) 由各合伙人组成。一个合伙企业至少由两个以上的合伙人组成。

(2) 以合伙协议为法律基础。合伙协议是合伙人建立合伙关系,确定合伙人各自权利和义务,使合伙企业得以设立的前提,也是合伙企业的基础。没有合伙协议,合伙企业便不能成立。

(3) 内部关系属于合伙关系。所谓合伙关系,就是共同出资、合伙经营、共享收益、共担风险的关系。

(4) 合伙人对合伙企业的债务承担无限连带责任。

2) 合伙企业的设立条件

设立合伙企业,必须具备下列条件:

(1) 有两个以上合伙人。一个人成立的就不是合伙企业,必须是两个以上的合伙人,并且都是依法承担无限连带责任者,合伙人必须具有完全民事行为能力。

(2) 有书面合伙协议。合伙协议由全体合伙人通过协商,共同决定相互间的权利和义务,达成具有法律约束力的文件。合伙协议应当载明下列事项:

① 合伙企业的名称和主要经营场所的地点;

② 合伙目的和合伙企业的经营范围;

③ 合伙人的姓名及其住所;

④ 合伙人出资的方式、数额和缴付出资的期限;

⑤ 利润分配和亏损分担办法;

⑥ 合伙企业事务的执行;

⑦ 入伙与退伙;

⑧ 合伙企业的解散与清算;

⑨ 违约责任。

(3) 有各合伙人实际缴付的出资。合伙协议生效后,合伙人应当按照合伙协议约定的出资方式、数额和期限履行出资义务。合伙人必须用自己的合法财产及财产权利出资,可以用货币、实物、知识产权、土地使用权或者其他财产权利出资。经全体合伙人协商一致,合伙人也可以用劳务出资。对货币以外的出资需要进行评估作价的,可以由全体合伙人协商确定,也可以由全体合伙人委托法定评估机构进行评估,其评估方法由全体合伙人协商确定。各合伙人按照合伙协议实际缴付的出资,为对合伙企业的出资。

(4) 有合伙企业的名称。合伙企业的名称中不得使用"有限"或"有限责任"字样。

(5) 有经营场所和从事合伙经营的必要条件。

3) 合伙企业的设立程序

设立合伙企业,应当由全体合伙人指定的代表或者共同委托的代理人向企业登记机关提交登记申请书、合伙协议书、合伙人身份证明等文件(法律、行政法规规定须报经有关部门审批的,应当在申请设立登记时提交批准文件)。

合伙企业确定执行合伙企业事务的合伙人或者设立分支机构的,登记事项还应当包括执行合伙企业事务的合伙人或者分支机构的情况。合伙企业设立分支机构的,应当向分支机构所在地的企业登记机关申请登记,领取营业执照。

申请设立合伙企业,应当向企业登记机关提交下列文件:
(1) 全体合伙人签署的设立登记申请书;
(2) 全体合伙人的身份证明;
(3) 全体合伙人指定的代表或者共同委托的代理人的委托书;
(4) 合伙人的书面协议;
(5) 出资权属证明;
(6) 经营场所证明;
(7) 国务院工商行政管理部门规定提交的其他有关批准文件。

营业执照的签发之日,为合伙企业成立日期。合伙企业领取营业执照前,合伙人不得以合伙企业名义从事经营活动。

4) 合伙企业的优势

(1) 建立合伙制企业比较容易且费用低。由于出资的增加,扩大了资本来源并提高企业信用能力。

(2) 合伙制企业具有高度的灵活性。由于合伙人具有不同的专长和经验,能够发挥团队优势,各尽所能;如果合伙人拥有互补性的知识和技能,则将大大增强企业经营的成功率;合伙人能够以他们选择的任何方式决定其利润和责任的划分。

(3) 由于资本实力和管理能力的提高,企业的经营规模可能扩大。

5) 合伙企业的劣势

(1) 在合伙企业存续期间,如果某一合伙人有意向合伙人以外的人转让其在合伙企业中的全部或部分财产份额时,必须征得其他合伙人的一致同意。

(2) 当合伙企业以其财产清偿合伙企业债务时,其不足部分由各合伙人用个人财产承担无限连带责任。

(3) 合伙企业的融资能力仍然有限。

3. 公司模式

1) 有限责任公司

《公司法》规定,有限责任公司是指由50人以下的股东共同出资,每个股东以其所认缴的出资额为限对公司承担责任,公司以其全部资产对其债务承担责任的企业法人。有限责任公司是一种比较普遍的企业法律形式。

(1) 有限责任公司的特征。

① 股东责任的有限性。有限责任公司的股东对公司所负责任,仅以认缴的出资额为限,对公司的债务不负直接责任。如果公司的财产不足以清偿全部债务,股东不需要以超过自己出资以外的个人财产为公司清偿债务。

② 股东人数的限制性。有限责任公司的股东人数为50人以下。

③ 有限责任公司是企业法人。个体工商户不是企业,不具备法人资格;个人独资企业和合伙

企业虽然属于企业，但也不具备法人资格，不是企业法人；有限责任公司具备企业法人资格。

(2) 有限责任公司的设立条件。

2005年10月27日，第十届全国人民代表大会常务委员会第十八次会议表决通过了修订后的新《公司法》，并于2006年1月1日起正式施行。修订后的新《公司法》为公司的设立和营运提供了制度便利。按照新《公司法》规定，设立有限责任公司应当具备下列条件。

① 股东符合法定人数，即由50人以下股东共同出资设立。股东可以是自然人，也可以是法人。一个自然人或法人也可以设立一人有限责任公司。新《公司法》允许一个自然人投资设立有限责任公司，是一个新突破。

② 股东出资达到法定资本的最低限额。法定资本又称注册资本，是公司称为法人的基本特征之一，又是企业承担风险的资本保证。新《公司法》取消了公司经营范围和行业性质区分最低注册资本额的规定，将有限责任公司的最低注册资本额一律降为3万元，其中货币出资额不得低于公司注册资本的30%，并允许按照规定的比例在两年内分期缴清出资。公司全体股东的首次出资额不得低于注册资本的20%，也不得低于法定的注册资本最低限额，其余部分由股东自公司成立之日起两年内缴足。其中，投资公司从宽规定可以在5年内缴足。

股东的出资方式可以是货币，也可以是实物、工业产权、非专利技术、土地使用权。股东对以实物、工业产权、非专利技术或者土地使用权出资的，必须进行评估作价，核实财产，不得高估或者低估作价。全体股东的货币出资额不得低于注册资本的30%。

股东全部认缴出资后，必须经法定的验资机构验资并出具证明。有限责任公司成立后发现作为出资的实物、工业产权、非专利技术、土地使用权的实际价额明显低于公司章程所定价额的，应当由交付该出资的股东补交其差额，公司设立时的其他股东对其承担连带责任。

③ 股东共同制定公司章程。有限责任公司章程由股东共同制定，所有股东在章程上签名、盖章。公司章程应当载明下列事项：

- 公司名称和住所；
- 公司经营范围；
- 公司注册资本；
- 股东的姓名或者名称；
- 股东的权利和义务；
- 股东的出资方式和出资额；
- 股东转让出资的条件；
- 公司的机构及其产生办法、职权、议事规则；
- 公司的法定代表人；
- 公司的解散事由与清算办法。

④ 有公司名称，建立符合有限责任公司要求的组织机构(公司名称须向工商行政管理机关申请预先登记)。有限责任公司在设定自己的名称时，必须在公司名称中标明"有限责任公司"或者"有限公司"字样。有限责任公司的组织机构由股东会、董事会(执行董事)、监事会(监事)组成。公司法定代表人依照公司章程的规定，由董事会、执行董事或者经理担任，并依法登记。公司法定代表人变更，应当办理变更登记。

⑤ 有公司住所、固定的生产经营场所和必要的生产经营条件。

2) 一人有限责任公司的特别规定

(1) 一人有限责任公司是指只有一个自然人股东或者一个法人股东的有限责任公司。一人有限责任公司应当在公司登记中注明自然人独资或者法人独资,并在公司营业执照中载明。一人有限责任公司的《公司章程》由股东制定。一人有限责任公司不设股东会。

(2) 一人有限责任公司的注册资本最低限额为人民币10万元。股东应当一次足额缴纳公司章程规定的出资额。

(3) 一个自然人只能投资设立一个一人有限责任公司。该一人有限责任公司不能投资设立新的一人有限责任公司。

(4) 一人有限责任公司的股东不能证明公司财产独立于股东自己的财产的,应当对公司债务承担连带责任。

3) 有限责任公司的优势

(1) 有限责任公司的风险较小。股东只以其出资额对公司承担有限责任,与个人的其他财产无关,因而如果公司破产,股东无须以个人财产作为债权的补偿。

(2) 企业具有永续性。有限责任公司具有独立的续存时间,除非因破产或注销,否则不会因个别股东的意外而消失。

(3) 经营管理规范。与个人独资企业和合伙企业相比,公司的所有权与经营权分离,可以聘任经理人员管理公司,能更好地适应市场竞争。

(4) 企业信用较高。有限责任公司拥有独立的一定数额的注册资本,其信誉和地位比个人独资企业、合伙企业要高。

有限责任公司由于具有合伙企业的优点和公司所具有的法律保护,所以,近年来越来越受到创业者的欢迎,是一种非常有前途的企业所有权形式。

(5) 有限责任公司的劣势

① 有限责任公司设立程序比较复杂,注册时要提供比较详细的资料,要有公司章程。

② 创办费用和注册资本较高。即便注册资本降低为3万元,这仍然是个硬性要求。

③ 为了规范公司治理结构,政府对公司的限制较多,法律法规的要求也较为严格。例如,有限责任公司必须按照公司法的有关规定设立组织机构,依照法律、行政法规和公司章程的规定行使职权。

4) 股份有限公司

股份有限公司设立程序复杂,对注册资本要求高,一般不适合创业者选择。

股份有限公司以其全部资本为等额股份,股东以其所持股份为限对公司承担责任,公司以其全部资产对公司的债务承担责任。

(1) 股份有限公司的设立条件。设立股份有限公司包括以下条件,其他省略的内容与有限责任公司基本一致。

① 发起人符合法定人数。

设立股份有限公司应当2~200人作为发起人,其中须有过半数的发起人在中国境内有住所。

② 发起人认购和向社会募集的股本达到法定资本最低限额。

股份有限公司的注册资本为在公司登记机关登记的实收股本总额。股份有限公司注册资本的最低限额新《公司法》降至人民币500万元。发起人的出资方式可以是货币,也可以用实物、工业产权、非专利技术、土地使用权作价出资。对作为出资的实物、工业产权、非专利技术或者土地使用权，必须进行评估作价，核实财产，并折合为股份。不得高估或者低估作价。土地使用权的评估作价，依照法律、行政法规的规定办理。发起人以工业产权、非专利技术作价出资的金额不得超过股份有限公司注册资本的20%。

③ 股份发行、筹办事项符合法律规定。

④ 发起人制定《公司章程》。例如，公司是采用募集方式设立的，《公司章程》须经创立大会通过。

⑤ 有公司名称，建立符合公司要求的组织机构。

⑥ 有固定的生产经营场所和必要的生产经营条件。

(2) 股份有限公司的设立方式。在设立股份有限公司过程中，发起人承担公司的筹办事务。发起人应当签订《发起人协议》，明确各自在公司设立过程中的权利和义务，并在发起设立和募集设立两种方式中选择一种。

① 发起设立。发起设立是指由发起人认购公司应发行的全部股份而设立的公司。

如果股份有限公司是采取发起设立方式设立的，注册资本应是在公司登记机关登记的全体发起人认购的股本总额。公司全体发起人的首次出资额不得低于注册资本的20%，其余部分由发起人自公司成立之日起两年内缴足。其中，投资公司可以在5年内缴足。在缴足前不得向他人募集股份。以发起设立方式设立的股份有限公司，发起人应当书面确认《公司章程》规定其认购的股份。一次缴纳的，即缴纳全部出资；分期缴纳的，即缴纳首期出资。以非货币财产出资的，应依法办理其财产权的转移手续。

② 募集设立。募集设立是指由发起人认购公司应发行股份的一部分，其余股份向社会公开募集或者向特定对象募集而设立公司。如果股份有限公司采取募集方式设立，注册资本应为在公司登记机关登记的实收股本总额。法律、行政法规对股份有限公司注册资本的最低限额有较高规定，以募集方式设立的股份有限公司，发起人认购的股份不得少于公司股份总数的30%；但是，法律、行政法规另有规定的，则从其规定。设立股份有限公司，董事会应当于创立大会结束后3日内向公司管理机关提出申请设立登记。

(3) 股份有限公司的优点。

① 可迅速聚集大量资本。股份有限公司是筹集大规模资本的有效的组织形式，可广泛聚集社会分散资金形成资本，为广大公众提供了简便、灵活的投资渠道，也为企业提供了筹资渠道，有利于公司的成长，使某些需要巨额资本的产业得以建立。

② 有利于分散投资者的风险。股份有限公司的股东以其所持股份为限对公司承担责任，与个人的其他财产无关，投资者可以投资多个公司，因而有利于分散风险。

③ 有利于接受社会监督。股份有限公司有利于资本产权的社会化和公众化，为了确保股东权益，需要把大企业的经营置于社会的监督之下，定期披露公司信息，因而有利于接受社会监督。

(4) 股份有限公司的缺点。

① 公司开设和歇业的法定程序严格、复杂；

② 公司抗风险能力较差，大多数股东缺乏责任感；

③ 公司的所有权与控制权的分离程度更高，经理人员往往不是股东，因此产生了出资者与经理人员之间的复杂的委托—代理关系，且大股东持有较多股权，不利于小股东的利益；

④ 公司财务与经营情况必须向公众披露，公司的商业秘密容易暴露。

(5) 股份有限公司与有限责任公司的区别。股份有限公司与有限责任公司的区别，如表9-1所示。

表9-1　股份有限公司与有限责任公司的比较

序号	比较项目	有限责任公司	股份有限公司
1	设立方式	只能发起设立	可发起设立，也可募集设立
2	股东人数	50人以下的股东出资设立，允许设立一人有限责任公司	2~200人以下为发起人，其中须有半数以上的发起人在中国境内有住所
3	章程制定	由全体股东制定，并由全体股东签名、盖章	由发起人制定，采用募集方式设立的，要创立大会通过
4	注册资金最低限额	3万元；一人有限责任公司为10万元	股份有限公司为500万元；上市公司为3000万元
5	股权形式	股东的股权证明是出资证明书，出资证明书不是有价证券，不能流通转让	股东的股权证明是股票，股票是一种有价证券，可以自由流通转让
6	股权转让	股权可以在股东之间自由转让，若转让给股东以外的第三人，需要取得其他股东半数以上同意	股份的转让既可以通过协议转让，又可以在公开证券市场转让，且转让不受限制
7	公司结构	可以不设立董事会和监事会，由执行董事或监事代替即可；若设董事会，则由3~13人组成	股份有限公司必须设立董事会，人数由5~19人组成；股东大会、董事会、监事会为必设机构
8	所有权和经营权分离程度	所有权和经营权的分离程度较低。股东会的权限较大，股东往往出任经营职务，直接参与公司经营管理	所有权和经营权的分离程度较高。由于股东人多且分散，召开股东会比较困难，股东会的权限有所限制，董事会的权限较大
9	财务状况的公开程度	财务会计报表可以不经过注册会计师的审计，也可以不公告，只要按照规定期限送交各股东	会计报表必须经过注册会计师的审计并出具报告，还要存档以便股东查阅，其中以募集设立方式成立的股份有限公司，必须依法披露、公开其财务和经营状况

4. 企业组织形式选择的策略

许多创业者认为，新创企业法律形式的最佳选择就是有限责任公司。然而，实际上，合伙企业、个人独资企业、一人有限责任公司、股份有限公司等，也常常很受欢迎，广泛存在于创业、活动实践中。企业法律形式的选择有赖于创业者的目标和达成目标的实际资源状况。究竟哪种法律形式最适合你的新创企业呢？

> 📖 **小资料**
>
> 巴隆和谢恩提出需要考虑下列问题。
> (1) 创业者(投资者)有多少人？
> (2) 承担有限责任对你很重要吗？例如，如果你有许多个人财产，这对你可能比较重要；而如果你没有什么个人财产，承担有限责任对你可能就不太重要。
> (3) 所有权的可转让性是重要还是不重要？
> (4) 你预料过你的新企业可能支付股利吗？如果想过，这些股利承受双重征税对你有多重要？
> (5) 如果你决定离开企业，你会担心自己不在时企业能否持续经营下去吗？
> (6) 保持企业较低的创办成本对你有多重要？
> (7) 在将来，筹集企业所需追加资金的能力有多重要？
> 创业者在回答上述问题的基础上，不考虑那些确实不能满足你的目标和要求的企业法律形式，然后依据其余企业法律形式、特点与目标接近的程度进行选择。

表 9-2 给出了不同企业设立的条件与特点比较，供选择参考。

表9-2　不同企业设立的条件与特点比较

比较因素	个人独资企业	合伙企业	有限责任公司		股份有限公司
			一人独资有限责任公司	一般有限责任公司	
创建者人数	1个自然人	2个以上合伙人	1个自然人或法人	2~50个自然人或法人	2~200个发起人
最低注册资本	由投资人申报出资	由各合伙人实际缴付出资	10万元	3万元	500万元
筹资方式	个人自行筹集	合伙人自行筹集	个人自行筹集实缴	发起人自行筹集，可分期缴齐	发起人可只筹集30%以上，其余公开募集
出资方式	不限	合伙人一致认可的出资方式，可以劳务方式出资	货币、实物、产权等	货币、实物、产权等	货币、实物、产权等
验资要求	投资者决定	可协商确定或评估	委托评估、机构验资	委托评估、机构验资	委托评估、机构验资
企业财产性质	个人所有	合伙人共有	法人独立的财产	法人独立的财产	法人独立的财产
企业责任	无限责任	无限连带责任	以全部资产为限的有限责任	以全部资产为限的有限责任	以全部资产为限的有限责任
创办者责任	无限责任	无限连带责任或有限责任	以出资额为限的有限责任	以出资额为限的有限责任	以股份为限的有限责任
盈亏分担	投资者个人	按约定，未约定则均分	投资者个人	按出资额比例	按股份
权力机构	投资者个人	全体合伙人共同表决一致或遵从约定	投资者个人	股东会	股东大会
执行机构	投资者或委托人	合伙人权利同等，可约定分工或委托第三人	执行董事	董事会或执行董事	董事会
所得税	个人所得税	个人所得税	企业所得税	企业所得税	企业所得税
企业信用	视个人资信	看任何一名合伙人资信	看注册资本数额	看注册资本数额	看注册资本数额
永续性	受投资者影响	受合伙人死亡、退伙等影响	永续经营	永续经营	永续经营
注销后的责任	创办者5年内有责任	创办者5年内有责任	无	无	无

> **案例分析**

苹果公司的设立

苹果公司所创造的"硅谷奇迹"是创业成功的典范。苹果公司的设立先后经历了以下过程。

一人技术

沃兹尼亚克(简称沃兹)在1976年设计出了一款新型的个人用计算机,样品苹果I号展出后大受欢迎,销售情况非常好。

两人起步

受此鼓舞,沃兹决定与中学时期的同学乔布斯一起创业,先进行小批量生产。他们卖掉旧汽车甚至个人计算机一共凑集1400美元,但小小的资本根本不足以应对创业对资金的迫切需求。乔布斯理解苹果计算机要成为一个成功的公司,就需要有资本、专业管理、公共关系和分销渠道。

三人合伙

从英特尔公司销售经理职位上提前退休的百万富翁马库拉经别人介绍找到了这两个年轻人,沃兹的成就激起了他的热情,马库拉有足够的工程学知识,这使他一眼看出,沃兹为 Apple设计的一些特性非常独到。他以多年驾驭市场的丰富经验和企业家特有的战略眼光,敏锐地意识到了未来个人计算机市场的巨大潜力,决定与两位年轻人进行合作,创办苹果公司。根据仅在美国10个零售商店的Apple I电路板的销售情况,马库拉大胆地将销售目标设定为10年内达到5亿美元。意识到苹果公司将会快速成长,马库拉用自己的钱入股9.1万美元,后来又游说其他人投60多万元风险资金,以其信用帮助苹果公司从银行借25万美元的贷款。这样,沃兹、马库拉和乔布斯各自获得公司30%的所有权。

三人于1977年1月7日签订了这一股份协定,正式成立苹果公司。

四人公司

三人共同带着苹果公司的创业计划,随后走访了马库拉认识的创业投资家,结果又筹集了60万美元的风险资金。为了加强公司的经营管理,一个月后马库拉又推荐了全美半导体制造商协会主任斯科特担任公司的总经理。马库拉和乔布斯说服了沃兹脱离惠普,全身心投入苹果公司。于是斯科特成了苹果公司的首位CEO(1981年,在担任苹果公司总裁的5年后,斯科特决定卖掉股份,提前退休)。1977年6月,四个人组成了公司的领导班子,马库拉任董事长,乔布斯任副董事长,斯科特任总经理,沃兹是负责研究与发展的副经理(管理团队)。技术、资金、管理的结合产生了神奇的效果。

斯科特帮助苹果公司建立了早期的基础架构。

综上所述,沃兹设计、制造了苹果计算机,马库拉有商业上的敏感性,斯科特有丰富的生产管理经验,但最终是乔布斯以传教士式的执着精神推动了所有这一切。

苹果公司的创业成功是创业团队有效合作的结果。

9.1.3 企业注册流程

大学生创业要申请注册公司,就必须了解公司注册方面的法定程序和工作流程,然后针对每一

个程序和流程的要求预先做好计划并准备相关资料,这样可以省去许多麻烦。注册公司的具体流程如下:

企业核名→提交材料→领取执照→刻章,就可以完成公司注册,进行开业了。但是,公司想要正式开始经营,还需要办理以下事项:银行开户→税务报到→申请税控和发票→社保开户。

1. 申办企业名称登记

大学生创业要申请注册公司,就必须了解公司注册方面的法定程序和工作流程,然后针对每一个程序和流程的要求预先做好计划并准备相关资料,这样可以省去许多麻烦,避免走弯路,在节省宝贵时间的同时,又可以保障提交资料内容的准确性。

1) 企业名称登记

企业名称即企业的名字、字号,是企业区别于其他企业或其他社会组织,被社会识别的标志。名称一般由4部分组成:行政区划、字号、行业、组织形式。

(1) 行政区划。行政区划指本企业所在地县级以上行政区划的名称或地名。具备下列条件的企业法人,可以将名称中的行政区划放在字号之后、组织形式之前。

一是使用控股企业名称中的字号;二是使用外国(地区)出资企业字号的外商独资企业,可以在名称中间使用(中国)字号。

(2) 字号。企业名称中的字号应当由两个以上汉字组成,行政区划不得用作字号,但县以上行政区划地名具有其他含义的除外。企业名称可以使用自然人投资人的姓名作字号。

(3) 行业。企业名称中的行业表述应当是反映企业经济活动性质所属国民经济行业或者企业经营特点的用语。名称中的行业特点应与主营行业相一致。企业经营活动性质分别属于国民经济行业不同大类的,应当选择主要经济活动性质所属国民经济行业类别用语表述企业名称中的行业。

企业名称中不使用国民经济行业类别用于表述企业所从事行业的,应当符合以下条件。

① 企业经济活动性质分别处于国民经济行业5个以上大类;
② 企业注册资本(或注册资金)1亿元人民币以上或者是企业集团的母公司;
③ 与同一工商行政管理机关核准或者登记注册的企业名称中字号不相同;
④ 企业为反映其经营特点,可以在名称中的字号之后使用国家(地区)名称或者县级以上行政区划的地名;
⑤ 企业名称不应当或者暗示有超越其经营范围的业务。

(4) 组织形式。依据《中华人民共和国公司法》《中华人民共和国中外合资经营企业法》《中华人民共和国中外合作经营企业法》《中华人民共和国外资企业法》申请登记的企业名称,其组织形式为有限公司(有限责任公司)或者股份有限公司;依据其他法律、法规申请登记的企业名称(如合伙企业、个人独资企业等),组织形式不得申请为"有限公司(有限责任公司)"或"股份有限公司",非公司制企业可以申请用"厂""店""部"等作为企业名称的组织形式。

2) 名称登记管辖

工商行政管理机关对企业名称实行分级登记管理。

(1) 国家工商管理局管辖范围。
① 冠以"中国""中华""国家""国际"字样的;
② 名称中间使用"中国""中华""国家""国际"字样的;
③ 不含行政区划的。

(2) 市工商局登记管辖范围。
① 市人民政府批准设立或者行业归口管理部门审查同意由政府各部门设立的企业；
② 企业集团；
③ 专业从事进出口业务、劳务输出业务、对外承包工程的企业或者资产评估机构、验资机构、审计机构、典当机构、中小企业信用担保机构、工商注册代理机构、专业经纪组织、因私出入境中介机构、境外就业中介机构、人才中介机构、征信机构；
④ 股份有限公司；
⑤ 国有独资公司；
⑥ 注册资本3000万元(含)人民币以上的有限责任公司；
⑦ 出资额在3000万元(含)人民币以上的个人独资企业；
⑧ 外商投资企业。
(3) 区县工商分局登记管辖范围。
受理上述企业以外的其他企业、内资企业分支机构及个体工商户的名称登记，分局根据市局复核意见进行核准。

3) 其他内容
(1) 股东(出资人)的资格证明。股东(出资人)为企业的，出具加盖本企业公章的《营业执照》复印件；股东(出资人)为事业法人的，出具加盖本单位公章的《事业法人证书》；股东(出资人)为社会团体的，出具加盖本单位公章的《社会团体法人证书》；股东(出资人)为自然人的，出具本人的身份证或其他合法身份证明的复印件。
(2) 名称保留期。预先核准的企业名称保留期为3～6个月。预先核准的企业名称保留期内，不得用于从事经营活动，也不得进行转让。
企业名称不得含有下列内容和文字：①有损国家、社会公众利益的；②可能对公众造成欺骗或者误解的；③外国国家(地区)名称、国际组织名称；④政党名称、党政军机关名称、群众组织名称、社会团体名称及部队番号；⑤其他法律、行政法规规定禁止的。
(3) 企业名称应当使用符合国家规范的汉字，不得使用外国文字、汉语拼音字母、阿拉伯数字。
(4) 在名称中间使用"国际"字样的，"国际"不能用作字号或者经营特点，只能作为经营特点的装饰语并应符合行业用语的习惯，如国际贸易、国际货运代理等。
(5) 使用自然人姓名作为字号的，该自然人应是企业的投资人或股东。需要注意的是，所用投资人姓名与党和国家领导人或老一辈革命家的姓名相同的，不得使用。
(6) 以商标作字号应提交商标所有权人出具的同意函，以及国家有关部门对该商品的认定证明。工商行政管理机关的工作人员审核申请人提交的书面材料后，符合条件的，当场发放《企业名称预先核准通知书》。

2. 选择公司的形式

普通的有限责任公司最低注册资金3万元，需要两个或两个以上的股东，2006年1月起实施的新修订的《中华人民共和国公司法》规定，允许1个股东注册有限责任公司。这种特殊的有限责任公司又称"一人有限公司"(但公司名称中不会有"一人"字样，执照上会注明"自然人独资")，最低注册资金10万元。如果只有你一个人作为股东，则选择一人有限公司；如果你和朋友、家人合伙投资创业，可选普通的有限公司，最低注册资金3万元。

3. 注册公司要求

1) 公司注册地址要求

公司注册地址与一般的个体工商户的要求是不同的，每个地方工商局的要求不一样，大部分地方是规定登记地址必须是商务用途的办公楼才可以，少数地方针对注册地址的要求没有那么严格，住宅一样可以登记。如果用户那边工商政策是不允许用住宅房登记，则不可以注册。

房屋提供者应根据房屋权属情况，分别出具以下证明：

(1) 房屋提供者如有房产证应另附房产证复印件并在复印件上加盖产权单位公章或由产权人签字。

(2) 无产权证的由产权单位的上级或房产证发放单位在"需要证明情况"栏内说明情况并盖章确认；地处农村地区的也可由当地政府在"需要证明情况"栏内签署同意在该地点从事经营的意见，并加盖公章。

(3) 产权为军队房产，应提交加盖中国人民解放军房地产管理局专用章的"军队房地产租赁许可证"复印件。

(4) 房屋为新购置的商品房又未办理产权登记的，应提交由购房人签字或购房单位盖章的购房合同复印件及购房发票复印件、加盖房地产开发商公章的预售房许可证的复印件。

(5) 房屋提供者为经工商行政管理机关核准具有出租经营权的企业，可直接在"房屋提供者证明"栏内加盖公章，同时应出具加盖本企业公章的营业执照复印件，不再要求提供产权证。

2) 公司注册资本要求

取消最低注册资本，特殊行业需符合行业最低注册资本要求，注册国际货运代理公司必须符合注册资本最低500万元人民币的要求。股东有缴纳注册资本的义务，注册资本必须经过会计师事务所的验证后，方能登记入工商注册信息。

3) 公司经营范围要求

在注册公司，公司经营范围须写在营业执照上。普通的产品销售及咨询服务可以直接写入经营范围，但特殊行业或产品需办理行业许可证后，方能写入经营范围。比如，酒类销售就需办酒类批发许可证。

4) 公司股东、法人代表要求

公司股东、法定代表人必须有身份证，且在工商及税务系统中无不良记录。关于股东等的详细要求规定，可参考工商局的《企业告知承诺书》。

5) 财务人员要求

公司注册完成后，每个月需做账和报税，因而在办理税务登记时，需提供财务人员身份信息。在发票购买时，需办理"发票管理员证"。

公司注册完成后，还需开设公司基本账户及纳税账户。

4. 注册公司所需资料

(1) 《公司设立登记申请书》由公司法定代表人签署；

(2) 《指定代表或者共同委托代理人的证明》由董事会签署；

(3) 由发起人亲自签署的或由会议的主持人与出席会议的董事亲自签字的股东大会或创立大会

的会议记录(募集设立的提交)相当于股东会决议(设立);

(4) 全体发起人签署或者全体董事签字的公司章程;

(5) 自然人身份证件复印件;

(6) 董事、监事和经理的任职文件及身份证件复印件;

(7) 法定代表人任职文件及身份证件复印件;

(8) 住所使用证明;

(9) 《企业名称预先核准通知书》。

5. 注册公司的流程

(1) 公司名称核准,想好不下5个名字作为备用,因为各大行业的中小企业数量很多,只要是重复就无法通过。想好公司名字下一步去工商局拿一份表格《企业名称预先核准申请书》,填完给所有股东进行签名确认,再由工商局人员经过系统审查有无重复的名字,如果没有,则工商局会给一份《企业名称预先核准通知书》。(3个工作日)

(2) 银行开设临时账户,带齐法人、股东身份证原件、《企业名称预先核准通知书》、股东章、法人章去各大银行以公司名义开一个临时账户,股东可以将股本投入其中。(特殊行业需验资,其他行业,由于认缴制可省略此步骤)

(3) 办理工商营业执照(三证合一)。工商局取一套新公司设立登记的文件及表格,按要求填写和股东法人签字,《企业名称预先核准通知书》、场地租赁合同、所有股东身份证原件递交给工商局的注册科,审查完没有问题会发放一份受理文件。(7个工作日后领取)

(4) 刻章,一般刻公章、财务章、法人章、发票章、合同章(连备案3个工作日)。

(5) 银行开户,带齐全部办理完毕的证件,营业执照正副本(三证合一),以及法人代表身份证原件、公章、法人章、财务章,到开户行办理基本户。(5个工作日领取)

到此公司的注册基本已经完成,全部证件有营业执照正副本(三证合一)、银行开户许可证、公章、财务章、法人章、发票章、合同章等。

6. 注册公司的费用

自从注册资金由"实缴制"改为"认缴制"后,公司设立一定时间内(一般为10~20年)缴足就可以了,不要求注册时一次性拿出,极大地降低了公司注册时的资金压力。这对于初期创业却资金不足的人来说是一件好事,理论上来说一元也可以注册公司了。但是,在注册过程中,仍有一些花费是不可避免的。

1) 必要花费

(1) 企业核名——免费;

(2) 工商执照——免费;

(3) 公司刻章——200元~500元;

(4) 税务报到国地税证书——120元~400元;

(5) 代办服务费——500元。

2) 后续费用

(1) 注册地址挂靠:2500元

注册公司必须要有自己的场所,注册地址就是在公司营业执照上登记的"住址"。地区地址挂靠(不带红本)一般在2500元左右，要求红本的地址由于数量有限，价格更高。

(2) 银行开户：2800元～4000元。

对于初创公司，"基本户"在很长时间内会是公司唯一的银行账户，所有公司的支出、收入都需要通过这个账户来操作。因此公司注册完后，就应该及时开设公司银行账户。不同银行的收费情况不同，具体费用还要看公司开户银行的要求。

(3) 社保开户：500元。

公司注册完成后，需要在30天内到所在区域管辖的社保局开设公司社保账户，办理《社保登记证》及CA证书，并和社保、银行签订三方协议。之后，社保的相关费用会在缴纳社保时自动从银行基本户里扣除。

(4) 公积金开户：1000元。

新设立的单位应当自注册或批准成立之日起30日内，到管理中心办理住房公积金缴存登记，为职工办理账户设立手续。

(5) 税控申请：1500元。

如果企业要开发票，就必须申办税控机，核定申请发票。完成申请后，企业就可以具有开发票的资格了。

(6) 代理记账：2400元/年。

法律规定，领取营业执照后15天内必须设置账本，企业必须有一名专业会计，根据原始的票据凭证，为企业做账。新设立的公司一般都是小规模纳税人，如果公司没有招聘专职会计，可以选择代理记账服务。但是为了账务安全，选择靠谱的代理记账公司非常重要。

3) 启动资金

以上事项完成以后，公司基本就设立完成了。但是，除去以上注册公司的硬性花费，想要公司正式运行起来，还需要一笔启动资金来进行例如人员招聘、租房、广告推广费用等。所以，我们建议创业者最好能够拿出5万～10万元起步。

需要注意的是，以上费用只统计了不需要前置审批、后置审批的公司，如果属于特殊行业公司还需要办理特定的资质，例如："食品经营许可"等。

📖 小资料

2018年注册公司的新政策

(1) 将注册资本实缴登记制改为认缴登记制。

除法律、行政法规以及国务院决定对公司注册资本实缴另有规定的外，取消了关于公司股东(发起人)应当自公司成立之日起两年内缴足出资，投资公司可以在五年内缴足出资的规定；取消了一人有限责任公司股东应当一次足额缴纳出资的规定。公司股东(发起人)自主约定认缴出资额、出资方式、出资期限等，并记载于公司章程。

(2) 放宽注册资本登记条件。

除法律、行政法规以及国务院决定对公司注册资本最低限额另有规定的外，取消了有限责任公司最低注册资本3万元(人民币，下同)、一人有限责任公司最低注册资本10万元、股份有限公司最低注册资本500万元的限制，也就是说理论上可以"一元钱办公司"；不再限制公司设立时股东(发起人)的首次出资比例，也就是说理论上可以"零首付"；不再限制股东(发起人)的货币出资比例。

(3) 简化登记事项和登记文件。

有限责任公司股东认缴出资额、公司实收资本不再作为公司登记事项。公司登记时，不需要提交验资报告。这次公司法的修改进一步降低了公司设立门槛,减轻了投资者负担,便利了公司准入,为推进公司注册资本登记制度改革提供了法制保障。

9.1.4 注册企业面临的法律问题

创业者在创建和经营企业的过程中,必须了解和遵守有关法律法规,以确保自身和他人的利益没有受到非法侵害。与创业有关的法律主要包括专利法、商标法、著作权法、反不正当竞争法、合同法、产品质量法、劳动法等,如表9-3所示。

表9-3 注册企业面临的法律问题

创建阶段的法律问题	经营现行业务中的法律问题
确定企业的法律形式	人力资源管理(劳动)法规
设立税收记录	安全法规
进行租赁和融资谈判	质量法规、环保法规
起草合同	财务和会计法规
申请专利、商标和著作权保护	市场竞争法规

知识产权是人们对自己通过智力活动创造的成果所依法享有的权利。知识产权、专利、商标、著作权等,是企业的重要资产,知识产权可通过许可证经营或出售,带来可观的经管收入。知识经济时代,知识资产已经成为企业中最具价值的资产,今天所有的企业(包括新创企业)都拥有一些对其成功至关重要的知识、信息和创意。创业者、创业团队为了有效保护自己的知识产权,也为了避免无意中对他人知识产权的侵犯,了解知识产权及其相关法律法规十分必要,如表9-4所示。

表9-4 中型创业企业各部门中典型的知识产权

部门	典型的知识产权形式	常用的保护方式
营销部门	名称、标语、标识、广告语、广告、手册、非正式出版物、未完成的广告拷贝、客户名称、潜在客户名单及类似信息	商标、著作权和商业秘密
管理部门	招聘手册、员工手册、招聘人员在选择和聘用候选人时使用的表格和清单、书面的培训材料和企业的实时时事通信	著作权和商业秘密
财务部门	各类描述企业财务绩效的合同、幻灯片、解释企业如何管理财务的书面报告、员工薪酬记录	著作权和商业秘密
管理信息系统部门	网站设计、互联网域名、公司特有的计算机设备和软件的培训手册、计算机源代码、电子邮件名单	著作权、商业秘密、注册互联网域名
研究开发部门	新的和有用的发明及商业流程、现有发明和流程的改进、记录发明日期和不同项目进展计划的实验室备忘录	专利和商业秘密

1. 专利与专利法

"专利"一词一般理解为专利权。国家颁发专利证书授予专利权的专利权人,在法律规定的期限内,对制造、使用、销售(有些国家还包括进口该项专利发明或设计)享有专有权(又称垄断权或独占权)。其他人必须经过专利权人同意才能从事上述行为,否则即为侵权。专利期限届满后,专利权即行消灭。任何人皆可无偿地使用该项发明或设计。

专利法是确认发明人(或其权利继受人)对其发明享有专有权,规定专利权人的权利和义务的法律规范的总称。1980年1月，我国政府正式筹建专利制度，后又成立了中国专利局。1984年3月，全国人大通过并颁布了《中华人民共和国专利法》，2001年6月15日国务院颁布《中华人民共和国专利法实施细则》，2008年12月27日第十一届人大第六次会议通过关于修改《中华人民共和国专利法》的决定，自2009年10月1日起施行。

2. 商标与商标法

商标是指在商品或服务项目上所使用的，由文字、图形、字母、数字、三维标志和颜色组合，以及上述要素的组合构成的显著标志，是用以识别该商品或者服务的原产地、原料、制造方法、质量或者其他特定品质的标志。

商标法是确认商标专用权，规定商标注册、使用、转让、保护和管理的法律规范的总称。它的作用主要是加强商标管理，保护商标专用权，促进商品的生产者和经营者保证商品和服务的质量，维护商标的信誉，以保证消费者的利益，促进社会主义市场经济的发展。

商标是企业在价值上可以量化的重要的无形资产，可以为企业带来巨大收益。商标只有经过注册，才会受到法律保护，才能取得商标专用权，否则企业的这部分无形资产就会大量流失或者严重缩水。商标不仅是消费者选择产品或者服务的依据，而且是企业参与市场竞争的主要载体。好的企业不仅需要好的产品和服务，更需要好的商标。不论是美国的可口可乐，还是中国的海尔都是因为注册了商标，才能受到法律保护。

1982年8月23日，我国颁布了《中华人民共和国商标法》，并于1993年2月22日进行了第一次修正，2001年10月27日进行了第二次修正。

3. 著作权与著作权法

著作权也称版权。著作权包括下列17项人身权和财产权：发表权、署名权、修改权、保护作品完整权、复制权、发行权、出租权、展览权、表演权、放映权、广播权、信息网络传播权、摄制权、改编权、翻译权、汇编权、追续权及应当由著作权人享有的其他权利。

著作权法是指保护文学、艺术和科学作品作者的著作权以及与著作权有关的权益，按照法律规定，中国公民法人或者其他组织的作品，不论是否发表，均享有著作权。具体包括以下形式创作的文学、艺术和自然科学、社会科学、工程技术等作品；文字作品；口述作品；音乐、戏剧、曲艺、舞蹈、杂技艺术作品；美术、建筑作品；摄影作品；电影作品和以拍摄电影的方法创作的作品；工程设计图、产品设计图、地图、示意图等图形作品和模型作品；计算机软件和法律、行政法规规定的其他作品。

我国实行对作品自动保护原则和自愿登记原则，即作品一旦产生，作者便享有版权，登记与否都受法律保护；自愿登记后可起到证据作用。署名权、修改权、保护作品完整权的保护期不受限制，发表权保护期为作者终生及其死亡后50年。使用他人作品应当同著作权人订立许可使用合同或转让合同。

1990年9月7日，七届全国人大第十五次会议颁布了《中华人民共和国著作权法》，2001年10月27日进行了第一次修正，2010年2月26日进行了第二次修正。

除了与知识产权相关的法律外，其他还有反不正当竞争法、合同法、产品质量法、劳动法等法律法规也是创业者及其新创企业必须学习和了解的。

4. 反不正当竞争法

反不正当竞争法的概念有广义和狭义两种理解。广义的反不正当竞争法,是指调整发生在市场竞争中的不正当竞争行为的法律规范的总称。狭义的反不正当竞争法,专指《中华人民共和国反不正当竞争法》,1993年9月2日由第八届全国人民代表大会常务委员会第三次会议通过,自1993年12月1日起施行。

我国《反不正当竞争法》的调整范围在借鉴各国立法经验的同时,主要从我国市场经济发展的现有水平和实际需要出发,对现实生活中表现比较典型或随着经济发展会日益突出的那些破坏竞争秩序的不正当竞争行为以及部分限制竞争行为进行规范。其调整范围如下。

1) 狭义上的不正当竞争行为

由于我国处于从计划经济向市场经济过渡时期,市场经济尚未完全发育,典型的经济垄断和限制竞争行为在经济生活中并不突出;而以欺诈利诱为特征的各种不正当竞争行为开始大量出现,尤其是制售假冒伪劣商品、制作发布虚假广告、抽奖式有奖销售、商业贿赂行为等最为突出。这些行为涉及面广,发案数量多,持续时间长,已在相当程度上破坏了正常的商品交易秩序,妨碍了市场经济的健康发展,对其进行规制和予以制裁实属当务之急。

根据我国《反不正当竞争法》,这类不正当竞争行为主要有:采用假冒或混淆手段从事市场交易的行为;侵犯他人商业秘密的行为;利用贿赂性销售进行竞争的行为;损害竞争对手的商业信誉、商品声誉的行为;进行虚假的广告宣传,损害经营者或消费者的利益,破坏市场秩序的行为;违反本法规定的有奖销售行为。

2) 行政性垄断及限制竞争行为

针对我国目前存在的部门垄断和地区封锁以及其他限制竞争行为,我国《反不正当竞争法》亦做了相应的禁止和制裁的规定。行政性垄断及限制竞争行为包括政府利用行政权力限制商品流通、限制正当竞争的行为;公用企业或其他具有独占地位的经营者限定他人购买指定商品,排挤其他竞争对手的行为;以排挤竞争对手为目的,以低于成本的价格销售商品的行为;搭售商品或附加其他不合理条件的行为;串通投标的行为等。

我国《反不正当竞争法》最显著的特征是调整对象的特殊性,即调整发生在市场竞争中的不正当竞争行为。法律明确规定经营者的哪些行为是不正当竞争行为,应予以制止。对行为主体而言,法律不是直接规定其享有哪些权利,而是规定其负有哪些不作为的义务。《反不正当竞争法》是从制止不正当竞争行为、制裁违法行为方面来保护自由、公平、合理竞争,保护其他经营者的合法权益,维护社会经济秩序。

5. 合同法

合同法是调整平等主体之间的交易关系的法律,它主要规范合同的订立,合同的效力,合同的履行、变更、转让、终止,违反合同的责任及各类有名合同等问题。在我国,合同法并不是一个独立的法律,而是我国民法的重要组成部分。

合同法在为经济交易关系提供准则、保护合同当事人的合法权益、维护正常的交易秩序方面具有重大意义,一部好的合同法能够促进一国经济的发展。

合同法的特征是:
(1) 合同是双方的法律行为,即需要两个或以上的当事人互为意思表示(意思表示就是将能够发

生民事法律效果的意思表现于外部的行为);

(2) 双方当事人意思表示须达成协议,即意思表示要一致;

(3) 合同系以发生、变更、终止民事法律关系为目的;

(4) 合同是当事人在符合法律规范要求条件下而达成的协议,故应为合法行为。合同一经成立即具有法律效力,在双方当事人之间就发生了权利、义务关系,或者使原有的民事法律关系发生变更或消灭。当事人一方或双方未按合同履行义务,就要依照合同或法律承担违约责任。

6.《中华人民共和国产品质量法》

《中华人民共和国产品质量法》是关于产品质量管理的一部重要的法律。其中所包含的法律规范十分丰富,从大的方面说,这个法律文件中既有行政法规范,也有民事法律规范,还有刑事法律规范的内容。

这种将行政法与其他法律规范融为一体的立法方式并不罕见。如果将产品质量管理与产品责任分开规定,可能会导致法律适用的不便。然而,从完善民法的角度来考察,将产品侵权责任规定在《产品质量法》中可能会对民事立法特别是侵权行为立法系统化工作构成妨碍。

强调《中华人民共和国产品质量法》的性质,旨在纠正这样一个错误,那就是"打而不罚,罚而不打"。根据《中华人民共和国产品质量法》,产品质量的监督管理机关可以对生产者、销售者进行处罚;与此同时,民事主体还可以向产品质量侵权人提出民事诉讼,要求其承担民事赔偿责任。

产品质量涉及千家万户,广大人民群众对商品质量问题极为关注。因产品质量,消费者切身利益受到损害以后,理应投诉有门,得到合理赔偿。国家通过立法,保护了消费者合法权益。《中华人民共和国产品质量法》的颁布实施,标志着国家产品质量工作走上了法制管理的道路,这对于产品质量公平竞争机制,促进社会主义市场经济的发展,具有十分重要的意义,为制裁产品质量的违法行为,提供了强大的法律武器。

产品质量法是调整产品质量监督管理,以及生产经营者对其生产经管的缺陷产品所致他人人身伤害或财产损失应承担的赔偿责任所产生的社会关系的法律规范的总称。对缺陷产品造成的损害,各国多以产品责任法予以规范和调整,即只规定生产经营者必须保证产品质量,对产品的质量负责。

- 产品质量必须符合所采用标准的要求,不得存在危及人身、财产安全的不合理的危险,应具备应有的使用性能。
- 产品的标识必须符合要求。产品必须有合格证、产品名称、厂名、厂址等;限期使用的产品必须有生产日期、安全使用期或者失效日期;涉及使用安全的产品必须有警示说明、警示标志。
- 企业的禁止性行为。企业不得伪造产地,不得伪造或冒用他人的厂名、厂址,不得生产销售国家明令淘汰或者禁止生产的产品,不得伪造或者冒用质量标志,不得在产品中掺杂、掺假,不得以次充好、以假充真,不得以不合格品冒充合格品,不得销售失效、变质的产品等。

7. 劳动法

劳动法是指调整劳动关系以及与劳动关系有密切联系的其他社会关系的法律。它离不开调整劳动关系这一核心内容。

劳动法是国家为了保护劳动者的合法权益、调整劳动关系、建立和维护适应社会主义市场经济的劳动制度、促进经济发展和社会进步,根据宪法而制定颁布的法律。从狭义上讲,我国的劳动法是指1994年7月5日第八届全国人大常委会通过、1995年1月1日起施行的《中华人民共和国劳动法》；从广义上讲，劳动法是调整劳动关系和与劳动关系密切相关的其他社会关系的法律规范的总称。

劳动法作为维护人权、体现人文关怀的一项基本法律，在西方甚至被称为"第二宪法"。其内容主要包括：劳动者的主要权利和义务，劳动就业方针政策及录用职工的规定，劳动合同的订立、变更与解除程序的规定，集体合同的签订与执行办法，工作时间与休息时间制度，劳动报酬制度，劳动卫生和安全技术规程等。劳动法在有些国家是以各种单行法规的形式出现的，在有些国家是以劳动法典的形式颁布的。劳动法是整个法律体系中一项重要的、独立的法律。劳动法中规定，企业享有如下7种权利：

(1) 依法建立和完善规章制度的权利。依法建立和完善规章制度的权利源于用人单位享有的生产指挥权，既然用人单位享有生产指挥权，那么所有用人单位就有权根据本单位的实际情况，在符合国家法律、法规的前提下制定各项规章制度，要求劳动者遵守。

(2) 根据实际情况制定合理劳动定额的权利。用人单位与劳动者签订劳动合同后，就获得了一定范围劳动者的劳动使用权，并有权根据实际情况给劳动者制定合理的劳动定额。对于用人单位规定的合理的劳动定额，在没有出现特殊情况时，劳动者应当予以完成。

(3) 对劳动者进行职业技能考核的权利。用人单位有权对劳动者进行职业技能考核，并根据劳动者劳动技能的考核结果安排其适合的工作岗位和奖金薪酬。

(4) 制定劳动安全操作规程的权利。用人单位有权利根据劳动法上的劳动安全卫生标准，制定本单位的劳动保护制度，要求劳动者在劳动过程中必须严格遵守操作规程。

(5) 制定合法作息时间的权利。用人单位享有根据本单位具体情况和对员工工作时间的要求，合法安排劳动者作息时间的权利。

(6) 制定劳动纪律和职业道德标准的权利。为了保证劳动得以正常有序进行，用人单位有权制定劳动纪律和职业道德标准。劳动纪律是用人单位制定的劳动者在劳动过程中必须遵守的规章制度。这是组织社会劳动的基础和必要条件。职业道德是劳动者在劳动实践中形成的共同的行为准则，也是对劳动者的职业要求。当然，制定劳动纪律和职业道德标准必须符合法律规范。

(7) 其他权利。这包括提请劳动争议处理的权利、平等签订劳动合同的权利等。

9.1.5 新企业选址策略和技巧

企业选址就是确定在何处建厂或建立服务设施、门店等。它不仅关系到设施建设本身的投资，而且在很大程度上决定了企业产品和服务的成本，从而影响到企业的市场竞争力和经济效益，甚至关乎企业的生死存亡。

1. 影响企业选址的因素

1) 影响新企业选址的外部因素

(1) 自然因素。自然因素包括土地资源、气候条件、水资源和物产资源。以气候条件为例，气候会直接影响职工的健康和工作效率。当气温在15℃～22℃时，人的工作效率最高。气温过高或过低，都会影响工作效率。因此，气候条件是企业在选址时应考虑的重要因素。

(2) 社会因素。影响选址的社会因素很多，包括居民的生活习惯、当地风俗、文化教育水平、宗教信仰、生活水平等。地域不同、民族不同，生活习惯、宗教信仰、文化水平、受教育程度等就相应存在差异。在选址时,企业要充分考虑这些影响因素,防止因忽略某个方面而给企业日后的发展带来不利影响。

(3) 经济因素。经济因素一般体现在资源等方面。经济水平越高,消费水平也越高,高端消费行业适合在这样的地区扎根;同行间的竞争力过于激烈,胜出的可能性就不大;原材料和产品的进厂和出厂、上下班是否方便,决定了企业在生产前后环节的顺利程度;有的企业输入运输量大,有的企业输出运输量大,原材料供应地和消费者市场就成了重要的因素,等等。

(4) 政治因素。地域或国家政局是否稳定、政府是否有为、法制是否健全、治安是否良好、赋税是否公正是影响企业选址的政治因素。政治局面稳定是发展经济的前提,也是企业发展的前提。在社会动荡、治安很差的政治环境中投资建厂必然要冒很大的风险。另外,即便政局稳定,也有可能法律多变,如此资本权益就得不到保障。因此,企业在决定投资之前,一定要充分了解当地有关法律法规,包括环境保护和税收政策等方面的法规。

2) 影响新企业选址的内部因素

(1) 企业的性质。企业是属于制造业还是服务业构成了选址决策依据的差异:制造业企业选址,要考虑成本的最小化,零售类和专业服务类企业看中收入的最大化,仓储设施服务类的企业关注成本及产品配送速度。

(2) 企业战略目标。每个企业都有一定的战略目标。不同的战略考虑,是要扩大再生产还是要开辟新的市场,是要在竞争中夺冠还是实施人才战略,也是影响企业选址的内部因素。

(3) 项目和产品。创业项目及企业提供的产品或服务的差别决定了选址时一定要区别对待。生产加工类项目需要大量的原材料,选址时原材料供应的近便是考虑的主因;能耗型项目必然依照能源充足地而建;知识型、技术型项目的前景和科技中心地带、经济中心地带直接相连;手工类项目则应在劳动力供应充足的地区建设。

总之,种种内因和外因的繁杂存在影响着企业的选址。一个企业选址运作的成功往往是将各种因素综合分析的结果。为达到理想的效果,选址也需要一定的策略和技巧。

2. 企业选址的策略

1) 选址的区域分析

新设企业在选址的过程中必须考虑一个问题:在什么样的区域环境中才能生存?因此区域环境成为影响企业生存和发展的一个重要因素。

可以根据需求水平和购买力水平进行需求分析,根据市场潜力和市场营销潜力分析市场的发展潜力,同时也需要进行市场规模分析、消费者购买行为分析和竞争分析。

2) 选址的商圈分析

投资者在进行选址时,要细心地观察商圈的情况。一般来说,客流量较大的场所有城市的商业中心、火车站、长途汽车站、公交站点附近、商业步行街、大学校园门口、人气旺盛的旅游景点等。这些地方属于商业集中地段。在车水马龙的热闹地段开店,成功的概率往往比在普通地段开店高出许多。但在具体选择铺位时,应注意商圈内的竞争对手不宜过多。

3) 经营地点评估

新店的营业潜力一般可通过预测商店的销售额来分析,同时需要通过对投资和经营费用的预算来分析。另外,还可以通过比较法和市场占有率法对店铺进行指标评价,确定其是否适合开店。

4) 形成选址分析报告

商店选址分析报告应包括以下内容：新店周围地理位置特征表述、被选店地址周围商业环境和竞争店情况、新店周围居民及流动人口消费结构和消费层次、新店开业后预计能辐射的范围、新店的营业面积和商业结构、新店的市场定位和经营特色、新店经营效益预测以及新店未来前景分析。

9.1.6 【案例分析】麦当劳和肯德基的选址标准

1. 麦当劳的选址标准

1) 针对目标消费群

麦当劳的目标消费群是年轻人、儿童和家庭成员。所以在布点上，一是选择人潮涌动的地方，如麦当劳在天津的和平路、南京路、天津站等交通集散点周边设店。二是在年轻人和儿童经常光顾的地方布店，比如在天津乐园附近设店，方便儿童就餐；在新安广场开设店中店，吸引逛商场的年轻人就餐。

2) 着眼于今天和明天

麦当劳布店的一大原则是一定二十年不变。所以对每个店的开与否，都通过三个月到六个月的考察，再作决策评估。其重点考察是否与城市规划发展相符合，是否会出现市政动迁和周围人口动迁，是否会进入城市规划中的红线范围。进入红线的区域，坚决不碰，老化的商圈，坚决不设点。有发展前途的商街和商圈，新辟的学院区、住宅区，是布店考虑的地区。纯住宅区则往往不设店，因为纯住宅区居民消费的时间有限。

3) 讲究醒目

麦当劳布店一般都选择在一楼的店堂，透过落地玻璃橱窗，让路人感知麦当劳的餐饮文化氛围，体现其经营宗旨——方便、安全、物有所值。由于其布店醒目，便于顾客寻找，也吸引人。

4) 不急于求成

黄金地段或黄金市口，业主往往要价很高。当要价超过投资的心理价位时，麦当劳不急于求成，而是先发展其他地方的布店。通过别的店的成功，让"高价"路段的房产业主感到麦当劳的引进，有助于提高自己的身价，于是再谈价格，重新布店。

5) 优势互动

麦当劳开"店中店"选择的"东家"，不少是信誉较高的，如天津的新安广场、津汇广场等。知名百货店为麦当劳带来客源，麦当劳又吸引年轻人逛商店，起到优势互补的作用。

2. 肯德基的选址步骤

1) 第一步：划分商圈——用数据说话

肯德基计划进入某城市，首先通过有关部门或专业调查公司收集这个地区的资料，有些资料是免费的，有些资料需要花钱去买。把资料收集齐了，就开始规划商圈。商圈规划采取的是计分的方法，例如，这个地区有一个大型商场，商场营业额在1000万元算1分，5000万元算5分，有一条公交线路加多少分，有一条地铁线路加多少分，这些分值标准是多少年平均下来的一个较准确经验值。通过打分把商圈分成几大类，以天津为例，有市级商业型(和平路等)，区级商业型，定点(目标)消费型，还有社区型商务两用型、旅游型等。

2) 第二步：选择地点——在最聚客的地方开店

古语说"一步差三市"，开店地址差一步就有可能差三成的买卖。这跟人流动线(人流活动的线路)有关，可能有人走到这之前就拐弯，则这个地方就是客人到不了的地方，差不了一个小胡同，但生意差很多，这些在选址时都要考虑进去。人流动线是怎么样的，在这个区域里，人从地铁出来后是往哪个方向走等，这些都派人去掐表测量，有一套完整的数据之后才能据此确定地址。选址时一定要考虑人流的主要动线会不会被竞争对手截住。人流是有一个主要动线的，如果竞争对手的聚客点比肯德基选址更好的情况下那就有影响，如果是两个一样，那就无所谓。

由麦当劳和肯德基的选址标准可以看出商铺选址主要是商圈和聚客点的选择。

3. 商圈的划分与选择

何谓商圈，商圈即各种店铺最密集的经营场所。你在落实你的创业计划时，首先要考虑的就是如何去锁定适合自己经营的商圈。最常见的商圈类型有市级商业型、区级商业型、定点消费型、服务消费型、社区消费型及旅游消费型等。你根据经营的项目确定了商圈的类型后，接下来就需要用百分制的打分方法对商圈的等级、交通及前景三个方面进行评估、论证，看在这个商圈内适合不适合自己开店、能开多大规模的店。肯德基对快餐店选址是非常重视的，其选址成功率几乎是百分之百，是肯德基的核心竞争力之一。

1) 划分商圈

商圈等级评估打分，商圈等级的高低直接代表着含金量的多少。我们可以用打分的方法来确定是黄金商圈还是白银商圈，或是黄铜商圈。如果商圈的等级评定占总分的65%(即评估打分总分为65分)，我们可从城市人口、收入水平、消费能力及商圈的年营业额4个方面来评估。如这个城市非农业人口为30万，年人均收入在1.5万元，年平均消费大于5000元，商圈的年销售额在2亿~3亿元，我们就可以把它定为具有65分值含金量的黄金商圈。一般来说，城市人口分值为10分，经济收入为15分，消费能力为15分，商圈年销售额为25分(例如，这个地区有一个大型商场，商场营业额在1000万元算1分，5000万元算5分等)。当采用以上每项规定的分值进行评估时，总分为50分的便可确定为白银商圈，如果仅有30分则定为黄铜商圈(表9-5)。

表9-5 商圈等级评估表

商圈分级	城市人口	收入水平	消费能力	商圈年营业额
黄金商圈	>30万	年人均收入>1.5万元	年均消费>5000元	>2亿元
白银商圈	20万~30万	1万~1.5万元	4000~5000元	1亿~2亿元
黄铜商圈	<20万元	<1万元	<4000元	<1亿元

商圈交通评估打分，通过这项评估打分主要是看这个商圈辐射能力的大小，能否通过方便快捷的公路、铁路及水路运输，把周边的购买力吸引过来，使商品实现跨市、跨区甚至跨省的大流通。我们给交通评估的总分值定为20分，那么在这个商圈内有一条公交线路通过应算1分，有一条地铁线路通过应算3分，有一条长途汽车线路通过应算6分，有一条火车线路通过应算8分，线路延伸的区域越远，定的分值就越高。如在商圈的附近有大型停车场、宾馆等应算2分(表9-6)。

表9-6 商圈交通评估表

参数	分值	备注
公交路线	1分	有一条公交线路即可算1分
地铁	3分	有一条地铁即可算3分
长途汽车路线	6分	有一条长途汽车站线路通过应算6分，分值的大小还可以根据路线延伸区域的远近来确定，越远分越高
火车路线通过	8分	有一条火车线路通过应算8分，分值的大小还可以根据路线延伸区域的远近来确定，越远分越高
大型停车场、宾馆	2分	

商圈前景预测打分：

在一个未成熟的商圈开店，需要5年的时间才具备赢利的条件。所以说，一个商圈的稳定度和成熟度对你店铺的发展至关重要。近年来，各地加大了对商业区的规划与开发，但这些新建的商业街、商贸城发展的潜力大不大，成长性好不好，能形成旺市的概率高不高，总给人一种雾里看花的感觉。对此，我们也可采用打分的办法来消除这些疑点。我们如果把前景预测的总分值定为15分的话，就可以从权属优势、传统优势、品牌优势及产业优势4个方面来评估打分。

就权属优势而言，政府牵头进行规划开发的商圈可以算4分，对传统的集市加以改造而成的商圈应算5分，当这个商圈内的知名品牌店铺能达到30%时应算3分，这个商圈周围有密集的工业品或农产品生产基地可算为3分。这种打分办法，基本可以对这个商圈的发展快慢、前景好坏做出初步判断。

2) 选择商圈

即确定目前重点在哪个商圈开店，主要目标是哪些。在商圈选择的标准上，一方面要考虑企业自身的市场定位，另一方面要考虑商圈的稳定度和成熟度。企业的市场定位不同，吸引的顾客群不一样，商圈的选择也就不同。

商圈的成熟度和稳定度也非常重要。比如规划局说某条路要开，在什么地方设立地址，将来这里有可能成为成熟商圈，但肯德基一定要等到商圈成熟稳定后才进入，比如说这家店三年以后效益会多好，对现今没有帮助，这三年难道要亏损，肯德基投入一家店要花费好几百万，当然不冒这种险，一定是坚持稳健的原则，保证开一家成功一家。

3) 聚客点的测算与选择

(1) 要确定这个商圈内，最主要的聚客点在哪。

比如，在店门前人流量的测定，是在计划开店的地点掐表记录经过的人流，测算单位时间内多少人经过该位置。除了该位置所在人行道上的人流外，还要测马路中间的和马路对面的人流量。马路中间的只算骑自行车的，开车的不算。是否算马路对面的人流量要看马路宽度，路较窄就算，路宽超过一定标准，一般就是隔离带，顾客就不可能再过来消费，就不算对面的人流量(表9-7)。

表9-7 商圈流量评估指标表

人流量评估	行走习惯评估	马路隔离带影响	车流评估	人群主体评估	不可预见因素评估
本地人流、外地人流等	包括气候、交通规划、习俗等	—	私家车、自行车等	职业、年龄、性别比例等	天气影响、未来规划发展

肯德基选址人员将采集来的人流数据输入专用的计算机软件，就可以测算出，在此地投资额不能超过多少，超过多少这家店就不能开。

(2) 选址时一定要考虑人流的主要动线会不会被竞争对手截住。

(3) 聚客点选择影响商圈选择。

聚客点的选择也影响到商圈的选择。因为一个商圈有没有主要聚客点是这个商圈成熟度的重要标志。

有了店址的评估标准和一些成功案例，我们就可以开发出一套店址的评估工具，它主要由下面几个表格组成，租赁条件表、商圈及竞争条件表、现场情况表、综合评估表。它们是我们进行连锁经营店址评估的标准化管理工具。

例如一个肯德基选址，初步给它一个基本步行人流评估：

- 目前肯德基店的年营业额须达到500万元；
- 则每天营业额须达13 698元；
- 如果按项目所在地市民来肯德基店消费，每天每人评估为20元；
- 则每天需要的消费人数为13 698÷20=684人，才能满足基本要求；
- 从项目所在地的人流量以及当地消费水平等综合角度评判分析；
- 项目前面主干道(肯德基面对主干道)的人流量，门口每天正常人流量可达13 000人左右(步行人流)；
- 按照顾客流失法理论，假定有90%的流失比率，进店消费达10%；
- 可得出在此地开设店铺的每日必要人流量为684÷(1-90%)=6840人；
- 从实际情况来看，13 000×10%=1300，粗略估算进店消费人数，可以看出理论人数1300>684指标人数。

(注：此数据没有考虑天气恶劣情况、以及突发的不可抗力的意外情况。)

📖 建议

便利店与西饼屋的选址秘籍

便利店和西饼屋的经营更多注重的应该是便民性，所以选址时的商圈划分不要以服务半径为原则，而是以便利性为原则，即以住宅小区为商圈的重心，根据街区和主干道的自然走向确定商圈范围。商圈确定后，就要根据既定的选址原则，在商圈范围内寻找合适的铺面。

1) 便利店的选址秘籍

- 居民区入口处或主要交通道路。便利店的目标顾客为稳定的居民，应考虑居民出入小区的路线；
- 面积限制在50～200平方米以内。这个面积限制是便利店的最佳面积范围，既不会因面积太大而导致投入(例如便利店的设备和装修等)和费用(例如租金与人工费用等)太高，又可以

保证有足够的商品陈列面摆放所需的商品;
- 便利店应保证在建设物的底层开设店铺,一般不要设在夹层或二层,楼层间高度保证在3米以上;
- 足够的配电功率,完善的水电和消防设施等;
- 便利店商圈半径为500米,在方圆500米的范围内至少有3000个商圈人口。

2) 西饼屋选址秘籍
- 商圈选择,品牌企业往往开设在繁华的区域型、社区型的商业街市上;
- 立店障碍,要重视同种业态的相互竞争。立店须经食品卫生监督部门会审核准,方可经营;
- 建筑要求,框架式结构,层高不低于2.8米,门面宽度6米以上,橱窗开阔,离开污染源10米以上;
- 面积要求,60～120平方米;
- 租金承受,知名企业可以承受10 元/(米^2·天)以下租金,一般企业可以承受3～5元/(米^2·天)的租金;
- 租期2年以上。

3) 《主流》提示——以下地理位置不适合开设便利店
- 徒步5～7分钟到达的顾客不足3000人;
- 非顾客汇集的交通干道;
- 在马路上无法看到商店;
- 在地下或者是二层以上;
- 无法设立店铺门面和招牌;
- 店铺租金超过一天的销售额。

小训练:

开业资金预算

费用项目	估计每月费用	估计启动费用
雇主/经理工资	____×2个月=	
其他人员工资	____×3个月=	
租金	____×4个月=	
广告宣传费	____×3个月=	
运输、托运费用	____×3个月=	
原材料与供应品	____×3个月=	
电话电信费用	____×3个月=	
其他公用事业费(水电气)	____×3个月=	
保险费	____×3个月=	
税项	____×4个月=	
办公行政费	____×3个月=	
招待费	____×3个月=	
律师和会计费	____×3个月=	

(续表)

费用项目	估计每月费用	估计启动费用
其他每月杂费	_____×3个月=	
固定资产购置		
固定资产安装调试		
更新改造费		
初始库存		
经营许可执照费		
过户费		
开业前广告和促销费用		
不可预见费用		
合计		

📖 训练活动

新创企业选址

活动要求：根据所学知识和收集的信息资料，以自愿为原则，将学生分为若干小组，每组6~8人，每个小组自定经营内容。假设以小组为单位开设门店，根据不同经营内容，制定一份门店的选址方案。内容涉及：

(1) 多个选址策略的比较分析过程。
(2) 最终决策理由。
(3) 选址结果。

9.2 新企业生存管理

俞敏洪说："新东方的整个创办过程就是从一点点的希望做起，最后不断扩大希望的过程。请记住：绝望是大山，希望是石头，但是你只要砍出一块希望的石头，你就有了希望。"

新企业成立初期应以生存为首要目标，其特征是主要依靠自有资金创造自由现金流，实行充分调动"所有的人做所有的事"的群体管理，以及"创业者亲自深入运作细节"。

新企业成立初期易遭遇资金不足、制度不完善、因人设岗等问题。这些问题都需要通过生存管理来解决，具体的生存管理包括产品管理、营销管理、财务管理、人力资源管理和战略管理等。

9.2.1 【案例导读】阿里巴巴的创业管理

企业成长包括量的成长和质的成长。量的成长表现为创业企业规模与经营范围的扩大，包括：生产结构专业化；经营业务多元化；组织结构集团化；市场结构国际化。质的成长主要表现为企业素质的提高，包括：生产过程中不断进行技术创新和产品创新；组织结构、经营制度和管理方法的创新；优秀企业文化的塑造。

1. 阿里巴巴的产品管理——持续创新推进创业企业健康发展

BBS构想和属于亚洲的独特模式让马云和自己的团队创造了阿里巴巴，良好的定位、稳固的结构、优秀的服务使阿里巴巴成为全球首家拥有超过2400万网商的电子商务网站。为网商在线交易特别开发的诚信通和贸易通，是阿里巴巴的"哼哈二将"。诚信通主要用于解决网络贸易信用问题，而贸易通则是为企业提供在线洽谈的工具，它们的应用极大地促进了网络贸易的进行。据Alexa根据客户访问量的排名，阿里巴巴是世界上排名第一的国际贸易和中国本土贸易网络交易市场。

但是，马云并没有满足于阿里巴巴的成功。2003年4月开始在湖畔花园进行的淘宝网开发工作是马云的又一次豪赌，此时易趣已经占据了中国80%以上的市场份额。三年内免费、安全的支付体系和全新的B2C模式使得淘宝在问世的初期就受到了大众的关注和欢迎，人气蹿升。2006年5月，淘宝网以67.3%的市场份额大举超越eBay易趣(29.1%)，同年7月，淘宝网注册用户达2250万，超过eBay易趣。

支付宝是淘宝网安全支付体系的重中之重。支付宝的问世，意味着"天下无贼"梦想的实现。用户通过支付宝进行交易，"货到付款"和"款到发货"同时兼顾，降低了风险。支付宝先后与中国工商银行、中国农业银行、VISA国际组织、招商银行、中国建设银行、中国银行等金融机构达成战略合作协议，进一步做大电子商务市场。目前，支付宝已成为中国最大的第三方电子支付服务提供商，它最大限度地保证了网上交易的安全，促进了中国电子商务的健康发展。

2005年，阿里巴巴收购雅虎中国。这场雅巴联姻遂了马云深藏心底7年的一个夙愿，直接为阿里巴巴带来了10亿美元的资产。2007年7月改名的中国雅虎，集搜索、邮箱和社区三大市场为一体，开始演绎斗志和战斗力。如今，阿里巴巴集团已经成为一个虚拟的商务王国，有自己的支付工具、游戏规则和运行体系。明确新形势下创业企业的使命、目标调整与定位，不同阶段有不同的目标体系——阿里巴巴在不断扩大，除B2B、淘宝网、支付宝和中国雅虎，2006年战略投资口碑网、2007年1月成立阿里巴巴软件、2007年8月阿里妈妈开始上线运营，阿里巴巴又成了生活消费信息、软件和广告提供商，阿里巴巴的运营轮廓已经非常分明。

2. 阿里巴巴的文化管理——阿里味儿

投资虾米音乐，是阿里巴巴集团2013年的重要战略投资之一，而在二者的共同平台基因背后，是阿里集团的内部创业孵化体系。这一体系在阿里巴巴集团内部，被称为"阿里味儿"。这种味道是一种氛围、一种文化，更是一种内部创业精神。

王皓是2003年加入阿里的，是阿里巴巴的前800名员工。2007年，王皓从阿里离职创办虾米网。在虾米的5名创始人员中，有4名来自阿里，可以说是不折不扣的从阿里出走的团队。在2013年初，王皓又选择以接受投资的方式重新回到阿里的怀抱，进入阿里分拆后25个事业部中的音乐事业部。除此之外，从阿里出走创业的人还有很多，比如如今做投资的原口碑网创始人李治国、蘑菇街的陈琪、马伯乐的蒋海炳、丁香园CTO冯大辉、支付宝原首席产品设计师白鸦等。

阿里集团在招聘新人时，就关注求职者的创业精神。每一位应聘者，都会被直接或间接问及"你的梦想是什么"，阿里集团将这批有梦想的年轻人纳入自己体系之中，并给出一片创业的沃土。

不仅如此，在阿里体系内部，也形成了一种直接、开放的文化氛围。阿里巴巴的内网，也被称为"阿里味儿"。阿里味儿，是一个产生各种神帖的地方，也是阿里巴巴董事局主席马云常逛的地方。马云经常在这里发帖,而马云的帖子底下,常见到很多员工在给马云扣分,有指责他标点符号错误的,有不同意他观点的,有直接说"前戏太长,快点进入主题"的。这就是阿里的一种直接、开放的气味。

这种勇于表达个人观点的精神,也激发了阿里的内部创新,并萌动了员工的创业思潮。早在2007年,淘宝便开始每周进行创新比赛,创新项目以周报的形式体现。2008年,随着淘宝平台的扩大和进一步创新的需要,淘宝开始出台"赛马机制"。只要你是一名淘宝员工,对任何产品有看法或想法,就可以在该机制内向公司要钱要人,成立项目组。聚划算就是从赛马机制中脱颖而出的项目。

此外,阿里内部著名的频繁调岗制度,也给一些不适应的员工带来了更多的出走理由。2012年,阿里巴巴就总共发生过3万人次的员工调整,包括换部门、换老板,而阿里巴巴总共员工也就2.4多万名,这说明平均每人有超过一次的调整。这种大规模的岗位调整被阿里巴巴认为是"拥抱变化"的态度体现。

如今,"阿里味儿"已经是阿里内部的一种文化,推动阿里集团快速前行,朝着成为世界一流互联网公司的目标进发!

3. 淘宝网的战略管理——过早的战略也是不合时宜的战略

2000年曾被当作阿里巴巴扩展海外市场的关键年。2000年1月份孙正义的2000万美元到账,2月份马云到欧洲。"一个国家一个国家地杀过去。然后再杀到南美。再杀到非洲,9月份再把旗插到纽约,插到华尔街上去:嘿!我们来了!"这是当年马云的豪言壮语。

马云当时提出的口号是:"东方的智慧,西方的运作,面向全世界的大市场。"他强调:"在公司的管理、资本的运用、全球的操作上,要毫不含糊地全盘西化。"为了占领世界大市场,阿里巴巴继中国香港、美国之后,又建立了英国(欧洲)办事处和韩国办事处。阿里巴巴的韩国网站是一个合资公司,不仅推广英文网站而且还推广韩文网站。

国际化不是一个随意为之的战略。国际化是要有金钱和实力作后盾,有本土市场份额作铺垫的。中国香港、美国、欧洲、韩国所有这些网站每月的花销都是天文数字,而所有这些网站又都是只出不进,没有一分钱收入。

阿里巴巴的海外扩张始于2000年2月止于2001年1月。在这一年时间里,阿里巴巴每月烧掉近100万美元。到2000年底互联网泡沫破裂时,阿里巴巴的账上只剩下700万美元了。按当时的烧钱速度只能坚持半年多。到了2000年9月10日,人们在华尔街没有看到阿里巴巴的旗帜,人们却听见马云宣布:阿里巴巴进入高度危机状态。

这次决策的失误不仅使阿里巴巴浪费了许多宝贵的资金,而且一度使阿里巴巴陷入绝境。当互联网冬天来临时,风险投资商答应的新投资全部告吹。阿里巴巴近似疯狂的海外扩张不得不停了下来。

今天反思马云和阿里巴巴的国际化战略,可以得出这样的结论:阿里巴巴的国际化方向没有错,但是海外扩张太早了,至少早了5年。马云的人才国际化战略也没有错,但他一度过分迷信国际人才,过高估计了阿里巴巴的财力。马云和阿里巴巴为2000年的错误决策付出了惨重的代价。这个代价反映在金钱上就是2500万美元宝贵的风险投资烧掉了一多半。

9.2.2 新企业的产品管理

新企业的产品管理实际上就是产品的创新、目标市场定位和定价三个方面的管理。

1. 产品的创新

现代企业所销售的产品概念和以往已经有了很大不同，不再是传统的"物品"，而是涵盖了服务、产品、个性等多方面的内容。菲利普·科特勒提出"整体产品"的观点，认为整体产品分为五个层次：核心产品、形式产品、期望产品、附加产品、潜在产品，每个层次都增加了更多的顾客价值及创新性。

(1) 核心产品是产品为顾客带来的基本效用和利益。例如，消费者购买口红的目的不是得到某种颜色某种形状的实体，而是为了通过使用口红提高自身的形象和气质。

(2) 形式产品是指核心产品借以实现的形式或目标市场对需求的特定满足方式。形式产品一般由五个特征构成，即品质、式样、特征、商标及包装。

(3) 期望产品是指购买者在购买产品时期望得到的与产品密切相关的一整套属性和条件。例如，旅馆的客人期望得到清洁的床位、洗浴香波、浴巾、电视等服务。

(4) 附加产品是指顾客购买形式产品和期望产品时，附带获得的各种利益的总和，包括说明书、保证、安装、维修、送货、技术培训等。

期望产品和附加产品可以让消费者更好地享用产品，包括方便、安全、舒适等方面的保障。通常，企业的市场竞争就发生在第三和第四这两个层次。

(5) 潜在产品是指现有产品包括所有附加产品在内的，可能发展成为未来最终产品的潜在状态的产品。例如，彩色电视机可发展为放映机、电脑终端机等。这个层次意味着下一代新产品开发的方向。

创业者需要从"整体产品"的高度来看待企业生产的产品和提供的服务，以清晰地看到自己产品满足客户需求的程度，并为产品创新提供方向指导。

2. 产品的目标市场定位

面临激烈的市场竞争，企业应从实际出发，发挥优势，扬长避短，将自身优势与社会需求相结合。让产品与目标市场定位无缝对接。在这个过程中一般可分目标市场细分和目标市场选择两个步骤。

1) 目标市场细分

市场细分对于企业产品定位具有重要意义，企业要想对市场进行细分就必须找到适当的、科学的依据。一般情况下，典型的因素主要由地理、人口统计、心理以及行为。

市场主要的细分变量如表9-8所示。

表9-8 市场主要细分变量

细分标准	典型划分		
地理	区域	城市或主城区大小	人口密度
	地形地貌	气候	交通条件
	农村	城市	其他
人口统计	年龄	家庭规模	家庭生命周期
	性别	收入	职业
	受教育程度	宗教	种族
	代系	国籍	社会阶层

(续表)

细分标准	典型划分		
心理	生活方式	个性	购买动机
	社会阶层	其他	—
行为	时机	利益	使用者情况
	使用频率	品牌忠诚情况	准备程度
	对产品的态度	—	—

2) 目标市场战略选择

凡事都不要苛求得到所有人的认同。对于刚刚起步的创业者来说，不管你的前期工作做得多细，产品有多么好，也不可能得到所有人的认同。美国普利策奖获得者赫伯特·贝亚德·斯沃普曾说过："我无法给你成功的公式，但能给你失败的公式，它就是试图让每一个人满意。"但是创业者在刚开始创业的时候，容易犯这样的错误，希望产品得到消费者的认可，甚至为了满足不同的消费者要求，反复完善和改变自己的产品。所以，选择自己的目标市场尤为重要。一般地说，有三种目标市场战略可供选择。

(1) 无差异市场营销。这是指企业将各细分市场之间的差异忽略不计，推出一种产品，运用一种市场营销组合方案，试图吸引尽可能多的顾客，为整个市场服务。无差异市场的核心，是针对市场需求中的共性开展市场营销，舍去其中的差异性，这种战略优点是可以减少品种，扩大批量，易于达到规模效益。

(2) 差异市场营销。这是指企业针对各个细分市场的特点，分别设计不同的产品、制订不同的市场营销组合方案，满足各个细分市场上的不同需要。采用差异性营销战略的优点：一方面，可以更好地满足不同消费者的需要，有利于扩大销售；另一方面，企业可以同时在几个细分市场上占有优势。

(3) 集中性市场营销。集中性市场营销也称密集性市场营销，就是企业选择一个或几个有利的细分市场作为目标市场，制订一套营销组合方案，集中力量为之服务，争取在这些目标市场上拥有较大市场份额。采用集中性市场营销战略的优点是：由于企业集中所有力量为一个或少数几个细分市场服务，企业就能比较深入地了解一个或少数几个细分市场的需要及其他情况，便于采取有针对性的市场营销战略，使之在竞争中居于有利的地位，从而提高企业的知名度。

3) 市场定位的策略

在市场上树立起本企业产品形象并非轻而易举的，企业必须采用恰当市场定位策略。通常，可供选择的定位策略有以下内容。

(1) 针锋相对定位。把本企业的产品定位在与竞争者相似或相近的位置上，同竞争者争夺同一细分市场。实行这种定位策略的企业，必须具备以下几个条件：能比竞争者生产出更好的产品；该市场容量足以吸纳两个以上竞争者的产品；有比竞争者更多的资源和更强的实力。

(2) 填空补缺定位。寻找新的尚未被占领的，但为许多消费者所重视的位置进行定位。即填补市场上的空白。例如："金利来"进入中国大陆市场时，就是填补了男士高档衣物的空位。

通常在以下两种情况下适用这种策略：①这部分潜在市场即营销机会没有被发现，在这种情况下，企业容易取得成功。②许多企业发现了这部分潜在市场，但无力去占领，这就需要有足够的实力才能取得成功。

(3) 另辟蹊径定位。当企业意识到自己无力与同行强大的竞争者相抗衡，从而获得绝对优势地位时，可根据自己的条件取得相对优势，即突出宣传自己与众不同的特色，在某些有价值的产品属性上取得领先地位，如美国"七喜"汽水突出宣传其不含咖啡因的特点，成为非可乐型饮料的领先者。

(4) 产品特色定位。产品特色定位是指企业在具体产品特色上定位。迪士尼乐园可以宣称自己是世界上最大的主题游乐场。大也是一种产品特色，它间接地暗示了一种利益，即从中可享受到更多的娱乐。

(5) 属性利益定位。产品本身的属性及由此获得的利益、解决问题的方法及需求满足的程度，能使顾客感受到它的定位。例如在汽车市场，德国的"大众"享有"货币价值"之美誉，日本的"丰田"侧重于"经济可靠"，瑞典的"沃尔沃"讲究"耐用"。在有些情况下，新产品更应强调某一属性。如果这种属性是竞争者无暇顾及的，这种策略就越容易见效。

(6) 使用者类型定位。企业常常试图把其产品指导给适当的使用者即某个细分市场，以便根据该细分市场的看法塑造恰当的形象。我国康佳集团针对农村市场的特点，充分考虑农民消费者的特殊需求，定位为质量过硬、功能简单、价位偏低，同时了解到农村市场电压不稳，研制了宽频带稳压器等配件产品。

(7) 竞争需求定位。即对比定位。定位于与其相似的另一种类型的竞争者或产品的档次，以便与之对比。例如，有一种冰淇淋，该企业广告称其与奶油的味道一样。或者，通过强调与同档次的产品并不相同进行定位，特别是当这些产品是新产品或独特产品时。例如，不含阿司匹林的某种感冒药，定位时应突出与其同档次产品的不同特点。

(8) 比附定位。定位于与竞争直接有关的不同属性或利益。例如，美国的阿维斯公司将自己定位于汽车出租业的第二位，强调"我们是老二，我们将更加努力"，暗示要比第一位的企业提供更好的服务。生产七喜汽水的公司做广告说，七喜汽水是"非可乐"，强调它不是可乐型饮料，意在响应美国当时的反咖啡因运动，暗示可乐饮料中含咖啡因，对消费者健康不利。

3. 产品的定价

产品价格是直接与收入挂钩的关键因素，也是市场竞争的基本武器。创业者由于缺乏市场经验和专业知识，对于产品的定价常常是凭感觉，认知比较片面；常见的一个误区就是认为薄利多销，因此不取定高价，其实这样会带来非常大的麻烦，很容易使企业在应对竞争与市场变化时失去灵活性，以致陷入被动。其实，产品价格的高低本身不是问题，无法向消费者证明这个价格是合理的才是最大的问题。

新产品定价主要考虑四个因素：①消费者的价值认知，也就是消费者最高愿意花多少钱满足他的需求或解决他的问题，这是产品定价的上限；②产品的成本，新产品的价格应该高于成本，这是定价的底线(注意成本的范围包括直接的成本与间接的成本，例如建立服务体系所需要的成本摊销，事实上，产品的成本管理也是一项比较复杂的技术)；③竞争对手的价格，创业企业的新产品一般要以竞争对手的价格为参照，在其价格周围选择；④考虑到未来的调整空间，包括对企业其他产品的影响，要基于产品的生命周期综合定价。

企业通常的定价方法主要有四种：①成本加成定价法，就是在成本的基础上加一个利润百分比，这是最简单的定价法，为中小企业所常用，因为它非常简单、直观、易操作，看上去"公平合理"；②认知价值定价法，就是以顾客愿意出的最高价格来定价，对于创新程度高的独特产品，可以定这种高价；③通行价格定价法，就是跟着主要竞争对手的价格走，这样一般不会犯错误；④拍卖式定价法，这种方法适合于网上销售定价。

新产品的定价高低主要看其创新程度如何,以及竞争对手模仿的速度有多快。如果新产品创新程度非常高,引领潮流,则定高价是完全可行、也是必要的,由此获得高额利润,补偿其高投入或高风险,并支撑其营销与服务体系、后续研发所需要的高投入。如果竞争对手能够快速模仿你的新产品,则宜定一个相对低一点的价格来迅速扩大市场份额,以此来阻击竞争对手。

(1) 撇脂定价策略。撇脂定价策略是以高价位来获得高额市场利润的一种定价策略。

撇脂定价策略成功的条件是:有充足的市场需求量;市场价格敏感度低,需求弹性小;良好的产品品质及功能,吸引消费者愿意出高价;竞争者在短期内难以加入市场;在小规模的生产成本下,仍有充足的利润。

📖 **小例子**

"拍立得"快速照相机刚上市时,销售此类照相机的只有一家公司,所以该公司推出一种昂贵的机种,赚取大量利润后,再逐渐推出简单型的便宜机种。

英特尔公司就常用撇脂定价法,每次推出最新的芯片都会定一个很高的价格,从专业用户那里获得高额利润,等到竞争对手也可以生产出来的时候就迅速大幅度降低价格,来进入大众化市场并打击竞争对手。

(2) 渗透性定价策略。渗透性定价策略是以较低的价格打入市场,期望获得大量的市场占有率。渗透性定价策略的成功条件是:有足够大的市场需求;高度的价格敏感度及需求弹性;大量生产能产生显著的成本规模效益;低价是减少潜在竞争者的最佳策略。

📖 **小例子**

美国德州仪器公司是典型的渗透性定价成功的例子,他们大量生产、销售自己的产品,利用经验曲线的效率,将产品成本及价格不断拉低,一举占有了广大的市场。

国内很多企业的新产品创新程度比较有限,采用渗透定价法或许是可取的。

(3) 组合定价策略。如果企业开发出一系列产品,且产品之间关联性很强,开发的主产品必须使用特定的专属产品,或主产品使用过程中,附属产品也必须使用本企业开发的产品,对这种产品的定价策略是将主产品价位降低,甚至可以降低到成本以下以吸引更多的顾客,而对配置的附属品则采取高价策略,以期获取尽可能多的利润。这就是组合定价策略,如彩色喷墨打印机与喷头。企业以盈利为首要目标,所以定价要兼顾销售效率和企业效益。

📖 **小例子**

打价格战是国内很多企业常用的竞争策略,但价格低并非总是奏效。你和你的朋友或许曾有这样的经历,同一款产品在两个不同商家卖不同的价格,一家是按全价销售,另一家则是八折销售,结果你们却选择了原价出售的那家。买卖双方信息不对称,使价格中蕴含了太多的附加信息,如品质、期限、真伪、质量、效用等,其中有些因素还带有臆测性。

价格不仅与产品本身相关联,受市场供求关系影响,也与品牌的附加属性相关联,包括渠道和购物场所的信誉相联系。

9.2.3 新企业的营销管理

1. 营销经典理论

1) 常引入的概念
- 4P:产品(Product)、价格(Price)、分销(Place)、促销(Promotion)。
- 7P:产品(Product)、价格(Price)、分销(Place)、促销(Promotion)、人员(People)、过程(Process)、有形展示(Physical Evidence)。
- 4V:差异化(Variation)、功能化(Versatility)、附加价值(Value)、共鸣(Vibration)。

2) 顾客让渡价值

顾客让渡价值是指顾客总价值与顾客总成本之间的差额。

顾客总价值是指顾客购买某一产品与服务所期望获得的一组利益,它包括产品价值、服务价值、人员价值和形象价值等。顾客总成本是指顾客为购买某一产品所耗费的时间、精神、体力以及所支付的货币资金等,顾客总成本包括货币成本、时间成本、精神成本和体力成本等,顾客在购买产品时,选择出价值最高、成本最低,即"顾客让渡价值"最大化的产品作为优先选购的对象。

企业可从两个方面改进自己的工作:①通过改进产品、服务、人员与形象,提高产品的总价值;②通过降低生产与销售成本,减少顾客购买产品的时间、精神与体力的耗费,从而降低货币与非货币成本。影响顾客让渡价值的因素如企业的营销组合策略、企业所处的市场环境、科技水平的进步乃至顾客的行为、意识等。

3) SWOT分析模型

SWOT分析模型即态势分析法,被用于企业战略制定、竞争对手分析等场合。战略规划报告里,SWOT分析工具包括分析企业的优势(Strengths)、劣势(Weaknesses)、机会(Opportunities)、威胁(Threats),是将对企业内外部条件各方面内容进行综合和概括,进而分析组织的优劣势、面临的机会和威胁的一种方法。

通过SWOT分析,可以帮助企业把资源和行动聚集在自己的强项和有最多机会的地方,并让企业的战略变得更加明朗。

4) SWOT分析步骤

(1) 确认当前的战略是什么。

(2) 确认企业外部环境的变化。

(3) 根据企业资源组合情况,确认企业的关键能力和关键限制。

(4) 按照通用矩阵或类似的方式打分评价。把识别出的所有优势分成两组,分的时候以两个原则为基础:它们是与行业中潜在的机会有关,还是与潜在的威胁有关。用同样的办法把所有的劣势分成两组,一组与机会有关,另一组与威胁有关。

(5) 将结果用SWOT分析表,将优势和劣势按机会和威胁分别填入表格。

(6) 战略分析
- 进行SWOT分析的时候必须对公司的优势与劣势有客观的认识;
- 进行SWOT分析的时候必须区分公司的现状与前景;
- 进行SWOT分析的时候必须考虑全面;
- 进行SWOT分析的时候必须与竞争对手进行比较,比如优于或是劣于你的竞争对手。

5) 制定目标的SMART原则
- 目标必须是具体的(Specific);
- 目标必须是可以衡量的(Measurable);
- 目标必须是可以达到的(Attainable);
- 目标必须和其他目标具有相关性(Relevant);
- 目标必须具有明确的截止期限(Time-based);
- 五个原则缺一不可。

6) TQM(Total Quality Management)全面质量管理/全面品质经营

综合质量管理专家的思想精髓,我们认为是一种全员、全过程、全企业的品质经营。它指一个组织以质量为中心,以全员参与为基础,目的在于通过让顾客满意和本组织所有成员及社会受益而达到永续经营的管理途径。TQM是1961年美国质量管理专家费根鲍姆提出的。

7) 六西格玛

六西格玛是一种能够严格、集中和高效地改善企业流程管理质量的实施原则和技术。它包含了众多管理前沿的先锋成果,以"零缺陷"的完美商业追求,带动质量成本的大幅度降低,最终实现财务成效的显著提升与企业竞争力的重大突破。六西格玛管理包含两个方面的含义:一是对不合格的一种测量评价指标;二是驱动经营绩效改进的一种方法论和管理模式。

📖 **小资料**

管理专家罗纳德先生将六西格玛管理定义为:"寻求同时增加顾客满意和企业经济增长的经营战略途径。"

管理专家汤姆·匹兹德克:"六西格玛管理是一种全新的管理企业的方式。六西格玛主要不是技术项目,而是管理项目。"

8) JIT准时生产方式(Just In Time)

其又称作无库存生产方式,零库存,一个流或者超级市场生产方式,是日本丰田汽车公司在20世纪60年代实行的一种生产方式。1973年以后,这种方式对丰田公司渡过第一次能源危机起到了突出的作用,后引起其他国家生产企业的重视,并逐渐在欧洲和美国的日资企业及当地企业中推行开来,源自日本的其他生产、流通方式一起被西方企业称为"日本化模式"。

9) "STP"营销三部曲

(1) 市场细分,根据购买者对产品或营销组合的不同需要,将市场分为若干不同的顾客群体,并勾勒出细分市场的轮廓。

(2) 确定目标市场,选择要进入的一个或多个细分市场。

(3) 定位,建立与在市场上传播该产品的关键特征与利益。

10) 1P理论

企业可以找到愿意为产品支付费用的第三方,让第三方支付营销中的3P(产品、促销、渠道),企业用低于其成本的价格(1P),甚至免费销售其产品或服务,把多花少收的竞争转化为多收少花的共赢,并且增加行业和企业的利润,从而创造自动营销。

1P理论的根本目的是在增加顾客价值的同时,不减少甚至还有增加企业的价值,这就意味着价值的输入或创造。所以1P理论不是说企业一定要采用低价营销策略,而是说因为第三方的引入可以为企业创造价值,带来收入或降低成本。为第三方利益有关企业创造价值是1P理论的关键所在,在企业为自己选定目标客户,进行市场或产品定位,制定产品、促销和渠道的战略时尽量与第三方利益有关企业相符,同步。以合作代替竞争,拓展了企业的营销范围,转变了企业的影响价值观,以价值创造代替价值瓜分,使红海营销变成真正的蓝海营销。

11) 长尾理论

由于成本和效率的因素,当商品储存流通展示的场地和渠道足够宽广,商品生产成本急剧下降以至于个人都可以进行生产,并且商品的销售成本急剧降低时,几乎任何以前看似需求极低的产品,只要有卖,都会有人买。这些需求和销量不高的产品所占据的共同市场份额,可以和主流产品的市场份额相比,甚至更大。

12) 5W1H分析法(六何分析法)

5W1H分析法是一种思考方法,也可以说是一种创造技法。是对选定的项目、工序或操作,都要从原因(何因Why)、对象(何事What)、地点(何地Where)、时间(何时When)、人员(何人Who)、方法(何法Way)六个方面提出问题进行思考。这种看似很可笑、很天真的问话和思考办法,可使思考的内容深化、科学化。

2. 构建营销渠道

美国研究营销渠道的权威路易斯·斯特恩教授将营销渠道定义为"促使产品或服务顺利地被使用或消费的一整套相互依存的组织"。产品制造商都会面临营销渠道的问题,但若企业本身是中间商或零售商,那么它自己就是渠道成员。创业企业的营销渠道建设需要从整体上来布局,对所有可能的渠道进行调研和综合评估,逐步构建渠道价值网络。创业企业的渠道是一张白纸,但白纸上画图比修改图画可能要容易。

1) 领悟渠道思维

创业企业的营销管理者必须建立正确的渠道管理思维。

(1) 营销渠道不仅要解决客户买得到产品的问题,更重要的是要与品牌定位和产品特点相匹配,相得益彰,发挥协同效应。品牌所定位的层次也要与营销渠道层次相吻合,建设渠道和打造品牌双管齐下。

(2) 渠道是合作伙伴,而不是最终消费者,创业企业需要帮助渠道伙伴顺利分销产品,直至产品被最终客户购买和使用,这才算渠道工作的真正完成。以往有些新企业常常误以为把产品销售给渠道成员就行了,它卖得出去卖不出去不关我制造企业的事情,我收回货款就完事了,这种狭隘的做法完全是错误的,最终会导致渠道销售不能畅通运行。

(3) 要建立渠道影响力。渠道是独立的企业,就必然会因为利益上的分歧带来管理的冲突;对待渠道成员应该恩威并施,尽量成为渠道的领导者,通过建设品牌、掌握渠道核心工作和建立后备梯队等方式来获得渠道权力。

2) 渠道战略决策

企业要考虑营销渠道是自建还是借用现成渠道。绝大多数新企业都会考虑借用营销中介机构和零售机构的现成渠道,只有少数工业品企业会一开始就自建营销渠道。

对几乎所有快速消费品和部分耐用消费品行业,企业都是借用外部渠道(加盟连锁店也算是外部渠道)而不是自建渠道。工业品企业一般既有外部渠道也有自建的渠道,通常自建的销售队伍专门开发大客户,传统的代理或经销渠道则满足中小客户的需求或提供服务支持。

因此,对于借助外部渠道资源的快速消费品企业,其自有销售人员主要开展渠道服务和促销工作;耐用消费品通常也借用外部渠道资源,但企业会有服务于渠道的销售队伍和外聘的终端促销人员队伍支持,品牌发展到一定程度可能会自建销售公司和品牌专卖店;工业品企业入市则可以先使用外部代理或经销商渠道,然后自建销售队伍。

当然,渠道本身也是一种企业形态,你可以创办自己的营销公司、加盟店、超市等。

3) 渠道系统设计

渠道系统设计分为三个步骤:①分析顾客的服务需求,了解顾客对于批量大小、空间便利、产品品种、等候时间、服务支持等方面的需求水平;②识别出主要的渠道选择方案;③对渠道方案进行评估,从经济性、可控性和适应性三个方面来评价和选择最合适的方案。

创业型企业需要设计一套适合自身情况的渠道方案,考虑的要点是渠道资源是否优质和渠道合作意愿如何。创业者常常会发现优质渠道商的合作意愿不强烈,不太愿意与新企业合作。例如,日化行业最优质的渠道资源肯定被宝洁和联合利华等大品牌占据了,如果你在这个行业创业就很难找到宝洁公司的经销商合作,即使人家愿意跟你合作也不会重视你的产品,你最好是另外开拓属于自己的渠道资源。当然现有渠道成员并不是真的不想和新企业合作,只是你的方案没有打动他,如果你能让他相信你的企业可能是他未来的利润源泉,他不会不动心。

新创企业的渠道设计应该把握两个关键思想:品牌先行和渠道创新。

- 品牌先行。先做打造品牌的渠道,再做提升销量的渠道。由于新企业的产品对于目标客户来说是不熟悉的,这时需要能够为客户提供介绍、展示、试用等渠道服务,这类渠道就是可以打造品牌的渠道。例如专卖店就是做品牌的一种终端渠道,五星级酒店、高端会所等高档次消费场所也是品牌型渠道。
- 渠道创新。作为弱小的新企业,在渠道资源的选择上需要另辟蹊径,开拓新的渠道,避开强势竞争对手的锋芒,建立属于自己的独特渠道系统。创业型企业在设计渠道时,需要找好新渠道切入点,以此来立足市场,然后基于这一渠道建立的品牌优势,向一般的渠道拓展,与主流品牌进行同台竞技。例如,食品企业开发休闲娱乐消费终端甚至医药零售终端,像金丝猴奶糖就开拓了连锁药店渠道,采乐洗发水为了突出其中草药特色而选择先进入医药连锁终端。

> 📖 **小例子**
>
> 美国的露华浓公司就是渠道创新的典型代表。这家公司成立于1932年,此时正是美国的经济大萧条时期,露华浓公司最先开发出了指甲油这一新产品,聪明的创始人首先选择了美容院作为其渠道,并通过奖励和培训美容师这一化妆品领域的意见领袖来向顾客推广其品牌,等到露华浓品牌在美容院建立了影响力之后才将产品拓展到百货商场、化妆品专卖店和大型卖场,结果在美容院用过露华浓产品的顾客也到其他终端购买其产品,露华浓就是用这种高超的渠道创新在经济大萧条时期创业成功并发展壮大。

4) 管理营销渠道

营销渠道建立之后需要进行长期的管理和维护,持续改进渠道绩效。

(1) 渠道成员的选择上,需要对渠道成员的资源能力、合作意愿和行业口碑等方面进行综合评价,选择资源能力符合要求、合作意愿强烈和口碑不错的渠道合作伙伴。

(2) 对渠道成员进行培训，包括产品知识和营销技巧的培训，这种培训能直接提高渠道成员的销售能力和意愿，是很有必要做的渠道服务工作。

(3) 激励渠道成员，要制定一套激励措施，定期给予渠道成员一定的激励，如年终返点、销售竞赛等活动。

(4) 对渠道成员的绩效进行评估，包括销售指标完成情况、合作水平、特别贡献等方面综合评估，对业绩优异的渠道成员进行奖励和经验推广，对于业绩不理想的渠道成员则寻找原因甚至更换渠道成员。

创业企业在稳定了现有渠道的基础上，要适时关注渠道的发展趋势，保持对新兴渠道形式的密切关注，努力向新兴渠道延伸市场，例如开辟网上渠道，增加专卖店等，扩大市场覆盖面。

企业增加新渠道，通常都会受到现有渠道成员的反对，但只要新渠道瞄准的目标消费者和现有的消费者有区别，就可以建立多渠道系统，关键是如何解决渠道冲突问题。例如，耐克公司在现有的经销渠道基础上，增加了直营的耐克城专卖店渠道，这一新渠道的建立在起初遭到了众多原有经销商的反对，但真正建立起来了之后反而提高了其他经销商的销售业绩。

9.2.4 新企业的财务管理

牛根生说："股东投资求回报，银行注入图利息，员工参与为收入，合作伙伴需赚钱，父老乡亲盼税收。只有消费者、股东、银行、员工、社会、合作伙伴六者的'均衡收益'，才是真正意义的'可持续收益'；只有与人民大众命运关联的事业，才是'可持续的事业'。"

1. 财务管理的观念

创业者应树立以下财务管理的观念。

(1) 货币时间价值观念。创业者必须明白货币是有时间价值的，一定量的货币在不同时点上具有不同的经济价值。这种由于货币运动的时间差异而形成的价值差异就是利息。创业者必须注重利息在财务决策中的作用，一个看似有利可图的项目，如果考虑货币的时间价值，很可能会变成一个得不偿失的项目，尤其是在通货膨胀的时期。

(2) 效益观念。取得并不断提高经济效益是市场经济对现代企业的最基本要求，在财务管理方面必须牢固确立效益观念。筹资时，要考虑资金成本；投资时，要考虑收益率；在资产管理上，要用活、用足资金；在资本管理上，要保值增值，既要"开源"，也要"节流"。有人认为公司经营在本质上是资金的经营。

(3) 竞争观念。竞争是市场经济的一般规律。在市场经济条件下，价值规律和市场机制对现代企业经营活动的导向作用在不断强化，无情地执行着优胜劣汰的原则。市场供求关系的变化，价格的波动，时时会给公司带来冲击。针对来自外界的冲击，创业者必须有充分的准备，要强化财务管理在资金筹集、资金投放、资金运营及收入分配中的决策作用，并在竞争中增强承受和消化冲击的应变能力，不断增强自身的竞争实力。

(4) 风险观念。风险是市场经济的必然产物，风险形成的原因可归结为现代公司财务活动本身的复杂性、客观环境的复杂性和人们认识的局限性。在财务经营过程中，由于不确定因素的作用，使公司的实际财务收益与预期财务收益发生差异，而带来蒙受经济损失的可能。

2. 财务管理须注意的事项

如果创立的是很小的企业，创业者可称为公司里面眉毛胡子一把抓的经理人，那么，财务决策当然就是创业者个人做主的事了。即便是创立了比较正规的公司，资金规模较大，公司设立了财务部并设有财务经理、财务主管或财务总监，创业者也必须把握公司经营运作的财务状况，必须参与有关财务管理的决策。制定财务决策时，创业者应注重以下几个方面。

(1) 掌握资金运动规律。注重从公司经济、市场经济、产业经济的角度出发，对财务问题进行多方面的考虑。

(2) 更新方法。不但要注重质的分析，更要注重量的分析，通过专业的财务分析与管理工具，优化理财决策。

(3) 充实内容。不能只管资金的收支，还要熟悉在资本市场上融通资金的业务，有效地进行资金预算的编制、现金计划的编制、有价证券以及应收账款和存货等营运资金的管理与控制、长期投资的可行性研究、投资收益的评估等。

(4) 收益与风险的权衡。要能够评价和计量经营风险和财务风险，避免公司承担超过收益限度的风险。在追加收益的同时，要努力分散风险和规避风险。

(5) 研究资金成本。要注意探讨不同筹资方式下资金成本的计量方法，以及怎样以最低的代价筹集企业生产经营所必需的资金。

(6) 关注理财所涉及的法律问题。有必要了解资本市场的交易规则、各类金融工具的权责关系、举债经营的法律责任等问题，要掌握税法。

(7) 研究目标资本结构。要根据公司内外理财环境的变化，优化公司的资本结构，合理利用经营杠杆和财务杠杆，使公司在良好的财务状态下，获得最大的收益。

(8) 注意通货膨胀对企业财务的影响。在进行投资融资决策和资产管理时，要注意分析通货膨胀对公司财务的影响，合理调整财务数据，以便正确地评价财务状况。

(9) 学习国际理财的理论和方法。例如外汇风险的规避，学习国际投资融资决策方法。

(10) 确保财务安全。要能够准确评价企业的财务状况，预防出现财务危机。当处于财务困境时，有能力提供相应对策。

3. 财务控制的关键

1) 财务控制制度

其具体包括以下几个方面。

(1) 不相容职务分离制度。这要求新创企业合理设置财务会计及相关工作岗位，明确职责权限，形成相互制衡机制。不相容职务包括授权批准、业务经办、会计记录、财务保管、稽核检查等职务。必须尽量使办理销售与收款业务的不相容岗位相互分离、制约和监督。

(2) 授权批准控制制度。明确规定财务会计及相关工作的授权批准范围、权限、程序和责任等内容，各级管理人员必须在授权范围内行使职权和承担责任，经办人员也必须在授权范围内办理业务。

(3) 会计系统控制制度。良好的会计系统控制制度是企业财务控制得以顺利进行的有力保障。新创企业应依据《会计法》和国家统一的会计制度，制定适合本单位的会计制度，明确会计工作流程。会计系统控制制度包括企业的核算规程、会计工作规程、会计人员岗位责任制、财务会计部门职责、会计档案管理制度等。

2) 加强现金流预算与控制

企业财务管理首先应关注现金流量,而不是会计利润。现金流是创业型企业的命脉,其预算与控制是财务控制的一个关键点,新创企业应该通过现金流预算管理来做好现金流量控制。要根据"以收定支,与成本费用相匹配"的原则,采用零基预算的编制方法,按收付实现制来反映现金流入流出(一般而言,权责发生制适用于短期现金流充足的大企业,而收付实现制更适合新创企业);经过企业上下反复汇总、平衡,最终形成年度现金流量预算,进而制定分时段的动态现金流量预算,对日常现金流量进行动态控制。创业公司要努力保障公司的账上有不少于6个月的现金储备(完成一轮融资通常需要6个月时间),以避免断流。

无论为了权益融资或债务融资准备商业计划,还是做年度或季度预测或预算,都应该分析现金流;并以现金流量表为依据,将每月实际的现金流与预测或预算的相比较,注意各种变化,并研究数字背后的隐含信息,分析现金流出现波动的原因,及时采取相应的控制措施。

预测创业企业的现金流需求,可以进行三个步骤的分析预测。

(1) 收入的预测。预测收入的逻辑很简单,需要根据产品(或服务)的定价,对销售进行预测。因为创业型企业大多规模小,初期资金紧张,必须精打细算,对销售要按照月度来做预测。最好做两份预测,一份"保守的",一份"乐观的"。

📖 小故事

以一家MP3播放器公司为例,如果用分销方法去销售,就可以向分销商打听,每月大概可以卖出多少个你的MP3播放器;如果采用直销,那你必须考虑广告的投放。比如你在《消费者电玩》杂志上做广告,杂志发行量10万份,一般的广告有效率是2‰~3‰(一些广告评测机构可以提供类似数据),所以一期《消费者电玩》杂志最多可能带给你100 000×3‰=300个客户。

结论:有了产品定价和客户人数的假设之后,再把它们放进一个时间框架里去。一般来说,投资人会要求你必须做3~5年的预测,同样要以月为单位来进行收入和支出的预测。

(2) 计算成本。成本一般包括:固定成本,具体有人员工资、房租、保险、职工福利费、办公费等;可变成本,具体有原材料、包装、运输、直接人工成本等;销售成本,具体有广告、销售、客户服务的成本;设备投入,具体有装修、办公家具、电脑、服务器、生产设备等。

(3) 分析和调整。当把每月的收入预测和成本预测对应放入同一个时间框架中,就出现了一幅创业公司命脉图:现金流。留心找到"收支平衡点",把收支平衡点之前的所有费用加在一起,就得出了你需要为企业准备的资金数量。

检查主要数据之间的关系和比率,确保能从财务预测的数据中看到企业的经营是健康合理的,必要时还需要调整、平衡收入和成本之间的关键比率。当然,调整的原则依然是回到每月的原始数据里去分析它们的准确性与合理性。

一般来说,管理成本是相对稳定的,随着收入的增长,它占总成本的比例越来越小,营业利润率便会大大提高。有了财务预测表,创业公司的年增长率也一目了然,看看什么时候能达到IPO的标准,看看你的公司是否对投资人、股民具有吸引力。

创业公司的财务预测也不是一成不变的,每个月都应该仔细地对照和监控,要根据运营情况相应地进行调整,使之更符合现实、更加优化;如果实际情况和预测总是相差甚远,要及时找出原因和调整,否则应该当机立断停下来,重新考虑企业未来的策略。

小建议：
建议创业者做两份预测，一份就是以上所说的"保守的"预测，这样你能对企业的底线胸有成竹，即使出现不测也不会大惊小怪；另一份预测是"乐观的"，看看在理想的情况下，你是否能做得更好更快，迅速把企业做强做大，早日创造IPO奇迹，"乐观的"预测会让你的创业理想插上翅膀，给创业者无限的工作动力。

3) 仔细权衡投资的回报与付出

即使在产品销售情况良好、短期现金流充裕的情况下，新创企业仍然需要全面考虑新增投资的回报率、回收期，以及由于新增投资所带来的对企业现有能力的挑战和管理合作等连带问题；更需要客观评价新增投资的发展前景以及对现有业务发展的价值。在新创企业的快速成长阶段，组织的"肌体"还不够结实，市场竞争地位才刚刚确立，经营的过于分散化会削弱企业原有核心业务能力。尤其是当两项业务毫无协同效益时，这样的多元扩张战略会给原本脆弱的新创企业埋下经营危机的种子。新创企业必须明确战略边界，树立"有所为，有所不为"的投资理念，谨慎投资。

4) 充分利用产业平台

对于高科技的新创企业，应该充分利用所在地区的园区、孵化器等产业平台，争取政府基金及相关政策支持，这是一种成本相对较低的缓解现金流短缺的方法。

孵化器通常是大量政府政策资源的聚集地，孵化器内的新创企业在政策资源上有着得天独厚的优势，通过关注、利用政府机构制定的相关法律条例，创业者有可能争取到政策性低息贷款或无偿扶持基金(如创新基金等)，以及写字楼或者孵化器提供的廉价房租等。

5) 增收节支开源节流

开源节流是企业经营中最朴实、最实用的手段和策略。节流不是简单地减少支出，而是通过费用支出结构分析、支出的必要性和经济性分析，采取措施来改善费用支出的使用效果。对于新创企业，研发费用和销售费用是加强管理和控制的主要对象。在研发投入上，技术偏好的创业团队容易考虑技术本身的追求而忽略成果的市场需求，新创企业在研发投入决策上需要重点关注研发方向的商品化前景。在营销投入上，除了规范内部制度，防止"跑冒滴漏"外，新创企业要注意克服两个倾向。

● 要避免因为短期的成功而简单复制到未来的营销策略上。

小例子
如三株口服液在1996年的"农村包围城市"的策略获得巨大成功后，依然沿用原有的经销方式，注入了大量营销资金，但最终并未能唤起大城市的购买力。

● 要避免病急乱投医，在企业遇到困难时自乱阵脚。新创企业往往对市场导入期估计不足，实施几次营销策略不见明显成效时就乱了方寸，导致胡乱投入，寄希望于地毯式、轰炸式广告宣传，浪费资金，陷入更大的危机。

6) 财务风险控制

对于处于早期或成长期的公司来说，需要大量的运营资本来应付快速增长的应收账款和存货，举债经营成为企业发展的途径之一。有效利用债务可以提高企业的收益，但企业举债经营会对企业自有资金的盈利能力造成影响，由于负债要支付利息，债务人对企业的资产有优先权利，万一公司经营不善，或有其他不利因素，则公司资不抵债、破产倒闭的危险就会加大。

> **📖 小例子**
> 爱多公司在其内部股东矛盾被媒体报道后,银行马上停止了其4000万元的贷款,供货商也纷纷上门讨债,爱多陷入了资金短缺的旋涡,最终走向了衰败。
> 新创企业必须正确客观地评估财务风险,采取稳步发展的财务策略。

7) 资金控制

新创企业资金控制的主要内容有货币资金控制、销售与收款控制、采购付款控制、成本费用控制等。

在市场竞争非常激烈的今天,新创企业往往不得不以信用形式进行业务交易,经营中应收账款比率难以降低。

应收账款是一个重要的财务控制点。应收账款是指尚未收回的货款或者所提供服务应得的款项,许多大公司认为可以延迟支付小公司或新创公司的欠款,因为小公司或者新创公司几乎没有讨价议价的能力。

另外,许多新创企业或者处于发展早期的公司经常通过给那些风险更大、在别处贷不到款的客户更大的个人信誉度(以个人信誉来担保的应收账款)来获得业务,但这样做的隐患很大,许多初创期企业由于未能收回欠款导致破产。

控制好应收账款应注意处理好三方面的问题:①客观评价客户资信程度;②建立合理的信用标准;③对所发生的应收账款和客户要强化管理,制订催款计划,定期向赊销客户寄送对账单和催缴欠款通知书,或者拨打催款电话,同时要对经常性业务往来的赊销客户进行单独管理。

9.2.5 新企业的人力资源管理

人力资源管理,是指在经济学与人本思想指导下,通过招聘、甄选、培训、报酬等管理形式对组织内外相关人力资源进行有效运用,满足组织当前及未来发展的需要,保证组织目标实现与成员发展的最大化的一系列活动的总称。就是预测组织人力资源需求并做出人力需求计划、招聘选择人员并进行有效组织、考核绩效支付报酬并进行有效激励、结合组织与个人需要进行有效开发以便实现最优组织绩效的全过程。

学术界一般把人力资源管理分为六大模块:人力资源规划、招聘与配置、培训与开发、绩效管理、薪酬福利管理、劳动关系管理。

一个新创企业中,人力资源是最活跃、最重要的创业资源。为了保障企业按照既定的战略和组织体系有序运行,必须有效管理企业的人力资源。新创企业人力资源管理的内容与成熟企业的人力资源管理有所不同,主要包括创业团队的组建、明确岗位职责、招聘合适员工、管理员工、寻找企业顾问伙伴等。

1. 团队的组建

新企业在初创时,尽管建立了正式的部门结构,但很少有按正式组织方式运作的。典型的情况是,虽然有名义上的分工,但运作起来是哪急、哪紧、哪需要,就都往哪里去。这其实就是创业团队组建、发展的过程。

1964年,塔克曼将团队发展描述成由四个部分组成的一个过程,这四个部分是:建立(Forming)、动荡(Storming)、规范(Norming)和行动(Performing)(图9-1)。这是团队发展必经的道路,否则任何未完事项、对立和个人隐藏的目的都会妨碍团队效益。

图9-1 团队的发展过程示意图

1) 建立阶段

建立阶段即形成阶段,在这个阶段中,成员讨论目标、判别团队该如何运行、人员组合是否合适、何时完成任务等。

开始的时候,团队的各个成员聚集到一起,每个人都迫切想知道他们的工作任务是什么。他们会思考一些问题,如我们到这里要做什么、怎么做?当他们面对突发的情况时,有的十分焦虑、有的坚持。在这一时期成员之间的信任一般处于低谷阶段(除非成员原来就相互认识)。本阶段团队进行的主要活动应该是交流思想和收集信息。

在建立阶段,个人的需要摆在首要位置,他们需要确定各自的工作任务是什么,未来将迈向何方。团队领导必须做很多的沟通,增进其本人与每个成员的了解和信任,并就未来的打算和他们沟通,向团队成员介绍自己的观点,回答"我们要做什么"的问题,并努力促成个人目标与未来事业目标的结合。团队的需要则被摆在中间位置,团队还在探索发展方式和操作方式,团队领导需要设法促进团队成员的相互了解,增进共识。在这个阶段,尽管任务的需要还很低,也要努力推动工作进展。

2) 动荡阶段

动荡阶段的特征是意见分歧。此时成员发现其他人带有自己的隐藏目的,在团队目标上也许尚未真正达成一致。这个时候,成员开始变得非常活跃,但当团队试图寻求拥有共同目标时,成员之间可能会出现意见不合和冲突。如果处理得当,本阶段将富有创造性。

在这个阶段,个人需要仍保持较高水平,因此必须继续满足个人的需要并使全体成员安心。随着成员提出不同的观点(如群体应该如何协作、群体应该做什么等),团队的需要也逐渐提高。这时要注意所出现的问题信号,并避免某一两个人在群体中占据优势而压制其他成员的需要或意见。随着冲突的产生,正视冲突并同时针对性地帮助团队成员解决冲突变得越来越重要。团队仍旧处在发展过程中,团队领导需要把任务看作推动团队发展并解决动荡问题的工具。塔克曼认为,如果这一冲突解决得好,那么群体的有效运转就有了基础。

3) 规范阶段

在规范阶段,人们找到了一道工作的真正基础,其关键就是共识、信任、计划和合理分工。成员们了解彼此的优点和弱点,了解在哪些方面可以互相帮助以及如何真正作为一个团队一起工作。他们在团队目标、标准和任务上达成更坚定的一致;他们制定出决策方法和切合实际的时间表。在这一阶段,团队、个人可以得心应手地处理在团队中遇到的事情,他们的个人需要在某种程度上降低了;而团队需要很高,团队致力于在行动准则和工作程序上达成一致;任务需要的重要性开始凸现,团队领袖应该注重目标的制定并激励团队成员为目标做出贡献,督促每个团队成员全力以赴,并加强合作。

4) 行动阶段

前面各阶段顺利完成后就到了最后的行动阶段。这标志着该群体现在已成长为一个成熟的团队,大家共同努力,按照标准和规定的时间执行任务。团队成员互相支持,努力达成团队目标,并从中获得自豪和满足感。这个时候的个人与团队需要处于中等水平,团队领导的精力主要放在任务需要上,帮助团队制订并监控计划,时刻谨记团队目标。这个阶段要小心团队退回到前一个阶段。例如,当有新成员加入时,团队经常会恢复到规范化阶段,如果发生了这种情况,要尽快修正行动,回到成熟阶段。

上述各个阶段需要多长时间,取决于这些因素:任务对团队成员的重要程度、任务性质、群体规模、成员是否习惯于一同共事、个人优先考虑的事情、成员忠于谁,等等。一个已经存在较长时间的团队并不一定意味着它就在"行动"阶段运行。

在一个创业团队中,成员的知识结构越合理,创业的成功性越大。纯粹的技术人员组成的公司容易形成技术为主、产品为导向的情况,从而使产品的研发与市场脱节;全部由市场和销售人员组成的创业团队缺乏对技术的领悟力和敏感性,也容易迷失方向。因此,在创业团队的成员选择上,必须充分注意人员的知识结构——技术、管理、市场、销售等,保障个人的知识和经验优势能够得到有效发挥。

大学生寻找创业合作伙伴跟找对象的道理是一样的,可遇而不可求,要看缘分。理想的合伙人,能够在某些方面给你特别的帮助和支持,对事业快速前进会有帮助;一般的合伙人,其水平、能力、资源不见得很理想,但很愿意跟创业领导者一起做。在找创业合伙人的时候,真正想要找到理想的合伙人不太容易,需要一定的时间和机缘,而寻找次优一点的搭档则相对容易,可以搭搭手、帮帮忙,使得你的生意能够稳定,对你起步会有较大帮助。

2. 明确每个岗位的主要职责

人力资源的常规工作就是把岗位的工作职责制成岗位说明书。岗位说明书的一般作用是:
(1) 使员工明确了解企业需要他们做什么工作。
(2) 企业可用它来评价员工的工作绩效。

岗位说明书应该包括的基本内容有岗位的名称、该岗的工作说明(即这个岗位所从事的具体工作)、该岗位的上下级关系,以及该岗位员工所应具备的素质和技能等。

【模拟】某创业企业的岗位职责。

张华、王剑和孙梅一同创业,他们经过研究讨论,制定了如下岗位分工,如表9-9所示。

表9-9 某创业企业岗位职责及人员分工表

岗位	工作说明	所需素质和技能	任务责任人	
			第一阶段	下一阶段
经理	做计划、定目标、监督实施、协调内部关系、与工商税务等打交道	有主见、认真、果断、善于沟通与应酬、容易交往	张华	经理
财务	出纳、收款、记账、管理现金	认真踏实、有条理、诚实	王剑	财务
销售管理	市场调研、与客户建立和保持良好的关系、接订单、销售预测、制定价格、提出促销方案	认真、思路敏捷、有激情、善于与人交往、有谈判能力、守信用	张华	销售管理
生产管理	制订生产计划,组织生产,控制质量,管理工具设备和技术资料	了解产品、懂技术、能动手操作,善于协调关系、处理矛盾	王剑	生产管理
设计开发	准确把握客户需求、收集客户素材、设计产品	有美术设计的素养、懂得设计工具的使用、具有创造性	孙梅	设计开发

(续表)

岗位	工作说明	所需素质和技能	任务责任人	
			第一阶段	下一阶段
网络管理	维护和更新公司网站和网店、与网络合作商打交道、接待网络客户	熟悉网络业务、熟悉相关软件使用、善于沟通、有谈判能力	孙梅	网络管理
生产工人	剪裁原料、操作机器、音质图案、包装	有责任心、懂机器操作、勤快、能吃苦	王剑	生产工人

3. 招聘合适的员工

企业招聘员工，主要需要考虑以下几点。

(1) 哪些岗位需要招聘员工。

(2) 这些需要招聘的员工应具备什么样的技能和其他要求。

(3) 需要招聘的具体人数。

(4) 要向这些招聘的员工支付多少工资。

企业需要参照岗位职责的要求来聘用人员，不但需要考虑到员工的专业技能，还要把握员工的素质与品行。一般要进行面试，甚至书面的测试，而不要仅凭个人简历就做出招聘决定。通过一些技巧性的问题，可以掌握应聘人员的基本情况，例如：

(1) 请介绍你原来的工作经历，谈谈你有什么样的知识技能？

(2) 你为什么想来本企业工作，你希望得到什么职位？

(3) 为什么要离开原来的单位？如何评价你原来的工作？请提供原单位同事、你的主管和你属下的联系方式(可以听听他们的评价)。

(4) 你以前的工作经历中最满意的成就是什么？最不满意的地方是什么？

(5) 你认为你有哪些优点和弱点？如果有人对你态度不友好，你会做出怎样的反应？

(6) 你怎样支配业余时间？有什么兴趣爱好？

除了一般的提问之外，还可以利用专业的职业测评技术，评价应聘人员的各种素质和应聘岗位的匹配程度，这能更加科学地帮助我们判断应聘者是否适合岗位的需要，而且有良好的意愿来本企业工作。一次成功的招聘，大致包括明确招聘岗位和岗位职责、发布招聘信息、简历初选、确定面试人、面试选拔、录用(签订劳动合同)、试用、转正8个步骤。

4. 管理员工

良好的员工管理，可以提升企业的效益，使我们的事业更容易成功。

管理好员工，可从以下几个方面着手：

(1) 向企业的每一名员工说明企业的详细情况，明确他们的工作任务；

(2) 给企业的员工提供与其工作相应的工资和奖金；

(3) 尽可能让员工的工作稳定，并给他们提供良好的工作条件；

(4) 让员工融入企业的团队之中，让他们对企业和团队有归属感；

(5) 对企业的员工进行必要的绩效考评，并根据考评结果实施奖惩；

(6) 尽可能为你的员工提供培训和学习的机会，为他们在企业中升职和发展提供机会。

同时，还要正确面对问题员工，积极应对各类问题，切忌简单草率。每一个创业者需要明白，在一定时期，员工出现问题并影响到工作是管理中常见的现象，发现问题、共同解决问题，帮助他们成为合格的员工，将降低企业用人成本。

平时采取一些预防措施，注意调动员工的工作积极性，如培训、定期体检、举办员工活动等都有积极的意义。管理员工不但需要制度保障，特别是在创业型的企业，创业带头人的个人魅力对员工的影响更加直接和有效。

> **小提示：**
> 适合别人的方法，对你和你的企业不一定适合，在企业经营的实践过程中需要不断探索和积累经验。经过长时间的沉淀，企业会慢慢形成稳定、独特的企业文化。

5. 寻找企业顾问

大学生创业，有很多外部资源可以挖掘和利用。你可以考虑从一些企业、公益组织、中介和教育机构，乃至政府部门那里获取帮助、信息、咨询意见和培训。为谨慎起见，在企业聘请顾问之前，一定要注意了解顾问的资历背景，以免上当受骗。

9.2.6　新企业的战略管理

企业战略管理是从全局和长远的观点研究企业在竞争环境下，生存与发展的重大问题，是现代企业高层领导人最主要的职能，在现代企业管理中处于核心地位，新企业的战略管理更是决定企业经营成败的关键。

1. 战略管理的三个层次

理论上认为企业战略可分为三个层次：公司战略(Corporate Strategy)、业务战略或竞争战略(Business Strategy)和职能战略(Functional Strategy)。三个层次的战略都是企业战略管理的重要组成部分，但侧重点和影响的范围有所不同。

- 公司战略，又称总体战略，是企业最高层次的战略。它需要根据企业的目标，选择企业可以竞争的经营领域，合理配置企业经营所必需的资源，使各项经营业务相互支持、相互协调。如在海外建厂、在劳动成本低的国家建立海外制造业务的决策。
- 公司的二级战略常常被称作业务战略或竞争战略。业务战略涉及各业务单位的主管及辅助人员。这些经理人员的主要任务是将公司战略所包括的企业目标、发展方向和措施具体化，形成本业务单位具体的竞争与经营战略。如推出新产品或服务、建立研究与开发设施等。
- 职能战略，又称职能层战略，主要涉及企业内各职能部门，如营销、财务和生产等，如何更好地为各级战略服务，从而提高组织效率。如生产过程自动化。

2. 战略管理步骤

企业在不断地发展，在不断地壮大，在企业的发展过程中，随着不同的发展阶段、不同的外部环境，资源的价值和资源的控制力度也就不一样。因此，组织在不同的发展阶段，不同的外部条件下，战略、战术是不一样的，企业的战略也会不断地做出调整。战略管理方法主要有以下四个方面。

1) 战略分析

战略分析的主要目的是评价影响企业发展的关键因素，并确定在战略选择步骤中的具体影响因素。战略分析包括三个主要方面。
- 确定企业的使命和目标。它们是企业战略制定和评估的依据。
- 外部环境分析。战略分析要了解企业所处的环境(包括宏观、微观环境)正在发生哪些变化，这些变化给企业将带来更多的机会还是更多的威胁。
- 内部条件分析。战略分析还要了解企业自身所处的相对地位，具有哪些资源以及战略能力；还需要了解与企业有关的利益和相关者的利益期望，在战略制定、评价和实施过程中，这些利益相关者会有哪些反应，这些反应又会对组织行为产生怎样的影响和制约。

2) 战略选择

战略分析阶段明确了"企业目前状况"，战略选择阶段所要回答的问题是"企业走向何处"。

(1) 需要制定战略选择方案。在制定战略过程中，当然是可供选择的方案越多越好。企业可以从对企业整体目标的保障、对中下层管理人员积极性的发挥以及企业各部门战略方案的协调等多个角度考虑，选择自上而下的方法、自下而上的方法或上下结合的方法来制定战略方案。

(2) 评估战略备选方案。评估备选方案通常使用两个标准：一个考虑选择的战略是否发挥了企业的优势，克服劣势，是否利用了机会，将威胁削弱到最低程度；另外一个是考虑选择的战略能否被企业利益相关者所接受。需要指出的是，实际上并不存在最佳的选择标准，管理层和利益相关团体的价值观和期望在很大程度上影响着战略的选择。此外，对战略的评估最终还要落实到战略收益、风险和可行性分析的财务指标上。

(3) 选择战略。即最终的战略决策，确定准备实施的战略。如果由于用多个指标对多个战略方案的评价产生不一致时，最终的战略选择可以考虑以下几种方法。

- 根据企业目标选择战略。企业目标是企业使命的具体体现，因而，选择对实现企业目标最有利的战略方案。
- 聘请外部机构。聘请外部咨询专家进行战略选择工作，利用专家们广博和丰富的经验，能够提供较客观的看法。
- 提交上级管理部门审批。对于中下层机构的战略方案，提交上级管理部门能够使最终选择方案更加符合企业整体战略目标。
- 最后是战略政策和计划。制定有关研究与开发、资本需求和人力资源方面的政策和计划。

3) 战略实施

战略实施就是将战略转化为行动。

主要涉及以下一些问题：如何在企业内部各部门和各层次间分配及使用现有的资源；为了实现企业目标，还需要获得哪些外部资源以及如何使用；为了实现既定的战略目标，需要对组织结构做哪些调整；如何处理可能出现的利益再分配与企业文化的适应问题，如何进行企业文化管理，以保证企业战略的成功实施等。

4) 战略评价

战略评价就是通过评价企业的经营业绩，审视战略的科学性和有效性。战略调整就是根据企业情况的发展变化，即参照实际的经营事实、变化的经营环境、新的思维和新的机会，及时对所制定的战略进行调整，以保证战略对企业经营管理进行指导的有效性。包括调整公司的战略展望、公司的长期发展方向、公司的目标体系、公司的战略以及公司战略的执行等内容。

企业战略管理的实践表明，战略制定固然重要，战略实施同样重要。一个良好的战略仅是战略成功的前提，有效的企业战略实施才是企业战略目标顺利实现的保证。另一方面，如果企业没能完善地制定出合适的战略，但是在战略实施中，能够克服原有战略的不足之处，那也有可能最终导致战略的完善与成功。当然，如果对于一个不完善的战略选择，在实施中又不能将其扭转到正确的轨道上，就只有失败的结果。

9.2.7 新企业的文化管理

李嘉诚说过："商业的存在除了创造繁荣和就业，最大作用是服务人类的需要。企业是为股东谋取利润的，但应该坚持固定文化，这里经营的其中一项成就，是企业长远发展最好的途径。"

企业文化被称作企业的灵魂和精神支柱，是企业发展的动力之源。没有真正深入人心的良好企业文化，创业就是建立在沙滩之上，随时有可能出现严重的风险事故，甚至是灭顶之灾。而企业文化精髓是创业者的创业精神，这是凝聚员工的一笔"不可复制"的财富，更是初创企业生存和发展的关键。

华为总裁任正非曾说过："资源是会枯竭的，只有文化才会生生不息。"自创业之初，任正非就亲手培育和创建了生生不息的华为文化，并以企业文化为先导来经营企业，才有了今天的华为。

1. 着力形成比较固定的企业价值观

价值观是企业文化的基石和核心。企业价值观是指企业及其员工的价值取向，是指企业在追求经营成功过程中所推崇的基本信念和奉行的目标，因此它对企业员工有着巨大的内聚作用。

大多数快速成长的企业都有比较固定的企业价值观，创业者往往倾注全部心血使企业的价值观延续，用以支撑初创企业的生存和健康发展。

知识经济时代需要创业企业形成符合企业实际、独具特色、充满挑战性的理想与追求，并能为广大员工所接受的核心价值观。

> **📖 小例子**
>
> 迪士尼——健康而富有创造力。
> 惠普——对个人的充分尊重。
> 苹果——Think Different。
> 联想——成就客户、创业创新、精准求实、诚信正直。
> 万科——创造健康丰盛的人生。
> 阿里巴巴——客户第一：关注客户的关注点，为客户提供建议和资讯，帮助客户成长。
> 华为——在电子信息领域实现顾客的梦想，并依靠点点滴滴、持之以恒的艰苦追求，使我们成为世界级领先企业。

2. 营造浓郁的企业文化氛围

企业文化是企业的无形资产，作为一种资源，是创业初期企业的第一桶金，创业者应当用心培育和塑造。

企业文化的培育是个长期的过程，需要在企业内营造一个浓郁的文化氛围。培育创业企业文化应当突出个性，不要千篇一律的口号，既要追求时代特色，又要符合企业实际。

个性鲜明、富有特色的企业文化，对内能使员工目标明确、行动统一、行为规范、积极奋进、创新创业、勇攀高峰；对外则能使社会加深对企业的了解及理解，树立企业良好形象，增加对企业的信任度和美誉度。

📖 小案例

娃哈哈的文化起源

杭州娃哈哈集团有限公司创业始于1987年，作为杭州市上城区教育局所属的一家校办企业，创业之初，以为学校提供服务，卖些纸张、文具、冷饮。后来，在宗庆后同志的倡导并带领下，成功开发出国内第一支儿童保健品，企业由此驶上快速发展的轨道，经济发展一日千里。经过多年的努力经营、顽强拼搏，杭州娃哈哈集团有限公司目前已经成为国内饮料行业的龙头。

娃哈哈文化的起源可追溯到企业的初创时期。作为一家区教育局的校办企业，创业初期是非常艰苦的，百余平方米的营业用房，14万元的借款和两位已经退休的教师，可谓一穷二白，就这样娃哈哈开始创业起家。

区属学校来一个电话，工人就要蹬着三轮车将货送上门，有时候，冒着严寒酷暑送一车货却只能赚取几元钱的利润。宗庆后同志虽然名义上是校办企业的总经理，但实际上既是搬运工又是送货员，集多种角色于一身。

这样的创业背景，对创业者的精神风貌提出了严格的要求，创业者们相信：只有在精神上首先站立起来才能去面对艰苦、克服困难、开创光明。因此，宗庆后同志提出了"励精图治，艰苦奋斗"的要求，这是非常具有现实针对性的，既是他在那种条件下自我激励的需要，也确实是企业谋生存求发展的前提。

作为校办企业，除条件差、底子薄之外，还有一个必须面对的问题是：被人瞧不起。在计划经济占主导的时代，校办企业既不被列入国家计划，又没有什么优惠待遇。因而那时候社会上普遍存在着一种偏见，认为校办企业肯定搞不好，就是在企业内部也有自己看不起自己、妄自菲薄的思想倾向。宗庆后同志又根据当时的这种现实状况，提出了"勇于开拓，自强不息"的口号，勉励自己和同事们一定要争口气，做出点成绩来给人家看看。

"励精图治，艰苦奋斗，勇于开拓，自强不息"，这16个字就是娃哈哈的企业精神。这个精神由企业创始人宗庆后同志亲自提出，既是创业时期艰苦困难现实的反映，又是创业者们奋斗的精神支柱，有很强的针对性与极强的指导意义。

这个企业精神是娃哈哈文化的起点，相伴着娃哈哈走过了风雨28年历程，当然后来也是整个娃哈哈文化系统的重要核心。

📖 训练

生存管理训练

1) 招聘

拟招聘一名助理，面对数名应聘者，你最关心的挑选指标有哪些(人品、能力、长相、年龄、口才、学历、身高、工作经验、社会背景……)? 你都会提出哪些问题来考察你的指标？

2) 分析公司管理理念

2005年8月，中国一批国企高层主管到美国接受训练。在"管理与企业未来"课上，拿到的是一份具有测试性质的案例：请根据下面三家公司的管理现状，判断它们的前途。

公司A：八点上班，实行打卡制度，迟到或早退一分钟扣50元；统一着装，必须佩戴胸卡；每年有组织地搞一次旅游、两次聚会、三次联欢、四次体育比赛，每个员工每年要提4项合理化建议。

公司B：九点钟上班，但不考勤。每人一个办公室，每个办公室可以根据个人的爱好进行布置；走廊的白墙上，信手涂鸦不会有人制止；饮料和水果免费敞开供应；上班时间可以去理发、游泳。

公司C：想什么时候来就什么时候来；没有专门的制服，爱穿什么穿什么，把自家的狗和孩子带到办公室也可以；上班时间去度假也不扣工资。

请根据各自的管理经验做出判断，哪一家公司的前景会更加乐观？

9.3 【创业人物】张邦鑫(好未来)

好未来的前身即"学而思"，由张邦鑫创立，2013年8月19日正式更名为好未来，集团全新定位为"一家用科技与互联网来推动教育进步的公司"，实现线下教育与线上教育相融合，通过多项发展战略，不断创新和突破，为孩子们创造更美好的学习体验，并提出了"成为受尊敬的教育机构"的愿景。

2003年，学而思还是一个仅有12平方米的培训机构，张邦鑫天天在学校门口发传单招生；现在，学而思已经遍布全国，学生名额一票难求，张邦鑫也早已成为中国教育行业的首富。正如张邦鑫所说，他是一位"务实的理想主义者"，坚守教育梦想，脚踏实地，稳步前行。

1. 学教起步

1980年，张邦鑫出生于江苏扬中，父母都是农民。由于吃了半辈子没文化的苦，他们把全部的希望都寄托在自己的孩子身上，"再苦不能苦孩子，再穷不能穷教育"。所以，别看张邦鑫没有什么玩具，连环画、故事会等书本是不缺的。当然，那是母亲从口粮中愣挤出钱到旧书摊淘来的。说来也怪，张邦鑫对故事会一点也不感兴趣，却对《小学数学习题集》非常痴迷，还没有上学就能解出鸡兔同笼等奥数题。此后，小学、初中，张邦鑫数学成绩一路领先。到了高中，老师解不出来的立体几何题，他3分钟就能搞定，并多次参加省、市各种奥数比赛，"获得过100多个大大小小的奖项"。

1997年夏天，张邦鑫一举考入四川大学生命科学学院。照理讲，四川大学也是老牌重点，全国排名前十，但是，他却不满足，入学的第一天，张邦鑫就给自己立下一个目标，"考北大的研究生"。整个大学四年，他根本无暇游览武侯祠、杜甫草堂、金沙遗址等历史古迹，也无暇顾及暗送秋波的成都美女，就知道成天泡在图书馆。

2001年，当"红楼"西侧的梧桐树再次变绿的时候，张邦鑫也实现了自己的夙愿，"考入北大，硕博连读"。不过，北京可不是成都，衣食住行等方面的开销很大。上了研究生，张邦鑫不好意思再跟家里张嘴要钱，再说学费钱还是父母东挪西借的，"想要，家里也拿不出"。怎么办？就得靠自己！所以，上了研一，张邦鑫就开始做兼职。刚开始，帮人发小广告，辛苦一个月勉强就赚100元不说，一旦遇上个无良老板，100元还要拖半年。所以，后来他就开始尝试做家教。

别说，头顶"北大研究生"的牌子就是好使，很快就有家长找上门来，加上张邦鑫记忆力极好,"初中、高中数理化的内容全在脑海里",所以,家长及学生反映不错。后来,他干脆在网上搞了个数学论坛,把自己的教学心得放在上面,没有想到,不到3个月,论坛就火了。整个研一,张邦鑫就没睡过一个完整觉,"白天要做六七份家教,晚上还要维护网站",结果半年瘦了6公斤。2003年春天,"非典"爆发,张邦鑫初中、高中的家教都停了,唯独一个部队大院的六年级小学生死活坚持要上。那孩子属于不太开窍的,数学成绩一直在六七十分徘徊。也不知道是两人对了脾气,还是那孩子有了主动学习的欲望,反正家教还没有上满一个月,那孩子就接连考了3次100分,"把孩子的父母、班主任惊呆了"。那位母亲一口气给张邦鑫介绍了3个学生,结果3个月后,4个学生有3个考上了区重点,那个部队大院的孩子更是考上了北京四中,这给了张邦鑫很大的信心,"家教大有干头"!

2003年北京哪家补习班最火?当然是新东方。当年夏天,俞敏洪作为北大优秀校友代表,参加了毕业典礼并致辞,"哪怕是最没有希望的事情,只要有一个勇敢者去坚持做,到最后就会拥有希望。"台上俞老师慷慨激昂,台下张邦鑫勇气倍增,"师兄教英语,我就教数学;师兄做成人,我就专攻中小学!"没有钱?那就借。没有人?那就靠自己!没有资质?那就挂靠!反正地球人是无法阻止张邦鑫了!

就这样,2003年8月,他在北大旁边租了一个12平方米的办公室,连同一个破沙发、一台电脑、一个破柜子,开始了"学而思"的创业生涯。

2. 口碑营销

在中国人的传统概念里,补习班就是给差生开小灶、补不足。当时,北京的10多家教育机构都是这么做的。"必须另辟蹊径",张邦鑫果断决定反其道而行之,"就做培优",他首先开设的是自己最擅长的数学。

2003年寒假,学而思开始正式招生。不过,你想啊,环境不好,又没有名校教师,有哪个家长愿意把孩子送来呢?那段时间,张邦鑫天天拿着宣传单到学校门口挨个发,"免费试听,不满意不要钱"。晚上则在论坛上刷帖子,灌水。

"当时还下了一场很大的雪,担心一个人都不来。"不过,没有想到一下子来了20多个家长,尤其是那个部队大院孩子的母亲一口气给介绍了11个。35天后,寒假的课上完了,一位学生问张邦鑫,"老师,下学期还教吗?""你下学期还学吗?""你教我就学!""你学我就教!"这一绕口令,把张邦鑫绕明白了,"要想发展,口碑最重要"!此后7年,张邦鑫重点攒口碑、聚人气。

(1) 独树一帜推出随时退费的模式。

当时国内的培训机构普遍采取"先交费,再听课"。不过,钱一旦进了培训机构的口袋,家长再觉得不满意,想要退学可就难了。"家长可以旁听,不满意就退费,让家长免除了后顾之忧。"张邦鑫决定利用这一痛点,吸引更多的学员。不过,财务总监发话了:"这不是把自己往火坑里推吗?"张邦鑫一拍桌子:"就是别人都不做,我们才要做,这才是与众不同!"

没有想到,头一个月就退了三分之二,"天气不好、心情不好都成了退费的理由,整天提心吊胆!"财务总监急得直哭,张邦鑫也是犯嘀咕:"莫非真的走错了?"没想到的是,过了四五天,之前退费的家长又陆续找上门来,"比较了七八家,还是你家靠谱!"

(2) 组建年轻的师资队伍。

对于培训机构,老师就是吃饭的名片!当时,其他的培训机构都是挑选区重点、市重点的名师坐镇,"让家长感觉踏实。"唯独张邦鑫放出风声:"招毕业生,自己培养!"当时,学而思招聘相当多的都是"211""985"高校的应届毕业生。

"学而思有足够的耐心来培养！"招聘的大学生在上岗之前都要经过一个月到半年不等的实习期，在所有指标都通过后再尝试讲课。张邦鑫经常亲自上阵，担任培训老师。一位通过了复试的老师因为普通话不太标准，最后每天口含花生朗诵半小时，在听了11次试讲后才被允许正式上岗。

3. 管理与扩张

到了2007年，张邦鑫已经拿到了第一个千万美元的融资，当时已经在北京设立了15个教学点，遍布海淀、朝阳、东城、丰台等八城区。也是在这一年，学而思的5位骨干老师被竞争对手挖走，还带走了一大批学员，张邦鑫开始反思："不能因为专注教学而忽略企业管理。"为此，他做了三个动作。

(1) 第一个动作：就是领导向下属做汇报。每周、每月领导向下属做周、月度汇报，领导和部门的目标，由多个人协同完成并监督。

(2) 第二个动作：就是摆正员工的价值观。价值观不过关的，业务再好也要淘汰。"三观超正，但是业务做不好这是烂好人，时间久了公司的节奏会被拉慢，也不行。"只有价值观和业绩都跟得上才过关。

(3) 第三个动作：就是员工给自己打绩效。"很多员工不努力是因为他们觉得在替老板干活，不是在给自己干"，自己给自己打绩效，价值观摆正的绩效自然错不了。

结果半年以后，员工流失率就从20%一下子下降到了5%。此后，张邦鑫安心开始了扩张之路。

第一家异地分校是在天津，随后2009年才在上海、武汉、广州等地建立分校。对于机构扩张，张邦鑫的速度可以说是蜗牛级别了，他的思路是城市容量可行，再建立分校。"例如在郑州，一个班规定只招15人，再报班的时候变成25人，还有10个学生报不进来，那么我们就考虑扩。但如果只来了14个，就不扩。"

直到2009年9月，老虎环球进来了4000万美元的第二轮融资，张邦鑫才考虑快速扩张，而且他机敏地选择了轻资产的互联网扩张模式。

(1) ICS系统：张邦鑫把旗下的网站受众群体从0岁一直覆盖到18岁，通过ICS智能教学系统，老师可以运用音频、视频等做媒体软件制作课件。

(2) 网校：针对6~18岁的中小学生推出的远程教育平台，可以覆盖全球近200个国家和地区，上线至今已经拥有超过30万学员。

(3) e度教育网：针对0~18岁学生的教育信息与资源分享平台，为不同年龄段的学生及其家长提供了一个信息交流、学习和资源分享的平台，网站每月的独立访问量就超过了2800万。

此外，张邦鑫还开通了针对3~6岁儿童关键期培养的"摩比思维馆"和针对6~18岁中小学生的一对一针对性辅导"智康1对1"。

到了2010年，学而思培训已经在全国15个城市设立了分校，每年培训学员超过40万人。

2010年10月21日，学而思正式登陆纽交所，成为国内第一家在美国上市的中小学教育培训机构，市值达到288亿元。那一年，张邦鑫刚刚30岁，从企业创立到赴美上市，他只用了7年。

4. 创新的教育理念

2011年，张邦鑫开始带领团队投入研究对学生真正有效学习的解决方案。历经大半年，全新的教育理念——"激发兴趣、培养习惯、塑造品格"终于出炉。2012年端午节，张邦鑫首次在北京对学而思的家长们详细讲解了这一教育理念。

(1) 激发兴趣：兴趣是最好的老师，我们通过激发学生的学习兴趣，帮助学生树立信心，培养学生的成就感,让孩子的学习充满动力。

(2) 培养习惯:通过学生的思维模式的塑造,改变其行为习惯,进而全面作用于学生的学习动力、学习环境和学习能力,最终提升学生的综合素质。

(3) 塑造品格:通过学生的思维模式的塑造,改变其行为习惯,进而全面作用于学生的学习动力、学习环境和学习能力,最终全面提升学生的综合素质。

对于教育理念在公司内部的落地,张邦鑫表示,这些理念会指导学而思的研发,指导师资选聘、师训、日常服务,指导跟家长的沟通,也包括对学科的宣讲。

2013年8月,学而思成立的第十个年头,张邦鑫把集团正式更名为"好未来",将实现传统教育和线上教育的融合作为新的发展目标。一路走来,张邦鑫始终坚持做一件事,"给孩子受用一生的教育,"他说,"我们要务实、专注,做强比做大更重要。"

根据2017胡润80后富豪榜,张邦鑫以400亿元财富名列榜首,超越俞敏洪成为中国教育行业首富。

9.4 思考与测试

9.4.1 思考题

(1) 简述新企业注册的程序和步骤。
(2) 思考如果你开办了新企业都设立哪些部门?职责有哪些?如何管理?

9.4.2 测试题

【危机管理能力测试】

测试说明:

生活中难免会碰上一些让人意料不到的事情,而对于一些突如其来的变化,有的人能够冷静、积极地采取应变措施来缓和、克服困难,有的人则犹豫不决、手足无措。

下面列出的是10种不同的意外情景,请你如实地说出你习惯上或可能会做出的应急反应。本组试题是测试你的应急能力。

(1) 你在一条僻静的街道上散步,忽然听到一声震耳欲聋的巨响,这时你( )。
  A. 被震惊了一下,但是很快转向巨响的位置,判断出发生巨响的原因
  B. 被吓得尖叫一声,本能地转向巨响传来的方位,即使判断出了巨响的原因,心还在怦怦乱跳
  C. 被吓得连叫带跳,不由自主地东张西望,心怦怦乱跳,两脚发软
(2) 你骑自行车下班回家,途中看见马路对面发生一起车祸。这时你( )。
  A. 放下自行车,很快穿过马路,看是否能助一臂之力
  B. 有点儿害怕,但还是走过去看个究竟
  C. 看到这种场面心惊肉跳,甚至连看都不敢看一眼就离开了

(3) 你在电影、电视屏幕上看到德国侵略军砍杀战俘人头的情景时( )。
　　A. 有点儿震惊，但并不害怕
　　B. 感到害怕，赶快把目光转开
　　C. 很注意，想仔细看个究竟
(4) 你到朋友家去串门，发现朋友家发生了一件不幸的事情。他们全家都沉浸在悲痛之中，这时你( )。
　　A. 尽快向邻居或朋友本人简单了解一下事情发生的大概情况，安慰并帮助朋友
　　B. 说几句安慰的话，不知怎么办才好
　　C. 什么都说不出来，也不知怎么办，或和朋友一起悲痛
(5) 你骑车疾驶到拐弯的地方，突然看到前面一个小伙子也疾驶而来。这时你会( )。
　　A. 急着提醒对方，并尽快刹车
　　B. 还没搞清怎么回事就撞上去了
　　C. 迅速调整自行车方向，避开对方
(6) 你正在聚精会神地考虑处理一件意外事情的对策，突然有人来告诉你一件与你手头无关的事情，这时你会( )。
　　A. 只记住其中的一部分
　　B. 顾不上听，没印象
　　C. 记得清清楚楚
(7) 平时你身体很好，但是在体检时医生告诉你身上某个部位需要动手术，听到这个消息后，你会( )。
　　A. 终日提心吊胆，惶恐不安，担心手术会出问题
　　B. 相信医生，相信手术不会出错
　　C. 听天由命
(8) 你在车间忙着干活，突然发现一位工友触电了，这时你会( )。
　　A. 两眼发呆，两脚发软
　　B. 立即切断电源
　　C. 慌了手脚，不知如何是好
(9) 乘公共汽车时，车上人很拥挤，这时一个小偷掏你的口袋行窃，这时你( )。
　　A. 不大可能察觉到，等到用钱时才发现被窃，至于时间、地点已没有印象
　　B. 立即察觉，并将小偷抓住
　　C. 当时没察觉，事后才回忆起被盗窃时的部分情景
(10) 飘雪的夜晚，你听到森林里传来几声狼叫，这时你会( )。
　　A. 若无其事继续走路
　　B. 心里有点七上八下
　　C. 吓得躲起来

参考文献

[1] 王如平. 创造性思维的开发与培养. 北京：光明日报出版社，2012
[2] 兰登·莫里斯(美). 持久创新. 林均烨，洪伯毅，杨文广，等译. 北京：经济科学出版社，2011
[3] 徐斌. 创新头脑风暴——方法、工具、案例与训练. 北京：人民邮电出版社，2013
[4] 胡飞雪. 创新训练与方法. 北京：机械工业出版社，2014
[5] 拉里·基利(美)，瑞安·派克尔(美)，布赖恩·奎因(美)等. 创新十型. 余锋，宋志慧，译. 北京：机械工业出版社，2014
[6] 大前研一(日). 创新者的思考. 王伟，郑玉贵，译. 北京：机械工业出版社，2014
[7] 张红兵. 超级创新力. 北京：人民邮电出版社，2013
[8] 许湘岳，邓峰. 创新创业教程. 北京：人民出版社，2011
[9] 朱邦盛. 实用创造学. 武汉：武汉工业大学出版社，1992
[10] 唐殿强. 创新能力教程. 石家庄：河北科学技术出版社，2006
[11] 姚凤云，苑成存. 创造学理论与实践. 北京：清华大学出版社，2006
[12] 田长广，唐恒青. 创造与策划新编. 北京：北京大学出版社，2008
[13] 胡珍生，刘奎琳. 创造性思维学概论. 北京：经济管理出版社，2006
[14] 汪中求. 细节决定成败. 第2版. 北京：新华出版社，2004
[15] 李建军. 创造发明学导刊. 第2版. 北京：中国人民大学出版社，2009
[16] 池维东. 逻辑方法与创新思维. 北京：中央编译出版社，2005
[17] 爱德华·德·波诺(英). 严肃的创造力：运用水平思考法获得创意. 北京：新华出版社，2003
[18] 阳飞扬. 从零开始学创业大全集. 第2版. 北京：中国华侨出版社，2011
[19] 任荣伟，梁西章，余雷. 创新创业案例教程. 北京：清华大学出版社，2014
[20] 杨华东. 中国青年创业案例精选. 北京：清华大学出版社，2012
[21] 李时椿，常建坤. 创业基础. 北京：清华大学出版社，2013
[22] 奚国泉. 创业基础. 北京：清华大学出版社，2013
[23] 吴运迪. 大学生创业指导. 北京：清华大学出版社，2012
[24] 陈卫平，唐时俊. 创业基础. 北京：清华大学出版社，2013
[25] 冯丽霞，王若洪. 创新与创业能力培养. 北京：清华大学出版社，2013
[26] 创业家，i黑马. 创业小败局. 北京：时代出版传媒股份有限公司北京时代华文书局，2014
[27] 李肖鸣，朱建新. 大学生创业基础. 第4版. 北京：清华大学出版社，2014
[28] 魏伟，朱武祥. 重构商业模式. 北京：机械工业出版社，2014

[29] 凌教头. 微商创业者手册. 北京：清华大学出版社，2015

[30] 鲍勃·罗德(美)，雷·维勒兹(美). 大融合——互联网时代的商业模式. 朱卫未，孙昕昕，王茜，译. 北京：人民邮电出版社，2015

[31] 彼得·迪尔(美)，布莱克·马斯特斯(美). 从0到1开启商业与未来的秘密. 高玉芳，译. 第1版. 北京：中信出版社，2015

[32] 亚历山大·奥斯特瓦德(瑞士)，伊夫·皮尼厄(比利时). 商业模式新生代. 王帅，毛心宇，严威，译. 北京：机械工业出版社，2015

[33] 埃里克·莱斯(美). 精益创业——新创企业的成长思维. 吴彤，译. 北京：中信出版社，2014

[34] 李善友. 颠覆式创新——移动互联网时代的生存法则. 北京：机械工业出版社，2014

[35] 谢晓萍. 微信思维. 广州：羊城晚报出版社，2014

[36] 杰西卡·利文斯顿(美). 创业者——全世界最成功的技术公司初创故事. 夏吉敏，译. 北京：机械工业出版社，2011

[37] 汤历漫. 从创意到创业：大众创业全流程思维、方法与案例. 北京：中央经济出版社，2017

[38] 清华X-lab. 从学生到创业者清华X-lab案例课. 北京：人民邮电出版社，2018

[39] 施慧洪. 互联网+创业案例分析. 北京：中国金融出版社，2018

[40] 黄圣淘. 新融合：后"互联网+"时代赢利模式创新. 北京：企业管理出版社，2017

[41] 娄春伟，白超. 创新创业基础："互联网+"创业. 成都：电子科技大学出版社，2016

[42] 史梅，徐俊祥等. 大学生创新与创业指导. 北京：现代教育出版社，2015

[43] 丁欢，汤程桑. 创新与创业教育指导. 南京：南京大学出版社，2015